ལྷ་ས་སྟོད་ལུང་བདེ་ཆེན་གྱི་ལོ་རིམ་མེ་ལོང་།

拉萨堆龙德庆年鉴

2018

（总第7卷）

拉萨市堆龙德庆区人民政府　主办
拉萨市堆龙德庆区地方志办公室　编

图书在版编目（CIP）数据

拉萨堆龙德庆年鉴. 2018 / 拉萨市堆龙德庆区地方志办公室编. -- 北京 : 方志出版社，2018.6

ISBN 978-7-5144-3119-3

Ⅰ. ①拉… Ⅱ. ①拉… Ⅲ. ①堆龙德庆区 – 2018 – 年鉴 Ⅳ. ①Z527.54

中国版本图书馆CIP数据核字(2018)第160728号

拉萨堆龙德庆年鉴（2018）

编　　者：拉萨市堆龙德庆区地方志办公室
责任编辑：刘方圆

出 版 人：冀祥德
出 版 者：方志出版社
地址　北京市朝阳区潘家园东里9号（国家方志馆 4 层）
邮编　100021
网址　http://www.fzph.org
发　　行：方志出版社图书经销中心
电话（010）67110500
经　　销：各地新华书店
印　　刷：河南金雅昌文化传媒有限公司

开　　本：889 × 1194　　1/16
印　　张：31
字　　数：783千字
版　　次：2018年6月第1版　　2018年6月第1次印刷
印　　数：001 ~ 500册

ISBN 978-7-5144-3119-3　　定价：380.00元

数字拉萨堆龙德庆 2017

辖区面积：2407.6平方公里

年末常住人口：45825人

地区生产总值：29.85亿元

第一产业：1.82亿元

第二产业：24.82亿元

第三产业：3.21亿元

全社会固定资产总额：94.81亿元

全社会消费品零售总额：10.29亿元

地方公共财政预算收入：11.94亿元

工业增加值：10.5亿元

招商引资到位资金：25亿元

农牧民人均可支配收入：13956元

拉萨堆龙德庆区行政区划图

比例尺 1：600 000

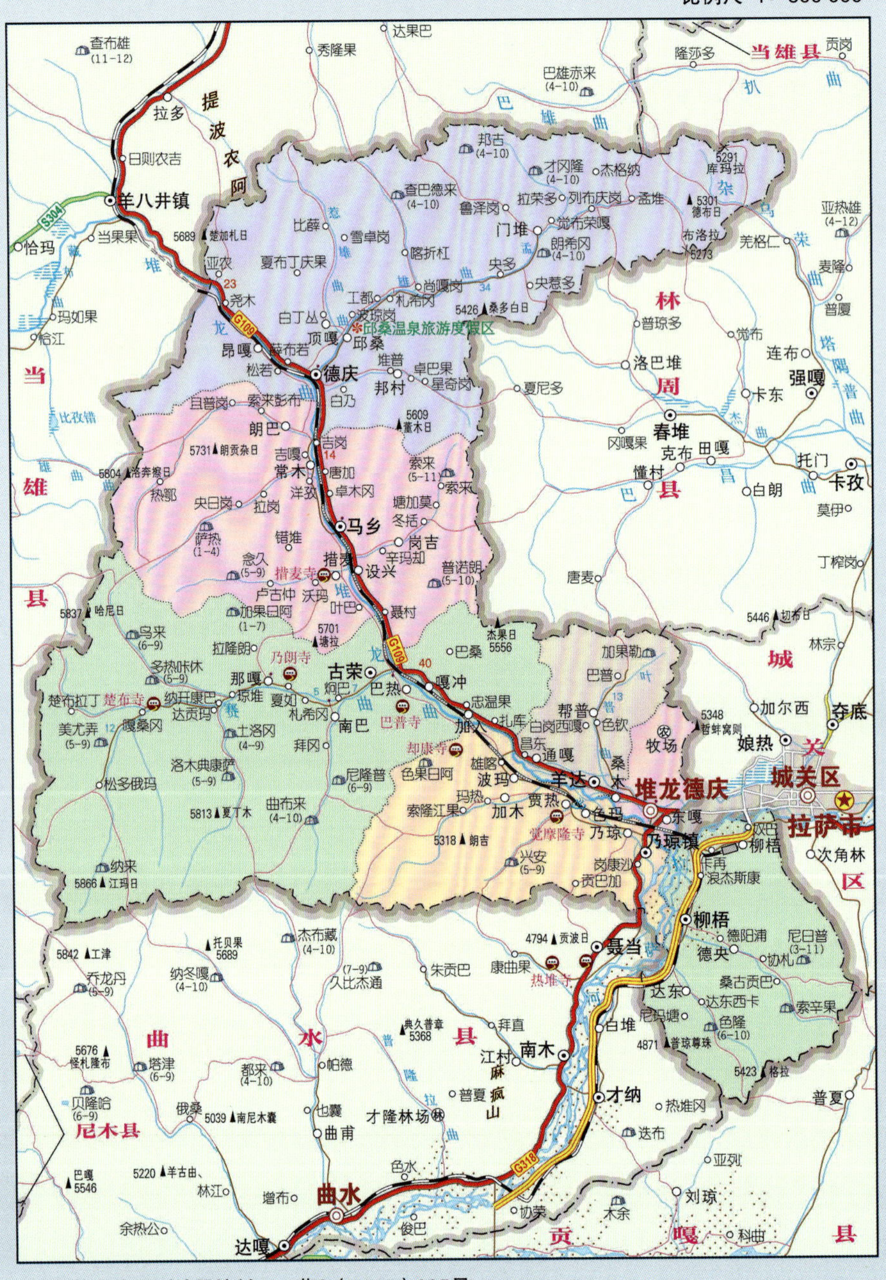

西藏自治区测绘局绘制　　藏S（2015）005号

2017年7月17日，国家教育部党组书记、部长陈宝生（前排左三）一行6人在堆龙德庆区调研基础教育工作

2017年6月11日，全国妇联书记处书记杨柳（右三）在堆龙德庆区桑木村调研会改联工作

2017年2月27日，西藏自治区党委书记吴英杰（前排右一）藏历初一在堆龙德庆区波玛村开展慰问活动

2017年2月27日，西藏自治区党委书记吴英杰（右二），自治区党委常委、拉萨市委书记白玛旺堆（右五）一同在堆龙德庆区乃琼镇波玛村易地搬迁安置点，与乡亲们一起欢度藏历新年

2017年1月31日，西藏自治区党委副书记、自治区主席齐扎拉（前排中），自治区党委常委、拉萨市委书记白玛旺堆(二排右二），拉萨市委副书记、市长，城关区委书记果果（前排右一）在堆龙德庆区调研波玛村易地扶贫搬迁工作

2017年1月31日，西藏自治区党委副书记、自治区主席齐扎拉（中）在堆龙德庆区波玛村看望慰问搬迁群众

2017年2月12日，西藏自治区党委常务副书记、自治区政协党组书记丁业现（中排左一）慰问堆龙德庆区柳东路民警

2017年10月4日，西藏自治区党委常委、政法委书记、综治委铁路护路联防工作领导小组组长何文浩（前中）一行在堆龙德庆区古荣护路大队检查指导喜迎党的十九大期间铁路护路联防工作，并亲切慰问专职护路联防队员

2017年9月11日，西藏自治区党委常委、拉萨市委书记白玛旺堆（右二）在马乡马村调研高原有机青稞项目建设工作

2017年6月1日，西藏自治区党委常委、拉萨市委书记白玛旺堆（左四）在楚布“次曲”佛事活动现场指导工作

2017年6月13日，西藏自治区人大常委会副主任丹增朗杰（中排右一），拉萨市委副书记、市人大常委会主任达娃（中排右二）在堆龙德庆区检查指导“人大代表之家”创建及运行情况

2017年8月19日，西藏自治区人大常委会副主任巨建华（前排右三）在堆龙德庆区开展执法检查

2017年9月7日，西藏自治区人大常委会副主任嘎玛（左二）在堆龙德庆区调研藏语文使用情况

2017年7月3日，西藏自治区人大常委会副主任周春来（左一）在堆龙德庆区调研易地扶贫搬迁安置工作。堆龙德庆区委书记格桑平措（右一）陪同

2017年1月18日，西藏自治区政协副主席金世洵（右一）在堆龙德庆区顶嘎寺调研慰问

2017年8月11日，堆龙德庆区羊达乡民政所举行衔牌揭幕仪式，标志着自治区第一个乡级民政所成立。西藏自治区民政厅党组成员、副厅长从飞军（左四），堆龙德庆区委副书记、区长杜江（左二），区委常委、组织部部长王满春（左一），区委常委、政府党组副书记、副区长李晓强（右一）出席仪式

2017年9月5日，拉萨市委副书记、市长，城关区委书记果果（前排右二）在堆龙德庆区调研“香雄美朵”建设情况

2017年10月21日，拉萨市委副书记、市人大党组书记、主任达娃（右二），市委常委、统战部部长阿努次仁（左二）在堆龙德庆区看望慰问巴吾活佛。区委书记格桑平措（左一）陪同

2017年10月25日，拉萨市委秘书长、市政协党组书记、主席，拉萨国家级经济技术开发区党工委书记袁训旺（左三）在堆龙德庆区顶嘎寺看望慰问顶嘎活佛

2017年5月5日，拉萨市委副书记、常务副市长胡洪（右一）在堆龙德庆区考察调研波玛村易地搬迁安置点工作。堆龙德庆区委书记格桑平措（右二）陪同

2017年1月7日，拉萨市委副书记肖志刚（横排左三）一行在堆龙德庆区调研

2017年1月10日，拉萨市委常委、宣传部部长吴亚松（前排右一）一行在堆龙德庆区德庆乡调研。堆龙德庆区委书记格桑平措（前排右二）等领导陪同

2017年3月6日，拉萨市委常委、统战部部长阿努次仁（左三），市政协副主席、民宗局党组书记拉巴顿珠在堆龙德庆区楚布寺督导检查维稳工作情况

2017年4月25日，区委书记格桑平措（中）调研德庆乡“四讲四爱”教育实践活动落实情况

2017年8月19日，区委书记格桑平措在SOS儿童村开展慰问活动

2017年4月1日，堆龙德庆区举行纯电动公交车启动运营仪式。区委书记格桑平措，区人大常委会党组书记、主任杨世军参加揭牌仪式

2017年8月19日，堆龙德庆区开展为SOS儿童村捐款活动。西藏自治区工业和信息化厅副厅长安央金（左三），区委书记格桑平措（右三）、区人大常委会主任杨世军（右一）、区政协主席洛桑强巴（左二）出席

2017年9月1日，区委副书记、区长杜江督导检查堆龙德庆区环境整治现状

2017年5月9日，区委副书记、区长杜江（中）和青岛绿地公司负责人在“香雄美朵”生态旅游文化产业园查看园区规划图

2017年1月25日，堆龙德庆区“四大家”领导在堆龙德庆区公安检查站开展慰问活动

2017年1月17日，中共拉萨市堆龙德庆区第一届委员会第三次全体（扩大）会议与会代表合影留念

2017年9月19日，堆龙德庆区第二届人民代表大会第一次会议与会代表合影留念

2017年9月18日，政协第二届拉萨市堆龙德庆区委员会第一次会议胜利开幕，图为与会代表合影留念

2017年8月9日，北京市朝阳区援藏医院考察团在堆龙德庆区考察组团式援藏工作，图为考察团成员在区政府楼前合影留念

2017年1月17日，中共拉萨市堆龙德庆区第一届委员会第三次全体（扩大）会议隆重开幕

2017年9月15日，中共拉萨市堆龙德庆区召开第二次代表大会

2017年1月20日，堆龙德庆区第一届人民代表大会第三次会议胜利开幕

2017年1月19日，政协第一届拉萨市堆龙德庆区委员会第二次会议胜利召开

2017年3月29日，堆龙德庆区召开区委理论学习中心组暨“两学一做”学习教育集中学习研讨会

2017年4月7日，堆龙德庆区召开深入开展“四讲四爱”主题教育实践活动动员部署大会

2017年1月17日，堆龙德庆区召开2017年经济工作会议

2017年9月22日，堆龙德庆区召开2017年民族团结进步表彰大会

2017年11月3日，堆龙德庆区召开2017年下半年和谐模范寺庙暨爱国守法先进僧尼、先进寺管会、优秀涉宗干部表彰大会

2017年9月21日，堆龙德庆区第二届人大常委会组成人员向宪法宣誓

2017年7月17日，堆龙德庆区举办北京市朝阳区双井街道援建堆龙德庆区捐赠仪式

2017年3月7日，堆龙德庆区举行城市管理综合执法局衔牌揭幕仪式

2017年4月1日，堆龙德庆区举行公交公司揭牌暨正式启动运营仪式

2017年3月28日，堆龙德庆区隆重举行庆祝西藏民主改革58周年暨“百万农奴解放日”设立8周年升国旗仪式。拉萨市政协党组副书记、副主席、秘书长张勤，全体在家县级领导以及区直单位全体干部职工参加升国旗仪式

2017年11月9日，堆龙德庆区开展“119”消防宣传日活动

2017年7月8日，第三届“香雄美朵杯”楚布沟山地自行车体验赛在乃琼镇波玛村“香雄美朵”生态旅游文化产业园举行

2017年6月6日，东嘎镇桑木村召开村妇联第一次代表大会，村级“会改联”试点工作正式开始

2017年5月4日，堆龙德庆区举办纪念“五四”运动98周年暨建团95周年表彰大会

2017年11月24日，堆龙德庆区僧尼赴内地学习交流并在天安门城楼前合影留念

2017年6月29日，拉萨市委宣传部、拉萨市文化局联合堆龙德庆区举办“共庆七一喜迎十九大·‘四讲四爱’”文艺演出

2017年9月22日，堆龙德庆区举办第27个“民族团结宣传月”暨第六个“民族团结进步节”文艺演出

2017年9月9日，堆龙德庆区举办帮普沟首届沐浴文化节启动仪式

2017年1月9日，堆龙德庆区在古荣乡加入村举办“五下乡”启动仪式文艺会演

2017年2月24日，堆龙德庆区乃琼镇波玛村举行“迁新居、过新年、感党恩、奔小康”文艺演出

2017年3月26日，区委宣传部联合区文广局等单位举办“3·28”百万农奴解放纪念日文艺演出

2017年8月23日，中央民族乐团在堆龙德庆区举办“国风绕梁”文化援藏专场音乐会

2017年8月26日，堆龙德庆区举办第二届“宇妥沟藏医药养生”深度体验游

2017年8月31日，堆龙德庆区举行第二届藏戏文化艺术节暨藏戏大赛，图为开幕演出

2017年9月2日，堆龙德庆区举办“古荣乡糌粑”文化节

2017年6月29日，堆龙德庆区举办共庆七一喜迎十九大“四讲四爱”文艺汇演

2017年3月16日，堆龙德庆区马乡马村举行春耕仪式

邦普沟

马乡马村重点区域造林

加木沟夜景

《拉萨堆龙德庆年鉴》编纂委员会

《拉萨堆龙德庆年鉴》编辑部

编辑说明

一、《拉萨堆龙德庆年鉴》2012年开始编纂，每年出版1卷，2018年卷为第7卷。

二、《拉萨堆龙德庆年鉴》以马克思列宁主义、毛泽东思想、邓小平理论、“三个代表”重要思想、科学发展观、习近平新时代中国特色社会主义思想为指导，坚持辩证唯物主义和历史唯物主义的立场、观点、方法，始终坚持“实事求是、质量第一、存史资政、服务大众”的办鉴宗旨，全面、系统、翔实地记述堆龙德庆区上一年度政治、经济、文化、社会等各项事业的基本情况，为社会各界与国内外人士了解和研究当今堆龙德庆区提供翔实资料。

三、《拉萨堆龙德庆年鉴》分为正文与彩页两部分。正文采取分类编辑法，以类目、分目、条目为主要框架结构，个别包含多方面资料的条目，则在段落间加插楷体标题提示，方便读者查阅全书。

四、《拉萨堆龙德庆年鉴（2018）》载录堆龙德庆区2017年经济社会发展的基本资料，设有特载、综述、大事记、政治、群团、军事、法治、经济管理、社会事业、城市建设·环保、邮政·通讯、金融、乡（镇）概况、附录等内容。

五、《拉萨堆龙德庆年鉴》的编辑宗旨，在于求真务实，力求真实生动地反映堆龙德庆区在改革开放和现代化建设中取得的崭新成就。

六、《拉萨堆龙德庆年鉴》所提供的内容和数据，分别来自于堆龙德庆区各有关部门和乡（镇）人民政府，经各级领导审核，但由于口径与统计方法不同，恐有不一致之处，使用时应以区统计局提供的数据为准。本书中农田土地面积的计量单位使用“亩”。

《拉萨堆龙德庆年鉴》编辑部

2018年4月1日

目 录

特 载

综 述

大事记

政 治

中共堆龙德庆区委员会

中共堆龙德庆区委办公室

堆龙德庆区人民代表大会常务委员会

堆龙德庆区人民代表大会常务委员会办公室

堆龙德庆区人民政府

堆龙德庆区人民政府办公室

中国人民政治协商会议堆龙德庆区委员会

中国人民政治协商会议堆龙德庆区委员会办公室

中共堆龙德庆区纪律检查委员会（监察局）

中共堆龙德庆区委组织部

中共堆龙德庆区委宣传部

中共堆龙德庆区委统战部(宗教办)

中共堆龙德庆区直属机关工作委员会

中共堆龙德庆区委党校

堆龙德庆区创先争优强基础惠民生活动第六批驻村工作

堆龙德庆区委区政府督查室

堆龙德庆区信访局

堆龙德庆区地方志办公室

群 团

堆龙德庆区总工会

共青团堆龙德庆区委员会

堆龙德庆区妇女联合会

堆龙德庆区工商业联合会

军 事

堆龙德庆区人民武装部

堆龙德庆区公安消防大队

武警堆龙德庆区中队

法 治

中共堆龙德庆区委政法委员会

堆龙德庆区公安局

堆龙德庆区人民检察院

堆龙德庆区人民法院

堆龙德庆区司法局

堆龙德庆区综治委铁路护路联防工作领导小组办公室

经济管理

堆龙德庆区发展和改革委员会

堆龙德庆区财政局

拉萨市国土资源局堆龙德庆分局

堆龙德庆区统计局

堆龙德庆区工业和信息化局

堆龙德庆区城市建设投资经营有限责任公司

堆龙德庆区净土产业投资开发有限公司

堆龙德庆区龙跃恒通水电气服务发展有限公司

堆龙德庆区龙腾国有资产投资运营有限公司

堆龙德庆区工业园区管委会

堆龙德庆区安全生产监督管理局

堆龙德庆区国家税务局

堆龙德庆区工商行政管理局

堆龙德庆区旅游局

社会事业

堆龙德庆区民政局

堆龙德庆区人力资源和社会保障局

堆龙德庆区民族宗教事务局

堆龙德庆区卫生局

堆龙德庆区农牧局

堆龙德庆区农业综合开发建设办公室

堆龙德庆区林业绿化局

堆龙德庆区水利局

堆龙德庆区教育（体育）局

堆龙德庆区粮食局

堆龙德庆区中学

城市建设·环保

堆龙德庆区住房和城乡建设局

堆龙德庆区环境保护局

堆龙德庆区城市管理局(城市管理综合执法局)

邮政·通讯

堆龙德庆区电信局

中国移动通信集团西藏有限公司拉萨分公司堆龙德庆区移动公司

堆龙德庆区邮政中心支局

金 融

中国农业银行股份有限公司堆龙德庆区支行

中国邮政储蓄银行堆龙德庆区支行

乡(镇)概况

东嘎镇

乃琼镇

羊达乡

古荣乡

马乡

德庆乡

柳梧乡

附 录

特 载

不忘初心 牢记使命
高举习近平新时代中国特色社会主义思想伟大旗帜
坚决打赢脱贫攻坚战 夯实全面建成小康社会基础

——在中共拉萨市堆龙德庆区第二届委员会第二次全体(扩大)会议上的报告

(2018 年 1 月 6 日)

拉萨市堆龙德庆区委书记 格桑平措

中共拉萨市堆龙德庆区第二届委员会第二次全体会议,是在坚决打赢脱贫攻坚战,决胜全面建成小康社会的关键时期召开的一次十分重要的会议。大会的主题是:高举习近平新时代中国特色社会主义思想伟大旗帜,深入学习贯彻落实党的十九大精神,学习贯彻落实区市两级党委九届三次全会

精神,不忘初心、牢记使命,众志成城、团结奋进,坚决打赢脱贫攻坚战,夯实全面建成小康社会基础,开启全面建设社会主义现代化堆龙新征程。

一、凝心聚力、团结奋进,经济长足发展和社会长治久安再上新台阶

2017年,面对艰巨繁重的改革发展稳定任务,面对各族群众的殷切期盼,在以习近平同志为核心的党中央亲切关怀下,在区市党委的坚强领导下,在北京市的无私援助下,我们牢固树立以人民为中心的发展思想,牢牢把握经济社会发展新常态,紧紧围绕发展、稳定、生态三件大事,坚持和完善“六大战略”,团结带领全区各族干部群众开创了党的根基不断巩固、社会大局和谐稳定、经济实力稳步提升、民生事业持续改善、生态环境保持良好的新局面。

(一)管党治党从严从实。坚定不移深化全面从严治党,有力夯实了党的执政根基。突出政治建设。牢固树立“四个意识”,坚决维护以习近平同志为核心的党中央权威和集中统一领导,自觉贯彻落实区市党委各项决策部署。严守党的政治纪律和政治规矩,严肃党内政治生活,推动党内监督制度化,扎实维护党章的严肃性和权威性,严禁党员干部信仰宗教、参与宗教活动。层层落实管党治党政治责任,党的领导和党的建设全面加强。区委常委会全年研究全面从严治党工作34次,下发文件67份,开展专项检查6次。坚定理想信念。深入学习习近平总书记系列重要讲话精神和治国理政新理念新思想新战略,深入推进“两学一做”学习教育常态化制度化。全年区委常委会集中学习20次,理论中心组开展学习研讨10次,县级干部带头讲党课65次、带头宣讲十九大精神41次,各级党组织开展各类专题学习教育实践活动5000余场次,学习十九大精神实现首轮全覆盖,全区上下理想信念更加坚定,党性更加坚强。夯实组织基础。分类制定基层党建责任制实施办法和责任清单,完善各级党组织书记向上级党组织公开述职、公开评议工作机制,健全第一书记和驻村干部考评机制。将14个村党支部调整为党总支,10个村党支部和3个村党总支调整为党委。非公经济党组织覆盖率达17.4%,社会组织、国有企业党组织覆盖率均达100%。增设2个机关党支部,将区教体局党总支调整为党委,顺利完成区直机关党组织换届。在村级活动场所标准化建设全覆盖的基础上,实施了10个组级活动场所建设,进一步规范活动场所使用管理,提升了政治功能和服务功能。启动实施“一窗式受理、一站式办结”村级便民服务试点工作。严格实行县级干部包村发展村集体经济责任制,实现村集体经济企业全覆盖,30个村集体经济年收入均达50万元以上,东嘎、乃琼各有两个村集体经济年收入达1000万元以上。建强干部队伍。坚持好干部标准和民族地区“三个特别”要求,注重培养选拔一线干部,全年调整提拔乡(科)级干部22人,专项招收39名区外高校毕业生,选派84名第七批驻村工作队员。严把政治关、品行关、作风关、廉洁关,高标准完成区“四套班子”和村级组织换届,新一届231名村级组织班子成员中党员比例达100%,初中及以上学历比上届提高66.9%,平均得票率在98%以上。大力实施党员素质提升工程,充分发挥区党校主阵地作用,统筹区内外培训资源,举办专题培训37批次,培训党员干部4000余人次。规范党员发展,严格组织程序,全年发展党员218名,培养积极分子501名,其中农牧民党员、积极分子分别占总数的78%和86%。扎实做好老干部工作,组织开展“讲党恩爱核心,哈达献给总书记”主题活动,举行座谈慰问14次。深化正风反腐。认真履行主体责任和监督责任,有效运用监督执纪“四种形态”,严格落实中央八项规定、自治区“约法十章”“九项要求”和市委“八项要求”,严肃查处“微腐败”,严防“四风”反弹。发挥巡察利剑作用,指导马乡、德庆乡完成市委巡察七组反馈意见整改,顺利通过自治区党委巡视督察;完成对3家区直单位、3个行政村第一轮巡察试点工作,启动对2家区直单位和2家区属国有企业的第二轮巡察。全年受理核查问题线索38件,立案9件,给予党纪政纪处分9人,其中开除党籍、公职2人,留党察看1人。

(二)社会大局和谐稳定。坚持稳定压倒一切思想,确保了“三无”“三不出”“三稳定”。深入开展反分裂斗争。严格落实中央对十四世达赖集团的定性、斗争方针和策略,坚定反分裂斗争立场,始终做到旗帜鲜明、认识统一、表里如一、态度坚决、步调一致。坚持季度部署、月分析、周研判,提升情报收集工作的深度和广度,严密防范、依法打击分裂渗透破坏活动、暴力恐怖活动、民族分裂活动、宗教极端活动。着力加强国家安全教育,广大干部群众国家安全意识进一步增强。紧紧围绕党的十九大维稳安保主线,认真落实区市党委各项维稳措施,深入开展"十一项"专项治理行动,圆满完成十九大维稳安保工作。不断完善社会治理体系。加快全响应指挥中心建设,有效提高预测预警预防各类风险的能力。加强实有人口、重点人员、特殊人群信息采集管理,风险隐患动态排查管控机制进一步完善。强化铁路护路联防工作,实现了青藏铁路堆龙段平安通畅。健全党政军警民联防联控机制,巩固深化网格化管理模式和"双联户"运行模式,完善立体化治安防控体系,基层社会治理能力不断提升。巩固提升公共安全管理。严格落实"党政同责",健全完善三级联动安全监管体系,深化安全生产、食品药品、消防安全等领域隐患排查治理信息化建设。持续强化交通安全管理,积极实施生命防护工程,实现了各领域重特大安全事故"零发生"。有效化解矛盾纠纷。坚持"防要点、盯难点、疏热点、复一般"的原则,健全社会稳定风险评估机制,严格落实县级干部包案负责制,完善区、乡(镇)、村、组、联户五级矛盾纠纷排查调处机制,实现信访案件"零搁置"。全年受理群众来信来访案件91件,化解85件,化解率93.4%;排查各类矛盾纠纷136起,化解率100%。妥善化解世邦欧郡购房业主合同纠纷、藏泉酒业非法集资款纠纷等10余项重大疑难信访案件。

(三)经济持续健康发展。坚持稳中求进、进中求好、补齐短板的工作总基调,经济发展质量和效益不断提升。经济保持快速增长。2017年,完成地区生产总值29.85亿元,同比增长10.3%;全社会固定资产投资94.81亿元,同比增长23.5%;规模以上工业增加值9.26亿元,同比增长0.3%;社会消费品零售总额10.29亿元,同比增长12.3%;一般公共预算收入11.94亿元,同比增长90.89%;农村居民人均可支配收入13956元,同比增长13.5%。现代农业稳步发展。深入实施小型农田水利建设,扎实推进测土配方试验田、标准化高产创建示范基地和良种繁育基地建设,粮食产量稳中有增。大力实施"万户百场十中心"建设,牲畜存出栏率、良种覆盖率、新生仔畜存活率保持平稳。壮大发展专业合作组织,5家合作社被评为市级示范社。净土产业加快发展。实施净土公司+羊达设施农业园孵化基地+"上三乡"净土健康产业园+合作社的产业发展模式,不断提升净土健康产品有效供给。统筹线上线下、区内区外销售渠道,推动净土健康产业规模化、标准化发展,净土健康产业总产值达1.8亿元。工业经济整体向好。以《工业园区发展规划》为引领,紧紧围绕现代物流园区发展定位,加快A区转型升级,完成B区基础设施建设,实施了高原食品冷链中心、吉祥哈达等重点项目。强化招商引资实效,大力培育发展实体经济,工业总产值和工业税收稳步增长。旅游产业提质增效。全力打造"药王故里、藏戏之乡、生态堆龙"旅游品牌,编制完成《全域旅游发展规划》,启动编制重点景区专项规划,组建吉雄谷旅游文化发展有限公司,制作完成全区旅游形象宣传片。与青岛绿地园林技术有限公司合作推进"香雄美朵"生态旅游文化产业园建设。建立楚布寺景区电子导览器,成功举办楚布沟自行车体验赛、宇妥沟药王谷藏医养生深度体验游、古荣糌粑文化节、帮普沟沐浴文化节、比西沟公益徒步体验等活动。全年接待游客121.59万人次,实现旅游收入4162万元,分别同比增长24.7%和21.34%。商贸物流业提速发展。加快以服务城市大宗商品交易为主的钢材集散交易中心、工程机械商贸城等一批综合性商贸流通市场建设,推进青藏铁路格尔木至拉萨段扩能改造、拉林铁路机务段、拉萨综合物流保税园区等国家战略性重大项目建设,引进了京东等国内知名电商平台在我区落户,现代物流业发展取得实质进展。

(四)脱贫攻坚成效显著。坚持把打赢脱贫攻坚战作为经济社会发展的头等大事和第一民生工程。狠抓内生动力这个关键,坚持"志智双扶",充分发挥干部职工结对帮扶积极作用,推动"要我脱贫”向“我要脱贫”转变。狠抓产业脱贫这个基础，采取发展主导产业、培育扶贫产业、发挥金融作用、依托龙头企业、壮大村集体经济等模式，带动贫困群众稳定增收。狠抓就业脱贫这条渠道，通过技能培训、产业带动、劳务输出、开发公共服务岗位和引导群众自主就业等多种渠道，促进贫困群众就业增收。狠抓易地搬迁这个难点，完成1000户贫困群众易地搬迁点建设，统筹解决搬迁群众就业、就医、就学等问题，确保搬迁群众既能安居更能乐业。狠抓成效巩固这个根本，制定实施统筹贫困群众和低收入人群的医疗、教育、住房、就业激励保障政策，让人民在共建共享发展中有更多获得感。“建档立卡”贫困人口人均可支配收入达到7587.97元，综合贫困发生率控制在3%之内，顺利通过自治区第三方评估、地市交叉考核及拉萨市脱贫摘帽验收。

（五）民生保障不断改善。坚持以人民为中心的发展思想，不断提升人民群众幸福感。教育事业优先发展。全面落实立德树人根本任务，努力办好人民满意的教育，成功召开自治区素质教育督导评估现场会和拉萨市落实“五个100%”推进现场会。加快提升义务教育教学质量，全面普及学前三年双语教育，着力实施幼儿园、中小学等重点项目建设，不断加强校长队伍和师资队伍建设，完善精细化管理模式。认真落实15年免费教育、“三包”和营养改善政策，大力开展家庭经济困难学生资助。深入开展全民健身运动，实现机关、学校公共体育场地设施对外免费开放，深入开展“工间操”活动，成功举办“奔跑吧青春”、中小学生运动会等竞技比赛。医疗水平不断提高。扎实推进“健康堆龙”建设，成功创建为全国健康促进区。大力推进乡镇卫生院、村卫生室标准化建设，启动二级甲等医院综合楼、公共卫生应急服务中心、藏医院项目前期工作，区人民医院成功挂牌二级乙等医院。深化“先诊疗、后结算”医疗服务体制，深入实施分级诊疗和药物“零差价”销售制度。健全以大病医疗保险为补充、覆盖农牧区的多层次医疗保障体系。全民健康体检和包虫病筛查防治实现全覆盖。建立村医进退机制和绩效考核制度，大力推行村级家庭医生签约式服务，村医与常住人口签约率达98%。社保体系持续完善。大力实施临时社会救助、城乡医疗救助，稳步推进残疾人康复服务中心项目建设，集中供养105名五保户，意愿集中供养率达100%。为全区城乡居民购买超大额补充医疗保险，全面实施“全民参保计划”和社保卡数据采集工作，户籍人口参保率达100%。全面治理拖欠农民工工资问题，依法保护农民工合法权益。创业就业服务有力。积极推进“双创”示范基地建设，建成中小企业服务中心、众创空间，成功举办首届优秀创业青年赴北京学习交流活动、首届创业青年文化沙龙暨团队建设拓展培训和第二届青年创新创业大赛。以动态消除“零就业家庭”和大学生就业“动态清零”为目标，深入实施“四业工程”，通过“订单式”技能培训、有序输出、创业帮扶等措施，实现农牧区劳动力转移就业2.62万人次、新增就业1225人，顺利完成千人就业计划，城镇失业登记率控制在2.2%以内。城乡面貌日益改善。编制完成《新城修建性详细规划》《德庆、古荣、马乡乡镇规划》，调整完善《土地利用总体规划》，加快编制城市公共交通、城市水系、城市公共绿地等专项规划。实施了139个基建项目，扎实推进国道109线那曲至拉萨（堆龙段）高速公路建设，城乡基础设施建设进一步加强。完成堆龙新城第一批征地拆迁，以东嘎时代广场建设为引领，深入实施新城电力改造、搬迁安置、市政道路及地下管网等配套基础设施建设前期工作，成功争取堆龙河综合整治等重点项目。积极稳妥推进村改居、乡改镇、镇改街道前期工作。全面统筹推进小康安居工程、海拔4500米以上居民搬迁工作。大力推广绿色、低碳出行，开通城区至上三乡“一元通”新能源公交专线，累计运送群众11万余人次。

（六）思想文化繁荣进步。以国家公共文化服务体系示范区建设为抓手，扎实开展群众性精神文明创建活动。坚守意识形态阵地。制定《落实党委（党组）意识形态工作责任制方案》《网络意识形态工作方案》等4项规范性文件，细化党委主体责任和相关部门职责，将落实意识形态工作责任纳入巡察工作安排和年终考核，区委常委会研究意识形态领域工作4次。坚持弘扬正能量总要求，大力培育和践行社会主义核心价值观，不断赋予“老西藏精神”“两路精神”新的时代内涵。紧紧围绕农牧民群众、青少年学生、寺庙僧尼三大群体,扎实开展“四讲四爱”主题教育实践活动,各族群众感党恩、听党话、跟党走的信心和决心更加坚定。推进文化事业发展。广泛开展“喜迎十九大”“第二届藏戏文化艺术节暨藏戏大赛”等文化活动250余场次。大力扶持和培育龙头文化产业,完成设兴藏戏传习基地、乃琼镇加罗庄园抢救性修缮保护工程等一批文物保护重点项目建设。新增2处市级非物质文化遗产和2处县(区)级非物质文化遗产,评选1名县(区)级非遗传承人。出版藏汉英三语《堆龙德庆区寺庙文化石刻资料》《楚布沟、措麦村、药王谷等名胜古迹源流简介》,建立68个文物保护点石碑、文物数据库,有力维护文物安全。

(七)生态环境保持良好。坚持保护优先、综合治理,有力保护了堆龙的青山绿水。加强生态工程建设。深入开展施工、矿山、道路扬尘整治工作,大力淘汰燃煤锅炉,完成高争建材产能改造和东嘎水泥厂落后产能淘汰,积极推广使用清洁能源,空气质量优良率持续保持在96%以上。着力加强水生态治理与保护,全面实行“河长制”,堆龙河、拉萨河堆龙段水质均达到国家三类标准。加快推进园区污水处理厂建设和城市生活污水处理厂前期工作。完成102个农村饮用水源地保护工程建设,饮用水安全得到有力保障。完成有机农业实验4.7万亩,大力推广病虫害绿色防控和有机肥使用。建成区、乡镇、村、组四级垃圾收集转运体系。积极启动消除“无树村无树户”工作,完成2600亩拉萨周边防护林、800亩重点区域生态公益林、334亩防沙治沙、6468亩封山育林项目建设。健全生态保护制度。严格落实“党政同责”“一岗双责”,严格执行环境保护“一票否决”制度。严把建设项目环评审批关,建立健全属地、行业、业主+环保执法的“3+1”责任体系,严禁“三高”项目进入堆龙,“三同时”执行率达100%。加强生态文明建设普及教育和宣传,营造人人关心生态、支持生态、爱护生态的浓厚氛围。认真办结59件中央环保督察移交案件,依法依规追责9人,党政纪处分5人,行政处罚113家违规企业、并处罚金300余万元。完成自治区级生态县(区)和3个自治区级生态乡(镇)创建申报,荣获“全国美丽乡村创建先进区”。

(八)民族宗教交融和睦。认真贯彻落实党的民族宗教政策,有力维护了民族团结、宗教和睦。宗教事务管理持续加强。圆满完成楚布寺“次曲”等18项宗教活动安保工作,全年宗教活动参与人次同比下降30%以上,实现了“安全有序、佛事和顺、方便群众、淡化影响”的目标。持续推进寺庙“六建”工作,深入实施“9+5”“四个全覆盖”和免费健康体检、僧舍维修等利寺惠僧措施。先后组织60名僧尼赴首都北京参加升旗仪式,并到多地学习交流佛教文化。民族团结进步深入开展。坚持各民族共同团结奋斗、共同繁荣发展,民族团结宣传教育和民族团结进步创建活动深入推进。全年评选民族团结进步模范集体34个、模范家庭77个、模范个体工商户60个、模范个人435名,各类先进典型充分发挥榜样示范引领作用,营造了共居、共学、共事、共乐的浓厚氛围。

(九)民主法治纵深发展。坚持党的领导、人民当家作主、依法治区有机统一,社会主义民主法治建设不断引向深入。民主政治不断加强。积极支持人大依法履行监督、任免、决定权利,代表履职能力进一步提升。深入实施依法治区战略,全力支持政府依法履职,法治政府建设成效明显。积极支持政协依章履行参政议政、民主监督、政治协商职能,协商议政实效切实提升。紧紧围绕司法为民、公正司法,着力支持法院、检察院工作。工青妇等群团组织主动作为,桥梁纽带作用进一步发挥。国防教育、双拥共建取得新成效,成功实现全国双拥模范县“八连冠”、全区双拥模范县“九连冠”目标。统一战线更加广泛。巩固和发展爱国统一战线,广泛建立联谊交友机制,建立健全了服务联系党外人士、境外藏胞工作机制。大力促进非公有制经济健康发展,扎实做好党外知识分子、“两新组织”的统战工作,最大限度地团结一切可以团结的力量。法治观念深入人心。结合“七五”普法,深入开展民主法治宣传教育,推动法治宣传进机关、进农村、进学校、进家庭、进企业、进寺庙,广大干部群众知法懂法、守法用法的意识不断提升。

（十）改革开放全面深化。坚定不移向改革要动力、要发展、要红利，着力推动区域合作再上新台阶。重点改革扎实推进。稳步推进农村土地“三权分置”，积极开展农村土地承包经营权、宅基地使用权、集体土地所有权确权登记颁证，有序推进农村土地流转工作。着力抓好三级行政服务体系建设，大力推进简政放权，依法公开26家区直单位3442项权责清单。做大做强净土健康、文化旅游和投资开发三大板块国企，强化国有资本监管，国有企业中坚力量作用进一步发挥。首家村镇银行民泰银行进驻我区，金融服务经济发展水平不断提升。受援模式机制创新。启动“十三五”援藏项目中期调整，争取援藏资金2600万元，实施5个援藏项目。主动加强与北京市朝阳区、海淀区、门头沟区的交流合作，达成了在教育、医疗、科技、金融、社区共建、沟域经济开发等领域合作意向。选派137名干部赴北京市跟岗锻炼、学习培训，北京西城区20名党政干部赴我区交流挂职。扎实推进医疗人才组团式援藏工作，顺利开通区人民医院和北京朝阳区垂杨柳医院远程医疗会诊系统。

这些成绩的取得，离不开以习近平同志为核心的党中央的亲切关怀，离不开区市党委的坚强领导，离不开北京市的无私援助，离不开区四套班子的精诚团结，更离不开全区各族干部群众的团结拼搏。在此，我代表区委向所有参与、支持堆龙改革发展稳定的广大干部群众和社会各界人士表示衷心的感谢并致以崇高的敬意！

在充分肯定成绩的同时，我们也必须清醒地看到我们工作还存在一些不足：一是全面从严管党治党任重道远，党的组织覆盖和工作覆盖还不到位，党组织核心作用发挥不充分，党建工作与新时代党的建设新任务新要求还有较大差距。二是维护社会稳定形势复杂严峻，在“后达赖”向“达赖后”转变时期，应对反分裂斗争新形势的准备还不充分；宗教消极影响短期内难以消除，教育引导广大群众摆脱落后观念、克服陈规陋习的任务艰巨，社会文明尚需提高；在城市化、城镇化进程中社会矛盾和问题交织叠加，防范社会风险压力大，法治体系和治理能力有待加强，全面依法治区任务繁重。三是经济总量小，城乡区域间发展不平衡不充分，产业发展质量和效益还不高，有效供给不足；实体经济底子薄、规模小、效益低，辐射带动力强的龙头企业少，创新能力不足，服务性产业配套滞后；国有企业发展不平衡、不充分，管理体制、经营机制尚不完善；乡村集体经济薄弱，农牧民收入渠道单一，自我造血、自我发展的能力还有待进一步提高。四是基础设施建设滞后，城乡道路、地下管网、垃圾污水处理等基础设施建设历史欠账多，与拉萨城市副中心地位不匹配。基本公共服务体系还不完善，就业、教育、医疗、住房、养老等民生领域还有不少短板。五是生态环境保护任重道远，环境保护基础设施建设滞后，环保长效机制尚未形成，生态破坏防范屏障尚未建立，生态文明建设与人民群众期待还有一定差距。六是发展环境仍需进一步优化，服务发展、服务基层的意识有待进一步增强，机关作风效能和决策执行力有待进一步提高。

面对这些问题，我们必须坚持目标导向抢抓机遇、坚持问题导向补齐短板、坚持民生导向提升服务、坚持基层导向改进作风，不断改进工作方法，创新工作模式，以抓铁有痕的决心和信心，推动堆龙经济社会发展不断取得新突破。

二、明确目标、坚定信心，切实以习近平新时代中国特色社会主义思想引领新征程

2018年是贯彻落实党的十九大精神的开局之年，是打赢脱贫攻坚战的决胜之年，是实施“十三五”规划、决胜全面建成小康社会承上启下的关键一年。面对新时代、新使命、新要求，全区上下一定要紧紧围绕党的十九大和区市党委九届三次全会确立的一系列重大决策部署，切实把发展蓝图转化为实实在在的发展成果。

2018年工作总体要求是：深入贯彻落实党的十九大精神，高举中国特色社会主义伟大旗帜，坚持以习近平新时代中国特色社会主义思想为指导。坚持“五位一体”总体布局和“四个全面”战略布局，坚持依法治藏、富民兴藏、长期建藏、凝聚人心、夯实基础的重要原则，紧扣社会主要矛盾和特殊矛盾，坚持以人民为中心的发展思想，加强和坚持党的全面领导，抓好发展、稳定、生态三件大事，深入

推进供给侧结构性改革，正确处理“十三对关系”，坚持和完善“六大战略”，充分发挥拉萨“一心两翼”城市发展格局中堆龙“西翼”作用，着力创建拉萨城市副中心、产城融合示范区、城乡统筹先导区，大力构建“一核两带、三区三园、六沟多点”产业空间布局，突出抓重点、补短板、强弱项，全面打赢脱贫攻坚战，确保顺利通过国家脱贫摘帽验收，为全面建成小康社会奠定坚实基础。

2018年奋斗目标是：主要经济指标增速继续保持在全市前列，地区生产总值增长12%；一般公共预算收入增长10%；全社会固定资产投资总额增长19%；规模以上工业增加值增长13%；社会消费品零售总额增长15%；农牧民人均可支配收入增长18%；城镇居民人均可支配收入增长10%。

三、勇于担当、狠抓落实，着力夯实全面建成小康社会基础

贯彻总体要求、实现奋斗目标，全区上下必须扎实做好以下六个方面工作。

（一）坚决贯彻新发展理念，着力建设现代化经济体系

牢固树立和贯彻新发展理念，把经济发展着力点放在实体经济上，推动经济高质量发展。一是深化供给侧结构性改革。要加快现代化农业建设，全面提升农产品综合生产能力，以无公害农产品、绿色农产品、有机农产品、地理标志产品为重点，强化品牌创建，大力实施“互联网+现代农业”发展模式，实现标准化、规模化发展。要积极构建生产性服务体系，加快构建涵盖法律、会计、审计、征信、中介、咨询等种类齐全、分布广泛、运作规范的生产性服务平台，为企业发展提供更好的配套服务。要做大做强国有企业，发挥国有企业振兴实体经济“排头兵”作用，加快构建产权清晰、权责明确、政企分开、管理科学的现代企业制度，不断增强国有经济活力和影响力。要着力深化农村改革，在实行“三权分置”基础上，开展“三变”改革试点，盘活农村“三资”，激活“三权”，探索集体经济有效增长形式，提高农牧民财产性收入。要健全投融资机制，用好用活用足金融优惠政策，提升投融资水平，扩大信贷投放，提升金融服务实体经济能力；大力发展产业扶持和产业引导基金，充分发挥政府资金“四两拨千斤”作用，吸引和撬动更多社会资本。要加快电子商务发展，以完善电子商务平台、带动特色产业发展、创新服务民生方式、拓展农村购销市场、增进政务管理水平为目标，大力发展复合型电子商务，实现线上线下融合发展。二是壮大净土健康产业。要以羊达设施农业园种苗孵化基地，古荣、马乡、德庆净土健康产业园，奶牛养殖基地为支撑，以各类企业合作社为依托，构建实体产业链条。要持续扩大“古荣糌粑”“青色麦田”“青稞物语”等品牌影响力，建成高原青稞食品深加工基地，增强青稞产品竞争力；规模种植有机食用菌、藏红花、藏灵芝等高附加值产品，不断提升产业增加值；以“圣香海螺”为引领，发挥藏香协会组织作用，大力推进玫瑰种植基地建设，带动藏香、藏香水产业发展；发挥“藏地吉龙”龙头作用，深入实施“万户百场十中心”建设，建强奶制品产业链；深入挖掘“药王故里”文化品牌附加值，推动藏药材种植与“雄巴拉曲”藏药、宇妥沟藏医养生体验开发深度融合，持续做强藏医药产业。三是做精文化旅游产业。要大力实施全域旅游规划，打造智慧旅游体系，依托拉北环线建设，开发精品旅游观光线路，提升旅游接待设施、服务质量。要着力促进旅游文化产业与其他产业融合发展，带动更多群众在产业发展中就业增收。要重点打造“香雄美朵”生态旅游文化产业园区，确保年内初具规模。要深化“文化+旅游”发展模式，加大楚布沟生态游、药王谷藏医养生游和措麦乡村民俗文化游深度开发力度。要深化“农业+旅游”发展模式，打造观光旅游、度假旅游、采摘旅游等新业态，实现产业相互促进发展。要深化“体育+旅游”发展模式，举办好楚布沟自行车骑行赛、比西沟公益徒步体验等活动，提升知名度。要积极发展多层次的旅游产品，大力开发以净土健康、民族手工艺、藏香藏药等为主的旅游产品体系，延伸旅游产业链。四是提升园区经济实力。要加快调整工业园区B区规划，全面建成钢材物流集散交易中心、工程机械商贸城等重点项目，打造现代物流园区。要大力推动工业园区A区企业转型升级，优化产业结构，加快淘汰落后产能。要抓好园

区企业脱虚向实,围绕民族手工业、高原健康产业、食品深加工业、藏药材研发业、现代物流业等重点产业,加大招商引资力度,建立健全“保姆式”服务体系,推动更多实体经济落地发展。五是健全商贸物流体系。要加快推进青藏铁路格尔木至拉萨段扩能改造、拉林铁路机务段等重点项目建设,构建高效便捷的铁路物流网络。要充分发挥拉萨城投综合物流园区辐射带动作用,完善和规范配送管理体系,大力推进物流信息化,打造全区现代物流枢纽。六是培育房地产业市场。要以承接拉萨市人口转移为契机,开发宜居、宜业的住宅地产;以全域旅游发展为载体,开发融合休闲、度假、居住为一体的旅游地产;以东嘎时代广场建设为引领,开发商住混合地产,切实通过发展壮大房地产业为堆龙经济发展培育新的增长点。七是加快对外开放交流。要主动对接“一带一路”战略,全力推动拉萨综合物流保税园区建设,切实在拉萨市打造面向南亚对外开放节点城市的大格局中发挥好城市副中心作用,全方位提升开放型经济水平,打造对外开放新高地。要优化物流园区功能布局,充分发挥物流集散中心的区位优势,全面提升对自治区内外的开放水平。要深化组团式援藏工作机制和“请进来、走出去”援藏工作模式,进一步提升在经济贸易、文化旅游等领域的深层次交流水平,加大援藏资金争取力度,强化援藏项目储备。

(二)坚决维护国家安全,着力推进社会长治久安

牢固树立稳定压倒一切思想,扎实履行维稳第一责任,推动社会治理由“要我稳定”向“我要稳定”转变。一是持续深化反分裂斗争。要强化国家安全意识,坚决贯彻中央对达赖集团的斗争方针,深入揭批达赖集团的反动本质,教育引导各族干部群众自觉与达赖集团划清界限,牢牢掌握斗争主动权。要下好先手棋、打好主动仗,加强情报信息收集研判,严密防范各类安全风险,依法严厉打击分裂国家、破坏民族团结的反动宣传活动、聚集闹事活动、暴力恐怖活动、煽动自焚活动,深入开展反渗透、反分裂、反邪教斗争。二是不断创新完善社会治理。要健全完善社会治安防控体系,深化网格化管理和“双联户”治理模式,充分发挥基层群防群治力量,形成问题联治、工作联动、平安联创的局面。要强化领导干部接访下访督访,健全完善社会矛盾预防和化解机制。要积极实施“雪亮工程”,依法打击各类违法犯罪活动,不断促进社会公平正义,形成有效的社会治理、良好的社会秩序。三是全面深化公共安全管理。要牢固树立安全发展理念,健全完善三级安全生产联动监管和隐患排查治理体系,坚决预防发生较大安全生产事故。要强化交通安全管理,持续加大交通违法整治力度,坚决防止发生较大交通事故。要进一步强化食品药品监管工作力度,确保食品药品领域安全。要强化消防安全监管,扎实推进辖区有寺有僧寺庙、乡(镇)、学校微型消防站建设,防止发生较大火灾事故。四是依法加强宗教事务管理。要全面贯彻党的宗教工作方针,积极引导宗教与社会主义相适应,坚决防止“宗教热”。要加强管理宗教事务管理,坚持独立自主自办原则,严守藏传佛教不受境外势力操控的底线,依法依规处理涉宗问题。要教育引导寺庙僧尼做爱国爱教的好公民,教育引导信教群众追求今生、过好当下幸福生活,逐步淡化宗教消极影响。要压实属地责任和分包责任,严守“三个不增加”底线,加强社会流动从事宗教活动人员服务管理。要深化落实“9+5”“六个一”“四个全覆盖”等一系列利寺惠僧政策,使广大僧尼切身感受到党和政府的关怀与温暖。要深化寺庙“六建”工作,坚持以机制建设为主,持续加强统战民宗部门和寺管会党组织建设,构建主体在区、延伸到乡、落实到村、规范到点的工作格局。五是不断巩固发展民族团结。要持续推进民族团结宣传教育“七进”活动,引导各族干部群众牢固树立“三个离不开”“五个认同”思想。要坚持依法处理民族事务,不以民族身份画线搞选择性执法,不把涉及少数民族成员的民事和刑事问题简单归结为民族问题,不把一般社会矛盾纠纷简单归结为民族矛盾,创造有利于各族群众共居、共学、共事、共乐条件。六是大力发展社会主义民主政治。要认真落实人民代表大会制度,支持人大依法行使监督、决定、任免等职权,保障人大代表更好地发挥作用。要加快建设法治政府,完善并公布政府权力清单、责任清单和负面清单,进一步加

大政务公开力度，严格规范公正文明执法。要发展社会主义协商民主，支持政协把协商民主贯穿到政治协商、民主监督、参政议政全过程。要巩固发展爱国统一战线，最大限度地团结一切可以团结的力量，凝聚推动堆龙经济社会发展的强大合力。要积极支持法检两院依法履行职能，不断推进严格执法、公正司法。要加强党对群团组织的领导，不断提升群团组织服务堆龙经济社会发展的能力和水平。要持续推进法治堆龙建设，深入开展“七五”普法，建立健全法律援助和顾问制度，筑牢全民守法意识。要大力抓好双拥共建，推进军民融合深度发展。

（三）坚持以人民为中心发展思想，着力提升人民群众幸福感

牢牢抓住各族群众最关心最直接最现实利益问题，既尽力而为，又量力而行，不断满足人民日益增长的美好生活需要。一是坚决打赢脱贫攻坚战。要紧紧围绕“两年脱贫、三年巩固”的工作目标，继续深化“区负总责、部门协作、乡镇落实、干部结对、社会帮扶”的脱贫工作机制，扎实落实县级干部包乡包村、区直单位包村、普通党员干部包户的分包责任，强化“志智双扶”，持续提升贫困群众精气神。要特别注重产业发展带动脱贫工作，因地制宜发展直接带动群众增收的产业，继续促进有劳动能力的贫困群众和低收入群体在产业中就业，确保有劳动力贫困家庭实现1人以上稳定就业，使贫困人口年均收入增长17%以上。要建立健全巩固精准脱贫成果长效机制，统筹易地搬迁后续工作，扎实推进高海拔等特殊区域农牧民搬迁工程，全面落实好对贫困群众和低收入人群在医疗、教育、住房等方面的保障政策，确保达到“三不愁、三有、三保障”的脱贫标准，顺利通过国家脱贫摘帽验收。二是大力实施乡村振兴战略。要大力实施秀美乡村建设，制定乡村振兴战略规划，推动生产要素、资源条件、公共服务、基础设施向乡村倾斜，不断改善农牧民群众生产生活水平。要完善德庆乡、马乡、古荣乡乡镇规划和加木村、南嘎村、帮普村、加入村、设兴村、邱桑村等村庄规划，完善农村路网、安全饮水、通讯网络、园林绿化、环卫保洁、垃圾转运、污水处理等基础设施，大力开展“厕所革命”，提高农村卫生厕所普及率，全面消除“无树村无树户”，积极开展自治区生态文明建设示范区创建工作。要大力发展产联式农牧民合作社、农牧民龙头企业、家庭经济等新型经营主体，鼓励和扶持农牧业生产性服务组织，推进农村一、二、三产业融合发展。要加强乡村治理体系建设，健全完善村规民约，构建自治、法治、德治相结合的基层社会治理体系，促进乡村和谐发展、安定有序。三是优先发展教育事业。要落实立德树人根本任务，把习近平新时代中国特色社会主义思想、社会主义核心价值观融入学校教育全过程，培养爱党爱国的社会主义建设者和接班人。要继续抓好学前教育，持续推进义务教育均衡发展，落实好15年免费教育政策，确保教育经费“三个增长”，扎实推进区第二中学前期工作、全面启动区第二小学建设。要坚持以制度推动校长队伍和师资队伍建设，大力实施教师教育振兴计划，加强师德师风建设，积极争取教育人才组团式援藏，加强与内地优质教育资源的交流联系，全面提升教育教学水平。四是积极促进就业创业。要以高校毕业生、困难群体、富余劳动力为重点，以市场为导向，强化就业观念引导，继续实施年度千人就业计划，推进更高质量和更充分就业，实现“动态消除零就业家庭”和“大学生就业动态清零”目标。要建立区乡村三级就业公共服务网络，以发展产业增就业、以加强培训促就业，鼓励和支持农牧民到城镇和企业就业，强化劳动监察，依法保障劳动者合法权益。要以实施创新驱动发展为引领，深入开展“大众创业、万众创新”，不断优化创业创新环境，强化创业服务，大力扶持优秀创业项目，提升吸纳就业能力，辐射带动经济发展。五是不断健全社会保障体系。要健全完善覆盖全区、统筹城乡、权责清晰、保障适度、可持续的多层次城乡社会保障体系，筑牢社会保障“安全网”。要全面实施全民参保计划，加快完善覆盖城乡居民的基本养老、基本医疗、失业、工伤、生育等保险制度，各险种参保率达到100%。要加大低保户、五保户、孤儿等弱势群体的保障力度，完善应保尽保、应补尽补、应退尽退机制。要保障妇女儿童和未成年人权益，支持残疾人

事业发展，健全扶残助残服务体系。要完善减灾防灾体系，加强应急救灾体系建设，全面提升快速反应、快速处置能力，保障人民生命财产安全。六是全面推进健康堆龙建设。要扎实推进区人民医院创二甲工作，巩固发展以区人民医院能力提升、乡镇卫生院标准化建设、村居卫生服务全覆盖为重点的三级医疗卫生服务网络，加快架构公共卫生信息网络和信息系统综合应用平台。要全面启动藏医院建设，全面深化藏医药事业继承与创新发展。要提高医疗服务水平，提升医疗人才组团式援藏工作深度、广度。要持续巩固包虫病防治成果，做好重大疾病、地方病、职业病预防控制，加大妇幼健康工作力度，健全卫生应急处突机制，提升公共卫生服务能力。要大力发展健康事业，深入开展爱国卫生运动和全民健身运动，坚持学校、企事业单位体育设施向社会全面开放。七是统筹城乡协调发展。要大力推进堆龙新城建设，积极推动《拉萨市堆龙德庆区分区规划》审查报批工作。要完成第二批堆龙新城征地拆迁和以市政基础设施建设为核心的新城土地一级开发，实现城区自来水全覆盖、污水集中处理、垃圾集中转运、强弱电入地。要以新城土地二级开发为突破，统筹学校、医院等公共服务配套建设，打造功能齐全的商业区和住宅区。要以生态海绵城市建设为引领，实施堆龙河综合治理工程、“绿色围城”、东嘎公园等城市生态项目建设，全力打造生态宜居、和谐文明城市。要以城市精细化管理为抓手，不断强化城市综合执法体制机制建设，深入开展市民“养成教育”，筑牢市民“参与意识”“家园意识”。

（四）坚持人与自然和谐共生，着力推进美丽堆龙建设

坚持预防为主、保护优先的方针，形成资源节约和环境优美的空间发展格局。一是深入贯彻绿色发展理念。要把绿色发展理念转化为全区各级各部门和领导干部的执政观、政绩观和实践观，以健全生态文明体制机制为重点，从生产、流通、销售各个环节整体推进循环经济发展，实现经济效益、社会效益、生态效益相统一。要大力倡导简约适度、绿色低碳生活方式，反对奢侈浪费，开展创建节约型机关、绿色家庭、绿色学校、绿色村（居）和绿色出行等活动。二是大力整治突出环境问题。要保蓝天，实现去煤目标，引导群众广泛使用天然气等清洁能源；紧紧围绕重点企业、施工现场、道路运输等关键领域，深化扬尘污染治理，确保空气质量优良率持续保持在96%以上。要护碧水，持续加强区域水环境治理，大力实施高效节水灌溉设施建设，积极实施堆龙河景观工程建设，建立“河长制”长效管理机制，继续加大饮用水源地保护，确保水质优良率达到100%。要守净土，持续推进土壤治理和生态修复，大力推进有机农业试点工作，深入开展化肥、农药、地膜减量行动，完成青稞、草莓等8个以上有机农产品认证，打造1至2个有机生产基地，创建有机农业示范区，保持土壤永续利用。三是严格落实环境保护责任。要坚持“党政同责”“一岗双责”，严格落实环境准入制、生态环境考核办法、领导干部任期生态文明建设责任制、环境保护“一票否决”制和生态环境损害责任终身追究制，严禁“三高”项目进驻堆龙。进一步强化环境综合执法，加大对重点区域、领域、企业的环境专项检查力度，始终保持环境执法监管高压态势。要持之以恒抓好中央环保督察反馈问题整改落实，进一步细化职责分工、推进部门联动、狠抓督促问责，健全完善生态保护长效机制。

（五）坚持正确文化发展道路，着力推动文化繁荣发展

大力弘扬社会主义先进文化，培育发展文化产业，提升区域文化软实力。一是牢牢掌握意识形态工作领导权。要全面纵深推进新时代意识形态领域工作，不断巩固马克思主义在意识形态领域的指导地位，严格落实党组织意识形态工作主体责任和党组织书记第一责任，强化对意识形态工作的巡察和考核。要坚持党管舆论、党管新闻、党管媒体，强化传播手段建设和创新，提高新闻舆论传播力、引导力、影响力、公信力。要加强互联网内容建设，坚持弘扬正能量总要求，让党的主张成为网上最强音。二是持续加强思想道德建设。要深化群众性精神文明创建活动，深入开展农闲时期丰富群众业余文化生活十项活动。要深入开展社会主义核心

价值观学习教育，坚持干部带头、全民行动，从家庭做起、从娃娃抓起，用社会主义核心价值观引领各族干部群众的共同价值追求。要大力提倡诚信友善社会风尚，引导各族群众破除封建迷信，将社会主义核心价值观融入村规民约、行业规范、学生守则、寺庙管理、社会生活，切实把社会主义核心价值观转化为人们的情感认同和行为习惯。三是全面推动文化产业发展。要深入实施文化惠民工程，引导文化资源向基层倾斜，持续扩大公共文化服务活动场所开放率、覆盖率，不断丰富群众精神文化生活。要以推动文化资源优势向产业优势转化为目标，做大做强民间艺术团，组建15个以上村级艺术队，重点保护发展觉木隆藏戏、措麦藏戏、那嘎藏戏，支持藏戏艺术作品创作，培育藏戏文化产业，大力扶持一批具有堆龙特色、影响广泛的龙头文化企业，不断满足广大群众日益增长的文化需求。

（六）坚持全面从严治党，着力巩固党的执政地位

始终坚持以党的建设统领政治、经济、社会、文化、生态各领域发展，切实夯实党在堆龙的执政根基。一是着力贯彻党的建设总要求。坚持和加强党的全面领导，坚持党要管党、全面从严治党，以加强党的长期执政能力建设、先进性建设和纯洁性建设为主线，以党的政治建设为统领，以坚定理想信念宗旨为根基，以调动各级党组织和广大党员积极性、主动性、创造性为着力点，全面推进党的政治建设、思想建设、组织建设、作风建设、纪律建设，不断提高党的建设质量。二是着力加强政治建设。要坚决维护党中央权威和集中统一领导，坚定执行党的政治路线，严守政治纪律和政治规矩，自觉在思想上政治上行动上同以习近平同志为核心的党中央保持高度一致，坚定不移地贯彻执行区市党委的各项决策部署。要严肃党内政治生活，尊崇党章，严格执行新形势下党内政治生活若干准则，增强党内政治生活的政治性、时代性、原则性、战斗性。要完善和落实民主集中制，坚持民主基础上的集中和集中指导下的民主相结合，既充分发扬民主、又善于集中统一。要把对党忠诚、为党分忧、为党尽责、为民造福作为根本政治担当，坚决防止和反对个人主义、分散主义、自由主义、本位主义、好人主义，坚决防止和反对宗派主义、圈子文化、码头文化，坚决反对搞两面派、做两面人。三是着力强化思想建设。要把坚定理想信念作为党的思想建设的首要任务，教育引导广大党员牢记党的宗旨，挺起共产党人的精神脊梁，解决好“总开关”问题，自觉做共产主义远大理想和中国特色社会主义共同理想的坚定信仰者和忠实实践者。要深入学习贯彻落实党的十九大精神和区市党委九届三次全会精神，切实在学懂上下功夫，以“两学一做”学习教育常态化制度化和“不忘初心、牢记使命”主题教育为抓手，坚持全面系统的学、原原本本的学，采取理论和实践、历史和现实、当前和未来相结合的方法，吃透精神实质、掌握精髓要义。切实在弄通上下功夫，把学习会议精神与会议作出的各项战略部署贯通起来，深化认识各项战略部署的整体性、关联性、协同性，全面做好堆龙各项工作。切实在做实上下功夫，坚持领导干部带头行动，广大党员自觉行动，制定工作方案，排出任务表、时间轴、路线图，切实推动十九大精神和区市党委九届三次全会精神在堆龙落地落实。四是着力建强干部队伍。要坚持党管干部原则，坚持正确选人用人导向，匡正选人用人风气，突出政治标准，认真落实好干部标准和民族地区干部“三个特别”要求，提拔重用牢固树立“四个意识”和“四个自信”、坚决维护党中央权威、全面贯彻执行党的理论和路线方针政策、忠诚干净担当的好干部。要提升队伍素质，优化专业结构，统筹区内外培训资源，强化干部教育培训。要注重人文关怀，坚持严管和厚爱结合、激励和约束并重，完善干部考核评价机制，建立激励机制和容错纠错机制，注重关心一线干部，认真做好老干部工作。五是着力夯实基层基础。要以提升组织力为重点，突出政治功能，建设学习型、服务型、创新型、引领型、战斗型基层党组织，把基层党组织建设成为宣传党的主张、贯彻党的决定、领导基层治理、团结动员群众、推动改革发展、打赢脱贫攻坚的坚强战斗堡垒。要把推进村改居、乡改镇、镇改街道工作与加强城市基层党建工作统筹结合起来，建立完善城市、社区党组织体系。要强化党组织规范化建设，着力解决基层党组织弱化、虚化、边缘化问题，坚持常态化整

顿软弱涣散基层党组织和培育先进典型相结合，推进党的基层组织设置和活动方式创新，加强基层党组织带头人队伍建设，扩大基层党组织覆盖面，落实好“三会一课”等基本制度，促使基层党组织切实担负好直接教育、管理、监督党员和组织、宣传、凝聚、服务群众的职责。要深化“强党固基扶村”工作，明细下沉干部职责定位，研究制定下沉干部管理办法，加强教育培训和监督考核，建立由村级党组织统一调配村级工作力量工作机制。要继续提升村集体经济发展质量，确保村集体经济达50万元的行政村增收至100万元以上，东嘎镇、乃琼镇村集体经济在1000万元以上的行政村增长15%以上。要突出抓好村级组织活动场所管理和使用，建立行政服务职能下移清单，实现村级政务服务全覆盖，打通联系服务群众“最后一公里”。六是着力加强党风廉政建设。要扎实履行全面从严治党“两个责任”，深化标本兼治，保证干部清正、政府清廉、政治清明。要深入开展以党章党规党纪为主题的纪律教育，严肃党员不得信仰宗教纪律，充分运用监督执纪“四种形态”，让党员干部习惯在监督和约束的环境中工作生活。要巩固落实中央八项规定、区党委“约法十章”“九项要求”和市委“八项要求”成果，继续整治“四风”问题。要加强作风建设，深入开展不作为慢作为乱作为专项整治，密切联系群众，严厉整治、坚决纠正损害群众利益的行为。要针对权力运行风险和监督管理的薄弱环节，健全权力规范运行机制，切实把权力关进制度的笼子。要继续完善区委巡察制度，坚持政治导向，实施对36家单位的三轮常规巡察，适时开展专项巡察。要全力推进监察体制改革，成立区监察委员会，实行纪律检查委员会和监察委员会合署办公，构建党统一指挥、全面覆盖、权威高效的监督体系。七是着力加强常委会自身建设。区委常委会要充分发挥总揽全局、协调各方的作用，不断提高执政能力和领导水平，成为全区各级党组织和领导班子的表率，以上率下、示范带动各级党组织从严管党治党、推动科学发展、促进社会和谐、服务人民群众。要增强学习本领，提高发现问题、分析问题、解决问题的能力。要增强政治领导本领，坚持战略思维、创新思维、辩证思维、法治思维、底线思维，坚决执行党的路线方针政策。要增强改革创新本领，善于结合实际创造性推动工作。要增强科学发展本领，善于贯彻新发展理念，不断开创发展新局面。要增强依法执政本领，严格执行党内法规制度，加强和改善党的领导。要增强群众工作本领，创新群众工作体制机制和方式方法，组织动员广大人民群众坚定不移跟党走。要增强狠抓落实本领，坚持说实话、谋实事、出实招、求实效，把雷厉风行和久久为功有机结合起来，以钉钉子精神做实做细做好各项工作。要增强驾驭风险本领，健全各方面风险防控机制，善于处理、勇于战胜前进道路上的各种复杂矛盾，掌握工作主动权。

同志们，使命呼唤担当，使命引领未来。让我们更加紧密地团结在以习近平同志为核心的党中央周围，在区市两级党委的坚强领导下，不忘初心、牢记使命，为决胜脱贫攻坚，在全市率先全面建成小康社会，开启全面建设社会主义现代化堆龙新征程而努力奋斗！

政府工作报告

——在堆龙德庆区第二届人民代表大会第二次会议上

拉萨市堆龙德庆区委副书记、区长　杜　江

（2018年1月8日）

2017年工作回顾

过去的一年，在党中央、国务院的亲切关怀下，在自治区、拉萨市党委政府和区委的坚强领导下，在区人大法律监督和区政协的民主监督下，在北京市的无私援助下，区政府紧密团结和紧紧依靠全区各族干部群众，主动适应经济发展新常态，攻坚克难、开拓进取，较好地完成了堆龙德庆区一届三次全委会、一届人大三次会议确定的各项目标任务，有力推动各项事业取得新进展。全年完成地区生产总值29.85亿元，同比增长10.3%；规模以上工业增加值达到9.26亿元，同比增长0.3%；全社会固定资产投资达到94.81亿元，同比增长23.5%；社会消费品零售总额达到10.29亿元，同比增长12.3%；一般公共预算收入达到11.94亿元，同比增长90.89%；农村居民人均可支配收入达到13956元，同比增长13.5%。

一、坚持以经济发展为要务，稳增长、调结构，综合实力稳步提升

农牧业发展稳中有进。落实测土配方示范田5万亩、标准化及高产创建示范基地5万亩、良种繁育基地4150亩。实现粮食总产量2.33万吨，农作物有害生物灾害损失率控制在3%以内。稳步推进奶牛“万户百场十中心”工程建设，牲畜年末存栏数11.65万头（匹、只），牲畜良种覆盖率达35%、牲畜出栏率达39.69%、新生仔畜成活率达97.5%、成畜死亡率控制在1.05%以内，全年未发生重大动物疫病。实现猪牛羊肉产量0.42万吨、奶产量1.25万吨、山羊绒产量0.81吨、禽肉产量437吨、禽蛋产量144.26吨。稳步推进千栋温室等重点项目建设，古荣乡、马乡、德庆乡净土健康产业园经济效益逐步凸显，净土健康产业实体经济不断发展壮

大。大力实施“净土公司+基地”“净土公司+合作社”产业发展模式，深入推广“互联网+”产品销售模式，与西藏阿云电商、京东等知名平台达成初步合作协议，发展区外经销商25家、完成区内铺货84家。加快转变农牧业发展方式，专业合作组织发展壮大到135家，羊达蔬菜种植农牧民专业合作社、乃琼镇民众农牧民专业合作社等5家合作社被评为“2017年度拉萨市市级示范社”。

工业经济提质增效。编制完成《堆龙德庆区工业园区产业发展规划》，确立以仓储物流、新型建筑建材、高原健康及民族手工业为主的产业发展方向。完成工业园区B区基础设施建设，工业园区化、聚集化能力不断提升。有序实施高原食品冷链中心、吉祥哈达等重点项目建设，着力培育发展壮大工业实体经济。稳步实施西藏高争建材股份有限公司等产能拓展技术改造升级、东嘎水泥厂等落后产能淘汰，加快推动工业企业更高质量绿色发展。全年实现工业总产值30.45亿元，同比增长7.68%；工业税收达到2.98亿元，同比增长7.2%。完成招商引资项目38个，实际到位资金25亿元，同比增长27.44%。深入推进大众创业、万众创新工作，建成并投入使用中小企业服务中心、众创空间，稳步实施“创业创新示范基地建设”。成功举办首届优秀创业青年赴北京学习交流活动、首届创业青年文化沙龙暨团队建设拓展培训和第二届青年创新创业大赛。安排本级财政资金1000万元作为小微企业“双创”工作启动资金，新增各类市场主体3145家。

现代服务业繁荣发展。全力打造“药王故里、藏戏之乡、生态堆龙”旅游品牌，荣获“全国美丽乡村创建先进区”。成功组建堆龙德庆区吉雄谷旅游文化发展有限公司。编制完成《全域旅游发展规划（2017—2030年）》，启动实施药王谷、楚布沟、措麦村等重点景区专项规划。委托旅游卫视《文明中华行》栏目组，制作完成全区大型旅游资源宣传片；出版藏汉英语版《堆龙德庆区寺庙文化石刻资料》《堆龙德庆区楚布沟、措麦村、药王谷等名胜古迹源流简介》。探索建立楚布寺景区电子导览器，持续规范旅游市场。与青岛绿地园林技术有限公司达成合作意向，稳步推进“香雄美朵”生态旅游文化产业园项目建设。整合生态风光、宗教文化、特色藏医药等优势资源，持续加大楚布沟生态游、宇妥沟藏医养生体验游开发力度。成功举办第三届楚布沟自行车体验赛、第二届药王谷养生深度体验游、首届古荣糌粑文化节、帮普沟沐浴文化节、比西沟公益徒步体验等文化旅游活动，不断提升我区近郊休闲旅游的知名度和影响力。全年接待旅游人数121.59万人次，实现旅游收入4162万元。积极承接国家战略性重大项目建设，稳步推进青藏铁路格尔木至拉萨段扩能改造、拉林铁路机务段、拉萨综合保税区等重点项目。加快以服务城市大宗商品交易为主的钢材物流集散交易中心、工程机械商贸城等综合性商贸市场建设，成功引进京东等国内知名电商企业，智慧物流产业取得实质进展。

二、坚持以城乡融合为关键，夯基础、提品质，生态环境大幅改善

基础设施全面提升。修订完善《堆龙德庆区新城修建性详细规划》《堆龙德庆区土地利用总体规划（2016—2020年）》，启动实施撤乡设镇、撤镇设街道办事处和古荣乡、马乡、德庆乡小城镇规划编制工作。有序实施139个基本建设项目，城乡基础设施建设明显加强。完成通信网络改造升级，堆龙正式跨入4G时代。加快推进堆龙新城征地拆迁，以东嘎时代广场建设为引领，全面启动新城电力改造、堆龙河综合整治、搬迁安置点、市政道路及地下管网等重点项目规划建设。开工建设国道109线那曲至拉萨（堆龙段）控制性工程，建成南环线、西环线堆龙段，完成堆龙大道、和平路、318国道城区段改扩建，有效改善城乡交通条件。建成并投入使用280立方米污水沉淀池，不断健全完善区、乡（镇）、村、组四级垃圾收集转运处理体系。建成日供水规模1.5万立方米的自来水厂，实现全区102个农村饮用水源地保护工程建设全覆盖，有力保障城乡饮水安全。

生态建设明显增强。完成736户消除“无树户”试点工作，稳步推进703户棚户区改造、海拔4500米以上居民生态搬迁工作，不断深化人居环境集中连片整治。投入20辆节能纯电动车，建立覆盖27

个行政村或自然组的 6 条试运行公交线路，农牧民群众出行更加绿色环保、便捷优质，有效解决农牧民群众“出行难”问题 11 万余人次。启动实施堆龙河综合治理工程规划建设，不断增强堆龙河流域的生态安全和生态功能。完成 2600 亩拉萨周边防护林工程、800.2 亩重点区域生态公益林、334 亩防沙治沙、6468 亩西藏安全生态屏障封山育林项目建设，持续做好 14 万平方米绿化带的养护提升工作，林业绿化覆盖率稳步提升。完成自治区级生态县（区）和 1 乡 2 村创建申报工作。

综合防治不断加强。严格落实环境保护“党政同责”“一岗双责”，全力实施“净土”“净水”“净空”和“静音”工程。完成有机农业试验 4.7 万亩，大力推广病虫害绿色防控和有机肥使用。严格动物产地检疫管理，针对病死畜、过期兽药进行定点深埋、消毒等无害化处理，持续加强农业污染防治。全面推行“河长制”，针对全区 149.6 公里干流、447 公里骨干支流，共设立 7 名总河长、42 名河长，有力构建区、乡（镇）、村三级联动的河流管护体制机制。大力规范运输车辆、建筑工地遮挡式低尘作业，有力提升扬尘治理成效。对城区路段实行分段包干，城区日均洒水次数 5 次、洒水量达 100 余吨，空气质量优良率达到 96% 以上。依托中央环保督察迎检工作，全年共接办群众环境信访或投诉案件 91 件，其中：中央环保督察组转办 59 件、区市转办 14 件、本级受理 18 件，办结率、满意率均达 100%，跨部门、跨领域的环境监察联合执法工作格局基本形成。完成环评网上登记备案 71 份、出具环评预审意见 29 份，“三同时”执行率达 100%。依法关闭石材加工厂 21 家、砂石场和取土点 18 家、砖厂 15 家、畜禽养殖企业 6 家，取缔堆煤场 5 家，搬迁废旧汽车拆解企业 1 家，拆除违规建筑 1.12 万平方米，行政处罚 113 家次，收缴罚金 300.99 万元，人人敬畏自然、人人尊崇环保的社会共识基本达成。

三、坚持以人民发展为中心，强保障、惠民生，百姓生活更加殷实

脱贫攻坚成果丰硕。全区 1262 户 4387 名“建档立卡”贫困人口，实现 1214 户 4194 人脱贫摘帽，人均可支配收入达 7587.97 元。综合贫困发生率控制在 0.5% 以内，群众满意度达到 90% 以上。组建堆龙德庆区益新农业开发有限公司，并将其作为投融资平台，整合全区产业发展资金 1.4 亿元，与金融机构签署 10.03 亿元额度的金融扶贫贷款合作协议，为 28 个扶贫产业完成融资贷款 1.62 亿元。健全完善低保、教育、医疗、就业等专项保障政策，为 1291 名贫困群众发放“两线合一”补贴资金 317 万元，为 21 名区外贫困学生发放生活补助 6.3 万元，为 173 名贫困大学生及高职生发放路费和学费 98.09 万元，实施医疗救助 198 人次 96.15 万元。根据城乡治理服务需求，落实以补脱贫岗位 1763 个。设置 704 个公共服务岗位，实现 498 名贫困群众就业。成功举办 2 场“春风行动暨精准扶贫就业专场招聘会”，与 110 余家用工单位达成就业意向 450 余人。实现 1476 名有劳动能力的贫困群众就业，其中产业和劳务输出领域就业 969 人次、自主就业 66 人。稳步推进波玛村、桑木村、经开区易地扶贫搬迁安置点项目建设，实现 583 户贫困群众搬迁入住、530 名搬迁群众就业。27 家企业（合作社）与 30 个行政村结对帮扶，提供就业岗位 360 余个，为无劳动力贫困户分红 460 余万元。安排村集体经济产业发展扶持资金 3000 万元，争取各类资金 1810 余万元，有序实施 121 个“短平快”项目，30 个行政村集体经济收入全部达到 50 万元以上，其中：东嘎村、南嘎村、波玛村、乃琼村集体经济收入突破千万元。

教育事业内涵发展。严格落实“五个 100%”工作要求，全面提升义务教育阶段教育教学质量，努力开创教育工作新局面。自治区素质教育督导评估工作、拉萨市落实“五个 100%”推进工作现场会在堆龙成功召开。建成古荣中心小学综合楼、德庆中心小学供暖工程，加快推动第二小学、7 所村级幼儿园、乃琼中心小学教学楼等重点项目建设，积极争取北京人大附中落户堆龙，不断夯实教育教学基础设施建设。贯彻落实 15 年免费教育，下拨“三包”经费 2188.2 万元、营养改善专项资金 421.76 万元，实现家庭经济困难学生资助、农民工子女公平接受义务教育全覆盖。初中毛入学率达 108.64%、小学入学率达 99.98%、适龄幼儿在园率达 95.47%。

深入开展全民健身运动，中小学生体质健康监测覆盖率达100%。实现所有党政机关、学校公共体育场地设施对外免费开放，更好地满足群众健身需求。在党政机关深入开展“工间操”活动，成功举办“奔跑吧青春”、中小学学生运动会等竞技比赛，不断提升干部群众参与体育锻炼的意识。

医疗卫生健康发展。深入实施“健康堆龙”建设，荣获“全国健康促进县（区）”荣誉称号。全面推行公立医院综合改革，完成乡镇卫生院（村卫生室）标准化一期建设工程，稳步推进二级甲等医院综合楼、公共卫生应急服务中心、藏医院等重点项目规划建设，有力促进城乡医疗卫生水平均等化发展。健全完善分级诊疗政策，本级财政投入97万元补偿资金，全面实施药物“零差价”销售制度。为全区城乡居民购买30万元超大额补充医疗保险，投入1300万元作为合作医疗大病统筹补充资金、100万元先天性疾病患儿救治专项经费，安排300万元合作医疗精准扶贫专项资金，初步建立以大病医疗保险为补充、覆盖农牧区的多层次医疗保障体系，全年实施合作医疗报销2904人次2362.26万元。进一步畅通婴幼儿住院救治、孕产妇住院分娩绿色通道，孕产妇免费体检率、住院分娩率均达100%。稳步推进全民免费体检，城乡居民、在编僧尼免费健康体检率分别达99.8%和100%。全面开展包虫病综合防治工作，筛查率达104.29%，实施免费救治确诊患者56人。为30个行政村各配备3名村医，大力推行村级家庭医生签约式服务，村医签约率达98%。稳步推进国家食品安全城市创建活动，持续强化食品安全监管，批准餐饮服务406家、食品流通360家，连续四年保持食药安全零事故。

文化事业富有成效。稳步推进国家公共文化服务体系示范区建设。积极探索政府购买公共文化服务新机制，创新推行“公益为主、市场为辅”的新型运营模式，将区文化活动中心打造成为集休闲娱乐、文化展示为一体的活动场所。建成12个村级爱国主义教育基地，在党政机关办公楼铺设各类阅读书籍2万余册，稳步推进“书香堆龙”建设。大力扶持和培育具有堆龙特色、辐射面广的龙头文化产业，建成设兴藏戏传习基地、那嘎藏戏队非遗传习基地、措麦藏戏队合作社、乃琼镇加罗庄园抢救性修缮保护工程、东嘎镇桑木村热玛庄园复原等重点项目。发放非遗产业扶持资金65万元，桑木村传统技艺非遗项目“罗萨梅朵”、南嘎村“嘎东藏戏”成功申报为市级非物质文化遗产；阿卓商贸、乃琼米瑞金属被评为县（区）级非物质文化遗产；乃琼镇勉唐派绘画师旦巴云丹被评为县（区）级非遗传承人。广泛开展“喜迎十九大”“第二届藏戏文化艺术节暨藏戏大赛”等文娱活动104场次。依法依规推进文化市场综合执法，持续营造健康向上的文化环境。建立68个文物保护点石碑、文物数据库，有力维护文物安全。

保障体系更趋完备。深入开展“四业工程”，完成就业再就业培训77人、农牧民转移就业培训739人、职业介绍1015人、开发就业再就业岗位1845个、实现新增就业1225人、安置就业困难人员94人，城镇失业登记率控制在2.2%以内。农牧区劳动力转移就业2.62万人次、增收6007万元。城乡社会保险实现全覆盖，参保人数达3.7万人次，报销住院及生育费用108.26万元。实施临时社会救助75人16.85万元、城乡医疗救助773人521.78万元、“一站式”医疗救助71人68万元，发放优抚资金7人16.43万元，开展民政慰问812人次119.36万元。帮助835名农民工追讨工资903.56万元。集中供养105名五保户，实现五保户意愿集中供养率达100%。扎实推进双拥共建工作，连续八年荣获“全国双拥模范县”荣誉称号、连续九年荣获“自治区双拥模范县”荣誉称号。持续做好住房保障，启动实施376套小康安居工程建设。

四、坚持以民族团结为基础，聚人心、保繁荣，社会局势长期稳定

维稳措施有效得力。持续加大维稳经费投入力度，落实维稳资金8831.08万元。圆满完成党的十九大、“一带一路”国际合作高峰论坛期间等重要敏感时节维稳安保任务，完成楚布寺“次曲”、乃朗寺“立经幡”、达扎寺“入行论”等大型宗教佛事活动安保任务。核查各类情报信息728条，及时消除现实危害。充分发挥“护城河”检查站作用，持续深入开展“五逢一快”工作，成功抓获1名全国网上在

逃人员。投入4000万元，加快响应指挥中心建设，稳步提升涉稳风险的预测预警预防能力。

社会治理全面加强。始终保持严厉打击违法犯罪行为的高压态势，立案168起，抓获犯罪嫌疑人42名，为人民群众挽回经济损失22万余元。充分发挥“四护队”、民兵等基层一线群防群治队伍作用。持续深化网格化管理和“双联户”工作，实现常住人口、流动人口全覆盖。投入200万元扶持7个联户增收项目，联户增收成效逐步显现。排查各类矛盾纠纷136件，涉及2700余人次2000余万元，化解率达100%；受理群众来信来访91件，涉及1004人次6.06亿元，办结85件，办结率达93.41%。持续深化“以房管人、以证管人”的“口袋式”管理制度，不断完善流动人口信息采集和登记工作。结合精准扶贫工作，投入700余万元，实现乡村主要交通路口“两站”“两员”全覆盖，受到公安部通报表扬。投入1200余万元，增设各类波形防护栏、安全提示、警示标志等生命防护工程建设，交通事故伤亡人数较去年同期下降12%。以楚布寺微型消防站建设为试点，稳步推进辖区19座寺庙、6个乡（镇）微型消防站建设。完成德庆乡民政救灾仓库项目建设，有力提升防灾减灾救灾能力。深入推进平安创建活动，羊达乡帮普村、热差寺分别成功创建“安全生产文明社区”“安全生产文明寺庙”。健全完善三级安全生产联动监管和隐患排查治理体系，收缴罚金33.3万元，有效遏制发生重特大安全生产事故，荣获全国“安全生产月”和“安全生产万里行”先进单位。

宗教领域和谐稳定。积极加强和创新寺庙管理，严格依法审批宗教活动，补充吸收14名新僧尼。持续抓好“9+5”“六个一”等利寺惠僧政策落实，有序实施僧舍维修、道路硬化、环境整治等12个宗教领域建设项目。安排年长且长期身体欠佳的83名僧尼到自治区藏医院进行全面检查，并及时进行治疗。组织僧尼赴首都北京观看升旗仪式等培训活动385人次，积极引导宗教与社会主义社会相适应。扎实开展和谐模范寺庙暨爱国守法先进僧尼创建评选活动，发放表彰资金64.5万元，不断增强广大僧尼“五个认同”思想认识。

民族团结更加紧密。坚持各民族共同团结奋斗、共同繁荣发展，将个体工商户纳入民族团结进步模范创建活动表彰范畴，共发放表彰资金98.9万元。成功举办以“民族团结”为主题的知识竞赛、歌咏比赛、演讲比赛、文艺演出、知识讲座等系列活动，使“三个离不开”思想牢牢根植于各族人民心头。

五、坚持以自身建设为根本，促改革、增效能，发展环境持续优化

深化改革持续发力。加强简政放权、放管结合、优化服务改革，依法公开26个区直单位3442项权责清单。深化商事制度改革，全面启动“五证合一”。加快推进“三权分置”。成立城市管理综合执法局、乡（镇）民政所、不动产登记中心，有力提升行政效率。启动实施国有企业改革重组，促进国有企业瘦身健体、提质增效。全面推行公务用车制度改革，“三公”经费呈明显下降趋势。深入推进政府预决算、医疗卫生、教育事业等领域改革，有力促进各项事业全面进步。

自身建设不断加强。以迎接、学习、宣传、贯彻党的十九大为主线，从严从实抓好区政府党组和政府系统党的建设。自觉在思想上、政治上、行动上与以习近平同志为核心的党中央保持高度一致，严格落实自治区、拉萨市党委政府和堆龙德庆区委的决策部署，主动接受区人大及其常委会的法律监督和区政协的民主监督，办理人大建议议案90件、政协提案76件，答复率、满意率均达100%。持续推动“两学一做”学习教育常态化、制度化，深入开展“四讲四爱”主题教育实践活动，不断加强意识形态领域建设。全面加强行政检查“两随机一公开”、规范性文件备案审查工作，有力推进法治政府建设。开通并试运行“堆龙政务”“区长信箱”“区长热线”等公众平台，不断拓宽政府联系群众渠道。完成区政务服务中心改造升级，“一站式”政务服务体系不断健全完善。认真履行政府党组党风廉政建设和反腐败工作主体责任，坚持“一岗双责”，坚决贯彻执行中央“八项规定”精神、自治区党委“约法十章”“九项要求”以及拉萨市委“八项要求”，大力倡导“说办就办、马上就办”工作作风，不断加强惩治和预防腐败体系建设。强化行政监察和审计监督，

完成扶贫领域专项检查、村级财务离任审计，全力配合区委开展巡察工作，积极开展扶贫领域市委巡察一组、区市验收考核组的反馈问题整改工作，全力查处群众身边的“四风”和腐败问题，切实做到为民、务实、清廉，以反腐倡廉的新成效保障发展、取信于民。

对口支援持续深化。不断加强与北京市的沟通交流，受援方式由资金型、项目型、输血型向人才型、落户型、造血型转变，产生良好的政治、经济和社会效益，切实形成全方位、多层次、宽领域的对口支援格局，为堆龙德庆区经济社会发展提供了有力支撑、注入了强劲动力。启动“十三五”援藏项目中期调整工作，全年共争取援藏资金2600万元。北京市9名干部和医生赴我区援藏建藏、我区137名党员干部赴北京市跟岗锻炼或学习培训。在援藏医生的指导帮助下，成功实施首例大隐静脉高位结扎剥脱术，顺利开通区人民医院与北京朝阳区垂杨柳医院远程医疗会诊系统，有力提升医疗卫生服务水平。

各位代表，经过一年的努力奋斗，我们欣喜地看到，全区经济社会发展取得了长足进步，向全面建成小康社会迈出了坚实步伐。这是以习近平同志为核心的党中央治藏方略的生动实践，是自治区、拉萨市党委政府和堆龙德庆区委坚强领导的结果，是北京市无私援助的结果，更是区人大、区政协大力支持和全区各族干部群众奋力拼搏的结果。在此，我代表堆龙德庆区人民政府，向付出辛勤劳动的全区各族干部群众，向给予政府工作大力支持的人大代表、政协委员和离退休干部，向驻区部队、武警官兵、政法干警，向一直以来关心支持堆龙改革发展稳定的各级各部门和社会各界人士，表示衷心的感谢并致以崇高的敬意！

在肯定成绩的同时，我们也必须清醒地认识到，全区经济社会发展还存在一些困难和问题，主要表现在：一是我区正处于高速增长向高质量发展的攻坚期，工业企业面临着转型升级缓慢、原材料价格攀升、劳动力成本上涨、环保刚性约束增强等外部制约性问题；产业发展面临着产业层次不高、实体经济薄弱、关联度较低、创新活力不足等内生动力问题。二是由于企业税收、招商引资等政策调整，部分纳税企业转移外迁，财政收入保持平稳增长面临巨大挑战。三是受城乡发展空间限制，土地、资金、基础设施等要素制约加剧，转变发展方式的任务繁重。四是发展环境优化不够，部分行政审批程序烦琐、少数党员干部不作为慢作为的现象依然存在，行政效率还有待进一步提高。五是因经济快速发展而引发的社会矛盾日益凸显，创新社会治理的方式仍然滞后，城市管理能力和服务水平亟待加强。对此，我们一定高度重视，保持清醒头脑，在今后工作中采取有效措施，认真加以解决。

2018年工作安排

2018年是贯彻党的十九大精神的开局之年，是改革开放40周年，是决胜全面建成小康社会、实施“十三五”规划承上启下的关键一年。对此，全区必须上下一心、主动作为，牢牢把握新机遇、积极挖掘新动力，凝聚起新时代新征程的强大合力，在奋力谱写中华民族伟大复兴中国梦堆龙篇章的伟大征程中，再创佳绩、再立新功、再谱新篇。

2018年政府工作的总体思路是：高举中国特色社会主义伟大旗帜，以习近平新时代中国特色社会主义思想为指导，深入贯彻落实党的十九大、自治区和拉萨市九届三次全委会、堆龙德庆区二届二次全委会精神，按照“五位一体”总体布局和“四个全面”战略布局的要求，牢固树立和贯彻新发展理念，坚持质量第一、效益优先，坚持“稳中求进、进中求好、补齐短板”的工作总基调，以供给侧结构性改革为主线，推动经济质量变革、效率变革、动力变革，坚持和完善“六大战略”，着力构建“一核两带、三区三园、六沟多点”的产业发展空间布局，发展壮大“五大主导产业”，努力建设现代化经济体系，实现更高质量、更有效率、更加公平、更可持续的发展。

2018年经济社会发展的主要预期目标是：地区生产总值增长12%；一般公共预算收入增长10%；全社会固定资产投资增长19%；规模以上工业增加值增长13%；社会消费品零售总额增长15%；农村居民人均可支配收入增长18%；城镇居民人均可支

配收入增长10%。

为实现上述目标，我们将着力抓好以下六个方面的工作：

一、深入学习宣传贯彻党的十九大精神，将其作为武装头脑、指导实践、推动工作的根本遵循

始终坚持党的统一领导。党的十九大报告系统总结回顾了五年来党的历史性进程、历史性成就、历史性变革，我们的党、国家、人民、军队、民族从未像今天这样充满自信，从未像今天这样展现出前所未有的盛世气象，从未像今天这样走近世界舞台的中央。取得这样历史性的成就、发生这样历史性的变革，最重要、最根本的是我们党有习近平总书记这个核心掌舵领航，有以习近平同志为核心的党中央坚强领导。对此，区政府将一如既往地紧密团结各族干部群众，在任何时候、任何情况下，都要牢固树立"四个意识"，向核心看齐，坚决维护以习近平同志为核心的党中央权威和集中统一领导。始终永葆共产党人的奋斗精神，永葆对人民的赤子之心，坚定不移贯彻落实自治区、拉萨市党委政府的决策部署，确保在堆龙德庆区委的坚强领导下，扎实开展政府工作。

不断强化政府自身建设。党的十九大确立习近平新时代中国特色社会主义思想的指导地位，是我们党团结带领人民进行伟大斗争、建设伟大工程、推进伟大事业、实现伟大梦想的行动指南，为我们党、国家和民族踏上全面建成社会主义现代化强国、实现伟大复兴中国梦的新征程规划了"路线图""任务书"。对此，我们将持续巩固和深化"两学一做"学习教育常态化制度化成果，扎实开展"不忘初心、牢记使命"主题教育，进一步加强意识形态领域建设，自觉做共产主义远大理想和中国特色社会主义共同理想的坚定信仰者，始终坚持全心全意为人民服务的根本宗旨，深入贯彻以人民为中心的发展思想，正确处理人民日益增长的美好生活需要和不平衡不充分的发展之间的矛盾。依法接受人大及其常委会的法律监督和工作监督，主动接受政协的民主监督，自觉接受司法监督、舆论监督和社会监督。继续深化简政放权、放管结合、优化服务，整合审批流程，加强事中事后监管，做到该放的放开、该管的管好。完善政府法律顾问制度，做好行政复议和行政应诉工作，确保权力在阳光下运行。始终把纪律和规矩挺在前面，驰而不息整治"四风"和腐败问题，坚决制止一切形象工程、政绩工程，严厉惩治统计数据造假现象，严肃查处不作为、慢作为行为。区政府是堆龙人民的政府，无论我们做什么决定、办什么事，都必将于法有据，都必将充分体现群众意愿，确保每办一件事、每搞一项建设，都经得起历史的检验、人民的评论。

自觉担负新的历史使命。党的十九大报告作出中国特色社会主义进入新时代的重大政治论断，清晰定位我国发展所处的历史方位，是一项关系全局的战略考量。在新时代经济发展中，作为首府城市副中心，我们迎来了经济发展向高质量迈进的历史机遇，正处于在全市率先全面建成小康社会的决战决胜期，经济发展方式、动力、结构和风险状况呈现出不同于以往的特征，经济社会风险可能集中显露和释放，这些都对保持宏观经济稳定提出严峻挑战。对此，站在新的历史起点，我们将坚持质量第一、效益优先，以供给侧结构性改革为主线，推动经济质量变革、效率变革、动力变革，把"稳"作为基本前提，把"进"作为根本出路，紧跟全国发展步伐，确保到2020年在全市率先全面建成小康社会，确保在2035年基本实现社会主义现代化、本世纪中叶与全国同步建成富强民主文明和谐美丽的社会主义现代化的伟大进程中，始终走在全市前列。

二、围绕做大做强经济体量，重点抓转型强实力，着力强化发展质量

强力发展净土健康产业。进一步扩大有机农业推广覆盖面，逐年减少化肥和合成农药的使用量。完成有机青稞、马乡草莓等8个有机农产品认证工作，探索建立有机农业生产全过程质量追溯机制。打造1至2个有机农业生产基地，持续推动现代农业由高产量向高品质发展，创建有机农业示范县（区）。坚持资源互补、抱团发展，整合全区净土健康优势产品，进一步发挥区净土公司的统筹、管理、销售、服务职能，依托西藏阿云、京东等电商平台，建立乡村电商平台，不断拓宽农产品销路，实现公司、乡（镇）和合作社、农户之间，风险共担、优势互补、合作共赢。完成基本草原划定工作，加快奶牛养殖基地、高效日光温室、冷链中心、青稞加工厂等重点项目建设，持续推动净土健康产业向规模化、基地化发展，不断延伸产业发展链条。大力发展新型经营主体，培育不少于2家优质合作社，积极开展县（区）级优秀示范社评选活动，促动农牧民群众结成自我发展共同体。加强与西南大学的沟通合作，全力打造饮品、食品、药品、饰品四大拳头产品，推动“堆龙净土”产品向“堆龙净土”品牌转变。

强力发展特色工业。完成工业园区B区基础设施建设收尾工作，加快推动实体企业向园区集中，大力发展园区经济。坚持把工业经济由增长速度、规模等数量指标，向要素生产率、税收贡献、就业安置、利润收入等质量指标转变。大力弘扬“工匠精神”，推动“品质革命”，全面开展产能拓展技术改造升级、落后产能淘汰工作。以壮大实体经济为主攻方向，全力支持吉祥哈达、圣香海螺、阿卓商贸、天畅建材等龙头企业做大做强，力争全区规模以上企业达到12家。因地制宜建成一批功能互补、优势互补的创业创新示范基地，健全创业创新孵化服务体系和政策支撑体系，加大对中小企业扶持力度，力争培育新增各类市场主体2000户。坚持将创新驱动作为引领发展的第一动力，大力支持企业组建产业联盟、集团化发展，引导领军企业联合中小企业、科研单位系统布局产业创新链条，促使企业真正成为研究开发、技术创新和成果应用的主体。大力开展“引资、引技、引智”三位一体招商，加快推进产业延伸型、技改创新型、刺激消费型招商引资项目落地建设。

强力发展文化旅游业。全面实施全域旅游发展规划，推动旅游业与净土健康、文化、扶贫等产业融合发展。加强与青岛绿地园林技术有限公司的沟通合作，加快推进“香雄美朵”生态旅游文化产业园建设，将其打造成文化旅游产业重点基地。抓紧编制完成药王谷、楚布沟、措麦村景区专项规划。组建西藏药王谷藏医药旅游文化产业发展股份有限公司，启动实施宇妥宁玛·云丹贡布纪念馆项目建设，持续加大宇妥沟藏医养生体验开发力度。加快推进楚布沟景区59座水磨坊改造、楚布寺旅游厕所项目建设，着力打造楚布沟糌粑文化特色乡村旅游体验游，不断增强楚布沟生态游区域影响力。抓紧推出“堆龙一日游”精品旅游线路，稳步实施“四季游”旅游。全力打造波玛村、桑木村、邱桑村等特色民宿项目建设，延长文化旅游产业链条。加大楚布沟山地自行车体验赛、加木沟至楚布沟徒步游、药王谷养生深度体验游、古荣糌粑文化节、帮普沟沐浴文化节等文化旅游活动推介力度，持续提升我区近郊休闲旅游的影响力和竞争力。大力开发制作“西藏礼物·堆龙印象”等系列特色旅游纪念品，进一步提升文化旅游品牌形象。

强力发展商贸物流业。将工业园区B区重点打造为现代物流园。持续加大钢材物流集散交易中心、工程机械商贸城、东嘎农贸批发市场等具有较强集散能力和服务功能专业市场的运营管理，完善农村商贸流通和农副产品流通体系，加快生活性服务产业发展，保障基本生活必需品供给，更好地满足城乡居民多层次消费需求。依托青藏铁路格尔木至拉萨段扩能改造、拉林铁路机务段、拉萨综合保税区建设，加快推进物流产业集群化发展。依托京东电子商贸平台建设，加快发展电子商务，积极培育商贸促物流、物流反哺商贸的新型商贸物流业。

强力发展房地产业。以堆龙新城建设、承接拉萨市中心城区和兄弟县（区）转移人口为契机，以住宅地产、旅游地产、商业地产、商住混合地产开发建设为重点，大力培育房地产业，促使其成为经济增长主导产业之一。推进房地产业由价格竞争向质量、品质、品牌的价值竞争转变，确保房地产市场健康发展。开工建设“堆龙小区”“东嘎综合小区”等房地产项目，全力做好拆迁群众安置工作，实现中心城区常住人口逐年递增。

三、围绕激活经济发展活力，重点抓改革促发展，着力推进合作共赢

聚焦金融服务保障。加强防范化解重大金融风险，推动金融机构更好地为实体经济服务。充分发挥民泰村镇银行、邮储银行、农业银行等现有金融机构对经济发展的支撑作用，鼓励和支持其他金融机构入驻堆龙设立分支机构或开办金融业务。依

托堆龙德庆区益新农业开发有限公司投融资平台，加强金融服务创新，持续深化“扶贫富农贷款”“三农和小微企业贷款”“扶贫贴息贷款”“扶贫小额贷款”等金融产品，加快构建符合堆龙实际的金融服务体系。支持各银行机构以扩大信贷规模为重点，多层次、全方位推进银企对接，大力开展信贷营销活动。继续推进金融生态环境和社会信用体系建设，严厉打击非法集资行为，进一步扩大我区“企业黑名单制度”适用范围和限制内容。

聚焦区域合作发展。依托北京市优势资源和组团式援藏新机制，深化经济贸易、教育科技、文化旅游、创业创新、卫生健康等领域的受援合作，加大援藏资金争取力度，强化援藏项目储备。加强与经开区融合发展，确保拉萨综合保税区两年内封关运营；积极探索产业和城镇融合发展的新型城镇化道路，支持经开区从社会服务功能领域逐步退出，形成功能各异、协调互补的区域发展格局。开工建设曲水县色甫村至堆龙德庆区旅游产业扶贫公路等项目工程，持续强化与兄弟县（区）在交通、旅游、水利、环保、物流等领域的合作，建立更加紧密的经贸关系、共享体系、共赢机制。

聚焦体制机制改革。加强商事制度改革，全面落实“多证合一”，持续降低制度性交易成本。深化行政审批制度改革，推进个体工商户简易注销。进一步加强乡（镇）、行政村便民服务体系建设。开通运行区级“协同办公系统”“网上政务服务大厅”等电子政务平台，让数据多跑路、群众少跑腿。加快国有企业改革重组，做大做强净土健康、文化旅游和投资开发三大板块国有企业，增强国有经济活力、影响力、抵抗风险能力。加强“三权分置”和土地流转，鼓励和引导群众将土地、林地、宅基地入股产业发展，盘活农牧民“沉淀资产”，为产业发展注入强劲活力。创新公共服务提供方式，广泛吸引社会资本参与。深入推进政府预决算、医疗卫生、教育事业、公务用车等领域改革，确保改革相互促进，不断放大改革效应。

四、围绕美丽新城幸福家园，重点抓统筹创精品，着力加强城乡融合

加强堆龙新城建设。坚持规划引领，积极推动《东嘎新区分区规划》审查报批工作，编制完成交通、绿道、地下空间专项规划。加快推进第二批堆龙新城征地拆迁工作，启动实施9条市政道路、城区电网、工业园区污水处理厂及其配套设施建设，稳步推动城区自来水全覆盖、污水集中处理、垃圾集中转运、强弱电入地。重点加强“西藏博美时代商业中心”“东嘎时代广场”等项目建设，积极打造集酒店公寓、超市百货、特色餐饮等为一体的城市综合体。以生态海绵城市建设为引领，启动实施堆龙河景观工程、东嘎公园等城市生态项目建设，全力打造生态宜居、和谐文明城市。以城市精细化管理为抓手，完成28条道路、4座桥梁、2条隧道命名及路牌安装工作。不断强化城市综合执法体制机制建设，深入开展市民“养成教育”，筑牢“参与意识”“家园意识”，全面整治违规违建行为。

加强生态文明建设。做好西藏自治区生态保护红线划定对接工作，全面梳理发展用地需求，积极构建科学合理的城镇化格局、产业发展格局、生态安全格局。深入实施3000亩西藏生态安全屏障封山育林、2200亩拉萨周边地区防护林、“绿色围城”项目建设，全面消除“无树村”“无树户”，持续提升林业绿化覆盖率。深入实施东嘎水泥厂矿区等环境整治项目建设，全面开展生态修复工作。实现自治区级生态“区、乡（镇）、村”全覆盖，启动实施国家级生态文明建设示范区创建筹备工作。全力实施“净土”“净水”“净空”和“静音”工程。严格土地管理，节约集约用好土地。逐步降低化肥、农药、薄膜使用量，推进种养业废弃物无害化处理。全面落实“河长制”，大力整治工业园区企业私开私采地下水行为，加强水资源“三条红线”控制。严格执行产业准入负面清单制度，强化项目环保审批。加强城市容貌综合整治，全面治理脏乱差等不良现象。积极开展第二次全国污染源普查、中央环保督察“回头看”迎检工作，加大对重点区域、领域、企业的环境专项检查力度，始终保持环境执法监管高压态势。扎实推进城市棚户区、城中村和城市既有建筑风貌提升改造，进一步激发环卫公司内生动力，促使环卫工作全覆盖，持续改善人居环境质量。

加强秀美乡村建设。全面实施乡村振兴战略，

抓紧实施撤乡设镇、撤镇设街道办事处工作，编制完成德庆乡、马乡、古荣乡小城镇规划，加木村、南嘎村、帮普村、加入村、设兴村、邱桑村村庄规划，加强对中心村镇的空间立体性、平面协调性、风貌整体性、文脉延续性等方面的规划管控。抓紧实施上三乡小康安居工程、古荣乡高海拔生态功能区生态搬迁安置项目建设，加快推进海拔4500米以上居民搬迁安置工作。完善农村路网、安全饮水、通讯网络、园林绿化、环卫保洁、垃圾转运、污水处理等基础设施配套。深入推进厕所革命，不断提高农村卫生厕所普及率、生活垃圾达标处理率、污水集中处置度。加强乡村治理体系建设，开工建设乃琼镇等基层政权建设项目，健全完善村规民约，构建自治、法治、德治相结合的基层社会治理体系，促进乡村和谐发展、安定有序。

五、围绕持续增进人民福祉，重点抓实事惠民生，着力提升幸福指数

巩固提升脱贫成效。始终坚持把脱贫攻坚作为第一民生工程，以建档立卡贫困群众为主要对象，统筹推进低收入人群稳定增收工作，在实现如期脱贫、如期摘帽的基础上，持续巩固提升脱贫成效，确保困难群众在小康路上一户不少、一人不落。持续强化产业扶贫项目的规划建设和运营管理，不断提升贫困群众带动增收和自我发展能力。加大资金技术扶持力度，大力发展产联式农牧民合作社、农牧民龙头企业、家庭经济等新型经营主体，鼓励贫困户因地制宜发展特色种养、乡村旅游等产业。不断完善并坚决落实各类扶贫政策，引导企业（合作社）、种养大户带动贫困户发展产业或直接提供就业岗位。完成易地扶贫搬迁任务，积极做好兄弟地（市）、县（区）易地扶贫搬迁工程建设，科学布局教育、医疗等民生保障资源，确保贫困群众搬得出、稳得住、能致富。将保障就业与精准扶贫精准脱贫紧密相连，加快推动就业工作由数量型向更高质量转变，确保贫困群众就业收入稳步增长。用足用好上级补助政策，做好兜底保障。加大贫困学生费用减免和社会资助力度，阻断贫困代际传递。继续实施生态保护脱贫，提高贫困群众的参与度和受益水平。强化精神引领，激发贫困群众脱贫致富的内生动力，鼓励社会力量参与扶贫。推进城乡融合、产业融合发展，持续提升村集体经济发展质量，确保30个行政村集体经济收入全部达到100万元以上，其中：东嘎村、南嘎村、岗德林村、乃琼村集体经济收入已突破千万元的行政村，增长15%以上。

优先发展教育事业。全面实施校园设施建设、师资队伍建设和教育质量提升“三大工程”，高标准、高质量推进“五个100%”工作，全力办好人民满意教育。加快推进城区2所幼儿园、7所村级幼儿园、第二小学、姜昆希望小学教学楼、德庆乡小学教师宿舍楼等重点项目建设，启动实施第二中学、北京人大附中规划建设工作。加强与内地优质教育资源的引进交流，加大教师招聘补充和城乡教师交流轮岗力度，持续强化教师队伍特别是乡村教师队伍建设。进一步提升素质教育水平，让每一名孩子乐学善思、全面发展。持续强化师德师风建设，严密防范违反师德和“校园暴力”“校园欺凌”行为，持续优化育人环境。深化教育信息化建设，全面加强教学网络、安全监控系统的运行管理。持续做好进城务工人员随迁子女和农牧民留守儿童就学工作。深入落实15年免费教育和“三包”政策，全面推行农牧区义务教育学生营养改善计划，大力实施非义务教育阶段奖励救助。加大城乡体育设施建设力度，持续提高公共体育场所开放率和覆盖率，积极举办“首届全民运动会”等竞技比赛活动，不断增强国民身体素质。

提升卫生服务水平。全面落实国民健康政策，全力实施“健康堆龙”“卫生与健康城市”建设，为群众提供全方位全周期健康服务。深化公立医院综合改革，稳步推进区人民医院二级甲等医院创建工作。完成乡镇卫生院标准化建设、村卫生室规范化建设，健全完善区、乡（镇）、村（居）三级公共卫生服务网络。全面实施药物“零差价”销售、分级诊疗制度，深入推进贫困人口医疗报销和大病补充医疗保险等惠民政策实施。健全落实区人民医院中层干部竞聘制，大力推行城乡医务人员薪酬绩效考核、轮岗交流，持续强化基层医疗卫生队伍建设。全面推行家庭医生签约式服务，引导医疗服务进社区、进农村，提供便捷高效医疗服务。启动实施公

共卫生信息网络和信息系统综合应用平台建设,持续提升卫生信息化服务水平。全力实施藏医院项目建设,传承发展藏医药事业。支持社会办医,大力发展健康产业。加强远程医疗会诊系统的运营管理,持续提升公共卫生服务水平。深入开展爱国卫生运动,倡导健康文明的生活方式,预防控制重大疾病。健全婴幼儿住院救治、孕产妇住院分娩绿色通道,继续实施城乡居民、在编僧尼免费健康体检。坚持"线上线下一致"原则,加强网上餐饮监管,严厉打击无证无照或伪造证照的"黑作坊""苍蝇馆"。积极争取食药监测中心项目建设资金,稳步推进"食品安全放心工程"建设,创建"全国食品药品安全示范城市"。

大力发展文化事业。做好国家公共文化服务体系示范区终期迎检工作,加强公共文化服务体系和基层综合性公共文化设施建设。积极引进社会资本,指导成立民间文化公司,加强文化与市场融合。持续强化觉木龙藏戏、措麦藏戏、那嘎藏戏等民间文化的继承和创新,大力扶持藏戏艺术作品创作。重点扶持远大农民工艺术团、堆龙梦之舞艺术团,广泛开展贴近群众生活的文娱活动,建立群众文化自我发展的有效机制。依法依规推进文化新闻出版和广电市场的综合执法工作,深入实施"扫黄打非珠峰工程"以及"清源""秋风""固边""净网""护苗"等专项行动。完成乃琼镇、东嘎镇数字电视建设,推动区、乡(镇)、村、组无线应急广播全覆盖。启动运行区文化活动中心数字影院,实现与全国同步上映影视作品。持续保护历史文化文物遗产。依托"香雄美朵"生态旅游文化产业园等项目建设,形成一批具有区内外影响力和竞争力的文化品牌景区、品牌剧目、品牌产品。

健全社会保障体系。扎实开展小微企业创业创新基地城市示范建设暨高校毕业生创业就业工作,以创业带动就业、就业促进创业,实现大学生就业"动态清零"目标。深入实施"四业工程",通过"订单式"技能培训、有序输出、创业帮扶等措施,建立健全就业激励机制和目标责任考核机制,全力做好就业服务,动态消除"零就业家庭"。全面实施"五险统征"工作,各险种参保率达到100%。继续深化城乡社会救助、临时救助服务体系建设,动态调整城乡"低保"标准和"五保"供养标准。加大支出性贫困救助力度,保障困难群众基本生活。依法维护老年人、残疾人和孤残儿童等社会弱势群体权益。支持慈善事业发展,广泛动员社会力量开展社会救济和社会互助、志愿服务活动。进一步做好"双拥"、优抚安置工作,加强婚姻登记管理、应急救灾体系建设。

六、围绕全面维护社会稳定,重点抓治理保平安,着力实现长治久安

加强创新社会治理。严格落实自治区"十项维稳措施",依法深入持久开展反分裂斗争。加快"雪亮工程"、数据中心和全响应指挥中心建设,健全村级综治维稳工作中心,全力打造综治维稳工作全响应平台,积极构建立体化、信息化"智慧堆龙"社会治理体系。完善群防群治、实有人口服务管理体系,深化"双联户"和网格化工作。严密防范、依法惩治违法犯罪活动,坚决维护社会秩序,建设平安堆龙。扩大109国道、318国道及乡村道路的生命防护工程覆盖面,健全安全生产联动监管体系和安全隐患排查治理体系,坚决遏制重特大安全生产事故发生。深入开展"七五"普法宣传,普法覆盖率达到100%。加大法律援助力度,完善人民调解组织建设,引导群众通过法律途径维护自身的合法权益。完善信访案件分析和责任追究机制,形成信访工作闭合管理。

依法加强宗教事务管理。全面贯彻党的宗教工作基本方针,广泛团结和大力培养爱国爱教宗教界人士,充分尊重和保障各族群众宗教信仰自由。坚持寺庙管委会和特派员工作制度,进一步发挥好驻寺干部作用,提升寺庙"六建"工作水平。积极开展信教群众的思想教育引导工作,促进宗教与社会主义社会相适应。强化寺庙公共服务,继续深化落实"9+5""六个一"等一系列利寺惠僧政策,使广大僧尼和信教群众切身感受到党和政府的关怀与温暖。

促进民族团结进步。牢牢把握各民族共同团结奋斗、共同繁荣发展主题,筑牢"三个离不开"思想,不断巩固发展平等团结互助和谐的社会主义民

族关系，充分保障各民族在政治、经济、文化、社会等方面的权益。积极推进各民族交往交流交融，营造各族群众共居、共学、共事、共乐的浓厚氛围。充分发挥爱国主义教育基地作用，利用传统媒体和新媒体，广泛开展民族团结宣传教育。进一步巩固提升民族团结进步模范集体成果，持续推进民族团结进步创建活动。

各位代表，新时代孕育新希望，新征程承载新梦想。让我们更加紧密地团结在以习近平同志为核心的党中央周围，在自治区、拉萨市党委政府和堆龙德庆区委的坚强领导下，以永不懈怠的精神状态和一往无前的奋斗姿态，干在实处、走在前列，共同创造堆龙美好未来！谱写好实现中华民族伟大复兴中国梦、实现人民对美好生活向往的堆龙篇章！

名词解释

1.“万户百场十中心”工程建设：在全市范围内建成“万户百场十中心”工程建设。“万户”即10000个农牧户，每户饲养至少5头奶牛，实行以奖代补的方式，鼓励养殖户扩大养殖规模；“百场”即100个小牧场（养殖小区），饲养规模300—500头；“十中心”即建设10个高标准奶牛养殖中心，每个养殖中心饲养奶牛1000头以上。堆龙共有“600户、5场、1中心”建设任务。

2. 互联网+：充分发挥互联网在生产要素配置中的优化和集成作用，将互联网的创新成果深度融合于经济社会各领域之中，提升实体经济的创新力和生产力，形成更广泛的以互联网为基础和实现工具的经济发展新形态。

3. 两线合一：扶贫线和低保线“两线合一”。

4. 五个100%：实现中小学双语教学普及率达到100%，小学数学课程开课率达到100%，中学数理化生课程教学计划完成率达到100%，中学理化生实验课程开课率达到100%，职业技术学校国家目录规定课程开课率达到100%。

5.“三包”经费：对义务教育的农牧民学生实行包吃、包住和包学习用具。

6. 药物“零差价”销售：是指取消医院的药品费用加成。自2010年起，乡（镇）卫生院对所有药物执行“零差价”销售；2015年2月起，区人民医院对421种基本药物执行“零差价”销售；2017年1月起，区人民医院对所有药物执行“零差价”销售。

7. 四业工程：以业育人、以业安人、以业管人、以业富人。

8. 一带一路：“丝绸之路经济带”和“21世纪海上丝绸之路”的简称。

9. 五逢一快：逢人、车、物、疑、液必查，车辆快速通过。

10. 四护队：护院、护村、护校、护场队伍。

11.“两站”“两员”：交通劝导站、流动人口服务站；交通劝导员、流动人口协管员。

12. 寺庙“9+5”：有领袖像、有国旗、有道路、有水、有电、有广播电视、有电影、有书屋、有报纸；在20人以上的寺庙增加五项工作：修建一个食堂、一个澡堂、一个垃圾池、一栋温室、培养培训一名卫生员。寺庙“六个一”：交一个朋友、开展一次家访、办一件实事、建一套档案、畅通一条渠道、形成一套机制。

13. 五个认同：对伟大祖国的认同、对中华民族的认同、对中华文化的认同、对中国共产党的认同、对中国特色社会主义的认同。

14. 三个离不开：汉族离不开少数民族、少数民族离不开汉族、各少数民族互相离不开。

15. 五证合一：营业执照、组织机构代码证、税务登记证、社会保险登记证和统计登记证“五证合一”登记制度。

16. 三权分置：坚持农村土地集体所有的前提下，促使承包权和经营权分离，形成土地所有权、承包权、经营权“三权分置”，经营权流转的格局。

17.“三公”经费：财政拨款支出安排的出国（境）费、车辆购置及运行费、公务接待费。

18. 两随机一公开：在监管过程中随机抽取检查对象，随机选派执法检查人员，抽查情况及查处结果及时向社会公开。

19.“一站式”政务服务体系：将政府相关部门集中起来集体办公，方便群众办事。

20. 中央八项规定：一是中央政治局全体同志要改进调查研究，到基层调研要深入了解真实情况，总结经验、研究问题、解决困难、指导工作，向群众学习、向实践学习，多同群众座谈，多同干部谈心，多商量讨论，多解剖典型，多到困难和矛盾集中、群众意见多的地方去，切忌走过场、搞形式主义；二是要轻车简从、减少陪同、简化接待，不张贴悬挂标语横幅，不安排群众迎送，不铺设迎宾地毯，不摆放花草，不安排宴请。三是要精简会议活动，切实改进会风，严格控制以中央名义召开的各类全国性会议和举行的重大活动，不开泛泛部署工作和提要求的会，未经中央批准一律不出席各类剪彩、奠基活动和庆祝会、纪念会、表彰会、博览会、研讨会及各类论坛；提高会议实效，开短会、讲短话，力戒空话、套话。四是要精简文件简报，切实改进文风，没有实质内容、可发可不发的文件、简报一律不发。五是要规范出访活动，从外交工作大局需要出发，合理安排出访活动，严格控制出访随行人员，严格按照规定乘坐交通工具，一般不安排中资机构、华侨华人、留学生代表等到机场迎送。六是要改进警卫工作，坚持有利于联系群众的原则，减少交通管制，一般情况下不得封路、不清场闭馆。要改进新闻报道，中央政治局同志出席会议和活动应根据工作需要、新闻价值、社会效果决定是否报道，进一步压缩报道的数量、字数、时长。七是要严格文稿发表，除中央统一安排外，个人不公开出版著作、讲话单行本，不发贺信、贺电，不题词、题字。八是要厉行勤俭节约，严格遵守廉洁从政有关规定，严格执行住房、车辆配备等有关工作和生活待遇的规定。自治区党委“约法十章”：一是坚持立场坚定、保持一致；二是坚持旗帜鲜明、反对分裂；三是坚持加强学习、解放思想；四是坚持总揽全局、民主集中；五是坚持同心同德、维护团结；六是坚持牢记宗旨、服务群众；七是坚持求真务实、真抓实干；八是坚持恪尽职守、勤政高效；九是坚持艰苦奋斗、清正廉洁；十是坚持精文减会、转变作风。自治区党委“九项要求”：一是积极推进政企分开，切实规范行政权力；二是深化行政审批制度改革，努力提高行政效能；三是创新政府管理方式，提高政府行政能力；四是深入开展反腐倡廉，确保权力不被滥用；五是坚持科学民主决策，努力提高决策水平；六是建立问责制度，开展绩效评估；七是坚持依法行政，建立法治政府；八是强化大局意识，增强政府执行力和公信力；九是以勤俭办事为原则，积极推进节约型机关建设。拉萨市委“八项要求”：一是加强调研工作，切实掌握实情；二是严控会议规模，切实改进会风；三是严控发文数量，切实改进文风；四是严格审批程序，切实改进事风；五是严格宣传报道，切实提升质量，六是严控评比活动，切实规范表彰；七是严格信访制度，切实化解矛盾；八是严格廉洁自律，切实厉行节约。

21. 四风：形式主义、官僚主义、享乐主义和奢靡之风。

22.“五位一体”总体布局：经济建设、政治建设、文化建设、社会建设、生态文明建设。

23. “四个全面”战略布局：全面建成小康社会、全面深化改革、全面依法治国、全面从严治党。

24. 六大战略：党建统区、环境立区、文化兴区、产业强区、民生安区、依法治区。

25. “一核两带、三区三园、六沟多点”的产业发展总体空间布局：“一核”是指积极打造堆龙新城，涵盖48.56平方公里城市规划区、与经开区共同形成的现代产城融合示范区。“两带”是指沿109国道和318国道为两轴的经济发展带，沿两带谋划布局城镇发展、产业发展和公共服务发展，形成支撑堆龙发展的两大“臂膀”。“三区”是指以堆龙工业园区为中心的特色工业集聚区，以拉萨西货站为中心的综合物流保税区，以“香雄美朵”生态旅游文化产业园为中心的生态人文旅游区。“三园”是指立足做大、谋划作强，围绕现代设施农业和净土健康产业，通过农业现代化与新型工业化、信息化、城镇化同步融合发展，做大做强特色农牧业，围绕古荣、马乡、德庆等三个乡镇现代农业设施园（净土健康产业园），加快发展现代农牧业，把堆龙打造成为拉萨城郊现代农业示范区。“六沟”是指积极打造“楚布沟、加木沟、帮普沟、嘎东沟、宇妥沟、比西沟”等六大沟，利用六大沟自然环境，大力发展净土健康产业和生态人文旅游业，推进堆龙产业向纵深发展。“多点”是指以村组为单位，发展壮大集体经济，不断提升自我发展能力，以点带面、以面促点，实现城乡协调发展、全面发展，努力形成区域多点联动发展的态势，构成经济发展的“全景图”，财富堆龙的“走势图”。

26. 五大主导产业：净土健康、文化旅游、商贸物流、特色工业、房地产业。

27. 四个意识：政治意识、大局意识、核心意识、看齐意识。

28. “两学一做”学习教育：学党章党规、学系列讲话，做合格党员。

29. 工匠精神：是指工匠对自己的产品精雕细琢，精益求精、更完美的精神理念。

30. 品质革命：品种结构、产品品质、品牌培育等方面改革。

31. 多证合一：是指在已实施的营业执照、组织机构代码证、税务登记证、社会保险登记证和统计登记证“五证合一”的基础上，向申请者颁发载有统一社会信用代码和食品经营许可证号等一照两号或多号的“多证合一”的营业执照。

32. 绿色围城：以环城路造林绿化工程为契机，持续提升城市生态园林绿化水平。

33. 三条红线：用水总量、用水效率和水功能区限制纳污“三条红线”。

34. 五险统征：养老保险、医疗保险、工伤保险、生育保险、失业保险实行统一征缴。

35. 自治区“十项维稳措施”：一是要以开展创先争优强基惠民活动为有力抓手，提升驻村工作水平。二是要以干部驻寺常态化为主要内容，加强和创新寺庙管理。三是要以便民服务、维稳处突为首要职能，推行城市网格化管理。四是要以维护藏传佛教正常秩序为基本目标，依法依规管理宗教事务。五是要以强化社会面管控为有效途径，实现维稳措施全覆盖。六是要以扩大就业、改善民生为关键举措，夯实和谐稳定的群众基础。七是要以开展民族团结进步创建活动为重要载体，促进各民族和睦相处、和衷共济、和谐发展。八是要以加强高校管理和青少年思想政治及“双语”教育为工作重点，培养合格的社会主义建设者和接班人。九是要以提高社会主义先进文化的影响力为根本任务，确保西藏意识形态领域的绝对安全。十是要以维护稳定为硬任务和第一责任，落实维稳工作责任制和应急处突机制。

（郭　龙）

堆龙德庆区人民代表大会常务委员会工作报告

——在堆龙德庆区第二届人民代表大会第二次会议上

拉萨市堆龙德庆区人民代表大会常务委员会党组书记、主任 杨世军

（2018 年 1 月 9 日）

2017 年的主要工作

过去一年，在区委的正确领导下，区人大常委会高举中国特色社会主义伟大旗帜，以马克思列宁主义、毛泽东思想、邓小平理论、“三个代表”重要思想、科学发展观、习近平新时代中国特色社会主义思想为指导，全面贯彻党的十八大、十八届三中、四中、五中、六中全会和中央第六次西藏工作座谈会精神，坚持以习近平总书记系列重要讲话精神和治国理政新理念新思想新战略、特别是治边稳藏重要战略思想为指引，把深入学习宣传贯彻党的十九大精神作为履职主线，把扎实推进我区长足发展和长治久安作为履职目标，用依法行使职权、积极开展工作的实际行动践行对以习近平同志为核心的党中央的坚决拥护和绝对忠诚，为解决人民日益增长的美好生活需要和不平衡不充分的发展之间的矛盾奠定了坚实的基础。一年来，区人大常委会围绕八个方面依法履职尽责，较好地完成了区一届人大三次和二届人大一次会议确定的各项任务，全年共召开 2 次人民代表大会会议、10 次常委会会议，听取审议区人民政府、区人民法院、区人民检察院 15 个工作报告，开展 2 次专题调研；作出决议决定 14 件，审议通过代表资格报告 2 个，发布公告 8 个，任免国家机关工作人员 38 人次，在以往工作基础上又取得了新进展新成效。

一、围绕社会和谐稳定依法履职尽责

区人大常委会始终把维护祖国统一、加强民族团结作为人大工作的着眼点和着力点，灵活运用监督、决定重大事项、任免等法定职权，通过法定程序推动各级党委重大决策部署和各项维稳措施在我区的贯彻落实。教育引导各级人大代表把维护稳定作为政治任务和政治责任，牢固树立稳定压倒一

切和“三个离不开”的思想，坚持对达赖集团斗争方针不动摇，不断增强“四个自信”，不断增进“五个认同”，凝心聚力促进社会大局持续稳定、长期稳定、全面稳定。常委会领导长期兼任区护路办主任，奋斗在铁路护路一线，牢固树立“护路无小事，事事连政治”的思想，弘扬“两路”精神，确保69.55公里长的青藏铁路堆龙段安全畅通，架起促进西藏经济跨越式发展和保障全区各族人民利益的“幸福线、生命线、团结线、战略线”。2017年，常委会领导积极参与“三大节日”、三月份敏感期、重要节假日、大型佛事活动、十九大召开期间的维稳安保工作，参与一线维稳指挥部值班12次，开展维稳督导检查60余人次，为全区社会大局持续和谐稳定做出积极贡献。

二、围绕优化发展环境依法履职尽责

区人大常委会以推动落实新发展理念为统领，把正确处理“十三对关系”转化为做好人大工作的新思路、新举措和实际成效，不断强化法治对良好发展环境的引领规范作用。积极探索制定《堆龙德庆区人民代表大会常务委员会讨论决定重大事项的规定》，规范政府重大决策出台前向本级人大报告的内容和方式，更好地支持政府科学施策、精准发力。发挥人大代表直接联系人民群众的优势，教育引导人大代表依法参政议政，在区一届人大三次会议和区二届人大一次会议上，人大代表提出意见建议203件，为优化我区发展环境、增强发展活力提供坚强保障。组织开展强基惠民、村级集体经济发展等专题调研，提出村级经济发展的新机制新举措，不断探索村级集体经济在社会经济发展领域的建设性功能。

三、围绕精准扶贫脱贫依法履职尽责

区人大常委会坚决贯彻落实习近平总书记关于扶贫开发的重要战略思想，特别是在深度贫困地区脱贫攻坚会议上的重要讲话精神，紧盯“确保到2020年现行标准下贫困人口全部脱贫、贫困县全部摘帽”的既定目标和“六个精准”“五个一批”等工作要求，切实履行人大职责。2017年6月，常委会组织20余名人大代表对我区精准扶贫脱贫工作进行专题调研，实地视察集中安置工程和扶贫项目建设情况，并召开座谈会听取全区脱贫攻坚专项工作报告，收集人大代表关于脱贫攻坚工作意见建议9条交区人民政府办理。常委会立足中心工作，选派班子成员脱岗开展精准扶贫督查、精准脱贫验收等工作，常委会机关全体工作人员和各级人大代表积极投身对口帮扶工作，凝心聚力推动脱贫攻坚系列政策措施的贯彻落实，深入贫困户家中20余次开展帮扶活动，教育引导贫困群众由“要我脱贫”向“我要脱贫”转变，教育信教群众淡化宗教消极影响，激发内生动力，依靠辛勤劳动改变贫困面貌、过上健康文明幸福生活。

四、围绕保护生态环境依法履职尽责

区人大常委会始终把守护好世界上最后一方净土、建设美丽西藏，积极推进重要的国家生态安全屏障建设作为重要使命，牢固树立“绿水青山就是金山银山、冰天雪地也是金山银山”“山水林田湖草是生命共同体”的生态文明建设理念，进一步提高政治站位，积极正确行使法定职权，为推进生态文明建设和美丽堆龙建设保驾护航。2017年8月，中央环保督察组进驻拉萨以来，区人大常委会紧紧围绕区市党委关于做好中央环保督察迎检工作的有关要求，积极介入、主动作为，通过督查、视察、走访等形式，立足我区实际，发挥监督职能，在区委的统一安排部署下，常委会党组书记、主任担任环保督察组组长，邀请部分责任担当意识强的人大代表参加环保督察活动，通过明察暗访、实地检查、听取汇报、座谈交流等手段，大力抓好大气污染防治，不断加强道路扬尘治理，加快燃煤锅炉淘汰治理进度，突出抓好秸秆焚烧防控等方面的整治力度。9月，人大常委会联合政协常委会开展“保护家园、拥抱自然”绿色环保志愿活动，对我区和平路段及铁路沿线的卫生进行整治，以实际行动引导群众自觉爱护环境。各级人大代表充分发挥职能优势，深入基层、深入一线，收集民情民意，积极建言献策，密切跟踪信访问题的妥善处理，助力助推高速度、高质量、高水平落实环保督察问题的解决和落实。

五、围绕城乡建设管理依法履职尽责

推动新型城镇化建设是全面建成小康社会的内在要求，城乡建设与管理工作与人民群众生活息息相关，社会关注度高，区人大常委会深刻理解、正确把握科学发展、统筹发展、协调发展的内涵，积极促进资源节约型、环境友好型社会建设，选派常委会班子成员全程参与“堆龙新城”征地拆迁工作，完成99家企业、267户外来户、269户本地户的拆迁补偿工作，发放补偿款近5亿元，至今未发生一起群众上访事件，实现上级满意、租户满意、群众满意，为后期项目顺利建设奠定坚实基础，有力推动我区城乡规划更加科学有品、建设更加依法有序、管理更加规范高效、环境更加优美整洁，让我区群众过得安心舒心，生活更加幸福安康。

六、围绕社会公平正义依法履职尽责

公平正义是中国特色社会主义的内在要求，区人大常委会把推进社会公平正义作为实现“中国梦”的重要内容，积极投身严格执法、公正司法、全民守法的实践中。区一届人大常委会第十五次会议听取和审议了堆龙德庆区人民政府关于“六五”普法决议执行情况的报告，依法作出关于在我区开展“七五”普法的决议交于区人民政府执行，为建设法治堆龙提供有力的法治保障。全年，积极配合自治区、拉萨市人大常委会开展《中华人民共和国消防法》《西藏自治区学习、使用和发展藏语文的规定》等法律法规在我区实施情况的执法检查2次，协助开展藏医药、“三小一摊”等立法调研2次，以实际行动健全和完善人民代表大会制度。

七、围绕基层政权建设依法履职尽责

区人大和“一府两院”分别代表基层国家权力机关、行政机关、审判机关、检察机关，加强人大和“一府两院”队伍建设关系到国家政权的巩固和发展，关系到我区的长治久安和繁荣昌盛。根据自治区党委的统一安排部署，2017年9月，我区开展了人大换届选举工作，在区委的坚强领导下，将党的领导贯穿于换届选举工作全过程，坚持和遵循选举的基本原则和法定程序，科学划分选区、做实选民登记、规范提名程序、严把代表“入口关”，坚持发扬民主，严格程序，严肃纪律，在风清气正的环境下成功选举产生新一届人大代表102名。为提高新当选人大代表的人大意识、代表意识和法律素质，准确理解和把握人大代表的权利与义务，常委会及时举办两期培训班，邀请十九大代表、党校教师为代表授课，并于11月组织代表赴广西、成都两地考察学习，进一步提高代表的思想素质、议政水平和依法履职能力，正确行使宪法和法律赋予人大代表的权力。在区二届人大一次会上顺利选举产生新一届人大、政府、两院领导班子，所有候选人均全票当选，充分体现了全体代表思想高度统一，体现了民主团结和谐的政治氛围，体现了区委的人事意图与人民意愿的有机统一。

八、围绕服务代表平台依法履职尽责

区人大常委会深入贯彻落实党中央和全国人大常委会关于“充分发挥代表主体作用”的决策要求和张德江委员长关于“加强人大代表同人民群众的联系，完善代表联系群众制度，发挥代表主体作用”的工作部署，以全区8个“人大代表之家”为载体，坚持以丰富活动为抓手，不断强化服务功能，开展十九大专题学习15场，受教育人大代表达800余人次，覆盖区市县乡4级人大代表。开展监督视察、座谈交流17次，全力打造代表接受监督的亮相台、为民办实事的服务区、树立人大形象的示范岗，得到了自治区、拉萨市人大常委会的充分肯定和高度赞扬，在2017年拉萨市人大组织的各县区人大代表之家交叉验收活动中荣获第一名。全年共接待区内外兄弟县区人大考察团7批，就人大代表、精准扶贫脱贫、产业发展等工作进行交流探讨，为切实发挥好我区“首府城市副中心”的带头引领、辐射示范作用作出积极贡献。

各位代表！过去一年区人大常委会工作成绩的取得，是在区委正确领导下，区人大代表、常委会组成人员和区人大机关工作人员兢兢业业、履职尽责、扎实工作的结果，是区“一府两院”、各乡镇人大密切配合、团结协作的结果，是全区人民、社会各界充分信任、大力支持的结果。在此，我代表区人大常委会向大家表示崇高的敬意和衷心的感谢！

我们也清醒地认识到，与形势的发展、人民的期望、代表们的要求相比，常委会工作还存在一些差距和不足。在监督工作实效需要着力增强，决定权的行使需要继续规范，代表履职管理需要积极探索，密切联系群众的相关制度需要更好落实，意识形态工作需要更加主动，人大信息化建设需要加快

步伐，人大新闻宣传工作需要不断完善。我们将高度重视这些问题，虚心听取代表和各方面的意见建议，自觉接受监督，不断加强和改进各项工作。

2018 年的主要任务

2018 年是贯彻落实党的十九大精神的开局之年，是改革开放 40 周年，是决胜全面建成小康社会、实施“十三五”规划承上启下的关键一年，也是堆龙德庆区第二届人大常委会和第二届人大代表依法履职的重要一年，做好今年的工作意义重大。今年，区人大常委会的工作总体要求是：高举中国特色社会主义伟大旗帜，全面贯彻落实党的十九大精神和中央第六次西藏工作座谈会精神，以马克思列宁主义、毛泽东思想、邓小平理论、“三个代表”重要思想、科学发展观、习近平新时代中国特色社会主义思想为指导，深入贯彻落实习近平总书记治国理政新理念新思想新战略、特别是治边稳藏重要战略思想，按照党的十九大的部署，坚持党的领导、人民当家作主、依法治国有机统一，紧紧围绕协调推进“四个全面”战略布局，树立和贯彻“五大发展理念”，坚持党的治藏方略，坚持依法治藏、富民兴藏、长期建藏、凝聚人心、夯实基础的重要原则，着力贯彻落实各级党委关于人大工作一系列重大决策部署，依法行使职权、积极开展工作，充分发挥地方国家权力机关在全面依法治藏、建设法治西藏中的重要作用，围绕“一核两带、三区三园、六沟多点”的产业发展空间布局，圆满完成区人大及其常委会各项任务，为决胜全面建成小康社会，夺取新时代中国特色社会主义伟大胜利，实现中华民族伟大复兴中国梦的堆龙篇章不懈奋斗。

一、立足服务大局，紧扣“三大任务”，全面履行法定职能

推进长足发展和长治久安，是全区工作的总目标，稳定发展生态是我区长期的“三大任务”。常委会要紧紧围绕党中央和各级党委重大决策部署，把宪法法律赋予的各项职权行使好，为全面依法治藏、建设法治西藏提供有力保障。一是在监督工作方面，围绕贯彻落实中央和各级党委重大决策部署，以促进经济持续健康发展为重点，加快推进出台《堆龙德庆区人大常委会监督问责办法》力度，听取和审议关于计划执行情况以及决算、预算执行情况等报告，开展经济运行情况调研和法律法规执法检查报告及审议意见落实情况跟踪检查；以推动经济发展和民生工作为重点，对我区“双创”工作进行专题调研；以严格落实环保法律制度和加紧生态功能区建设为重点，检查中央环保督察问题整改情况，听取区人民政府年度环境保护工作专项报告。结合法律监督和工作监督的重点议题，组织开展专题询问。二是在决定重大事项方面，健全完善讨论决定重大事项相关法规，及时就深化改革、法治建设、预算管理等方面的重大问题作出决定。三是在选举任免方面，依照宪法和法律规定，抓严抓实关键环节，严明任免工作程序，组织好任前法律知识考试和宪法宣誓工作。

二、立足创新发展，紧扣“三个文件”，健全完善工作机制

中共中央转发的《中共全国人大常委会党组关于加强县乡人大工作和建设的若干意见》（中发〔2015〕18 号文件）和自治区党委转发的《中国西藏自治区人大常委会党组关于加强县乡人大工作和建设的实施意见》（藏党发〔2016〕7 号文件）及《中国西藏自治区委员会关于进一步加强和改进人大工作的意见》（藏党发〔2016〕9 号文件），是指导和推动今后一个时期我区人大工作的重要遵循。常委会要坚持把落实区党委人大工作会议精神作为主抓手，推动人大全面贯彻落实中央和区党委部署要求，持续推进人大专门委员会的设立工作。以增强监督实效为目标，上下半年各确定 1 个重点议题开展检查和调研，在听取相关报告的基础上开展专题询问、质询、问责等刚性监督手段，增强人大监督的针对性、互动性和实效性。加强对常委会审议意见的跟踪问效，更多地在常委会会议、主任会议上听取审议意见落实情况的汇报，推动审议意见落实。把加强监督工作与决定重大事项结合起来，根据需要就监督中涉及的重大问题依法作出决定决议，增强监督的刚性和效力。健全人大代表履职考评机制，探索制定人大代表履职积分制度，建立履

职服务平台，增强履职保障措施，全面掌握人大代表履职情况，开展“优秀人大代表”“优秀人大代表之家”评选活动，提高代表荣誉感、促进履职积极性。

三、立足发挥作用，紧扣“三项重点”，扎实推进代表工作

坚持尊重代表主体地位、依法保障代表履行职务、充分发挥代表作用，是提高常委会工作质量的重要基础。今年，代表工作要继续在建好履职平台、办好议案建议和用好联系制度等“三项重点”上着力见效。继续坚持创建“人大代表之家”的标准和要求，巩固提升乡镇“人大代表之家”规范化建设水平，推进完善常态化运行机制，切实发挥宣传方针政策、反映民情民意、帮助扶贫解困、化解内部矛盾、提高履职能力的平台作用。加强专业、行业代表小组建设，邀请更多代表列席常委会会议和参加常委会履职活动，充分听取和吸纳代表的意见建议。改进代表议案审议和建议办理工作，抓好交办、承办、督办、考评等重点环节，提升办理质量，提高办结率，重点对二届人大一次会议以来的意见建议进行跟踪督办，答复率达到100%，代表满意率达到100%，办结率达到80%以上，对办理代表意见建议先进单位予以表彰。深入落实常委会组成人员直接联系基层代表、代表联系人民群众这两个制度，完善代表集中视察、专题调研等制度，拓宽和畅通社情民意表达及反映渠道。探索建立代表履职服务信息化平台和履职档案，加大代表培训力度，不断提高代表履职保障水平。

四、立足提升能力，紧扣“三大建设”，有效发挥整体功效

坚持把思想政治建设摆在首位。深入学习宣传贯彻党的十九大精神，以习近平新时代中国特色社会主义思想武装头脑，自觉坚持党的领导，严守政治纪律和政治规矩，牢固树立政治意识、大局意识、核心意识、看齐意识，更加自觉地在思想上政治上行动上同以习近平同志为核心的党中央保持高度一致，更加扎实地把党中央决策和区党委部署落到实处，坚决维护党中央权威。

坚持把纪律作风建设紧抓不放。坚定不移落实全面从严治党的新部署新要求，巩固和扩大群众路线教育实践活动、“三严三实”专题教育、“两学一做”学习教育成果，严格遵守常委会组成人员守则，扎扎实实履行好法定职责，切切实实担负起党和人民赋予的历史使命。

坚持把能力素质建设提升到位。加强人大理论研究工作，注重理论研究队伍培养，推进研究成果转化，为做好新形势下人大工作提供智力支持。改进人大新闻宣传工作，大力宣传人大制度优势、人大工作实践和人大代表风采，营造民主法治建设的良好舆论环境。密切与乡镇人大的工作联系，总结推广创新经验，推动解决实际问题，不断提升我区人大整体工作水平。

完成全面建成小康社会各项目标总体思路

实现西藏长足发展和长治久安、与全国一道全面建成小康社会、谱写中华民族伟大复兴中国梦的堆龙篇章，这是时代赋予的光荣使命，同时也对加强和改进新形势下人大工作提出了新的更高的要求，我们要坚定不移贯彻落实习近平总书记关于坚持和完善人民代表大会制度、加强社会主义民主政治建设的一系列新思想新举措新要求，坚定不移贯彻落实习近平总书记治边稳藏重要战略思想，始终做到理论清醒、政治坚定、行动自觉，始终做到敢于担当、求真务实、积极作为，努力把人大全面建设成为坚定的政治机关、有为的权力机关、务实的代表机关、担当的工作机关，充分彰显人民代表大会制度这一根本政治制度的特点和优势。

一、坚持党的领导，把人大建设成为坚定的政治机关

党的领导是中国特色社会主义最本质的特征，是中国特色社会主义制度的最大优势。人大作为地方国家权力机关，是十分重要的政治机关，必须旗帜鲜明讲政治，要把讲政治这根弦绷得紧而又紧，毫不动摇坚持党的领导、人民当家做主、依法治国有机统一，牢固树立“四个意识”，自觉在思想上政治上行动上同以习近平同志为核心的党中央保持高度一致，始终以党的旗帜为旗帜、以党的方向

为方向、以党的意志为意志，确保党的路线方针政策和各级党委的决策部署在人大工作中得到全面贯彻和有效执行，使人大工作始终在党的领导下沿着正确的方向向前推进。要严守党的集中统一领导这个根本政治规矩，充分发挥人大党组把方向、管大局、保落实的重要作用，建立健全重大问题、重要事项和重要工作向党委请示报告制度，及时传达贯彻党委的重要会议精神和文件精神，做到政令畅通、步调一致。

二、坚持法治引领，把人大建设成为有为的权力机关

在十九大报告中，“坚持全面依法治国”被明确作为十四条新时代坚持和发展中国特色社会主义的基本方略之一。加强民主法治建设、深化依法治国实践，这既是人大工作永恒的主题，也是人大的重要任务，要进一步强化“作为”意识，提高“能力”本领，找准“善为”路径，切实担负起法定的监督职责，始终做到监督与支持的有机统一，理直气壮进行监督，抓住不放，跟踪问效，使监督工作真正有威有力有效。切实做好讨论决定重大事项和选举任免工作，按照党委决策部署，把党内工作程序和人大工作程序有机结合起来，通过法定程序推动党委重大决策部署的贯彻落实，确保党委人事安排意图的圆满实现。切实在人大工作实践中锤炼提升学习思考能力、法治思维能力、调查研究能力、依法履职能力，坚持以宪法和法律为依据，严格依法按程序办事，运用法治思维和法治方式推进各项工作，做社会主义法治的忠实崇尚者、自觉践行者和坚定捍卫者。

三、坚持以民为本，把人大建设成为务实的代表机关

区人大作为基层权力机关，直接面对基层，与人民群众的联系更为密切，要牢固树立人民至上的价值取向，始终坚持为人民用权、为人民履职、为人民服务，努力践行群众路线这条人大工作的生命线和依法履职尽责基准线，落实十九大报告关于保障人民的知情权、参与权、表达权、监督权的要求，把人民对美好生活的向往作为奋斗目标，依靠人民创造历史伟业，更好保障和促进发展成果共享，让人民群众有更多的参与感和获得感。要充分发挥人大代表密切联系群众的主渠道作用，密切与基层代表的直接联系，丰富闭会期间代表活动，提高议案建议办理实效，使代表更好为群众发声、为百姓解忧、为人民尽责，使人大工作更贴民情，更接地气，更聚民心。

四、坚持奋发有为，把人大建设成为担当的工作机关

人大工作是党的事业的重要组成部分，人大处于民主法治建设的第一线，每一项法定职权的全面有效行使，都事关我区改革发展稳定大局。新时代下，人大更要始终保持担当尽责、奋发有为、积极进取的精神状态，构建决策科学、执行坚决、监督有力的权力运行机制，全面强化和提高人大特别是领导干部的执行力、推动力、创造力，努力创造经得起实践、人民和历史检验的工作业绩，以实际行动体现对党绝对忠诚、对人民高度负责。要把推动解决制约人大发展的实际困难和问题作为抓手，密切工作协同联动，加强指导和支持，加强调查研究，加强干部培训，不断提高履职能力和水平，增强人大工作的整体实效。

各位代表，人民代表大会制度是支撑国家治理体系和治理能力的根本政治制度。人大工作任务艰巨、大有可为，人大代表职责神圣、使命光荣。让我们更加紧密地团结在以习近平同志为核心的党中央周围，在区委的坚强领导下，以更加饱满的政治热情和强烈的责任担当，不忘初心、牢记使命，坚定信心、锐意进取，决胜全面建成小康社会，夺取新时代中国特色社会主义伟大胜利，为实现中华民族伟大复兴的中国梦堆龙篇章不懈奋斗！

中国人民政治协商会议
堆龙德庆区委员会常务委员会工作报告

——在政协第二届拉萨市堆龙德庆区委员会第二次会议上

政协拉萨市堆龙德庆区委员会党组书记、主席 洛桑强巴

（2018 年 1 月 7 日）

一、2017 年工作回顾

2017 年在区委的正确领导下，在市政协的有力指导下，在区人大、区政府以及社会各界的大力支持下，区政协常委会以马克思列宁主义、毛泽东思想、邓小平理论、“三个代表” 重要思想、科学发展观、习近平新时代中国特色社会主义思想为指导，牢牢把握团结和民主两大主题，带领全区政协委员全面学习贯彻党的十九大精神，学习贯彻习近平总书记系列重要讲话精神和治国理政新理念新思想新战略，贯彻落实区市党委九届三次会议精神和区委二届一次会议精神，按照《政协章程》规定，切实履行政治协商、民主监督、参政议政职能，团结和依靠各族各界委员，充分发挥协调关系、汇聚力量、建言献策、服务大局的作用，为建设团结美丽健康幸福新堆龙做出了积极贡献。

（一）加强理论学习，筑牢履职基础

常委会始终把加强学习作为加强队伍建设、发挥政协委员主体作用的重要措施摆在突出位置，常抓不懈。始终把加强思想政治建设，提高认识，统一思想作为增进共识、履行职能的重要前提，作为推动人民政协事业不断开拓前进的根本保障。一年来，共组织召开党组理论学习、研讨会 12 次，主席会议 9 次，常委会议 9 次。常委会以创建学习型政协组织为载体，以提高委员整体政治理论水平为目标，严格按照常委会年度学习计划，采取多种形式，积极开展了各项学习教育活动。一是在党的十九大召开后，常委会积极组织广大政协委员和机

关干部职工认真学习、集中指导、开展学习交流4次，开展十九大精神专题学习辅导会1次，使委员们准确把握十九大报告中的新思想、新论断、新特点，增强中国特色社会主义的道路自信、理论自信、制度自信和文化自信，不断夯实共同团结奋斗的思想政治基础。二是根据区委关于开展“四讲四爱”主题教育活动的要求，邀请区党校教师为基层委员开展“讲党恩爱核心、讲团结爱祖国、讲贡献爱家园、讲文明爱生活”专题讲座，引导各族各界委员坚决拥护以习近平同志为核心的党中央，自觉维护祖国统一和民族团结，取得了预期成效。

（二）牢记第一要务，认真履行三大职能

一年来，政协常委会始终遵循围绕中心、服务大局、主动作为的原则深入调查研究、广泛协商议政、强化民主监督，履职成效明显。

*认真开展政治协商。*一年来，召开全体会议二次，组织委员认真听取和协商讨论“一府两院”工作报告，广泛征求意见，汇集多方智慧，推动中心工作和决策举措的贯彻落实。通过大会发言、小组讨论、提案建议等形式，围绕我区经济建设、政治建设、文化建设、社会建设、生态文明建设和社会生活中的热点、难点问题协商建言。同时常委会充分发挥乡镇“委员之家”的作用，不断畅通民意表达渠道，开展委员走访联系群众活动，体察群众疾苦、倾听群众呼声、汇集群众意愿，积极向党委政府建睿智之言、献管用之策。一年来，提出有针对性和可操作性的提案、意见和建议共130件，在区委、区政府的高度重视下，各承办单位积极办理相关提案、意见、建议，办结率达到70%以上，答复率达到100%，满意率达到100%。提案数量质量和办复率进一步提高，产生了较好的经济和社会效益，得到广大群众的一致好评。

*广泛开展民主监督。*充分发挥人民政协民主监督作用，以专项视察为重点，力求在监督中加强交流、沟通认识、促进工作。常委会结合工作实际，针对政协全委会上委员提出的重点提案以及区委中心工作和重大项目，制定委员视察方案，先后组织常委视察、委员视察和调研活动3次、60余人次参与，分别对德庆乡辖区更换新电线、羊达村修建下水管网等10余项提案进行视察，对德庆乡中心校配备发电机等4项建议的办理情况开展专题视察，主动参与全区重点项目的检查验收。通过实地查看、听取汇报、座谈、询问等方式，详细了解委员提案办理和重大项目建设的实施情况。组织委员参加堆龙德庆区迎接中央环保督察组各项工作，就我区环境保护工作开展视察，认真查找不足，提出意见建议，促进了环境整治工作的开展。列席区委常委会和政府常务会，参与检察院、法院相关案件庭审旁听等，加强了对区政府、法院、检察院的民主监督。通过加大民主监督力度，为委员知情明政拓展了渠道，同时也有力促进了各相关单位依法、按章、有序、高效开展工作。

*务实开展参政议政。*为进一步提高委员参政议政能力，切实提升工作活力，使之适应新形势下的政协工作，常委会通过培训的方式，不断提高委员对政协工作的性质、地位和作用的认识。2017年区政协举办了“四讲四爱”和“十九大精神”专题学习会，参训人员达100余人次。同时率先在全市创建乡镇“委员之家”，拓展了委员参政议政的履职平台，充分发挥“委员之家”的作用，认真组织委员学习有关法律法规和党的方针政策，及时传达上级会议精神，使委员的学习、培训实现经常化、系统化、规范化的目的。不定期组织委员听取辖区内相关工作开展情况，使委员知情明政。以讨论会形式集思广益征求提案建议，经“委员之家”全体会议研究讨论，酝酿成熟后，作为提案或意见建议提交，有效提升了提案质量。

*扎实开展调查研究。*常委会坚持把搞好调查研究作为履行政协职能的基础性工作和衡量工作成效的标准，选择村级集体经济发展、政协委员履职等课题开展调查研究，形成《强化基层组织建设推动村级集体经济发展》《关于充分发挥政协委员作用的调研报告》《浅谈政协专委会的作用》《村级组织换届选举工作存在的问题和建议》等专题调研报告，为促进党政科学决策、改进部门工作发挥了积极作用。

（三）服务全区大局，促进各项事业发展

一年来，常委会主动作为，积极围绕区委的中

心任务开展各项工作。

发挥优势维护稳定。常委会充分发挥政协委员讲政治、维护团结，在群众中有影响力的优势和特点，团结带领广大政协委员，坚定不移地贯彻落实自治区、拉萨市、堆龙德庆区委关于维护社会稳定的重大决策部署。县级干部按照区委的统一安排积极参与维稳一线指挥部带班及面上巡查工作，特别是在党的十九大期间，坚持蹲守在各自联系乡（镇），指导督促各项维稳措施落实，深入各乡镇、村组、寺庙、企业开展督导检查20余次。党外副主席、非党政协委员积极作为，在村（组）、寺庙、学校等维稳前沿战线上发挥了主力军作用，在联系群众和所能接触到的社会层面上，做了大量凝聚人心的工作，有力助推了我区社会局势持续稳定、长期稳定、全面稳定，彰显了堆龙政协委员维护社会稳定的责任担当。

关注民生助力脱贫。今年是我区精准扶贫精准脱贫检查验收的关键之年，政协党组按照区委统一部署，将精准扶贫精准脱贫工作，纳入到政协日常工作中，经常深入包村联系点、扶贫户家中宣传解读惠民政策，帮助寻找致富门路。在重大节日期间开展走访慰问活动，共计捐款捐物价值2余万元，协调相关部门为包村点加入村争取项目2个，资金合计200余万元，为4户结对户协调解决就业。同时组织广大政协委员深入基层，贴近群众，了解群众疾苦和期盼，参与扶贫济困、捐资助学、结对帮扶等工作。工商界委员先后向困难群众送去慰问品、慰问金折合人民币达50余万元，以实际行动展现了委员热心公益、关注民生、奉献爱心的高尚情操，受到社会一致好评，树立了堆龙政协情系民生的良好形象。

精心准备圆满换届。按照《中共西藏自治区委员会办公厅关于认真做好拉萨市堆龙德庆区等四区领导班子换届工作的通知》（藏委厅〔2017〕22号）精神，在区市党委及区委的统一安排部署下，政协圆满完成换届，选举产生了新一届政协主席1名、副主席4名及常务委员17名。同时，在2016年增补委员的基础上调整委员7名。进一步优化政协委员队伍建设，通过与区委组织部、统战部的反复协商，将那些懂政协、会协商、善议政，具有一定社会影响力和号召力的人员吸纳到政协队伍中。

（四）强化联络交流，筑牢爱国统一战线

常委会注重发挥政协组织联系面广的优势，以联络联谊为纽带，以团结合作为基础，多渠道、多形式、多领域，增进团结，凝聚力量。

不断巩固爱国统一战线。积极主动加强与各族各界委员的沟通联系，坚持走访联系宗教界人士、爱国统战人士、归国藏胞等。通过举办“3·28”座谈会、“三大节日”慰问等形式，进一步密切了政党关系、民族关系、党群关系。一年来，共慰问走访基层委员16人次，看望生病住院委员4人，发放慰问金共计1.75万元。通过各项活动的开展，使广大政协委员倍加感受到党和政府的高度重视和祖国大家庭的温暖，极大地提高委员的工作热情，同时也凝聚了更广泛的力量，夯实了更加坚实的基层基础，不断巩固和壮大了最广泛的爱国统一战线。

不断扩大对外交流和联谊。先后协助拉萨市政协开展“市县乡三级政务服务体系运行情况和‘放管服’工作开展情况”视察调研1次。接待重庆市万州区政协、林周县政协、拉萨市政协、日喀则市江孜县政协和萨嘎县政协、阿里地区日多县政协等6个考察交流团、114人次，通过相互学习交流，增进了双方的友谊，促进了兄弟省市政协工作的交流沟通。同时为进一步学习和借鉴区内外省市政协工作的先进经验，拓展委员履职思路，提升履职能力，加强与外地省市政协的交流。2017年11月，常委会先后两批次组织基层委员30人，分别赴北京市朝阳区、重庆市万州区、成都市金堂县学习考察，不仅密切了与内地省市（区、县）政协的交流，也使委员们增长了见识，拓宽了眼界，对委员如何履职、提高参政议政意识都起到了积极作用。

（五）持续改进作风，不断强化自身建设

常委会始终坚持把加强自身建设作为一项重要任务来抓，内强素质，外树形象，不断推动政协事业向前发展。一是按照“两学一做”学习教育常态化、制度化的要求，深入开展学习教育活动。一年来，开展党章、党规及习近平总书记系列重要讲话

精神集中学习30余次，开展“回顾十八大以来变化，展望十九大胜利召开”等主题研讨会7次，撰写学习笔记、心得体会100余篇。印发各类学习资料20余份。全年共编报政协信息66期，编报党建信息30期、党风廉政信息20期；二是强化制度落实。政协常委会始终发挥领导核心和示范带头作用。严格执行中央八项规定、区党委“约法十章”“九项要求”和市委“八项规定”，带头学习贯彻《条例》《准则》，严格落实“两个责任”，严肃执纪问责，不断完善财务、用车、接待、考勤、领导带班值班等各项制度，坚持制度约束、规范管理、照章办事。

各位委员，过去一年区政协常委会工作所取得的成绩，是市政协正确指导、区委坚强领导和区政府大力支持的结果，是各乡(镇)、部门密切配合的结果，是广大政协委员共同团结奋斗的结果。广大政协委员以高度的政治责任感、强烈的委员意识和良好的精神风貌，认真履职，扎实工作，为堆龙政协事业发展作出了积极的贡献。在此，我代表区政协常委会，对关心支持政协工作的各级党政领导和社会各界人士，表示崇高的敬意和衷心感谢！

在取得成绩的同时，我们也清醒地认识到，政协工作仍存在一些不足，主要是：对一些群众关注的热点难点问题的调查研究还不够深入，民主监督的相应机制还不够健全，还没有形成团结联谊的制度化和规范化，委员履职服务工作的质量和水平仍需进一步提高。对存在的这些问题，我们一定要高度重视，深入研究，在今后的工作中采取措施努力改进。

二、2018年工作安排

2018年，政协工作必须高举习近平新时代中国特色社会主义伟大旗帜，全面贯彻落实党的十九大精神，深入学习贯彻习近平总书记关于“发挥社会主义协商民主重要作用”的论述精神，把协商民主贯穿政治协商、民主监督、参政议政全过程。在堆龙德庆区委的正确领导下，紧紧围绕发展、稳定、生态三件大事，坚持“六大战略”，始终把握团结和民主两大主题，切实履行三大职能，为全面建成小康社会作出更大的贡献。

(一)围绕学习贯彻十九大精神，不断增进政治认同

坚持用习近平新时代中国特色社会主义思想武装头脑，以党的十九大精神为指导，牢固树立“四个意识”，更加自觉地坚持中国共产党的领导，更加紧密地团结在以习近平同志为核心的党中央周围，更加坚定地贯彻落实中共中央重大决策部署。把学习宣传贯彻十九大精神作为重大的政治任务切实抓好，深化十九大报告中关于人民政协理论和方针政策教育，进一步打牢思想理论基础，团结引导广大政协委员和各族各界人士，切实把思想和行动统一到大会精神上来，把智慧和力量凝聚到大会确定的目标和任务上来，努力提高思想政治建设的实效，努力提升政协履职能力和水平。

(二)围绕全区中心工作，提高协商议政实效

加强民主监督。民主监督是政协履职的重点，要根据我区新城建设新的形势任务不断探索民主监督的新形式新方法，增强民主监督的频度和效率，要把民主监督渗透到我区的主要领域、重点环节和重大工程项目建设之中，使人民政协的作用得到充分发挥。

*加大提案督办工作。*充分认识提案工作的重要性，切实增强责任感和使命感。加大对提案撰写要求和标准的宣传，各乡(镇)要充分发挥“政协委员之家”履职交流学习的平台作用，组织宣传讲解提案撰写的重要意义和相关要求，并对委员提出的提案进行审查，把好关、审好稿，切实提高提案工作的整体质量。充分发挥政协整体优势，多形式、多层次督促提案的办理，实行分工跟踪督办对口提案制度。将立案的提案分类到各对口单位，联合区政府共同做好提案的督办工作。同时选择重点、热点提案作为主席和各位常委的督办提案，以点带面促进提案办理。

*重视专题调研和视察考察工作。*围绕区委区政府中心工作，牢牢把握工作全局，切实增强专题调研和视察考察工作选题的针对性和实效性，不断扩大委员参与面，综合运用多种研究方法提高调研视察的质量和效果。

（三）围绕大团结大联合，广泛凝心聚力

常委会要充分利用政协代表性广、影响力大和包容性强的特点，以联谊、联络为纽带，采取请进来，走出去的方式加强与区内外政协之间的联系和沟通，继续安排委员赴内地及区内各市县进行学习考察，以此增进友谊，相互学习、互通有无、促进我区政协工作创新；持续深化委员走访工作，采取更加灵活的形式，走进基层委员，了解委员的思想、工作、生活、学习等情况，主动听取委员对政协工作的意见、建议，通过委员了解民情，集纳民智，提高政协参政议政水平；始终把发扬民主、增进团结、协调关系、化解矛盾作为政协履职的重要着力点，积极开展化解矛盾、理顺情绪、增进团结的工作，全力促进社会和谐稳定，推动各民族和睦相处、和衷共济、和谐发展。

（四）围绕自身建设，努力夯实政协工作

强化履职，提升委员参政议政水平。坚持不懈抓好委员的教育培训，今年要进一步加大委员和政协联络员，对人民政协的性质、地位、作用，委员的权利义务以及如何履行三大职能、撰写提案等内容的学习培训，增强委员的荣誉感、责任感和使命感。各乡镇“委员之家”每两月至少组织1次集中学习活动，安排1次视察调研活动，充分发挥“委员之家”履职学习的平台作用。按照和谐稳定、协调均衡、共享共建、绿色健康、创新开放的发展理念，加强政协委员的思想道德修养，提高政治意识、大局意识，树立为基层服务意识，打造懂政协、会协商、善议政，守纪律、讲规矩、重品行的政协委员队伍。

精心组织，认真开展堆龙德庆文史编撰。按照拉萨市政协的工作要求，为进一步挖掘、整理有关堆龙的文史资料，发挥政协文史资料“存史、资政、团结、育人”作用，进一步传承和发扬堆龙文化，常委会将组织政协委员召开征集“三亲”（亲历、亲见、亲闻）文史资料座谈会，在我区政协机关、政协委员、党外人士、工商界及宗教界人士中，征集西藏和平解放以来，特别是近十年来堆龙德庆区的发展变化资料，真实反映我区经济社会发展和物质文化生活的变迁，启发人们正确认识堆龙德庆区的历史和现实。

三、发挥社会主义协商民主作用，全力助推全面建成小康社会

从现在到2020年，是全面建成小康社会决胜期，聚焦区委、区政府的奋斗目标，我们要推动协商民主广泛、多层、制度化发展，加强协商民主制度建设，形成完整的制度程序和参与实践，保证人民在日常政治生活中有广泛持续深入参与的权利。

（一）牢记使命，确保区委决策部署的贯彻落实

为全区科学发展献计出力。要主动适应新常态、树立新理念，围绕“十三五”规划的落实，紧扣区委关于着力构建“一核两带、三区三园、六沟多点”的产业发展空间布局，围绕调整优化经济结构、发展壮大特色产业、净土健康、商贸物流等问题开展调研视察，提出建议对策。围绕基础设施建设、社会保险覆盖、食品安全等群众关心的热点难点问题开展民主监督，及时准确地反映群众的意见建议，把协商民主贯穿于全区经济发展各项工作全过程。

为维护社会稳定保驾护航。贯彻落实十九大精神和习近平总书记系列重要讲话精神，特别是“治国必治边、治边先稳藏”的重要战略思想，始终坚持“依法治藏、富民兴藏、长期建藏、凝聚人心、夯实基础”的重要原则，坚持把维护稳定、增进团结、促进和谐作为履行职能的硬任务和第一责任，进一步牢固树立稳定压倒一切的思想。在维护稳定中发挥政协委员的特殊作用，坚持不懈地在各族各界委员和广大群众中开展爱国主义、民族团结、感党恩教育，进一步深化反分裂斗争教育，坚决贯彻中央对十四世达赖集团的斗争方针不动摇，深入揭批达赖集团的反动本质，教育引导广大群众自觉与十四世达赖和达赖集团划清界限。积极配合区委、区政府和相关部门多做增进民族团结、反对分裂、维护祖国统一的工作。

为生态文明建设夯实基础。围绕区委坚决打好生态保护攻坚战的目标要求，进一步牢固树立保护生态环境就是保护生产力、改善生态环境就是发展生产力、绿水青山就是金山银山、冰天雪地也是金山银山的理念。深入持久地在各族各界委员和

广大群众中，加强生态文明建设普及教育和宣传，切实把绿色发展理念转化为全社会共识。引导群众转变消费观念、增强节约意识，提倡使用绿色有机食品和绿色出行。组织委员对全区重点区域、领域、企业环境进行视察，主动开展民主监督。

（二）务实创新，深入推进协商民主建设

十九大报告指出，有事好商量，众人的事情由众人商量，要不断完善协商议政内容和形式，增强人民政协界别的代表性，加强委员队伍建设。

*加强和完善季度协商座谈会制度。*借鉴拉萨市政协每季度协商座谈会的成功做法，健全和完善我区政协季度协商座谈会制度，按照区委、区政府重点工作部署及安排，有针对性地制定政协年度协商活动的议题、程序、成果运用规划等。切实推进季度协商座谈规范有序开展。为我区全面建成小康社会建言出策。

*努力探索协商民主新形式。*结合区委区政府2018年中心工作，积极开展专题协商、对口协商、界别协商等协商民主新形式，拓展协商渠道，注重营造协商讨论的民主氛围，让社会各界有序参与政协协商。坚持协商于民、协商为民，充分发挥政协委员联系群众、团结各界紧密的作用，创新界别活动和群众工作，提高界别联系群众的能力，使协商更好地反映各界群众的意见，使党委政府的决策更符合群众意愿。

*加强委员队伍建设。*政协委员是各行业、各群体中的优秀代表，委员来自群众，服务群众，各界别委员要积极发挥各自优势和作用，着力于促进群众就业、扶贫解困、教育助学等民生工程的实施和惠民政策的落实，工商界委员要发挥在资金、技术、用工、富民产业等方面的优势，积极参与精准脱贫、民生改善等各项工作，为实现我区“两年脱贫、三年巩固”的奋斗目标出实招、谋良策。农牧科技界委员要在改变农牧民生产经营观念、调整种养殖产业结构、普及实用技术上出谋划策。医卫界委员要多开展送医送药、医疗救助、热心服务社会活动。广大政协委员和政协工作者要积极开展进社区、进农村、进企业活动，参加捐资助学、扶贫济困、爱心救助等社会公益活动，承担更多的社会责任，力所能及地为群众办实事、解难事，以实际行动回报社会，为政协组织增添光彩。

各位委员，同志们：党的十九大对人民政协工作提出了新的要求和目标，我们要不忘初心，牢记使命，紧密团结在以习近平同志为核心的党中央周围，在堆龙德庆区委的坚强领导下，同心同德，群策群力，开拓进取，扎实履职，努力开创全区政协工作新局面，为建设团结美丽健康幸福新堆龙做出更大的贡献！

堆龙德庆区人民检察院工作报告

——在区第二届人民代表大会第二次会议上

拉萨市堆龙德庆区人民检察院检察长 张 军

（2018 年 1 月 8 日）

2017 年工作回顾

2017 年，是党和国家历史上具有特殊意义的一年。党的十九大胜利召开，以习近平同志为核心的新一届党中央领导集体，站在历史和全局的高度，开启了建设中国特色社会主义伟大事业的新征程。一年来，我区检察机关在区委和上级检察院的坚强领导下，在区人大及其常委会的有力监督下，在区政府的大力支持、区政协的民主监督和社会各界的关心支持下，以习近平新时代中国特色社会主义思想为引领，深入学习贯彻党的十九大精神，贯彻落实自治区、拉萨市第九次党代会、九届三次全会精神，按照“五位一体”总体布局和“四个全面”战略布局，牢固树立“五大发展理念”，筑牢“四个意识”，深化“两学一做”学习教育，扎实推进“四讲四爱”主题教育实践活动，全面从严治检，稳步推进司法体制改革，扎实履行法律监督职能，各项检察工作取得了新突破，迈上了新台阶。

一、发挥检察职能，维护社会稳定，营造平安和谐的法治环境

坚决维护社会局势持续稳定。严格按照区委、区政府的安排部署，认真贯彻执行关于反分裂斗争的方针政策和各项重要决策部署，积极参加敏感时段和重点部位值班备勤工作，累计投入检力 2300 余人次、出动车辆 510 余次，派出 5 名干警驻村、驻加油站。为切实加强十九大期间维稳安保工作，结合我院工作实际，制定了维稳方案，应急处突预案，防自焚、反自焚及反恐怖方案；领导干部深入包村点、包寺点进行维稳督导 40 余次；到区维稳一线指挥部进行带班值班 4 人次；进行辖区内巡逻 24 人次；达扎寺执勤 30 人次；到加油站进行值班备勤 31 人次。同时，市院与我院全体干警层层签订《军

令状》,积极开展反自焚、防自焚演练2次。为做好机关内保工作,打造了具有监控、门禁、安检等功能的信息化维稳值班室,并保证值班人员24小时在岗,无漏岗脱岗现象发生,确保内部安保责任落实,实现了“三无、三不出”。

依法严厉打击各类刑事犯罪。紧紧围绕全区经济社会发展大局,充分发挥检察职能作用,依法有力打击各类刑事犯罪,保障人民安居乐业。全年共受理批捕各类刑事案件33件42人,批准逮捕23件26人,不批捕11件16人,无错捕、错不捕案件;受理移送审查起诉案件69件83人,提起公诉58件66人,其中,严重暴力犯罪6件6人,多发性侵财犯罪20件25人(含“黄赌毒”犯罪5件6人),侵害妇女儿童、老年人、残疾人、进城务工农民等犯罪案件5件5人,全部认定我院提起公诉的罪名,未出现改变定性、改变罪名的案件。

正确适用宽严相济的刑事司法政策。坚持惩治犯罪和保障人权并重、程序公正与实体公正并重原则,切实加强对逮捕必要性和社会危险性的证据审查,对犯罪情节轻微、危害不大的16名犯罪嫌疑人作出不批捕决定,8名犯罪嫌疑人作出不起诉决定,促使他们改过自新,回归社会。对2起未成年人犯罪案件作出附条件不起诉决定,同时进行跟踪帮教,对涉案未成年人日常生活和学习情况进行跟踪考察,成功挽救四名失足少年迷途知返。

积极参与社会治理创新。以矛盾排查化解为重点,充分发挥检察“窗口”作用,受理来信来访12人次,对来信来访耐心释法说理,全部给予核实、反馈和息诉。受理信访案件2件2人,经初查、初核后流转给业务部门具体办理。为进一步提升人民群众法治意识,结合“五下乡”“综治宣传月”“9·16”平安西藏、“12·4”国家宪法日等法制宣传活动,发放检察便民卡4000余张、宣传纸杯7000余个,藏汉宣传资料2万余册,解答群众咨询120余人次,受教育群众达3万余人次。

二、依法履行诉讼监督职能,坚持法治理念,促进严格公正司法

深化侦查和立案活动监督。为避免有案不立、降格处理等现象的发生,对本辖区内的侦查机关和各派出所开展立案监督检查,对3起未立案的要求侦查机关说明不立案理由,对程序性违法行为发出书面《纠正违法通知书》7份,口头纠正27次,排除非法证据2份,准确改变案件定性2件2人,对工作管理中的不规范行为发出《检察建议》8份。同时,为更好地推动行政执法与刑事司法衔接工作,深入环保、工商、药监局、农牧等行政执法机关开展行政执法监督,通过组织召开检察机关、行政执法机关和侦查机关联席会议,加强沟通协作,联合建立健全工作联系机制,进一步规范行政执法行为。

加强刑事审判活动监督。健全“判前建议、判后审查”工作机制,出庭支持公诉44次,对审判活动进行法律监督,向法院提出量刑建议44件,采纳率达97%。全面、及时、认真地审查每一件判决,切实履行好对审判活动罪名认定是否正确、量刑是否适当的监督职能,确保办案质量。

拓宽民事行政诉讼监督。为推进民事、行政诉讼和执行监督,加强检法协作,同区法院会签了《关于建立检察机关旁听制度的实施意见》和《民事执行监督实施办法》,对1起影响大、涉案人员多的合同纠纷案庭审现场和6起民事执行现场进行了全程监督,对1起申请民事审判程序违法案件作出不支持监督决定;深入本辖区内200余家商铺、茶馆、超市和餐馆对食品安全、卫生情况、商家及从业人员的健康证、相关营业所需经营执照、有无存在产品三无或过期等现象开展行政执法监督,并针对大部分餐饮行业未办排污许可证问题共收取排污费16万元;分别对环保、食品药品、工商及卫生管理部门发出了检察建议4份,并将整改情况向我院进行反馈。办理民事申诉案件3起,成功提请民事抗诉案件1起,被市中级人民法院裁定发回重审。

强化刑事执行监督。为提高在押人员法治观念和自我保护意识,促进看守所依法、科学、文明管理,开展日常监所检察40余次,安全防范大检查15次,与在押人员谈话65人次,提出口头纠正意见10余条,开展法制讲座2次,下发《纠正违法通知书》1份,发出《检察建议》1份。为进一步规范社区矫正人员管理,推进全区社区矫正工作良性发展,深入开展社区矫正人员专项检查活动,确保不脱管、漏

管。结合本地实际，对全区社区矫正对象进行了专项检查，对重点人员进行重点检查，详细查阅了矫正人员档案，完善应急预案，并要求建立完善的报告制度。对社区矫正工作监督检查26次，解除社区矫正15人，新增矫正人员9人，对2名社区服刑人员违反相关报到规定给予书面警告3次。

三、加大惩防职务犯罪力度，推进反腐倡廉建设，促进形成廉洁高效的政务环境

不断加强查办和预防职务犯罪力度。联合中国石油西藏销售仓储分公司签订《预防职务犯罪工作联系配合协议》，成立了预防职务犯罪工作领导小组，建立了联系点，并进行专题授课；参加拉那高等级公路预防工作会议，听取项目工程建设情况和廉政建设情况，切实做到检企携手。同时，不断加大贪污贿赂案件的查办力度，受理行贿犯罪记录查询64件，查办贪污贿赂案件1件1人，为国家挽回经济损失43万元。

稳步推进党风廉政建设工作。一是坚持把党风廉政建设和反腐败工作列入党组重要议事日程，严格落实“一岗双责”，层层签订党风廉政建设责任书，对重点任务和工作责任分解细化、责任到人，专题研究部署党风廉政建设工作20余次。二是严格执行民主集中制原则，充分发挥集体领导作用，坚持做到一把手末位发言，保证了决策的科学性和正确性。三是为严格组织纪律，严格实行上下班指纹签到，在公务派车中严格落实“派车单”制度，不定期检查公车停放和出行情况，无任何违纪情况的发生。

四、以强化内外监督为动力，推动阳光检务，不断健全检察权依法运行机制

强化内部监督制约。严格执行司法办案各环节操作流程和检察机关司法工作基本规范，深化案件集中管理，全面运用检察机关统一业务应用系统。通过网上案件信息公开平台全年公开程序性信息、重要案件信息、法律文书47件，公开率达93%以上。所办案件从受案到结案全部实现网上流转，并对2016年以来的90件案件进行评查，对存在的问题和不规范的方面，进行了全面整改。接受自治区检察院案件评查9件，接受拉萨市检察院案件评查20件，未发现承办人违规办案的现象。

主动接受外部监督。开展“检察开放日”交流活动，邀请人大代表、政协委员、人民监督员和新闻媒体等走进检察机关，“零距离”感受和了解检察工作。同时，通过检察微博、微信发布检察动态116条，检察机关案件信息网公开相关信息25条，做到公开信息依法、全面、及时、规范，并被拉萨市检察院采用24条，被自治区检察院采用1条。

五、突出重点，攻克难点，着力推进司法体制改革

着力推进检察人员分类管理改革工作。一是全面完成员额制检察官确认工作。根据中央政法专项编制总数的36%首批员额比例的要求，在全院范围内15名符合条件的检察官根据考试考核结果，经层层上报，通过遴选委员会第一次委员会议和自治区检察院党组会议审议，正式确认13名首批员额制检察官。二是做好司法辅助人员转任工作。根据检察权运行特点、办案实际需求，按照检察辅助人员配置比例45%的要求，确定检察官助理9名和书记员人选8名，为实现检察人员各司其职分类管理奠定了基础。

全面落实检察官办案责任制。落实办案责任制是司法改革的核心，只有落实检察官司法办案的主体地位，才能遵循司法规律。坚持检察官在司法一线办案的同时，根据“谁办案谁负责、谁决定谁负责”的要求，明确检察官、检察官助理职责，明晰检察官享有的职责权限和边界，制定案件终身负责的责任清单，全面加强内部监督。

六、准确把握形势，加强组织建设，全面提升党建科学化水平

提高党员队伍思想政治素质。自觉坚持党要管党、从严治党的方针，把党建工作与检察工作同研究、同部署、同检查、同落实。结合“两学一做”学习教育，组织全院学习40余次，集中观看教育影片10余部，撰写心得体会80余篇，开展系列党建主题活动10余次。开展学习十九大精神报告学习会5次，召开专题研讨会3次，并组织党员听取各类十九大精神专题讲座。根据党员日常工作表现，每半年评选一名“团结奋斗”之星和“爱岗敬业”之星，机关党组织战斗堡垒作用和党员干警先锋模范

作用明显增强。

持续推进党建工作规范化。健全和完善党建工作运行机制,探索实施党员先锋指数和“学分制”管理办法,规范组织工作程序,针对人员岗位不断变动的实际,进行了党总支和各党支部的换届选举,调整充实党组织委员,成立了6个党小组,严格确定5名培养对象,1名入党积极分子转为预备党员,确保高质量吸纳,做到优中选优。同时,严格落实“党务公开”制度,注重公开方式方法的多样化,借助党务公开栏、检察内网和“红色之微”党员微信群等平台,公开党组织重大决议、党员个人承诺书和党费收缴情况等各类信息50余条,收缴党费1.2万余元。

七、多措并举,全面加强过硬队伍建设,树立良好职业形象

着手推进“一院一品”建设。为切实把“一院一品”创建工作落到实处,按照“区检院有板块、分市院有特色、基层院有典型”的要求,紧紧围绕队伍专业化职业化建设这一主题,成立了“一院一品”建设工作领导小组,制定了详细的工作方案,倾力打造符合堆龙检察工作规律、人民群众满意、富于时代气息的特色品牌。开辟党的十九大报告学习专栏4个,率先掀起学习十九大精神的热潮,组织干警集中学习,集中观看警示教育片。通过开展“五四青年节”爬山等主题党日活动,增进了友谊,增强了团队协作意识,提高了检察队伍的凝聚力和战斗力;通过开展“四讲四爱”法制宣传活动、“送党恩进高墙”等形式促进“一院一品”建设。

狠抓队伍素质能力建设。把法律监督能力建设摆在突出位置来抓,根据区市院分类培训要求,派出3名业务骨干到上级院参加跟案实训,18名干警前往北京、江西、山东等地及国家检察官学院、国家检察官学院林芝分院参加业务培训和司法考试培训;参加高检院举办的检察业务网络培训280余人次,检察干警的业务能力和执法水平等综合素能得到进一步提升。

八、高度重视,以脱贫致富为目标,有序推进精准扶贫工作

摸清底数,确保一对一帮扶到位。为深入贯彻落实区委关于精准扶贫工作决策部署,切实解决关系群众利益的实际问题,30名党员干部与包村点35户群众进行了结对。同时,为全面了解贫困户在生活、生产中存在的具体困难和问题,组织党员干部多次逐家逐户开展实地调研,摸底调查贫困情况,并逐项登记,建档立卡,制定帮扶措施,为扶贫帮扶工作提供了依据。

突出重点,切实解决群众所求所盼。为着力解决群众最关心、最直接、最现实的利益问题,党员干部填写承诺书后竭尽所能的解决就业岗位,确保每户至少有一人实现就业。同时,开展了一系列暖人心的活动,党员干部自筹资金3.8万余元;一名党员干部坚持每月为一名在校大学生资助生活费,为驻村工作队解决慰问资金1.5万元,有力推动了精准扶贫工作的深入开展,拉近了党群干群关系。

九、重点落实案件管理中心项目,助推司法体制改革

为更好的服务新形势下检察工作的发展,助推司法体制改革,由本级财政拨款近70万元建成案件管理中心。同时,为加强我院信息化建设工作,实现与上级院联动办案、信息共享,切实提高检察业务信息化水平发挥巨大作用,根据《拉萨市人民检察院关于建设拉萨市检察机关检察指挥调度系统通知》精神,我院自筹资金22万余元,建设了检察机关指挥调度系统,为我区司法办案信息化和“智慧检察”建设打下了坚实基础。

各位代表,一年来,检察干警忠于使命,扎实履职,取得了新成绩。这些成绩的取得,得益于区委和上级院的正确领导,得益于区人大及其常委会依法监督,得益于区政府大力支持和区政协民主监督,得益于各位代表、各位委员、社会各界和广大人民群众的关心帮助。在此,我代表堆龙德庆区人民检察院表示衷心的感谢和崇高的敬意!

在肯定成绩的同时,我们也清醒地认识到,检察工作与广大人民群众的期待仍有不小的差距:一是检察职能发挥与依法治区的要求还有不小差距,推进社会治理法治化现代化的能力还有待提高;二是司法理念转变不够、科技强检水平不高、信息化应用水平有待进一步提高;三是检察队伍整体素质,工作规范化水平还有待提高,专业化职业化建

设任重道远。四是因深化监察体制改革，确定 7 名政法专项编制和干警转隶到监察委，造成人员严重缺编，希望在区委、区政府、区组织部等部门的支持下，予以解决。

2018 年工作安排

各位代表，2018 年是贯彻党的十九大精神的开局之年，是改革开放 40 周年，是决胜全面建成小康社会、实施“十三五”规划承上启下的关键一年。为进一步做好新形势下检察工作，区人民检察院的总体思路是：高举中国特色社会主义伟大旗帜，以邓小平理论、“三个代表”重要思想、科学发展观为指导，以习近平新时代中国特色社会主义思想为行动指南，深入贯彻落实党的十九大和自治区、拉萨市第九次党代会、九届三次全会精神，按照“五位一体”总体布局和“四个全面”战略布局，牢固树立“四个意识”，以加强检察监督为主业，以司法办案为中心，以深化司法体制改革为动力，深入实施科技强检战略，忠实履行宪法法律赋予的职责，为确保我区“十三五”规划顺利实施、社会局势从持续稳定走向长治久安、与全国同步全面建成小康社会作出新贡献。

一、充分发挥检察职能，着力营造和谐稳定的社会环境

始终把检察工作置于党的绝对领导下，紧紧围绕区委中心工作，依法独立行使检察权，坚持把维护稳定作为硬任务和第一责任，依法监督纠正执法司法活动中的突出问题，督促和引导办案人员依法规范办案，切实维护司法公正，为促进堆龙经济持续平稳健康发展和社会和谐稳定提供有力司法保障。加强维稳工作作为推进社会矛盾化解、社会综合治理工作的切入点，不断健全工作机制，强化工作措施，探索创新途径，不断为社会和谐稳定作出积极的努力。

二、围绕全面落实司法责任制，推动各项检察改革任务落地生根

贯彻落实区市党委、堆龙区委和上级检察院关于司法改革的重要部署，全面有序推进司法体制改革和检察改革，积极应对和正确处理改革过程中面临的问题和矛盾，落实检察官员额制、司法责任制、检察人员职业保障和人财物统管，进行大部制改革，优化内设机构，明确权力清单，探讨司法体制改革中相关制度的制定和完善，稳步推进以审判为中心的刑事诉讼制度改革，优化司法资源配置，努力实现公正与效率的统一。

三、抓改革重创新，坚定走中国特色社会主义法治道路

深入推进司法体制改革，主动适应以审判为中心的诉讼制度改革，贯彻疑罪从无司法政策，坚决防止冤假错案。坚持法定标准、遵循法律程序，依法少捕、慎捕，试点开展刑事案件认罪认罚从宽制度，减少社会对抗。坚决贯彻中央、区市党委、堆龙德庆区委区政府及上级院决策部署，坚定拥护支持监察体制改革，主动加强与监察委员会的衔接配合，保持惩治腐败力度决不减弱、零容忍态度决不改变，以反腐倡廉的实际成效为改革营造良好法治环境。

四、坚持从严治检不动摇，全方位打造过硬检察队伍

坚决贯彻党的十九大精神，认真落实中央《关于新形势下加强政法队伍建设的意见》，以思想政治建设为中心，加强检察队伍司法理念、司法能力和司法作风建设，引导党员干部自觉遵守《准则》和《条例》，严格自律，时刻把党纪党规牢记在心中，体现在行动上，真正使纪律成为检察人员不敢触碰的高压线，推动检察机关作风建设长效化和常态化。加强专业人才引进和书记员聘任，深入开展“岗位练兵、以案代训、模拟演练”等活动，全面提升检察干警业务技能。加强信息化建设的应用和管理，逐步推动办公、办案数字化、网络化、智能化。坚持以全面从严治党带动全面从严治检，压实“两个责任”，努力建设一支忠诚干净担当、党和人民满意的检察队伍。

全面建成小康社会工作目标

实现西藏长足发展和长治久安、与全国一道全

面建成小康社会、谱写中华民族伟大复兴中国梦的堆龙篇章，是时代赋予的光荣使命，同时也对加强和改进新形势下检察工作提出了新的要求，我们要始终全面贯彻落实党的十九大精神，以习近平新时代中国特色社会主义思想为指导，着力找准检察机关保障创新发展、协调发展、绿色发展、开放发展、共享发展，促进法治经济和法治社会建设的切入点和着力点，围绕大局履职尽责，为全面决胜建成小康社会不懈奋斗。

一、防风险护民生，坚持把人民对美好生活的向往作为奋斗目标

密切关注经济领域犯罪新动向，突出打击集资诈骗、非法吸收公众存款等涉众型经济犯罪，保护人民群众切身利益。高度重视人权司法保障，加大刑事被害人司法救助，加强对妇女儿童、老年人、残疾人、外来务工人员等特殊群体的司法保护。坚持信访事项“零搁置”，畅通群众诉求表达、处理渠道，切实解决好人民内部矛盾。坚持真扶贫扶真贫，主动为我区扶贫攻坚战略实施提供法治保障，确保党的支农惠农政策落到实处。

二、逐步开展公益诉讼工作，努力开创检察工作新的发力点

把保护国家利益和公共利益作为提起公益诉讼的着眼点，牢牢抓住公益这个核心，以生态环境保护、食品药品安全、国有资产保护等领域为重点，探索运用支持起诉、督促起诉、诉前建议、提起诉讼等多种手段，全覆盖、多样化的探索使检察机关提起公益诉讼制度落到实处。加强对涉农领域、食药领域、医疗领域、能源资源和生态环境领域的预防服务和保护，对破坏生态环境，造成重大污染事故的，依法代表国家提起公益诉讼。健全常态化打击机制，重点保护政府投资安全特别是以净土健康、旅游文化为主导的扶贫产业。

三、保持力度不减节奏不变，继续深入打击涉农领域和环境领域犯罪

重点打击发生在农牧民群众身边的非法买卖土地、非法租赁土地等犯罪案件，同时，对贪污、挪用、侵占精准扶贫领域中的资金、资产、资源方面的案件加大打击力度。加强对我区生态环境保护领域非法排污、盗伐滥伐林木、非法采矿采沙、偷排偷放有毒有害污染物等多发性破坏生态环境的打击犯罪力度，加大对行政执法部门的监管力度，确保各项强农惠农富农政策在执行中不缩水不走样，让农牧民群众真正得到实惠。

四、强监督树公信，切实让人民群众感受到公平正义就在身边

聚焦监督主责主业，积极适应检察职能调整后的法律监督新形势。加强立案监督，深入开展对公安刑事侦查活动监督，着力解决执法不严、司法不公等问题。加大对法院民事、刑事裁判的依法监督，充分运用追诉、抗诉、纠违等方式，坚决纠正定罪不当、量刑失衡、审判程序违法等问题。强化刑事检察监督，重点加强对刑罚执行、刑事强制措施执行的监督。拓宽接受外部监督渠道，主动接受人大、政协、媒体、群众的外部监督，约束和规范检察权正确行使。

各位代表，新时代开启新征程、新时代赋予新使命、新时代呼唤新作为。区人民检察院将紧跟时代步伐，始终紧密团结在以习近平同志为核心的党中央周围，全面贯彻落实党的十九大精神，坚决贯彻执行区委、区政府及上级院各项工作部署，不忘初心、牢记使命，为率先全面建成小康社会、全面建设社会主义现代化新堆龙做出新的贡献！

名词解释

1. 侦查活动监督：是指人民检察院对侦查机关的侦查活动是否合法进行法律监督。具体措施有：不批捕、不起诉、追加逮捕、追加起诉、纠正违法等。

2. 刑事审判活动监督：是指人民检察院依法对人民法院的刑事审判活动是否合法以及所作的刑事判决、裁定是否正确进行法律监督。

3. 刑事执行监督：是指人民检察院依法对刑事判决、裁定的执行和执行机关执行刑罚的活动，以及监管场所的活动是否合法进行的法律监督。

4. 社区矫正：是指将符合社区矫正条件的罪犯置于社区内，由专门的国家机关，在相关社会团体和民间组织以及社会志愿者的协助下，在判决、裁定或决定确定的期限内，矫正其犯罪心理和行为恶习，并

促进其顺利回归社会的非监禁刑罚执行活动。

5. 检察建议：是指人民检察院为促进法律正确实施、促进社会和谐稳定，在履行法律监督职能过程中，结合执法办案，建议有关单位完善制度，加强内部制约、监督，正确实施法律法规，完善社会管理、服务，预防和减少违法犯罪的一种重要方式。人民检察院在检察工作中发现有下列情形之一的，可以提出检察建议：一是预防违法犯罪等方面管理不完善、监督不健全、不落实，存在犯罪隐患的；二是行业主管部门或者主管机关需要加强或改进本行业或者部门的管理监督工作的；三是民间纠纷问题突出，矛盾可能激化导致恶性案件或者群体性事件，需要加强调解疏导工作的；四是在办理案件过程中发现应对有关人员或行为予以表彰或者给予处分、行政处罚的；五是人民法院、公安机关、刑罚执行机关和其他执法机关在执法过程中存在苗头性、倾向性的不规范问题，需要改进的；六是其他需要提出检察建议的。

6. 纠正违法通知书：人民检察院在办理检察业务过程中，发现侦查、审判、执行等活动存在违法行为，依法向有关机关提出纠正违法意见时制作的法律文书。

7. 案件信息公开：人民检察院应当及时向社会发布下列重要案件信息：一是有较大社会影响的职务犯罪案件的立案侦查、决定逮捕、提起公诉等情况；二是社会广泛关注的刑事案件的批准逮捕、提起公诉等情况；三是已经办结的典型案例；四是重大、专项业务工作的进展和结果信息；五是其他重要案件信息。人民检察院对正在办理的案件，不得向社会发布有关案件事实和证据认定的信息。

8. 一院一品：创建是由区检察院为提炼本地检察工作亮点成效和典型做法，创出特色品牌，打造人民满意的检察院作出的一项重大部署。

堆龙德庆区人民法院工作报告

——在堆龙德庆区第二届人民代表大会第二次会议上

拉萨市堆龙德庆区人民法院院长 巴 桑

（2018年1月8日）

2017年主要工作

2017年，我院在区委领导、区人大监督、区政府支持、区政协民主监督以及上级法院指导下，高举习近平新时代中国特色社会主义思想伟大旗帜，深入贯彻落实党的十八大、十八届二中、四中、五中、六中全会和十九大精神，紧紧围绕努力让人民群众在每一个司法案件中感受到公平正义的工作目标，坚持司法为民、公正司法、防控风险、服务发展，坚持与时俱进、改革创新、破解难题、补齐短板，创造性实施"12341"工作思路，共受理各类案件2646件，审执结2415件，同比分别上升33.90%、28.18%，结案率91.27%，结案标的5.59亿元。

一、发挥职能作用，维护稳定、促进发展

全力以赴维护稳定。把维护社会大局稳定，为党的十九大胜利召开创造良好法治环境作为首要政治任务，在各级党委的坚强领导和上级法院的正确指导下，全院干警时刻以维护我区社会稳定和繁荣发展的大好局面为己任，全力克服案多人少矛盾，坚决执行各级党委就维护稳定工作所作出的一系列决策部署，圆满完成了各项维稳工作任务。在3月敏感时期、萨嘎达瓦、重大佛事活动、十九大召开期间，累计出动干警1200余人次、车辆280余台次，投入经费30余万元。

依法惩治刑事犯罪。准确把握社会治安形势发展变化，坚持宽严相济刑事审判政策，受理刑事案件59件，审结56件，结案率94.92%，判处罪犯67人。依法维护人民群众生命财产安全，审结故意伤害、抢劫等暴力犯罪案件11件，判处罪犯13人；审结盗窃、侵占等侵财类犯罪案件19件，判处罪犯26人；针对危险驾驶、交通肇事的多发态势，加大打击力度，审结案件17件，判处罪犯19人；依法推

进反腐败工作深入开展，审结贪污、挪用公款犯罪案件2件，判处罪犯2人；严厉打击妨害社会管理秩序罪，审结走私贩卖运输制造毒品、非法持有毒品犯罪5件，判处罪犯5人；严厉惩处破坏市场经济犯罪，审结合同诈骗犯罪2件，判处罪犯2人。

依法调处民商事纠纷。坚定不移贯彻“创新、协调、绿色、开放、共享”发展理念，主动适应经济社会发展新常态，科学处理“十三对关系”，受理各类民商事案件1758件，审结1646件，结案率93.63%，结案标的4.12亿元。坚持司法为民，优先审理劳动争议、婚姻家庭等涉民生案件82件；审结租赁、建设施工、买卖、股权等合同类纠纷案件1496件，保障平等市场主体合法权益，全力维护市场经济秩序；审结民事侵权损害赔偿案件68件，制裁了不当行为，保护了受害者的合法权益。把依法促进案结事了人和作为审判工作的最高追求，调解案件777件，撤诉352件，调撤率68.59%。

依法推进执行攻坚。积极落实上级人民法院基本解决执行难工作部署，以拉萨中院在全市法院开展的“雪域飓风”执行专项活动为契机，创新执行方式方法，维护司法权威，全面与执行难宣战。受理执行案件821件，执结706件，执结率85.99%，执结标的1.48亿元。召开集中发放执行案款会16次，发放案款7528万余元。严厉打击规避执行、抗拒执行行为，主动加强与公安机关沟通协调，对44名“老赖”在全区范围内进行网上布控，依法公布失信被执行人16例，拘留14人次、罚款14.37万元，对8人采取限制高消费、限制信贷、招投标、出入境等信用惩戒措施，使失信被执行人一处失信、处处受限。依法保障军队改革，妥善办理涉军产案件21件，其中近期顺利执结武警二支队与程民土地租赁纠纷一案，确保中央关于军队停止有偿服务决策落到实处。强化涉民生案件执行力度，今年我院顺利执结世邦欧郡商品房买卖合同系列案，执结标的3915余万元。

二、着力提高审判质量，促进司法公正高效

借助平台促公开。坚持把智慧法院建设作为夯实基层基础、提升审判质效的重要抓手，实现与全区三级法院内网互联互通，实现办公办案、科技法庭、视频会议等核心业务全覆盖。依托信息平台，公开裁判文书960份、审判流程信息1500余条、执行信息800余条、庭审直播6场次，科技法庭开庭审理1128场次，形成电子卷宗2554宗，以深层次、全方位、全留痕的司法公开，倒逼法官能力素质提升。

推进改革促公正。紧紧抓住司法责任制改革这个“牛鼻子”，坚持放权与监督相结合，出台办案人员权力清单、法官违法审判责任追究办法等4项制度，形成让审理者裁判、由裁判者负责的责任机制；出台员额法官管理办法及法官助理、书记员等分类指导意见5个，首批19名入额法官宣誓履职、7名法官助理、9名书记员分别编入5个审判团队，形成配置科学、监督有效的人员分类管理机制；有序落实法官职业保障、法院工作人员安全保护及工资待遇等政策措施，形成权责利相统一的职业保障机制。深入推进立案登记制改革，当场立案率达95%以上。与改革前相比，法官人数减少20%，人均办案数增长33%达到139件，服判息诉率上升7.94%，法官办案积极性普遍提高，工作责任心明显增强。

强化措施提质效。面对诉讼案件“井喷式”增长的严峻形势，我院科学调度，盘活用足审判资源，激发办案内生动力，坚持以纠纷性质、案件难度、影响范围等为依据，确立重大疑难复杂案件由院庭长包案化解的工作机制，着力实现简案快结、繁案细审、疑案精办。民事、刑事案件简易程序适用率分别达84.56%、62.26%。院庭长审理案件1135件，占结案总数的47%，院庭长真正回归审判一线，院庭长办案的示范引领作用充分彰显。

三、牢牢把握司法为民宗旨，全力服务保障民生

积极参与社会治安综合治理。充分发挥“乡村和谐法庭”前沿阵地作用，加强巡回审理，巡回办案412件。积极协助有关部门处置土地、房产等社会热点难点问题10余起。深入开展综治维稳宣传、“法律七进”活动320余次，开展法治专题讲座48次，发放宣传资料4.2万余份，受教育群众2.8万余人次，引导人民群众以法治思维、法治方式解决纠纷。举全院之力推进精准扶贫脱贫工作，组织干警深入到结对帮扶对象家中了解情况，针对性指导扶贫攻坚。为南巴村55户300余名困难群众送去现金、

物品价值6万余元，协调各方资源助推南巴村集体经济发展壮大到50万元以上。

完善便民利民措施。加强诉前调解，针对事实清楚、权利义务关系明确、争议不大的案件，经当事人同意，积极开展诉前调解工作，调撤案件220件，减轻了当事人诉累，降低了当事人诉讼成本。坚持依法处理涉诉信访和来信来访案件，认真执行诉讼风险提示、判后答疑、领导接访制度，处理来信来访275件，案件判后答疑率100%。将法律文书制作成图片形式，通过微信、短信平台送达1100余条，方便了群众参与诉讼。强化弱势群体司法保护，减缓免交诉讼费案件452件，减缓免诉讼费10.4万元，充分体现司法人文关怀。

四、不断加强自身建设，努力打造过硬法院队

全面加强理想信念教育。深入学习习近平新时代中国特色社会主义思想和党的十九大精神，深入学习"治国必治边、治边先稳藏"重要战略思想和"加强民族团结、建设美丽西藏"的重要指示精神，扎实推进"两学一做"学习教育常态化制度化，以上率下，班子成员带头讲党课、谈体会、组织民主生活会，带领全体法官干警增强"四个自信"、牢固树立"四个意识"。今年以来，我院党组理论中心组组织集中学习12次，干警个人撰写学习笔记近万字，全院3个党支部开展集中学习28场次，全院干警每人撰写学习心得体会不少于4篇。

全面加强党的建设。坚持以党建带队建促审判，以"三会一课"为基本制度，以落实民主集中制为抓手，以党员之家为平台，采取开辟法院文化走廊、重温入党誓词、向宪法宣誓、设立共产党员先锋模范岗、大力表彰先进等形式，引导党员干警践行"四讲四有"、做到"四个合格"，党组的核心领导、党组织战斗堡垒、共产党员先锋模范作用不断加强。今年来，我院先后有10个集体、22人次获得区级以上表彰。

全面加强司法能力建设。落实全区法院教育培训规划，采取走出去请进来相结合的方式，切实增强培训教育的针对性、实效性。邀请北京法院资深法官到我院开展专题讲座2次，组织参加最高人民法院"每月一讲"教育培训干警180余人次，先后选送业务骨干32人次参加司法考试、信息化建设、藏汉双语及党建工作等培训活动，有效提升了干警适用法律、化解矛盾、做好群众工作的能力。与高校共建实习基地，接受法学专业实习生24名，做到法学理论研究与审判业务实践相互促进。

全面加强党风廉政建设。坚持从严治党，规范司法行为，坚持纪律挺在前面，严格执行中央八项规定，全面落实准则、条例要求，司法作风明显好转。加强正面教育和反面警示教育相结合，逐步实现廉政教育常态化，时刻警钟长鸣。严格落实党风廉政建设主体责任和监督责任，层层签订责任书，定期召开党风廉政建设形势分析会，落实廉政监督员、随案廉政监督卡制度，强化对重点岗位、重点环节、要害部门的监督，党风廉政建设进一步加强。近年来，我院没有干警发生违法违纪行为。

五、以主动接受监督为常态，加强改进法院工作

认真贯彻执行党的路线方针政策和区委的重大决策部署，及时向区委汇报法院工作，确保法院工作的正确政治方向。一是自觉接受人大、政协监督，我院坚持每周五主动向区人大、政协报送下周庭审安排，邀请人大代表、政协委员随时旁听案件，主动邀请人大代表、政协委员进行现场监督重大审判执行活动22次；二是广泛接受社会各界监督，聘请6名各行业人士担任廉政监督员，适时邀请旁听、见证执行等活动；三是依法接受检察机关监督，今年与区检察院签订了检察长列席审判委员会会议的实施意见、民事执行监督实施办法，建立了重大民商事案件旁听及执行案件临场监督的工作机制；四是通过设立举报箱、举报电话、随案发放廉政监督卡等措施，主动接受当事人监督，发放廉政监督卡2144份，随机回访650余次；五是认真落实人民陪审员制度，加大人民陪审员参审力度，扩大司法民主，邀请人民陪审员参审案件145件，占普通程序审结案件的59.18%。

各位代表，回顾过去一年以来的法院工作，我们深深地体会到：坚持党的领导是做好法院工作的根本保证，自觉接受监督是做好法院工作的强大动力，上级法院的关怀指导是做好法院工作的坚强后盾。在此，我代表全体干警，对长期以来关心支持

法院工作的各级党委、人大、政府、政协及社会各界表示衷心的感谢并致以崇高的敬意！

2017年以来，我院虽然取得了一些成绩，但我们清醒地认识到，法院工作还存在着不少问题和困难：一是面对日益尖锐复杂的反分裂斗争形势和维稳风险挑战，法院工作从被动处置向主动预防的转变尚需加强；二是执行难问题还没有得到完全解决，执行案件积了又清、清了又积的现象没有得到根本遏制；三是随着人民群众司法需求日益增长，我院受理案件数量逐年攀升，案多人少、事多人少问题极为突出等。对于这些问题和困难，我们将切实采取措施，努力加以解决。

2018年工作安排

党的十九大开启了全面建设社会主义现代化国家新征程，区委二届二次全委会对在新的历史起点上奋力推进建设团结美丽健康幸福新堆龙作出全面战略部署，为进一步做好新形势下的人民法院工作提供了根本遵循，指明了前进方向。当前和今后一个时期，区人民法院工作的总体思路是：把学习贯彻党的十九大精神作为首要政治任务，高举习近平新时代中国特色社会主义思想伟大旗帜，紧紧围绕区、市、区委全委会精神，坚持以改革为突破、以信息化建设为抓手、以能力素质建设为根本、以夯实基层基础为支撑，切实履行好维护国家政治安全、确保社会大局稳定、促进社会公平正义、保障人民安居乐业的职责，奋力开创工作局面，为推进我区长足发展和长治久安、加强民族团结、建设美丽新堆龙作出新贡献。

一、忠于职守、勇于担当，努力在维护社会大局稳定上有新作为

紧紧抓住西藏各族人民群众同以达赖集团为代表的分裂势力之间的特殊矛盾，始终把反对分裂、维护社会稳定作为首要政治任务和第一责任，积极参与加强和创新社会管理各项工作。宽严相济惩治刑事犯罪，严厉打击各类分裂破坏、反动宣传、聚集闹事、暴力恐怖等活动，坚决维护社会稳定；严厉打击盗抢骗、黄赌毒、涉黑涉恶、非法集资、传销组织、电信诈骗等违法犯罪行为，促进社会治安形势的持续好转；通过非法买卖、转让土地使用权、违规建筑、土地出租领域违法犯罪案件的审理，以组织庭审旁听、典型案例宣传的方式，加大群众知晓度，努力遏制相关犯罪。

二、化解矛盾、促进和谐，努力在服务经济发展上有新突破

加强涉民生案件的审理工作，依法妥善化解教育、就业、医疗、社会保障领域发生的各类纠纷，确保坚持以人民为中心的思想在司法审判领域不折不扣贯彻落实。坚持生态保护第一，落实环境公益诉讼制度改革措施，注重发挥公益诉讼的评价指引功能和政策形成功能，引导公众有序参与环境治理，着力构建全民共建共享的环境治理格局。积极应对新常态下案件迅猛增长态势，完善诉调对接中心功能，将外部支持与内部提速相结合，推进多元化纠纷解决机制建设，实行繁简分流、简案快办，不断提升办案质效。综合运用信用惩戒、罚款拘留、拓展网络信息查控功能等手段，让拒不履行法定义务的人付出代价，确保基本解决执行难的目标实现。

三、深化改革、强化公开，努力在推动法院各项工作转型升级上有新发展

始终坚持党的领导，正确把握改革方向，坚持目标导向和问题导向相结合，不折不扣抓好司法人员分类管理、司法人员职业保障、司法责任制和以审判为中心的刑事诉讼制度改革工作，逐渐完善相关配套措施落地。推进“四位一体”诉讼服务中心建设，切实打通联系服务群众“最后一公里”，为群众提供形式多样、方便快捷的司法服务。完善“四大平台”建设，积极探索移动互联环境下司法公开新途径，加大庭审直播力度，不断拓展司法公开的广度和深度，保障人民群众对司法工作的知情权、参与权、表达权、监督权。坚持采取巡回办案、公开审判、以案释法等方式，扩大审判工作的法律效果、社会效果和政治效果。

四、党建统院、从严治院，努力在建设公正高效廉洁法院队伍上有新成效

加强理想信念教育，把学习宣传贯彻落实党的

十九大精神作为当前和今后一个时期的首要政治任务和政治责任，深刻学习领会中国特色社会主义进入新时代的新论断，深刻学习领会党的建设的新要求，特别是要深刻学习领会习近平新时代中国特色社会主义思想，学出忠诚、学出信仰、学出担当、学出本领、学出责任、学出干劲，真正做到在学懂和做实上有新境界、在政治站位上有新定力。全面加强党的领导，坚持党领导一切的思想，坚持抓党建带队建促审判工作思路，以党的政治建设为统领，从思想建设、组织建设、制度建设入手，促进党的建设、队伍建设和审判业务提质增效深度融合。深入推进党风廉政建设和反腐败斗争，真正把纪律和规矩挺在前面，筑牢公正廉洁司法的坚固防线。

全面建成小康社会工作总体目标

区委二届二次会议对堆龙在全市率先全面建成小康社会，奋力开启全面建设社会主义现代化堆龙新征程进行了战略安排，我院将紧紧围绕大局履职尽责，为全面决胜建成小康社会、夺取新时代中国特色社会主义伟大胜利提供更加高效的司法服务。

一、坚持依法履行职责，全力保障发展第一要务

紧紧抓住“发展稳定生态”三件大事，依法履行职责，为统筹推进“六大战略”、实现全面建成小康社会提供更具预见性、主动性、实效性司法服务和保障。适应经济发展新常态，加强对物权、债权、股权的司法保护，保障供给侧结构改革的深入推进。妥善审理基础设施建设、新型城镇化、乡村振兴战略和发展主导产业等领域出现的各类纠纷，促进区域、城乡协调发展。全力服务精准扶贫、精准脱贫，依法审理脱贫攻坚领域贪污腐败、职务犯罪，依法保障脱贫攻坚各项措施落地见效。加强环境司法保护，加大对污染环境犯罪的刑事打击力度，服务美丽堆龙建设。

二、坚持以人民为中心，延伸司法审判服务职能

深入开展“法律进乡村”活动，把宣传法律法规与广泛宣传党和政府关于扶贫工作的各项方针政策相结合，帮助干部群众破除落后观念，促进形成遵法学法守法用法的良好法治氛围，保障脱贫攻坚在法治轨道上深入开展。畅通绿色通道，对涉及扶贫对象的案件，做到快审快执，确保困难群众的合法权益能够及时兑现。积极为困难群众提供更加便捷高效的诉讼服务，对居住偏远、立案不便的当事人，采取上门立案、就地审判等方式，减轻当事人诉累。强化司法救助保护功能，对生活特别困难当事人，通过减缓免诉讼费、司法救助等措施，帮助解决实际困难，避免因司法救助不到位发生贫困问题；对涉诉困难企业审慎运用查封、扣押、冻结等措施，从司法角度维系困难企业“造血功能”，助推产业转型升级，为脱贫致富奠定经济产业基础。

三、坚持定点结对帮扶，全力攻坚精准扶贫脱贫

落实定点帮扶措施，紧紧围绕“两年脱贫、三年巩固”的工作目标，深入调查研究，制定具体帮扶举措，积极协调有关部门落实资金、实施惠民项目，依托主导产业、扶贫产业、村集体经济发展，因地制宜发展直接带动群众增收的产业。通过选派优秀干警驻村，大力开展“结对帮扶”工作，帮助群众在促进就业、鼓励创业、增加稳定收入上理思路谋发展，在实现全面建成小康社会的路上不让一个帮扶对象掉队，尽堆龙法官一份应尽的职责。

各位代表，新时代，赋予我们新的使命；新思想，指引我们胜利前行。我院将在以习近平同志为核心的党中央坚强领导下，高举习近平新时代中国特色社会主义思想伟大旗帜，坚决贯彻执行各级党委各项工作部署和本次大会决议，时刻保持永不懈怠的精神状态和一往无前的奋斗姿态，牢记使命，依法履职，砥砺奋进，为谱写中华民族伟大复兴中国梦堆龙篇章做出新的更大贡献！

名词解释

1.“12341”工作思路：2017年区高院制定了全区法院坚持“忠诚一个核心、实施两轮驱动、履行三大职责、落实四项部署、紧盯一个目标”的工作思路，简称“12341”工作思路。忠诚一个核心：思想上拥戴核心、政治上信赖核心、组织上忠诚核心、行动上捍卫核心。实施“两轮驱动”：把司法体制改革和智慧法院建设作为“两轮”“两翼”。履行“三大职责”：切实履行好维护社会大局稳定、促进社

会公平正义、保障人民安居乐业的职责使命。落实“四项部署”：担当首责抓维稳；服务要务促发展；树牢理念保生态；聚焦责任强党建。紧盯“一个目标”：把实现“努力让人民群众在每一个司法案件中感受到公平正义”的目标作为司法审判工作的最高追求和最终归宿。

2. 雪域飓风行动：为基本解决执行难，拉萨中院确定在全市法院内开展为期15个月（2017年6月—2018年8月）“雪域飓风”执行专项活动。重点解决八类执行案件具体行为。一、解决全面查控被执行人财产问题；二、解决逃避、规避执行打击处置不力问题，如久拖不执案件等；三、解决执行财产处置不及时问题，如评估拍卖一年以上案件等；四、解决涉党政机关、特殊主体案件不执行的案件；五、解决执行案款不及时发放、不及时退付问题；六、解决执行督办、信访案件；七、集中执行强制迁出类案件；八、解决消极执行、选择性执行、乱执行以及有令不行问题。

3.“四位一体”诉讼服务中心建设：根据最高人民法院关于推进诉讼服务中心建设的部署要求，结合西藏地广人稀、交通不便的实际，为减轻当事人诉累、方便群众诉讼，区高级人民法院在全区大力推广诉讼服务大厅、“12368”诉讼服务热线、诉讼服务网、车载流动法庭“四位一体”诉讼服务中心建设，努力为当事人提供“一站式”“全方位”的便民服务。

4. 四大平台：审判流程、裁判文书、执行信息、庭审直播公开平台一道组成了司法公开“四大平台”。

5. 宽严相济刑事审判政策：是我国的基本刑事政策，贯穿于刑事立法、刑事司法和刑事执行的全过程，是惩办与宽大相结合政策在新时期的继承、发展和完善，是司法机关惩罚犯罪，预防犯罪，保护人民，保障人权，正确实施国家法律的指南。

堆龙德庆区2017年国民经济和社会发展计划执行情况与2018年国民经济和社会发展计划(草案)的报告

——在堆龙德庆区第二届人民代表大会第二次会议上

拉萨市堆龙德庆区发展和改革委员会

(2018年1月8日)

各位代表:

受区人民政府委托,现以书面形式向大会报告《堆龙德庆区2017年国民经济和社会发展计划执行情况与2018年国民经济和社会发展计划(草案)》,请予审议,并请各位委员和各位列席人员提出意见。

一、2017年国民经济和社会发展计划执行情况

一年来,在以习近平同志为核心的党中央亲切关怀下,在区市党委政府和区委区政府的坚强领导下,在区人大、区政协的监督支持下,在北京市各方的无私援助下,我区积极顺应各族群众的殷切期盼,以习近平新时代中国特色社会主义经济思想为指导,深入贯彻落实党的十九大精神、区市党委九届三次全会及区委二届一次全委会精神,全力构建"一核两带、三区三园、六沟多点"的产业发展空间布局,大力发展"五大主导产业",加快构建现代化经济体系,全年经济高开稳走、积极向好,经济结构持续优化,质量效益不断提升,社会事业加快发展,城乡面貌焕然一新,人民群众的获得感明显增强,区一届人大三次会议确定的发展目标全面完成。

(一)经济运行总体平稳,综合经济实力明显增强。坚持"稳中求进、进中求好、好中求快、补齐短板"的工作总基调,以稳增长、调结构、强支撑、促改革、惠民生、防风险为抓手,狠抓政策衔接,强化支撑保障,主要经济指标保持高位增长态势。2017年,实现地区生产总值29.85亿元,同比增长10.3%,一般公共预算收入11.94亿元,同比增长90.89%,完成目标任务的140.31%全社会固定资产投资94.81亿元,同比增长23.5%,规模以上工业增加值9.26亿元,同比增长0.3%,社会消费品零售总额10.29亿元,同比增长12.3%,农牧民人均可支配收入13956元,同比增长13.5%。

(二)经济结构持续优化,产业转型升级加速推进。产业结构持续优化。三次产业结构由2016年的6:85:9预期调整为6:83:11,三产比重上升明显。农业基础不断加强。粮食生产面积保持基本稳定,全年实现粮食总产2.33万吨。建立5万亩项目田、5万亩高产创建示范基地和0.42万亩良种繁育基地,打造0.2万亩有机青稞试验田。稳步实施奶牛"万户百场十中心"工程。牲畜年末存栏11.65万头(只、匹),牲畜良种覆盖率35%,出栏率39.69%。净土健康产业加快发展。大力推动黑青稞、蔬菜、藏药材、花卉、奶牛、藏鸡等净土健康种养殖产业发展,全面铺开德庆乡、马乡、古荣乡三个净土健康产业园特色种植试点工作。稳步推进千栋高效日光温室建设,高原食品深加工基地加快规

划建设。工业结构持续优化。传统建筑建材产业技改力度持续加大，推动西藏高争建材股份有限公司等产能拓展技术改造。全年实际完成工业总产值30.45亿元、工业销售产值36.56亿元、工业税收2.98亿元，增速分别达7.68%、30.13%、7.2%。小微企业创业创新基地城市创建工作成效明显，全年投入1000万元小微企业“双创”资金，众创空间平台建设完成，积极开展首届优秀创业青年赴北京学习交流等培训活动。文化旅游格局初显。“香雄美朵”生态旅游文化产业园区基础设施投资申报力度加大，争取自治区交通厅项目建设资金0.97亿元，实现园区路网整合配套建设。完成邱桑温泉附属设施、桑木村旅游富民工程等4个旅游精品项目建设。围绕打造具有民族和地域特色的知名文化旅游品牌，相继开展楚布沟自行车体验赛、加木沟徒步游、邦普沟沐浴节、宇妥沟药王谷养生之旅等旅游文化宣传推介活动。2017年接待国内外游客121.59万人次，同比增长24.7%；实现旅游收入4162万元，同比增长21.34%。商贸流通体系不断完善。现代服务业产业构架基本建立，钢铁交易、工程机械租赁等大宗商品交易市场建设步伐加快，拉萨综合物流保税区规划建设工作及拉萨西货站扩能、拉林机务段等国家重点项目建设稳步推进。结构型消费体系不断构建，商品贸易、餐饮住宿、休闲娱乐等消费预期持续增强，个性化消费需求得以保障，市场供给保障能力不断提升。

（三）投资支撑作用明显，城乡统筹步伐不断加快。投资拉动作用明显。2017年落实各类投资项目176个，其中，续建项目21个，新建项目155个；其中，完成国家和自治区、拉萨市级建管投资41.79亿元，占投资总额的44.9%；完成自建项目投资2.13亿元，占投资总额的2.3%；完成招商引资及融资项目投资49.08亿元，占投资总额的52.8%。全年实施基本建设项目139个，完成投资52.17亿元，占投资总额的56.01%。生产性投资比重持续扩大，完成投资37亿元，占投资总额的39.78%。城乡面貌极大改善。围绕拉萨城市副中心建设，城市主体功能区布局加快，区第二小学、区二级甲等医院、区藏医院等重大项目完成土地划拨及规划设计工作，新城征地拆迁工作稳步推进。启动实施德庆乡、马乡小康安居工程建设和海拔4500米以上居民搬迁安置工作，那曲高海拔生态移民搬迁安置工程建设加快推进。城市综合管理执法力度持续加强，依法拆除违法违章建筑2处、整治私搭乱建78处。城乡安全通行条件持续改善，建立覆盖27个行政村或自然组的6条试运行公交班线。生态环境保护卓有成效。严格落实项目环境影响评价工作，严把项目准入关，项目环评率、“三同时”执行率均达到100%。严厉打击破坏生态环境的非法采砂、采石、采矿行为，进一步强化对高污染、高危险、高耗能、低效率等“三高一低”重点企业的有效监管，既有建筑节能和建筑风貌得以改造提升。大力实施“净土”“净水”“净空”和“静音”工程，空气质量持续保持国家二级标准。全面推行“河长制”，建立区、乡（镇）、村三级联动的河湖管护体制机制，辖区干流水质达到国家Ⅲ类标准。加快淘汰燃煤锅炉、薪柴炉灶，建立4家大气污染重点监管企业名单。重点完成2600亩拉萨周边防护林工程、800.2亩重点区域生态公益林、6468亩西藏生态安全屏障防护林体系建设、334亩城镇沙害治理，全区森林覆盖率、草地覆盖率分别达13.53%、60.44%。实施102个农村饮用水源地保护工程，积极推进4个乡（镇）、6个行政村达到自治区级生态乡（镇）、生态村建设工作。

（四）改革创新全面推进，经济新引擎持续发力。深化重点领域改革。加强简政放权、放管结合、优化服务改革，依法公开26个区直单位3442项权责清单。深入推进政府预决算、医疗卫生、教育事业等领域改革，有力促进事业全面进步。深化商事制度改革，全面启动“五证合一”。加快推进农村土地改革，稳步实施“三权分置”。成立不动产登记中心，正式颁发首批不动产权证。加快推动国有资产监管体制机制改革，不断增强国有经济活力、控制力、影响力、抗风险的能力。招商引资成效明显。依托拉萨雪顿节经贸洽谈会、藏博会等优质商贸平台，不断强化B区实体企业招商落地，全年招商引资项目38个，项目总投资46.245亿元，实际到位资金25亿元，同比增长27.44%。受援工作成效斐然。紧紧围绕精准脱贫攻坚工作，启动了“十三五”援藏项目中期调整工作，强化了援藏资金80%向精准脱贫产业领域倾斜的政策导向。组团式援藏工作取得阶段性成果，9名援藏医生赴我区开展医疗技术援藏，区人民医院成功实施首例大隐静脉高位结扎剥脱术、腹腔镜微创手术。全年137名党员干部赴北京市跟岗锻炼或学习培训。

（五）民生福祉不断改善，社会事业加快发展。 脱贫攻坚强力推进。紧紧围绕“两年脱贫、三年巩固”的工作目标，整合本级财政资金1.47亿元投入到扶贫领域，狠抓增强内生动力这个关键，坚持扶智与扶志结合，推动“要我脱贫”向“我要脱贫”转变；狠抓产业脱贫这个基础，大力培育扶贫产业，带动贫困群众增收；狠抓就业脱贫这条渠道，开发公共服务岗位和引导群众自主就业，促进贫困群众就业；狠抓易地扶贫搬迁这个难点，加快推进600户扶贫搬迁安置点建设；积极推进当雄和那曲易地搬迁安置点建设，统筹解决搬迁群众就业、就医、就学等问题，确保搬迁群众既能安居更能乐业；狠抓成效巩固这个根本，研究制定面向贫困群众和低收入人群的医疗、教育、住房、就业激励保障政策，切实做到社会发展成果人人共享。全年实现贫困家庭人均纯收入7587.97元，同比增长171%，综合贫困发生率控制在0.5%以内。社会事业协同发展。坚持将本级财政收入的20%用于支持教育事业发展，全面推进园林式、书香化学校内涵建设。全面控缀保学，初中毛入学率、小学入学率、幼儿入园率分别达到108.64%、107.07%、95.47%。稳步推进“五个100%”工作，成功举办全市落实“五个100%”推进工作现场会议。自治区素质教育现场会议在我区召开，我区顺利通过国家素质教育均衡发展评估验收。深入开展全民健身运动，中小学生体质健康监测覆盖率达100%。稳步推进公立医院改革，全面实施分级诊疗和所有药物“零差价”销售制度。全面开展包虫病综合防治工作，筛查率达104.29%。大力推行村级家庭医生签约式服务，村医签约率达98%。扎实开展城乡居民、寺庙僧尼免费健康体检，体检率分别达99.8%、100%。区文化活动中心服务功能得到改造提升，我区顺利通过国家公共文化服务体系示范区中期督察验收工作，建成12个村级爱国主义教育基地，实施乃琼镇加罗庄园抢救性修缮保护等重点项目，成功举办第二届藏戏文化艺术节暨藏戏大赛等群众文化活动104场次。保障体系更趋完备，城镇登记失业率控制在2.2%以内，城乡社会保险实现全覆盖，五保户意愿集中供养率达100%。加强和创新社会治理。社会治理不断创新，交通综合整治卓有成效，109国道、乡村公路生命防护工程建设有力促进了交通出行安全。强化寺庙服务管理，加强寺庙环境卫生综合整治工作，全年实施12个民族宗教领域项目。僧尼健康档案、社会养老保险、医疗保险和低保补助实现全覆盖。

各位代表，过去一年，我们见证了堆龙在“撤县设区”进程中发生的深刻变化。这充分体现了区委、区政府坚持以提高经济发展质量和效益为中心，以增进民生福祉为依归，敢抓敢干、知难而进、乘势而上、奋发有为的责任担当。成果来之不易，是区委加强党对经济工作领导的结果，是区人大、区政协充分监督支持的结果，是北京市各方无私援助的结果，是区政府班子解放思想、开拓创新、团结奋斗的结果，充分彰显了全区上下凝心聚力谋发展、促改革、保稳定的务实作风。

在肯定成绩的同时，我们也要清醒地认识到，我区经济社会发展还存在一些短板和不足，主要是发展不平衡不充分的一些突出问题亟待解决，具体表现在：一是发展质量和效益不高，三次产业结构比例亟待优化，现代服务业比重过低，科技创新抓手不足，创新创业缺乏闪光点，生产性服务业配套体系还不完整，服务业企业本地化程度低。二是我区仍处于“撤县建区”的起步阶段，城乡发展不平衡，城乡居民收入水平不高，基础设施不完善，城镇化水平较低，城市承载力与广大群众需求还有一定差距。三是国有资本对社会资本和金融资本的撬动作用不明显，融资渠道尚未多元化，单一资金单一使用的问题突出，资金整合力度不够，投资还主要集中在中央预算投资、区市两级财政投资、拉萨市国有企业投资等方面，投资结构有待进一步优化。四是信息化建设有待提升，信息服务平台缺乏，分布于产业链不同环节的生产加工销售等信息不对称，阻碍了优势产业的发展、资源的调动和对市场的把握，“互联网+”开展力度不足，农村电商亟待发展。五是产城融合与城市副中心建设政策解读和应用不充分，发展环境优化不够，区域经济合作相对缺乏，我区在与经开区共同推动产城融合发展、综保区开发建设的有效机制尚未建立，对内对外开放度不丰富，对区内外投资的吸引不明显，对产业配套也尚未形成体系。六是高质量发展的系列考核体系尚未构建，农牧业发展模式相对传统，农牧民专业合作组织带有亲缘性和地域性色彩，阻碍农业竞争力提升，同时受到国家产业政策、金融政策、金融制度等影响，农村金融资源配置不足，供给型的金融抑制将会长期存在，新型农村合作组织亟待构建。

在科学分析问题的前提下，我们也要充分地看到我区经济发展仍面临前所未有的机遇。一是党的十九大确立的现代化经济体系为经济社会发展注入了强有力的政策保障。党的十九大报告提出，未来一段时间国家发展的重点是建立现代化经济体系，着力解决发展不平衡不充分的问题，国家必然会进一步加大对边疆少数民族地区的扶持和发展。我区作为首府城市副中心，正处于转型发展阶段，抢抓国家、自治区、拉萨市政策性投资是我区发展面临的重大机遇。二是国家“一带一路”战略的深入实施为开放型经济提供了重要载体。我区是自治区重要的交通节点和物流集散地，更是面对南亚通道重要节点城市的物流枢纽中心，随着《中华人民共和国商务部和尼泊尔商业部关于启动中国－尼泊尔自由贸易协定联合可行性研究谅解备忘录》等协议的稳步实施，国家“一带一路”战略的南向进程，为我区开放发展带来了新的更大的历史机遇。三是高端产业和产业高端的凸显为产业转型升级提供了发展平台。当前我区工业化水平相对较高，正处于从工业主导向服务业主导转型升级的重要战略机遇期，在现代化经济体系的构建上、三次产业融合发展具有明显的后发优势，抓住和利用好当前国家、自治区、拉萨市推动产业转型升级、延伸产业链条的有利时机，引智、引技和引资，大力发展服务业空间十分广阔。四是城市化新型城镇化进程的加速为推动城乡平衡发展创造了有力条件。从主体形态来看，以五平方公里新城建设为核心，大力提升城市宜居宜业能力建设，增强城市承载力、吸纳力和影响力，有利于城市产业集聚和人口集聚，辐射带动乡村振兴发展，以产业新城建设的新型城镇化主体形态将推动我区新一轮大开发、大发展。

二、2018 年国民经济和社会发展计划（草案）

2018 年，是贯彻党的十九大精神的开局之年，是改革开放 40 周年，是决胜全面建成小康社会、实施“十三五”规划承上启下的关键一年。全力做好 2018 年经济工作，我们要深入贯彻落实党的十九大精神、中央经济工作会议精神，认真贯彻落实区市党委九届三次全会和区市经济工作会议精神，以习近平新时代中国特色社会主义经济思想为指导，准确把握我国经济已由高速增长阶段转向高质量发展阶段的重要判断，牢牢把握“稳中求进、进中求好、补齐短板”的工作总基调，坚持新理念新思想新战略，紧扣社会主要矛盾变化，坚持以供给侧结构性改革为主线，抓好发展、稳定、生态三件大事，正确处理十三对关系，坚持和完善六大战略，着力创建拉萨城市副中心、产城融合示范区、城乡统筹先导区，突出抓重点、补短板、强支撑，牢牢把握建设团结美丽健康幸福新堆龙的发展目标，为我区决胜全面建成小康社会奠定坚实基础。

2018 年全区国民经济和社会发展主要预期目标是：主要经济指标增速持续保持在全市各县（区）前列，实现地区生产总值增长 12%，一般公共预算收入增长 10%，全社会固定资产投资总额增长 19%，规模以上工业增加值增长 13%，社会消费品零售总额增长 15%，农牧民人均可支配收入增长 18%，城镇居民人均可支配收入增长 10%；居民消费价格涨幅控制在 3% 以内，城镇调查失业率和城镇登记失业率分别控制在 5.5% 和 2.2% 以内。

上述预期目标主要是从全面贯彻落实党的十九大精神，主动适应经济社会发展新常态，衔接“十三五”规划发展目标，深入研判宏观经济波动规律，统筹自身发展基础和发展优势等方面制定的，充分彰显了我区“稳中求进、进中求好、补齐短板”

的工作总基调。同时，考虑到主要经济指标预期增速既要保持在合理的运行区间，又要符合自治区、拉萨市对我区经济增长的预判，还要着力防范和化解重大风险，需要远近结合，趋利避害，有效应对。为实现好预期目标，我们会重点做好以下几方面工作：

（一）以投资促进结构优化，提升经济质量效益。充分发挥投资对提升发展质量的关键作用，以项目带动高端产业和产业高端发展，确保经济质量效益明显优化。一是加大优质项目储备工作。围绕绿色生态产业发展，加大对净土健康产业、文化旅游产业、生产性服务业等领域的发展支持力度，持续拉动经济较快增长；围绕实施乡村振兴战略，加大城乡公共基础设施、农田水利设施、农村公路、农网改造等薄弱环节的基础建设力度，增强农村发展保障能力；围绕增进人民群众的获得感，加大对小康安居工程、棚户区改造等民生领域的政策扶持力度，补齐社会发展短板；围绕堆龙新城开发建设，加大市政道路管网、电气讯等城市基础设施领域的合作开发力度，夯实城市发展基础；围绕“美丽堆龙”建设，加大生态环境领域的保护力度，筑牢区域发展生态安全屏障；围绕决胜全面建成小康社会，强化指标监测，加强项目调控，加大未来三年在重点领域、重点行业、重点产业上的项目包装、策划、储备工作力度。二是优化投资内部结构。进一步发挥中央预算内投资、区市财政投资、援藏投资的带动作用，积极引导国有资本发挥投资引领作用和撬动作用，正确处理好政府主导和社会参与的关系，强化要素支撑，积极探索和创建一批重点领域投融资合作平台，适时建立重点领域发展基金，带动金融资本和社会资本扩大投资，为重大项目建设提供强有力的政策资金保障。2018 年，计划实施重大项目 66 个，估算总投资 161.96 亿元；其中：续建项目 22 个，新建项目 44 个；计划完成投资 110 亿元以上，其中：国家和区市投资 37.85 亿元，企业投资 49.08 亿元。优化固定资产投资结构，着力提升投资效益，力争完成生产性固定资产投资 60 亿元以上，额度接近总额的 60% 左右，推动民间投资增速达 20% 以上。三是强力推进重大项目建设。更加重视重大项目对经济发展和质量提升的支撑作用，进一步建立和完善重大项目工作推进机制，突出重点领域，强化项目调度，序时推出一批、开工一批、建成一批。加快推进堆龙新城土地一级二级开发、“香雄美朵”生态旅游文化产业园区、拉萨保税物流园区、青藏铁路扩能、小康安居、净土健康产业、国道 109 线那曲至拉萨（堆龙段）控制性工程等重大项目建设。切实抓好要素保障和协调，深入衔接国家、区市和北京援藏各方的政策性投资方向，找准切入点和突破口，向上争资、向外引资，统筹调度土地，盘活存量，搞好储备，满足重点领域、主导产业的重大项目建设用地需求，重点围绕重大项目序时开工建设，优化项目建设环境，切实抓好项目前期工作，依法依规简化项目审批程序，优化审批环节，实施联合审批，提高审批效率。

（二）优化和升级产业结构，提升经济发展质量。持续优化三次产业结构，稳步实施“退二进三”战略，大力发展现代服务业，重点发展生产性服务业，力争将第三产业增加值 GDP 占比提升至 20% 左右。积极引导我区优质企业发展绿色制造，以绿色供应链管理为核心，打造绿色园区，在绿水青山中创建我区的金山银山。大力发展现代农牧业。坚守耕地红线和粮食安全底线，全面实施藏粮于地、藏粮于技战略。加快培育农牧业龙头企业，创建新型经营主体，适度发展农牧业规模化经营。加快推动一二三产业融合发展，重点推进“三品一标”申报工作，促使农产品品牌提档升级，实施 8 个农产品有机认证，打造农产品有机生产基地，努力创建农产品有机生产示范区。加强农牧业品种选育和改良，提高单产效益。深入推进农田水利、中低产田改造。加强草原生态、养殖基地的基础设施保障。严格落实农牧业支持保护补贴政策，积极推广新技术、新品种、新机具。全面完成基本草原划定工作。鼓励和支持有机生物肥企业扩大研发生产，继续扩大有机农业推广覆盖率，健全农产品“从田头到餐桌”全过程质量安全监管体系。大力发展净土健康产业。进一步发挥区净土公司的市场推广作用及羊达乡设施农业示范园的种苗孵化器作用，推动古荣乡净土健康产业园发展成为高附加值蔬菜水果基地、马乡净土健康产业园发展成为草莓和食用菌产业基地、德庆乡净土健康产业园成为藏红花和藏林芝产业基地。加快实施高原特色食品深加工基地等重点项目建设，推动净土健康产业向集群化进程发展。精准全区净土健康企业发展定位，大力推广“净土公司＋基地”，“净土公司＋合作社”产业发展模式，切实把资源优势转化为经济优势。加快打造以特提斯天然饮用水为主的饮品，以雄巴拉曲藏药为主的药品，以民族手工业和藏香水为主的饰品，以青色麦田为主的高原特色食品为主的净土健康“拳头”产品，加强品牌建设，提升“堆龙净土”美誉度，依托京东等国内主流电商平台，加快探索“互联网＋农业”发展模式。大力推进特色工业发展。着力提升工业园区承载能力，稳步推进A区转型升级，持续强化B区招商引资力度，着力培育发展实体经济，加快推动实体企业、新兴产业向园区集聚，力争入园企业达50家以上，园区工业增加值占比达35%左右。加快形成产业集群，积极发展以吉祥哈达、圣香海螺为代表的民族特色加工业，以阿卓商贸、岗坚嘎玛工艺品为代表的民族手工业，大力弘扬“工匠精神”，推动“品质革命”，提高产品科技含量和附加值，引导和培育一批龙头企业。加强企业服务软环境建设，积极搭建商标注册、知识产权代理、品牌包装等高端生产性服务业平台，推进特色产品品牌建设，提升产业聚集效应和市场抗风险能力。加大对中小企业支持力度，大力实施众创、众包、众扶、众筹平台建设。鼓励仁人志士返乡创业投资兴业，积极营造全民创业氛围。主动对接“一带一路”等国家发展战略，推进“引资、引技、引智”三位一体招商，不断提升开放型经济水平。加快发展现代服务业。深化生产性服务改革，发挥区位优势、资源优势、市场优势，积极构建优势互补、错位发展的生产性服务平台，树牢“聚集协同”理念，聚集品牌营销、市场研究、质量检验、认可认证、大数据服务、社会中介创新性特点，为现有生产制造、生产服务企业提升竞争力提供完备的配套服务。鼓励制造业企业实施“主辅分离”，大力发展服务型制造，推动发展一批共享经济示范平台，共享全区创新能力和生产能力，引导共享经济健康良性发展。全面实施全域旅游发展规划，推动旅游业与净土健康、民族文化、精准扶贫等产业融合发展，切实加快“香雄美朵”生态旅游文化产业园区基础设施建设，推动产业园区土地出让，启动园区演绎中心等项目的开发建设，加速打造文化旅游融合发展产业示范基地。加快推动重点旅游项目的规划建设，继续举办“古荣糌粑文化节”“楚布沟自行车体验赛”“宇妥沟藏药浴深度体验游”等文化旅游推介活动，努力把历史、人文、生态变成可感受、可体验、可消费的旅游产品。积极打造县际精品旅游环线，开工建设曲水县色甫村至堆龙德庆区旅游产业扶贫公路。大力开发建设“德吉藏家”等的民宿旅游产业项目，延伸近郊旅游产业链条。加快开发制作“西藏礼物 · 堆龙印象”等系列特色旅游纪念品，不断提升旅游品牌形象。加快推动商贸流通发展。大力培育房地产业，促使其成为经济增长主导产业之一，以易地扶贫搬迁安置、承接拉萨市转移人口为重点，带动住宅地产开发，以全域旅游发展、“香雄美朵”生态旅游文化产业园区开发建设为重点，带动周边旅游地产开发，以新城土地二级开发、打造城市综合体为重点，带动商住地产开发；同时要加强市场宏观调控，确保房地产市场健康发展。围绕宜居宜业城市建设，打造集酒店公寓、超市百货、特色餐饮等为一体的东嘎时代广场。加快生活性服务业发展，大力发展连锁经营、代理经销等现代商贸流通形式，更好地满足人民群众日益增长的美好生活需要。依托拉萨西货站、机务站、拉萨综合物流保税园区和京东等电子商贸平台建设以及钢铁交易中心、工程机械租赁市场、农产品批发市场等具有较强集散能力和服务功能的专业市场建设，打造物流产业集群，努力将堆龙打造为立足拉萨、服务西藏、辐射南亚的综合物流中枢，承接国家“一带一路”战略、助力西藏经济发展的重要载体。

（三）协调推进产业化和城镇化，推动区域协调发展。统筹城乡发展。推动国民经济和社会发展规划、小城镇建设规划、土地利用总体规划等“多规合一”，努力实现“一张蓝图”管控城乡发展空间。进一步完善城市色彩、地下管网、城市公共交通等专项规划，形成区、乡（镇）、行政村全覆盖，总规、控规相衔接，地上、地下相统一的规划格局。以生态城市建设为引领，合理布局绿色空间、水生态区域，打造生态良好、景观优美的城市面貌。积极开展城市修补、生态修复工作，逐步推进棚户区提升改造。推进城市管理重心下移，依法大力整治违法违章建设，让城市更整洁、更宜居，让居民的生活更方便、更舒心。突出抓好国道109线那曲至拉萨（堆龙段）控制性工程建设，力争路基工程年内全面完工。围绕环线通车、农村公路建设，不断提高城乡公共交通覆盖率，大力争取精准脱贫公路工程，加快推动堆龙德庆区邦村至林周县董村、堆龙德庆区那嘎村至当雄县羊易村等县际公路工程勘察设计工作。加快堆龙新城开发建设。切实加强5平方公里新城路网、给排水、电气讯等基础设施建设，稳步推进新城征地拆迁工作，加快推动堆龙新城搬迁安置项目建设，为新城开发建设夯实基础。加强城市垃圾收集转运体系、污水处理体系、电力通讯网络等重大项目的前期筹划申报工作，优化城市要素资源配置，大力提升城市亮化、美化、精细化管理水平，加快构建城市金融、商贸、服务等主体功能区，完善教育、医疗、文化等公共服务配套，适时启动堆龙河综合整治项目，精心打造城市河变湖工程，稳步推进宜居新城建设。大力推进乡村振兴战略。切实加强农牧区交通、能源、水利、通讯等基础设施建设，着力提升农牧区基础设施条件，大力实施农村人口聚居区通油路工程、农网改造工程、农村饮水安全巩固提升工程、小型水利“重点县”建设工程、高效节水增效项目，最大限度的破除瓶颈制约。探索建立新型小城镇与新城互补互融的复合型发展模式，深化乡村人居环境集中整治，抓紧实施德庆乡、马乡小康安居工程，重点将“上三乡”打造成各具特色的小城镇体系。加快启动乡改镇、镇改街道、村改居，探索建立新型规范化社区管理模式，不断提升城镇公共服务管理水平。大力实施农牧区人居环境综合整治工程，稳步推进“厕所革命”，优化群众生活环境。深入推进生态文明建设。不断调整完善经济发展空间和生态保护红线，构建科学合理的城镇化格局、产业发展格局、生态安全格局。以西藏生态安全屏障保护与建设等工程项目为依托，提升堆龙河两岸林业绿化全覆盖。加快推进国土绿化工作，力争实现村庄园林化、道路林荫化、农田林网化、庭院花园化，全面消除无树村、无树户，积极创建国家级、自治区级园林区和生态文明建设示范区，努力实现自治区级生态“区、乡（镇）、村”全覆盖。大力实施“净土”“净水”“净空”和“静音”工程。全面落实“河长制”，持续加大拉萨河堆龙段、堆龙河治理力度。统筹农村饮水安全提质增效，继续加强饮用水源地保护，严格水资源开发利用总量管理和采水行为监督管理。严格土地管理，节约集约用好土地。严格执行产业准入负面清单制度，强化项目环保审批。广泛开展绿色生活行动，提倡使用绿色有机食品、推进交通运输低碳发展、推行绿色低碳出行方式、推动可再生利用资源回收使用。抓好有机农业示范区创建工作，推进种养业废弃物无害化处理。

（四）突出改革创新和全域开放，增强经济发展活力。深化重点领域改革。加快农村土地改革，落实“三权分置”，提升土地流转水平。加强商事制度改革，全面落实“五证合一”，降低制度性交易成本。深化行政审批制度改革，进一步简化行政审批手续，不断提高行政效率。积极稳妥地推进国有企业改革，不断完善国有企业监管机制，切实发挥国有企业引领社会资本的重要性作用。大力激发非公有制企业的活力和创造力，发挥非公经济在繁荣市场、扩大就业、增加税收的功能作用。深化投融资体制改革，积极搭建有效投融资平台，适时启动不同类别的产业发展基金和开发基金，不断激发民间投资活力。强化创新驱动。大力推进“质量强区”战略，积极培育发展一批具有较高市场知名度的地理标志商标和知名品牌。引导和鼓励企业全方位创新供给，扩大智能化、多样式、个性化产品和服务的有效供给，吸引区内外优质服务型企业直接投资，更好的满足产业升级和消费升级需求。全面落实创新创业扶持政策，积极搭建创新创业公共服务平台，提供优质创新创业服务。抓好科技成果推广转化、高新技术产业建设和知识产权保护，加大科学技术普及力度，提升全民科学素质的整体水平。扩大对内对外开放。进一步调整和完善招商引资政策，加大产品推介力度，扩大区内外贸易合作，强化招商引资能力建设，切实提高招商项目落地率和合同履约率、项目开工率和资金到位率，力争招商引资完成投资增速达 10% 左右。依托北京市优势资源和组团式援藏新机制，深化经济贸易、扶贫开发、教育科技、卫生健康、文化旅游、创新创业等各领域的受援合作，强化援藏项目储备，加大计划外援藏资金争取力度。关心支持鼓励援藏干部和技术人员干事创业、建功立业，推动受援工作重点由项目、资金向人才、产业、市场转变。加强与区内兄弟县区在交通、旅游、物流等各领域的合作，建立更加紧密的经贸关系、共享体系、共赢机制。

（五）突出改善民生和社会治理，提升群众幸福指数。持续巩固脱贫成果。围绕“两年脱贫、三年巩固”的工作目标，持续强化产业扶贫项目的规划建设和运营管理，不断提升贫困群众带动增收和自我发展能力，确保贫困群众人均可支配收入年均增长 17% 以上，稳定实现“三有”“三不愁三保障”。加快教育、医疗卫生等民生保障资源布局，确保贫困群众“搬得出、稳得住、能致富”。用足用好各类补助政策，持续做好兜底保障工作。强化精神引领，进一步激发贫困群众脱贫致富的内生动力。健全脱贫攻坚责任机制、考评机制，确保在全面建成小康的路上一户也不落下、一人也不掉队。重点支持生产要素资源向基层农牧区倾斜，大力发展村集体经济，实现村集体经济达 50 万元的行政村增收翻一番，东嘎镇、乃琼镇村集体经济在 1000 万元以上的行政村增长 15% 以上。大力发展社会事业。继续巩固提高“五个 100%”教育目标任务推进工作成果，以提升素质教育质量，以全区乡村教育达到全市各县（区）前列，城区教育教学质量基本与拉萨市中心城区持平为目标，努力推动形成符合素质教育发展要求的具有特色的教育教学管理模式。适时启动滨河文化体育公园、东嘎公园等公共体育基础设施建设，广泛开展全民健身活动，促进体育事业全面发展。扩大公共文化设施免费开放力度，广泛开展各类公益性、群众性文化活动，积极传播先进文化，弘扬民族精神，凝聚群众力量，为决胜全面建成小康社会提供源源不断的精神动力和智力支持。继续深化医疗卫生体制改革，实施公共卫生应急服务中心、区人民医院综合楼、区藏医院等项目，大力提升城乡公共医疗应急服务能力和基本公共卫生服务均等化水平。不断完善各类社会保险制度、机关事业单位养老保险制度，抓好失业、医疗、工伤、生育保险扩面工作。扎实推进“四业工程”，落实好培训补助、就业援助、创业帮助等扶持政策，力争实现更高质量的就业，促进贫困户、“零就业”家庭、未就业大中专毕业生、农村剩余劳动力转移和退役军人等群体稳定就业。继续扩大社会救助覆盖面，不断完善城乡低保、五保供养、大病救助、救灾救济等社会救助体系。加强社会治理体系和治理能力建设。坚决贯彻落实自治区、拉萨市两级党委和政府一系列维护稳定的决策部署，加快“雪亮”工程建设，进一步提升“双联户”和网格化管理水平，健全完善立体化社会治安防控机制和城乡维稳防控网络。进一步创新寺庙管理，大力提升寺庙“六建”工作水平。深入推进安全生产信息化建设全覆盖，坚决遏制重特大安全事故发生。深入推进隐患排查治理和预防控制体系建设，着力构建“大信访”格局，确保访案件零搁置。积极建立城乡食品药品监管体质机制，确保食药品安全零事故。持续推进民族团结进步创建活动，为经济持续健康发展营造良好的社会环境。

各位代表，做好 2018 年全区经济社会发展各项工作，责任重大，意义非凡，影响深远。让我们始终紧密团结在以习近平同志为核心的党中央周围，深入贯彻落实党的十九大精神、中央经济工作会议精神，以习近平新时代中国特色社会主义经济思想为指导，认真贯彻落实区市党委九届三次全会和区市经济工作会议精神，切实把思想和行动统一到区委二届二次全委会、我区经济工作会议各项决策部署上来，坚定必胜信心，凝聚各方力量，攻坚克难、补齐短板，不忘初心、继续前进，为决胜全面建成小康社会，夺取新时代中国特色社会主义伟大胜利、实现中华民族伟大复兴中国梦做出堆龙贡献！

堆龙德庆区2017年财政预算执行情况及堆龙德庆区2018年财政预算（草案）报告

——在堆龙德庆区第二届人民代表大会第二次会议上

拉萨市堆龙德庆区财政局

（2018年1月8日）

2017年财政预算执行情况

2017年，全区财政部门在区委、区政府的坚强领导下，在区人大的法律监督和区政协的民主监督下，深入贯彻落实党的十八大、十九大精神，全面落实中央第六次西藏工作座谈会、区市经济工作会议精神，以全面建成小康社会为目标，牢牢把握稳中求进的工作总基调，坚守稳定和生态“两个底线”，充分发挥财政职能作用，依法依规组织收入，合理有序安排支出，实现了经济健康发展、民生持续改善、生态环境良好、社会和谐稳定的目标，财政预算执行情况良好。

一、公共预算执行情况

2017年，经堆龙德庆区第一届人大第二次会议审议通过的2017年公共财政预算总财力191306万元，其中：一般公共财政预算财力155306万元，政府性基金预算财力36000万元。在年度预算执行过程中，根据财力变化，将2017年公共财政预算总财力调整为367559万元，比年初预算增加176253万元，增长92.10%。其中：一般公共财政预算财力调整为264643万元，增长70.4%；政府性基金预算财力调整为102916万元，增长185.88%。

（一）一般公共预算执行情况

2017年，全区一般公共预算总财力264643万元，比年初预算增加109337万元，增长70.40%。其中，本级财政预算收入119404万元，比年初预算增长70.58%；上级财政补助收入138845万元，比年初预算增长75.77%；上年预算稳定调节基金6394万元。一般公共预算支出202942万元，比年初预算增长30.67%。收支相抵后，预算稳定调节基金61539万元，净结余80万元，实现了收支平衡。

（二）政府性基金预算执行情况

2017年，政府性基金预算财力102916万元。其中，本级政府性基金预算收入98966万元，比年初预算增长174.91%；上级补助收入3950万元。政府性基金预算支出102916万元，比年初预算增长185.88%，实现收支平衡。

需要特别报告的是：以上预算执行数与最终决算数将会略有变化，待我区财政收支决算正式编制完成并经市财政审核批复后，将专题向人大常委会报告。

二、2017年主要工作举措

2017年，全区财政系统狠抓增收节支，进一步调整优化支出结构，大力压缩非刚性支出，在“保运转、保民生、保稳定、保重点”需要的基础上，不断加大对民生领域、重点领域、基层领域、扶贫领域的投入力度，切实将有限的资金向关键领域倾斜，着力在改善民生和促进社会和谐稳定上见效果，在夯实基层基础和构建规范的财政体制上求实效。

（一）切实加大“城乡一体化”建设投入力度，着力加强和改善民生

一是“三农”投入明显加强，农牧区生产生活条件明显改善。坚持全面统筹财力，不断加大投入力度，切实把加大对“三农”的投入力度作为加快“城乡一体化”发展的重要举措。全年落实三农资金18229万元，其中落实资金1574万元，对农作物、优良牲畜推广和农资综合补贴、粮食直补、农机具购置等进行补贴；全年扶贫资金投入12691万元（其中整合涉农资金2873万元）；支农水利重点县本级配套760万元；落实资金2086万元，实施小农水利基本建设和防洪工程建设项目；落实资金401万元，实施草原生态保护奖励机制；落实697万元，实施重点生态公益林建设和森林生态效益补偿。

二是教育投入持续加强，教育优先发展取得新成效。全年落实资金31441万元，用于教育事业优先发展的投入，其中本级财政投入12510万元。落实“三包”及义务教育阶段农牧民子女营养改善计划资金2610万元，同比增加243万元，惠及更多的义务教育阶段农牧民子女学生；落实资金533万元，用于精准扶贫及教育救助资金，助推精准扶贫工作；使教育基础设施、教学条件、师生工作学习生活条件得到进一步改善。

三是卫生投入显著加强，卫生服务体系持续优化。全年落实资金10479万元用于医疗卫生事业发展，其中本级财政投入6420万元，增加2517万元。安排资金2967万元，落实新型农村合作医疗及风险基金；安排资金1074万元，落实城乡医疗救助；落实资金511万元，开展城乡居民及寺庙在编僧尼健康体检；安排资金1066万元，落实公共卫生投入；使医疗卫生体系建设不断完善，设施设备得到不断改善，卫生事业得到不断加强和发展。

四是文化体育与传媒投入稳步增长，文体事业持续发展。全年落实文体与传媒事业经费1960万元，积极推进文化大发展。本级投入了1836万元，实施堆龙德庆区文化活动中心；落实非遗产业扶持金，提升非遗的自身造血功能；6个乡镇文化站、32个农家书屋、寺庙书屋配置了多个娱乐、健身设施设备；村级文化示范点建设（桑木村）、嘎东寺屋顶维修项目、古荣乡那嘎非遗传承基地、设兴村藏戏传承基地、措麦村非遗传承基地等项目，推进文体及传媒事业繁荣发展。

五是社会保障投入显著提高，社会保障能力明显加强。全年落实社会保障资金6243万元，其中本级财政投入3481万元。落实五保户供养资金162万元；落实农村低保补贴1026万元；落实城镇低保补贴390万元；落实残疾人生活补贴602万元；落实老年人健康补贴资金101万元；落实公益性岗位补贴600万元；落实城乡居民养老保险800万元；落实全区村干部基本报酬及业绩考核资金779万元，今年村委会正职年补贴提高到4.99万元，副职年补贴提高到4.14万元，委员年补贴提高到3.51万元；落实小组干部报酬资金160万元；落实村民监督员报酬249万元。

六是加大资金统筹力度，加大基础设施建设投入。立足基层，统筹财力，进一步支持交通、电力、水利、保障性住房等基础设施建设，全年财政基建投资达到25562万元。实施了2017年城镇棚户区（危旧房）改造项目；北京对口援藏项目；24个行政村下沉干部周转房和食堂建设项目；香雄美朵1号桥建设项目；工业园区A区基础设施项目；生态农业园区古荣园区建设等。

（二）切实加大“平安堆龙”建设投入力度，着力增进民族团结与社会和谐稳定

坚持把维护稳定作为硬任务和第一责任，深入贯彻落实习近平总书记提出的“治国必治边、治边先稳藏”的战略思想以及俞正声主席“依法治藏、长期建藏、凝聚人心、夯实基础”的重要指示要求，着力推动长治久安。落实资金1800万元，保障政法部门业务经费和维稳专项支出，提高政法干警装备配备和待遇水平，全力保障派出所、警务站、公安检查站、基层安全机关建设经费，维稳专门力量建设不断加强；落实资金735万元，支持创新寺庙管理，及时兑现和谐模范寺庙暨爱国守法僧尼和民族团结表彰经费；落实寺庙管委会班子僧尼成员岗位补贴资金61万元；落实驻寺干部及驻寺干警岗位津贴116万元；落实“双联户”联户长补贴及表彰经

费713万元；落实青藏铁路护路队员出勤补贴及其他生活补贴265万元。

（三）切实加大基层党建投入力度，着力夯实基层基础

立足于进一步加强党的建设，进一步夯实党在农牧区的执政根基，全年共落实党建经费450万元，开展了乡（镇）、村、机关党建工作，村干部及党员教育培训工作；为驻村工作队和下沉干部提供保障经费749万元，开展干部指导帮助村（居）管理服务和建设工作；村（居）组织换届安排20万元的换届经费；为基层党建工作提供了保障，使基层社会管理和服务能力得到进一步提高，党的凝聚力、向心力明显提高，基层"战斗堡垒"作用发挥明显，党建统区的能力得到了显著加强。

（四）切实加大财税体制改革力度，着力构建规范的财政体制

坚持改革创新，加快财税体制改革，落实清费立税、增收节支、优化结构、提高绩效、重点保障基本民生支出，压缩其他支出等政策，着力转方式、补短板、防风险、促改革，提高发展的质量和效益，增强持续增长动力，为我区全面建成小康社会奋斗目标服好务。一是完善政府预算体系。强化公共财政预算和政府性基金预算编制，将政府收支活动全部纳入预算管理；推进信息化建设，提高基层财政的预算编报能力和水平；扎实推进"三公"经费和全区预决算公开工作，2017年全区决算公开单位48家，预算公开单位49家。二是改进预算管理和控制。2017年将一般公共预算审核的重点由平衡状态向支出预算和政策拓展，收入预算从约束型向预期型转变，逐步建立跨年度预算平衡机制。三是加强财政收入管理。做大做强净土健康发展等支柱产业，积极申报效益好、潜力大的项目，增强经济发展后劲和财政持续增收能力；全面推进票据电子化管理，从源头控制收费项目；全面规范清理税收等优惠政策，维护国家税制公平。四是优化财政支出结构。严格控制政府性楼堂馆所建设，财政供养人员以及"三公"经费等一般性支出，严格执行中央和自治区的规定。2017年"三公"经费压减28.29%，一般性支出得到较好控制；清理规范碎片化投入，整合资金、集中财力，进一步增强重点领域和薄弱环节财政保障能力；加强结转结余资金管理，及时清理存量资金，截至2017年当年共收回存量资金484万元，上年未盘活存量资金1470万元，2017年存量总计为1954万元。根据我区实际情况盘活存量资金1239万元，主要用于25个行政村标准化建设资金，剩余715万元，计划用于民生类领域。

各位代表，回顾一年的工作，全区收支圆满完成，支持发展保障有力，民生投入持续加大，改革创新深入推进，财政监督得到加强。这些成绩的取得，得益于区委区政府的坚强领导和科学决策，得益于区人大及其常委会的监督指导，得益于上级财政部门及社会各方面的理解支持。在取得成绩的同时我们也清醒地认识到，财政改革发展中仍面临不少困难和问题。因此，对这些问题我们将高度重视，创新举措，采取有效措施认真加以解决。

2018年财政预算草案

根据新修订的《预算法》和自治区、拉萨市财政部门统一下发的相关通知规定和要求，结合我区实际，编制完成了2018年堆龙德庆区财政预算草案。

一、预算编制指导思想

高举中国特色社会主义伟大旗帜，坚持以邓小平理论、"三个代表"重要思想、科学发展观、习近平新时代中国特色社会主义为指导，全面贯彻落实党的十九大精神，落实习近平总书记新时代经济思想为统领，贯彻中央经济工作会议精神及全国财政工作会议精神，贯彻落实自治区、拉萨市以及我区经济工作会议精神，坚持稳中求进的工作总基调，树牢新理念、适应新常态、引领新发展，以推进供给侧结构性改革为主线，以提高发展质量和效益为中心，把全面深化改革贯穿于经济社会发展各个领域各个方面，加强项目建设和管理、调整优化经济结构、发展壮大特色产业、全力保障和改善民生、坚决维护社会稳定，促进堆龙经济社会平稳健康发展。

二、预算编制基本原则

（一）预算安排坚持量入为出，收支平衡。预算支出安排充分考虑财力可能性，按照轻重缓急的要

求，有限考虑刚性及重点支出需求，确保年初预算编制收支平衡，不编赤字预算。

（二）收入预算坚持实事求是，积极稳妥。收入预算安排充分考虑经济发展新常态和结构性调整因素，结合预算收入执行情况，既保证一定增幅，又确保与经济社会发展实际相适应。

（三）支出预算坚持勤俭节约，统筹兼顾。支出预算安排以2017年执行情况为基础，坚持有保有压，重点突出。一方面，牢固树立过紧日子思想，严格控制各部门的机关运行经费支出，继续压缩“三公”经费支出；另一方面，将财力更多地向“三农”、精准扶贫、教育、社会保障和就业、医疗卫生、文化、科技、节能环保、维护稳定等重点领域倾斜，全力做好精准扶贫、产业开发、强基惠民、维护稳定、促进就业等重点工作的资金保障，确保把资金用到“刀刃”上。

（四）预算管理坚持依法理财，监督有效。强化部门的预算执行主体责任，推进预算绩效管理工作，提高财政资金的使用效益。加强对接相关财税政策和实施细则，稳妥推进财政收入的组织。加强地方政府债务管理，切实防范政府债务风险。

三、2018年预算安排情况

2018年，全区一般公共预算总财力预计为224475万元，同比增加69169万元，增长44.54%。其中，本级财政预算收入122950万元，同比增加52950万元，增长75.64%；上级财政补助收入77625万元，同比减少1369万元，减少1.73%；预算稳定调节基金23900万元。

一般公共预算支出安排224475万元，同比增加69169万元，增长44.54%

（一）继续加大“支农”投入力度，进一步推进城镇化建设。2018年，继续把支持“三农”工作作为财政保障的重点方向。安排资金21976万元。其中，安排资金6310万元，支持农药政策性财政补贴、政策性涉农保险、农田水利建设、退耕还林现金补助、农机具购置补贴、农作物良种补贴、野生动植物保护、疫源监测补助、防汛、河流域治理、森林生态效益补偿、农作物及草原病虫害防治、国道沿线绿化养护、生态文明环境提升等。本级安排扶贫专项资金5000万元，进一步加大精准扶贫资金投入力度；安排资金3300万元，继续支持净土健康产业发展；安排资金1463万元，积极落实农村税费改革。尤其是加大对城镇化建设发展和实施精准扶贫的支持力度，进一步加大本级财政投入力度和部门资金的整合力度，尽最大的限度把有限的资金整合投入到城镇化发展和扶贫开发、精准扶贫开发工作上。

（二）继续加大社会事业投入，进一步提升公共服务水平。合理安排教育、文化、卫生及社会保障资金，其中教育发展投入39249万元，本级投入23600万元。继续落实好教育“三包”“两免一补”，非义务教育阶段贫困生和全日制高等院校在校生奖励资助政策，加大教育体育设施、环境、条件改造建设力度，进一步改善学生学习环境及教职工生活工作环境，全力推进中小学标准化建设，支持教育均等化发展。安排文化事业发展资金956万元，其中本级投入820万元，加快文化产业发展，加大现代化公共文化服务体系和文化产业建设。安排医疗卫生事业发展资金16426万元，同比增加613万元，增长3.99%。其中，本级投入14606万元，继续加强新型农村合作医疗工作，完善全民免费健康体检、城乡医疗救助政策，加大重大公共卫生投入，加快区级公立医院改革、藏医院建设，支持乡（镇）卫生院及村级卫生室设备购置，积极落实医护人员工资及津补贴资金，继续落实农牧区医疗制度财政补助政策。安排各项社会保障资金8561万元，其中本级投入8233万元，落实城乡低保、公益性岗位补贴、临时工工资、寿星老人健康补贴、残疾人生活补贴、医疗、养老、工伤、生育、失业等社会保障政策健康平衡运行；安排“四业工程”资金1000万元，进一步加大农牧民就业技能培训及创业扶持力度。

（三）继续加大维护稳定投入，确保社会局势长期稳定。安排维护稳定投入资金13493万元，增加1551万元，增长12.99%。其中，安排4966万元，进一步提高干警待遇，改善安全机关装备配备水平，提升政法部门办案业务能力和处置突发事件能力，落实驻寺干部干警岗位津贴提标补助政策；安排专项资金1219万元，支持武装部、消防、武警中队等维稳力量的工作；安排专项资金3394万元，支持统一战线及民族宗教、综治、铁路护路工作开展，确保巩固“基石”工作有序开展。

（四）继续加大党建投入力度，全面加强基层党建工作。2018年安排资金2548万元。其中，安排乡（镇）村党建经费450万元；区直单位党建经费356万元；区乡（镇）村干部培训经费400万元；退休支部、退休干部职工党员激励帮扶基金及退休干部职活动等经费219万元；“321”党建经费400万元；强基惠民及驻村工作队经费100万元；下沉干部经费625万元。支持乡（镇）村和区直机关开展党建工作，为驻村工作队和下沉干部提供保障经费并组织开展丰富的党内活动等。

各位代表，2018年是全面实施“十三五”规划的攻坚之年，是供给侧结构性改革的深化之年，是贯彻落实党的十九大精神的开局之年，财政部门以迎接、学习、宣传、贯彻党的十九大为主线，以围绕习近平总书记新时代经济工作的一系列新思想、新理念、新战略为方向，统筹推进“五位一体”总体布局和协调推进“四个全面”战略布局，坚持稳中求进的工作总基调，牢固树立和贯彻落实新发展理念，适应把握引领经济发展新常态，坚持以推进供给侧结构性改革为主线，全面做好稳增长、促改革、调结构、惠民生、防风险各项工作，切实履行财政职能，最大限度组织收入，科学合理安排支出，为圆满完成我区2018年经济社会发展目标做出贡献。

综 述

【概况】 堆龙德庆区位于西藏自治区首府拉萨市西北部，是拉萨的“西大门”。东与拉萨市城关区、林周县接壤，南与曲水县、山南贡嘎县毗邻，西与尼木县相结，北与当雄县紧连，整个县域呈“S”状，全区地势西北高、东南低，中间河谷宽阔，平均海拔3680米。地处东经90° 27′ ~ 91° 01′，东西最大距离约80公里；北纬29° 26′ ~ 30° 39′，南北最大距离约63公里，拉萨河从东部入境，折而向南出境，境内流程15公里。堆龙河从西北部经羊八井入境，呈西北—东南向切入，流至德庆后折而向南，过古荣后转西北—东南向流至东嘎汇入拉萨河，境内流程70公里。县内大小河流蕴藏着大量的水产、水能资源，其中水能资源的理论蕴藏量达193万千瓦，可开发量达140万千瓦。区内气候温和，属高原温带气候，平均气温在4℃以上。距拉萨市10公里。下辖东嘎镇、乃琼镇、羊达乡、古荣乡、马乡、德庆乡共2镇4乡，有30个村民委员会和129个村民小组。地域面积2704平方公里，主要以农业为主，农业包括青稞、小麦、蚕豆、油菜籽等农作物，牧畜业包括饲养牦牛、山羊、绵羊为主。耕地面积5544.95公顷，粮食播种面积3364.47公顷，经济作物耕地面积1216.86公顷。森林覆盖率0.44%，森林面积1193公顷（以灌木为主）。国家级野生保护动物有白唇鹿、马麝、藏原羚、黑颈鹤、胡兀鹫等，已经探明的矿产资源有石灰石、红土、煤、铁、铅、锌等。主要旅游景点有以楚布寺为龙头的楚布沟风景区，拥有小气候的柳梧尼玛塘自然保护区“邱桑温泉”“雄巴拉曲”等景点。

2017年，全区完成地区生产总值29.85亿元，同比增长10.3%；完成全社会固定资产投资94.81亿元，同比增长23.5%；完成规模以上工业增加值9.26亿元，同比增长0.3%；完成社会消费品零售总额10.29亿元，同比增长12.3%；完成一般公共预算收入11.94亿元，同比增长90.89%；农村居民人均可支配收入13956元，同比增长13.5%。

【党建工作】 2017年，区委常委会全年研究全面从严治党工作34次，下发文件67份，开展专项检查6次。全年区委常委会集中学习20次，理论中心组开展学习研讨10次，县级干部带头讲党课65次、带头宣讲十九大精神41次，各级党组织开展各类专题学习教育实践活动5000余场次，学习十九大精神实现首轮全覆盖。将14个村党支部调整为党总支，10个村党支部和3个村党总支调整为党委。非公经济党组织覆盖率达17.4%，社会组织、国有企业党组织覆盖率均达100%。增设2个机关党支部，将区教体局党总支调整为党委，顺利完成区直机关党组织换届。实施了10个组级活动场所建设，启动实施“一窗式受理、一站式办结”村级便民服务试点工作。30个村集体经济年收入均达50万元以上，东嘎、乃琼各有两个村集体经济年收入达1000万元以上。全年调整提拔乡（科）级干部22人，专项招收39名区外高校毕业生，选派84名第七批驻村工作队员。完成区“四套班子”和村级组织换届，新一届231名村级组织班子成员中党员比例达100%，初中及以上学历比上届提高66.9%，平均得票率在98%以上。举办专题培训37批次，培训党员干部4000余人次。全年发展党员218名，培养积极分子501名，其中农牧民党员、积极分子分别占总数的78%和86%。扎实做好老干部工作，组织开展“讲党恩爱核心，哈达献给总书记”主题活动，举行座谈慰问14次。

【廉洁建设】 年内，堆龙德庆区认真履行主体责任和监督责任，有效运用监督执纪“四种形态”，严格落实中央八项规定、自治区“约法十章”“九项要求”和市委“八项要求”，严肃查处“微腐败”，严防“四风”反弹。发挥巡察利剑作用，指导马乡、德庆乡完成市委巡察七组反馈意见整改，顺利通过自治区党委巡视督察；完成对3家区直单位、3个行政村第一轮巡察试点工作，启动对2家区直单位和2家区属国有企业的第二轮巡察。全年受理核查问题线索38件，立案9件，给予党纪政纪处分9人，其中开除党籍、公职2人，留党察看1人。

【农牧业】 2017年，堆龙德庆区落实测土配方示范田5万亩、标准化及高产创建示范基地5万亩、良种繁育基地4150亩。实现粮食总产量2.33万吨，农作物有害生物灾害损失率控制在3%以内。稳步推进奶牛“万户百场十中心”工程建设，牲畜年末存栏数11.65万头(匹、只)，牲畜良种覆盖率达35%、牲畜出栏率达39.69%、新生仔畜成活率达97.5%、成畜死亡率控制在1.05%以内，全年未发生重大动物疫病。实现猪牛羊肉产量0.42万吨、奶产量1.25万吨、山羊绒产量0.81吨、禽肉产量437吨、禽蛋产量144.26吨。专业合作组织发展壮大到135家，羊达蔬菜种植农牧民专业合作社、乃琼镇民众农牧民专业合作社等5家合作社被评为“2017年度拉萨市市级示范社”。

【工业经济】 年内，堆龙德庆区编制完成《堆龙德庆区工业园区产业发展规划》。完成工业园区B区基础设施建设，实施高原食品冷链中心、吉祥哈达等重点项目建设。实施西藏高争建材股份有限公司等产能拓展技术改造升级、东嘎水泥厂等落后产能淘汰。全年实现工业总产值30.45亿元，同比增长7.68%；工业税收达到2.98亿元，同比增长7.2%。完成招商引资项目38个，实际到位资金25亿元，同比增长27.44%。建成并投入使用中小企业服务中心、众创空间，稳步实施“创业创新示范基地建设”。成功举办首届优秀创业青年赴北京学习交流活动、首届创业青年文化沙龙暨团队建设拓展培训和第二届青年创新创业大赛。安排本级财政资金1000万元作为小微企业“双创”工作启动资金，新增各类市场主体3145家。

【教育事业】 2017年自治区素质教育督导评估工作、拉萨市落实“五个100%”推进工作现场会在堆龙德庆区成功召开。建成古荣中心小学综合楼、德庆中心小学供暖工程，推动第二小学、7所村级幼儿园、乃琼中心小学教学楼等重点项目建设。贯彻落实15年免费教育，下拨“三包”经费2188.2万元、营养改善专项资金421.76万元。初中毛入学率达108.64%、小学入学率达99.98%、适龄幼儿在园率达95.47%。中小学生体质健康监测覆盖率达100%。实现所有党政机关、学校公共体育场地设施对外免费开放。在党政机关开展“工间操”活动，成功举办“奔跑吧青春”、中小学学生运动会等竞技比赛。

【医疗卫生】 2017年堆龙德庆区荣获“全国健康促进县(区)”荣誉称号。完成乡镇卫生院(村卫生室)标准化一期建设工程，推进二级甲等医院综合楼、公共卫生应急服务中心、藏医院等重点项目规划建设。健全完善分级诊疗政策，本级财政投入97万元补偿资金，全面实施药物“零差价”销售制度。为全区城乡居民购买30万元超大额补充医疗保险，投入1300万元作为合作医疗大病统筹补充资金、100万元先天性疾病患儿救治专项经费，安排300万元合作医疗精准扶贫专项资金，全年实施合作医疗报销2904人次2362.26万元。孕产妇免费体检率、住院分娩率均达100%。稳步推进全民免费体检，城乡居民、在编僧尼免费健康体检率分别达99.8%

和 100%。全面开展包虫病综合防治工作，筛查率达 104.29%，实施免费救治确诊患者 56 人。为 30 个行政村各配备 3 名村医，大力推行村级家庭医生签约式服务，村医签约率达 98%。批准餐饮服务 406 家、食品流通 360 家，连续四年保持食药安全零事故。

【文化事业】 年内，堆龙德庆区将文化活动中心打造成为集休闲娱乐、文化展示为一体的活动场所。建成 12 个村级爱国主义教育基地，在党政机关办公楼铺设各类阅读书籍 2 万余册。建成设兴藏戏传习基地、那嘎藏戏队非遗传习基地、措麦藏戏队合作社、乃琼镇加罗庄园抢救性修缮保护工程、东嘎镇桑木村热玛庄园复原等重点项目。发放非遗产业扶持资金 65 万元，桑木村传统技艺非遗项目"罗萨梅朵"、南嘎村"嘎东藏戏"成功申报为市级非物质文化遗产；阿卓商贸、乃琼米瑞金属被评为县(区)级非物质文化遗产；乃琼镇勉唐派绘画师旦巴云丹被评为县(区)级非遗传承人。开展"喜迎十九大""第二届藏戏文化艺术节暨藏戏大赛"等文娱活动 104 场次。建立 68 个文物保护点石碑、文物数据库。

【社会保障】 2017 年，堆龙德庆区完成就业再就业培训 77 人、农牧民转移就业培训 739 人、职业介绍 1015 人、开发就业再就业岗位 1845 个、实现新增就业 1225 人、安置就业困难人员 94 人，城镇失业登记率控制在2.2%以内。农牧区劳动力转移就业2.62 万人次、增收 6007 万元。参保人数达 3.7 万人次，报销住院及生育费用 108.26 万元。实施临时社会救助 75 人 16.85 万元、城乡医疗救助 773 人 521.78 万元、"一站式"医疗救助 71 人 68 万元，发放优抚资金 7 人 16.43 万元，开展民政慰问 812 人次 119.36 万元。帮助 835 名农民工追讨工资 903.56 万元。集中供养 105 名五保户，实现五保户意愿集中供养率达 100%。连续八年荣获"全国双拥模范县"荣誉称号、连续九年荣获"自治区双拥模范县"荣誉称号。启动实施 376 套小康安居工程建设。

【旅游业】 年内，堆龙德庆区全力打造"药王故里、藏戏之乡、生态堆龙"旅游品牌，荣获"全国美丽乡村创建先进区"。成功组建堆龙德庆区吉雄谷旅游文化发展有限公司。编制完成《全域旅游发展规划(2017–2030 年)》，启动实施药王谷、楚布沟、措麦村等重点景区专项规划。委托旅游卫视《文明中华行》栏目组，制作完成全区大型旅游资源宣传片；出版藏汉英语版《堆龙德庆区寺庙文化石刻资料》《堆龙德庆区楚布沟、措麦村、药王谷等名胜古迹源流简介》。探索建立楚布寺景区电子导览器。与青岛绿地园林技术有限公司达成合作意向，稳步推进"香雄美朵"生态旅游文化产业园项目建设。成功举办第三届楚布沟自行车体验赛、第二届药王谷养生深度体验游、首届古荣糌粑文化节、帮普沟沐浴文化节、比西沟公益徒步体验等文化旅游活动。全年接待旅游人数 121.59 万人次，实现旅游收入 4162 万元。

【生态保护】 2017 年，堆龙德庆区建成并投入使用 280 立方米污水沉淀池，不断健全完善区、乡(镇)、村、组四级垃圾收集转运处理体系。建成日供水规模 1.5 万立方米的自来水厂，实现全区 102 个农村饮用水源地保护工程建设全覆盖。完成 736 户消除"无树户"试点工作，推进 703 户棚户区改造、海拔 4500 米以上居民生态搬迁工作。投入 20 辆节能纯电动车，建立覆盖 27 个行政村或自然组的 6 条试运行公交线路，解决农牧民群众"出行难"问题 11 万余人次。启动实施堆龙河综合治理工程规划建设，不断增强堆龙河流域的生态安全和生态功能。完成 2600 亩拉萨周边防护林工程、800.2 亩重点区域生态公益林、334 亩防沙治沙、6468 亩西藏安全生态屏障封山育林项目建设，做好 14 万平方米绿化带的养护提升工作。完成自治区级生态县(区)和 1 乡 2 村创建申报工作。严格落实环境保护"党政同责""一岗双责"，全力实施"净土""净水""净空"和"静音"工程。完成有机农业试验 4.7 万亩，大力推广病虫害绿色防控和有机肥使用。严格动物产地检疫管理，针对病死畜、过期兽药进行定点深埋、消毒等无害化处理，持续加强农业污染防治。全区149.6公里干流、447公里骨干支流，共设立7名总河长、42名河长，构建区、乡（镇）、村三级联动的河流管护体制机制。对城区路段实行分段包干，城区日均洒水次数5次、洒水量达100余吨，空气质量优良率达到96%以上。依托中央环保督察迎检工作，全年共接办群众环境信访或投诉案件91件，其中，中央环保督察组转办59件、区市转办14件、本级受理18件，办结率、满意率均达100%，跨部门、跨领域的环境监察联合执法工作格局基本形成。完成环评网上登记备案71份、出具环评预审意见29份，“三同时”执行率达100%。依法关闭石材加工厂21家、砂石场和取土点18家、砖厂15家、畜禽养殖企业6家，取缔堆煤场5家，搬迁废旧汽车拆解企业1家，拆除违规建筑1.12万平方米，行政处罚113家次，收缴罚金300.99万元。

【维护稳定】 2017年，堆龙德庆区圆满完成党的十九大、“一带一路”国际合作高峰论坛期间安保任务，完成楚布寺“次曲”、乃朗寺“立经幡”、达扎寺“入行论”等大型宗教佛事活动安保任务。持续深化“以房管人、以证管人”的“口袋式”管理制度，不断完善流动人口信息采集和登记工作。投入1200余万元，增设各类波形防护栏、安全提示、警示标志等生命防护工程建设，交通事故伤亡人数较上年同期下降12%。以楚布寺微型消防站建设为试点，稳步推进辖区部分寺庙、6个乡（镇）微型消防站建设。完成德庆乡民政救灾仓库项目建设，羊达乡帮普村、热差寺分别成功创建“安全生产文明社区”“安全生产文明寺庙”。健全完善三级安全生产联动监管和隐患排查治理体系，收缴罚金33.3万元，有效遏制发生重特大安全生产事故，荣获全国“安全生产月”和“安全生产万里行”先进单位。

【精准扶贫工作】 2017年，全区1262户4387名“建档立卡”贫困人口，实现1214户4194人脱贫摘帽，人均可支配收入达7587.97元。综合贫困发生率控制在0.5%以内，群众满意度达到90%以上。组建堆龙德庆区益新农业开发有限公司，并将其作为投融资平台，整合全区产业发展资金1.4亿元，与金融机构签署10.03亿元额度的金融扶贫贷款合作协议，为28个扶贫产业完成融资贷款1.62亿元。为1291名贫困群众发放“两线合一”补贴资金317万元，为21名区外贫困学生发放生活补助6.3万元，为173名贫困大学生及高职生发放路费和学费98.09万元，实施医疗救助198人次96.15万元。根据城乡治理服务需求，落实以补脱贫岗位1763个。设置704个公共服务岗位，实现498名贫困群众就业。成功举办2场“春风行动暨精准扶贫就业专场招聘会”，与110余家用工单位达成就业意向450余人。实现1476名有劳动能力的贫困群众就业，其中产业和劳务输出领域就业969人次、自主就业66人。波玛村、桑木村、经开区易地扶贫搬迁安置点项目的建设，实现583户贫困群众搬迁入住、530名搬迁群众就业。27家企业（合作社）与30个行政村结对帮扶，提供就业岗位360余个，为无劳动力贫困户分红460余万元。安排村集体经济产业发展扶持资金3000万元，争取各类资金1810余万元，有序实施121个“短平快”项目，30个行政村集体经济收入全部达到50万元以上，其中东嘎村、南嘎村、波玛村、乃琼村集体经济收入突破千万元。

【深化改革】 2017年，堆龙德庆区依法公开26个区直单位3442项权责清单。全面启动“五证合一”，加快推进“三权分置”。成立城市管理综合执法局、乡（镇）民政所、不动产登记中心。启动实施国有企业改革重组，促进国有企业瘦身健体、提质增效。全面推行公务用车制度改革，“三公”经费呈明显下降趋势。深入推进政府预决算、医疗卫生、教育事业等领域改革，有力促进各项事业全面进步。

【援藏工作】 年内，堆龙德庆区受援方式由资金型、项目型、输血型向人才型、落户型、造血型转变，主动加强与北京市朝阳区、海淀区、门头沟区的交流合作，达成了在教育、医疗、科技、金融、社区共建、沟域经济开发等领域合作意向。启动“十三五”援藏项目中期调整工作，全年共争取援藏资金2600万元。北京市9名干部和医生赴本区援藏建藏、选派137名党员干部赴北京市跟岗锻炼或学习培训，北京西城区20名党政干部赴堆龙德庆区交流挂职。成功实施首例大隐静脉高位结扎剥脱术，顺利开通区人民医院与北京朝阳区垂杨柳医院远程医疗会诊系统。

【重点项目】 2017年，堆龙德庆区共实施了139个基建项目，完成通信网络改造升级，正式跨入4G时代，以东嘎时代广场建设为引领，全面启动新城电力改造、堆龙河综合整治、搬迁安置点、市政道路及地下管网等重点项目规划建设。推进青藏铁路格尔木至拉萨段扩能改造、拉林铁路机务段、拉萨综合保税区等重点项目建设，引进了京东等国内知名电商平台在本区落户。推进国道109线那曲至拉萨（堆龙段）高速公路建设，建成南环线、西环线堆龙段，完成堆龙大道、和平路、318国道城区段改扩。加快钢材集散交易中心、工程机械商贸城等一批综合性商贸流通市场建设。完成堆龙新城第一批征地拆迁，实施新城电力改造、搬迁安置、市政道路及地下管网等配套基础设施建设前期工作，成功争取堆龙河综合整治等重点项目。积极稳妥推进村改居、乡改镇、镇改街道前期工作。全面统筹推进小康安居工程、海拔4500米以上居民搬迁工作。

【特色产业】 2017年，堆龙德庆区实施净土公司＋羊达设施农业园孵化基地＋“上三乡”净土健康产业园＋合作社的产业发展模式，古荣乡、马乡、德庆乡净土健康产业园经济效益逐步凸现，深入推广“互联网＋”产品销售模式，与西藏阿云电商、京东等知名平台达成初步合作协议，发展区外经销商25家、完成区内铺货84家。推动净土健康产业规模化、标准化发展，净土健康产业总产值达1.8亿元。

（雷 凤）

1月

3日 堆龙德庆区中式烹饪技能培训班顺利开班，此次培训为期45天，共30名农牧民参加。

同日 堆龙德庆区国税局VIP式办税服务大厅正式对外办理业务，这是西藏首个具有创新性的VIP式办税服务大厅。该办税服务厅以解决纳税人的合理需求为导向，打破传统的柜台式办税窗口，精心打造VIP开放式的包间服务模式，开展一对一的纳税服务，主要分流代开发票和税务登记备案业务。

4日 堆龙德庆区西部志愿者自行组织开展“情满高原・暖心志愿”活动。活动中将募捐到的1000余件冬季衣物发放给德庆乡贫困群众。

5日 堆龙德庆区组织区住建局、安居办、基建办，深入德庆、马乡、古荣三乡，对小康安居工程集中安置、海拔在4500米以上集中安置工作进行调研。对相关政策进行宣讲解读和数据核对，对上三乡集中安置点的选址进行确认，并到现场进行初步勘察。

同日 堆龙德庆区净土公司前往古荣乡，对333户1518人种植的2231.3亩黑青稞以7元/公斤进行收购，此次收购为农牧民群众增收近400万元。

7日 拉萨市委副书记肖志刚率调研组一行在堆龙德庆区调研，堆龙德庆区委书记格桑平措陪同。调研组一行前往嘎东寺对驻寺干部、僧尼进行慰问；随后，前往桑木村3户困难家庭家中与他们亲切交谈，了解他们的家庭情况，并送去慰问金。

9日 由区委、区政府主办的“五下乡”宣传服务活动启动仪式在古荣乡加入村举行，主题为“共建团结美丽家园 共享健康幸福堆龙”。

10日 拉萨市委常委、宣传部部长吴亚松一行到堆龙德庆区德庆乡调研，堆龙德庆区委书记格桑平措等领导陪同。吴亚松一行首先前往堆龙德庆区德庆乡邱桑寺召开座谈会，随后前往德庆乡门堆村进行走访调研。

11日 堆龙德庆区召开区委常委班子2016年度民主生活会。

12日 拉萨市委秘书长，市政协党组书记、主席，经济技术开发区党工委书记，市直机关工委书记袁训旺一行前往堆龙德庆区包村联系点进行调研。堆龙德庆区政协党组书记、主席洛桑强巴，区委常委、统战部部长普布斯曲等领导陪同。

13日 堆龙德庆区参加拉萨市团市委2015—2016年市级青年文明号表彰会议，中国邮政储蓄银行堆龙德庆区支行荣获“2015—2016年市级青年文明号”荣誉称号。

17日 中共拉萨市堆龙德庆区第一届第三次全体(扩大)会议隆重开幕。

同日 堆龙德庆区召开2017年经济工作会议，在家的县级领导，各乡(镇)党委书记、乡(镇)长，区(直)各部门，村党支部第一书记、驻村工作队队长，各寺管会负责人共180余人参加会议。会议传达学习了中央、自治区和拉萨市经济工作会议精神；表彰35家先进单位，并与区（直）代表单位签订《堆龙德庆区2017年经济工作目标责任书》；会议全面总结2016年经济工作运行情况，安排部署2017年全区经济工作。

19日 中国人民政治协商会议第一届拉萨市堆龙德庆区委员会第二次会议隆重开幕。1月21日，胜利闭幕。为期3天的政协第一届拉萨市堆龙德庆区委员会第二次会议圆满完成各项议程。

人，各派驻纪检组组长等170余人参会。

27日 自治区党委书记吴英杰，自治区党委常委、拉萨市委书记白玛旺堆一同到堆龙德庆区乃琼镇波玛村易地扶贫安置点，与乡亲们一起欢度藏历新年。区委书记格桑平措，区委副书记、区长杜江陪同。

1—2月 堆龙德庆区旅游接待人数为35318人次，同比增长24.86%，旅游收入达128.1076万元，同比增长2.5%。

2月

9日 市委第八考核组组长、市纪委第四纪检组组长李涛带队对堆龙德庆区2016年度党风廉政建设责任制落实情况进行检查考核。

13日 堆龙德庆区开展2017年建档立卡户唐卡绘画制作技能培训，共组织35名精准扶贫户人员参加培训。

17日 自治区、拉萨市药监局组织执法人员10人次、出动执法车辆5次，对辖区内6家“卡塞”加工销售经营单位进行检查。

同日 市人社局选派工作人员到堆龙德庆区，对桑木村200余名农牧民群众进行2017年拉萨市建档立卡贫困户转移就业引导性培训暨全民登记参保宣传。

21日 那曲地区交叉考核组一行到堆龙德庆区考核脱贫攻坚工作成效，考核为期3天。拉萨市扶贫办主任李海云，堆龙德庆区委书记格桑平措，区委副书记、区长杜江以及脱贫攻坚指挥部相关负责人陪同考核。考核组对堆龙德庆区精准扶贫工作给予充分肯定，建议进一步深化工作内容，细化工作目标，确保“两年脱贫、三年巩固”的脱贫摘帽工作如期实现。

24日 拉萨市委常委、常务副市长王念东到堆龙德庆区乃琼镇波玛村检查指导工作。

同日 堆龙德庆区召开第一届纪委第三次全体会议。全体在家县级领导、纪委委员、各乡镇党政主要领导、区直各单位、区属国有企业主要负责

3月

6日 市委常委、统战部部长阿努次仁，市政协副主席、民宗局党组书记拉巴顿珠到堆龙德庆区就维稳工作情况进行督导检查。

7日 堆龙德庆区隆重举行城市管理综合执法局衔牌揭幕仪式，堆龙德庆区城市管理综合执法局正式挂牌成立，标志着堆龙德庆区城市管理执法新机制的全面启动。

8日 自治区人大常委会副主任、自治区党委宣传部常务副部长张晓华到堆龙德庆区检查指导工作。市政协党组副书记、副主席、秘书长张勤，区委书记格桑平措，区委副书记、政法委书记、公安局局长谢公瑾等陪同。

16日 堆龙德庆区马乡马村举行春耕备耕仪式，自治区党委常委、自治区政协党组副书记、副主席、区党委统战部部长旦科，拉萨市农牧局党组书记其美旺姆，堆龙德庆区委书记格桑平措，区委副书记、区长杜江，区委副书记边旦及相关部门负责人出席开耕仪式。

20日 堆龙德庆区召开2017年春季重大动物疫病防控工作动员大会，并对全区乡村动物防疫人员进行业务培训；会议总结2016年重大动物疫病防控工作情况，安排部署2017年防控工作，共计68人参会。

21日 堆龙德庆区举办2016年度汽车培训班结业典礼，此次培训为期45天，古荣乡古荣村40名农牧民群众参加培训。

22 日 是“世界水日”。堆龙德庆区积极响应上级部门号召，组织各乡镇精准扶贫河道管护员、护河护提员以及水资源管护员对堆龙河河道开展整治清理工作，此次活动为期 7 天。

同日 西安建工拉萨分公司在堆龙德庆区羊达乡施工项目部召开“拉萨市环城路（西环段）市政道路建设工程 2017 年环保动员大会”，堆龙德庆区主要负责人和西环线所有参建者参加会议。

28 日 上午 10：00，堆龙德庆区隆重举行庆祝西藏民主改革 58 周年暨“百万农奴解放日”设立 8 周年升国旗仪式，拉萨市政协党组副书记、副主席、秘书长张勤，全体在家县级领导，农牧民群众代表、学生代表、政法干警代表、部队官兵代表、教师代表、医护人员代表、志愿者代表以及区直单位全体干部职工参加升国旗仪式。

4月

1 日 堆龙德庆区举行公交公司揭牌暨正式启动运营仪式。市运管局运政科科长，市交警大队法宣科教导员，市交通产业集团副总经理，堆龙德庆区委书记、区人大常委会主任、各乡（镇）人民政府、区直有关单位负责人等以及 60 名农牧民群众代表参加仪式。堆龙德庆区公交公司建立覆盖 27 个行政村及自然组的 6 条试运行公交线路。

7 日 下午，自治区党委副书记、自治区主席齐扎拉，区党委常委、拉萨市委书记白玛旺堆一行到堆龙德庆区香雄美朵生态园区考察调研，齐扎拉一行主要考察香雄美朵产业园花卉经济林、桥梁、路网建设以及园区“德吉藏家”民俗旅游项目规划情况。

同日 堆龙德庆区召开综合防治包虫病工作动员部署会。区委书记格桑平措，区委副书记、常务副区长赵涛，区委副书记、政法委书记、公安局局长谢公瑾参加此次会议。

10 日 堆龙德庆区召开迎检工作推进会，区人大常委会党组书记、主任、迎检工作督察组组长杨世军，区政协副主席、迎检工作督察组副组长靳小卉出席，会议由区委常委、副区长、迎检办主任刘春涛主持。

11 日 堆龙德庆区人民医院举行二级乙等医院揭牌仪式。区委常委、宣传部部长图登佩杰，副区长马扎西，区卫生局，区防疫站，各乡镇卫生院相关负责人和区人民医院职工参加揭牌仪式。

12 日 林周县政协主席格桑次仁带领该县 16 名政协委员到堆龙德庆区就民营企业发展、精准扶贫工作、委员之家建设等情况进行考察学习交流。堆龙德庆区政协主席洛桑强巴，副主席尼玛、靳小卉陪同。

13 日 自治区党委办公厅法规处第三考核组到堆龙德庆区检查考核 2016 年度党内规范性文件备案工作情况。

16 日 自治区党委常委、拉萨市委书记白玛旺堆一行到堆龙德庆区调研。白玛旺堆书记实地调研堆龙新城规划及征地拆迁工作情况、农业技术孵化工作、工业园区规划建设情况和古荣朗孜糌粑公司运营及带动群众增收情况。市委副书记肖志刚，市委常委、市委秘书长庄红翔，副市长王国臣以及拉萨市相关部门负责人参加调研，堆龙德庆区委书记格桑平措全程陪同。

18 日 堆龙德庆区召开 2017 年援藏项目推进会议，确定投资 1 亿元的 6 个援藏项目。

21 日 拉萨市政协副主席孙宝祥率市政协常委及拉萨市各县（区）政协主席、办公室主任、委员共 34 人深入堆龙德庆区调研政协工作开展情况。堆龙德庆区政协主席洛桑强巴，副主席尼玛、靳小卉陪同。

24 日 拉萨市副市长林生到堆龙德庆区检查指导环线项目，检查过程中详细了解项目进展情况和工程建设情况，并对下步工作提出相关意见和建议。

26 日 堆龙德庆区参加由西藏自治区党委、政府以电视电话会议形式在拉萨市召开的全区地方志工作推进会。堆龙德庆区地方志办公室荣获 2016 年度全区地方志工作先进集体荣誉称号，《堆龙德庆县志（2001—2010）》是自治区县（区）志中首部出版发行的，为全区二轮修志工作的开展打下坚实基础。

5月

4日 堆龙德庆区举办纪念“五四”运动98周年暨共产主义青年团95周年表彰大会。会议由区委常务副书记张勇主持,区委书记格桑平措出席会议并作重要讲话,其他在家县级领导,各乡(镇)党委书记、副书记,团委书记、村团支部书记,非公企业团组织负责人,青年文明号集体代表、各界优秀青年代表及学生代表参加会议。

5日 拉萨市委副书记、常务副市长胡洪一行到堆龙德庆区对精准扶贫工作进行调研指导。

同日 拉萨市委常委、宣传部部长吴亚松,市委宣传部常务副部长范跃平,市委讲师团团长尼玛扎西一行到堆龙德庆区调研“四讲四爱”主题教育实践活动。区委书记格桑平措,区委常委、宣传部长图登佩杰,区委常委、统战部长普布斯曲,区人大常委会副主任、德庆乡党委书记罗桑次仁等陪同调研。

同日 区委召开巡察试点工作动员部署会。会议邀请市委巡察办副主任才华道吉出席,在家全体县级领导,区委巡察工作领导小组成员,区直各单位主要负责人,各乡(镇)党委书记、乡镇长、纪委书记,各村第一书记、党支部书记,各寺管会负责人以及区属国有企业负责人参加会议。

6日 堆龙德庆区工商联召开第一届一次代表大会。区委常委、统战部部长普布斯曲出席会议并讲话。

8日 自治区住建厅副厅长刘新锋率自治区安全生产巡查一组,在拉萨市副市长、公安局局长、政法委副书记赵涛,堆龙德庆区委书记格桑平措,区委副书记、政法委书记、公安局局长、安委会常务副主任谢公瑾的陪同下在堆龙德庆区检查指导安全生产工作。

9日 区委副书记、区长杜江,区委常委、政府党组副书记、副区长刘春涛,副区长皮志帅带领堆龙德庆区吉雄谷旅游文化发展有限公司执行董事朗珍曲尼,政府办、区委区政府督查室,林业局、国土局等部门负责人陪同青岛绿地设计公司主要负责人和设计师参观考察堆龙德庆区“香雄美朵”生态旅游文化产业园、直龙寺苯教遗址、药王宇妥·云丹贡布出生地等旅游资源。

10日 堆龙德庆区隆重召开堆龙德庆区2017年度教育工作会议。堆龙德庆区委书记格桑平措、拉萨市教体局副调研员毛雅丽及全体在家县级领导出席会议。各乡镇乡(镇)长、分管教育副乡(镇)长,区(中)直单位主要负责人,各学校校长、教师代表、学生代表参加会议。

12日 古荣乡举办“四讲四爱”主题教育实践活动之“讲党恩爱核心·党系我心”藏文书法传承活动。拉萨市书法协会主席南杰旺扎受邀出席活动并现场展示藏文书法。

13日 拉萨市政协党组副书记、副主席兼秘书长张勤一行到德庆乡检查指导“四讲四爱”主题教育实践活动开展情况。

15日 自治区交通厅公路处处长、市交通局局长扎西平措一行到堆龙德庆区调研农村公路建设工作。堆龙德庆区委副书记、区长杜江及相关单位负责人陪同。

同日 堆龙德庆区农牧局在马乡马村启动有机青稞种植工作,马村作为堆龙德庆区有机肥代替化肥试点村,种植有机青稞2000亩。

16日 自治区教育厅副厅长旺堆带队一行到堆龙德庆区就实施素质教育工作进行督导评估。督导团一行从办学行为、条件保障、常规教学、德体美育、办学成效等方面,以听取汇报、随堂听课、查阅资料、问卷调查、水平监测及抽查等方式对德庆乡中心小学进行评估验收。

同日 拉萨市住建局党组书记宋留柱带队到堆龙德庆区调研保障性住房及小康安居工程工作。

同日 堆龙德庆区召开全面推行河长制动员部署大会,会议由区委副书记、常务副区长赵涛主持。各乡(镇)党委书记,各村第一书记、村委会主任、驻村工作队队长,区直相关单位负责人等参加会议。

22日 清华大学团委副书记铁强携清华大学

第十九届研究生支教团到堆龙德庆区东嘎镇进行考察、交流、学习。铁强表示：本次考察交流一是代表学校领导看望清华大学在基层工作的毕业生；二是通过参观学习促进支教团成员支教热情，创造支教氛围；三是为进一步加大清华大学与堆龙德庆区的交流沟通，计划以堆龙德庆区提供实践基地，清华大学提供支教人才，开展支教人才交流。

23日 堆龙德庆区召开区委理论学习中心组"两学一做"集中学习暨"四讲四爱"主题教育实践活动专题讲座，全体在家县级领导，各乡（镇）党委书记、区直各单位主要负责人、各寺管会主任、各中小学校党支部书记、各村党组织第一书记等参加。

同日 堆龙德庆区第一届人大常委会第十一次会议顺利召开。

同日 堆龙德庆区召开2017年平安建设暨政法综治工作会议。会上，区委副书记、政法委书记、公安局局长谢公瑾全面总结2016年政法综治工作，安排部署2017年平安堆龙建设及政法综治工作。会议表彰2016年度综治工作先进集体、先进个人和优秀政法干警，获奖先进集体和个人代表作交流发言。

22—24日 国家发改委稽察处嵇小灵一行在堆龙德庆区开展为期3天的易地扶贫搬迁专项稽察工作。自治区扶贫办、自治区发改委、拉萨市扶贫办、拉萨市发改委、堆龙德庆区党政主要负责人及堆龙德庆区各相关单位负责人陪同此次专项稽察工作。

25日 京东在西藏的仓储物流园区正式试运营，物流园位于堆龙德庆区羊达乡，园区包含拉萨市中小件FDC仓（前置物流中心）、拉萨市大件仓。这是西藏自治区第一个电商企业专有物流园区。

27日 堆龙德庆区召开2017年度全区环保工作暨迎接中央环保督察推进会。区委副书记、区长杜江代表区委、区政府与乡（镇）、区直单位代表东嘎镇、国土局分别签订《2017年度堆龙德庆区环境保护目标责任书》，与工业园区管委会、水利局分别签订《堆龙德庆区环境保护督察重点问题整改工作目标责任书》。

6月

2日 北京"雀跃"校园公益项目暨堆龙德庆区"小米图书馆"揭牌仪式在乃琼中心小学举行。

5日 是第46个世界环境日。堆龙德庆区组织区直各单位于团结路两侧开展"6·5"环保"一条街"主题宣传活动。区环保局、区住建局等15家单位于团结路分别设置15个宣传点，利用发放知识手册、张贴标语、现场知识讲解等方式开展宣传工作。下午，于东嘎农贸市场组织开展"禁白"专项活动。

同日 拉萨市人大常委会"人大代表之家"互观互检互学交叉验收组一行到堆龙德庆区验收"人大代表之家"创建工作。拉萨市人大常委会党组副书记、副主任达瓦高度赞扬堆龙德庆区"人大代表之家"创建工作，给出"三到位"（工作安排到位、领导重视到位、经费投入到位）的整体评价。

同日 堆龙德庆区教育系统开展"四讲四爱"专题宣讲活动。此次宣讲活动，拉萨市教育系统"四讲四爱"主题教育实践活动宣讲员扎央、堆龙德庆区教育系统"四讲四爱"主题教育实践活动宣讲员次仁占堆，分别在堆龙德庆区中学与乃琼中心小学进行宣讲。参与活动的人数达700余名师生。

2—5日 楚布寺举行"次曲"宗教活动，其中6月2日举行"立经杆"活动，6月3日、4日举行"跳神"活动，6月5日举行"展佛""灌顶"活动。

6日 北京市朝阳区人大常委会专职常委孙琦率北京市朝阳区王四营乡党政代表团到堆龙德庆区参观考察并慰问援藏干部，向堆龙德庆区马乡捐赠扶贫救困资金150万元。捐赠仪式在堆龙德庆区政府楼民族会议室举行。

8日 国家民政部海峡两岸婚姻家庭服务中心副主任、西藏自治区民政厅副厅长从飞军一行在堆龙德庆区调研，自治区民政厅副厅长徐家利，拉萨市民政局局长白玛玉珍，堆龙德庆区委书记格桑平措，区委副书记、区长杜江及相关单位负责人参加座谈会。

同日 林周县副县长洛桑云旦一行到堆龙德庆区工业园区参观调研。参观调研组一行先后到西藏珠穆拉瑞商贸发展有限公司、西藏圣香海螺民族产品开发有限公司和西藏阿卓商贸发展有限公司参观调研。

9日 堆龙德庆区组织21名人大代表考察堆龙德庆区精准扶贫、精准脱贫工作。考察组一行先后到“香雄美朵”产业园区、波玛村易地扶贫搬迁安置点、乃琼镇日姆勉唐派唐卡艺术专业合作社开展实地视察。

同日 堆龙德庆区委党校召开堆龙德庆区2017年度基层党务骨干异地业务培训动员大会。各乡镇党建副书记、党建专干以及全区各级党务骨干代表40人参加会议。全体学员将在北海市委党校参加为期13天的集中培训。

10日 自治区党委副书记、自治区主席齐扎拉在拉萨市委副书记、市长，城关区委书记果果，堆龙德庆区委书记格桑平措，区委副书记、区长杜江的陪同下，就那曲精准扶贫易地搬迁点选址情况、“香雄美朵”文化旅游产业园产业扶贫搬迁点和“香雄美朵”文化旅游产业园区建设情况进行调研。经过实地考察及听取相关情况汇报后，把那曲精准扶贫易地搬迁点选址定在古荣乡嘎冲村。调研中，齐扎拉强调，要高位谋划，科学推进，加快“德吉藏家”建设进度，确保6月底前完工交付使用，要强化保障，完善100套精品民宿周边环境，做好准备工作。

11日 全国妇联书记处书记杨柳一行在自治区妇联主席江措拉姆、市妇联主席向巴彩喜的陪同下在堆龙德庆区调研妇联改革工作开展情况。

12日 区委书记格桑平措带领区委副书记、政法委书记、公安局局长谢公瑾，区委常委、区委办主任德吉央宗，副区长何景平对2017年内地西藏初中班（校）统一招生考试考点进行巡视，实地查看网络监控室、考点办公室、学生食堂等场所。

同日 堆龙德庆区召开推进“两学一做”学习教育常态化制度化工作座谈会。在家全体县级领导，各乡（镇）党委书记、党建副书记，区（直）各单位主要负责人，各行政村第一书记、书记、驻村工作队队长等120余人参加会议。

15日 区委书记格桑平措带领区委办、组织部负责人员检查古荣乡村“两委”换届前期筹备工作。

同日 拉萨市教育局“四讲四爱”宣讲团在堆龙德庆区中学举办主题为“讲团结爱祖国—民族团结是西藏各族人民的生命线”的宣讲活动。

16日 富士康科技集团考察团一行在拉萨副市长方桂林，堆龙德庆区委书记格桑平措，区委副书记、区长杜江的陪同下，在堆龙工业园区考察资源环境，洽谈合作商机。

19日 自治区人大常委会副主任新杂·单增曲扎带领自治区人大教科文卫负责人及自治区相关部门负责人到堆龙德庆区开展“三小一摊”立法调研工作。堆龙德庆区人大常委会副主任马勇、副区长马扎西陪同。

20日 堆龙德庆区召开堆龙德庆区人民政府常务会议，评选评审楚布沟、措麦村、药王谷旅游景区规划。区委副书记、区长杜江作重要讲话，区委常委、副区长刘春涛主持会议，区政府在家班子成员、各乡（镇）、各部门共计50余人参会。

同日 堆龙德庆区羊达乡在综合文化站组织开展藏式骰子竞技比赛。来自3个行政村的农牧民群众、机关干部职工、兽医站职工、卫生院干部职工共27人自愿报名参赛。

21日 堆龙德庆区召开公务用车制度改革推进会议。会议认真总结回顾公务用车制度改革推进情况，进一步动员和团结各方力量，干在实处、走在前列，加快建立与市场经济体制相适应的高效、廉洁、新型公务用车服务保障体系。区委副书记、区长杜江，以及在家的全体县级领导，各乡（镇）党委书记、乡（镇）长、后勤服务中心主任，各村村民服务中心主任、驻村工作队队长；区直各单位、区属国有企业、各寺管会（寺管小组）主要负责人；全区司勤人员（含龙行福运汽车租赁公司司勤人员）参会。

22日 堆龙德庆区召开2017年上半年全区和谐模范寺庙暨爱国守法先进僧尼、先进寺管会和优秀驻寺干部表彰大会。会议总结回顾全区上半年宗教领域各项工作，表彰先进；进一步动员全区广大干部僧尼再接再厉、与时俱进、共同推进全区加强和创新寺庙管理工作全面、扎实、深入、稳步开展。

同日 堆龙德庆区召开维稳值班安排部署工作会议，会议主要任务是认真贯彻落实6月18日自治区第一暗访督查组在堆龙德庆区督导检查时作出的重要指示要求，进一步安排部署全区维稳值班工作，动员各级各部门认识再提高、措施再完善、责任再落实。

26日 区委书记格桑平措带领相关单位负责人到马乡、德庆乡调研关于村“两委”班子换届选举前期准备工作。调研组详细了解马乡、德庆乡关于村“两委”班子摸底调研工作及后备干部推荐工作情况。

28日 区委副书记、区长杜江主持召开迎接中央环保督察工作例会，了解全区迎检工作最新进展情况。

29日 由拉萨市“四讲四爱”主题教育实践活动领导小组办公室、堆龙德庆区委员会共同举办，市文化局、市广电局、堆龙德庆区“四讲四爱”主题教育实践活动领导小组承办的“共庆七一·喜迎十九大 四讲四爱文艺会演”在堆龙德庆区文化活动中心举行。自治区党委宣传部副部长、区“四讲四爱”主题教育实践活动领导小组办公室副主任嘎玛旦巴应邀出席，拉萨市委常委、宣传部部长、市“四讲四爱”主题教育实践活动领导小组副组长吴亚松出席，堆龙德庆区委书记、区“四讲四爱”主题教育实践活动领导小组组长格桑平措致辞。

30日 为热烈庆祝建党96周年，团区委组织开展“手抄党章·献礼七一”书法大赛，以书香气息、满腔热情，抒发对党的无限热爱，为党的生日献上一场文化盛宴。

同月底 西藏航空钢铁物流集中交易区建成正式投入使用，交易区位于堆龙德庆区羊达乡，占地762.5亩，由西藏航龙钢铁物流有限公司经营，于2015年9月开工建设。

1—6月 堆龙德庆区消防大队排查社会单位833家(次)，发现火灾隐患和违法行为900处、督促整改927处、下发责令整改通知书383份、复查167次、投入使用营业前安全检查3次、下发消防安全检查合格证3份、举报投诉检查4次、施工工地检查3次；下发行政处罚决定书2份、罚款3.5万元。扑救火灾11起，出动车辆44台次、警力229次、抢险救灾8次，出动车辆17台次、警力103人次，抢救被困群众9人次、疏散被困群众15人次；公务执勤205起，出动车辆216台次、警力991人次。

7月

1日 区委书记格桑平措，区委副书记、区长杜江，区人大常委会党组书记、主任杨世军等县级领导率队深入乡镇和区直机关走访慰问38户老党员及38户困难党员，并发放7.6万元慰问金。

4日 堆龙德庆区举办2017年第六期食品安全知识培训，共45名从业人员参加。本次培训主要讲解《中华人民共和国食品安全法》《餐饮服务食品操作规范》及餐饮服务相关许可等内容，采取播放视频、课件等方式为参训人员授课。

同日 堆龙德庆区工业园区滨河路羊达乡通嘎交叉口路段突发洪水袭击。堆龙德庆区主要领导立即组织防汛抢险人员第一时间赶赴现场查看险情，发现羊达乡通嘎交叉口路段部分被冲毁。按照《堆龙德庆区防汛应急预案》要求，结合洪水流量大、面积宽等实际情况，立即从自治区防汛物资储备库中调动防冲墩以阻止洪水继续冲毁道路。此次抢险共出动吊车1台，运输车辆20台，人员50人。共动用防汛物资：防冲墩110个，编织袋6000个，砂石料600立方米。

5日 堆龙德庆区召开楚布沟第三届山地自行车体验赛协调会。会议由区委常委、副区长刘春涛主持，区委区政府督查室、区政法委、区公安局、乃琼镇、古荣乡等23家相关单位主要负责人参加会议。

同日 区委副书记、区长杜江率区水利局、环保局、发改委、国土局、民政局等相关部门深入堆龙德庆区30处安全隐患点，检查指导水利汛期安全防范工作。

6日 堆龙德庆区在文化活动中心举办第二届青年创新创业大赛启动仪式。大赛以“青创堆龙·筑梦未来”为主题，将评选出12个获奖项目，最高奖金为10万元。拉萨市政府副秘书长、市“两创示范”办常务副主任韩勇，团市委副书记普旦出席指导。

7日 堆龙德庆区文明办开展道德讲堂活动，按照“唱歌曲、学模范、诵经典、自我反省、发善心、向德鞠躬、送吉祥”七个环节进行。区(中)直各单位、各乡(镇)、各级文明单位共70余人参加。

8日 “香雄美朵杯”第三届堆龙德庆区楚布沟山地自行车体验赛在乃琼镇波玛村“香雄美朵”生态旅游文化产业园举行。

10日 堆龙德庆区举办“2017年堆龙德庆区藏餐烹饪技能培训班开班仪式”。区妇联、区四业办工作人员、村两委班子成员、培训学校主要负责人以及参加培训的60余名学员出席开班仪式。

11日 堆龙德庆区召开全区档案工作会议，会议全面贯彻国家、区、市档案工作会议精神，总结回顾2016年堆龙德庆区档案工作，安排部署2017年工作任务。拉萨市档案局局长马荣清、副局长刘淑娟，堆龙德庆区委常委、区委办主任德吉央宗出席会议，会议由区委常委、组织部部长王满春主持。

同日 自治区督导组组长石文江一行到堆龙德庆区检查指导脱贫攻坚工作，督导组一行以听取汇报、查阅资料、实地调研的方式进行督导检查，市扶贫办党组书记、市脱贫攻坚指挥部办公室副主任普布顿珠，堆龙德庆区委书记格桑平措，区委副书记、区长杜江，常务副书记张勇及相关单位负责人陪同。

13日 堆龙德庆区迎检领导小组召开环保工作暨迎接中央环境保护督察工作部署会。全体在家县级领导，各乡镇党委书记、乡镇长、分管环保工作的副职，各村第一书记、驻村工作的队长，区直各单位负责人参加会议。

17日 国家教育部党组书记、部长陈宝生一行6人到堆龙德庆区调研基础教育工作。自治区党委副书记、自治区主席齐扎拉，自治区党委副书记、自治区常务副主席庄严，自治区副主席石谋军，拉萨市委常委、常务副市长占堆，拉萨市人大常委会副主任、市教育局党委书记康娜美朵，市教育局局长中楚成，堆龙德庆区委书记格桑平措，区委副书记、区长杜江，拉萨市、堆龙德庆区有关部门负责人陪同调研并介绍相关工作情况。

18日 北京市支援合作办考察组巡视员王银成一行在堆龙德庆区考察对接对口援助工作。

同日 堆龙德庆区召开2016—2017年度大学生志愿服务西部计划工作总结表彰大会。区委常委、组织部部长王满春宣读表彰决定，对10名优秀志愿者个人及1个优秀志愿者集体进行表彰。

19日 自治区工信厅、市工信局、市住建局、市发改委、市安监局组成工作组一行到堆龙德庆区开展淘汰落后产能相关重点工作检查。工作组一行对西藏高争水泥厂(老厂)、远大建材、东嘎水泥厂、祁连山水泥粉磨有限公司淘汰落后产能工作开展情况进行详细了解。

20日 自治区党委巡视督查组巡视专员达瓦一行在堆龙德庆区督导区党委巡视二组反馈意见整改落实情况，拉萨市委副秘书长任映绮，堆龙德庆区委书记格桑平措，区委副书记、区长杜江及相关领导陪同。

25日 西藏日报社党委书记、自治区“四讲四爱”主题教育实践活动拉萨督导组组长王能生率队自治区督导组在堆龙德庆区督导“四讲四爱”主题教育实践活动和理论学习中心组工作。堆龙德庆区委常务副书记张勇，区委常委、宣传部部长土登佩杰陪同。

同日 堆龙德庆区楚布寺管委会邀请市委党校讲师旦增尼玛对楚布寺僧众及驻寺干部进行专题讲座。

26日 拉萨市首批创新创业基地认定考核组一行到羊达乡农业设施园区开展认定考核工作，堆龙德庆区“双创”办主要负责人、乡党委书记刘军以及相关工作人员陪同考核。

27日 由共青团堆龙德庆区委员会、区“两创示范”办公室联合承办的“拉萨市堆龙德庆区第二届青年创业大赛”决赛在柳梧北大训练营成功举办。

8月

1日 拉萨市副市长扎西白珍率市迎检办、市住建局、市环卫局、市政市容管理中心、市环保局环境监察支队有关负责人，到堆龙德庆区就生态环境综合整治工作进行实地检查。堆龙德庆区委副书记、区长杜江，副区长皮志帅，区迎检办、区住建局、区环保局、区城投公司有关负责人陪同检查。

4 日 堆龙德庆区召开 2017 年国有企业党风廉政建设工作推进会。

6 日 自治区工信厅，拉萨市工信局、市发改委、市环保局、市安监局在堆龙德庆区验收西藏堆龙东嘎水泥厂和西藏祁连山水泥粉磨有限公司淘汰落后产能拆除情况，堆龙德庆区政府、工信局、环保局等相关领导陪同。验收组实地查看西藏堆龙东嘎水泥厂和西藏祁连山水泥粉磨有限公司淘汰落后产能拆除情况，并召开验收会议，会上一致通过验收。

7 日 堆龙德庆区宗教领域召开 2017 年上半年工作总结暨下半年工作安排部署会。区委常委、统战部部长普布斯曲出席会议，区委统战部、区民宗局、宗教办、各寺管会（专职特派员）主要负责人参会。

同日 拉萨市政协副书记、副主席张勤在堆龙德庆区检查指导迎检中央环境保护督查工作，堆龙德庆区人大常委会党组书记、主任杨世军，区政协党组书记、主席洛桑强巴，区委常委、副区长刘春涛，区政协副主席靳小卉及相关单位负责人陪同。

同日 拉萨市委巡察工作领导小组成员、市委巡察办主任仁增卓玛、拉萨市委巡察组副组长刘玉凤、拉萨市委组织部机构编制综合科副科长田瑾一行，到堆龙德庆区就区委履行建立巡察制度主体责任情况进行调研。堆龙德庆区委常务副书记张勇，区委常委、区委办主任德吉央宗，区委常委、纪委书记尚志清陪同。

9 日 拉萨市联合执法组一行到堆龙工业园区开展重点环保问题整改销号现场核查工作。

11 日 堆龙德庆区羊达乡民政所衔牌揭幕仪式在羊达乡人民政府举行，标志着自治区第一个乡级民政所成立。仪式上自治区民政厅党组成员、副厅长从飞军为揭幕仪式致辞，并同拉萨市副市长雷涛，拉萨市民政局党组副书记、局长白玛玉珍，堆龙德庆副书记、区长杜江为羊达乡民政所揭幕。

同日 堆龙德庆区组织各乡（镇）分管安全生产工作负责人、大检查各小组牵头单位和协办单位负责人召开堆龙德庆区安全生产大检查、大排查、大整治阶段性工作会议。

14 日 西藏自治区教工委副书记、教育厅党组书记普布次仁一行，在堆龙德庆区检查指导开学工作。堆龙德庆区副区长何景平及区教体局相关负责人陪同。

同日 自治区党委政法委副秘书长加永格桑、自治区综治办实有人口服务管理处副处长李建忠一行在堆龙德庆区调研流动人口和出租房屋服务与管理工作。

15 日 堆龙德庆区组织综合执法局、住建局、信访局、司法局、护路队、环保局以及古荣乡人民政府等 160 余人前往加入村采石场，对古荣乡加入村境内 4 处违法采石点、6 家违法采石场进行依法强制拆除。

15—16 日 以中国佛教协会副会长、中国佛教协会西藏分会副会长直贡穷仓洛・桑强巴活佛为团长，自治区党委统战部部委会成员、自治区宗教办副主任罗布顿珠为常务副团长的自治区宗教领域宣讲团到堆龙德庆区楚布寺、乃朗寺、顶嘎寺等开展“四讲四爱”主题教育暨“爱国爱教”宣讲活动。拉萨市统战部常务副部长拉穷，堆龙德庆区委常委、统战部部长普布斯曲陪同。

16 日 堆龙德庆区财政局组织全区 106 名财务工作人员（含报账人员）开展财务知识培训。授课内容主要为财务基础知识，会计、出纳基础知识，行政事业单位财务风险点及规避方法等内容。

18 日 堆龙德庆区召开第二届人大代表选举大会。

同日 堆龙德庆区召开环境保护专题会议，区委书记格桑平措，区委副书记、区长杜江出席，分管副区长及相关单位参会。

同日 拉萨市政府副秘书长、市“两创示范”办公室常务副主任韩勇一行在堆龙德庆区检查指导“两创示范”工作进展情况。

19 日 由堆龙德庆区强基办牵头，联合区扶贫办、“四讲四爱”主题教育实践活动办公室，组织全区 60 名优秀农牧民群众代表到拉萨市城市规划展览馆，开展“过好今生最幸福”现场参观学习活动。

20 日　堆龙德庆区组织召开 2017 年度“雪顿节”期间维稳工作安排部署会议，各乡（镇）、各单位分管领导参加会议，区委副书记、政法委书记、公安局局长谢公瑾主持会议。会议安排部署“雪顿节”期间维稳值班带班工作，并强调维稳工作纪律，确保“雪顿节”期间安全稳定。

22 日　由中央民族乐团党委副书记魏国安带队乐团一行 23 名艺术家，到堆龙德庆区进行文化援藏慰问演出活动。

26 日　由堆龙德庆区人民政府、堆龙德庆区旅游局主办，堆龙德庆区吉雄谷旅游文化发展有限公司、西藏传媒集团有限公司承办的第二届堆龙德庆区“宇妥沟藏医药养生”深度体验游在宇妥沟拉开帷幕。

同日　堆龙德庆区在邱桑村召开西藏藏医药高峰论坛。

28 日　堆龙德庆区组织区安监局、乃琼镇人民政府、国土局、住建局、人社局、工商局、公安局、消防大队、综合执法局组成执法检查组先后到拉萨经济技术开发区国源装卸有限公司、鑫达物流有限公司、堆龙色玛振通物流有限公司、西藏顺通物流有限公司等 6 家企业进行全面检查，执法人员按照自身职责分别从安全生产、环境保护、行政审批、劳务关系、消防安全等几方面逐一进行检查。

同日　堆龙德庆区召开迎接中央环保督查工作推进会议。区委书记格桑平措，区人大党组书记、主任杨世军出席会议，区委副书记、区长杜江主持会议，堆龙德庆区迎接中央环保督查工作领导小组组长、副组长及全体成员单位负责人参会。

29 日　北京媒体团在堆龙德庆区采访北京援藏工作开展情况。

同日　西藏自治区妇联系统改革试点工作现场推进会在堆龙德庆区东嘎镇桑木村隆重举行。自治区妇联党组副书记、主席江措拉姆，巡视员张丽蓉，拉萨市委常委、宣传部部长吴亚松，山南市委常委、组织部部长张定成，全区七地市妇联系统主要负责人出席会议。

31 日　拉萨堆龙德庆区第二届青年创新创业大赛颁奖典礼隆重举行。标志着历时 3 个多月的比赛落下帷幕，圆满收官。本届大赛共 12 个获奖项目，共同分享 57 万元扶持奖金，单个项目最高奖金为 10 万元。同时，区委、区政府、邮储银行与 6 名创业青年签订“富农贷”创业贷款项目，涉及项目资金 1000 余万元，解决创业青年融资难问题。

同日　北京市朝阳区援建堆龙德庆区人民医院远程会诊中心正式启动。北京市朝阳区委常委、组织部部长何明，堆龙德庆区委书记格桑平措等参加启动仪式。

1—8 月　堆龙德庆区共登记流动人口 115562 人次，共排查流动人员 18505 人次，居住证 18505 本（居住登记卡），登记旅馆 43 家、出租房屋 530 户 3612 间。

1—8 月　堆龙德庆区严把环境保护审批关，完成环评网上登记备案 155 份、出具环评预审意见 57 份。

9 月

2 日　堆龙德庆区在古荣乡南巴村举行“品古荣糌粑感楚布文化”首届古荣糌粑文化节。自治区、拉萨市相关单位负责人，堆龙德庆区委、区政府、人大、政协主要领导和各区直单位负责人，以及各界嘉宾朋友们齐聚楚布沟景区共享这一文化盛宴，共同感受古荣糌粑独特风味，体验古荣迷人风情。

6 日　堆龙德庆区召开党的十九大维稳安保攻坚战动员部署会议，对党的十九大期间全区维稳安保工作进行动员部署。区委书记格桑平措及在家全体县级领导出席，各乡（镇）党委书记、乡（镇）长，区中直各单位、各寺管会、各驻村工作队负责人，各村党支部第一书记、书记，驻区企事业单位负责人参加会议。

7 日　堆龙德庆区人民政府与西藏北控清洁能源科技发展有限公司光伏扶贫发电项目签约落地堆龙，成为第一个与北控清洁能源科技发展有限公司签约的光伏扶贫发电项目。

同日 那曲代表团一行到堆龙工业园区开展调研工作,堆龙副区长、工业园区管委会分管领导邬斌锋,区工信局局长刘强,园区管委会主任王保峰陪同。

8日 堆龙德庆区组织各乡镇,区直各委、办、局干部职工和广大居民群众开展以"人人动手参与,共建美丽堆龙"为主题的爱国卫生环境清洁活动。

同日 堆龙德庆区庆祝第33个教师节暨表彰大会。区委书记格桑平措及全体在家县级领导出席会议,各乡镇、区直单位主要负责人,各学校负责人及受表彰的优秀代表参加会议。

9日 首届"堆龙德庆区帮普沟沐浴文化节"正式启动。

11日 中国共产党拉萨市堆龙德庆区第一届委员会第五次全体会议胜利召开,一届区委全体委员出席会议,一届区纪委委员列席会议。

同日 自治区党委常委、拉萨市委书记白玛旺堆带领拉萨市检查考评组一行到堆龙德庆区检查指导工作,堆龙德庆区委书记格桑平措,区委副书记、区长杜江,区人大党组书记、主任杨世军,区政协党组书记、主席洛桑强巴全程陪同。

同日 召开市委巡察一组进驻堆龙德庆区巡察动员大会,市委巡察一组组长索朗,常务副组长周玉林及巡察组其他成员出席会议。堆龙德庆区委副书记、区长杜江,人大常委会党组书记、主任杨世军,政协党组书记、主席洛桑强巴以及在家的全体县级干部、区直各部门负责人,各乡(镇)党委书记、乡(镇)长,驻村工作队队长,各行政村第一书记等人员参加此次会议。

14日 下午,中国共产党拉萨市堆龙德庆区第二次代表大会预备会议在3号楼三楼会议室召开。会议由区委常务副书记张勇主持,大会应到代表220人,因事因病请假11人,实到209人,符合规定人数。大会一致表决通过中国共产党拉萨市堆龙德庆区第二次代表大会主席团成员名单、秘书长、代表资格审查委员名单及大会议程。

同日 国务院安委会第二十一综合督查组在堆龙德庆区检查指导安全生产工作,全面检阅堆龙德庆区安全生产工作,特别是督导检查自7月份以来全区安全生产大检查、大排查、大整治专项行动工作开展情况。

同日 中国共产党拉萨市堆龙德庆区第二次代表大会严肃换届纪律专题学习测评会及集体谈话会在3号楼会议室召开。

16日 下午,中国共产党拉萨市堆龙德庆区第二届委员会召开第一次全体会议,二届区委全体委员参加会议,二届区委候补委员和不是区委委员的二届区纪委委员列席会议。

同日 中国共产党第二届拉萨市堆龙德庆区纪律检查委员会第一次全体会议在政府常务会议室胜利召开。

同日 中国共产党拉萨市堆龙德庆区第二次代表大会选举大会在3号楼三楼会议室举行,大会应到代表220人,因事因病请假13人,实到207人,符合法定人数。

同日 中国共产党拉萨市堆龙德庆区第二次代表大会闭幕会在3号楼三楼会议室召开。

同日 堆龙德庆区开展2017年"9·16"平安西藏宣传日集中宣传活动。此次活动共58家乡(镇)及相关单位参与,共悬挂横幅75条,设立展板40余块,发放各类宣传资料40000余份,参与人数达15000余人次。

18日 下午,堆龙德庆区第二届人民代表大会第一次会议举行预备会议。

同日 堆龙德庆区召开"两会"党员大会。全体人大代表、政协委员、列席人员中的党员参加会议。

同日 政协第二届拉萨市堆龙德庆区委员会第一次会议,在区委的坚强领导和社会各界的大力支持下,在全区各族人民的关心与热切期盼中,在庄严的国歌声中隆重开幕。大会应出席委员90人,因事、因病请假10人,实到委员80人,符合《政协章程》规定。

19日 上午,堆龙德庆区第二届人民代表大会第一次会议在庄严的国歌声中隆重开幕。拉萨市人大常委会党组副书记、副主任达瓦应邀出席大会指导，区委书记格桑平措出席会议。

同日 政协第二届拉萨市堆龙德庆区委员会第一次会议，在区委的坚强领导下，经全体委员和列席人员的共同努力，圆满完成大会各项议程胜利闭幕。

同日 以市委组织部副部长、老干部局局长央金为组长的拉萨市村（居）组织换届选举工作第二指导组一行7人到堆龙德庆区德庆乡指导检查基层党建重点任务落实情况。

20日 堆龙德庆区第二届人民代表大会第一次会议，在上级部门的坚强领导下，经全体代表和列席人员的共同努力下，圆满完成大会各项议程胜利闭幕。

21日 “堆龙德庆区首届创新创业论坛”成功举办。堆龙德庆区各乡（镇）、各单位联络员及优秀大学生创业者，拉萨市堆龙德庆区第二届青年创业创新大赛获奖者，有创业意向的农牧民群众及高校毕业生共计40余人参加。

22日 堆龙德庆区召开“堆龙德庆区2017年民族团结进步表彰大会”。区委书记格桑平措及全体在家县级领导出席会议，各乡（镇）、区（中）直单位主要负责人参会。会议由区委副书记、区长杜江主持。会议首先表彰34家民族团结先进单位、77个家庭及435名先进个人、60个模范个体工商户，共发放奖金98.9万元。

同日 堆龙德庆区召开精准扶贫政策大宣讲活动事宜安排部署会议。

25日 堆龙德庆区召开住户调查样本轮换工作会议，区统计局全体干部职工及抽中的4个乡（镇）和5个村委会的主要负责人、统计员、调查员参加此次会议。

26日 堆龙德庆区组织区委政法委、区公安局、安监局、消防大队组成联合检查组，前往辖区内德龙液化气、家强烟花爆竹店、白云加油站、天津矿山西藏分公司、雄巴拉曲神水藏药有限公司、中卫加油站、九通物流有限公司、西藏双信物流有限公司、西藏林瑞达物流有限公司、申通快递、中通快递11家企业开展安全检查工作。

28日 自治区卫计委科教宣传处陪同福建省卫计委健康促进宣传中心有关负责人及相关专业人员，对堆龙德庆区实施“全国健康促进县（区）试点”督导检查。

同日 中央维护稳定工作领导小组十九大维稳安保工作第八督导组副组长、最高人民法院办公厅副主任付向波一行到堆龙德庆区督导十九大维稳安保工作。

10月

1日 市政协党组副书记、副主席兼秘书长张勤到堆龙德庆区楚布寺、古荣乡督导两地党的十九大前后维稳工作。

3日 自治区党委常委、政法委书记何文浩一行到堆龙德庆区检查指导十九大维稳安保工作。

5日 自治区党委常务副书记、自治区政协党组书记丁业现到堆龙德庆区通嘎村调研基层党组织建设情况，并亲切慰问村“两委”班子及驻村工作队，自治区党委常委、拉萨市委书记白玛旺堆，拉萨市委常委、秘书长庄红翔，堆龙德庆区委书记格桑平措，堆龙德庆区委副书记、区长杜江等陪同。

9日 堆龙德庆区包区地级领导，拉萨市政协党组副书记、政协副主席兼秘书长张勤在堆龙德庆区检查指导十九大期间维稳工作。

同日 堆龙德庆区组织区教体局、卫生局、疾控中心、食药监局开展食品安全联合专项检查暨综合整治活动。

10日 拉萨市副市长、市政法委副书记、公安局局长赵涛带领市安监局、市发改委、市水利局、市消防支队、区安监局、区消防大队，在堆龙德庆区委副书记、常务副区长赵涛的陪同下，前往725油库检查安全生产工作。

同日 区委统战部组织召开党外代表人士“回顾十八大以来变化，展望十九大胜利召开”主题活动座谈会。区委常委、统战部部长普布斯曲，区委统战部、民宗局、宗教办全体干部职工及全区27名党外代表人士参会。

11日 区委书记格桑平措一行到古荣乡检查

考评2017年重点工作工作。

同日 区委书记格桑平措率领各乡镇主要负责人及堆龙各区直部门组成的重点工作检查考评组到马乡进行检查考评。

12日 堆龙德庆区“四大家”主要领导在民族会议室与堆龙德庆区党的十九大代表巴珍召开座谈会。

15日 区委书记格桑平措带领由各乡镇和区直相关部门主要负责人组成的重点工作检查考评组深入羊达乡检查考评重点工作开展情况。

17日 区委书记格桑平措,区委常委、区委办主任德吉央宗,区委常委、组织部部长王满春带各乡(镇)和区直相关单位主要负责人深入乃琼镇交叉督导维稳工作。

18日 上午9时,党的十九大胜利开幕,十九大关乎着党的未来,也将深刻影响着中国下一步的发展,在这么一个伟大的盛会召开之际,堆龙德庆区组织全区各级党员干部职工、科教人士、农牧民、学生、僧尼等社会各界人士观看十九大开幕会实况直播。

同日 拉萨市堆龙德庆区地级领导,市委秘书长、市政协党组书记、主席、拉萨经开区党工委书记袁训旺,市政协党组副书记、副主席、秘书长张勤,堆龙德庆区委书记格桑平措,全体县级领导在区维稳一线指挥部一同观看党的十九大开幕会直播,认真聆听习近平同志所作的报告。

19日 拉萨市包堆龙德庆区地级领导,市政协党组副书记、副主席、秘书长张勤,深入堆龙德庆区一线指挥部、姜昆黄小勇希望小学、古荣乡、加入村、通嘎村、嘎冲村、羊达乡、热擦寺、邦普村、拉萨市第一中等职业技术学校等10家单位督导党的十九大期间维稳安保工作。

24日 拉萨市副市长、北京市对口支援和经济合作工作领导小组西藏援藏指挥部副指挥朱建红在堆龙德庆区考察调研,并为援藏干部及医生送去慰问物品。堆龙德庆区委常务副书记张勇,区委常委、组织部部长王满春,副区长董智杭陪同。

25日 上午,党的十九大新一届常委同中外记者见面,堆龙德庆区组织全区各级党员干部职工、科教人士、农牧民、学生、僧尼等社会各界人士观看实况直播。

同日 堆龙德庆区召开“两创示范”工作会议,有关各单位,各乡镇参加会议,会上,各单位就两创工作开展情况进行汇报,并在下步工作中存在的问题,提出意见和建议。

26日 堆龙德庆区组织开展区委理论学习中心组“党的十九大精神”专题学习研讨会,区委书记格桑平措及全体县级领导出席会议,各乡镇、区直各单位主要负责人参会。

27日 区人大常委会党组书记、主任杨世军,区政协党组书记、主席洛桑强巴,区委组织部部长王满春,副区长刘春涛代表区四大家看望慰问堆龙德庆区五保老人、百岁老人及退休老干部。

28日 堆龙德庆区开展由区民政局、区老干局、区文广局、区老年人协会以及羊达乡中心小学联合为三县(区)五保老人举办一场精彩纷呈的文艺演出,演出活动在深受老人喜爱的“藏戏”中拉开帷幕。

29日 堆龙德庆区组织参加西藏自治区传达贯彻党的十九大精神领导干部大会,拉萨市包堆龙德庆区地级领导,市政协党组副书记、副主席、秘书长张勤,堆龙德庆区委书记格桑平措及全体县级领导,区直单位主要负责人参会。

30日 拉萨市堆龙德庆区高原食品冷链中心举行奠基仪式,作为堆龙德庆区重点产业扶贫项目,该项目带动力强,辐射面广,将为贫困人口提供多元化就业、创业渠道。该项目位于堆龙德庆区工业园区B区,占地84.94亩,规划总建筑面积70696.51平方米,总投资约3.92亿元。

同日 拉萨市纪委副书记苏新勇一行到堆龙德庆区检查指导党风廉政和精准扶贫工作,区委书记格桑平措,全体在家县级领导、各乡(镇)及区直单位负责人参加。

31日 国家康复辅具研究中心调研组一行在堆龙德庆区五保集中供养服务中心调研。

同月 堆龙德庆区政府荣获2017年全国“安全生产月”和“安全生产万里行”活动先进单位。

11月

2日 堆龙德庆区召开2017年脱贫摘帽验收考核动员部署会，部署迎接拉萨市脱贫摘帽验收考核相关工作。

3日 堆龙德庆区隆重召开2017年下半年全区和谐模范寺庙暨爱国守法先进僧尼、先进寺管会和优秀驻寺干部表彰大会。会议总结全区2017年宗教领域各项工作；表彰6座和谐模范寺庙和多名爱国守法先进僧尼，以及5个先进寺庙管理委员会和31名优秀驻寺干部干警、优秀涉宗干部。

7日 拉萨市委常委、常务副市长暴剑到堆龙德庆区调研2017年援藏项目情况，北京援藏指挥部项目部、拉萨市发改委受援办负责人，堆龙德庆区委常务副书记张勇陪同。

同日 由拉萨市副秘书长、市“两创示范”办常务副主任韩勇带队的市“两创示范”办公室督导组对堆龙德庆区“两创示范”工作开展情况进行督导。

8日 堆龙德庆区人民法院车载流动法庭开展以“法在心中 无悔青春”为主题的模拟法庭活动，100余名师生旁听全部庭审过程。

同日 区人大常委会组织人大系统考察团到广西、四川两地考察学习，区人大常委会党组书记、主任杨世军带队，部分党政系统人大代表、基层人大代表、企事业单位人大代表及乡镇人大专干一行共25人参加考察学习。

9日 在全国第27个“11·9”消防宣传日当天，堆龙德庆区开展“创业千般难，火烧一日穷”为主题的宣传教育活动。

同日 堆龙德庆区召开安排部署2017年度自治区环保考核专题会。

同日 由区政协副主席靳小卉带队的堆龙德庆区政协委员学习考察团一行14人前往北京市朝阳区、成都市开展考察学习交流活动。

13日 拉萨市法制办主任韩新强率考核组一行到堆龙德庆区检查指导法治政府建设工作。

14日 团区委组织召开堆龙德庆区村(居)团组织换届选举工作业务知识培训会议，参加此次培训的有各乡镇党委副书记、各行政村第一书记或第一主任等40余人，区换届办出席会议，同时，邀请团市委组宣部部长文丽为此次换届选举工作进行培训。

15日 日喀则市江孜县政协考察团一行32人在堆龙德庆区学习考察精准扶贫精准脱贫工作、非公经济建设、乡(镇)“政协委员之家”建设及民营企业发展情况，区政协主席洛桑强巴、副主席尼玛陪同。

16日 堆龙德庆区召开二届堆龙德庆区委第二轮巡察工作动员部署会。

同日 自治区卫计委副巡视员李建东在市政府副秘书长次旦卓嘎、市卫计委主任扎西德吉等市政府相关成员单位负责人的陪同下，率包虫病综合防治工作督导组一行在堆龙德庆区检查包虫病综合防治相关工作，堆龙德庆区委书记格桑平措，区委副书记、常务副区长赵涛，副区长达娃卓玛陪同。

20日 堆龙德庆区委理论学习中心组以扩大会议的形式，邀请自治区党的十九大精神宣讲成员、拉萨师范高等专科学校教务处副处长、副教授、博士罗芳作党的十九大精神宣讲报告会。区委书记格桑平措主持报告会，在家县级领导干部，各乡(镇)、区(中)直各单位主要负责人，区属国有企业主要负责人共计100余人参加。

同日 2017年拉萨市堆龙德庆区干部素质提升培训暨“互联网+”与“环保”专题培训班正式开班。来自全区45名机关干部将开展为期10天的培训。

21日 拉萨市委副书记、市长果果前往堆龙德庆区督导检查“香雄美朵”生态旅游文化产业园区在建项目及马乡、古荣乡、德庆乡小康建设施工项目进展情况。

同日 自治区党委研究室、地方志办公室副主任赤列旦增一行在堆龙德庆区开展地方志办公室工作考核。

22日 拉萨市副市长贡扎曲旺、市扶贫(农发)办党组书记普布顿珠到堆龙德庆区验收考核精准扶贫、精准脱贫工作。

22日—12月10日 堆龙德庆区组织各寺庙

僧尼及涉宗干部、驻寺干部、公安干警、医生等41人到上海、北京等六大省市培训学习交流。其间，参观了佛教圣地。

23日 以拉萨市卫计委主任扎西德吉为组长的卫生与健康考核组到堆龙德庆区开展卫生与健康、包虫病防治及卫生业务的考核工作。

24日 拉萨市委副书记、人大常委会主任达娃，市纪委常委、监察局副局长李荣锋率考核组到堆龙德庆区开展2017年度党风廉政建设责任制检查考核工作，堆龙德庆区委书记格桑平措以及全体在家县级领导出席会议，各乡（镇）党委书记、纪委书记、区（中）直单位负责人、各单位纪检组组长、“两代表一委员”、退休老干部代表参加会议。

26日 堆龙德庆区召开拉萨市落实“五个100%”教育目标任务现场推进会。

28日 堆龙德庆区召开学习贯彻自治区党委书记吴英杰在自治区第十一次双拥模范城（县）命名暨双拥模范单位和个人表彰大会上的讲话精神。

30日 自治区党委副书记、自治区主席齐扎拉，自治区党委常委、市委书记白玛旺堆到拉萨市国家级综合保税物流园区检查指导工作，市相关部门负责人，堆龙德庆区委书记格桑平措，区委副书记、区长杜江陪同。

同日 北京市朝阳区教委调研员朱宝敏一行到堆龙德庆区调研基础教育发展情况，堆龙德庆区委常务副书记张勇，区委副书记、常务副区长赵涛，副区长何景平及拉萨市教育局援藏组团办负责人陪同。

12月

2日 中国藏学研究中心调研组一行5人，到堆龙德庆区调研高海拔地区群众生存发展情况。调研组一行听取堆龙德庆区基本情况及古荣乡那嘎村那曲地区尼玛县荣玛乡生态搬迁安置点建设情况汇报，随后前往安置点实地走访，并充分肯定堆龙德庆区委、区政府对高海拔群众生存发展的高度重视和积极投入。

4日 拉萨市委常务副秘书长曹恩宏、市委副秘书长土登、市政府副秘书长（调研员）张长祥等一行到堆龙德庆区进行2017年度目标绩效争先进位考核。

同日 堆龙德庆区国企及经济管理人员能力提升培训班在成都大学开班。来自堆龙德庆区各乡镇及相关业务单位的30名干部将开展为期2周的集中培训。

5日 堆龙德庆区组织召开迎接中央环保督察工作总结暨后续工作推进会。

同日 堆龙德庆区召开创先争优强基础惠民生活动第六批驻村工作总结表彰暨第七批驻村工作动员大会。会议回顾总结全区第六批创先争优强基础惠民生活动开展情况；表彰先进驻村工作队、先进驻寺工作队员及优秀组织单位。

同日 堆龙德庆区组织全区政协委员召开党的十九大精神专题培训。全区政协委员及各乡（镇）政协工作联络员共计50余人参加专题培训。

6日 自治区脱贫攻坚工作成效交叉考核第二考核组到堆龙德庆区检查验收脱贫攻坚工作。

同日 自治区安全生产考核组一行到堆龙德庆区检查指导安全生产工作。

7—8日 堆龙德庆区委书记格桑平措到北京市朝阳区、海淀区、门头沟区对接援藏工作，就深化援藏工作进行交流洽谈。其间，参观朝阳规划艺术馆，并到海淀区方正集团洽谈合作项目。

同日 堆龙德庆区人大常委会举办为期2天的“党的十九大精神”专题培训班，60名人大代表参加培训。

8日 堆龙德庆区召开宗教领域“四讲四爱”主题教育实践活动总结会，区委常委、统战部部长普布斯曲出席会议，区委统战部、民宗局、宗教办、各乡（镇）、各寺管会主要负责人参加会议。

9日 2017年拉萨市市级示范社授牌仪式在堆龙德庆区乃琼镇民众农牧民专业合作社举行。堆龙德庆区获得市级示范社荣誉的有5家，分别是堆龙德庆县羊达蔬菜种植农民专业合作社、堆龙德庆县东嘎村农牧民建筑和运输合作社、堆龙乃琼镇民众农牧民专业合作社、堆龙德庆县乃琼镇加木村次仁顿珠藏鸡养殖专业合作社、堆龙日姆勉唐派唐卡艺术农民专业合作社。

9—12日 堆龙德庆区30个行政村陆续开展村民委员会、村务监督委员会换届选举工作，选举产生新一届村民委员会、村务监督委员会班子成员，各包村负责人全程参与指导各行政村换届工作，用扎实的工作作风为换届工作圆满完成提供坚实保障。

同日 自治区纪委常委、监察厅副厅长巴桑卓玛一行到堆龙德庆区就深化国家监察体制改革试点工作推进情况进行调研指导。

12日 自治区基层党建工作第一考核组一行8人，在考核组组长、日喀则市委老干部局局长卓玛吉的带领下，到堆龙德庆区羊达乡、羊达乡通嘎村，就基层党建工作开展情况进行考核，并对2个迎检点台账整理的规范化程度、基层党建工作与区域经济社会发展的结合度以及党的十九大精神、党务基础知识的学习掌握情况给予充分肯定。

14日 堆龙德庆区组织召开党的十九大精神专题辅导会，区（中）直机关、国有企业党组织书记、（总）支委成员、党务干部及部分无职党员共计180余人参加会议，会议由区委常务副书记张勇主持。

15日 堆龙德庆区人民法院执行局召开执行案款集中发放兑现大会，对近期执行到位的3334.7291万元案款进行集中发放。

19日 拉萨市纪委常委格桑多吉一行到堆龙德庆区就学习宣传贯彻党的十九大精神、扶贫领域监督检查以及深化国家监察体制改革工作推进情况进行调研指导，调研主要通过召开座谈会、查阅台账的形式开展。

19—20日 堆龙德庆区在顶嘎寺、觉木龙寺、措麦寺3家自治区级文物保护单位举办保护民族文化消防知识进寺庙培训活动，驻寺干部、僧尼共54人参加活动。

20日 堆龙德庆区在马乡岗吉村正式启动深入学习宣传贯彻党的十九大精神暨送政策、法律、文化、科技、卫生“五下乡”宣传服务活动。区委常委、区委办主任德吉央宗出席启动仪式。

同日 自治区人大常委会代表、人事选举工作委员会副主任曹边疆一行到堆龙德庆区，就自治区十届人大五次会议代表建议办理情况进行调研。

21—22日 堆龙德庆区30个行政村陆续召开村团组织换届选举大会，选举产生新一届村团组织班子成员，全区57名村团组织候选人以100%的平均得票率顺利当选。

24日 堆龙德庆区组织召开2017年新任村“两委”班子培训会，共计140人参加培训。

25日 堆龙德庆区组织辖区内汽车销售企业召开货车非法改装专题工作会议。

同月 在西藏自治区体育局社体中心举办的庆祝十九大胜利召开，喜迎新年为主题的西藏马术协会第二届民族传统马术培训及交流赛中，堆龙德庆区选手获得第一名、第二名好成绩。

政 治

中共堆龙德庆区委员会

【概况】 2017年，在区市党委、政府的坚强领导下，堆龙德庆区委团结带领全区各族干部群众，紧紧围绕发展、稳定、生态三件大事，深入实施“六大战略”，加快推进拉萨城市副中心、产城融合示范区、城乡统筹先导区建设步伐，奋力推动各项工作取得新进展。

2017年，完成地区生产总值29.85亿元，同比增长10.3%；完成全社会固定资产投资94.81亿元，同比增长23.5%；完成规模以上工业增加值9.26亿元，同比增长0.3%；完成社会消费品零售总额10.29亿元，同比增长12.3%；完成一般公共预算收入11.94亿元，同比增长90.89%；完成农村居民人均可支配收入13956元，同比增长13.5%。

【党的建设】 扎实落实党建工作责任制。在党建工作会议、“七一”会议上对全区党建工作进行安排部署，与各乡镇、区直各部门签订党建工作责任书。全年在区委常委会上研究党建工作34次，专题研究党建工作4次。积极开展“双述双评”工作，健全完善各级党组织书记抓党工作向上级党组织公开述职、公开评议工作机制。制定《堆龙德庆区县级干部对口包乡（镇）、包村，联系学校、联系寺庙，建立党群联系点方案》，深入乡镇、村组、企业等联系点，检查指导基层党建工作80余次；扎实落实民主集中制。完善《二届区委常务委员会工作规则》和《政府党组议事规则》，认真落实“三重一大”决策机制，对重大事项决策、重大项目实施、重要干部任免和大额资金使用，坚持会议研究、集体决策。全年共召开35次常委会，研究议题237项。对“五个不直接分管”、末位表态制和“三重一大”集体决策的执行情况进行监督检查10余次。

【意识形态工作】 加强组织领导。

2017年9月11日，西藏自治区党委常委、拉萨市委书记白玛旺堆（右二）在马乡马村高原有机青稞项目点调研。堆龙德庆区委书记格桑平措（右三）陪同

认真贯彻落实党中央和区市党委关于意识形态领域工作的要求，形成党委统一领导、党政齐抓共管、宣传部门组织协调、有关部门分工负责的工作格局，常委会研究意识形态领域工作3次。落实工作责任。要求各级党组织书记认真履行第一责任人责任，定期研究部署意识形态领域工作，班子成员严格履行“一岗双责”，抓好分管领域和部门意识形态领域工作。强化制度保障。制定《落实党委（党组）意识形态工作责任制工作方案》《网络意识形态工作方案》等四个规范性文件，将意识形态领域工作纳入区委巡察工作和考核指标体系，加强对意识形态领域工作落实的监管。加强教育引导。以深入推进“两学一做”学习教育常态化制度化为主线，以培育和践行社会主义核心价值观为主题，以“四讲四爱”主题教育实践活动为抓手，以理想信念教育和反分裂斗争教育为核心，加强宣传教育引导。全区共开展各类专题学习教育活动5000余场次，其中区委理论学习中心组集中学习6次，各级各部门组织学习宣传400余场次，农牧民群众思想教育4600余场次。

2017年2月17日，区委书记格桑平措（左排左四）慰问顶嘎村工作队和村两委成员

【干部队伍建设】 健全完善干部选任机制。坚持党管干部的原则，严格落实《党政领导干部选拔任用工作条例》和民族地区好干部“三个特别”要求选人用人，严格执行“单位党组织推荐、干部大会推荐、县级领导推荐、个人自荐、组织审查、两次书记办公会把关、两次区委常委会研究”和纪委全程参与的干部选任机制。不断完善干部考察评价体系，坚持“谁考察，谁负责”和干部推荐责任倒查机制。大力推行“四优工作法”，储备科级以下优秀干部244名，调整提拔干部25人。加强干部廉政监管。坚持将干部任前廉政谈话、约谈、填写廉政档案、廉政测试等作为加强干部廉政监督管理的重要手段。对新提拔使用、岗位交流的干部实现约谈全覆盖；强化党员教育培训。制定《党员教育培训计划》，大力实施党员素质提升工程，开展各类培训730余场次，培训党员13000余人次，其中培训农牧民党员7500余人次，村“两委”班子成员381人次。专项招收39名区外大学生到乡（镇）工作，夯实基层组织建设的人才基础。扎实做好老干部工作，在重大节日期间，区委主要领导主动走访老干部、主动向老干部征求意见建议，全年组织老干部文娱活动、座谈会和慰问14场。

【基层组织建设】 进一步夯实组织基础。将14个村党支部调整为村党总支，10个村党支部和3个村党总支调整为村党委。积极推进“两新”党组织建设，全区非公经济会员企业69家，12家成立党组织，覆盖率17.4%，社会组织5家，全部成立党组织，覆盖率达100%，国有企业党组织覆盖率100%。在实现村级活动场所标准化建设全覆盖的基础上，规范村级活动场所使用管理，进一步提升政治功能和服务功能。投入800余万元，实施10个组级活动场所建设。进一步夯实服务基础。在羊达乡试点开展村级便民服务中心业务推广工作，积极承接“民政救助、劳动保障、农牧服务、综治维稳”等与群众生产生活密切相关的19项办事项目，为群众提供“一窗式受理、一站式办结、一条龙服务”，实现群众在家门口就

2017年6月26日，区委书记格桑平措（中）调研德庆乡马乡村"两委"换届准备工作

组织"回头看"。对2016年市委巡察七组巡察乡(镇)反馈的问题,区委召开常委会专题研究整改方案和措施,紧盯反馈问题不放,督促全部整改到位。对2017年市委巡察一组巡察扶贫领域反馈的问题,逐条逐项制定整改方案,扎实推进整改落实。建立区委巡察制度,制定《巡察办工作职责》《巡查工作手册》,已完成对区文广局、马乡常木村等6家单位的试点巡察。启动对区旅游局等4家区直部门和区属国有企业的区委第二轮巡察工作。

近办事。进一步夯实经济基础。实行县级领导干部包村发展村集体经济责任制,全区30个村集体经济年收入均达50万元以上,东嘎、乃琼各有两个村集体经济年收入达1000万元以上;进一步夯实队伍基础。规范党员发展工作,按照党员发展"十六字"方针,严把质量关,发展预备党员256名、培养积极分子492名。大力实施村级党员干部文化素质提升工程,组织127名村干部和130名后备人选参加自治区统一考试,建立涵盖各行业、各层次、各领域共332人的后备干部人才库。

【履行党风廉政建设党委主体责任】 注重发挥核心表率作用。坚持把党风廉政建设与改革发展稳定工作同部署、同落实、同检查。区委常委会研究全面从严治党事宜12项,召开党风廉政专题会议7次,对反映损害群众利益的问题和群众反映强烈的问题及时开展调查。区委书记、区长、区纪委书记均完成对各乡(镇)、区(直)各单位党组织书记的约谈,实现全覆盖。注重发挥制度保障作用。严格落实党风廉政建设责任考核制,建立完善党风廉政建设考核结果有效运用工作机制。认真落实区反腐败工作协调小组工作制度,严格执行定期向上一级党委和纪委报告主体责任履行情况制度;注重发挥廉政教育作用。区委理论中心组开展党风廉政建设集中学习5次、专题学习2次,学习通报各级违纪违法典型案件50余件,观看警示教育片2场。各级各单位召开专题学习教育讨论会360场次,区、乡(镇)两级党组织书记带头讲党课60余次。紧盯节日节点,下发廉政过节通知13份、发送廉政提醒短信12000余条。注重发挥巡察利剑作用。对2014年区党委巡视二组巡视反馈意见,坚持直面问题,在规定时限内完成整改任务,并不定期

【落实纪委监督责任】 强化责任落实。制定《党风廉政责任制落实情况考核结果追究办法》,督促各级党组织领导班子严格履行11项工作职责、主要负责人带头履行"第一责任人"的6项工作职责、班子成员认真履行4项工作职责。严明党的纪律。加强对维护党章、贯彻执行党的路线方针政策和决议情况的监督检查,将纪律执行纳入党风廉政"两个责任"的重要内容。扎实开展维稳纪律执行情况督导检查,对党员干部、国家公职人员是否参与宗教活动情况等进行监督检查40余次。加大执纪审查。严肃查处"微腐败",严防"四风"问题反弹,坚持以"零容忍"的态度查处违纪违法问题,全面落实查办案件以上级纪委为主和"一案双报告"要求,科学运用监督执纪"四种形态"。截至年底,核查问题线索36件,办结22件,立案调查8件,约谈9人,诫勉谈话5人,给予党政纪处分6人,留

党察看1人,开除党籍公职2人;深化正风肃纪。不断加强机关作风效能建设,对辖区餐饮娱乐场所开展明察暗访40余次,开展干部职工在岗履职检查10余次,定期不定期对财务、接待、采购等制度执行情况进行监督检查。进一步健全完善公务车辆使用管理规定,对公务用车实行企业化集中统一管理经营模式,确保"用车安全、成本节约、配备不超标"。

【区级领导班子换届圆满完成】成立换届工作领导小组,研究制定区委、人大、政府、政协换届工作方案。严格按照程序,完成"两代表一委员"的推选工作,研究拟定区委委员、候补委员,区纪委委员,区人大、区政府、区政协以及"检法"两长人选,并报市委审核批准。于9月14日、17日、18日分别召开中共拉萨市堆龙德庆区第二次党代会、政协第二届拉萨市堆龙德庆区第一次会议、拉萨市堆龙德庆区第二届人民代表大会第一次会议,顺利选举产生新一届区委、区人大、区政府、区政协、区纪委班子以及检察院检察长、法院院长,均以全票当选。

【村级组织换届稳步推进】责任落实到位。成立村级换届工作领导小组,研究制定《村级组织换届选举工作实施方案》,成立6个由县级干部负责的换届工作指导检查组,选定82名指导员,对马乡常木村、岗吉村2个重点村指派县级干部专职指导员,全程指导检查换届选举工作;调查摸底到位。集中力量对各村级班子现状和作用发挥情况,后备储备、党员队伍、群众诉求、进退留转等情况,特别是村霸、宗族势力、境外关系和群众反映强烈、可能影响换届的重点情况进行调研,做到底数清、情况明。专项整治到位。对6个软弱涣散村级党组织,坚持"一村一策"的整治原则,结合实际进行整改,顺利通过拉萨市检查验收。综合评议到位。充分听取村党组织第一书记、驻村工作队、下沉干部和群众代表意见,实事求是的评议村级班子及个人情况,203名村干部中考核优秀78%、称职22%。离任审查到位。专题部署离任财务审查工作,重点审查村级事务、财务收支、资产经营管理和财务制度执行情况,完成对各村班子和成员离任经济责任审查。环境营造到位。层层召开严肃换届纪律安排部署会,编制换届纪律宣传册。发挥区委党校主阵地作用,组织开展村"两委"委员培训9场、532人。注重加强典型示范引领作用和反面警示教育作用,将田间地头作为主战场,广泛宣传换届选举的目的要求、程序方法、法律法规、选人标准、严肃换届纪律、反分裂斗争纪律,使广大群众自觉以主人翁姿态积极投入换届选举,截至年底,已顺利完成26个村级党组织换届工作,候选人得票率均在97%以上。

【第一产业稳步发展】农牧业生产能力不断提高。深入实施小型农田水利"重点县"建设项目,积极推进3000亩人工种草,大力推广绿色高效种养技术,完成粮食播种面积5.3万亩,经济作物1.91万亩,饲草作物0.17万亩,实施有机农业实验田4.7万亩,占全区耕地面积的64%。牲畜存出栏率、新生仔畜存活率保持平稳,全区牲畜存栏25.49万头(只、匹),家禽存栏15.4万羽。净土健康产业提质增效。充分发挥羊达设施农

2017年1月25日,堆龙德庆区"四大家"领导慰问老干部后合影留念

业示范园的种苗孵化器作用，积极推进古荣乡产业园高附加值蔬菜水果产业基地、马乡产业园草莓和食用菌产业基地、德庆乡产业园藏红花和藏灵芝产业基地建设。进一步发挥区净土公司统筹引领作用，统筹线上线下销售，大力推广“互联网+”平台的产品销售模式，大力推广“净土公司+基地”“净土公司+合作社”产业发展模式。积极开发以特提斯天然饮用水为主的饮品，以雄巴拉曲藏药及藏药材种植为主的药品，以特色民族手工业为主的饰品，以有机蔬菜瓜果、青稞深加工、牛奶和藏鸡为主的食品。

【第二产业发展壮大】 着力增强园区经济发展活力。编制《工业园区产业发展规划》，完成110千伏变电站、中小企业服务中心建设，加快推动工业园区A区转型升级，招聘第三方评估公司，对园区内生产企业发展前景、发展需求等进行调研，完成工业园区B区基础设施建设。确定以净土健康、商贸物流、民族特色手工业等产业为发展方向，形成与兄弟县（区）工业园区错位发展，优势互补的产业布局。着力壮大实体经济企业规模。以园区规划为引导，加快推进企业招商落地，着力培育发展壮大实体经济。引进总投资3.92亿元的高原食品冷链中心项目落户堆龙，大力发展以吉祥哈达、圣香海螺为代表的民族特色工业和以阿卓商贸、岗坚嘎玛工艺品为代表的民族特色手工业。

【第三产业加快发展】 培育壮大文化旅游产业。积极打造“药王故里、藏戏之乡、生态堆龙”旅游品牌，编制完成《全域旅游发展规划》，出版藏汉双语版《楚布沟、措麦村、药王谷等名胜古迹源流简介》《寺庙历史文化石刻资料》，组建吉雄谷旅游文化发展有限公司。稳步推进“香雄美朵”生态旅游文化产业园建设，加快推进园区路网、“德吉藏家”民宿旅游度假村二期等项目建设。充分保护利用楚布沟生态资源，依托楚布寺、乃朗寺寺庙文化底蕴，结合自行车体验赛，着力增强楚布沟生态游区域影响力。以藏医药文化展示为主，休闲养生和藏药材种植示范为辅的发展模式，持续加大宇妥沟藏医养生体验游开发力度。成功举办第三届“楚布沟自行车体验赛”、第二届“宇妥沟藏医药养生”深度体验游和首届古荣糌粑文化节、帮普沟沐浴文化节、比西沟公益徒步体验活动。制作完成全区旅游形象宣传片，加大全域旅游推介宣传，提升知名度和影响力。创新制作并投入使用楚布寺寺庙景区电子导览器，通过普通话、藏语、英语等多种语言为游客提供全方位的讲解，方便游客了解景点详细资料。全年预计接待旅游人数121.59万人次，创收4162万元。

切实增强商贸物流产业发展后劲。积极推进国家战略性重大项目建设，扎实推进青藏铁路格尔木至拉萨段扩能改造项目、拉林铁路机务段、拉萨综合物流保税园区和西货站建设。以服务城市大宗商品交易为主的钢材集散交易中心、工程机械商贸城等一批综合性商贸市场投入运营，引进京东等国内知名电商企业，智慧物流产业发展取得实质进展。

2017年4月1日，区委常务副书记张勇（右一）在常木村调研

【社会治理体系更加完善】 完善应急处突机制。充分发挥“护城河”检查站作用，持续深入开展

2017年7月13日，市委巡查组在堆龙德庆区听取巡察工作汇报

“五逢必查”工作。进一步完善应对重大群体性事件、规模型聚集上访和重特大安全事故等突发事件的应急处突准备工作，加强应急处突演练，提升联动水平，做到力量、手段、装备、器材等要素全到位，确保有突发情况，能够快速反应、果断处置。

注重矛盾纠纷调处。把社会稳定风险评估作为预防矛盾纠纷和信访隐患的“前置程序”和“刚性门槛”，完善预警、责任追究和监督制约机制，全年共开展风险评估127项。构建区、乡(镇)、村、组、联户五级矛盾纠纷排查调处机制，认真实行疑难信访案件领导包案制，严格落实“一个案件、一名领导、一套班子、一支队伍、一个方案”工作机制，进一步加强涉访人员教育引导，严防个别信访老户、缠访闹访人员，借敏感时段以极端方式制造影响，截至年底，共受理群众来信来访48批629人次，已化解45件，化解率93.7%；排查各类矛盾纠纷109件2000余人次，化解103件，化解率94.4%。

注重全面停止军队有偿服务。成立驻堆龙德庆区部队全面停止有偿服务军地协调领导小组，制定完善《关于解决驻堆龙德庆区部队全面停止有偿服务工作实施方案》，对涉及停止有偿服务活动的9家部队，29起需要关停的经营性房地产租赁项目，已关停4起，正在搬迁2起，法律诉讼4起，法院执行7起。

注重人员管理服务。密切关注各类重点人员动态，积极做好“十一类重点人员”和“十种特殊人群”特别是易肇事肇祸精神病人管控和性格偏执残疾人服务管理，将重点人员、特殊人群纳入培训计划、放入行业之中，通过“四业工程”帮扶、教育、转化特殊人群。继续深化“以房管人、以证管人”的“口袋式”管理制度，不断完善流动人口信息采集和登记工作，做到来有登记，走有注销，确保底数清、情况明。

深化交通安全管理。不断深化“三超一疲劳”、酒驾等突出交通违法行为专项整治行动，进一步加大对109、318国道及乡村道路安全隐患排查整治和辖区临水、临崖、急弯和陡坡等高危路段交通安全隐患排查治理，投入1200余万元，增设各类波形防护栏、安全提示、警示标志等生命防护工程建设，伤亡人数较2016年同期下降12%。结合精准扶贫工作，投入400余万元，招录123名交通劝导员和流动人口管理员，共开展劝导处理服务176起，移交处理无证驾驶、超员等交通违法行为15起，实现农村道路未发生一起死亡及伤人的交通事故，得到中央维稳督导组和公安部的高度肯定。

坚守安全生产底线。健全完善三级安全生产联动监管和隐患排查治理体系，强化安全隐患排查治理信息化建设，严格按照“全覆盖、零容忍、严执法、重实效”的总要求，以“查违规、督处罚，查隐患、督整改，查制度、督落实”为重点，在全区范围内开展安全生产检查230次，发现隐患60余处，下达整改通知书40份，有效遏制重特大安全生产事故的发生。

强化消防安全监管。以楚布寺微型消防站建设为试点，扎实开展辖区19座寺庙、6个乡(镇)微型消防站建设。加强对人员密集场所、易燃易爆场所、城区、寺庙及周边地区等重点区域的消防安全检查工作力度，严防发生重特大火灾事故。

2017年5月23日，堆龙德庆区召开区委理论学习中心组“两学一做”集中学习暨“四讲四爱”主题教育实践活动专题讲座。全体在家县级领导，各乡（镇）党委书记、区直各单位主要负责人等参加

【民主法治建设不断健全】 加强民主政治建设。坚持和完善人民代表大会制度，积极支持人大依法履行监督、任免、决定权利，代表履职能力进一步加强。大力支持政府依法履职，加快推进法治政府、创新政府、廉洁政府、服务政府建设。坚持和完善中国共产党领导的多党合作和政治协商制度，积极支持政协委员履行参政议政、民主监督、政治协商职能，委员履职水平进一步提升。紧紧围绕司法为民、公正司法，着力支持法院、检察院工作，营造和谐稳定的社会环境。群团组织围绕中心、服务大局，充分发挥桥梁纽带作用，为全区经济社会发展注入强大动力。加强国防动员和后备力量建设，国防教育、双拥共建取得新成效，成功实现全国双拥模范县“八连冠”、全区双拥模范县“九连冠”目标。

加强民主法治教育。结合“七五”普法和“四讲四爱”主题教育实践活动，深入开展民主法治宣传教育，推动法治宣传进机关、进农村、进学校、进家庭、进企业、进寺庙，教育引导广大干部群众知法、懂法、守法、用法，严格执法、公正司法、全民守法深入推进，全区群众守法意识明显增强。

【宗教事务管理】 依法管理宗教事务。圆满完成楚布寺“次曲”、乃朗寺“立经幡”、达扎寺“入行论”等大型宗教活动安保工作，实现“安全有序、佛事和顺、方便群众、淡化影响”的工作目标；夯实寺庙维稳根基。切实在“导”上下功夫，以“导”之有方，“导”之有力、“导”之有效为目标，坚持管理与服务两手抓，持续深入开展“四讲四爱”主题教育实践活动，狠抓法规政策宣传，积极引导藏传佛教与社会主义社会相适应。深化利寺惠僧政策落实。持续抓好“9+5”“六个一”等工作，投资1092.5万元，实施僧舍维修、道路硬化、环境整治等13个项目，组织83名年龄较大、长期身体欠佳及患有心脏病、高血压、胆结石等疾病的僧尼进行药物、住院治疗。创新僧尼思想教育。组织60名僧尼赴首都北京观看升旗仪式、感受祖国优秀文化和发展成就，并到佛教圣地学习交流，坚定僧尼争当爱国爱教、遵规守法、促进和谐、造诣精深、护国利民好僧尼的决心。淡化宗教消极影响。充分发挥基层党组织、驻村工作队、下沉干部、联户代表等基层力量，积极引导信教群众把更多精力用在发展生产、改善生产生活上来。2017年，堆龙德庆区大型宗教活动参与人次同比下降均在30%以上。关爱驻寺干部。对高海拔驻寺干部与低海拔驻寺干部，寺管会干部与区直机关、乡（镇）干部进行岗位交流，把部分坚守岗位、成绩突出的优秀驻寺干部转任到其他重要岗位上。

【民族团结】 坚持各民族共同团结奋斗、共同繁荣发展，民族团结宣传教育和民族团结进步创建活动深入推进，“三个离不开”思想深入人心，各族人民手足相亲、守望相助、和睦相处、和衷共济。努力营造各族群众共居、共学、共事、共乐的浓厚氛围，将民族团结进步模范创建活动表彰范围扩大到个体工商户，表彰34个民族团结进步模范集体、76个民族团结进步模范家庭、436名民族团结进步模范个人和57户模范个体工商户。

【脱贫攻坚】 以党建促脱贫为引领，建立“区负总责、部门协作、乡镇落实、干部结对、社会帮扶”的脱贫工作机制，形成各级各部门齐抓共管、同向发力的工作格局，累计投入本级财政资金1.27亿元，用于产业发展、教育资助、医疗救助、兜底保障、易地搬迁等重点领域。以增强内生动力为关键，坚持扶贫与扶志相结合，不断调动贫困群众积极性和主动性，制定《非义务教育阶段精准扶贫及低收入家庭贫困子女资助规定》《精准扶贫建档立卡贫困户和低收入家庭就业脱贫激励机制》。以产业带动脱贫为基础，依托原有产业、积极培育新产业，充分发挥扶贫产业项目作用和金融撬动作用，带动贫困群众在产业发展中稳定增收就业。以促进就业为渠道，不断完善产业发展、劳务输出、岗位开发等举措，多渠道多形式为贫困群众提供就业岗位，实现有劳动能力的贫困人口就业。以易地搬迁为突破口，将易地搬迁工作放在城市化、城镇化建设的大格局中统一谋划，实现搬迁群众“搬得出、留得住、能致富”。以坚决防止返贫为底线，率先在全市实施低保线和脱贫线相统一的“两线合一”政策，在确保“建档立卡”贫困户稳定脱贫、稳定增收的同时，对人均年收入在3645元至4100元之间的540户1884名低收入群体，将医疗、教育、住房等方面的激励保障政策向低收入群体倾斜，努力让发展成果人人共享，有效消除因政策不均衡而引发的社会矛盾。经堆龙德庆区自验，全区1262户4387名“建档立卡”贫困人口中，1214户4194人达到脱贫标准，人均可支配收入达到7587.97元，综合贫困发生率为0.5%，无贫困户错退和漏评情况，群众满意度达到90%以上。已通过自治区第三方验收，拉萨市脱贫摘帽验收考核组正在堆龙德庆区进行验收考核。

【城乡建设统筹推进】 强化规划引领。坚持城乡统筹先导区定位，编制完成《堆龙德庆区新城修建性详细规划》《堆龙德庆区土地利用总体规划》等城市建设、土地利用发展规划，启动实施德庆乡、马乡、古荣乡小城镇规划，启动编制城市公共交通、城市水系、城市公共绿地等专项规划；加快建设步伐。加强市政基础设施建设，积极承接国家重点项目建设，完成G6高速堆龙段土地测量及清表工作，已7月开始进驻施工。建成南环线、西环线堆龙段市政道路，完成堆龙大道、和平路、318国道城区段改扩建。以东嘎时代广场建设为引领，全面启动新城区重点项目建设，加快办理新城电力改造、堆龙河综合整治、搬迁安置、市政道路及地下管网等项目前置手续。结合新城征地拆迁工作，同步开展“棚户区、城中村”改造工程；加强城市综合服务管理。成立城市综合执法局，依法依规开展城乡环境和违法违章建筑整治专项行动。进一步完善三级垃圾转运体系，定期督查整治脏乱差现象。成立区公交公司，购置24辆节能电动车，开通堆龙至上三乡“一元通”新能源城乡公交专线。

【教育事业优先发展】 坚持将教育作为社会公平的基础，全力推进素质教育均衡发展，科学规划全区教育资源布局，把巩固和提升学前三年教育质量作为重点工作，突出师资队伍建设，加快推进

2017年9月18日，堆龙德庆区召开“两会”党员大会。全体人大代表、政协委员、列席人员中的党员参加了会议

7所村级幼儿园、第二小学等重点项目建设。更加注重教育质量提升，在堆龙德庆区召开全市“五个100%”目标落实现场会，推动“五个100%”目标落实。深入落实15年免费教育、“三包”和营养改善政策，实现家庭经济困难学生资助、农民工子女公平接受义务教育全覆盖，顺利通过教育均衡发展和素质教育评估验收。

2017年5月5日，堆龙德庆区召开巡察试点工作动员部署会

【积极促进就业】 以动态消除“零就业家庭”和大学生就业“动态清零”为目标，大力开展千人就业工作，深入实施“四业工程”，通过“订单式”技能培训、有序输出、创业帮扶等措施，累计举办培训32期。成功举办“春风行动暨精准扶贫就业专场招聘会”，提供有效就业岗位1500余个，达成就业意向450余人，实现就业1456余人，就业率达到80%，失业率控制在2.2%以内。投入480万元建成众创空间，组织50名高校毕业生参加创业培训，建设乃琼、羊达、古荣三个“双创”示范基地。设立1000万元“双创”工作启动资金，成功举办首届优秀创业青年赴北京学习交流活动、首届创业青年文化沙龙暨团队建设拓展培训、第二届青年创新创业大赛等活动。大力支持青年创业项目，协助西藏“曼尼玛”文化传播有限公司向区内主要旅游景点推广旅游电子讲解项目，大力扶持西藏米瑞金属工艺雕刻和堆龙青创速净汽车美容等优秀青创项目。

【完善社会保障制度】 持续做好社会救助。大力实施临时社会救助、城乡医疗救助，集中供养132名五保户，五保户意愿集中供养率达100%，稳步推进残疾康复服务中心项目建设。不断完善社保体系。为全区城乡居民购买超大额补充医疗保险，深入实施企业职工基本养老保险、城乡居民基本养老保险、城镇职工基本医疗保险、城镇居民基本医疗保险、生育保险、失业保险、工伤保险等社保机制，参保率均达到98%以上，城乡低保金兑现率达100%。全面实施“全民参保计划”和社保卡数据采集工作，完成86%。户籍人口采集率达到95%。

【医疗卫生服务】 夯实公共医疗基础。区人民医院成功挂牌二级乙等医院，稳步实施乡镇卫生院、村卫生室标准化建设、二级甲等医院综合楼项目建设、公共卫生应急服务中心建设，启动藏医院项目前期工作。深化医疗体制改革。进一步推广“先诊疗、后结算”医疗服务体制，深入实施分级诊疗和基本药物“零差价”销售制度，健全以大病医疗保险为补充、覆盖农牧区的多层次医疗保障体系。将村级医务人员月均工资提升至2800元，建立村医进退机制和绩效考核制度，大力推行村级家庭医生签约式服务，村医与城乡居民签约率达98%。积极推进卫生与健康工作。扎实开展全民免费体检，全面实现全覆盖。有序推进包虫病防治工作，已完成48326人的筛查工作，完成拉萨市规定筛查人数的104%，确诊56人，药物治疗23人，手术治疗29人。全面加强食品、药品安全监管，全区未发生一起食品、药品安全事故。实现所有党政机关、学校公共体育场地设施均对外免费开放，更好地满足群众健身需求；发挥医疗援藏优势。积极发挥援藏医生“传帮带”作用，推进创伤骨科的创建工作，成功实施首例大隐静脉高位结扎剥脱术、腹腔镜微创手术，填补了新生儿科、临时血站、疼痛科、超声科心血管影响诊断等空白专科或医疗项目。顺利开通区人民医院和北京朝阳区垂杨柳医院远程医疗会诊系统，进一步降低医疗成本、方便群众，提升基层医疗卫生服务水平。

【生态文明建设】 筑牢绿色发展理念。把绿色发展理念转化为全区各级各部门和领导干部的执政观、政绩观和实践观。大力推行属地、行业、业主+环保督察“3+1”工作模式，始终把生态环境承载力作为产业发展、资源开发的先决条件和基本依据。大力倡导绿色生活方式，引导群众转变消费观念、增强节约意识，提倡使用绿色有机食品、推进交通运输低碳发展、推行公共交通、自行车、步行等绿色出行方式，加强生态文明建设普及教育和宣传，营造人人关心生态、支持生态、爱护生态的浓厚氛围。

注重源头治理。狠抓“净空”工程。加强扬尘治理，规范交通治理、建筑工地环境管理，城区路段采取分段包干，日均洒水5次，实施料场、堆场、沙石运输车辆全封闭管理。加大老旧“黄标车”淘汰力度，下大力气整治超标排放企业，依法拆除祁连山水泥粉磨有限公司、东嘎水泥厂等落后产能设备，加快淘汰16家涉及使用燃煤锅炉的企业，空气质量优良率持续保持在96%以上。狠抓“净水”工程。加快推进工业园区污水处理厂和城市生活污水处理厂前期工作。大力开展堆龙河道综合整治和保护工作，深入落实“河长制”，将598公里拉萨河堆龙段、堆龙河以及16条支流河道全部纳入“河长制”工作范畴。大力推进农村饮用水源地保护工作，完成辖区102个农村饮用水源地保护工程建设，实现农村饮水安全保障全覆盖。狠抓“禁白”工程。大力推广有机农业，实现4.6万亩种植基地和产业园有机肥使用全覆盖。针对病死禽畜进行定点深埋、消毒等无害化处理。健全完善区、乡、村、组四级垃圾转运处理体系，建成并投入使用工业园区垃圾转运站、280立方米污水沉淀池，持续做好133个乡村垃圾收集池、161个“垃圾斗”等城乡环保设施的日常维护管理；狠抓“绿化”工程。有力提升林业绿化覆盖率，完成2600亩拉萨周边防护林、800亩重点区域生态公益林、334亩防沙治沙等项目、6468亩西藏安全生态屏障封山育林项目建设。

严肃监察执法。严把准入关口。严守生态环境保护底线，严把项目审批关，规范事前审批，严格事中事后监管，完成环评网上登记备案55份、出具环评预审意见24份，“三同时”执行率达100%。强化执法监督。认真办结中央环保督察移交的案件59件，受理环保领域的问题线索6件，追责9人，给予党政纪处分5人。检查重点污染企业32次、查处环境违法行为44起，下达《行政处罚单》2份、《环境违法行为限期整改通知书》29份，向2家违法企业收缴罚款35.1万元，依法关停国道、河道、青藏铁路沿线32家采石（砂）场，全年共接受群众环境信访或投诉案件91件，办结率、满意率均达100%。

【文化软实力不断提升】 培育和践行社会主义核心价值观。充分发挥榜样力量，促使广大党员干

2017年9月16日，中国共产党拉萨市堆龙德庆区第二次代表大会选举大会在3号楼三楼会议室举行

部以身作则，发挥示范作用，带头学习和弘扬社会主义核心价值观，用自己的一言一行、一举一动，感召群众、带动群众。从娃娃抓起，把社会主义核心价值观教育融入学校教育教学之中，体现在日常管理之中，做到进教材、进课堂、进头脑。润物细无声，注重把核心价值观同群众日常生活联系起来，将社会主义核心价值观融入村规民约、行业规范、学生守则、寺庙管理、社会生活，使社会主义核心价值观成为广大干部群众日常工作生活的基本遵循。

推进文化事业繁荣发展。大力推进公共文化服务体系和基层综合性公共文化设施建设。深入实施文化惠民工程，引导文化资源向基层倾斜，持续扩大公共文化服务活动场所开放率、覆盖率，不断丰富群众精神文化生活。群众性体育活动蓬勃发展，竞技体育水平不断提高，民族传统体育得以传承，体育事业发展呈现喜人局面。不断强化文物保护，完成第七批不可移动文物国保单位和第六批区保单位“四有”工作。深化非物质文化遗产挖掘工作，桑木村传统技艺“罗萨梅朵”、南嘎村嘎东藏戏队被评为市级非物质文化遗产。

着力打造优势文化产业。以推动文化资源优势向文化产业优势转化为目标，大力扶持和培育一批具有堆龙特色、影响广泛的龙头文化产业。以做好藏医祖师宇妥·云丹贡布人文资源开发为突破口，以藏药材种植、健康旅游、藏药研发为重点，积极培育壮大藏医药文化产业。大力扶持藏戏艺术作品创作，重点保护发展觉木隆藏戏、措麦藏戏、那嘎藏戏，积极培育藏戏文化产业，顺利举办第二届“藏戏文化艺术节暨藏戏大赛”。依法依规推进文化市场综合执法，营造健康向上的文化环境。

2017年7月4日，堆龙德庆区举行北京市西城区德胜街道干部进藏跟岗交流学习见面会

【落实上级决策部署】 全力完善抓落实工作举措。针对全区重点项目、精准扶贫、环保督查、新城建设等重点工作开展电话督办1000余次，实地督导100余次，下发领导批示145期、督办通知76期、督查通报20期、督查专报139期。合理分解目标任务、扎实开展考核工作，制定下发《2017年经济社会发展目标任务分解表》和《迎接拉萨市目标绩效争先进位考核任务分解表》等文件。认真开展拉萨市转批的提案议案办理工作和区人大代表、政协委员提案议案办理工作，办复率均达100%。

全力完善督查工作机制。不断深化横向到边、纵向到底的大督查格局。开展维稳督导200余次，项目督导200次，会风会纪专项检查70余次。完善《督查工作制度》《督查工作流程》《“积分制”督查管理办法》等10余项制度。严格执行《马上就办工作制度》，严格落实“一事一档”要求，利用LED屏、微信等平台，及时对重大事项完成情况予以公示，实现对全区重大事项进行实时跟踪督办。不断完善提醒县级领导督促分管单位落实工作机制。

（王秦阳）

【领导名录】

区委书记

格桑平措（藏族）

区委副书记、区长

杜　江

区委常务副书记

张　勇

区委副书记、常务副区长

赵　涛

区委副书记

边 旦（藏族）

拉萨市公安局党委委员，区委副书记、政法委书记、公安局局长

谢公瑾（9月任市公安局党委委员）

区委常委、宣传部部长

图登佩杰（藏族）

区委常委、统战部部长

普布斯曲（藏族）

区委常委、区委办主任

德吉央宗（女，藏族）

区委常委、纪委书记、监察委主任

尚志清（12月任监察委主任）

区委常委、组织部部长

王满春

区委常委、政府党组副书记、副区长

李晓强

刘春涛

2017年7月11日，堆龙德庆区召开全区档案工作会议。拉萨市档案局局长马荣清、副局长刘淑娟，堆龙德庆区委常委、区委办主任德吉央宗出席会议，会议由区委常委、组织部部长王满春主持。图为颁奖现场

中共堆龙德庆区委办公室

【概况】 2017年，在区委的正确领导下，区委办紧紧围绕区委中心工作，以“五个坚持”为引领，围绕提升“三服务”能力，积极发挥参谋助手作用，较好地完成各项工作任务，为区委各项决策落实和各项工作的开展作出应有的贡献。

【提升干部理论水平】 年内，根据区委的统一部署，区委办扎实推进“两学一做”学习教育常态化制度化，结合区委办工作实际，合理制定学习计划，统筹实施集中学习和自学，固定每周星期二下午召开支部学习会，对中央、区市重要会议、文件精神和习近平总书记系列重要讲话精神进行系统学习，尤其是党的十九大召开后，专门组织召开原文学习十九大报告活动，逐章逐节、逐字逐句进行学习，领会精神实质。全年共组织集中学习40余次，个人自学1200余课时，累计撰写学习笔记、心得体会40余万字，开展讲党课27次，进一步增强干部职工的素质能力，提升综合素质。通过发放征求意见表、谈心谈话、走访群众等方式广泛征求对区委办党支部班子和个人的意见建议，组织召开区委办党支部组织生活会，进行批评和自我批评，对征求到的意见建议进行梳理，制定整改措施、形成整改清单，积极改进和加强自身存在的问题。

【助推脱贫摘帽工作】 2017年是堆龙德庆“两年脱贫、三年巩固”的关键一年，区委办继续将精准扶贫、精准脱贫作为最重要的政治任务、发展任务和民生任务来抓。坚持扶贫与扶智、扶志相结合，物质帮助与精神激励相结合，带头积极主动走访入户，先后组织干部职工深入结对帮扶户家中11次120余人，详细了解22户结对户生活和就业等各方面存在问题和困难，积极向扶贫户宣传各项惠民政策、联系相关单位提供就业岗位，累计解决现金、物资等3余万元，帮助就业12人，人均增收3500元，帮助贫困户解决银行贷款30余万元，转变群众“等、靠、要”思想，努力实现“要我脱贫”向“我要脱贫”转变，帮扶贫困户达到现行标准下的脱贫目标。

【圆满完成各类会议】 年内，区委办组织召开一届三次全委（扩大）会议，全区农村工作会议。组织区委常委会38次，组织主要领导调研、交流学习座谈会等各类会议30余次，协助区人大办、政府办、

2017年7月25日，区委常委、区委办主任德吉央宗（中）调研村集体经济工作情况

政协办完成人大会、政府经济会、政协会的会务工作，确保区委各项工作的高效运转。根据自治区、拉萨市关于做好换届选举工作的相关要求和文件精神，按照区委的统一部署和相关要求，区委办高度重视中共堆龙德庆区第二次党员代表大会相关工作要求，加强组织领导，协同相关部门，加大宣传力度，严格规范程序，严肃换届纪律，努力营造风清气正的换届氛围，9月14日至9月16日顺利召开中共拉萨市堆龙德庆区第二次代表大会，完成区委换届选举各项工作。

【统筹各级各项考核】 区委办作为党委的综合办事机构，任务重、急事多、标准高、要求严。区委办严格按照习近平总书记对办公厅工作“五个坚持”的要求，积极主动开展服务，扎扎实实抓好工作，努力提升“三服务”水平，着重加强与部门的团结协作。2017年，帮助各部门协调县级领导相关事务20余次600余人次，协助相关部门完成中央环保督察组考核验收、卫生部检查验收、区市精准扶贫摘帽初验等重要验收工作。同时，牵头完成自治区党委巡察二组“回头看”、市纪委党风廉政建设责任制考核、市委争先进位目标绩效考核等各类考核工作。

【提高综合服务效率】 搞好综合协调，确保党委发挥领导核心作用，是办公室的一项重要工作职责。区委办自觉做到协调到位不越位，帮助成事不误事，搞好补台不拆台。细化制度建设。建立健全各项规章制度，重新定位每个工作岗位职能，对每个工作人员的工作任务、工作质量进行细化量化，并采用“二对一”的方式服务区委领导。提升办文发文速度。9月，购买一台闪彩印王打印装订一体机，极大地节约人力及提高文件装订速度，为全区27家单位提供打印、复印服务200余次，涉及纸张20余万张。制作开发区委办办公信息自动化系统，逐步推进无纸化办公。全年下发区委文件107份，区委办文件65份，党办通报8期，会议纪要56期，主体责任办文件17份，较好地发挥参谋助手作用。

【充分发挥信息作用】 年内，区委办在信息报送工作中，注重增强信息工作的针对性，把热点、难点问题作为首选题材，协调做好区委领导调研相关事宜，深入一线了解农牧业生产情况和农牧民增收问题以及群众关心的热点、难点问题，广泛收集各类信息资料，向领导提供决策参考信息，为区委了解重要工作动态、掌握社情民意，以及各乡镇、区直各部门之间交流工作，相互学习，发挥积极作用。全年向市委上报各类信息1500余条，制作电子屏，播报区委重要动态信息40期。并荣获全市信息工作先进集体，信息工作得到市委充分肯定。

【干部队伍建设】 年内，区委办坚持一手抓业务水平，一手抓队伍建设。不断探索和创新工作机制，规范工作程序，制作干部职工在岗情况一览表，完善办公室文件下发传阅、信息管理、考勤等各项制度，确保干部职工尽职尽责、兢兢业业；加强干部党风廉政建设，强化廉洁从政，实行“一把手”负总责，各科室具体负责，一级抓一级，每周二定期召开办公室工作例会，总结上周工作，安排部署本周任务，交流工作经验，研究和解决干部在业务工作等方面存在问题；注重发挥支部的“双带”作用，把“有为才有位”和“做事”“做人”有机结合起来，不断加强支部班子建设和党员的思想政治教育，职工之间团结统一，和睦相处，既分工、又协作，党员之间比贡献、比才干、比业绩蔚然成风，树立区委办干部职工良好的工作形象。

【机要、档案工作】 年内，区委办按照全区密码工作“十三五”规划和年度机要密码工作计划，把“两个确保”“两个必须”“三个不动摇”的要求和确保政令畅通的指示贯穿机要密码全局工作，召开密码工作领导小组会议，部署机要密码工作任务并研究解决“520”加密视频会议室拼接屏大屏更换事宜，注重队伍建设，派出4名干部赴内地省市及自治区党委机要局、拉萨市委机要局进行为期7天至3个月不等的业务培训，与全区56名机要秘书签订密码安全责任书，及时完成与区、市机要局应急密码通信演练，通过自治区县乡党政信息网完成信息报送2054条，公文交换247条，通过电子政务内网完成对市的信息（公文）收发2189件。档案工作扎实开展，全面推进数字化档案馆建设，组织各乡镇、各部门档案工作人员14人赴苏州市各档案馆进行学习培训。召开全区档案工作会议，部署档案工作；以“6·9”国际档案日为契机，组织“纪念国际档案日，增强全社会档案意识”，增强社会档案意识和公民的档案法制观念；对全区43家单位的档案管理进行业务指导，接受查阅、婚姻、土地、职务与职级并行档案的干部群众210余人次，提供利用档案250卷1305卷，复印档案1420份；接受文书文档253卷4675件，照片1083张，资料汇编13本。

（王秦阳）

【领导名录】

区委常委、区委办主任
　　德吉央宗（女，藏族）
区委办副主任、主任科员
　　次仁吉宗（女，藏族）
区委办副主任，农工办负责人
　　王 秦 阳
区委机要局局长
　　樊 晓 瑞
区档案局局长
　　张　　毅（女）
区委综合办公室负责人
　　刘　　敏（女）

堆龙德庆区人民代表大会常务委员会

【概况】 2017年，在区委的正确领导下，区人大常委会高举中国特色社会主义伟大旗帜，以马克思列宁主义、毛泽东思想、邓小平理论、“三个代表”重要思想、科学发展观、习近平新时代中国特色社会主义思想为指导，全面贯彻党的十八大和十八届三中、四中、五中、六中全会及中央第六次西藏工作座谈会精神，坚持以习近平总书记系列重要讲话精神和治国理政新理念新思想新战略、特别是治边稳藏重要战略思想为指引，把深入学习宣传贯彻党的十九大精神作为履职主线，把扎实推进堆龙德庆区长足发展和长治久安作为履职目标，用依法行使职权、积极开展工作的实际行动践行对以习近平同志为核心的党中央的坚决拥护和绝对忠诚，为解决人民日益增长的美好生活需要和不平衡不充分的发展之间的矛盾奠定坚实的基础。2017年，区人大常委会围绕八个方面依法履职尽责，较好地完成区一届人大三次和二届人大一次会议确定的各项任务，全年共召开2次人民代表大会会议、10次常委会会议，听取审议区人民政府、区人民法院、区人民检察院15个工作报告，开展2次专题调研；作出决议决定14件，审议通过代表资格报告2个，发布公告8个，任免国家机关工作人员38人次，在以往工作基础上又取得新进展新成效。

【围绕社会和谐稳定依法履职尽责】 年内，区人大常委会始终把维护祖国统一、加强民族团结作为人大工作的着眼点和着力点，灵活运用监督、决定重大事项、任免等法定职权，通过法定程序推动各级党委重大决策部署和各项维稳措施在堆龙德庆区的贯彻落实。教育引导各级人大代表把维护稳定作为政治任务和政治责任，牢固树立稳定压倒一切和“三个离不开”的思想，坚持对达赖集团斗争方针不动摇，不断增强“四个自信”，不断增进“五个认同”，凝心聚力促进社会大局持续稳

2017年9月20日，区委书记格桑平措（前排左五）与堆龙德庆区第二届人大常委会组成人员合影留念

定、长期稳定、全面稳定。常委会领导长期兼任区护路办主任，奋斗在铁路护路一线，牢固树立“护路无小事，事事连政治”的思想，弘扬“两路”精神，确保69.55公里长的青藏铁路堆龙段安全畅通，架起促进西藏经济跨越式发展和保障全区各族人民利益的“幸福线、生命线、团结线、战略线”。

【围绕优化发展环境依法履职尽责】 年内，区人大常委会以推动落实新发展理念为统领，把正确处理“十三对关系”转化为做好人大工作的新思路、新举措和实际成效，不断强化法治对良好发展环境的引领规范作用。积极探索制定《堆龙德庆区人民代表大会常务委员会讨论决定重大事项的规定》，规范政府重大决策出台前向本级人大报告的内容和方式，更好地支持政府科学施策、精准发力。发挥人大代表直接联系人民群众的优势，教育引导人大代表依法参政议政，在区一届人大三次会议和区二届人大一次会议上，人大代表提出意见建议203件，为优化堆龙德庆区发展环境、增强发展活力提供坚强保障。组织开展强基惠民、村级集体经济发展等专题调研，提出村级经济发展的新机制新举措，不断探索村级集体经济在社会经济发展领域的建设性功能。

【围绕精准扶贫脱贫依法履职尽责】 区人大常委会坚决贯彻落实习近平总书记关于扶贫开发的重要战略思想，特别是在深度贫困地区脱贫攻坚会议上的重要讲话精神，紧盯“确保到2020年现行标准下贫困人口全部脱贫、贫困县全部摘帽”的既定目标和“六个精准”“五个一批”等工作要求，切实履行人大职责。2017年6月，常委会组织20余名人大代表对堆龙德庆区精准扶贫脱贫工作进行专题调研，实地视察集中安置工程和扶贫项目建设情况，并召开座谈会听取全区脱贫攻坚专项工作报告，收集人大代表关于脱贫攻坚工作意见建议9条交区人民政府办理。常委会立足中心工作，选派班子成员脱岗开展精准扶贫督查、精准脱贫验收等工作，常委会机关全体工作人员和各级人大代表积极投身对口帮扶工作，凝心聚力推动脱贫攻坚系列政策措施的贯彻落实，深入贫困户家中20余次开展帮扶活动，教育引导贫困群众由“要我脱贫”向“我要脱贫”转变，教育信教群众淡化宗教消极影响，激发内生动力，依靠辛勤劳动改变贫困面貌、过上健康文明幸福生活。

【围绕保护生态环境依法履职尽责】 区人大常委会始终把守护好世界上最后一方净土、建设美丽西藏，积极推进重要的国家生态安全屏障建设作为重要使命，牢固树立“绿水青山就是金山银山、冰天雪地也是金山银山”“山水林田湖草是生命共同体”的生态文明建设理念，进一步提高政治站位，积极正确行使法定职权，为推进生态文明建设和美丽堆龙建设保驾护航。2017年8月，中央环保督察组进驻拉萨以来，区人大常委会紧紧围绕区市党委关于做好中央环保督察迎检工作的有关要求，积极介入、主动作为，通过督查、视察、走访等形式，立足堆龙德庆区实际，发挥监督职能，在区委的统一安排部署下，常委会党组书记、主任担任环保督察组组长，邀请部分责任担当意识强的人大代表参加环保督察活动，通过明察暗访、实地检查、听取汇报、座谈交流等手段，大力抓好大气污染防治，不断加强道路扬尘治理，加快燃煤锅炉淘汰治理进度，突出抓好秸秆焚烧防控等方面的整治力度。9月，区人大常委会联合政协常委会开展“保护家园、拥抱自然”绿色环保志愿活动，对堆龙德庆区和平路段及铁路沿线的卫生进行整治，以实际行动引导群众自觉爱护环境。各级人大代表充分发挥职能优势，深入基层、深入一线，收集民情民意，积极建言献策，密切跟踪信访问题的妥善处理，助力助推高速度、高质量、高水平落实环保督察问题的解决和落实。

【围绕城乡建设管理依法履职尽责】 推动新型城镇化建设是全面建成小康社会的内在要求，城乡建设与管理工作与人民群众生活息息相关，社会关注度高。2017年，区人大常委会深刻理解、正确把握科学发展、统筹发展、协调发展的内涵，积极促进资源节约型、环境友好型社会建设，选派常委会班子成员全程参与“堆龙新城”征地拆迁工作，完成99家企业、267户外来户、269户本地户的拆迁补偿工作，发放补偿款近5亿元。截至年底，未发生一起群众上访事件，实现上级满意、租户满意、群众满意，为后期项目顺利建设奠定坚实基础，有力推动堆龙德庆区城乡规划更加科学有品、建设更加依法有序、管理更加规范高效、环境更加优美整洁，让堆龙德庆区群众过得安心舒心，生活更加幸福安康。

【围绕社会公平正义依法履职尽责】 公平正义是中国特色社会主义的内在要求，区人大常委会把推进社会公平正义作为实现“中国梦”的重要内容，积极投身严格执法、公正司法、全民守法的实践中。区一届人大常委会第十五次会议听取和审议堆龙德庆区人民政府关于“六五”普法决议执行情况的报告，依法作出关于在堆龙德庆区开展“七五”普法的决议交与区人民政府执行，为建设法治堆龙提供有力的法治保障。全年，积极配合自治区、拉萨市人大常委会开展《中华人民共和国消防法》《西藏自治区学习、使用和发展藏语文的规定》等法律法规在堆龙德庆区实施情况的执法检查2次，协助开展藏医药、“三小一摊”等立法调研2次，以实际行动健全和完善人民代表大会制度。

【围绕基层政权建设依法履职尽责】 区人大和“一府两院”分别代表基层国家权力机关、行政机关、审判机关、检察机关，加强人大和“一府两院”队伍建设关系到国家政权的巩固和发展，关系到堆龙德庆区的长治久安和繁荣昌盛。根据自治区党委的统一安排部署，2017年9月，堆龙德庆区开展人大换届选举工作，在区委的坚强领导下，将党的领导贯穿于换届选举工作全过程，坚持和遵循选举的基本原则和法定程序，科学划分选区、做实选民登记、规范提名程序、严把代表“入口关”，坚持发扬民主，严格程序，严肃纪律，在风清气正的环境下成功选举产生新一届人大代表102名。为提高新当选人大代表的人大意识、代表意识和法律素质，准确理解和把握人大代表的权利与义务，常委会及时举办两期培训

2017年3月30日，区人大常委会党组书记、主任杨世军（中）看望慰问结对户

2017年1月20日，堆龙德庆区第一届人民代表大会第三次会议开幕

班，邀请十九大代表、党校教师为代表授课，并于11月组织代表赴广西、成都两地考察学习，进一步提高代表的思想素质、议政水平和依法履职能力，正确行使宪法和法律赋予人大代表的权力。在区二届人大一次会上顺利选举产生新一届人大、政府、两院领导班子，所有候选人均全票当选，充分体现全体代表思想高度统一，体现民主团结和谐的政治氛围，体现区委的人事意图与人民意愿的有机统一。

【围绕服务代表平台依法履职尽责】 区人大常委会深入贯彻落实党中央和全国人大常委会关于"充分发挥代表主体作用"的决策要求和张德江委员长关于"加强人大代表同人民群众的联系，完善代表联系群众制度，发挥代表主体作用"的工作部署，2017年，以全区8个"人大代表之家"为载体，坚持以丰富活动为抓手，不断强化服务功能，开展十九大专题学习15场，受教育人大代表达800余人次，覆盖区市县乡4级人大代表。开展监督视察、座谈交流17次，全力打造代表接受监督的亮相台、为民办实事的服务区、树立人大形象的示范岗，得到自治区、拉萨市人大常委会的充分肯定和高度赞扬，在2017年拉萨市人大组织的各县区人大代表之家交叉验收活动中荣获第一名。全年共接待区内外兄弟县区人大考察团7批，就人大代表、精准扶贫脱贫、产业发展等工作进行交流探讨，为切实发挥好堆龙德庆区"首府城市副中心"的带头引领、辐射示范作用做出积极贡献。

（程鹏斌）

【领导名录】

区人大常委会党组书记、主任

杨世军

区人大常委会党组成员、副主任

达娃卓玛（女，藏族，9月离任）

郑汉宏（9月任职）

次仁（藏族）

马勇

区人大常委会党组成员、副主任，德庆乡党委书记

罗桑次仁（藏族）

堆龙德庆区人民代表大会常务委员会办公室

【概况】 2017年，堆龙德庆区人大常委会办公室在区委和人大常委会的正确领导下，紧紧围绕常委会年初确定的工作目标，认真履行服务、参谋和协调的职能作用，求真务实，开拓创新，主动作为，充分发挥职能作用，圆满完成各项工作任务，为区人大及其常委会依法履行职权和常委会机关有序运转提供服务和保障。

【认真做好"四会"服务工作】 年内，按照相关法律法规和常委会议事规则的要求，办公室认真做好"四会"（人代会、常委会、主任会、党组会）各项服务工作，确保会前会中会后各项工作顺利开展。着力做好市、区人代会的服务保障工作。认真贯彻落实中央"八项规定"，按照节俭、高效、务实的原则，认真做好区第一届人大三次会议和区二届一次会议的各项服务保障工作。严肃会风会纪，加强对会议出勤情况的统计和通报，确保到会率。切实做好大会秘书组会务组织、后勤保障等工作，加强统筹协调，确保大会顺利召开。坚决贯彻区委决策，服务大局，坚持和遵循选举的基本原则和法定程序，科学划分选区、做

实选民登记、规范提名程序、严把代表“入口关”，顺利完成选举任务，新选举产生人大常委会组成人员与“一府两院”领导班子。组织人员力量，精心做好市十一届二次会议堆龙德庆代表团的服务保障工作，保障本代表团依法履职，圆满完成各项任务；做好常委会会议的服务保障工作。在常委会会议的组织上，严格执行地方组织法、监督法和区人大常委会议事规则的有关规定，同时积极向上级人大和兄弟人大学习沟通，不断规范会议程序，加强会议服务保障，努力提高会议实效。通过提前发放会议相关资料、改进审议形式等，提升常委会组成人员审议质量。加强与“一府两院”沟通，确保常委会审议意见得到及时办理和反馈。2017 年，服务保障区人大常委会会议 8 次，交办人大代表意见建议 417 件；做好党组会议和主任会议的服务工作。在人员少、事情多、要求高的情况下，根据年度计划，并征求各常委会领导意见，提出会议建议议题，做好会议材料收集、主持提纲起草、会议人员落实等具体工作。2017 年，服务保障党组会议和主任会议 17 次。

【重点活动服务工作】 做好常委会工作计划和重要活动的统筹安排。年内，办公室在广泛征集各方意见的基础上，提出区人大常委会 2017 年度工作计划。同时，配合人大常委会扎实做好年度工作计划的实施。协助常委会对堆龙德庆区强基惠民、精准扶贫等工作开展专题调研，并分别形成调研报告报常委会审议。6 月份，自治区、拉萨市人大常委会主要领导赴堆龙德庆区检查调研“人大代表之家”创建及运行工作，配合常委会充分做好前期准备工作，收集整理相关台账，获得区市两级常委会主要领导的高度评价；做好重要会议和活动的服务保障工作。先后两次陪同常委会领导带领基层人大代表赴内地各兄弟县区人大，就如何加强和改进新形势下地方人大工作等开展考察学习，通过前期协调联络、实地考察学习、后期总结回顾，进一步增强区人大常委会及人大代表的依法履职能力，并根据考察学习，制定《堆龙德庆区人大常委会监督问责办法》，将学习成果转化为工作实践。协助做好自治区人大常委会领导来堆龙德庆区开展的各类执法检查、立法调研等活动的有关服务保障工作。全年接待山南、日喀则、阿里等县(区)人大考察团赴堆龙德庆区考察学习 7 次；协助常委会组织开展服务代表、服务基层人大活动。协助常委会举办堆龙德庆区第一届人大常委会 2017 年度第一次培训班、堆龙德庆区第二届人大代表履职培训班和十九大精神专题培训班，有力地推动全区代表工作常态化，提升代表履职能力。

【做好办公室日常工作】 进一步规范文秘档案工作。加强办文统一管理和指导，严格执行《机关公文处理办法实施细则》，着重规范办文程序，抓好办文质量。2017 年，办公室共办理收文 400 余件，印发各类文件 70 余件，共计承办、协办各类会议 30 余次。进一步完善和强化“人防、物防、技防”三位一体的保密工作网络，建立健全机关网络安全管理制度，加强督促检查和学习教育，不断提升保密工作水平；做好财务管理和后勤保障工作。严格依照财务规

2017年10月17日，区人大办深入结对户家中开展慰问活动

2017年12月15日，区人大办党支部召开下半年组织生活会

定控制各项收支，坚持经费开支审批制度、财务公开制度，规范财务管理工作。做好机关日常财务结报、核算以及人员变动和工资调整等。扎实做好机关日常后勤保障工作。认真做好公务接待工作，全年共接待市外来宾7批100余人次；扎实推进机关信息建设。建立机关信息报送制度，进一步明确信息报送任务，大力宣传国家的根本政治制度即人民代表大会制度，公开和交流堆龙德庆区的人大工作，全年向市级以上宣传机构报送信息专报40余期，采纳刊登10余期，切实让广大人民群众增加对人大工作的了解，使人大工作更好地接受人民群众监督。

【提高参谋服务水平】 加强政治理论和业务学习。年内，办公室深入学习贯彻党的十八大和十八届三中、四中、五中、六中全会精神及习近平总书记系列讲话精神，十九大胜利召开后，及时制定十九大学习方案，把学习宣传贯彻十九大精神作为首要的政治任务，不断提升政策理论水平。在拉萨市人大常委会党组举办的“拉萨市人大系统庆七一、学党章、喜迎十九大暨两学一做知识竞赛”中取得二等奖的佳绩；加强廉洁自律。深入贯彻落实中央“八项规定”、自治区“约法十章”“九项要求”和市委“八项要求”，牢固树立厉行节约、勤俭干事的思想，进一步完善制度、强化措施、加强监管，优化经费支出，建设廉洁型机关。自觉接受人民群众和人大代表的监督，进一步树立和维护人大机关干部的良好形象。

（程鹏斌）

【领导名录】

区人大办公室副主任

刘 长 景（女）

区人大办公室副主任科员

巴　　桑（女，藏族）

堆龙德庆区人民政府

【概况】 2017年，在党中央、国务院的亲切关怀下，在自治区、拉萨市党委政府和区委的坚强领导下，在区人大法律监督和区政协的民主监督下，在北京市的无私援助下，区政府紧密团结和紧紧依靠全区各族干部群众，主动适应经济发展新常态，攻坚克难、开拓进取，较好地完成堆龙德庆区一届三次全委会、一届人大三次会议确定的各项目标任务，有力推动各项事业取得新进展。全年完成地区生产总值29.85亿元，同比增长10.3%；规模以上工业增加值达到9.26亿元，同比增长0.3%；全社会固定资产投资达到94.81亿元，同比增长23.5%；社会消费品零售总额达到10.29亿元，同比增长12.3%；一般公共预算收入达到11.94亿元，同比增长90.89%；农村居民人均可支配收入预计达到13956元，同比增长13.5%。

【农牧业发展】 年内，区政府落实测土配方示范田5万亩、标准化及高产创建示范基地5万亩、良种繁育基地4150亩。实现粮食总产量2.33万吨，农作物有害生物灾害损失率控制在3%以内。稳步推进奶牛“万户百场十中心”工程建设，牲畜年末存栏数11.65万头（匹、只），牲畜良种覆盖率达35%、牲畜出栏率达39.69%、新生仔畜成活率达97.5%、成畜死亡率控制在1.05%以内，全年未发生重大动物疫病。实现猪牛羊肉产量0.42万吨、奶产量1.25万吨、山羊绒产量0.81吨、禽肉产量437吨、禽蛋产量144.26吨。稳步推进千栋温室等重点项目建设，古荣乡、马乡、德庆乡净土健康产业园经济效益逐步凸显，净土健康产业实体经济不断发展壮大。大力实施“净土公司＋基地”“净土公司＋合作社”产业发展模式，深入推广“互联网＋”产品销售模式，与西藏阿云电商、京东等知名平台达成初步合作协议，发展区外经销商25家、完成区内铺货84家。加快转变农牧业发展方式，专业合作组织发展壮大到135家，羊达蔬菜种植农牧民专业合作社、乃琼镇民众农牧民专业合作社等5家合作社被评为“2017年度拉萨市市级示范社”。

【工业经济】 2017年，堆龙德庆区编制完成《堆龙德庆区工业园区产业发展规划》，确立以仓储物流、新型建筑建材、高原健康及民族手工业为主的产业发展方向。完成工业园区B区基础设施建设，工业园区化、聚集化能力不断提升。有序实施高原食品冷链中心、吉祥哈达等重点项目建设，着力培育发展壮大工业实体经济。稳步实施西藏高争建材股份有限公司等产能拓展技术改造升级、东嘎水泥厂等落后产能淘汰，加快推动工业企业更高质量绿色发展。全年预计实现工业总产值29亿元，同比增长2.47%；工业税收预计达到3.35亿元，同比增长4.37%。完成招商引资项目30个，实际到位资金22.03亿元，同比增长14.38%。深入推进大众创业、万众创新工作，建成并投入使用中小企业服务中心、众创空间，稳步实施“创业创新示范基地建设”。成功举办首届优秀创业青年赴北京学习交流活动、首届创业青年文化沙龙暨团队建设拓展培训和第二届青年创新创业大赛。安排本级财政资金1000万元作为小微企业“双创”工作启动资金，新增各类市场主体3145家。

【现代服务业】 2017年，堆龙德庆区全力打造“药王故里、藏戏之乡、生态堆龙”旅游品牌，荣获“全国美丽乡村创建先进区”。成功组建堆龙德庆区吉雄谷旅游文化发展有限公司。编制完成《全域旅游发展规划（2017—2030年）》，启动实施药王谷、楚布沟、措麦村等重点景区专项规划。委托旅游卫视《文明中华行》栏目组，制作完成全区大型旅游资源宣传片；出版藏汉英语版《堆龙德庆区寺庙文化石刻资料》《堆龙德庆区楚布沟、措麦村、药王谷等名胜古迹源流简介》。探索建立楚布寺景区电子导览器，持续规范旅游市场。与青岛绿地园林技术有限公司达成合作意向，稳步推进“香雄美朵”生态旅游文化产业园项目建设。整合生态风光、宗教文化、特色藏医药等优势资源，持续加大楚布沟生态游、宇妥沟藏医养生体验游开发力度。成功举办第三届楚布沟自行车体验赛、第二届药王谷养生深度体验游、首届古荣糌粑文化节、帮普沟沐浴文化节、比西沟公益徒步体验等文化旅游活动，不断提升堆龙德庆区近郊休闲旅游的知名度和影响力。全年预计接待旅游人数121.59万人次，实现旅游收入4162万元。积极承接国家战略性重大项目建设，稳步推进青藏铁路格尔木至拉萨段扩能改造、拉林铁路机务段、拉萨综合保税区

2017年7月5日，区委副书记、区长杜江（左一）带领区直相关部门联合检查防汛工作

2017年7月4日，北京市西城区德胜街道干部进藏跟岗交流学习，并向堆龙德庆区援助20万元

等重点项目。加快以服务城市大宗商品交易为主的钢材物流集散交易中心、工程机械商贸城等综合性商贸市场建设，成功引进京东等国内知名电商企业，智慧物流产业取得实质进展。

【基础设施建设】 年内，堆龙德庆区修订完善《堆龙德庆区新城修建性详细规划》《堆龙德庆区土地利用总体规划(2016—2020年)》，启动实施撤乡设镇、撤镇设街道办事处和古荣乡、马乡、德庆乡小城镇规划编制工作。有序实施139个基本建设项目，城乡基础设施建设明显加强。完成通信网络改造升级，堆龙正式跨入4G时代。加快推进堆龙新城征地拆迁，以东嘎时代广场建设为引领，全面启动新城电力改造、堆龙河综合整治、搬迁安置点、市政道路及地下管网等重点项目规划建设。开工建设国道109线那曲至拉萨(堆龙段)控制性工程，建成南环线、西环线堆龙段，完成堆龙大道、和平路、318国道城区段改扩建，有效改善城乡交通条件。建成并投入使用280立方米污水沉淀池，不断健全完善区、乡(镇)、村、组四级垃圾收集转运处理体系。建成日供水规模1.5万立方米的自来水厂，实现全区102个农村饮用水源地保护工程建设全覆盖，有力保障城乡饮水安全。

【生态建设】 2017年，堆龙德庆区完成736户消除“无树户”试点工作，稳步推进703户棚户区改造、海拔4500米以上居民生态搬迁工作，不断深化人居环境集中连片整治。投入20辆节能纯电动车，建立覆盖27个行政村或自然组的6条试运行公交线路，农牧民群众出行更加绿色环保、便捷优质，有效解决农牧民群众“出行难”问题11万余人次。启动实施堆龙河综合治理工程规划建设，不断增强堆龙河流域的生态安全和生态功能。完成2600亩拉萨周边防护林工程、800.2亩重点区域生态公益林、334亩防沙治沙、6468亩西藏安全生态屏障封山育林项目建设，持续做好14万平方米绿化带的养护提升工作，林业绿化覆盖率稳步提升。完成自治区级生态县(区)和1乡2村创建申报工作。

【综合防治】 2017年，堆龙德庆区严格落实环境保护“党政同责”“一岗双责”，全力实施“净土”“净水”“净空”“静音”工程。完成有机农业试验4.7万亩，大力推广病虫害绿色防控和有机肥使用。严格动物产地检疫管理，针对病死畜、过期兽药进行定点深埋、消毒等无害化处理，持续加强农业污染防治。全面推行“河长制”，针对全区149.6公里干流、447公里骨干支流，共设立7名总河长、42名河长，有力构建区、乡(镇)、村三级联动的河流管护体制机制。大力规范运输车辆、建筑工地遮挡式低尘作业，有力提升扬尘治理成效。对城区路段实行分段包干，城区日均洒水次数5次、洒水量达100余吨，空气质量优良率达到96%以上。依托中央环保督察迎检工作，全年共接办群众环境信访或投诉案件91件，其中中央环保督察组转办59件、区市转办14件、本级受理18件，办结率、满意率均达100%，跨部门、跨领域的环境监察联合执法工作格局基本形成。完成环评网上登记备案71份、出具环评预审意见29份，“三同时”执行率达

100%。依法关闭石材加工厂21家、砂石场和取土点18家、砖厂15家、畜禽养殖企业6家，取缔堆煤场5家，搬迁废旧汽车拆解企业1家，拆除违规建筑1.12万平方米，行政处罚113家次，收缴罚金300.99万元，人人敬畏自然、人人尊崇环保的社会共识基本达成。

【脱贫攻坚】 2017年，全区1262户4387名“建档立卡”贫困人口，实现1214户4194人脱贫摘帽，人均可支配收入达7587.97元。综合贫困发生率控制在0.5%以内，群众满意度达到90%以上。组建堆龙德庆区益新农业开发有限公司，并将其作为投融资平台，整合全区产业发展资金1.4亿元，与金融机构签署10.03亿元额度的金融扶贫贷款合作协议，为28个扶贫产业完成融资贷款1.62亿元。健全完善低保、教育、医疗、就业等专项保障政策，为1291名贫困群众发放“两线合一”补贴资金317万元，为21名区外贫困学生发放生活补助6.3万元，为173名贫困大学生及高职生发放路费和学费98.09万元，实施医疗救助198人次96.15万元。根据城乡治理服务需求，落实以补脱贫岗位1763个。设置704个公共服务岗位，实现498名贫困群众就业。成功举办2场“春风行动暨精准扶贫就业专场招聘会”，与110余家用工单位达成就业意向450余人。实现1476名有劳动能力的贫困群众就业，其中产业和劳务输出领域就业969人次、自主就业66人。稳步推进波玛村、桑木村、经开区易地扶贫搬迁安置点项目建设，实现583户贫困群众搬迁入住、530名搬迁群众就业。27家企业（合作社）与30个行政村结对帮扶，提供就业岗位360余个，为无劳动力贫困户分红460余万元。安排村集体经济产业发展扶持资金3000万元，争取各类资金1810余万元，有序实施121个“短平快”项目，30个行政村集体经济收入全部达到50万元以上，其中东嘎村、南嘎村、波玛村、乃琼村集体经济收入突破千万元。

2017年12月6日，自治区脱贫攻坚工作成效交叉考核第二考核组在堆龙德庆区检查验收脱贫攻坚工作

【教育事业】 年内，堆龙德庆区严格落实“五个100%”工作要求，全面提升义务教育阶段教育教学质量，努力开创教育工作新局面。自治区素质教育督导评估工作、拉萨市落实“五个100%”推进工作现场会在堆龙成功召开。建成古荣中心小学综合楼、德庆中心小学供暖工程，加快推动第二小学、7所村级幼儿园、乃琼中心小学教学楼等重点项目建设，积极争取北京人大附中落户堆龙，不断夯实教育教学基础设施建设。贯彻落实15年免费教育，下拨“三包”经费2188.2万元、营养改善专项资金421.76万元，实现家庭经济困难学生资助、农民工子女公平接受义务教育全覆盖。初中毛入学率达108.64%、小学入学率达99.98%、适龄幼儿在园率达95.47%。深入开展全民健身运动，中小学生体质健康监测覆盖率达100%。实现所有党政机关、学校公共体育场地设施对外免费开放，更好地满足群众健身需求。在党政机关深入开展“工间操”活动，成功举办“奔跑吧青春”、中小学学生运动会等竞技比赛，不断提升干部群众参与体育锻炼的意识。

【医疗卫生】 年内，堆龙德庆区深入实施“健康堆龙”建设，荣获“全国健康促进县（区）”荣誉称号。

2017年1月15日，堆龙德庆区政府组织召开民主生活会

全面推行公立医院综合改革，完成乡镇卫生院（村卫生室）标准化一期建设工程，稳步推进二级甲等医院综合楼、公共卫生应急服务中心、藏医院等重点项目规划建设，有力促进城乡医疗卫生水平均等化发展。健全完善分级诊疗政策，本级财政投入97万元补偿资金，全面实施药物“零差价”销售制度。为全区城乡居民购买30万元超大额补充医疗保险，投入1300万元作为合作医疗大病统筹补充资金、100万元先天性疾病患儿救治专项经费，安排300万元合作医疗精准扶贫专项资金，初步建立以大病医疗保险为补充、覆盖农牧区的多层次医疗保障体系，全年实施合作医疗报销2904人次2362.26万元。进一步畅通婴幼儿住院救治、孕产妇住院分娩绿色通道，孕产妇免费体检率、住院分娩率均达100%。稳步推进全民免费体检，城乡居民、在编僧尼免费健康体检率分别达99.8%和100%。全面开展包虫病综合防治工作，筛查率达104.29%，实施免费救治确诊患者56人。为30个行政村各配备3名村医，大力推行村级家庭医生签约式服务，村医签约率达98%。稳步推进国家食品安全城市创建活动，持续强化食品安全监管，批准餐饮服务406家、食品流通360家，连续四年保持食药安全零事故。

【文化事业】 年内，堆龙德庆区稳步推进国家公共文化服务体系示范区建设。积极探索政府购买公共文化服务新机制，创新推行“公益为主、市场为辅”的新型运营模式，将区文化活动中心打造成为集休闲娱乐、文化展示为一体的活动场所。建成12个村级爱国主义教育基地，在党政机关办公楼铺设各类阅读书籍2万余册，稳步推进“书香堆龙”建设。大力扶持和培育具有堆龙特色、辐射面广的龙头文化产业，建成设兴藏戏传习基地、那嘎藏戏队非遗传习基地、措麦藏戏队合作社、乃琼镇加罗庄园抢救性修缮保护工程、东嘎镇桑木村热玛庄园复原等重点项目。发放非遗产业扶持资金65万元，桑木村传统技艺非遗项目“罗萨梅朵”、南嘎村“嘎东藏戏”成功申报为市级非物质文化遗产；阿卓商贸、乃琼米瑞金属被评为县（区）级非物质文化遗产；乃琼镇勉唐派绘画师旦巴云丹被评为县（区）级非遗传承人。广泛开展“喜迎十九大”“第二届藏戏文化艺术节暨藏戏大赛”等文娱活动104场次。依法依规推进文化市场综合执法，持续营造健康向上的文化环境。建立68个文物保护点石碑、文物数据库，有力维护文物安全。

【保障体系】 2017年，堆龙德庆区深入开展“四业工程”，完成就业再就业培训77人、农牧民转移就业培训739人、职业介绍1015人、开发就业再就业岗位1845个、实现新增就业1225人、安置就业困难人员94人，城镇失业登记率控制在2.2%以内。农牧区劳动力转移就业2.62万人次、增收6007万元。城乡社会保险实现全覆盖，参保人数达3.7万人次，报销住院及生育费用108.26万元。实施临时社会救助75人16.85万元、城乡医疗救助773人521.78万元、“一站式”医疗救助71人68万元，发放优抚资金7人16.43万元，开展民政慰问812人次119.36万元。帮助835名农民工追讨工资903.56万元。集中供养

105 名五保户，实现五保户意愿集中供养率达 100%。扎实推进双拥共建工作，连续八年荣获“全国双拥模范县”荣誉称号、连续九年荣获“自治区双拥模范县”荣誉称号。持续做好住房保障，启动实施 376 套小康安居工程建设。

【社会治理】 2017 年，堆龙德庆区始终保持严厉打击违法犯罪行为的高压态势，立案 168 起，抓获犯罪嫌疑人 42 名，为人民群众挽回经济损失 22 余万元。充分发挥“四护队”、民兵等基层一线群防群治队伍作用。持续深化网格化管理和“双联户”工作，实现常住人口、流动人口全覆盖。投入 200 万元扶持 7 个联户增收项目，联户增收成效逐步显现。排查各类矛盾纠纷 136 件，涉及 2700 余人次 2000 余万元，化解率达 100%；受理群众来信来访 91 件，涉及 1004 人次 6.06 亿元，办结 85 件，办结率达 93.41%。持续深化“以房管人、以证管人”的“口袋式”管理制度，不断完善流动人口信息采集和登记工作。结合精准扶贫工作，投入 700 余万元，实现乡村主要交通路口“两站”“两员”全覆盖，受到公安部通报表扬。投入 1200 余万元，增设各类波形防护栏、安全提示、警示标志等生命防护工程建设，交通事故伤亡人数较上年同期下降 12%。以楚布寺微型消防站建设为试点，稳步推进辖区 19 座寺庙、6 个乡（镇）微型消防站建设。完成德庆乡民政救灾仓库项目建设，有力提升防灾减灾救灾能力。深入推进平安创建活动，羊达乡帮普村、热差寺分别成功创建“安全生产文明社区”“安全生产文明寺庙”。健全完善三级安全生产联动监管和隐患排查治理体系，收缴罚金 33.3 万元，有效遏制发生重特大安全生产事故，荣获全国“安全生产月”和“安全生产万里行”先进单位。

【宗教领域】 年内，堆龙德庆区积极加强和创新寺庙管理，严格依法审批宗教活动，补充吸收新僧尼。持续抓好“9+5”“六个一”等利寺惠僧政策落实，有序实施僧舍维修、道路硬化、环境整治等 12 个宗教领域建设项目。安排年长且长期身体欠佳的僧尼到自治区藏医院进行全面检查，并及时进行治疗。组织僧尼赴首都北京观看升旗仪式等培训活动 385 人次，积极引导宗教与社会主义社会相适应。扎实开展和谐模范寺庙暨爱国守法先进僧尼创建评选活动，发放表彰资金 64.5 万元，不断增强广大僧尼“五个认同”思想认识。

【深化改革】 年内，堆龙德庆区加强简政放权、放管结合、优化服务改革，依法公开 26 个区直单位 3442 项权责清单。深化商事制度改革，全面启动“五证合一”。加快推进“三权分置”。成立城市管理综合执法局、乡（镇）民政所、不动产登记中心，有力提升行政效率。启动实施国有企业改革重组，促进国有企业瘦身健体、提质增效。全面推行公务用车制度改革，“三公”经费呈明显下降趋势。深入推进政府预决算、医疗卫生、教育事业等领域改革，有力促进各项事业全面进步。

【自身建设】 年内，以迎接、学习、宣传、贯彻党的十九大为主线，从严从实抓好区政府党组和政府系统党的建设。自觉在思想上、政

2017年4月27日，堆龙德庆区召开2017年度全区环保工作暨迎接中央环保督查推进会

治上、行动上与以习近平同志为核心的党中央保持高度一致，严格落实自治区、拉萨市党委政府和堆龙德庆区委的决策部署，主动接受区人大及其常委会的法律监督和区政协的民主监督，办理人大建议议案90件、政协提案76件，答复率、满意率均达100%。持续推动“两学一做”学习教育常态化、制度化，深入开展“四讲四爱”主题教育实践活动，不断加强意识形态领域建设。全面加强行政检查“两随机一公开”、规范性文件备案审查工作，有力推进法治政府建设。开通并试运行“堆龙政务”“区长信箱”“区长热线”等公众平台，不断拓宽政府联系群众渠道。完成区政务服务中心改造升级，“一站式”政务服务体系不断健全完善。认真履行政府党组党风廉政建设和反腐败工作主体责任，坚持“一岗双责”，坚决贯彻执行中央“八项规定”精神、自治区党委“约法十章”“九项要求”以及拉萨市委“八项要求”，大力倡导“说办就办、马上就办”工作作风，不断加强惩治和预防腐败体系建设。强化行政监察和审计监督，完成扶贫领域专项检查、村级财务离任审计，全力配合区委开展巡察工作，积极开展扶贫领域市委巡察一组、区市验收考核组的反馈问题整改工作，全力查处群众身边的“四风”和腐败问题，切实做到为民、务实、清廉，以反腐倡廉的新成效保障发展、取信于民。

【对口支援】 年内，堆龙德庆区不断加强与北京市的沟通交流，受援方式由资金型、项目型、输血型向人才型、落户型、造血型转变，产生良好的政治、经济和社会效益，切实形成全方位、多层次、宽领域的对口支援格局，为堆龙德庆区经济社会发展提供有力支撑、注入强劲动力。启动“十三五”援藏项目中期调整工作，全年共争取援藏资金2600万元。北京市9名干部和医生赴堆龙德庆区援藏建藏、堆龙德庆区137名党员干部赴北京市跟岗锻炼或学习培训。在援藏医生的指导帮助下，成功实施首例大隐静脉高位结扎剥脱术，顺利开通区人民医院与北京朝阳区垂杨柳医院远程医疗会诊系统，有力提升医疗卫生服务水平。

（郭　龙）

2017年5月16日，堆龙德庆区召开第一届人民政府第二次廉政工作会议

【领导名录】

区委副书记、区长

杜　江

区委副书记、常务副区长

赵　涛

区政府副区长

李晓强

刘春涛

郑汉宏（10月离任）

张晓林（8月任职）

董智杭

邬斌锋

达娃卓玛（女，藏族，9月任职）

何景平

马扎西（藏族）

次旦朗杰（藏族）

王考昌

皮志帅（8月离任）

土多旺久（藏族，10月离任）

堆龙德庆区人民政府办公室

【概况】 2017年，区政府办在区委、区政府的坚强领导下，围绕全区改革、发展、稳定大局，认真履行自身职能，不断创新服务方式，发扬团结奋斗、无私奉献的精神，较好地完成各项目标任务，为堆

2017年10月15日，区政府办工作人员在古荣乡古荣村看望慰问结对帮扶对象

龙经济社会持续健康发展作出积极贡献。

【强化理论学习】 年内，区政府办坚持把理论学习作为加强班子建设的首要任务来抓，千方百计处理好工学矛盾，采取集中学习与个人自学相结合，系统学习与专题学习相结合，自我研读与讨论交流相结合的方式，深入开展“两学一做”学习教育，深入进行理论学习。较系统地学习党章党规、习近平总书记系列重要讲话精神、治藏方略、党的十九大、十九届历次全会精神，促使大家对新的历史时期党的宗旨、根本性质、根本任务有新的认识，政治理论素质有了明显提高，增强贯彻党的路线、方针、政策的主动性和自觉性，切实做到对党忠心耿耿，对群众全心全意，对事业兢兢业业，把党和人民放在心中的最高位置。

【维护团结统一】 年内，区政府办始终坚持把维护班子的团结统一放在首位，一切从维护班子团结出发，以大局为重，坚持做到严格按照议事规则、程序办事，坚持大事、要事集体研究，群策群力。在工作与生活中班子成员都能严格要求自己，凡要求同志们做到的班子成员必须首先做到，从不搞特殊，党员干部带头严格要求自己，以身作则，率先垂范，时时处处起到先锋模范作用，力求把工作做的更好。

【加强民主管理】 年内，区政府办日常工作中始终坚持经常性倾听群众意见，主动接受同志们监督，不断地改进工作，促使班子成员和同志之间沟通思想，加强联络，形成大家齐心协力为集体争光的工作合力，促进办公室工作决策的民主化、科学化、规范化。进一步完善《党组织工作制度》《办公室工作制度》《机关效能建设工作制度》，认真落实民主集中制，坚持“集体领导、民主集中、个别酝酿、会议决定”的原则。全年召开支部会议22次，加强学习、研究工作、交流思想，切实建立起民主决策、科学决策的工作机制，有力提升决策水平和领导水平。

【全力完成中心工作】 年内，区政府办牢固树立为全区各项工作提供优质服务的工作理念，认真履行职责，坚持以提高工作质量为目标，凝心聚力，奋勇争先，各项工作迈出新步伐，较好地发挥办公室的综合协调服务职能和参谋助手作用。

紧紧围绕决策做文章，切实发挥参谋助手作用。着力发挥统筹协调作用，在两会筹备、项目甄选、督导检查等工作上，积极加强与相关部门的沟通，切实发挥桥梁作用，积极发挥办公室“总调度”和“中转站”作用，有力促进政府及部门之间形成整体合力，共同促进全区发展。

紧紧围绕基础做文章，切实发挥综合处理作用。公文方面。严格按程序办理公文，有效杜绝文件在办理过程中出现遗漏、拖延甚至丢失。全年以区政府名义发文816件，以政府办公室名义发文103件，撰写各类材料537篇。会议方面。针对区政府党组（常务）会议、区长办公会等一些重要会议，坚持高质量筹备，坚持提前对议题进行认真审核，从源头上确保会议的权威性和高效性。全年共承办政府党组（常务）会议、政府专题会议、区长办公会议、各类重点专项会议和电视电话会议

141次，其中政府党组（常务）会议31次，研究解决232项议题，向区委常委会提交138项议题。信息方面。着重加大信息资源的开发利用力度，及时、准确、全面地向上级反映堆龙德庆区经济社会发展的新情况、新成就。全年共向上级部门发送区域发展动态900期，市政府办公厅采用数量名列拉萨市各县（区）第一。

紧紧围绕提效做文章，切实发挥服务保障作用。切实强化藏语言工作。坚持高质量、高效率的开展编译工作，全年翻译各类文件、材料153份，没有出现任何差错，扎实开展藏语文社会用字检查整改工作，通过8次联合检查，对全区错用、乱用、不用等情况进行限期整改，为堆龙德庆区规范藏语文管理和使用环境营造良好的氛围。切实强化后勤保障工作。坚持以改善服务态度、提高服务质量为重点，探索建立区政府大院门禁管理系统，圆满完成区直机关三餐供应、全区公务用车保障、政府采购、区政府大院安全保卫、干部职工周转房管理等后勤保障工作，切实为全区干部职工营造出良好的工作生活环境。

紧紧围绕廉洁做文章，切实树好自身形象。认真履行党风廉洁建设和反腐败工作主体责任，坚持“一岗双责”，坚决贯彻执行中央“八项规定”、自治区党委“约法十章”“九项要求”以及拉萨市委“八项要求”，严格落实“说办就办、马上就办”的作风要求，开展集中学习31次，有力提升全体干部政治意识、大局观念，形成团结共事、相互支持的良好局面。大力精文简会、提速增效，促使领导干部腾出更多时间深入基层，倾听民声民意，解决实际困难。全面梳理权责清单，将窗口单位工作职能统筹吸纳，全年便民服务中心处理便民服务事项13928件，群众满意率达100%，便捷高效地服务群众。紧紧围绕涉及人民群众切身利益的重要事项，不断健全政务公开制度，规范政务公开的内容、方式、程序，公开政府信息900条，有力增强政府公信力。

2017年12月20日，区政府办召开2017年组织生活会

【积极参与结对帮扶】 年内，区政府办深入开展精准扶贫结对帮扶活动，签订单位包村、干部职工包户责任书，明确结对帮扶目标，落实帮扶分工，做到贫困户不脱贫，帮扶责任不脱钩；实行结对帮扶“家访制”，15名党员干部结对帮扶贫困户22户，坚持每月亲访结对帮扶户，及时传达各级精准扶贫信息和政策，积极建言献策，帮助贫困户就业增收，鼓励贫困群众自力更生、自主就业，切实改变贫困户等、靠、要思想，推动贫困群众按计划脱贫。全年共计入户次数达200余次，送去慰问物资或慰问金达20000余元，并通过各种扶贫优惠政策，帮助13名贫困群众实现就业。

（郭　龙）

【领导名录】

主　任

巴桑罗布（藏族）

副主任

王栋栋

次仁拉姆（女，藏族）

中国人民政治协商会议堆龙德庆区委员会

【全体委员会议】 一届二次会议。政协第一届拉萨市堆龙德庆区委员会第二次会议于2017年1月19日上午召开，大会应到委员91

人,因事、因病请假14人,实到委员77名,符合《政协章程》规定。应邀出席会议的领导有:拉萨市政协副主席江嘎,拉萨市政协副秘书长张强,区委书记格桑平措,区人大党组书记、主任杨世军,区委副书记、区长杜江,区政协党组书记洛桑强巴及区委、人大、政府、法院、检察院在家的领导同志。受大会主席团委托,会议由党外副主席巴桑朗杰主持。

会议听取和审议《政协第一届拉萨市堆龙德庆区委员会常务委员会工作报告》;听取和审议《堆龙德庆区人民政府关于政协第一届拉萨市堆龙德庆区委员会第一次会议以来提案办理情况的报告》;表彰政协一届一次会议以来提案承办先进单位、提案协办先进单位、优秀提案个人、优秀委员及先进“政协委员之家”;党内委员参加“两会”党员大会;列席堆龙德庆区第一届人民代表大会第三次会议,听取并讨论政府工作报告、“两院”工作报告及其他报告;选举政协第一届拉萨市堆龙德庆区委员会主席、副主席和增补常务委员会委员;审议通过《政协第一届拉萨市堆龙德庆区委员会第二次会议政治决议》;审议通过《政协第一届拉萨市堆龙德庆区委员会第二次会议常务委员会工作报告的决议》;审议通过《堆龙德庆区人民政府关于政协第一届拉萨市堆龙德庆区委员会第一次会议以来提案办理情况报告的决议》;听取《政协第一届拉萨市堆龙德庆区委员会第二次会议提案审查情况报告》及其他有关事项。

2017年11月14日,区政协党组书记、主席洛桑强巴(左四)带领政协委员在其美龙寺视察委员提案办理情况

二届一次会议。政协第二届拉萨市堆龙德庆区委员会第一次会议于2017年9月18日上午召开,大会应出席委员90人,因事、因病请假10人,实到委员80人,符合《政协章程》规定。应邀出席会议的领导有:拉萨市政协党组副书记、副主席、秘书长张勤,拉萨市政协副秘书长格桑罗布,区委书记格桑平措,区人大党组书记、主任杨世军,及其他在家的县级领导。区政协党组成员靳小卉主持会议。

会议听取和审议《政协第一届拉萨市堆龙德庆区委员会常务委员会工作报告》;听取和审议《堆龙德庆区人民政府关于政协一届会议期间提案建议办理工作的情况报告》;党内委员参加“两会”党员大会;列席堆龙德庆区第二届人民代表大会第一次会议;选举政协第二届拉萨市堆龙德庆区委员会主席、副主席和常务委员;听取《政协第二届拉萨市堆龙德庆区委员会第一次会议提案审查情况的报告》;审议通过《堆龙德庆区人民政府关于政协一届会议以来提案办理情况报告的决议》;审议通过《政协第一届拉萨市堆龙德庆区委员会常务委员会工作报告决议》;审议通过《政协第二届拉萨市堆龙德庆区委员会第一次会议政治决议》及其他有关事项。

【常务委员会会议】 一届三次常委会。政协第一届拉萨市堆龙德庆区委员会常务委员会第3次会议于2017年1月6日上午在政协会议室召开,会议由政协原副主席欧珠次仁主持。会议审议通过了《政协第一届拉萨市堆龙德庆区委员会第二次会议议程》《政协第一届拉萨市堆龙德庆区委员会第二次会议日程表》《政协第一届拉萨市堆龙德庆区委员会第二次会议主席团及大会秘书长建议名单》《政协第一届拉萨市堆龙德庆区委员会第二次会议提案审查小组建议名单》；审议通过《政协堆龙德庆区委员会常务委员会工作报告》，通过在政协第一届拉萨市堆龙德庆区委员会第二次会议上作提案办理工作报告人名单；审议通过《政协第一届拉萨市堆龙德庆区委员会关于表彰一届一次会议以来提案承办单位等相关事项的请示》、通过《关于成立政协第一届拉萨市堆龙德庆区委员会第二次会议筹备工作机构的请示》。

2017年4月25日，区政协党组书记、主席洛桑强巴（左三）深入加入村看望结对户

一届四次常委会。政协第一届拉萨市堆龙德庆区委员会常务委员会第4次会议于2017年1月25日上午在政协会议室召开，会议应到常务委员15名，因事因病请假6人，到会人员超过半数。会议由政协党组成员、副主席尼玛主持。会议对政协第一届拉萨市堆龙德庆区委员会第二次会议期间，收到的76件提案的分类情况再次进行了审议。

一届五次常委会。政协第一届拉萨市堆龙德庆区委员会常务委员会第5次会议于2017年4月28日下午在政协会议室召开，会议应到常务委员15名，因事因病请假4人。会议由政协党组书记、主席洛桑强巴主持。会议传达学习了2017年全国"两会"精神及自治区、拉萨市第九次党代会精神，通报了《政协拉萨市堆龙德庆区委员会常务委员会2017年度工作计划》和《政协第一届拉萨市堆龙德庆区委员会第二次会议委员提案意见建议分解情况》；审议了《政协堆龙德庆区委员会关于举办第一期政协委员培训工作方案》及《政协堆龙德庆区委员会关于组织政协委员赴内地进行学习考察工作方案》。

一届六次常委会。2017年8月15日下午，区一届政协常务委员会第6次会议在政协会议室召开，会议由政协党组书记、主席洛桑强巴主持。会议审议通过了《政协第二届堆龙德庆区委员会委员建议名单》和《政协第一届堆龙德庆区委员会常务委员会工作报告》。

一届七次常委会。2017年9月8日上午，区政协常务委员会第7次会议在政协会议室召开，会议由政协党组书记、主席洛桑强巴主持。会议审议通过了《政协第二届拉萨市堆龙德庆区委员会委员名单》《政协第二届拉萨市堆龙德庆区委员会常委委员建议名单》；审议通过《政协第二届拉萨市堆龙德庆区委员会第一次会议议程》《政协第二届拉萨市堆龙德庆区委员会第一次会议日程》；审议通过《政协第二届拉萨市堆龙德庆区委员会第一次会议主席团组成人员及大会秘书长建议名单》；宣读《政协第二届拉萨市堆龙德庆区委员会第一次会议列席人员名单》；审议通过《政协第二届拉萨市堆龙德庆区委员会第一次会议提案审查小组建议名单》《政协第二届拉萨市堆龙德庆区委员会第一次会议分组讨论名单》《政协第二届拉萨市堆龙德庆区委员会第一次会议主席团成员参加各小组讨论名单》；审议通过《政协第一届拉萨市堆龙德庆区委员会常务委员会工作报告》及作常务委员会工作报告人选。

二届一次常委会。2017年11月17日下午，区二届政协常务委员会第1次会议在政协会议室召开，会议由政协党组书记、主席洛桑强巴主持。会议传达学习了习近平总书记在十九大会议上的报告,《中国共产党第十九次全国代表大会关于十八届中央委员会报告的决议》《中国共产党第十九次全国代表大会关于十八届中央纪律检查委员会工作报告的决议》以及《西藏自治区第九届三次全会上吴英杰书记的讲话精神》;征求《政协堆龙德庆区委员会关于政协委员履行职责的考核办法》的意见建议;宣读了《政协第二届拉萨市堆龙德庆区委员会主席、副主席工作分工》。

二届二次常委会。政协第二届拉萨市堆龙德庆区委员会第2次常委会于2017年12月27日下午在政协党组会议室召开,会议应到常务委员17名,因事因病请假8人,会议由政协党组成员、副主席靳小卉主持。会议传达学习《十九大报告》中发挥社会主义民主协商重要作用的相关内容;审议通过《政协第二届拉萨市堆龙德庆区委员会第二次会议议程》,通过《政协第二届拉萨市堆龙德庆区委员会第二次会议日程》,通过《政协第二届拉萨市堆龙德庆区委员会第二次会议主席团组成人员及大会秘书长建议名单》,宣读《政协第二届拉萨市堆龙德庆区委员会第二次会议列席名单》,通过《政协第二届拉萨市堆龙德庆区委员会第二次会议提案审查小组建议名单》,通过《政协第二届拉萨市堆龙德庆区委员会第二次会议分组讨论名单》,通过《政协第二届拉萨市堆龙德庆区委员会第二次会议主席团成员参加各小组讨论名单》,通过《政协第二届拉萨市堆龙德庆区委员会常务委员会工作报告》,通过在政协第二届拉萨市堆龙德庆区委员会第二次会议上常务委员会工作报告人选名单。

【加强理论学习】 常委会始终把加强学习作为加强队伍建设、发挥政协委员主体作用的重要措施摆在突出位置,常抓不懈。始终把加强思想政治建设,提高认识,统一思想作为增进共识、履行职能的重要前提,作为推动人民政协事业不断开拓前进的根本保障。在党的十九大召开后,常委会积极组织广大政协委员和机关干部职工认真学习、集中指导、开展学习交流4次,开展十九大专题学习辅导会1次,使委员准确把握十九大报告中的新思想、新论断、新特点,增强政协委员、机关干部职工对中国特色社会主义的道路自信、理论自信、制度自信和文化自信,不断夯实共同团结奋斗的思想政治基础;根据区委关于开展“四讲四爱”主题教育活动的要求,邀请区党校教师为基层委员开展“讲党恩爱核心、讲团结爱祖国、讲贡献爱家园、讲文明爱生活”专题讲座,引导各族各界委员坚决拥护以习近平同志为核心的党中央,自觉维护祖国统一和民族团结,取得预期成效。

【认真履行三大职能】 认真进行政治协商。在政协第二届堆龙德庆区委员会第一次会议上,组织全体委员听取政府工作报告和提案办理落实情况,协商国民经济发展、预算执行等重要内容。继全体会议对堆龙德庆区经济、政治、文化、社会生活中的重要事项进行总体协商后,通过常委会议研究区政协全年工作要点,协商政协履行职能的有关事项。2017年,召开政协常委会9次,主席会议9次、党组会议12次。同时区政协班子成员通过列席区委常委会、区政府常务会或参加全区有

2017年2月22日,区政协工作人员深入包村开展节前慰问活动

关重要会议，认真履行协商职责，不失时机地提出意见建议，推动政治协商的开展。

广泛开展民主监督。突出专题视察在民主监督中的地位，组织委员参加堆龙德庆区迎接中央环保督察组的各项工作，就堆龙德庆区环境保护工作开展视察，认真查找不足，提出意见建议，促进环境整治工作的开展。以专项视察为重点，制定委员视察方案，先后组织常委视察、委员视察和调研活动 3 次、60 余人次参与，分别对德庆乡昂嘎村桥梁道路建设、羊达村修建下水管网等 10 余项提案进行视察，对德庆乡中心校配备发电机等 4 项建议的办理情况开展专题视察，主动参与全区重点项目的检查验收。参与检察院、法院相关案件庭审旁听等，加强对区政府、法院、检察院的民主监督。

务实搞好参政议政。结合堆龙德庆区经济社会发展实际，精心选择课题，开展调查研究。按照区委要求，选择村级集体经济发展、政协委员履职等课题开展调查研究，组织委员深入开展调研活动，会同有关部门摸底调查，组织乡镇、村委会干部开展研讨座谈，全面收集有关方面的意见和建议，形成《古荣村级集体经济发展情况调研报告》《关于发展壮大加入村级集体经济情况的调研报告》《强化基层组织建设 推动村级集体经济发展》《关于充分发挥政协委员作用的调研报告》《浅谈政协专委会的作用》《村级组织换届选举工作存在的问题和建议》等专题调研报告，为促进党政科学决策、改进部门工作发挥积极作用。细致做好提案工作。2017 年，收到委员有针对性和可操作性的提案、意见和建议共 130 件，政协办公室及时与区政府办公室进行交办，区政府收到政协委员提案后，召开交办会，向政府各部门进行详细的提案办理工作安排。在区委、区政府的高度重视下，各承办单位积极办理相关提案、意见、建议，办结率达到 70% 以上，答复率及满意率达到 100%。提案数量质量和办复率进一步提高，产生较好的经济和社会效益，得到广大群众的一致好评。

2017年3月28日，区政协组织部分政协委员在政协会议室召开纪念西藏百万农奴解放58周年座谈会

【提升委员参政能力】 政协常委会高度重视委员的学习培训，充分利用“三大节日”、全国“两会”开幕、“3·28”西藏百万农奴解放纪念日、十九大开幕等重要节点组织委员开展座谈交流学习 4 次。举办“四讲四爱”和“十九大精神”专题学习会，参训人员达 100 余人次，通过专题学习培训，进一步强化委员履职意识和参政能力。同时充分发挥乡镇“委员之家”的作用，拓展委员参政议政的履职平台，认真组织委员学习有关法律法规，学习党的方针政策，及时传达上级会议精神，使委员的学习、培训实现经常化、系统化、规范化的目的。不定期组织委员听取辖区内相关工作开展情况，让委员知情明政，有针对性地组织委员参与重大项目建设和重点工作的监督，以讨论会形式集思广益征求提案建议，经“委员之家”全体会议研究讨论，酝酿成熟后，作为提案或意见建议提交区政协，切实提高提案质量，同时也有效提高委员参政议政意识和履职能力。

【服务全区大局】 积极落实区委安排的各项工作。按照区委的统一部署和要求，区政协积极落实社会治安综合治理、维护稳定及平安创建目标管理责任。在三月敏感月、“萨嘎达瓦”和楚布寺“次曲”大型佛事活动、十九大会议期间，切实加强值班及对广大委员的维稳宣传教育等工作，县级干部坚持蹲守在各自负责的乡（镇）联系点或寺庙开展工作。特别是在楚布寺佛事活动期间，政协抽调2位副主席，2名工作人员，无论是县级领导还是一般干部都坚守在自己的工作岗位上，圆满完成维稳安保工作任务。党的十九大期间，深入各乡镇、村组、寺庙、企业开展督导检查20余次，有力助推堆龙德庆区社会局势持续稳定、长期稳定、全面稳定。同时政协高度重视机关包村工作，经常深入包村联系点、扶贫户家中宣传解读惠民政策，帮助寻找致富门路。在重大节日期间开展走访慰问活动，共计捐款捐物价值2余万元，协调相关部门为包村点加入村办实事2件，项目资金合计200余万元，为4户结对户协调解决就业，得到包村及结对户的一致好评。

圆满完成政协换届工作。按照《中共西藏自治区委员会办公厅关于认真做好拉萨市堆龙德庆区等四区领导班子换届工作的通知》精神，在区市党委及区委的统一安排部署下，政协圆满完成换届，选举产生新一届政协主席1名、副主席4名及常务委员17名。在换届工作中，为进一步优化政协委员队伍建设，政协常委会多次与区委组织部、统战部反复协商，将一批懂政协、会协商、

2017年9月19日，政协第二届拉萨市堆龙德庆区委员会第一次会议全体委员及区委、区政府主要领导合影留念

善议政，具有一定社会影响力和号召力的人员纳入政协队伍中，在2016年增补委员的基础上调整委员7名。截至年底，全区政协委员为90名。

【筑牢爱国统一战线】 深入开展走访慰问活动。积极主动加强与各族各界委员的沟通联系，坚持走访联系宗教界人士、爱国统战人士、归国藏胞等。通过举办“3·28”座谈会、“三大节日”慰问各项活动，进一步密切政党关系、民族关系、党群关系。2017年，共慰问走访基层委员16人次，看望生病住院委员4人，发放慰问金共计1.75万元。通过各项活动的开展，使广大政协委员倍加感受到党和政府的高度重视和祖国大家庭的温暖，极大地提高委员的工作热情，同时也凝聚更广泛的力量，夯实更加坚实的基层基础，不断巩固和壮大最广泛的爱国统一战线。

认真开展联络联谊工作。先后协助拉萨市政协开展“市县乡三级政务服务体系运行情况和‘放管服’工作开展情况”视察调研1次。接待重庆市万州区政协、林周县政协、拉萨市政协、日喀则市江孜县政协和萨嘎县政协、阿里地区日多县政协等6个考察交流团、114人次，通过相互学习交流，增进双方的友谊，促进兄弟省市政协工作的交流沟通。同时为进一步学习和借鉴区内外省市政协工作的先进经验，拓展委员履职思路，提升履职能力，加强与外地省市政协的交流。2017年11月，常委会先后组织两批基层委员共计30人，分别赴北京市朝阳区、重庆市万州区、成都市金堂县学习考察。通过走出去的学习考察形式，不仅增强与内地市县区政协的交流，同时也增长委员们的见识，拓宽眼界，为委员履职提供帮助，委员们参政议政的热情不断高涨。

2017年9月18日，政协第二届拉萨市堆龙德庆区委员会第一次会议开幕会在综合楼二楼会议室召开

【强化自身建设】 2017年，常委会开展党章、党规及习近平总书记系列重要讲话精神集中学习30余次，开展“回顾十八大以来变化，展望十九大胜利召开”等主题研讨会7次，撰写学习笔记、心得体会100余篇。印发各类学习资料20余份。全年共编报政协信息63期，编报党建信息30期、党风廉政信息20期。同时常委会始终发挥领导核心和示范带头作用。严格执行中央“八项规定”、区党委“约法十章”“九项要求”和市委“八项规定”，带头学习贯彻“条例”“准则”，严格落实“两个责任”，严肃执纪问责，不断完善财务、用车、接待、考勤、领导带班值班等各项制度，坚持制度约束、规范管理、照章办事。2017年，“三公”经费明显下降。

【重要文件】《中国人民政治协商会议第二届拉萨市堆龙德庆区委员会第二次会议政治决议（摘要）》中国人民政治协商会议第二届拉萨市堆龙德庆区委员会第二次会议，于2018年1月6日至8日在拉萨市堆龙德庆区召开。

会议认为，本次大会是在深入学习贯彻落实党的十九大精神和区市九届三次全会精神，全面建成小康社会决胜阶段召开的一次重要会议。过去的一年，区委带领全区各族人民深入贯彻落实中央和区市党委决策部署，在以习近平同志为核心的党中央亲切关怀下，在区市党委的坚强领导下，在北京市大力援助下，坚持和完善“六大战略”，实现全区社会大局和谐稳定、经济实力稳步提升、民生事业持续改善、生态环境保持良好的目标。委员们对2017年全区各方面工作给予高度评价，对完成政府工作报告提出的目标任务和重点工作充满信心。

会议认为，区政协及其常委会在区委的坚强领导下，紧紧围绕全区中心工作，立足创新求突破、发挥优势促提升，团结带领广大政协委员和各族各界人士，在服务大局中主动融入，在精准扶贫中主动关注，在构建和谐中主动作为，积极履行政治协商、民主监督、参政议政职能，为建设美丽家园幸福堆龙，全面建成小康社会做出积极贡献。

会议要求，政协常委会及全体委员要坚持以马克思列宁主义、毛泽东思想、邓小平理论、“三个代表”重要思想、科学发展观、习近平新时代中国特色社会主义思想为指导，坚持和完善中国共产党领导的多党合作和政治协商制度，进一步增强责任感和使命感，把坚持和发展中国特色社会主义作为巩固共同思想政治基础的主轴，始终做到与党中央、区市党委、区委思想上同心同德、目标上同心同向、行动上同心同行。把协商民主贯穿政治协商、民主监督、参政议政全过程，完善协商议政内容和形式，推进堆龙德庆区政协工作创新发展。

会议号召，区政协、政协各参加单位和全体政协委员，要紧密团结在以习近平同志为核心的党中央周围，在区委的坚强领导下，以更加饱满的热情、更加昂扬的斗志、更加扎实的作风，携手同心、团结拼搏、开拓奋进，为不断开创堆龙德庆区政协事业的新局面、实现全面建成小康社会而努力奋斗。

（黄　敏）

2017 年底堆龙德庆区政协组织和委员数

表 5

项目＼级别	堆龙德庆区	合计
组织数	1	1
委员数	90	90

【领导名录】

政协党组书记、主席

洛桑强巴(藏族)

副主席

巴桑朗杰(藏族)

尼　玛(藏族)

靳小卉(女)

钦热洛追(藏族)

中国人民政治协商会议堆龙德庆区委员会办公室

【概况】 2017 年,区政协办公室在区委的坚强领导下,在区政协党组的正确领导下,高举中国特色社会主义伟大旗帜,坚持以马克思列宁主义、毛泽东思想、邓小平理论、"三个代表"重要思想、科学发展观、习近平新时代中国特色社会主义思想为指导,深入贯彻落实党的十九大、区市第九次党代会及九届三次全会精神,紧紧围绕区委、区政府中心工作和区政协一届二次会议提出的目标任务,服务大局、凝聚共识、汇聚力量,较好地完成 2017 年各项工作任务。

【公文办理】 严格文件的拟稿撰写、收发登记和存档归档等程序,落实公文办理责任制度,专门指定工作人员负责公文办理。通过规范公文办理,进一步提高文件传达的时效性和严谨性。全年办公室共收到各单位来文 1200 余件,上报、下发红头文件 47 件,其中堆政协委 10 件,堆政协办 37 件,未出现明显错漏。

【会务组织】 大型会议设立专门组织筹备机构,中小型会议严格按照程序实施,明确分工、落实责任到人,切实做到会议流程清晰、组织规范、程序严谨。全年共承担 2 次全委会,12 次常委会,9 次主席会议,2 次提案交办会,7 次座谈会,编辑、整理 20 余期政协专报报送市政协、区委、区政府及相关部门,部分建议得到区委、区政府主要领导的高度重视,促进相关工作的落实。

【后勤保障】 严格执行财务审核制度,进一步规范办公室经费审批和账目核销等程序,严格控制公务接待和公务出差的规模,促进办公室经费使用规范、安全、节约,"三公"经费与往年相比有明显下降。此外,办公室在"三大节日"期间对政协委员进行慰问,对住院委员进行看望等。

【宣传信息工作】 工作中,办公室加强与区委宣传部的联系,做到重大会议、重大活动有报道,全年共在堆龙发布平台发布相关信息 20 余期,进一步促进政协宣传工作的整体推进。

【注重协调、积极主动开展工作】 全面参与,协调开展调研考察。组织委员考察提案办理情况 2 次,深入德庆乡、马乡和羊达乡视察提案办理情况,进一步强化委员考察调研的积极性与主动性,使委员能及时掌握了解提案、意见建议办理情况。2017 年 11 月至 12 月,先后组织 2 批 30 余名政协委员赴北京、重庆和成都进行视

2017年5月26日，区政协办组织政协委员参观拉萨市规划建设展览馆

2017年10月25日，区政协办组织全体干部职工在会议室集中学习十九大报告内容

察、学习和交流。通过走出去的形式，密切与内地省市（县、区）政协的交流，使委员们增长了见识、开阔了眼界、拓宽了思路，为今后参政议政、履职尽责起到了积极作用。积极做好上级政协及友邻县区政协到堆龙德庆区调研考察活动，先后陪同重庆万州区政协、拉萨市政协、林周县政协、日土县政协和萨迦县政协开展调研视察活动。全年共完成《关于古荣乡加入村发展壮大集体经济》《关于充分发挥政协委员作用》《突出协商民主、注重协商成效》《关于进一步发挥政协委员主体作用》的调研报告，共组织、陪同调研考察10余次，撰写简报10余期。

综合协调，组织好各项重大活动。2017年先后召开政协拉萨市堆龙德庆区一届二次会议和二届一次会议2次大型会议，办公室都做到早谋划、强统筹、细安排，紧紧抓住会议筹备、方案制定、会议保障、文稿撰写等重要环节，统一协调指挥，加强联系衔接，同心协力把各项工作做细做实，确保会议取得圆满胜利。2017年，除认真筹备政协全委会、常委会、主席会议和专题会议等重大会议外，还精心组织委员进行“四讲四爱”“十九大精神”专题培训，组织工商界委员慰问困难群众等。

围绕区委、区政府中心工作，积极完成各项任务目标。认真贯彻落实自治区、拉萨市、堆龙德庆区委关于维护社会稳定的重大决策部署。县级干部按照区委的统一安排积极参与维稳一线指挥部带班及面上巡查工作，特别是在党的十九大期间，坚持蹲守在各自联系乡（镇），指导督促各项维稳措施落实，深入各乡镇、村组、寺庙、企业开展督导检查20余次，党外副主席、非党政协委员积极作为，在村（组）、寺庙、学校等维稳前沿战线上发挥主力军作用，在联系群众和所能接触到的社会层面上，做了大量凝聚人心的工作，有力助推堆龙德庆区社会局势持续稳定、长期稳定、全面稳定，彰显堆龙政协委员维护社会稳定的责任担当。办公室积极参与全区重大工程、重点项目推进、重点项目摇号和重点项目验收等相关工作，切实担负起民主监督的责任，确保重大工程、重点项目顺利建设，保质保量如期完工。积极做好精准扶贫工作。将精准扶贫精准脱贫工作纳入到日常工作中，经常深入包村联系点、扶贫户家中宣传解读惠民政策，帮助寻找致富门路。在重大节日期间开展走访慰问活动，共计捐款捐物价值2余万元，协调相关部门为包村点加入村办实事2件，项目资金合计200余万元，为4户结对户协调解决就业。同时组织广大政协委员深入基层，贴近群众，了解群众疾苦和期盼，参与扶贫济困、捐资助学、结对帮扶等工作。认真开展包村工作，确保村两委换届工作顺利完成。除此之外，还认真做好环保督查、群众房屋拆迁和联系企业等其他各项工作。

【机关自身建设】 强化理论学习办公室始终把学习作为加强队伍建设摆在突出位置，常抓不懈。办公室通过专题学习会议、支部会议等深入学习自治区、拉萨市和堆龙德庆区相关文件，深入学习党的十九大精神和区市九届三次全会精神。始终坚持把深入学习、用心领会习近平新时代中国特色社会主义思想作为汲取营养、提高本领的重要途径，作为武装头脑、做好工作的强大武器，作为增强全局意识、驾驭复杂局面的根本方法。2017 年,共组织召开各类理论学习、研讨会 25 余次。党的十九大召开后,办公室组织机关干部职工认真学习、集中指导、开展学习交流 4 次,开展十九大精神专题学习辅导会 1 次。通过不断的学习,切实提高政协机关队伍的政治思想素质和业务工作能力。

抓好党风廉政建设工作。办公室始终认真贯彻落实中央、自治区、拉萨市和堆龙德庆区委、区纪委的安排部署,切实履行党风廉政建设主体责任,将纪律和规矩挺在前面,持之以恒纠正“四风”,坚定不移反对腐败,加大源头治理力度,推进党风廉政建设和反腐败工作深入开展。深入践行党的群众路线教育实践活动,持续抓好中央“八项规定”、区党委“约法十章”“九项要求”和市委“八项要求”的贯彻落实,教育领导干部切实转作风。认真制定完善工作制度,完善《区政协机关“三重一大”议事规则》《区政协机关财务管理办法》《重点提案办理和督办办法(试行)》《关于组织外出学习考察的办法(试行)》等。结合“两学一做”和“四讲四爱”专题教育活动,研究制定学习计划,将党风廉政建设理论和党纪党规条例作为学习的重要内容,安排集中专题学习交流活动,推动党风廉政建设深入开展。2017 年,专题研究党风廉政建设和反腐败工作 4 次,着力解决工作中存在的突出问题。组织党风廉政建设专题学习 12 次,认真学习十八届三中、四中、五中、六中全会精神和十九大精神,学习《中共中央关于全面推进依法治国若干重大问题的决定》《中共共产党章程》《中国共产党廉政准则》《中国共产党巡视工作条例》《中国共产党纪律处分条例》《中国共产党问责条例》等党纪党规,观看《榜样》专题片。通过学习,引导全体机关党员和干部职工进一步筑牢拒腐防变的思想防线。

(黄 敏)

2017年5月25日,区政协办组织政协委员举办2017年第一期委员培训暨“四讲四爱”主题宣讲

【领导名录】

主 任

黄 敏(女)

副主任

扎 桑(藏族)

中共堆龙德庆区纪律检查委员会(监察局)

【概况】 中共堆龙德庆区纪律检查委员会与堆龙德庆区监察局合署办公,实行一套工作机构,履行党的纪律检查和行政监察两项职能。2017 年人员构成:纪委书记 1 名;副书记兼监察局局长 1 名;副书记 1 名;副局长 2 名;专职常委 2 名;主任科员 6 名;副主任科员 4 名;科员 4 名;工人 1 名。

【落实全面从严治党监督责任】 2017 年,区纪委认真履行全面从严治党监督责任,积极协助区委落实好全面从严治党主体责任。单独组织召开一届区纪委三次全会和二届区纪委一次全会,对全区党风廉政建设和反腐败工作进行全面总结和安排部署。先后 17 次提请区委常委会研究党风廉政建设和反腐败工作事宜,及时提出对策建议。调整充实区委反腐败工作协调小组成员,制定《堆龙德庆区委反腐败协调小组工作规则(试行)》,先后 2 次组织召开反腐败协调工作小组联席会议,注重形成整体工作合力。按照“一把手”负总责和“谁主管谁负责”的要求，层层组织签订《党风廉政建设责任书》300余份，督促各级党组织领导班子及其成员认真履行工作职责。要求区委、区人大、区政府、区政协领导班子成员深入分管单位或领域调研和指导党风廉政建设工作，督促认真履行“一岗双责”责任。健全完善各级党组织“一把手”和纪检机关负责人“双述”并接受质询评议制度，分机关、乡(镇)和村三个层面试行开展现场“双述”并接受评议质询，涉及各级党组织负责人和纪检干部共计86人，尤其是村一级的“双述”工作，坚持问题导向，既说成绩又谈不足，面对面接受群众的质询和监督，效果明显。科学制定约谈方案，督促各级党组织领导班子成员认真开展年度例行约谈工作，累计约谈人数达180余人，真正实现了约谈全覆盖。

【严明党的纪律】 年内，区纪委始终把严明政治纪律和政治规矩摆在首位，认真履行党的忠诚卫士职责。加强对党员干部、国家公职人员的政治纪律和政治规矩教育，督促各级党组织通过理论中心组学习、党支部专题学习、座谈会等形式加强学习《中国共产党问责条例》《关于贯彻落实党的十八届六中全会精神的决定》《党的十九大报告精神》以及共产党员和行政机关公务员违反政治纪律行为的处分规定等，抓好日常教育不松懈。在“四讲四爱”主题教育活动期间，配合政法部门工作宣传教育30余场(次)，打造政法宣传工作大格局。紧盯“三大节日”、三月敏感月、楚布“次曲”活动等重要节点，联合组织部、政法委、统战部等部门对各级党组织贯彻落实党的路线方针政策和决策部署情况进行督导检查达200余次，确保维稳措施落实到位。在党的十九大维稳防控期间，对8家违反维稳工作纪律的单位进行了全区通报，对4名违反维稳工作纪律人员进行了诫勉谈话，对1名违反维稳工作纪律人员给予留党察看处分，以严厉的问责倒逼维稳工作要求和措施落实。及时下发《关于严禁共产党员和国家公职人员参加宗教活动的通知》，在“白来日追”“萨嘎达瓦”“楚布次曲”等宗教节点，安排区委主体责任办、纪委、组织部等部门到大昭寺、小昭寺、楚布寺等宗教场所进行专项督导检查20余次，坚决维护政治纪律和政治规矩的严肃性。紧紧围绕区委、区政府中心工作和工作重点，设立监督箱、公开监督电话，成立专项监督检查组，对各乡(镇)、各单位不作为、慢作为行为进行监督检查，发现问题60余个，书面反馈存在的问题，督促整改落实。牵头对各级各单位抓落实惩防体系建设工作开展情况进行监督检查30余次，下发书面反馈整改意见通知书40余份，督促各级各单位把握惩防体系建设阶段性工作进度，确保持续性工作常抓不懈。组织人员对各乡(镇)、各单位班子成员梳理建立权力清单、查找廉政风险点、更新防控措施等情况进行检查，形成书面反馈意见20余份，修改完善制度20余项，促进内控管理规范化。

2017年10月19日，自治区纪委副书记王俊（右二）在堆龙德庆区调研并听取汇报工作

【强化廉政宣传教育】 年内，区纪委始终把党风廉政建设和反腐败教育工作纳入党的宣传思想和干部教育培训工作总体部署中。以“两学一做”学习教育为契机，组织开展学习教育研讨和理论中心

组集体学习10场次，专题讲座4场次，确保学习教育取得实实在在的成效。特别是党的十九大召开后，通过下发文件、督导检查等方式督促各级党组织累计召开学习会110余次、摘抄笔记2000余篇，手抄党章描红本1100余册，全区上下掀起了学习党的十九大报告的热潮。持续开展党员领导干部讲党课活动，区委主要负责同志带头讲党课5次，各级党组织负责人讲党课50余次，充分发挥示范带动作用。积极倡导廉政文化进机关、进村（组），打造区委、区政府机关办公楼，帮普村廉政文化走廊，利用办公楼空间设置开放式阅览点5处，引导党员干部读廉政书籍、看廉政影视、写廉政语录。制作“两个责任”提示牌80个，督促各级党员领导干部时刻将责任铭记在心。征订发放《中国家规》《中国纪检监察》《党风廉政建设》等书目3000余册，进一步深化廉政教育。传达学习各级典型案例通报90余件，下发通报20余件，组织观看《永远在路上》《镜鉴》等教育片20余场次，充分发挥案例警示教育作用。安排500余名党员干部签订《家庭助廉承诺书》2000余份，引导党员领导干部家属积极参与反腐倡廉建设。坚持将干部任前廉政谈话、约谈、填写廉政档案、廉政测试等作为加强干部日常监督管理的重要手段，先后组织对5批次新提拔使用、岗位交流的干部进行任前廉政谈话和廉政知识测试（平均成绩达到91分以上），不断增强党员干部廉洁从政意识。

2017年3月6日，区委常委、纪委书记尚志清（右一）对各单位“一把手”进行“一对一”谈心谈话

【严格执纪审查标准】 年内，区纪委始终把执纪审查作为全面推进惩治和预防腐败体系建设的重要任务，持续保持惩治腐败的高压态势。扎实开展党员干部和国家工作人员参与赌博或带有赌博性质的娱乐活动专项整治，各级党组织召开专项整治安排部署会50余次，签订《承诺书》2000余份，抽查辖区宾馆、茶馆等60余家（次），专项整治工作成效明显。牵头开展扶贫领域专项检查，梳理问题15个，督促立行立改。联合区国土局、区住建局对非法买卖土地、违章建筑屡禁不止等问题开展专题调研，认真分析研判并提出对策建议。依据《中国共产党纪律检查机关监督执纪工作规则（试行）》，建立健全“收、分、转、结”的信访举报受理工作机制，定期召开信访举报排查会，实事求是提出处理措施，做到问题线索件件有登记、分流有去向、查处有结果。修改完善《办案安全责任制》，与区医院签订《医疗救助“绿色通道”协议书》；加强纪检谈话室建设，实现室内全部软包、全程监控、录音摄像，更加注重纪律审查安全。切实将正确运用“四种形态”贯穿到问题线索的分类处置和纪律审查过程中，2017年，共核查问题线索36件，办结22件，其中立案调查8件，进行约谈9人，给予诫勉谈话5人，给予党政纪处分6人，留党察看1人，开除党籍、开除公职2人。联合组织部定期不定期对处分决定执行情况进行监督检查，组织3名受处分人员召开回访教育会议，并定期开展谈心谈话，切实加强受处分人员的教育监管。

【推动党风政风向善向上】 年内，区纪委始终把落实中央八项规定精神和区党委“约法十章”“九项要求”及市委“八项要求”作为作风建设的基础性和经常性工作。狠抓工程建设领域防治，及时约谈20家项目建设单位主要负责人，组织对领导干部在项目评审验收中发放和收受红包开展专项检查，与各级党组织主要负责人签订《拒收礼金礼品红包承诺书》100余份，提前敲响廉洁警钟。召开国有企业党风廉政建设工作推进会，与企业主要负责人签订《企业助廉守法承诺书》80余份，破除项目工程"潜规则"。召开节前部署会议7次，下发严明纪律要求文件10余份，通过"堆龙发布"和"手机短信"平台发布廉政提醒短信12000余条，定期不定期开展作风建设专项督导检查180余次（含乡镇），真正做到作风建设经常抓、抓经常。针对七八月是子女升学违规宴请问题易发多发期，专门下发通知明确纪律要求。制定印发《堆龙德庆区2017年机关作风效能建设情况监督检查方案》，对公车私用、公款吃请、收送礼品礼金、大操大办等问题开展监督检查60余次（含县区交叉督导检查），检查财务、接待、采购等制度执行情况10余次，干部职工在岗履职情况20余次、涉及单位160余家（次），监督检查力度进一步加大。落实"派车单"制度，积极推进公车改革；组织开展"三公"经费自查和纠查工作，督促25个单位及时整改存在的问题，严控"三公"经费不增加。

2017年9月16日，第二届拉萨市堆龙德庆区纪律检查委员会第一次全体会议胜利召开

【加强党内监督】年内，区纪委始终将健全完善党内监督作为党要管党、从严治党的重要抓手。探索试行"3+5+N"派驻监督模式，即在公检法内设3个纪检组和区纪委派驻5个纪检组的基础上，按照"分片划区"的形式将其他区直单位纳入派驻纪检组的监管范围，力求做到监督无缝隙、无漏洞、无死角。牵头开展30个行政村村"两委"离任财务检查，发现共性问题15个，督促整改落实到位。切实加强换届风气监督，制定区级领导班子、村级组织《换届风气监督工作实施方案》和《关于对违反换届纪律问题进行快查快办的工作方案》；先后2次组织召开严肃换届纪律工作部署会议，组织签订《严肃换届纪律承诺书》800余份；成立换届风气专项督查组，对各级党组织落实"一片一书""四必谈""七必看"等换届工作纪律教育及执行换届工作流程、候选人产生程序等进行监督检查80余次；严把选人用人廉洁关，对412名"两代表一委员"进行廉政审查，实现了换届风清气正。督促从严从实开好民主生活会，认真开展批评与自我批评，规范党内政治生活。切实加强对已建立完善的中共堆龙德庆区《第二届委员会常务委员会工作规则》和《人民政府党组议事规则》落实情况的监督，组织力量对堆龙德庆区《党政机关事业单位主要领导"五个不直接分管"和末位表态实施办法（试行）》"三重一大"集体决策等执行情况进行监督检查10余次，确保民主集中制落实到位。协助区委建立了巡察制度，制定《巡察制度汇编》《巡察干部工作纪律》等规章制度12项，指导3个巡察组紧盯"三大问题"及发生在群众身边的不正之风和腐败问题，完成对区文广局、区司法局、疾控中心、古荣乡古荣村、马乡常木村、羊达乡帮普村等6家单位的巡察试点工作，发现并移交问题线索3条，督促立行立改问题29个，组织40余个单位主要负责人召开巡察试点工作总结暨经验交流会。11月15日，启动二届二轮巡察旅游局、食药局、

城投公司、龙腾公司等4家单位的政治巡察工作，截至年底，巡察工作正有力有序推进。

【严格实施责任追究】 年内，区纪委始终将责任追究作为维护党风廉政建设责任制严肃性的重要措施。严格落实环境保护工作职责相关规定，中央环保督查组在藏期间，抽调骨干力量成立了堆龙德庆区环境保护专案组，依纪依法查处环境领域问题线索6件，实施责任追究9人，给予党政纪处分5人。全年受理群众身边的不正之风问题线索6件，已结案2件，给予党纪处分1人。贯彻落实习近平总书记在扶贫开发工作会议上的重要讲话精神及各级纪委关于扶贫领域监督执纪问责工作要求，成立扶贫资金专项监督检查领导小组和扶贫领域专项检查小组，召开专项安排部署会，深入各行政村、各乡(镇)和区直相关职能部门检查扶贫政策落实、扶贫资金管理使用、扶贫项目建设等情况，梳理并督促立行立改问题15个，受理扶贫领域问题线索3件，已追责4人，其他16人的追责线索问题已核完，已报市纪委协审。严格落实线索处置和执纪审查“双报告”制度，线索处置规范审批，及时向上级纪委报告问题线索1件，坚持每月25日前录入党风政风“监执问”系统和案管系统数据，未出现违纪线索压案不查、瞒案不报等情况。落实“一案双查”机制，既追究当事人责任，又追究党委的主体责任、分管领导的主要领导责任和纪委的监督责任，涉及问题线索3件11人。

【纪检监察队伍】 年内，区纪委始终将加强纪检监察机关自身建设作为落实党风廉政建设监督责任的重要保障。按照上级纪委要求，先后3次清理纪检监察机关参与的议事协调机构，确保将工作重点放在监督、执纪、问责上。启动监察体制改革。按照中央、区市党委关于监察体制改革的相关要求，安排纪委、检察院做好改革前期摸底调研工作，着手起草堆龙德庆区深化监察体制改革方案。深化落实“三转”要求，规范设置基层纪检机关内设机构，在纪委原有5个内设科室的基础上，党风政风监督室内增设信访办、案件审理室内增设案件监督管理办，配备了专门的信访接待员和案件监督管理员，基本形成与上级科室一一对口管理的局面。选派干部担任区纪委派驻卫生、发改委、财政局、净土公司等8家单位纪检组长，严格考察6名乡(镇)纪委副书记提名人选，不断壮大区乡两级纪检干部队伍。逐步理顺区纪委机关与派驻纪检组、乡(镇)纪委与村级纪检监督员管理层级关系，加大对派驻纪检机构的人、财、物保障力度，2017年为8个派驻纪检组追加专项工作经费预算40万元，确保工作开展无后顾之忧。围绕“两学一做”学习教育，不断加强纪检监察干部党性修养锤炼，区纪委常委会率先垂范，坚持每周学习1次，内容以习近平总书记系列重要讲话精神为主，着力解决极少数纪检监察干部党的观念淡薄、党员的意识淡化等问题，督促纪检干部做“四讲四有”合格党员。大力支持纪检干部参与上级跟岗培训或到区内外参加专题培训，轮流选派60余人(次)参与上级纪委跟岗锻炼或赴区外参与专题培训，先后4次邀请上级纪检专业人员为全区纪检监察干部开展业务培训，

2017年7月22日，堆龙德庆区召开严肃换届纪律工作部署会

着力提升纪检干部业务能力。在严格执行《西藏纪检监察干部行为规范》的基础上,建立健全保密制度、财务制度、办案安全制度等内控管理制度10余项,制定出台《纪检监察干部十条行为规则》,以"严"的规章制度和"实"的监督保障约束纪检监察干部。

(次 央)

【领导名录】

区委常委、纪委书记

尚 志 清

纪委副书记、监察局局长

王 秀 珍(女,8月离任)

尼玛玉珍(女,藏族,10月任职)

纪委专职常委

张 峰 玮(女,蒙古族,1月任职)

强巴扎西(藏族,10月任职)

监察局副局长

格桑罗布(藏族,8月离任)

金 焕 焕(女,4月离任)

中共堆龙德庆区委组织部

【概况】 2017年,堆龙德庆区以党的十八大和十八届三中、四中、五中、六中全会精神及习近平总书记系列重要讲话精神为指导,以迎接党的十九大胜利召开为主线,认真贯彻落实自治区、拉萨市第九次党代会、区市组织部长会议和区委一届三次全委会精神,深入推进"党建统区"战略,坚持围绕中心、服务大局,全区基层党组织建设工作取得一定成绩。

2017年4月28日,区委常委、组织部部长王满春(中)参加支部学习会议

【推进"两学一做"学习教育】 2017年,全区各级党组织和党员干部以学习为先导,"学""做"紧密结合,不断推进学习教育常态化制度化。截至年底,全区共召开理论中心组集中学习(扩大)会议4次,30余名党员领导干部交流学习体会,在家县级党员领导干部率先垂范,以普通党员身份参加所在支部集中学习60余次,主要领导带头开展"讲党课""上讲台"活动10余场次,全区组织集中学习研讨300余次。开展"戴党徽、亮身份、树形象""提升村干部文化素质工程""在职党员到村组报到服务群众"等系列活动,开展环境卫生整治120余次、政策法规宣传200余场次、治安巡逻1000余人次。针对党员队伍中存在的党性观念淡化、先锋引领作用发挥不充分、基层党组织软弱涣散、队伍建设后继乏人等突出问题着力推进基层党建"七项重点任务"落实,认真开展软弱涣散党组织整顿提质、党员干部能力素质培训、选拔村级后备干部等活动,全面强化教育管理,通过一系列活动的开展,全区党员干部整体素质不断提高,引领发展、助推脱贫、服务群众能力显著增强。

【抓党建促脱贫攻坚】 2017年,全区1324户4430名建档立卡贫困户中550户1821名建档立卡贫困户已于2016年实现脱贫,建档立卡贫困户人均纯收入达到7587.97元,同比增长171%。其余建档立卡贫困户已基本达到现行脱贫标准。2017年,共整顿转化软弱涣散村级党组织6个。2017年,全区基层力量积极促成23家企业及其他经济组织与堆龙德庆区23个行政村结成帮扶对子。各行政村总共争取各类资金1810余万元,引进并实施"短平快"项目121项,利用产业扶贫、以迁脱贫、就业脱贫、社会参与脱贫等手段,实现1800余名贫困群众上岗就业。全区共举办各类培训55场次，惠及基层党员群众3211人次。引导驻村工作队、农村实用技术人才和致富能手与贫困户结成帮扶对子，向他们传授致富技术、提供信息服务。

【推进村级组织换届选举】 2017年，区委高度重视村级组织换届选举工作，先后在区委一届三次全会、全区党建工作会议、村级组织换届动员部署会等大会上对全区村级组织换届选举工作进行安排部署，共召开4次区委常委会议进行专题研究，前后3次组织区委组织部、民政局、各乡（镇）和相关部门召开村级组织换届工作调研会，与各乡镇党委签订村级组织换届选举工作责任书，按照县级领导对口包乡镇、包村安排，确定村级组织换届工作指导检查组，将责任任务进行细化分解，落实到人头。组成6个村级组织换届工作指导检查组，赴全区各乡镇，针对村“两委”班子运行和作用发挥情况、进退留转情况、村级后备干部队伍建设情况以及换届重点难点村等方面进行深入详细的调研，掌握换届前期工作的第一手资料。着眼于现任村班子学习、团结、勤政、廉洁、实绩等五个方面，对全区各村开展综合评议考核工作，全区203名村干部考核优秀的占78%、称职的占22%。针对6个软弱涣散村级党组织，建立科学合理的考评细则，截至年底，6个村级软弱涣散党组织集中整顿工作顺利通过拉萨市检查验收，全部实现晋位升级。区纪委牵头抓总，联合财政局、各乡（镇），成立6个财务离任审查组，对30个行政村现任村“两委”班子和班子成员进行离任经济责任审查。通过区级示范培训和乡级普遍培训，引导党员致富带头人深入学习政治理论、市场经济和行政管理等内容，帮助成长。截至年底，建立涵盖各行业、各层次、各领域人群共计332人的村级后备干部人才库，因地制宜制定各村换届人事安排方案，为换届工作奠定坚实基础。

【加强基层组织建设】 2017年，全区除已设立村级党委、党总支的7个村外，12个村党支部调整为村党总支、8个村党支部调整为村党委、3个村党总支调整为村党委。按照每年不低于10%的比例末位倒排，集中整顿软弱涣散基层党组织，2017年共确定软弱涣散基层党组织13个，通过“一支部一方案，一问题一对策”，实现软弱涣散党组织全部晋位转化升级，晋位率达100%。截至年底，区直机关党支部顺利完成1个党委、4个党总支、55个党支部的换届选举工作，选优配强支部委员会成员270名。

【优化干部管理监督】 2017年，区委组织部制定《堆龙德庆区领导班子和领导干部综合考核办法》，提高生态环境保护的考核比重，增强领导干部科学发展意识。加强后备干部队伍储备，更新涵盖科级及以下优秀干部的后备人才库共计244名，为区委选人用人提供民意支持和直接依据。截至年底，全区共调整提拔干部24名（包括3名上级选派挂职干部），其中来自基层一线、维稳一线的干部15名，占总数的63%，领导班子和干部队伍结构得到进一步优化。继续推进职务与职级并行工作，研究确定4名公务员职务与职级并行拟晋升职级人员，其中，晋升副科级职务3人，晋升正

2017年11月6日，区委组织部工作人员入户慰问结对户并进行信息登记工作

科级1人，截至年底，拉萨市正在审核当中。全力做好超职数配备干部清理收尾工作，结合岗位空缺和工作实际，通过事业单位解聘、兼任领导职务、转任非领导职务等形式全部消化解决超职数配备干部问题。在干部管理监督上持续从严，组织31名县级领导干部完成并上报个人有关事项报告，加大对不守规矩、纪律意识淡薄干部的组织处理力度，截至年底，联合区纪委共查处5名党员干部违规违纪行为，对9名干部进行诫勉谈话，视情况严重程度分别给予通报批评、停发工资等处分，干部队伍作风进一步好转。

【区级领导班子换届圆满完成】 2017年，区委组织部坚持把党的领导贯穿换届工作全过程，先后8次召开常委会就换届工作进行研究部署，先后4次组织学习中央、区市党委换届文件精神和换届纪律要求。成立区级领导班子换届工作领导小组，切实加强区委对换届工作的领导和指导。分类签订换届工作目标责任书和严肃换届纪律工作承诺书，从一开始就把换届责任层层扣紧压实。认真落实“九严禁”“十严防”“四必谈”要求，注重从革命后代、“三老”人员、致富带头人、优秀创业青年等类别中推荐代表委员人选。全区领导班子换届工作从7月上旬正式启动，9月20日全部结束，共选举党代表220名、人大代表102名、政协委员90名，新一届区委、人大、政府、政协和纪委领导班子均以全票当选。

【老干部工作开展良好】 2017年，堆龙德庆区投资500万元修建集老年人服务用房、保健用房、娱乐用房、辅助用房及附属设施为一体的“拉萨市堆龙德庆区林琼岗老年人日间照料间”；投资400万元装修改造成都老干部活动中心，全力保障易地安置老干部学习活动需要。4月，预算专项经费58.745万元，组织29名离退休老干部赴北京、江西、四川三省开展“讲党恩爱核心，哈达献给总书记”红色之旅主题疗养活动；11月，预算专项经费45.49万元，组织26名离退休老干部赴海南开展参观疗养活动，党和政府的关心关怀进一步彰显。建立离退休干部党内激励帮扶制度，坚持每年拿出40万元专项资金重点帮扶因患重大疾病住院、遭受自然灾害或重大事故等特殊情况导致生活困难的离退休干部及遗属，2017年从其中拿出12万元解决5名党员干部的现实困难。积极发挥老干部余热，组织参加全市老年运动会、举办文艺演出、开展“畅谈十八大以来变化、展望十九大胜利召开、建言十九大”等活动，截至年底，共组织老干部宣讲活动23场，深入乡镇、村、学校等14家单位，为1350余名党员干部群众作专场报告。

（余　强）

2017年9月11日，区委组织部在东嘎镇指导换届工作

【领导名录】

区委常委、组织部部长

王满春

区委组织部副部长、编办主任

平　旺（藏族）

区委组织部副部长

邱弋桓

中共堆龙德庆区委宣传部

【概况】 2017年，中共堆龙德庆区委宣传部加挂两块牌子（精神

文明办公室、互联网信息办公室)，下属事业单位网络评论中心，实有行政和事业人员10名(不含工勤和公益性岗位)，其中副县级1名，正科1名、副科1名，普通干部7名。2017年，在区市党委的坚强领导和区市党委宣传部的悉心指导下，堆龙德庆区委认真贯彻落实区市党委关于意识形态工作的决策部署及指示精神，以对党和人民事业高度负责的态度，以宣传、贯彻党的十九大精神为主线，以"四讲四爱"主题教育实践活动为抓手，敢于担当、主动作为，牢牢掌握意识形态工作领导权。

2017年5月26日，市委常委、宣传部部长吴亚松（前右二）在堆龙德庆区调研"四讲四爱"主题教育实践活动。区委常委、宣传部部长图登佩杰（前左一）陪同

【理论学习常态化】 年内，区委宣传部坚决在思想上拥戴、在政治上信赖、在组织上忠诚、在行动上捍卫以习近平同志为核心的党中央，教育引导全区上下争做学习贯彻落实习近平新时代中国特色社会主义思想的表率。坚持把学习贯彻习近平新时代中国特色社会主义思想特别是治边稳藏重要战略思想作为重中之重，把学习讲话精神与中国特色社会主义、中国梦学习教育紧密结合起来，采取专题研讨、集中传达、专家讲座、宣讲交流等形式，扎实推进"两学一做"学习教育常态化制度化，全年组织开展区委理论中心组学习20次，坚持将原文学习十九大报告作为区委常委会会前学习的规定动作，特别是开展党的十九大精神专题学习8次(收听收看大会实况直播2次、专题研讨交流3次、聆听专家辅导讲座3次)，县级干部带头讲党课65次、带头宣讲十九大精神41次，各级党组织开展各类专题学习教育实践活动5000余场次，学习十九大精神实现首轮全覆盖，分批次开展学习测试和督导考核，全区上下理想信念更加坚定，党性更加坚强。同时，征订发放《习近平讲故事》《十九大报告辅导读本》《西藏百万翻身农奴口述史》等藏汉文学习资料上万余册。

【宣讲活动广覆盖】 年内，区委宣传部选派38名宣讲骨干参加区市"四讲四爱"党的十九大精神宣讲培训，发动各级党员领导干部、十九大代表等各行业各领域各界优秀代表，联合党校、扶贫办组建宣传队伍深入机关、乡村、学校、寺庙、企业等人员集中处，深入党员干部、在校师生、农牧民群众、企业员工、寺庙僧尼、流动人口中间，分众化、互动化宣讲党的十九大、区市党委九届三次全会以及精准扶贫惠民政策等，特别是邀请党的十九大代表、堆龙中学教师巴珍兼任十九大精神和"四讲四爱"主题教育实践活动宣讲团副团长，加强对习近平新时代中国特色社会主义思想的宣传阐释，让党的创新理论进入寻常百姓家。

【"四讲四爱"主题教育实践活动】 活动自4月启动以来，覆盖6个乡(镇)、30个行政村，10所学校(含幼儿园)，8座寺庙，5家国有企业，累计投入经费155万元全面保障活动有力有序推进，形成"节节有安排、层层抓落实"的良好局面，堆龙德庆区被授予2017年全市"四讲四爱"主题教育实践活动先进集体。组建区(县)乡(镇)村三级共269人的宣讲团，开展宣讲培训129期，统一宣讲口径，注重吸纳培养老党员、致富带头人、创业青年等进行宣讲，积极采用阵地宣讲与流动宣讲相结合、个

2017年11月23日，拉萨市委常委、宣传部部长吴亚松赴德庆乡宣讲十九大精神

人宣讲与团队宣讲相结合、集中宣讲与入户宣讲相结合的模式，采取文艺演出、电影放映、知识竞赛、有奖问答、红歌比赛、作品原创、结对帮扶等形式，分受众、分阶段、分专题、有侧重深入开展点面结合的宣讲活动，让群众听得懂、学得进、易接受。全区开展各类宣讲2800余场次，受众累计38万余人次；发放藏汉双语宣传资料5万余册；投入60万元定制发放环保手提袋、蓝牙收音机、保温杯、木碗、雨伞、书包、文具共9000件生活化宣传品。因地制宜、因村施策开展好自治区19项、拉萨市33项实践活动，立足堆龙区情，延伸丰富“六个一”活动，即精心打造“一台样板文艺演出”、及时开展“一次返乡宣讲”、全面开展“一次干部教育”、有效组织“一次观摩教学”、扎实推进“一系列实践活动”、深入挖掘“一批先进典型”，特别是成功举办“讲党恩 爱核心 哈达献给总书记”活动，组织50名老干部、60名爱国爱教僧尼两批次到红色老革命根据地、爱国主义教育基地参观学习活动，开展堆龙籍县级（科级）干部回家乡讲故事话亲情活动，一系列活动广受好评，活动经验得到上级领导认可并适时推广，使“四讲四爱”的科学内涵深入到基层一线、渗透到受众心间。全区开展各类实践活动1000余场次，受众累计37万余人次。坚持纠建并举，把建立健全工作制度、宣讲制度、考核制度和督导制度作为重要内容，修订完善乡规民约、村规民约、寺规僧约、行业规范、学生守则、校规校纪等制度规范346个，巩固、提高活动中的好做法、好习惯，使之制度化常态化。

【深化文明创建】 2017年，堆龙德庆区继续保持拉萨市文明城市资格，区法院、国税局、财政局、乃琼镇等单位继续保留国家级、自治区级、市级文明单位、文明乡村荣誉称号，顺利完成2017年拉萨市全国城市文明指数测评迎检工作。

【深化思想道德建设】 年内，区委宣传部坚持全民行动、干部带头，从家庭做起，从娃娃抓起。在全区上下广泛开展“注重家庭·注重家教·注重家风”深化家庭文明建设工作，500余名副科级及以上党员干部签订“立家规、正党风”家庭助廉责任书；古荣乡嘎仲村4组巴珠家获得2017年度拉萨市“最美家庭”称号，原堆龙中学毕业生索朗曲珍被评为“央视最美孝心少年”，还涌现出古荣乡加入村旺堆、乃琼镇加木村边巴、德庆乡顶嘎村贡嘎扎西、羊达乡通嘎村阿奴、区委党校米玛曲珍、觉木龙寺阿旺提觉、圣香海螺有限公司经理普布卓玛等10名2017年度“拉萨好人”、道德模范；成功举办“诵经典、传家风，共建美好家园”诗文朗诵会和“重家教·晒家风·传家训”巡回报告会暨道德讲堂机关总堂活动；广泛开展“我们的节日”、文明交通、文明餐桌、文明旅游、网络文明、公益广告宣传等常态化创建活动，持续传播文明理念。以培养合格接班人为目标，积极组织中小学校开展“向国旗敬礼”“网上祭英烈”“学雷锋做美德少年”“家风家教进校园”、中华经典诵读等未成年人思想道德教育活动，高标准推进羊达乡中心校、德庆乡中心小学、古荣乡小学少年宫建设，不断提高学生文明素质。

【加快文明阵地建设】 年内，区委

宣传部以弘扬伟大爱国主义精神为目的，以村情村貌、民风民俗、党史国事、先进典型、新旧对比、反面案例等为主要内容，建成德庆乡邦村、古荣乡那嘎村、马乡常木村、羊达乡通嘎村、乃琼镇波玛村、东嘎镇南嘎村等26个村级爱国主义教育基地（总投资达650多万元，有条件的村还设立新旧西藏对比展览室），努力打造成基层群众思想教育的新阵地。争取220万元启动建设古荣乡那嘎、马乡措麦非遗传习基地和马乡设兴村藏戏传习基地，深入开展非遗文化进校园活动，努力打造历史文化传承与现代文明交相辉映的新阵地。

【推进文艺精品创作】 年内，区委宣传部整合民间艺术团资源力量，全面打造一支唱响主旋律弘扬正能量的艺术团队，村级民间藏戏队稳步发展，比2016年新增6个村的藏戏艺术队。整合艺术团和藏戏队资源，围绕“四讲四爱”、党的十九大等创作一批群众喜闻乐见的文艺精品，在第三届拉萨市民间艺术团文艺调演中斩获多个奖项：《上古福地》（歌曲）、《幸福踢踏》（舞蹈）荣获原创作品二等奖，《唐东杰布》荣获舞蹈类节目二等奖，《团结就是幸福》（小品）荣获语言类节目三等奖。

【丰富精神文化生活】 2017年，区委宣传部大力推动文化惠民，公共文化服务体系逐步健全，文化阵地作用日益显现，构建起县乡村三级文化服务体系。县（区）级层面强化公益性“两中心”建设，一方面改造升级区文化活动中心，投资4000多万元打造堆龙文化活动中心（建筑面积8000多平方米），采取政府购买服务，委托第三方管理运营模式，将其打造成为集演艺、剧场、报告厅等多功能为一体的综合文化活动场所和面向覆盖主城区居民文化生活需求的综合文化服务中心，已承接公共文化服务活动、演出百余场；另一方面先后投资1200余万元打造青少年活动中心（建筑面积2000平方米），重点在节假日分时段分批次开展绘画、书法、声乐、舞蹈等兴趣爱好培训班，成为城区青少年学生的校外活动阵地和素质提升的开放性文化服务中心。为6个乡镇文化站补充价值55万元的健身器材和办公设备，为32个农家书屋、19个寺庙书屋更新图书1000余册。广泛开展“共建团结美丽家园·共享健康幸福堆龙”五下乡宣传服务活动，策划开展“迁新居·迎新春·感党恩”、喜迎“两会”“十九大”以及“四讲四爱”等下乡慰问演出以及“3·28”西藏百万农奴解放纪念日、“七一”、民族团结等重大节庆日文艺演出活动250余场次。成功举办楚布沟自行车体验赛、宇妥沟药王谷藏医养生深度体验游、古荣糌粑文化节、帮普沟沐浴文化节、比西沟公益徒步体验等活动，顺利承办中央民族乐团赴藏慰问演出活动，为广大干部群众提供更加丰富的精神食粮。面向城区居民（少年、中老年）在文化活动中心免费开设藏文书法、舞蹈、声乐、唐卡绘画、民族器乐培训班，邀请自治区歌舞团和非遗传承人等专业人士16人兼任教师，截至年底，参与群众已达280多名，反响良好；面向农牧区群众、中小学生等开展“我爱我家、生态堆龙我在行动”环境整治倡议、“我给家人讲堂课”寒假实践等农闲时期丰富业余文化生活十项活动，进一步

2017年4月27日，区委宣传部举办“诵经典、传家风，共建美好家园”诗文朗诵会

满足广大群众的文化需求，实现在家门口就能享受到文化服务。

【新闻宣传】 年内，区委宣传部建立运营好拉萨报社堆龙记者站，全面提升新闻采集、提炼、策划、报道和媒体接待的水平，建立完善"精彩堆龙"数据库，吸引人民日报、新华社、经济日报、光明日报、中央电视台等各级新闻媒体到堆龙采风采访，向外界宣传报道堆龙精准扶贫、党风廉政、产业发展、社会治理、民族团结、援藏、"四讲四爱"喜迎党的十九大等生动实践和进展成效，使堆龙在报纸、电视等传统媒体的曝光度和影响力得到进一步提升。2017年1月30日出版的《人民日报》头版报眼处刊发《西藏拉萨堆龙德庆区波玛村——两张扶贫卡上的"精准账"（新春走基层·我们脱贫了）》，该报道为堆龙历史上首次出现在《人民日报》头版报道中。

2017年6月29日，市委宣传部、市文化局联合堆龙德庆区举办"共庆七一喜迎十九大四讲四爱"文艺演出

【网络宣传】 年内，区委宣传部切实加强网络信息管控，制定完善新媒体信息发布须经报送单位"一把手"初审、宣传部复审、分管县级领导终审的"三审"制度。严格执行网信工作指令，加强网络舆情搜集，充分发挥网评员队伍作用，引导网评员在"两会"、党的十九大召开等重大节点主动发声、及时发声、为党发声，核查督办、妥善处置涉及环境污染、土地纠纷、医疗保障等举报事件8起，向上级反馈舆情信息千余条，构建网上网下"同心圆"。加强新媒体建设，对新开通的微信公众账号进行备案管理，为驻区企业网站派驻党建指导员，在网上践行群众路线。继续做大做强"堆龙发布"，及时将堆龙德庆区权威信息向外界推广，把主题宣传、成就宣传、典型宣传同步推送到微信平台上，把理论传播、新闻传播、文化传播覆盖到微信平台上，共推送图文信息1500多条，关注人数达到3270人，比2016年增长2倍，单条信息《2017年堆龙撸起袖子这样干！真的要大变样了！》最高点击量首次突破1万人次。

【典型宣传】 年内，区委宣传部深入挖掘、用心发现各行各业的正面典型，充分发挥正面典型的示范引导作用，把握好时、度、效，重点宣传爱党爱国、固边稳藏、长期建藏、扎根基层、爱岗敬业、创业创新、勤劳致富、崇德向善、移风易俗等方面的先进典型，优秀宣讲党员扎巴旺丹、贡桑曲珍、罗追，东嘎镇脱贫致富代表普布普赤和央金，马乡措麦村格桑次仁，乃琼镇致富带头人民珠等典型人物的事迹广为传颂，形成时时处处见典型、方方面面学典型的良好舆论环境。

【社会宣传】 年内，充分发挥编译局作用，严格审核把关藏汉双语宣传内容，规范使用藏汉双语悬挂张贴横幅标语。借助堆龙德庆区得天独厚的区位优势，在109国道、318国道等沿线单立柱、龙门架、墙体、公交车站台设置"没有中国共产党就没有社会主义新西藏""更加紧密团结在以习近平同志为核心的党中央周围""加强民族团结建设美丽西藏""四讲四爱"及精准扶贫、环境保护、社会主义核心价值观、党的十九大精神等藏汉文标语固化广告并及时更新，使社会大众抬头可见、随处可学；策划制作《楚布圣地 糌粑之乡》宣传片在拉萨市核心商圈首次亮相，旅游宣传片登上旅游卫视《文明中华行》栏目，堆龙的美好形象更加深入人心。截至年底，邀请自治区电视台正在制作《党的十九大精神振奋人心“四讲四爱”凝聚正能量》系列宣传片。

【队伍建设】 年内，区委宣传部严格落实从严治党要求，切实加强自身建设，努力成为一支讲政治、党性强、敢担当、勇创新、严律己、本领硬的队伍。紧紧围绕“两学一做”学习教育和“四讲四爱”主题教育实践活动，在全区宣传思想文化系统开展深入学习习近平总书记系列重要讲话精神活动，召开集中学习会18次，系统学习习近平总书记关于意识形态、文化文艺、新闻舆论、网络信息、精神文明建设、思想政治教育等宣传思想文化工作的重要讲话精神，特别是习近平新时代中国特色社会主义思想，组织党员开展“党员活动日”和志愿服务活动20余次，教育引导宣传思想文化工作者强化“四个意识”，向核心看齐。认真落实党风廉政主体责任和第一责任人责任，完善领导班子党风廉政建设目标管理责任制，坚持民主集中制，严格执行“三重一大”议事规则，经常性安排部署党风廉政工作，及时向区委、区纪委报告工作情况，与干部职工开展谈心谈话，形成严抓、严教、严管的工作机制，营造干事创业、风清气正的工作氛围。采取“引进来、走出去”的方式，进一步配齐配强领导班子，引进自治区党委宣传部骨干到区委宣传部挂职并兼任常务副部长，引入4名专业人才、西部计划志愿者充实到宣传思想队伍中，选派多名干部赴北京、江苏、广东、广西、四川等地以及市外宣办、文明办参加业务能力培训和跟岗挂职锻炼，向组织推荐优秀干部在重点管理岗位任职，不断优化选人用人育人环境。

（王瑞芳）

2017年7月7日，区委宣传部举办“道德讲堂”活动

【领导名录】

区委常委、宣传部部长
　　图登佩杰（藏族）
常务副部长
　　尹 传 奇（10月离任，挂职1年）
副部长、网信办主任
　　刘 祖 简
区网信办主任、网评中心副主任
　　段 凤 芝（女）

中共堆龙德庆区委统战部（宗教办）

【概况】 2017年，在区委、区政府的正确领导和在上级业务部门的具体指导下，区委统战部（宗教办）深入贯彻落实党的十八大、十八届三中、四中、五中、六中全会及党的十九大精神，中央第六次西藏工作座谈会精神和中央及区、市党委统战工作会议精神，特别是习近平总书记“治国必治边，治边先稳藏”的重要战略思想和“努力实现西藏长期稳定、持续稳定、全面稳定”重要指示，贯彻落实“依法治藏、富民兴藏、长期建藏、凝取人心、夯实基础”的重要原则，贯彻落实党的宗教工作基本方针和国家管理宗教事务的法律法规，紧紧围绕全区改革发展稳定大局，充分发挥统一战线优势，在服务经济发展、维护大局稳定、促进社会和谐方面取得一定的成绩，圆满完成各项工作任务，为促进全区经济发展和社会和谐稳定做出积极贡献。

【党支部建设】 2017年，区委统战部（宗教办）党支部召开党员大会对支部班子进行补选改选工作，以党支部书记、副书记、专职委员为核心的支部班子；修订完善《堆龙德庆区统战部（宗教办）支部委员分工》及民主评议党员制度、“三会一课”制度、党支部学习制度、“三重一大”制度等支部工作制度并上墙公示，以接受群众和上级领导、业务部门的监督和指导；区委统战部（宗教办）切实加强党支部建设工作，紧密结合“两学一做”学习教育活动，科学制定学习计划，坚持每周四下午定期召开支部学习会，通过“支部集体学、单位自主学、党员自觉学”以及观看先进人物事迹和警示教育影片、参观爱国主义教育基地等方式，进一步提升和增强党员干部的政治理论水平和宗旨意识。认真开展“庆七一”、党员主题活动日、党员志愿服务等活动，进一步促进党性观念、增强党员意识，充分发挥党员先锋模范作用，增强统战部（宗教办）党支部的创造力、凝聚力和战斗力。全年，组织全体党员干部集中学习32次。集中讨论12次，开展各项活动10次。组织全体党员干部学习精准扶贫的相关知识和政策，先后8次深入包村点古荣乡那嘎村调研指导精准扶贫工作、基层党建工作和村级组织换届工作，形成1篇综合性调研报告。

【党风廉政建设工作】 年内，区委统战部严格贯彻落实中央“八项规定”和区党委“约法十章”，市委“八项要求”和“十个严禁”，坚持廉政学习，增强干部职工防腐拒变能力，不断增强政治意识、纪律意识和自律意识，有效避免各类违纪违规现象的发生。

认真落实党委主体责任和纪委监督责任。制定和完善《区委统战部（宗教办）班子党风廉政建设分工与责任制》，进一步建立健全干部动态监督管理制度，制定《堆龙德庆区委统战部（宗教办）干部去向表（公示栏、登记册）》《堆龙德庆区委统战部（宗教办）干部职工考勤登记册》，设立《堆龙德庆区委统战部（宗教办）干部职工考勤公示栏》，进一步增强干部职工的纪律观念，确保干部职工的去向明、底数清，有效杜绝个别干部职工的迟到、早退现象；细化《堆龙德庆区委统战部（宗教办）财务制度》，设立《堆龙德庆区委统战部（宗教办）财务公示栏》，制度规定凡超出1万元以上的开支必须召开部务会研究决定，方可支出，做到财务公开，透明。

制定区委统战部（宗教办）制度汇编，为进一步规范区委统战部（宗教办）各项工作，使各项工作有章可循，区委统战部（宗教办）制定完善《中共堆龙德庆区委统战部（宗教办）制度汇编》，为今后更好地开展各项工作奠定有力基础。

进一步细化重大决策、主要干部任免、重大项目安排、大额度资金使用（三重一大）决策具体事项，完善决策的形成机制和程序，推进班子集体讨论决定，加强决策的协商、论证、听证，建立主要领导干部末位发言制度，健全决策后评估和纠错机制。

把作风建设永远在路上，融入日常工作。继续加强对党员干部作风建设的领导，明确抓作风建设的具体责任，切实把作风建设和业务工作融合在一起。结合民主生活会、述职述廉等工作，运

2017年10月28日，区委常委、统战部部长普布斯曲（主席台中）参加古荣乡村级组织换届动员部署暨培训会

用批评和自我批评的武器，深入开展积极健康的思想斗争，促进作风建设，营造廉洁的工作环境，有效促进区委统战部（宗教办）工作作风的进一步转变。

2017年10月21日，市委常委、统战部部长阿努次仁（右二）在顶嘎寺检查指导工作

【党外人士、党外干部信息库】 2017年，对堆龙德庆区党外人士进行全面的摸底调查，进一步更新、完善堆龙德庆区党外代表人士及党外干部档案，健全党外后备干部信息库。堆龙德庆区共有党外代表人士43名，其中自治区政协委员4名，拉萨市政协委员9名，堆龙德庆区党外政协委员33名，拉萨市人大代表3名，堆龙德庆区人大代表4名，自治区佛协理事3名、市佛协副会长1名、市佛协理事2名、市佛协代表3人。

【注重党外干部培养】 年内，区委统战部积极协同组织部做好党外干部的培养、选拔、使用工作。截至年底，堆龙德庆区共有党外干部267名，其中事业编制258人、行政编制7人、寺管会2人。党外后备干部10名，重点培养对象3名。

【坚持联席通报制度】 2017年3月，由区委统战部牵头，组织召开堆龙德庆区各族、各界人士庆祝“西藏百万农奴解放纪念日”座谈会，向党外人士通报堆龙德庆区经济社会发展及社会局势稳定情况、区里重大决策事项，并进行交流座谈，请各族、各界代表人士发表各自想法、看法，充分发挥其参政议政、建言献策、民主监督的积极作用。及时足额发放生活补助。为使党外人士生活补助落到实处，区委统战部高度重视，指定专人负责，及时兑现21名党外政协委员全年生活补助费共计163560元。

【提高参政议政能力】 长期以来，区委统战部一直高度重视党外代表人士参政议政工作，鼓励各级党外代表人士为堆龙德庆区的经济社会发展建言献策，充分发挥民主监督职能。

【坚持与党外代表人士“交朋友”】 年内，区委统战部坚持党员领导干部和党外人士广交朋友制度，及时了解掌握党外人士的思想动态，做到政治上指引、工作上支持、生活上关心。按照《堆龙德庆区委统战部关于实行党政领导干部与党外人士“交朋友”工作的意见》，确定“党政领导干部每人联系1座寺庙、2名高僧大德、3名党外人士”制度，要求领导干部深入到党外“朋友们”的家中，了解其生活中存在的实际困难并帮助解决；以诚恳的态度与“朋友们”交心谈心，了解掌握“朋友们”的思想状况。由区委统战部牵头，开展各类主题实践活动，让“朋友们”深刻感受党和政府对他们的关怀，为堆龙德庆区的社会和谐稳定做出积极贡献。

【提高生活补助】 按照文件精神，区委统战部从2014年10月1日至2017年12月31日，提高部分党外爱国人士的生活补助已纳入2018年经费预算当中，共计兑现资金为21.45万元，并按照拉萨市委统战部要求于2018年3月之前兑现。

【定居藏胞工作】 进一步完善国外藏胞及境内亲属的登记造册工作。年初，区委统战部深入各乡（镇）调查核实情况及开展探访藏胞的境内亲属进行认真调查和严格审核,完成政审和核查方面的工作,并撰写《堆龙德庆区藏胞工作调研》调研报告;积极宣传藏胞政策,在做好对藏胞的调查审核和接待工作的同时,注重对归国探访藏胞及境内亲属的宣传管理工作。同时,区委统战部要求归国探访藏胞所在乡(镇)、村按照属地管理原则,做好相关监督管理工作,一旦发现问题,及时上报,及时处置,不留后患;关心重视定居藏胞。区委统战部一贯重视定居藏胞教育、管理工作,从正面引导定居藏胞为堆龙德庆区的政治经济社会发展做出积极贡献,充分体现出党和政府对藏胞的关心重视,真正做到政治上严格要求、工作上重视支持、生活上关心照顾,使之真正成为反分裂斗争防线中的坚强堡垒。

【宗教活动安全有序开展】 严格审批大型宗教活动。年内,区委统战部按照上级业务部门关于严格审批宗教活动的要求,对上报的大型宗教活动进行层层审批,并按上级部门的要求分别制定《宗教活动书面申请》《宗教活动实施方案》《宗教活动安保方案》《宗教活动应急处置预案》《宗教活动风险评估报告》等;确保大型惯例宗教活动正常有序开展。为确保惯例大型宗教活动正常有序开展,区委、区政府高度重视,进一步健全联动协调机制,投入大量的人力、物力和财力。按照区市党委、政府的决策部署和上级业务部门的工作要求,区委、区政府主要领导及分管领导提前组织召开专题协调部署会和区委常委扩大会议,研究制定安保工作实施方案,并与拉萨市堆龙德庆区涉宗部门、有关单位负责人前往现场进行实地踩点,设立指挥部,确保安保工作无空白、无盲区,并从全区涉宗部门、成员单位、各乡(镇)抽调精干人员,与全市抽调的干部、干警、武警和消防官兵进行整合,形成维护大型宗教活动正常秩序的强大合力。在惯例大型宗教活动开展期间,区委、区政府主要领导全程坐镇指挥,维稳力量提前进点,按照部署安排认真履行各自职责,切实做到组织领导到位、维稳力量到位、防范措施到位、工作责任到位。

【开展“四讲四爱”主题教育活动】 年内,为开展好“四讲四爱”主题教育实践活动,区委统战部召开宗教领域“四讲四爱”主题教育实践活动动员部署会,并制定活动方案。在各寺庙以制作“四讲四爱”主题教育实践活动的设置宣传栏、悬挂标语横幅等形式,营造浓厚的活动氛围;采取一对一、一对多和讲师讲、干部讲、高僧大德讲等多种形式深入寺庙、僧舍进行宣讲。

【加强和创新寺庙管理工作】 年内,区委统战部按照区市区党委、政府关于加强和创新寺庙管理的决策部署和上级业务部门的工作要求,切实抓好“六建”“六个一”工程、“9+5”项目、僧尼免费体检等系列利寺惠僧政策的落实,扎实、稳步推进寺庙管理长效机制建设。

寺庙项目建设情况。其美龙寺道路硬化项目,投资 97.51 万元;修建聂寺驻寺干部综合楼后面防洪堤项目,总投资 34.37 万元;修建巴普寺大门项目,总投资 44.88 万元;达扎寺环境整治项目,总投资 34.52 万元。

加强寺庙管理机构党建调研

2017年4月13日,堆龙德庆区召开宗教领域“四讲四爱”主题教育实践活动动员部署会

工作。深入开展寺管会(专职特派员)调研工作,就各党支部组织机构、人员配备、工作机制及目前工作开展中出现的问题进行深入调研,同时就今后如何开展好寺管会党建工作提出要求;为充分调整驻寺干部积极性,进一步充实驻寺干部队伍,区委、区政府2017年调整交流驻寺干部共14人,新进驻寺干部6人,岗位调整1人,岗位交流6人,提拔驻寺干部1人。

大力开展创建评选活动。按照创建评选标准和要求,2017年6月、11月召开两次表彰大会,全年共评选出11座县级和谐模范寺庙、536名县级爱国守法先进僧尼、10个县级先进寺庙管理机构和51名县级优秀驻寺干部、优秀涉宗干部,发放奖金总额共计65余万元;在拉萨市6月、11月两次创建评选活动表彰大会上,共有4座寺庙获得市级和谐模范寺庙、199名僧尼获得市级爱国守法先进僧尼、4个寺管会获得市级先进寺管会、7名驻寺干部干警被评为市级优秀驻寺干部、1名涉宗领域干部被评为市级优秀涉宗干部;在12月自治区创建评选活动表彰大会上,堆龙德庆区1座寺庙被评为区级和谐模范寺庙、24名僧尼被评为区级爱国守法先进僧尼、1个寺管会被评为区级先进寺管会、8名驻寺干部被评为区级优秀驻寺干部及干警、1名涉宗领域干部被评为区级优秀涉宗干部。

圆满完成2017年度僧尼赴内地学习交流活动。按照拉萨市关于做好寺庙僧尼培训学习交流相关工作要求,2017年5月、11月分别开展2期僧尼培训活动,安排僧尼赴内地进行为期19天的学习交流活动,投入资金190余万元。通过开展活动,不仅拓宽僧尼的视野,增长见识,提升修为,同时进一步增强广大僧尼的向心力,受到僧尼的一致欢迎,切实做到党和政府满意、广大僧尼满意。

积极开展民族宗教领域干部赴成都专题培训。为进一步做好全区加强和创新寺庙管理工作,深化寺庙管理属地责任,切实增强涉宗领域干部应对复杂局面的能力,促进干部队伍整体素质的新提高,根据年初区委组织部制定并下发的《堆龙德庆区2017年干部教育培训实施方案》文件精神及区委统战部制定下发的驻寺干部培训计划。组织23名驻寺干部及乡(镇)涉宗干部前往四川省电子科技大学高级培训中心开展为期20天的专题培训。

供暖供氧暖人心。为进一步改善广大驻寺干部的办公居住环境,区委、区政府2017年内为全区(除嘎东寺)各寺管会(专职特派员)办公场所安装地暖设备。同时为海拔4000米以上的4座寺庙(楚布寺、顶嘎寺、乃朗寺、热果寺)安装制氧机。

【关爱活佛工作】 年内,在各级党委、政府的关心重视下,在市委统战部的精心指导下,区委统战部积极探索两位活佛培养教育管理服务的各种办法和措施,积极引导宗教与社会主义社会相适应。进一步关心关爱活佛的健康成长,全力以赴做好活佛的安全保卫工作,完善两位活佛培养工作的一系列计划和措施。区、市、区委主要领导经常看望慰问活佛,与活佛交心谈心,及时了解掌握活佛的思想动态,鼓励活佛加强科学文化知识和藏传佛教知识学习,从正面积极引导活佛成为爱国爱教的宗教界人士。

【经济领域统战工作】 深入开展调研工作。年内,区委统战部通过认真开展摸底调研、排查走访、座谈交流等方式,对区内的非公有制企业、非公党建情况进行为期一个月的调研摸底,并建立健全《非公企业基本信息表》《非公企业党组织基本情况统计表》《非公企业党员基本情况统计表》《非公企业预备党员基本情况统计表》《非公企业入党积极分子基本情况统计表》等档案台账,全面地掌握非公企业基本信息和党建工作情况。

开展非公企业党建工作。区工商联多次召开主席办公会议对非公有制经济人士进行摸底,并根据实际情况设定常委9名、执委15名;成立以区委常委、统战部部长普布斯曲为组长,副区长董智杭、区工商联主席达瓦次仁为副组长的换届领导小组;及时制定换届工作实施方案,并上报区委统战部;领导班子提名人选由堆龙德庆区委统战部、组织部及区工商联一起开展相关工作,对领导班子提名人选进行考察;多次召开统战部部长会议集体研究，确定换届人事整体方案。堆龙德庆区工商联按照上级部门的要求及程序于5月6日召开第一届一次代表大会，大会选出15名执行委员会委员、9名执行委员会常委、1名主席，1名专职副主席，4名兼职副主席。

充分发挥非公经济人士在经济社会建设中的积极作用。引导他们积极参政议政，参与社会事务管理，为加快发展堆龙德庆区非公有制经济建言献策。在2017年召开的各级"两会"上，非公有制经济人士人大代表、政协委员积极在涉及经济社会发展和人民群众普遍关心的热点、难点问题方面提交建议、意见，较好地发挥非公经济人士参政议政的作用。

【信息调研工作】 积极开展调研工作。区委统战部领导高度重视统战调研工作，2017年按照区委"两学一做"专题教育实践活动领导小组的安排和上级业务部门的要求，为进一步加强统战理论研究，尤其是积极探索总结加强和创新寺庙管理取得的成效与经验，建立长期、稳定、高效的寺庙管理机制，全面提升统战工作水平，充分发挥统一战线工作在促进经济发展、构建和谐社会中的积极作用，区委统战部抽调精干力量组成课题小组，形成《堆龙德庆区委统战部关于深入那嘎村调研的情况报告》等有质量的调研报告，为区委、区政府及上级部门做好宗教工作提出具有建设性的意见建议；狠抓上报信息工作。在开展统战各项工作的同时，区委统战部办公室工作人员将具体各项工作开展情况，以工作简报、情况反映等方式及时进行上报。2017年，区委统战部办公室及宗教办共上报工作专报11期、简报135期，情况反映22期，为区委、区政府及上级业务部门决策部署提供翔实的依据。

（阿旺旦增）

2017年1月21日，区委统战部党支部召开专题组织生活会

【领导名录】

区委常委、统战部部长
　　普布斯曲（藏族）
统战部常务副部长
　　唐　靓
区宗教办主任
　　次　旺（藏族）
区宗教办副主任
　　任姝芳（女）
区统战部副部长
　　晋　朗（藏族）

中共堆龙德庆区直属机关工作委员会

【概况】 年内，区直机关工委按照区委的部署和要求，以习近平新时代中国特色社会主义思想为指导，深入贯彻落实党的十八届五中、六中、七中全会及党的十九大精神，以建设学习型、服务型、创新型、引领型、战斗型党组织为工作目标，在常态化和规范化上继续狠作文章，各党组织的战斗堡垒作用及党员的先锋模范作用得到充分发挥。2017年，区直机关设2个党委，4个党总支，74个党支部，共有党员1356名（含预备党员25名），入党积极分子94名。

【健全组织保障体系】 年内，明确第一责任人责任，区机关工委要求机关党组织书记必须由单位"一把手"兼任，量化党组织书记抓党建责任考评标准，狠抓落实机关党组织书记述职评议，激发第一责任人责任担当；科学设置党组织，根据工作需要及时研究成立龙跃恒通水电气公司党支部和城市综合执法管理局党支部，指导教体局党总支按程序成立党委，并协调各乡（镇）党委将各乡（镇）中心小学党支部划转至教体局党委统一管理，使党组织的触角覆盖到每一个机构，更加有利于机关基层党建工作开展；狠抓机关基层党组织按期换届工作，组织指导任期届满的1个党委、4个党总支、55个党支部依法依规进行集中统一换届，共选举产生书记、副书记、委员270人，新一届党组织班子在年龄、民族、文化水平、职级等结构方面更加科学合理，履职能力更强；健全完善党建保障工作。从2017年起，为保障机关党组织工作有序运行，区财政统一按照各支部在岗党员全年工资总额的2%下拨党建工作经费，切实解决各支部没经费搞党建的问题。同时，机关工委继续按照支部建设“十二有”要求为各党支部配发党徽、新版党章、党建书籍、专用党建台账盒、“三会一课”笔记本等硬件设备，为机关各党组织做好党建工作提供坚实的物质保障。

2017年6月30日，区直机关工委开展庆“七一”集中慰问区（中）直机关老党员、困难党员及患病党员活动，区委常务副书记张勇主持（前排右四），区人大常委会副主任、区直机关工委副书记次仁（前排左四），副区长、区直机关工委副书记何景平（前排右一）参加活动。图为慰问贫困党员后合影留念

【严肃党内政治生活】 年内，区机关工委进一步清理党建规章制度，汇编并印制下发《基层党建工作手册》，监督和指导各支部严肃认真的开展党内政治生活，落实各项制度。落实好“三会一课”制度，下发专门的笔记本，严格督促各支部召开党员大会、支委会、党小组会498场次，党组组织书记（包括区级书记）讲党课143次，做好会议记录和党员个人笔记，严格落实会议精神；严肃组织生活会，各支部经机关工委批复后严格按程序召开专题组织生活会156场次，民主评议党员1356人，测评满意率97.5%，切实达到“红红脸，出出汗”的目的，清洗党员在思想上、政治上、行动上的灰尘，促进党的肌体健康；抓好党务公开，督促指导各党组织用好用活党务公开栏，及时将党费收缴、发展党员、党群关注问题等情况公开，机关工委办公室定期不定期暗访，并将公开情况以图片形式在机关工委微信交流平台中进行公开，倒逼各党组织党务公开工作落实；严格党费收缴制度，党员每月向支部缴纳党费，再由各支部每半年向机关工委缴纳一次，2017年共收缴党费419495元。

【机关党建】 常态督导全覆盖。年内，区机关工委组织人员每半年对国有企业、区（中）直机关各党组织进行一次全面督导检查，分别于6月2日至15日、11月28日至30日对党建工作开展情况进行全覆盖督查，下发《2017年区直机关党建工作专项督查情况通报》，督促问题支部及时整改；动态督查抓专项。强化党建七项重点任务整改工作，根据日常工作反馈情况不定期开展专项督查，于10月16日至17日对37个支部“三会一课”和党费收缴情况进行抽查，下发《2017年上半年区直机关工委党费收缴情况报告》《2017年上半年区直机关工委关于党费收缴情况的通报》，督促各党组织抓严抓实各项工作。抓好软弱涣散党组织晋位升级。严格按照“一支部一方案、一问题一对策”的要求，认真督促6个软弱涣散党组织的整顿工作，指导软弱涣散党支部结合工作实际制定详细整改方案，并严格落实，根据整顿情况进行考核验收，于11月已完成整顿顺利晋位升级，并通过拉萨市验收。

2017年3月20日，区直机关工委组织共产党员志愿服务队在前往堆龙德庆区工业园区开展环境卫生大整治活动前合影留念

【先锋模范引领作用】 做好入党培训工作，年内，区机关工委联合区委党校举办2期“入党理论知识培训班”，组织中共预备党员、入党积极分子、培养对象共计194人参加培训，接受党性教育，端正入党动机，同时，通过闭卷测试检验锤炼结果，最终156人顺利结业，结业率80.4%，为发展党员工作打下思想基础；严格党员发展程序，按照“控制总量、优化结构、提高质量、发挥作用”的方针，严把党员入口关，做到“成熟一个发展一个”。对结业人员，委托区纪委对其廉政表现进行调查，按照程序进行公示和考察谈话，并经机关工委会议通过后方能履行入党手续。2017年，区（中）直机关共新发展党员25名，预备党员转正24名，新培养入党积极分子94名，为党组织输入一批新生力量；抓好党员日常学习教育，结合“两学一做”学习教育，印发《关于印发〈堆龙德庆区直机关工委纪念建党96周年系列活动方案〉的通知》《关于深入开展学习宣传贯彻党的十九大精神活动的通知》等文件。指导各党组织按照年初有计划、年中有小结、日常有信息、有笔记的要求抓好党员的学习教育，切实防止学习教育与业务工作“两张皮”现象；加强党员管理，及时更新和维护2套党员统计系统，同步做好党组织关系转接工作，按照组织关系跟人走的原则，于年初将区直机关选派驻村的47名党员组织关系分别转出到驻村地党组织。将护路办党总支下属的高天、莫噶2个支部的农牧民党员党组织关系统一从户籍地转入到工作单位党组织，杜绝“口袋党员”和脱管的情况，2017年区直机关转入党员66名，转出党员62名。同时，为机关党员配发党员证1356册，并加盖钢印，统一编号，进一步规范党员党籍管理，增强党员荣誉感和归属感。打造“书香机关”，继续加强“机关党建书屋”建设，新增大批政治、经济、文史、科学等优秀著作，藏书达7300余册，借阅310人次，同时积极为各党组织配发机关基层党组织建设、党支部书记工作、十九大报告辅导读本等实用指导书籍2292册，方便各党组织学习，提升机关文化氛围。

【提升基层组织战斗力】 继续创新活动载体，年内，激发党员活力，增强党组织凝聚力。区机关工委丰富“主题党日”活动载体，指导各党组织开展学党章、学系列讲话、重温入党誓词、共读一本书、共观一部电影、慰问困难党员、三老人员等系列主题活动达936场次，并强化日常信息报送工作，提炼特色亮点活动，利用微信平台、堆龙发布等新媒体进行宣传推广。健全壮大党员志愿服务队伍，积极开展党员志愿服务。各支部单独树立志愿服务队78支，并在此基础上选派一名党员加入区直机关党员志愿服务队，2017年，区直机关党员志愿服务队扩大到61名，结合环境保护、脱贫攻坚开展志愿服务活动97次。创新活动载体。组织区直机关180余名党员干部进行党的十九大精神专题辅导和轮训，并组织参训党员进行闭卷测试，据统计共发放试卷180份，收回180

份,90 分以上 67 人,60—90 分 113 人,合格率 100%。筹备开展"党的十九大精神"知识竞赛,截至年底,已有 40 个队伍 120 人报名参赛,竞赛形式分必答、抢答和风险题互补,并穿插观众答题环节,以寓教于乐的形式,加深干部职工对相关知识点的理解,并提升团队荣誉感。

(苏红星)

【领导名录】

书　记

边　　旦(区委副书记,藏族)

常务副书记

王 满 春(区委常委、组织部部长)

副书记

谢 公 瑾(区委常委、政法委书记、公安局局长)

图登佩杰(区委常委、宣传部部长,藏族)

普布斯曲(区委常委、统战部部长,藏族)

德吉央宗(区委常委、区委办主任,女,藏族)

尚 志 清(区委常委、纪检委书记)

次　　仁(区人大常委会副主任,藏族)

何 景 平(区政府副区长)

靳 小 卉(区政协副主席,女)

唐　　玲(区委组织部主任科员、机关工委专职副书记、办公室主任,女)

斯朗曲宗(区委组织部副主任科员、机关工委办公室副主任,女,藏族)

中共堆龙德庆区委党校

【概况】 2017 年,区委党校在区委、区政府的正确领导和大力支持下,紧紧围绕区委、区政府中心工作,认真贯彻落实中央和自治区、市、区委关于党校工作的总体要求,坚持实事求是和与时俱进的办学宗旨,积极探索新形势下党校培训工作的新路子,努力服务于全区改革、发展、稳定大局,解放思想,统一认识,更新观念,圆满地完成全年的各项工作任务,得到区委、区政府领导的一致肯定。2017 年,区委党校共有干部职工 10 人,其中事业单位管理人员 2 人,专技人员 7 人(讲师 6 人,高级讲师 1 人),工人编制 1 人,公益性岗位 1 人。党校内设办公室、教研室、学员管理科、信息中心 4 个部门。

【理论学习】 2017 年,区委党校深入学习贯彻习近平总书记系列重要讲话和党的十八届四中、五中、六中全会精神及党的十九大会议精神,坚持党校姓党、从严治党,紧紧依靠全校干部职工,凝心聚力积极作为,干部教育培训等各项工作有效开展,较好发挥党校熔炉阵地和智库作用,为堆龙德庆区率先实现小康目标提供思想政治保障和智力支持。

【师资队伍建设】 党校事业是党的事业的重要组成部分,重视发挥党校作用是党的优良传统和政治优势,是培养造就"四个铁一般"干部队伍,提高党的执政能力、实现党的执政使命的重要保证。年内,区委党校结合新时期党校教育教学工作科学化发展的迫切要求,有效解决党校教师进修培训途径少、路子不宽、机会不多的突出问题,切实建设培养一支政治素质过硬、政策水平过高、理论功底够扎实的新时期师

2017年6月27日,中组部工作组一行在区委党校调研

2017年12月19日，全区农牧民党员“十九大精神”巡回宣讲活动在堆龙德庆区正式启动

资队伍。年内，在区委、区政府的坚强领导和大力支持下，在区委主管领导的关心指导及学校领导班子的高度重视和周密安排下，把教师培养工作纳入学校重要议事日程，制定切实可行的教师中长期培养规划，通过对区内外对口知名学校多方考察咨询和沟通联系，安排区委党校全体一线教师分期分批到区内外对口各大院校，全年进修深造培训人员达16人次，有效完成既定的进修深造培训任务。

【抓好教研科研工作】 年内，区委党校充分发挥教研科研，为推进党的理论创新服务，为提高教学质量服务，为区委、区政府决策服务，为全区经济建设、政治建设、文化建设、社会建设和党的建设服务的新局面。根据专业方向、研究兴趣等，采取“以师带徒”的方式，让区委党校的教师都逐步开始涉及课题研究的范畴，切实保证课题研究工作跨入一个新的领域。

2017年，结合新时期党校工作的建设和全区基层党员的实际需要，为更好、更快推动区委党校教研科研工作，进一步提升全区基层党员的理论水平及落实党的方针政策能力，继续抓紧抓实《塑造阳光党员、续写幸福篇章》首个校本课题研究项目第二实施阶段的研讨内容。上半年，为更好的服务广大受教藏汉学员、全面助推学校校本课题的研究进程，切实把学校“双语教学”推向纵深发展，在校委会统筹安排和精心部署下，学校全体教研室教师在前期深入调研探讨和充分论证的基础上，紧密结合堆龙德庆区的区情党情民情、特别是紧紧围绕广大受教学员的实际教学需求，精心编制出台以“藏汉双语基础语法、藏汉双语日常交流基础用语、藏汉双语西藏各地市地名用语、藏汉双语日常生活生产专用短语”等五大内容为载体的《藏汉口语易学手册》。根据实际工作需求共印刷18000册，截至年底，已向全区机关党员干部、广大基层党员干部及农牧民群众发放12000余册。

【党建工作】 年内，区委党校始终牢记“党校姓党”的基本原则不动摇，坚持采用“六个结合”的授课形式，充分发挥党校“三个阵地”“一个熔炉”职能作用，坚持把履行党建工作责任制作为首要职责，把党建工作作为党校全局性工作来抓，以提升基层党建科学化发展水平为目标，以基层服务型党组织建设为重点，切实履行党要管党、全面从严治党责任，创新服务群众工作载体，确保基层党建工作保障有力，抓出特色、抓出成效。

加强学习、打牢政治理论基础。紧紧围绕区委的部署要求，深入开展学习党章、党规、党的十八大和十九大精神、习近平总书记系列讲话精神、区市第九次党代会精神、自治区九届三次全委会精神及党内各项条例准则等先进理论知识，同时开展书记讲党课、集中学习研讨系列专题活动、撰写心得体会等系列活动，并把以上内容列入党校课程在全区全体党员干部中进行广泛深入地宣传。

健全党建工作体系。根据上级要求，认真传达学习《中央关于新时期党建工作的实施意见》以及区、市党委、堆龙德庆区委党建方面的有关文件和会议精神，深刻学习领会上级部门对基层党建工作提出的要求和目标任务，结合实际制定年度党建工作计划和每个季度的党支部工作计划，并召开专题会议将党建工作目标任务层层落实，并分解落实到每个责任人，实现指标量化、任务分解，有效形成下级对上级负责，一级抓一级的党建工作体系。

【廉政建设】 区委党校一贯高度重视作风建设，学校有专职党支部书记、兼职纪检委员，严格落实“一岗双责”“两个主体责任”制度。认真落实中央“八项规定”精神和“三重一大”制度，区党委“约法十章”“九项要求”、市委“八项要求”，区委“五个不直接分管和末尾发言制”。在“两学一做”教育活动和“四讲四爱”主体实践教育活动及深入学习贯彻十九大精神活动中，从党支部书记到普通党员都认真完成学习教育、征求意见、对照检查、整改等方面的任务，同时充分发挥党校的阵地作用，在全区开展讲党课、党员理论培训工作，贯彻落实反腐倡廉及惩防体系建设任务，单位重大事项都经过校委会及支委会集体研究决定，严格落实主体责任和监督责任，把党风廉政建设纳入工作全程计划，纳入教学内容贯彻始终。

【专教活动】 2017年，区委党校在堆龙德庆区委、区政府的正确领导下，在区直机关工委以及主管常务副书记的关心关怀下，紧紧围绕全区实施“一核两带、三区三园、六沟多点”发展战略的大局，深入学习贯彻落实党的十九大精神，切实在学懂上下功夫，以“两学一做”学习教育常态化制度化为抓手，坚持全面系统地学、原原本本地学，采取理论和实践、历史和现实、当前和未来相结合的方法，吃透精神实质、掌握精髓要义。

区委党校在全区各行政村农牧民党员和各寺庙僧尼中把“两学一做”教育同“四讲四爱”内容结合起来进行巡回宣讲，参训村共30个，参训农牧民党员和区直机关党员共计63764人，参训中小学教师120人次，参训寺庙共计12个，参训僧尼共计1218人次。参训各行政村“两委”班子共2次，参训人数336人次。参训农牧民和区直机关的入党积极分子各一次，共计参训人数7068人次。参训区直机关和各行政副科级以下干部一次，参训人数204人次。教育实践活动专题党课共9次，提高广大农牧民党员对“两学一做”教育实践活动实质的认识，切实增强党员干部的学习自觉性、主动性、积极性。

2017年10月3日，区委党校在乃琼镇岗德林村开展国庆、中秋“送温暖、献爱心、走访慰问”帮扶活动

【包村工作】 2017年，围绕区委、区政府“精准发力”“坚决打赢脱贫攻坚战”的要求，积极开展“下基层、访民情、增感情、有服务”活动，扎实开展定点帮扶和党组织联建工作，充分动员区委党校自身力量，整合各方资源，帮助包村点和结对帮扶户加快脱贫致富步伐，改善生产生活条件，提高自我发展能力，实现发展提速、民生改善、乡风文明、建强组织的目标。学校组织党员多次到包村点乃琼镇岗德林村开展调研，与包村点负责人县级干部、镇领导、村两委班子及帮扶对象进行深入交流探讨，了解掌握村情民情，帮助包村点解决工作中存在的问题，宣传党的扶贫政策、针对性地开展党员结对帮扶工作，先后入户走访、结对认

2017年4月18日，区委党校在包村点开展“四讲四爱”主题宣讲活动

亲、帮扶9户困难群众家庭共计108次，并送去生活用品和帮扶资金共计15600元。同时尽最大努力帮助解决帮扶户在就业、就学、就医等方面存在的困难，为岗德林村精准扶贫工作的深入扎实开展作出力所能及的贡献。

【培训工作】 2017年，区委党校认真贯彻落实党的十八大、十九大精神和自治区、拉萨市第九次党代会精神、区委的系列决策部署精神，结合党校2017年年初工作计划，共举办各类集中培训宣讲活动254期，总参训人数达37575人次；其中举办主体班次培训宣讲18期，培训学员13434人次，同比增长41%；流动党校培训宣讲236场次，受教人数24141人次，同比增长64%。虽然全年培训工作任务重、要求高、周期长、安排紧凑、内容繁多，但所有授课教师以讲政治的高度和主人翁的精神高效完成系列培训工作任务。全年培训内容涉及“十八届六中全会精神解读、习近平主席重要系列讲话内容、党务工作知识、区市九次党代会精神解读、四讲四爱主题教育内容、精准扶贫易地搬迁补偿政策解读、村两委班子换届选举政策解读、党风廉洁教育、爱国主义教育、民族团结进步教育、环保意识培养教育、道德讲堂主题教育”等系列内容。进一步拓展和整合培训资源，推行“当地教学和异地办班”相结合的办学模式，积极与内地先进对口院校建立联合办班关系，与北海市委党校、盐城市委党校合作办班2期，受训学员78人次。授课对象涉及全区机关、企事业单位、乡（镇）村级党员干部及农牧民群众，实现培训模式的科学转型和培训范围覆盖全区的目标，为区委进一步夯实基础、凝聚人心、建强组织做出应有的积极的贡献。

（泽花甲）

【领导名录】

校　长

朗　珍（女，藏族）

副校长

赵　鑫

党支部书记

巴　珠（藏族）

堆龙德庆区创先争优强基础惠民生活动第六批驻村工作

【概况】 年内，堆龙德庆区始终将创先争优强基础惠民生活动摆在全区工作的重要位置，把驻村工作筑牢抓实。强化组织领导，延续以区委书记为组长的活动领导小组，统筹协调开展全区驻村工作；强化资金保障，堆龙德庆区财政为15个堆龙区派驻的驻村工作队下拨办公经费、油料补贴共计60余万元；强化人员保障，根据第五、第六批工作队交接相关要求，协调自治区、拉萨市、堆龙德区，及时选派125名优秀干部进驻30个行政村开展工作，其中自治区级驻村工作队4个，成员20名；拉萨市级驻村工作队11个，成员54名；堆龙德庆区级驻村工作队15个，成员60名；各驻村工作队中党员101名，预备党员1人，团员8名，群众15名，兼任下沉干部5名。

【创先争优，建强基层组织】 年内，各驻村工作队始终将建强基层组织，夯实基层基础作为头等大事来抓，通过协助村党支部抓基层骨干队伍、工作制度、场所阵地建设，不断提高基层党建工作科学化水平，充分发挥基层党组织的龙头作用。大力开展乡、村、组内控制度规范化建设和“强党固基扶村”工作，协助村“两委”建立完善“三会一课”“四议两公开”“村规民约”等组织制度，有效促进村级党组织规范化建设。结合“两学一做”学习教育和“一树两抓三比四提高”活动载体，指导村级党组织严格落实“三会一课”“四议两公开”、村级民主管理、党务村务财务公开等工作，提升党员整体素质为基本原则，举办党员培训班3期，涉及党员149人次，做到学习培训全覆盖，协助村党支部发展预备党员221人，培养入党积极分子292人，按期转正244人；深化拓展“三个培养”，协助村“两委”把24名致富能手培养成党员，把34名党员培养成致富能手，把47名党员致富能手培养成村组后备干部；大力实施“无职党员设岗定责、有职党员履职尽责”，完善承诺践诺制度，壮大基层党员队伍，增强基层党组织的战斗堡垒作用。深入开展“三互”活动。驻村干部与村干部、下沉干部结成“三互”对子，互相帮助、互相学习、互相监督，帮助他们迅速转变角色，深入了解驻在村重点难点问题，搞好“传帮带”、交心谈心、经常性提醒，在融洽彼此关系的同时，使基层党组织的学习管理工作群众化、具体化、经常化，努力形成齐心协力谋发展的良好氛围。

【注重对比，强化感恩教育】 年内，各工作队协助村“两委”深入开展“四讲四爱”主题教育实践活动，以新旧图片对比、“三老人员”现身说法等形式，以及解放前后柴米油盐酱醋茶、衣食住行教医保等方面的鲜明对比，让群众了解旧西藏黑暗统治下农奴的悲惨生活和新西藏人民群众当家做主的幸福生活，更加坚定群众跟党走的决心。向每户群众发放国旗，进一步陶冶群众的爱国情操，增强群众的国家意识、公民意识、主人翁意识。胸怀爱国心，常思感恩情，提高群众的爱国主义精神和政治觉悟，极大地促进社会主义精神文明建设，让广大群众永远铭记党恩，使他们明白在中国共产党的带领下，西藏的发展更加突出、社会更加和谐稳定、各族人民群众的生活水平才不断提高。

【促进农牧民群众增收致富】 年内，各工作队始终以解决群众最关心、最直接、最现实的利益问题为重点，根据每个村的实际情况，结合自身专业特长和派驻单位优势，大力发展特色农牧业，加快发展高原种植业，提高群众农业生产种植养殖水平，增加群众收入。找准制约村组发展的瓶颈因素和关键问题，协助村“两委”理清发展思路78条，找准发展路子51个，制定、完善、实施经济发展规划18项。因地制宜，深入挖掘岗吉村青稞酒酿酒厂，措麦村养殖场等资源以及乡镇区位优势，通过汽车运输、零售、藏戏表演等方式，努力拓宽群众增收渠道。根据群众的不同专业技术特长，多方沟通协调，组织群众到企业、合作社、“香雄美朵”、农业设施园等就业，消化富余劳动力，增加群众现金收入。依托净土健康产业、项目建设和“321凝心聚力党建工程”，充分利用派驻单位优势，开展技能培训8次、参与群众415

2017年2月17日，区委书记格桑平措（左排左四）看望慰问自治区住建厅驻德庆乡顶嘎村工作队和村两委

人次，实现劳务输出256人次，增加现金收入90余万元，努力实现驻在村户户有门路、人人有活干、经常有收入。以“联户增收、联户平安”工作为依托，发挥能人带动作用，整合经济资源，扩大经济效益，帮助驻在村发展集体经济实体5个。同时，协助并监督兑现各类惠民补助，开展草原生态保护补助奖励机制，保持草畜平衡，为畜牧业健康发展提供保障。

2017年10月2日，区委常委、组织部部长王满春（右一）带队在乃琼村检查驻村工作队及村两委值班在岗情况

【为群众办好实事好事】 年内，各工作队立足实际，下大气力解决关系人民群众切身利益的突出问题，努力把好事办好、实事办实，见到实效，使群众得到实惠，让群众满意。强化资金保障，根据相关要求，堆龙德庆区为区乡联合派驻的15个工作队分别安排办实事经费15万元，用于开展帮扶慰问、解决群众生产生活实际困难。开展技能培训，各工作队充分发挥自身优势，协调上级相关单位组织农牧民群众进行种植、养殖、加工、驾驶、厨师、木工等技能培训，努力做到每人掌握一门实用技术，为群众就业打下坚实基础。2017年，各工作队发挥派驻优势，协调落实惠民项目19个，涉及资金589余万元，工作队协助落实2016年“短平快”项目3个，落实“三就”“两保”“六通”等民生突出问题10件，为群众解决现实困难314件，实现就业、再就业256余人次，投入资金507余万元，协助开展“五下乡”活动3场次。在重大节庆节点，慰问五保户、贫困户、“三老人员”和困难群众2132人次，发放价值80余万的慰问品和慰问金。

【确保党的惠民政策落实到位】 年内，各驻村工作队将落实惠民政策作为工作重中之重，宣传好惠民政策，利用集中宣讲、个别宣传、发放宣传资料、广播播放等形式，广泛宣传党的强农惠农政策，使群众明白政策、用好政策，共组织群众开展政策宣传50余场次，参与群众2万余人次，发放藏汉“双语”政策明白卡2万余本，确保每户一本全覆盖，发放宣传资料2.4万余份，开辟惠民知识宣传栏19期；在“两降一升”工作中，宣传孕产妇住院分娩补助奖励政策和孕产期保健等知识72场次，参与人员2046人次，登记孕产妇383名，帮助193名孕产妇到医院分娩，杜绝孕产妇在家分娩的现象。落实好惠民资金，协助村“两委”做好各类惠民政策落实和项目管理，监督各项资金使用、发放、项目进展等工作，并将相关情况及时公示，确保各项补贴奖励政策落到实处，真正让群众得到实惠，不断提高群众的幸福指数和获得感。

【推进精准扶贫工作】 年内，各驻村工作队在充分调研的基础上，立足驻在村实际，理清工作思路，突出发展重点，创新扶贫举措，帮助壮大村组集体经济，不断改善群众生产生活条件，提高群众增收致富能力，加快脱贫致富奔小康步伐。逐户逐人开展拉网式摸底排查和精确复核，建立1324户4430人贫困档案，并根据致贫原因的不同，因人而异、因地制宜，积极开展精准扶贫工作。利用重大节庆、走村入户等契机，开展扶贫政策宣传活动150场次，涉及群众3.2万人，让贫困群众掌握惠民政策、用好惠民政策，力争年内全部实现脱贫。工作队派驻单位与所驻村、工作队员与贫困户结成帮扶对子，建立扶贫脱困帮扶责任制，将扶贫工作开展情况作为重要内容纳入干部驻村工作考核体系。

（杨博奇）

【领导名录】

组 长

格桑平措（区委书记，藏族）

常务副组长

边 旦（区委副书记，藏族）

副组长

图登佩杰（区委常委、宣传部部长，藏族）

普布斯曲（区委常委、统战部部长，藏族）

尚志清（区委常委、纪委书记）

王满春（区委常委、组织部部长）

靳小卉（区政协副主席，女）

主 任

边 旦（区委副书记，藏族）

常委副主任

王满春（区委常委、组织部部长）

副主任

靳小卉（区政协副主席，女）

办公室负责人

樊晓瑞（区机要局局长，女）

堆龙德庆区委区政府督查室

【概况】 2017年，区委区政府督查室始终秉承“围绕中心、服务大局、督促检查、协调困难、落实工作、促进发展”的工作思路，始终站在大局的高度、发展的角度，把握大局，领会精神，抓住堆龙改革、发展、稳定各项工作新情况、新问题，牢牢把握领导关注和群众反映的热点、难点问题，以加快经济发展为出发点，以增进人民福祉为落脚点，选准切入点，抓住关键环节，有效推动上级党委政府和区委、区政府各项决策部署及时落地，取得较好成效。

【围绕中心督议定事项】 按照“突出重点、统筹兼顾、形成机制、分类督办”的工作要求，以区委常委会议定事项督办和反馈机制为主要载体，把督促落实区委常委会议定事项作为督办的第一任务，坚持从快分解任务，从严督促检查，从实落实到位，不断健全和完善常委会议定事项督办和反馈工作机制，安排专人跟踪，明确落实时限，严格审核把关，确保跟踪督办事项方向不偏，落实有力，取得实效。区委先后召开常委会议35次，下发督办通知15期，形成专报20多期，涉及议题312个，分解督办事项400多件，完成落实360多件，落实率达到90%以上。

【抓住要务督经济发展】 1月底，率先启动全委会和经济工作会议目标任务分解工作，会议审议通过后及时下发《中共拉萨市堆龙德庆区委员会 拉萨市堆龙德庆区人民政府关于印发<堆龙德庆区2017年度经济社会发展目标任务分解表>的通知》，要求各责任单位提高思想认识，明确工作目标，创新办法举措，抓住时间节点，强力推进落实，并按照每月一报送工作进度要求，落实工作职责，推动任务落实。为确保年初既定的各项目标任务不折不扣落实到位，进一步创新督办机制，丰富督办途径，先后多次以“1＋X”形式（1指整体性系统性督办，X指对重点内容采取分类专项督办）进行督办。通过各级各部门统一认识推工作，齐心协力抓落实，各项经济指标任务和既定部署基本按照要求，全区经济发展呈现良好态势，取得的成效显著。

【服务大局督领导批示】 领导批示承载着领导同志关于某份文件或工作事项的贯彻、部署和决策的指导性意见和中心思想，是部门开展具体工作的方向遵循。督查室高度重视领导批（交）办事项落实，制定领导批示和领导批示反馈单两个红头文件，按照“批则有办、办则有效”的工作要求，及时转办，及时督促。2017年，先后收到上级领导批（交）办事项40余件，办结率达到90%以上；本级领导批示件148件，比2016年增加604%，领导交办事项195件，比2016年增加103.12%，办结率达到96%以上。

【聚焦目标督环保督察】 以迎接中央环保督察为契机，坚持讲政治、顾大局、守纪律、讲奉献，严格按照区、市党委政府关于“把生态环境保护作为红线、底线、高压线和‘四个绝不能’”的要求，勇于担当，攻坚克难，提早谋划，主动介入，牵头制定《堆龙德庆区环境保护督察工作领导小组》《堆龙德庆区迎接中央环保督察领导小组》《堆龙德庆区环境保护督察工作方案》《堆龙德庆区迎接中央环保督察问题整改清单》等文件。积极履行督导检查职责，下发督办通知 8 期，督办事项 100 多件，实地检查 90 多次，电话督办 200 多次，协调解决问题 10 多件，并参与砂石场依法取缔、违章建筑强拆、违规采石场强拆等政府重点督办的工作。尤其针对城区主干道及 109 国道车辆乱停乱放问题，多次下发《关于做好城区及 109 国道车辆乱停乱放整治工作相关事宜的通知》《做好近期环保重点工作的通知》等文件，加大跟踪督办力度，督促问题整改到位。

【牵住鼻子督项目建设】 2017 年，堆龙德庆区续建、新建项目共 202 个，涉及香雄美朵、堆龙新城、扶贫产业、小康安居工程、寺庙环境整治、农田水利改造、净土健康产业、为民办实事等多方面，从 2 月份将推动项目作为重点督办内容，在前期下发净土健康产业和重点项目推进会相关督办通知的同时，从 5 月起，对照《2017 年全区固定资产投资项目计划安排表》，按照开工时限，坚持系统梳理、分类督办，先后下发《关于净土重点项目专题推进会的督办通知》《关于落实全区 5 月份重点项目的督办通知》《关于落实全区 6 月份重点项目的督办通知》《关于落实全区 7 月份重点项目的督办通知》等文件，明确责任领导、责任单位和完成时限，进行重点督办、持续督办。对项目推进缓慢、领导责任不到位的单位和个人进行通报，先后多次下发督查通报和督查催办单，促使各单位各部门认清形势，落实责任，加快进度。2017 年，前后督办项目 300 余次，形成专报 41 期，通报 7 期。

【聚焦作风督会风会纪】 会议是各级组织总结成绩，分析问题，统一思想，明确方向，部署工作，推动落实的重要载体，会风反映各组织的战斗力、号召力和凝聚力，也是各级领导干部政治素质和工作作风的直接体现。督查室把抓会风会纪作为常态化工作，形成机制，加大力度，制定《堆龙督查室会风会纪管理办法》，多次下发严肃会风会纪的通知，制作《堆龙德庆区会议督办登记表》，对迟到、早退等违反会议纪律行为进行及时提醒，及时督促。全年，督促会议 40 多场次，督导检查 40 余次，比 2016 年增加 510%，下发通报 1 期。

【紧盯上级决策抓落实】 2017 年，在督促落实上级决策部署上，始终讲政治、讲规矩、讲效率、讲速度，把积极承接和督促市委督查室和市政府督查室交办的各项督办任务作为践行“四个意识”特别是核心意识、看齐意识的重要举措，坚持说办就办，马上就办，坚持时间与效益并重。2017 年，先后下发督办通知 80 期，比 2016 年增加 67%；下发领导批示 148 期，比 2016 年增加 604%；上报专报 139 期，比 2016 年增加 15%；下发通报 20 期，比 2016 年增加 150%；下发督查催办单 7 期；下发决定督查 2 期；电话督办 1327 次，比 2016 年增加 81%；实地检查 492 次，比 2016 年增加 80%；督办事项 1500 多件，比 2016 年增加 70% 左右；落实率达到 90% 以上，比 2016 年提高 10%。

【改革创新督查工作方式方法】 在把握督查准确性上。在总结督查工作实践经验和运行规律的基础上，在抓好常规督查工作的同时，根据不同阶段，确定不同的督查重点，集中精力和时间抓重点内容，确保各项工作按月督办、按季度推进，确保年初确定的各项目标任务完成落实到位。

在督查目标管理上。下发《关于进一步规范督查工作联络员的通知》，制定《堆龙督查联络员管理办法》；下发《关于进一步严肃会风会纪的通知》，率先制定《堆龙督查会风会纪管理办法》；下发《关于督查工作实行积分制管理的通知》，率先制定《堆龙督查工作积分制管理办法》，用制度强化管理，提高督查质量，提升督查效果。将决策执行纳入年终目标考核内容，提高考核分值，细化任务目标，严格督促检查，提高决策的威信力和执行力。

在督办重点项目上。按照区委常委会议确定的项目总盘子（续建、新建共 202 项，开工时间分别为 5 月、6 月、7 月、8 月、9 月），根据项目开工时限，按月分解任务，按月跟踪督办，分别形成《关于落实全区 5 月份重点项目的督办通知》《关于落实全区 6 月份重点项目的督办通知》《关于落实全区7月份重点项目的督办通知》《关于落实全区8月份重点项目的督办通知》《关于落实全区9月份重点项目的督办通知》，做到持续跟踪、环环相扣、不落一个、全程督办、全面落实。

在督办方式方法上。根据区委区政府关于加大暗访力度、准确掌握情况、及时反馈到位的指示精神，抓好日常实地督查的同时，今年进一步加大对干部作风建设、项目推进情况和决策执行情况的暗访力度，第一时间掌握背景材料、第一时间掌握现场进度、第一时间反馈主要领导，确保产业扶贫项目等众多区委作出的决策部署，及时落实到位。创新实施经济与目标任务“1+X”督办模式，1指按月系统督促经济与目标任务落实；X指针对重点工作、重点项目，如党建规定动作、项目建设、转移就业、创业创新、文化旅游等重点工作，进行专项分解、专项督办。

在丰富督查途径上。探索建立联动督查和协作督查机制，制定《区委区政府决定督查单》《堆龙督查催办单》（主要针对领导）、各部门落实督查红头文件，规范督查联络员管理，建立督查联络员微信群。决定督查单既能体现区委、区政府意图，也能增强督查工作权威性。督查催办单能充分调动部门和分管领导积极性，起到双管齐下推动决策落实作用。部门督查红头文件能规范各部门督查工作行为，为逐步建立大督查格局奠定基础，创造条件。

【督查干部自身建设】 加强理论学习。打铁还需自身硬。督查室把加强理论学习，提高履职能力作为加强督查干部自身建设的重要抓手，充分利用区委办“每周学习”“每周例会”等平台，先后学习中央经济工作会，区市第九次党代会、市委九届三次全委会、区市经济工作会、区委一届三次全委会、全区经济工作会、区委二届一次会精神，学习区市主要领导各类会议讲话精神，学习区委区政府召开的各类会议讲话精神，内容涵盖党建、维稳、经济、教育、健康、双创、宗教、农村、产业、环保等。

加强业务培训。在做好本职工作的同时，围绕中心、服务大局、履职尽责、敢于担当、勇于奉献、敢于较真、敢于碰硬、公心为上、以对堆龙工作负责任的态度，努力工作、加强学习、强化沟通、提高能力。在领导的关心和支持下，两名督查干部赴内地进行挂职锻炼，一名督查干部到上级督查部门跟岗学习，督查干部先后获得党员奉献之星、优秀青年志愿者、综治工作先进个人、信访先进个人等荣誉称号。积极履职尽责。认真落实精准扶贫帮扶政策，履行干部结对帮扶责任，经常性了解情况、经常性走访慰问、经常性引导教育，在送去慰问金和慰问品的同时，更多在思想教育上做工作，着力抓好教育引导工作的同时，按照区委统一部署，督查干部每人平均送去慰问金2000余元，慰问品折成人民币平均每人500余元。同时，通过主动联系相关职能单位，积极争取就业岗位，为帮扶户介绍工作，解决帮扶户就业困难问题。

（索朗扎西）

【领导名录】
主 任
索朗扎西（藏族）

堆龙德庆区信访局

【概况】 2017年，随着堆龙德庆区城市化建设的不断深入、社会转型、体制转轨带来的新矛盾和问题，对整个社会的公共治理提出严峻的挑战。在此情形下，信访工作不再是简单的“办理群众来信、接待群众来访”的机构，更是沟通民意、改善民生、转变政府职能、化解社会矛盾的减压阀。为进一步畅通信访渠道，推进工作规范化、制度化，堆龙德庆区信访工作从自身做起，完善工作制度，规范接待流程，强化案件办理，扎实推动信访工作制度化、法制化、规范化建设。2017年，区信访局共有干部8人，挂职锻炼干部5人。区信访局办公场所设立于堆龙德庆区政务服务中心院内，内设置局长办公室、副局长办公室、会议室（党员活动室）、办公室（群众工作部）、接访室、办信室、接访大厅。

【信访受理】 2017年，区信访局共受理群众来信来访96批1049人次，涉及资金60688.8万元，化解95件，化解率98.9%，其中，上级转办31件426人，涉及资金

2017年6月26日，区委副书记、区长杜江（中）主持召开堆龙德庆区信访工作联席会议

58784.74万元，化解30件，化解率96.7%；本级自登记65件623人次，涉及资金1904.14万元，化解96.7件，化解率100%。五级矛盾纠纷排查调处中心共排查出各类矛盾纠纷152件2784人次，涉及资金3216.68万元，全部化解，化解率100%。区信访局联合区司法局教育引导30件250余人，涉法涉诉信访案件通过司法途径解决问题。

【推动信访问题解决】 年内，堆龙德庆区委、区政府先后多次召开区委常委会、党政联席会、信访联席会和全区信访工作会议，传达贯彻落实上级有关重要会议精神，听取全区信访工作汇报，研究解决存在的热点难点问题，有力推动信访工作责任落实；认真落实领导包案制度，14位县级干部先后到区信访局公开接访，对25件疑难信访案件、36起矛盾纠纷进行包案调处，压实各级各部门"一把手"的信访工作责任，切实实现信访案件两个月内"零搁置"的目标。

【预防源头】 年内，区信访局扎实开展教育学习活动，立足本职岗位，从严从实从快推进作风建设的深入开展，狠抓干部队伍建设，积极转变作风，不断提升依法办事能力，持续改变不作为、乱作为、慢作为的现象，有效杜绝侵犯群众合法权益的事件发生；各相关单位坚持深入到全区重点项目建设工地、矿山等领域，对信访源头预防工作措施落实情况进行检查调研，对调研中发现的问题及时提出整改意见，做到底数清、情况明，在重大节日、重要会议及重要节点期间，启动矛盾纠纷"每日一报"制度，确保矛盾纠纷不转化为信访事项，将矛盾纠纷解决在当地，解决在基层。

【做好信访隐患排查化解】 注重随时排查。年内，按照"属地管理、分级负责"的原则，全区矛盾纠纷排查化解工作以开展社会治理创新为依托，充分发挥区、乡（镇）、村、组、网格长（联户代表）五级矛盾纠纷排查机构的作用，建立完善信访事项和矛盾纠纷排查化解台账，坚持实行县级领导包案，进一步落实责任领导，明确责任部门、责任人、制定措施、化解期限，做到排查一起、调处一起，确保矛盾不上交、不积累、不搁置，实现层层调处、层层化解。

【推进阳光信访建设】 年内，区信访局不断拓宽信访渠道，充分利用新型网络媒体，在微信客户端开通信访工作平台，进一步拓宽信访渠道，全面实现网上信访全覆盖，全区各乡（镇）、区（直）各部门共48家单位全部开通网上信访信息系统，实现信访事项网上流转，网上督查督办功能，全面完成对网上信访系统的升级改造。进一步加快联合接访中心建设步伐。区联合接访中心要素更加健全，确保来访群众话有地方说、事有地方办、困难有人帮、问题有人管。

【保障群众合法权益】 年内，区信访局坚持领导包案，主动作为，变上访为下访。对一个月以内未化解的突出疑难矛盾纠纷和信访事项，按照属地和主体责任划分，实行县级领导包案工作制度，把落实责任作为及时就地解决问题的关键，层层传导压力、层层压实责任，层层抓好落实。各包案县级领导和责任单位严格按照“五包”和“五个一”的工作要求，以“化解矛盾、案结事了”为目的，全年县级领导对25件信访事项接访49次，信访干部对39件信访事项下访84次，拉近党和政府与人民群众的联系。加大初信初访信访事项办结力度，按照“接访首办制”原则，接访人员每周对未化解的信访事项进行一次督办，并及时对信访人进行回访，了解掌握群众满意度或将办理情况通报给信访人，做好安抚工作。

【推进信访改革工作】 年内，区信访局全面贯彻落实《关于拉萨市推进涉法涉诉信访工作的指导意见》等五项机制，着力提高执法司法能力，切实提升依法处置信访问题的水平，实现维护宪法法律权威、维护社会公平正义和保障群众合法权益的有机统一；坚持依法依规依政策，全面落实“三到位一处理”的信访工作基本准则，切实做到诉求合理的解决到位，诉求不合理的思想教育到位，生活困难的帮扶救助到位，行为违法的依法处理。逐步扭转部分信访人“信访不信法”“信上不信下”的错误观念，引导信访人理性反映诉求、依法维权；全面实现律师介入信访工作新举措。律师介入信访工作以来，共接待信访事项20批200余人次，群众满意率达100%。

【推进责任信访建设】 年内，堆龙德庆区建立完善党委政府统一领导，信访联席会议组织实施，相关职能部门共同参与的督查督办工作机制，加大解决和化解信访突出问题的力度，对协调难度大、涉及面广、群众反映强烈、社会关注度高的疑难信访突出问题，列入督查范围，跟踪督查；细化措施，采取每周电话督办、20天以内书面督办、对1个月以内未化解的信访事项进行书面催办和下访督办，对重要信访事项实行“一案一督”，最大限度减少信访存量。2017年，区信访局对21件信访事项、45起矛盾纠纷进行督查督办，下发书面督办通知5份。

2017年5月4日，区信访局局长扎多带队在乃琼镇开展矛盾纠纷排查工作

【提高信访干部能力】 加强思想政治建设。年内，区信访局深化学习教育，教育引导广大信访干部树立“四个意识”特别是核心意识、看齐意识，坚决维护以习近平同志为核心的党中央权威，强化担当、履职尽责，切实把信访工作责任扛在肩上、记在心上、抓在手上、落实在行动上；强化信访干部业务培训，为建设阳光信访、法制信访，全面推进堆龙德庆区网上信访信息系统建设，实现信访事项网上受理办理目标，区信访局组织举办全区信访信息系统培训班，对区直各部门管理员进行网上登记、受理、转交办、答复等工作流程的系统培训，确保信访信息系统全面正常运行；为进一步提高堆龙德庆区信访干部的法律素养及调解技能，区信访局组织举办全区信访干部培训班，对全区信访工作人员进行信访工作的业务和技能培训，切实增强信访干部解决矛盾纠纷的能力。

（唐 菲）

【领导名录】

局 长

扎 多（藏族）

副局长

田德全

木莎拉（藏族，1月任职）

堆龙德庆区地方志办公室

【概况】 2017年,堆龙德庆区地方志工作在习近平新时代中国特色社会主义思想的正确指引下,在自治区、市志办的具体帮助指导下,在区委、区政府的正确领导下,认真贯彻自治区、市地方志工作会议精神,圆满完成地方志工作"两全目标"任务,围绕区委、区政府的中心工作,努力拓宽地方志工作思路,进一步增强服务经济发展、文化建设的能力。二轮修志工作任务提前完成,年鉴编辑创新有突破,地方志自身建设得到加强。

【二轮志书出版发行工作】 第二轮《堆龙德庆县志》,上限为2001年,下限为2010年,时间跨度10年。2016年12月印刷正式出版。2017年4月向全区所有单位、部门、乡镇进行发放。至此,堆龙德庆区一轮、二轮志书工作提前全面完成。堆龙德庆区地方志办公室因此被评为"2016年度全区地方志工作先进集体"的称号。

【年鉴工作】《堆龙德庆年鉴》2017年正式在全国范围内出版发行。因为第一次在全国范围发行,区地方志办公室高度重视,于2017年元月启动,前后经历三审校稿,严把政治关、保密关、体例关,史实关、质量关,确保年鉴按时出版发行。按时完成《西藏年鉴》《拉萨年鉴》堆龙篇的组稿上报工作。

【人物传工作】 根据区委、区政府安排,区地方志办公室于6月开始人物传的收集编写工作,于9月完成汉文内容的编写,藏文的翻译工作即将完成。人物传主要收录的是堆龙德庆区历史人物,涉及人物共22人,时间跨度长,此书将以藏汉双语形式出版发行。

【党史工作】 收集堆龙德庆区成立至今党代会会议材料。协助拉萨市党史办做好地方党史图书资料收集工作,提供一、二轮志书,《堆龙德庆县组织史(1951—2001)》。向中央党史研究室报送图书资料4册。

【开展交换志书工作】 随着《堆龙德庆县志(2001—2010)》的出版,区方志办开始着手开展与内地多地市交换志书工作。区方志办通过与湖北赤壁、江苏苏州等多地市方志办沟通联系,用《堆龙德庆县志》与各地方志办交换,截至年底,交换到市、县志书11套(17本),专业志5部。

(雷 凤)

【领导名录】

负责人

巴 桑(女,藏族)

2017年11月21日,西藏自治区地方志考核组在堆龙德庆区督查考核工作

群 团

堆龙德庆区总工会

【概况】 年内，堆龙德庆区总工会在区委、区政府的正确领导下，在拉萨市总工会的指导下，认真贯彻党的十八届三中、四中、五中、六中全会和习近平总书记系列重要讲话精神，以党的十九大精神为指引，不断深化“两学一做”“四讲四爱”主题教育活动，按照“组织起来，切实维权”的要求，进一步突出工会维护职能，加强协调劳动关系的力度，加大对非公企业单位组建和农牧民工会员的发展力度，认真履责，服务大局，创新争优，在维护职工权益、服务改善民生、营造发展环境、推进创新创业、构建和谐社会等方面发挥积极作用，努力提高工会工作整体水平，与时俱进，开拓进取，团结和动员全区广大职工为积极脱贫攻坚工作作出贡献。堆龙德庆区总工会是党的群团组织之一。2017 年，区总工会共有编制为 4 人，实有工作人员为 6 人，其中主席 1 人，副主席 1 人，科员 2 人，工人 1 人（驾驶员），公益性岗位 1 人。

【建立建强基层工会】 年内，堆龙德庆区总工会在全区范围内开展基层工会组建工作，已全部按照区市总工会关于建立基层工会委员会的要求，完成全部乡镇村居工会组建工作，规模以上企事业单位、非公企业等均已入会或与区总工会进行沟通建会事宜。指导基层工会开展规范化建设，建强组织。督促工会干部走出机关，深入基层，指导基层工会开展工会业务、会员会籍管理等工作，指导基层工会开展“两亮”建设、企业、基层工会开展职代会和厂务公开“星级”创建、“职工之家”创建等活动，不断推进基层工会规范化建设。指导基层工会开展职工建功立业，服务大局。以“五一劳动奖状”、奖章、“工人先锋号”创建为引领，在企业、车间班组上开展“安康杯”劳动竞赛活动，在

2017年5月11日，区总工会在堆八仓土特产产品开发有限责任公司调研工作

企业生产经营上开展创建合理化建议活动，不断推动职工建功立业。指导基层工会开展职工维权帮扶，服务职工。指导基层工会建立健全工会法律援助工作、劳动争议调解、劳动法律监督等建设；开展“送温暖”“金秋助学”、职工大病救助，帮助困难职工解决实际问题，依法科学维护自身合法权益。指导基层工会开展职工文体活动，为堆龙德庆区羊达乡、古荣乡设立“职工书屋”，开展“职工书屋”规范化建设。树立乡镇文化理念，打造乡镇核心文化，丰富职工业余文化生活。

2017年10月5日，区总工会在雄巴拉曲藏药厂开展“喜迎十九大，工会服务职工下基层”活动

2月，区总工会进一步贯彻落实区市总工会乡镇街道和基层工会组织建设，推动农牧民工入会与服务工作，根据藏工组发《关于下拨乡镇街道和基层工会补助经费以及推进农牧民工入会与服务工作经费的通知》文件精神，通过拉萨市总工会下拨配套资金21875元，区总工会为各乡镇按照工作完成目标情况进行下拨配套资金；为进一步加强基层工会经费及农牧民工入会服务工作，6月拉萨市总工会对堆龙德庆区乡镇工会各追加经费5000元，共计30000元，为村级工会追加各10000元，共300000万元，用于开展精准帮扶、工会组织规范化建设及农牧民工入会等服务方面。

5月3日，经区总工会班子会议及财务会议，为堆龙德庆区6乡镇及3个退休支部解决“五一”活动经费的情况，经会议研究，为6个乡镇3个支部划拨经费各10000元，共计90000元。

6月，根据拉萨市总工会要求，为进一步弘扬劳模精神、劳动精神、工匠精神，激发广大干部职工干事创业热情，推动堆龙德庆区长足发展，落实自治区、拉萨市总工会要求，在全区范围内开展“藏地工匠”寻访活动。此次活动中共有两家单位推荐“藏地工匠”候选人。发挥劳模先进示范引领作用，大力弘扬劳模精神。进一步完善劳模培养、选树、管理等制度，重视选出更多的技能型、创新型和具有高尚职业道德的一线职工，确保劳模先进性，扩大劳模社会影响力。

【劳动竞赛助推企业发展】 2017年1月，堆龙德庆区人民医院工会为丰富医院文化内容，推动医院文化建设，加强职工之间的交流沟通，更好的调动员工工作的积极性，特向区总工会申请举办趣味竞赛，区总工会根据活动准备安排情况及时进行调研，并下发批复并给予指导。

为深入贯彻习近平总书记系列重要讲话精神，贯彻落实女职工保护规定，2017年3月区总工会在全区范围内开展《女职工劳动保护特别规定》指示精神，涉及全区各乡镇、企事业单位、环卫工人等，通过围绕《中华人民共和国工会法》《中华人民共和国劳动法》《中华人民共和国劳动合同法》《女职工特别保护规定》《中华人民共和国妇女权益保障法》等内容开展测试，通过此次竞赛，增强堆龙德庆区一线女职工的法治意识，普及法律知识，积极引导女职工自觉守法、遇事找法、解决问题靠法，提高大家“学法、懂法、用法”的意识和能力。

2016年底，西藏牦牛王公司向区总工会提出成立工会组织的申请，经区总工会深入对该企业的调研及座谈，公司符合非企业工会建会“四要素”，2017年1月，区总工会向该公司下达建会批复，并做好职代会工作。

2017年，堆龙德庆区总工会根据全总《2016—2020年劳动竞赛规划》及区市“安康杯”竞赛及劳动技能竞赛有关要求，紧紧围绕堆龙德庆区“十三五”规划任务，大力实施职工素质工程，组织动员堆龙德庆区机关、企事业、非公企业职工在推动“践行新理念、建功十三五”劳动和技能竞赛活动中发挥助力军作用，依托“安康杯”竞赛和职工技能劳动比赛，汇聚助推发展正能量。紧扣“十三五”规划建设目标各项任务，围绕推动全区经济转型发展，把“安康杯”及劳动竞赛作为激发职工创造活力的重要载体，以“工人先锋号”创建为平台，广泛开展各类劳动竞赛，激发全区广大职工群众的主动性、积极性和创造活力，积极投身经济建设。在全区范围内开展安康杯竞赛，涉及堆龙德庆区安监、公安等机关部门，医院、国有企业等企事业单位及非公企业单位。

【协调解决矛盾纠纷】 2017年，区总工会高度重视信访维稳工作，将深入各乡镇走村入户，了解职工群众生产生活状况，做到早发现，早处理，早上报。切实贯彻落实区委、区政府2个月内信访事项“零搁置”的要求，深化巩固2016年信访维稳工作基础上，按照要求严格落实“三到位一处理”工作方法，突出重点、分类施策，继续推进2017年信访工作新态势，及时进企业入乡，排查各类矛盾纠纷，将矛盾消化在萌芽状态，并将来信来访人员、事件登记造册。截至年底，堆龙德庆区未接到一起来信来访事件。

【提升职工素质】 年内，堆龙德庆区总工会结合服务对象发挥自身优势，邀请区委党校米玛曲珍老师在雄巴拉曲藏药厂等企业多次开展传达学习党的十八届六中全会精神及西藏自治区第九次代表大会的报告和讲话精神。同时，米玛老师用通俗易懂的藏文形式，为300余人次的职工深刻解读党的十八届六中全会、党的十九大、自治区第九次代表大会的精神内涵及重大意义，坚持科学统筹，联系堆龙发展的新形势新任务，突出重点内容，把宣讲精神不断引向深入。根据区市及相关工作安排，安排工会干部前往内地、自治区、拉萨市参加基层工会组织建设、厂务公开、安全生产等方面的内容培训6人，共6次。

以“安康杯”竞赛为载体，积极推进群众性安全生产活动。在全国上下积极开展安全生产工作的同时，区总工会深入各建会企业进行调研，宣传自治区安全生产工作决策，紧紧围绕“安全第一、预防为主、综合治理”的安全生产方针。牢固树立安全生产“红线、底线、高压线”意识。以“安康杯”竞赛为载体，积极推进群众性安全生产活动，扎实组织各企业进行防地质灾害、厂区失电、人身伤害、消防等各类应急演练10余次，累计参演400余人次，排查整改隐患30余项，进一步增强职工的安全意识和应对自然灾害的能力，为职工生命财产安全提供了可靠保障。积极推选五一劳动奖状、奖章、工人先锋号，更大程度的发挥模范带头作用，评选产生1个工人先锋号和2名五一劳动奖章优秀个人、五一劳动奖状集体，1名模范在拉萨市总工会五一劳动奖状、奖章、工人先锋号表彰大会上作代表发言，通过先进典型的示范作用，激励和调动堆龙德庆区广大职工岗位建功的工作热情和创先争优的昂扬斗志，推动堆龙德庆区各单位、企事业持续健康科学发展。大力引导职工立足岗位，建设家园。

【推进民主管理】 认真落实加强企业民主管理的要求，建立健全民主管理制度，依法维护职工合法权益，通过企业职代会、厂务公开等职工维权主渠道，大力推进民主管理。2017年初，堆龙德庆区人民医院、西藏达氏集团有限责任公司、西藏雄巴拉曲神水藏药有限公司、西藏堆八仓土特产开发有限责任公司等企业按照相关规定召开职工代表大会，参与人数共达200余人，探讨议题达40余项。大力推进厂务公开，通过组织召开现场会议、查看宣传栏、张贴栏等宣传载体，及时要求对企事业领导班子调整、干部任用、劳动报酬、分流安置、职称评定、先进评选等职工普遍关心和涉及切身利益的问题加大公开力度，多方调研征求职工对改革发展的意见和建议，切实落实职工知情权。

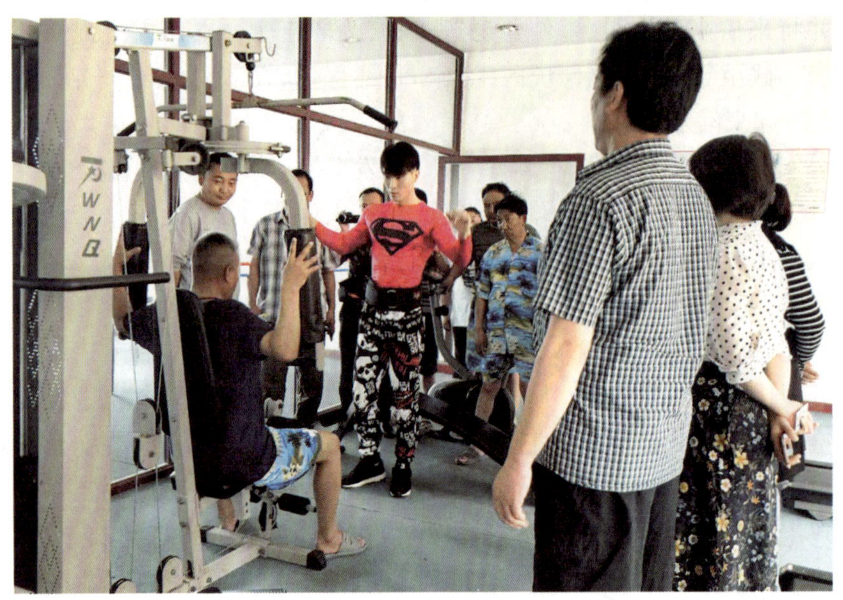

2017年12月16日，在区总工会组织疗养活动期间，海南工人疗养院邀请专业健身教练指导健身

【做好帮困救助工作】 开展送温暖活动不间断。2017年，在“三大节日”期间慰问人数76人次，寺管会3个、驻村工作队7个、一线护路队员15个、在档困难职工6人。在党的十九大期间，慰问一线困难职工，经请示分管领导同意，召开办公会议研究决定，为堆龙德庆区基层相关单位职工开展工会组织送温暖活动，涉及区相关单位一线职工、各乡镇困难职工共145人，发放慰问金14.5万元。

扎实开展扶贫济困工作。区总工会高度重视帮困救助工作，始终把贫困群众放在心中最高位置，坚持全心全意为人民服务的根本宗旨，贯彻党的群众路线。区总工会全体党员干部按照区委区政府的指示要求，深入实际、深入基层、深入群众，开展好结对帮扶工作，走到帮扶对象家中，了解基本情况，帮助其解决生产、生活、工作上的突出问题，宣传党的政策，使每一位帮扶对象得到党和政府的关怀。在单位内部形成为群众办实事好事的强大合力。

【党风廉政建设】 认真制定年度党风廉政建设责任制工作方案，切实做到明确工作任务和责任。明确单位一把手为党风廉政建设第一责任人，负总责，其他班子成员实行“一岗双责”，层层分解年度党风廉政建设工作任务，把党风廉政和反腐工作纳入单位工作统筹安排。同时，区工会领导干部还经常深入基层单位，对党风廉政建设以及防腐工作，进行统一部署，统一检查，统一指导，把党风廉政建设同服务职工、同奖励、评优挂起钩来，形成各部门齐抓共管的工作局面。

建立健全相关制度。区总工会先后制定《党风廉政建设制度》《党支部民主生活会制度》《堆龙德庆区总工会财务制度》等，通过制度来监督党员干部的行为和实现民主管理。

扎实开展厂务公开工作。通过党工共建，积极引导党员干部统一思想，抓好厂务公开工作，促进党风廉政建设重点工作落实。区总工会组织工作人员深入企业检查落实厂务公开情况，在充分征求协助单位意见的基础上，调整充实厂务公开领导小组，结合工会工作实际，坚持做到厂务公开工作与工会重点工作同步安排、同步检查，并且实行下派联络员到企业指导开展工作。通过多次下企业协调、督促、引导，帮助企业理清厂务公开工作的思路，有效地提高堆龙德庆区厂务公开建制率。

强化工作作风，提升机关效能建设。区总工会高度重视机关效能建设，认真贯彻落实区委、区政府相关要求，进一步强化工作作风，加强对党员干部以及工会干部职工进行思想教育，加强党的相关知识以及树立正确的人生观、价值观和世界观的教育，进一步提高工会干部职工的综合素质。

【职工文化建设】 年内，区总工会不断深化干部职工文娱活动，在堆龙德庆区开设“职工之家”健身活动室、台球室，为全区干部职工开展业余锻炼、娱乐提供保证，并不断更新相关活动器材。大力推进“职工书屋”建设，加强对职工文体协会等团队的指导扶持，培养更多文体骨干，不断提高职工文化素养；丰富职工精神文化生活。继续打造“喜迎十九大 工会服务在基层”系列服务活动工作品牌，努力办好全区职工各项文体活动，使职工文化成为文化建设的有机组成部分。在西藏雄巴拉曲神水藏药有限公司开展“喜迎十九大 工会服务在基层”主题活动，在公司积极配合下，为企业职工送上藏族传统歌舞，组织职工参加拔河比赛、篮球比赛等项目活动，为职工送去1万余元的生活必需品。

【激发职工干事创业的活力】 2017年，根据拉萨市总工会关于全市工会劳模、工人先锋号、“五一劳动奖章”推荐评选工作相关要求。区总工会经请示区纪委、区组织部同意，严格按照评选条件、评选范围，坚持公开、公平、公正的原则，深入基层、企业做好宣传工作。评选程序按照条块结合、自下而上进行，由民主评议、基层推荐候选人。对推荐的候选人坚持实事求是，认真考查，认真核实先进事迹的真实性。经基层民主推荐，区委组织部、区纪律检查委员会和区工会严格把关，推荐五一劳动奖状单位一家，工人先锋号单位一家，五一劳动奖章2名。分别是：堆龙德庆区农牧局、被评选为2017年五一劳动奖状先进单位；堆龙德庆区公安局交警大队、被评选为2017年工人先锋号先进班组；堆龙德庆区羊达乡党委书记刘军西藏堆八仓土特产开发有限责任公司工人加措，被评选为2017年五一劳动奖章获得者。

【干部职工劳模疗休养工作】 年内，为深入贯彻落实区市党委关于在全区开展“四讲四爱”喜迎十九大主题教育实践活动，不断促进干部职工身心健康，增强干部职工幸福指数，充分体现区委、区政府对干部职工的亲切关怀，区总工会共组织两批组织60名干部职工、一线工作者、铁路护路队员、环卫工人赴北京、海南、四川开展以“讲党恩、爱核心、哈达献给总书记”为主题的爱国主义教育的疗养活动。活动的开展进一步增强干部职工们的“四个意识”，特别是核心意识，全力推动广大干部职工为堆龙发展稳定、爱国主义核心、民族团结营造良好氛围。

2017年12月20日，区总工会组织疗养队员参观邓小平故居爱国主义教育基地

【精准扶贫工作】 精准扶贫工作是“两学一做”重要内涵的体现，是执政为民的实效体现。年内，区总工会紧密结合区委区政府中心工作，紧紧围绕区委、区政府的决策部署，坚持把脱贫攻坚工作作为兴村富民、加快发展的头等大事来抓，按照精准扶贫、精准脱贫的要求，深入贫困户走访调查，制定脱贫攻坚实施方案、工作计划，精心研究对策，着力政策对接，有力推进精准扶贫工作的顺利进行。在进一步了解掌握扶贫户工作生活情况的基础上，及时向贫困户宣传党和国家及全区扶贫、脱贫工作政策，不断增强扶贫帮扶列入重要议事日程，坚持抓好扶贫开发重大问题的研究、难点问题的协调，出实招、办实事、求实效，推动精准扶贫取得更大成效。把脱贫攻坚作为工会整体工作计划的主要内容，确定具体的脱贫攻坚目标任务，做到分工明确、责任到人，采取结对扶贫帮困方式，带着感情、带着责任开展脱贫工作，强化宣传发动，营造浓厚氛围。及时发现、总结脱贫工作经验，大力宣传好的做法和取得的成效，激发精准脱贫工作的创造性和积极性。

组织党员干部深入帮扶村结对户家中宣传精准扶贫政策8次，

开展慰问活动2次，共投入资金7500元。上门逐户面对面宣传讲解，正确准确传达上级扶贫政策，把上级精神直接传达到农户，在宣传扶贫攻坚政策的同时及时了解掌握脱贫户所发生的具体变化和其他诉求，让真正需要得到扶助的贫困农户享受到国家改革发展的成果。

【增强工会组织凝聚力和影响力】2017年区总工会不断深化基层工会组织建设，加强工会组织的相互联系。按照“四要素”建会要求，西藏牦牛王有限公司、堆龙德庆区城市综合执法管理局组建工会，积极组织引导干部职工入会，不断完善相关制度建设，使工会组织规范化建设得以进一步推进。

扎实推进基层工会规范化建设。根据拉萨市总工会关于开展“农民工集中入会行动”文件精神，区总工会在堆龙德庆区德庆乡、马乡，组建精准扶贫户生态管护员集中开展入会行动，新入会农民工为1337人。结合工作实际及区情，按照“六好”“八有”要求，不断强化推进基层工会规范化建设，在4个乡镇完成“八有”达标建设的基础上不断巩固建设成果，着力解决2乡镇“八有”建设未达标问题。结合市总工会关于加强基础工会组织建设工作要求，完善基层工会资金扶持，为堆龙德庆区30个行政村拨付每村的10000元的建设活动经费，并加强工会经费使用审计，将工会每一笔经费用在刀刃上。同时大力推进工会组织亮牌子、工会主席亮身份“双亮”活动，不断完善乡镇工会工作机制，着力提升运行效率、工作活力。

继续开展好援藏对接工作。通过办公会议对援藏工作进行统筹规划，确定3类项目计划，技能培训类：朗巴村新农村家具专业合作社，开展工人家具制作技能培训，投入资金6万元。民生类：开展大病救助工作，2人，投入资金2万元、帮扶慰问企业困难职工80人，投入资金8万元。文化类：援建德庆乡、马乡职工书屋2个，投入资金4万元，总计20万元。

做好全区职工会议正常福利工作。2017年下半年区总工会根据西藏自治区关于《进一步加强和规范化工会经费用于职工宣传、教育、文体活动奖励、补助慰问等方面支出管理》的通知文件，关于基层工会经费开支相关规定，结合工作实际，制定堆龙德庆区总工会关于规范工会经费用于补助慰问的实施方案，并通过堆龙德庆区常委会会议，同时向拉萨市总工会进行报备。

【维护职工权益】安全生产与工会工作相结合。年内，区总工会加强矛盾纠纷排查、女职工维权、维护稳定和安全生产检查工作，将安全生产和工会工作相结合。区总工会走访雄巴拉曲神水藏药厂、羊达蔬菜种植农民专业合作社等企业，详细了解各企业是否存在矛盾纠纷，做到底数清、情况明。实地了解企业车间生产情况，要求企业切实抓好安全生产和公共安全管理，并加强应急值守工作。

积极参加“安全生产月咨询日”活动。区总工会大力普及安全知识，提升安全素养，弘扬安全文化，积极参加“安全生产月咨询日”活动。区总工会于堆龙团结路设立宣传点，设置安全生产宣传标语，结合工会工作实际，向过往路人发放《中华人民共和国劳动合同法实施条例》《企业工会工作条例》《职业眼部危害及防护知识》《中华人民共和国劳动合同法》等法律宣传手册，切实发挥工会组织积极作用，把维护职工群众生命健康权益落到实处。

开展全区“综治宣传月”活动。结合全区“综治宣传月”活动的开展，在6月综治宣传周活动，区总工会按照全区维稳工作会议精神，组织全体干部职工学习维稳的重要性，到包村及企业检查维稳情况并在企业积极宣传保护女职工权益的重要性，宣传相关法律法规。

春风行动，助力精准扶贫脱贫。区总工会于堆龙德庆区人力资源洽谈会设立宣传点，向前来招聘的70家企业，近600多名就业者免费提供政策咨询、就业信息服务、维权服务，结合当前广大职工、农民工在维护自身权益方面存在的突出问题和实际，制作、印制宣传资料，有针对性地发放维护职工权益的法律法规宣传资料、宣传册。

【加强党的建设】年内，区工会党支部坚持党要管党、从严治党，围绕中心、服务大局，突出重点、突破难点，党的建设取得显著成效。以加强先进性建设为重点推进思想政治建设，建设学习型党组织，开展党员干部教育培训，深入学习领会中央精神和自治区、拉萨市、区委、区政府决策部署，推进统一思想，凝心聚力、凝神聚气，为发展和稳定提供强大动力和政治保障。区工会坚持加强业务能力建设，注重在发展稳定实践中考验干部，严格监督、严格管理、严明纪律，推进吏治清明、风清气正，选人用人公信度不断提高。

区工会着眼于推进解放思想、推进改革开放，坚持用科学理论、科学方法武装党员头脑、教育单位干部、引领广大群众，坚决抵制各种错误思潮，坚决冲破与变化变革创新要求不相符合、与发展稳定不相适应的各种桎梏，激活党员干部科学超越、后发赶超的信心和理念，激扬党员干部建设堆龙、奋发有为的精神风貌，激发党员干部的工作积极性和创造性，推动各项工作站在高起点、体现高水平、产生高效益。

区工会深入推进学习型党组织建设，切实做到学以立德、学以增智、学以创业。坚持以人为本、执政为民，贯彻党的群众路线，把宣传教育群众、联系服务群众、做好群众工作作为基层党组织的核心任务和基层干部的基本职责，把各项工作做到最基层单元，做到最需要开展工作的人。坚持求真务实的科学态度，着力营造统一思想不争论、着眼发展向前看、正视差距不气馁、食不甘味抓落实的干事创业环境。

2017年5月18日，区总工会走进西藏自然科学博物馆，开展党员活动日活动

【干部队伍建设】 年内，区工会坚持德才兼备、以德为先的用人标准，努力培养造就适应科学跨越、后发赶超要求的干部队伍。切实把政治坚强作为考核使用干部特别是主要负责人的首要标准，注重在复杂环境、反分裂斗争一线培养、考验干部职工，充分体现不让老实人吃亏、不让干事的人吃亏、不让长期在一线埋头苦干的人吃亏。坚持把基层一线作为培养锻炼的基础阵地，有计划地选派年轻优秀干部特别是女干部参加自治区、拉萨市的培训与各地培训相结合，积极推荐优秀干部前往内地进行工作学习交流，提高业务水平及自身能力，提高群众工作能力。进一步充实加强基层一线力量，提高基层组织工作保障能力。完善落实自治区拉萨市调整工会组织对干部职工福利待遇政策，真诚关心关爱干部，建立落实工作机制，使全区干部职工享受国家政策。

【加强自身建设】 年内，区工会切实落实“两个责任”，全面推进工会党建、党风廉政建设工作。加强政策法规教育，夯实思想基础。区总工会党支部注重理论学习，组织党员干部深入学习领会习近平总书记系列重要讲话、十八届六中全会精神、区市第九次党代会精神。认真学习中央八项规定、《中国共产党章程》《中国共产党廉洁自律准则》《中国共产党纪律处分条例》《中国共产党问责条例》以及区委、区纪委各项规定和要求，认真落实党风廉政建设责任制和党风廉政建设各项规定，认真履行党风廉政建设和反腐败各项职责，积极抓自身党风廉政建设，促进区总工会党风廉政建设工作的顺利开展。

加强纪检制度保障，推动责任落实。定期组织学习党风廉政建设和相关文件精神，组织党员签订共产党员承诺书、党员干部党风廉政建设个人承诺书。坚决贯彻落实中央八项规定、区党委“约法十章”“九项要求”和市委“八项要求”和区纪委关于重大节日廉洁规定精神，严格执行作风建设有关规定，把纪律和规矩挺在前面，立起来、严起来、执行到位。

（拉巴仓杰）

【领导名录】

主　席

拉　珍（女，藏族）

副主席

普　吉（女，藏族）

共青团堆龙德庆区委员会

【概况】2017年，共青团拉萨市堆龙德庆区委员会在区委和团市委的坚强领导下，全面贯彻中共十九大精神，深入学习贯彻习近平总书记系列重要讲话精神，深入贯彻落实党中央、自治区、拉萨市及区委关于群团工作部署，以保持和增强团的政治性、先进性、群众性，克服“四化”问题为目标，树立新常态下共青团工作思维，深入实施“六大战略”，积极构建“凝聚青年、服务大局、当好桥梁、从严治团”四维工作格局，努力做到推动科学发展有佳绩、维护和谐稳定有作为、服务人民群众有实效、引导文明风尚有突破，团结各族青年为谱写中国梦堆龙篇章贡献青春力量。

【通过多种途径，普遍联系青年】年内，团区委着眼于团的基层组织网络和工作活动覆盖、影响全体青年的目标，力争动员全体团干部、团员、团组织力量，采用“1+100”“8+4”“4+1”等模式，通过多种途径与青年建立经常性的广泛联系，以“团干部包乡镇”形式，每名团干对接1—2个乡镇的青年，同时，通过微信公众号与青年们进行经常性互动，建立青年党员志愿服务队，开展多项公益活动，持续扩大共青团的影响力，增强青年的向心力。

2017年8月31日，堆龙德庆区第二届青年创新创业大赛颁奖典礼隆重举行

【关爱重点青少年群体】年初，团区委发动各乡镇认真统计辖区内六类重点青少年群体信息，其中，单亲儿童441人、留守儿童118人、烈士子女2人、孤儿19人、服刑在教人员未成年子女4人、残障儿童61人。4月，开展“梦想树”公益活动，和46名贫困孩子做游戏、讲故事，并帮助实现“小小心愿”，共投入爱心资金4000余元。11月14—29日，团区委联合各乡镇团委及“拉萨海雕视角教育咨询有限公司”赴堆龙德庆区8所中小学开展“关爱青少年·预青进校园”活动，并为572名重点青少年群体发放暖冬五件套（脖套、手套、袜子、热水袋、耳罩），活动共涉及资金6万余元。11—12月，为促进堆龙德庆区各校中小学生更加健康快乐地成长，进一步提高他们尤其是学困生的学习成绩，弘扬“奉献、友爱、互助、进步”的志愿者精神，组织西部计划志愿者、研支团志愿者及青年志愿者共16人开展针对堆龙德庆区中小学生的“一对一教学帮扶”活动。

【加强法制宣传教育】1月9—13日，团区委以“五下乡”活动为契机，开展青少年法制知识宣讲活动，发放《西藏自治区青少年法律知识读本》《西藏自治区未成年人自我保护知识读本》《法律进校园知识读本》《拉萨市小学生民族团结知识读本》《青少年禁毒宣传册》《警惕新型合成毒品》《反家庭暴力法》等宣传资料（藏汉双文）2400余册，投入资金1000余元，覆盖6个乡镇1000余名青少年。3月31日，为进一步推进堆龙德庆区法制建设，大力营造法制建设、服务和保障经济社会发展的良好法制环境，根据“三月综治宣传”月有关文件精神，结合团区委实际，在东嘎镇桑木村拉萨城投铁器电焊市场开展“加强社会治安综合治理，预防未成年人违法犯罪”的宣传活动，发放相关宣传资料（藏汉双文）300余册，涉及市场内100余名青少年。5月12日是中国第九个“防灾减灾日”，围绕“减轻社区灾害风险，提升基层减灾能力”主题，在区政府大院门口开展防灾减灾宣传活动，发放相关宣传资料（藏汉双文）100余册，通过与青少年的现场互动交流，进一步提高青少年的防灾减灾科学意识，增强青少年应对灾害突发事件能力，取得一定成效。6月12日，在团结路开展法制宣传活动，发放相关宣传资料（藏汉双文）100余册。9月16日，在东嘎农贸批发市场开展以“弱势群体联帮联，互助友爱广泛体现”为主题的“9·16”平安西藏日宣传活动，共发放《西藏自治区未成年人自我保护知识读本》（藏汉双文）150余册。11月8日，由团区委牵头，区妇联、法院、司法局联合举办“学法懂法用法·远离违法犯罪”青少年模拟法庭活动，106名区中学学生参加。12月4日，在团结路大道开展“弘扬国家宪法精神·预防青少年违法犯罪”的宣传活动，共发放《西藏自治区青少年法律知识读本》《西藏自治区未成年人自我保护知识读本》《西藏自治区未成年人保护法》《法制漫画》等宣传资料（藏汉双文）100余册，涉及路过的100余名青少年。12月20—26日，按照全区“五下乡”活动整体安排部署，积极开展“关爱青少年·法律进乡镇”主题宣传教育活动，共发放《西藏自治区青少年法律知识读本》《西藏自治区未成年人自我保护知识读本》等宣传资料（藏汉双文）300余册，暖冬五件套30套，投入资金2000余元，覆盖6个乡镇600余名青少年。

【开展贫困助学活动】 年内，团区委多次入户调查，针对重点青少年及贫困青少年实施“以助脱贫”，开展物质与心理的双重关爱，并向上级团委争取到“国酒茅台”“苏州圆梦”“希望之星”助学金11.3万元，资助堆龙德庆区51名贫困大、中、小学生。

【青少年的思想政治引领】 习近平总书记指出，共青团必须把培养中国特色社会主义事业建设者和接班人作为根本任务。年内，团区委把为党育人、巩固和扩大党执政的青年群众基础作为首要政治责任，以“中国梦”和“社会主义核心价值观”作为青少年思想引导的主线，广泛开展“我的中国梦”“我为核心价值观代言”“红领巾相约中国梦”“践行核心价值观·争做向上向善好少年”“四讲四爱主题教育”“贯彻落实十九大精神”及预青进校园等活动，增强思想引领的实效性。利用微信公众号，以图片解读形式及时传达学习习近平总书记系列重要讲话精神和治国理政新理念新思想新战略，认真组织自学，上好主题团课，开展征文等活动。以团队、少队例会为契机，传达学习《李亚祥同志在西藏自治区少工委五届三次全会上的讲话》《西藏自治区少工委2016年工作报告》《全区少先队2017年工作要点》《关于大力发动全国中小学少先队组织积极开展“动感中队”创建活动的通知》并观看学习“不忘初心跟党走”新团员入团仪式和《少先队改革方案》宣讲视频会。在十九大顺利召开后，团区委以高度的政治自觉、思想自觉和行动自觉，以学习好、宣传好、贯彻好习近平新时代中国特色社会主义思想为主线，用党的十九大精神武装乡镇村级团干部、覆盖广大团员、带动更多青年，切实增强“四个意识”、坚定“四个自信”。

【深化青少年理想信念教育】 2016年12月30日，团区委联合优秀创业青年成功举办首届元旦文艺演出，全体在家县级领导与区直机关干部、退休老干部、农牧民群众、护路队员、环卫工人等近400余人共同观看演出；开展“3·28”有奖知识竞答进机关、进校园活动，宣传普及西藏农奴解放史及西藏民主改革57周年以来取得的伟大成就，引导广大干部群众爱国爱社会爱家；4月5日上午，组织40名堆龙区中学少先队员、团员和20名西部计划志愿者前往拉萨市烈士陵园，祭祀扫墓，缅怀革命先烈；在纪念伟大的“五四”运动98周年，迎接共青团95周年华诞之际，5月5日，于波玛村村委会广场上举行“奔跑吧！青春”彩跑活动，共有100名选手报名参加；6月16日，为纪念共青团成立95周年和“五四”运动98周年，以“四讲四爱”“一学一做”主题教育实践活动为主题，组织堆龙德庆区中学50名学生团员在77626部队开展重温入团仪式；6月30日，组织开展“手抄党章·献礼七一”书法大赛，本次比赛共有25名来自机关、学校、乡镇、农牧民的党员选手参赛。自党的十九大胜利召开以来，团区委各级团组织、少先队均掀起学习宣传十九大精神的浪潮，开展形式多样、内涵丰富的系列活动。

【青少年民族团结宣传教育】 9月，根据《关于开展第27个“民族团结宣传月”暨第六个“民族团结进步节”活动实施方案》，团区委组织开展“谱写民族团结华章·放飞文学创作梦想”微小说征集大赛，并结合堆龙德庆区教育系统实际，组织堆龙德庆区各中小学校成功举办民族团结月系列活动。2017年民族团结月系列活动，以喜迎党的十九大胜利召开为契机，进一步调动和激发师生的积极性、主动性、创造性，引导广大师生牢固树立“三个离不开”“四个认同”思想意识，切实增强广大师生维护民族团结、促进社会和谐的责任感与使命感；11月23日，南航研支团“共育民族团结花”荣获学雷锋志愿服务公益项目“最佳志愿服务项目”，获得5000元奖金；为进一步深化民族团结，加强西藏的孩子们对东部地区的认识，南航研支团西藏分队于12月26日—1月5日期间，举办第二期“雪域同心·圆梦金陵”西部游学活动，组织14名初中生与2名小学生赴南京游学。此外，堆龙德庆区7所小学均与北京市海淀区7所小学结对，截至年底，已经成功开展8期民族团结手拉手书信交流活动。

【争先创优工作】 积极推选共青团德庆乡委员会、共青团东嘎镇委员会等6个基层团组织分别被授予“五四红旗团委”“五四红旗团支部”称号；中国邮政储蓄银行堆龙德庆区支行被授予“优秀青年文明号集体”称号；远大建材有限责任公司等3家集体被授予“优秀精准扶贫青年集体”称号；旦增次珠等8名青年被授予“优秀青年创业者”称号；旦增贡吉、嘎玛米久2名青年被授予“优秀创业大学生”称号。同时，会议还表彰37名优秀共青团干部、优秀共青团员、保护母亲河先进个人、优秀青年志愿者；积极推选共青团古荣乡巴热村支部委员会当选拉萨市五四红旗团支部。推选堆龙德庆区德庆乡小学、姜昆黄小勇希望小学共三名学生当选“向上向善好少年”，成为全校诚信模范、孝心模范。开展志愿者表彰大会，表彰堆龙德庆区10名优秀大学生西部计划志愿者，1个优秀志愿者集体，推选堆龙德庆区6名志愿者获得拉萨市优秀志愿者、5名志愿者获得自治区优秀志愿者，在志愿者管理工作上，营造出争先创优的良好氛围。

【引领青年创新创业创优】 1月19日，团区委组织开展“共青团与人大代表、政协委员面对面”座谈会。本次座谈会邀请3位区人大代表、4位政协委员、10名创业青年及2名专家、媒体人士代表围绕“推动城乡青年电商创业公共服务平台建设”进行交流，根据讨论结果，团区委及时向区人大、政协递交“关于出台青年创业帮扶政策”的提案、议案，并长期跟踪办理情况，并撰写《共青团拉萨市堆龙德庆区委员会关于推动城乡青年电商创业公共服务平台建设的调研报告》、撰写《堆龙德庆区小微企业调研报告》《堆龙德庆区创业青年及待业青年现状调研报告》，截至年底，堆龙德庆区共有待业青年216名，待业大学生107人，大学生占比49%。性别比例：男士97人，女士119人。其中各乡镇的待业青年人数为：东嘎镇56人、乃琼镇5人、羊达乡63人、马乡40人、古荣乡24人、德庆乡28人。

【激励青年投身创业大潮】 为进一步解决堆龙德庆区创业青年在创业过程中遇到的困难，提升创业青年创业知识体系，3月31日上午，团区委邀请西藏智谷信息技术有限公司和邮储银行堆龙德庆区支行专家老师开展2017年农牧民创业青年税务、工商、金融知识培训。自5月份启动以来，在团市委的大力支持和区委、区政府的高度重视下团区委争取创业大赛举办资金80万元、团市委扶持奖励资金20万元，团区委开展为期一个月的调研工作，到每个乡镇每个村实地调研青年人数、青年工作现状，编订《堆龙德庆区创业青年现状调查报告》，为创业大赛的举办奠定良好基础。7月，举办拉萨市堆龙德庆区第二届青年创新创业大赛，大赛设置一等奖1名，二等奖2名，三等奖3名，优胜奖5名，大学生意向创业1名，大赛包括创业展销、赛前项目计划书撰写培训、赴内地交流学习、素质拓展等系列配套活动顺利开展。12月，推荐堆龙德庆区创业大赛一等奖获得者米瑞金属雕刻工艺公司参加西藏自治区创业大赛，带着堆龙创业青年的期望，闯进半决赛。12月10—17日，带领10名优秀创业青年赴浙江义乌开展电子商务培训，着力加强创新创业平台建设，培育新兴业态，发展分享经济，以新技术、新业态、新模式改造传统产业，增强核心竞争力，实现新兴产业与传统产业协同发展。

【推动大学生返乡创业】2月，经调研发现堆龙德庆区有部分大学生创业青年目前处于创业迷茫期，团区委立即走访调研，1名大学生创业青年已成立一家公司，经多次交流并与政府相关部门对接，该公司受到区委、区政府高度重视，且与政府合作项目有文化方面、汽车清洗等，该青年表示终于找到组织，团区委工作从被动变成主动，让堆龙德庆区广大青年备受信赖。6月，1名大学生创业青年，因启动资金困难而找到团区委，经几次交流和调研中，团区委积极鼓励该创业大学生参加创业大赛，并进入决赛。12月，团区委积极推荐创业大学生参加自治区创业展览，推动堆龙德庆区创业青年走上更高的平台，拓宽发展渠道。

【西部计划志愿者工作】制度化管理。1月堆龙德庆项目办积极探索志愿者管理办法，在2016年的管理手册基础上查漏补缺，经征求志愿者意见，3次团委内部会议研究，《大学生志愿服务西部计划堆龙德庆志愿者工作手册》修订本已印发，并及时向各服务单位、志愿者发放。按照流程，圆满完成志愿者请销假工作、留藏工作、续签工作及2017年志愿者需求申报工作。

安全化运作。志愿者住宿因堆龙改造新城区，志愿者宿舍3次顺利搬家，搬家期间项目办尽心尽力为志愿者搬家做好全部工作。

亲情化服务。区委、区政府高度重视堆龙德庆区志愿者，向12名留藏过年的志愿者发放每人1000元的节日慰问金及300元的慰问品，共计15600元。10月3日，为丰富西部计划志愿者的文娱生活，增进志愿者之间的沟通交流，增强凝聚力，缓解志愿者们的思乡之情，体现团区委对志愿者们的关爱，团区委积极组织志愿者策划中秋活动，与全区19名志愿者，3名留藏志愿者共度中秋节。

社会化奉献。截至年底，区项目办以微信公众号为平台，圆满实施80余次志愿服务活动，服务内容涉及亲情陪伴、会场礼仪、卫生打扫、环境整治、植树造林、敬老爱老等。志愿者们自主策划开展多项志愿服务活动，将以往的项目办疲于组织开展活动变为现

2017年11月14—29日，团区委联合各乡镇团委到堆龙德庆区8所中小学开展“预青进校园·关爱青少年成长”活动，并为572名重点青少年群体发放暖冬五件套

在的志愿者主动设计、组织、实施志愿服务活动。1月4日,志愿者积极自行组织开展“情满高原·暖冬志愿活动”。在爱心团队的帮扶下,经过一个月的宣传收集,共募捐冬季衣物1000余件,其中包括暖冬棉被,全新棉衣棉鞋等,将衣物送往德庆乡。3月30日,团区委与民政局、堆龙驻军干部联合青年志愿者服务队及堆龙区中学学生志愿者共赴堆龙德庆区五保户福利院开展志愿活动。4月14日,在香雄梅朵开展党员志愿植树活动。9月,开展迎接中央环保督查卫生清理志愿服务活动,并组织志愿者到街头开展交通引导志愿服务活动。12月5日,在国际志愿者日当天,22名志愿者到德庆乡门堆村为贫困群众发放暖冬衣物共计1000余件,新鞋50余双等。12月24日,申港证券、南航研支团为堆龙德庆区募捐7箱冬衣,另有社会爱心人士募捐1箱衣物,共8箱衣物,由团区委组织4名志愿者分发给德庆乡顶嘎村困难家庭。

榜样化激励。7月19日,召开2016—2017年度大学生志愿服务西部计划工作总结表彰大会,对10名优秀个人、1名集体志愿者进行表彰。

【助力精准扶贫】 团区委党员干部多次深入单位精准扶贫帮扶点,入户走访结对户了解贫困户的情况,竭尽所能为贫困户提供帮助。8月29日,组织堆龙德庆区30名精准扶贫户青年赴拉萨市车管所报名具有优惠政策的驾校,10月28日,召开“助力精准扶贫·圆青年驾驶梦”培训会,邀请西藏大学驾校负责人张红凤为学员们讲解驾校考试相关内容。

【积极参与网络舆论工作】 年内,团区委充分利用“堆龙德庆区共青团”微信平台,发布、转载各方解读图文及视频,占领舆论斗争的制高点,弘扬主旋律、传播正能量,打造网上共青团,营造晴朗网络空间,力争在网络这一意识形态主战场当好突击队和生力军。

2017年10月28日,团区委举办“助力精准扶贫·圆青年驾驶梦”培训会

【积极走访调研,反映青年呼声】 年初,团区委举行事关青年切身利益诉求的座谈会,再根据讨论结果,及时向区人大、政协递交提案、议案,并长期跟踪办理情况。同时,团区委党员干部多次下乡走访调研,并撰写调研报告5篇,涉及青年就业创业、团组织建设等方面,并根据调研结果,采取有力措施解决青年面临的困难。

【积极谋划推进共青团改革】 推进共青团工作网络化。年内,通过“青春堆龙”微信公众号,开辟共青团本月任务专栏,面向各级团组织及时发布各项工作任务;通过工作信息模块,及时更新各项工作进展。通过青年之声模块,实现与青年面对面的交流,倾听青年心声。并组建堆龙团干、学校微信群,方便各级团干部间学习交流。

推进共青团工作量化管理。实施共青团、少先队积分量化管理制度,经集体讨论于每月月初及时发布本月必选任务,并结合实际给予分值,规定完成日期、评分标准。月底及时公布本月得分,做到目标管理依据量化看得见,年底目标考核公平、公正。同时,为激发各乡镇团委工作的创新性,对每项创新工作给予较大积分。上半年,各级团组织工作的积极性、有效性得到显著提高。

纵向推进各乡镇共青团交流

定期化。实施共青团每月工作例会制度。为强化团区委与各乡镇团委的关系，增进各乡镇团委之间交流，4 月以来，团区委定期流动召开每月共青团工作例会。每期例会由不同乡镇主动承办。以例会为契机，总结本月工作经验、分析存在问题、探讨工作思路，共同提升各乡镇团委的工作活力。

横向加强与其他群团组织联系。在区委领导下，每月定期召开群团工作联席会。3 月以来，团区委积极参与联席会筹备工作，并负责每期联席会会议议程、会议通知、会议纪要等工作。通过联席会，切实增进同工会、妇联等群团组织的沟通协调，形成工作合力，更好地服务青年群众。

正式建立专职团干部制度。乡镇团委人事任免由乡镇党委发函征求团区委意见建议，报组织部审批后，以红头文件任命；团区委定期向区委汇报乡镇团委和团干部的工作情况制度；乡镇团干部提拔使用征求团区委意见制度；探索专职团干部、西部计划志愿者挂职乡镇团干部、优秀贫困大学毕业生兼职乡镇团干部专挂兼相结合的团干部队伍，进一步充实乡镇共青团力量；正式建立每名团干部联系 4 名青年群众等工作机制，推动团干部摆脱文山会海、走出高楼大院，经常化、制度化下沉基层，做青年友、不做青年"官"。

从严管理团员队伍。控制增量，严格团员标准和入团程序，提高团员发展质量；扩大覆盖。发动团干部主动深入企业青年、流动青年、新兴社会组织等青年群体"找团员"，吸收团员。同时，健全团员档案资料，实现"一人一档"；管好存量，严格组织生活，严格教育管理，严肃团内执纪，引导团员在青年中充分发挥模范作用和凝聚作用，并切实做好推优入党工作，凡 28 岁以下申请入党的团员必须经团组织书面推荐。

加强基层团干部队伍建设。通过制定规章制度、加强团干部培训、工作例会、党支部书记讲党课、团组织生活会、党组织生活会、"三务"公开、"三重一大"制度等一系列措施，严格团干部队伍建设，锤炼优良作风。

【村(居)团组织换届选举工作】为贯彻落实区市及堆龙德庆区关于做好堆龙德庆区村(居)组织换届选举工作的部署安排，切实抓好堆龙德庆区村(居)团组织换届选举工作，按照拉萨市、堆龙德庆区委关于村团组织选举的总体安排部署，10 月 9—16 日，团区委负责人赴堆龙德庆区 30 个行政村调研指导村级团组织换届选举工作。11 月 14 日，组织召开堆龙德庆区村(居)团组织换届选举工作业务知识培训会议，并以换届选举为契机，以巩固基层团组织建设为目的，为 6 个乡镇及 30 个行政村发放团建及预青相关书籍 396 本、入团资料 1500 套、《堆龙德庆区村(居)团组织换届指导手册》36 套。12 月 21—22 日，堆龙德庆区 30 个行政村陆续召开村团组织换届大会，选举产生新一届村团组织班子成员，全区 57 名村团组织候选人以 100% 的平均得票率顺利当选，30 个村团组织换届选举圆满完成，为堆龙改革发展稳定换出来好局面、好势头。

(凌珍珍)

【领导名录】

团区委副书记

拉巴曲珍(女，藏族)

团区委副书记、邮储银行挂职干部

巴桑央吉(女，藏族)

堆龙德庆区妇女联合会

【概况】 年内，区妇联、区妇儿工委办在区委、区政府的正确领导和高度重视下，在区市妇联的业务指导和大力支持以及各乡(镇)妇联组织的通力配合下，以邓小平理论和"三个代表"重要思想为指导，正确贯彻落实党的十八届历次全会、十九大、中央第六次西藏工作座谈会精神以及堆龙德庆区第一届全委会第三次全体(扩大)会议精神，坚持"男女平等"基本国策和"儿童优先"为原则，顺利完成《堆龙德庆区(2016—2020 年)妇女儿童发展规划》的制定工作，创造性地开展全区妇女儿童工作。堆龙德庆区妇联是党的群团组织之一。2017 年，共有编制 3 人，实有工作人员为 6 人，其中主席 1 人，副主席 1 人(主任科员)，副主任科员 1 人，科员 1 人，工人 1 人(驾驶员)，公益性岗位 1 人。

【提升妇联工作整体水平】 年内，区妇联团结带领全区广大妇女，紧紧围绕区委、区政府中心工作，立足堆龙德庆区妇女发展事业，

2017年6月11日，全国妇联书记处书记杨柳（左一）在自治区妇联党组书记周世英（左二），自治区妇联党组副书记、主席江措拉姆（左三）陪同下听取堆龙德庆区村妇联执委工作汇报

组织妇女参与经济社会发展，增强广大妇女投身新农村建设的主体意识和责任意识，自觉担负起时代的光荣使命，使全区基层妇女真正成为建设社会主义新农村的主力军。加强政治理论及业务知识的学习，提高妇联干部的政策理论水平和驾驭本职工作的能力。组织干部职工对党章、党的十八大、十八届历次全会、党的十九大、中央环境督查工作会议、区市党代会精神；宋秀岩同志在《第六次全国妇女儿童工作会议上的总结讲话通知》和《在全国家庭教育工作电视电话会议上的讲话》精神以及区委、区政府重要文件、重要会议精神进行深入学习研讨。切实做到吃透精神实质，提升自身素质的要求；严格落实周会制度，高效完成工作任务。坚持每周一召开干部职工会议，对上一周工作完成情况进行总结，安排部署下一周工作，通过实施周会制度，进一步提高行政工作效率，及时完成各项既定目标。

【开展土地确权颁证登记工作】 土地权益是农村妇女最关心、最直接、最现实的核心利益，在农村土地承包经营权上写入妇女名字，有利于将妇女与土地相关的各项财产权益落到实处。区妇联联合区农牧局、国土局等部门将实施农村土地确权颁证登记工作摆在一切工作首位，在2014年古荣乡古荣村试点成功的基础上，2017年继续开展此项工作。截至年底，已完成5429本“农村土地承包权证书”，于2017年9月5日召开“堆龙德庆区农村土地承包权颁证首发仪式”，经过努力，确保妇女“证上有名、名下有权”，切实维护农村妇女土地权益打下坚实的基础。

【妇女儿童合法权益】 随着中国法律法规的不断完善及维权渠道的不断拓宽，使妇女儿童的合法权益得到切实维护，维权意识有明显提高。年内，区妇联以“3·28”西藏百万农奴解放纪念日、“综治宣传月”“学习雷锋日”、平安西藏宣传日、“12·4”国际宪法日等各种活动为载体，深入各乡镇、各行政村及团结路沿线深入开展《中华人民共和国妇女权益保障法》《中华人民共和国婚姻法》《中华人民共和国未成年人保护法》《中华人民共和国反家庭暴力法》等维权知识宣传，为过往行人及妇女儿童提供法律、政策、心理等咨询帮助，共举办维权宣传15次，发放各种宣传资料2300余份。通过，“婚姻家庭纠纷调解室”“妇女儿童维权岗”、妇女儿童维权合议庭，共接待、下访、回访、调处妇女儿童来信来访15件(包括各乡镇、各村)，信访调解率100%。

【围绕中心，服务大局】 2017年，区妇联为进一步了解和掌握各村妇联组织和妇女儿童基本情况，全面推动全区妇女儿童各项工作和精准扶贫工作。深入辖区30个行政村，从各村妇女组织建设情况；如何发挥村妇代会主任作用；村妇代会如何改建村妇联工作；“妇女之家”日常活动开展情况；基层妇联组织开展工作过程中存在的重点难点及制约妇联工作的主要因素等内容开展深入细致的调研、了解基层妇联基本情况、查找存在问题的根源；在4月12日，召开纪念“三八”国际妇女节表彰大会暨2017年妇联工作会议。会上，总结2016年妇联工作开展情况，安排部署2017年工作重点，同时对2016年各乡（镇）妇联目标考核先进集体及各类先进人物进行表彰。2017年共投入资金57.7万元用于妇女培训项目，共有239名妇女参加培训。其中，从区“四业工程办”共争取到项目资金27.7万元，分别实施羊达乡帮普村藏餐烹饪培训项目、乃琼镇波玛村贫困妇女家庭旅馆培训。区政府为区妇联解决的30万元培训项目，分别实施妇女手工艺品加工、手工编织、木器加工及农家乐等培训。通过实施转移就业及实用技能培训，为堆龙德庆区更多农村富余女劳动力就近实现增收致富拓宽渠道，也增加家庭现金收入。

【解难事，办实事】 在藏历火鸡新年来临之际，为使堆龙德庆区基层贫困妇女儿童及村妇代会主任度过一个欢乐祥和的节日，根据区委、区政府关于做好节前慰问活动的统一安排部署，2月21日，区妇联联合拉萨市妇联深入到各乡（镇），开展“巾帼送温暖”活动。区妇联共为堆龙德庆区30名妇代会主任、25名贫困母亲、17名残疾儿童共计72名每人送去1000元慰问金，共计7.2万元。另外，拉萨市妇联也为堆龙德庆区20名贫困妇女儿童送去1万元慰问金；为落实“巾帼关爱”行动，弘扬孝老爱亲、扶危济困传统美德，区妇联分别于5月和8月，前往马乡马村一组琼达老人及古荣乡那嘎村一母亲家中，分别为她们送去2000元慰问金及总价值近1000元的奶粉、婴儿套装、小被子、尿不湿等用品以及一箱牛奶和一些水果，希望她们能在党委、政府的关心、在妇联组织的关注下，坚定信心，让自己的生活好起来；与山东英才学院再次合作，举办“夏日浓情之‘点亮童心，放飞梦想’”走进校园活动。6月29日和6月30日，区妇联分别前往门堆村双语幼儿园、堆龙第二幼儿园、乃琼镇岗德林村幼儿园，为3个园区共219名孩子送去学习用品、生活用品以及娱乐用品，为祖国的花朵送去来自党和政府的关怀，让他们在学习上无后顾之忧，在星星火炬的照耀下，在党的阳光沐浴下，堆龙德庆区的少年儿童将会更加的茁壮成长；区妇联从社会爱心人士争取到一笔资金，为门堆村幼儿园的22名儿童每人购置一套冬装，总价值4300余元。受资助孩子们的班主任表示感谢区妇联以及社会爱心人士对孩子们的关心与关爱，同时作为一名人民教师，他将教育鼓励孩子们长大后也要做一名有爱心的人，将这份“爱”传递下去；区妇联于8月15—17日由主席胡仕梅带队，带领妇联全体工作人员先后前往6个乡镇为贫困妇女儿童发放2017年度“格桑花”救助资金。此次救助人员共计31名，其中9名“两癌”患者，救助金为每人1万元；其他受资助人员22名，共发放救助金8.3万元；9月4日，区妇联工作人员深入到辖区各乡镇，对2017年入榜的49名贫困女大学生每人发放爱心救助基金2500元，共计12.25万元。

2017年3月8日，区委副书记边旦（左一）在第107个妇女节活动上致词

【为妇联工作注入新的生机】 年内，区妇联围绕“三八”国际劳动妇女节、“3·28”百万农奴解放纪念日等重大节庆，广泛开展系列主题宣传教育活动，丰富妇女文化生活，唱响爱党爱国的时代主旋律；围绕未成年人思想道德

2017年6月14日，区妇联主席胡仕梅向基层妇女讲解会改联的意义

建设工作，开展“童心向党，快乐成长”“争做合格家长、培养合格人才”等家庭教育实践活动，弘扬科学家教理念，全面推进家庭教育。参观爱国主义教育基地，7月13日组织全区妇代会主任、乡镇妇联专干等30余人前往“雪”监狱、新旧西藏对比馆、清政府驻藏大臣衙门旧址以及拉萨市爱国主义教育基地参观学习，进一步加强堆龙德庆区30个行政村妇代会主任之间的交流，激发他们对党和国家的热爱，不断争优、创先和奉献的意识，更好地扎根基层，服务广大妇女；6月1日，在“六一”国际儿童节来临之际，为使堆龙德庆区广大儿童们能够度过一个欢乐祥和的节日，区妇联先后前往德庆乡门堆村幼儿园和包村点东嘎镇桑木村幼儿园开展主题为“放飞童心·激扬梦想”庆祝“六一”儿童节助梦活动，提前为孩子们送去节日的祝福与慰问。为桑木村幼儿园送去价值约4000余元的书包、铅笔、作业本等学习用品及篮球、积木等玩具。为门堆村幼儿园19名孩子购置价值8000余元的20套毛毯和褥子，以及学习用品和玩具，让孩子们能够在高山寒冷的气候里安心读书，茁壮成长。结合“两学一做”学习教育和“四讲四爱”主题教育实践活动，6月，区妇联携手拉萨现代妇产医院专家团队在羊达乡三县福利院开展关爱敬老院老人健康大型志愿活动。共为90余名老人测血压、血糖，心电图检查，并对肝、胆、胰、脾、双肾等内脏进行B超检查，希望老人们能够保重身体，健康快乐；为妇女群众中的特殊群体——尼姑送医送药。区妇联与拉萨现代妇产医院联合，先后前往德庆乡其美龙寺、热果寺和马乡聂寺，为寺庙尼姑进行免费体检、健康咨询及对症送药。通过开展此类活动，不仅是从身体上关爱尼姑的健康，让她们能够及早地发现身体上的隐疾，更是给她们的身心带来极大的宽慰，让她们明白妇联组织作为她们的“娘家人”时刻都关心关爱着她们，并将“四讲四爱”活动进一步向前推进，将“讲团结爱祖国”的内涵在具体工作中得到进一步体现。同时，区妇联还配合拉萨市妇联于7月14日携手拉萨恒大医院走进堆龙德庆区尼姑寺开展“四讲四爱”主题教育实践暨“送医送药送健康”活动。共为其美龙寺和热果寺为2座寺庙尼姑进行免费体检、健康咨询以及送药。此次活动给堆龙德庆区尼姑带来极大的福利，让他们能够及早地发现身体的隐疾，更是给他们的身心带来极大的宽慰。签订《家庭助廉责任书》。为进一步推动堆龙德庆区廉政建设，动员广大领导干部家属参与到家庭廉政建设中，区妇联与区纪委、区强基办、联合，与堆龙德庆区300名领导干部家属签订《家庭助廉责任书》1200余份，协助区纪委筑牢领导干部家庭助廉的基础。

【提高妇女自我保健意识】 年内，区妇联协同区妇保科在各村开展妇幼保健、疾病预防、母婴安全、传染病防治、公共卫生等健康知识宣传活动，让广大妇女群众接受和掌握基本健康常识，不断提高农村妇女的健康意识和生活质量，提升家庭幸福指数。为切实维护好全区妇女干部职工的生命健康，大力倡导健康文明、积极向上的生活理念，努力提高广大女性的健康意识，促进女性身心健康，社会和谐稳定。在区、市妇联的大力支持及堆龙德庆区妇联的积极争取下，在拉萨阳光泌尿生殖医院，为堆龙德庆区自愿接受体检的310名妇女干部职工，包括机关、学校、医院以及各乡（镇）妇女干部职工含公益性和临时工，进行免费“两癌”筛查，并为所有参检人员建立个人健康档案。

【“两学一做”专教活动】 年内，根据《区党委办公厅印发〈关于在全区党员中开展“学党章党规、学系列讲话，做合格党员”学习教育实施方案〉的通知》和自治区、拉萨市“学党章党规、学系列讲话，做合格党员”学习教育工作座谈会精神及《堆龙德庆区委“两学一做”教育实践活动实施方案》要求。区妇联结合本部门业务实际，及时制定专教活动实施方案、成立以区妇联主席为组长的专教活动领导小组、制订学习计划、召开动员大会。以规定动作不走样、自选动作亮点纷呈的要求，扎实有序地开展各环节学习任务，截至年底，共集中学习28次、自学34次、撰写心得体会12篇、开展专题讨论4次，做到两手抓、两不误、两促进的要求。

【开展包村工作】 严格遵守包村工作纪律。年内，按照区委、区政府包村工作要求，区妇联定期不定期组织包村两委班子成员研究、部署、商议包村工作，制定切实可行的帮扶计划，及时解决当地村民在生产、生活中遇到的热点、难点问题；认真排查不稳定因素，维护社会和谐。通过干部群众座谈会、走访了解等多种方式，掌握村情民意，排查各种不稳定因素，及时化解各种矛盾纠纷；加大对包村弱势群体的帮扶工作，在“三大节日”“六一儿童节”“七一”期间开展送温暖，献爱心活动，共慰问资金达15000余元；定期深入结对帮扶户家中，开展扶贫帮困工作。截至年底，区妇联5名干部职工先后深入东嘎镇桑木村结对帮扶户开展结对认亲工作5次，并送去价值10000余元的慰问品及慰问金。

2017年3月8日，区妇联组织开展“三八”妇女节拔河比赛活动

【党风廉政建设和反腐倡廉工作】 年内，区妇联领导班子始终认真贯彻落实党的十八大、十八届历次全会精神和中央“八项规定”、自治区“约法十章”、市委“九项要求”以及党风廉政建设的政策法规和区委有关廉政会议精神，严格执行党风廉政建设责任制，努力打造一个政治坚定、作风过硬的妇联班子，处处树立妇联干部良好的形象。按照“建设马克思主义学习型政党”和“切实加强廉政从政教育和领导干部廉洁自律”的要求，以采取集中学习、个人自学、观看警示教育片、交流体会等多种形式，开展经常性党风廉政学习教育活动，狠抓班子廉政建设，坚持用科学理论武装头脑，牢固树立正确的世界观、人生观、价值观、权力观、地位观和利益观，不断增强妇联党员干部遵纪守法、反腐倡廉的自觉性。特别是在“三大节日”“五一”“十一”等节点及学生欢送期前均召开干部职工大会，传达各级纪委各项纪律要求，时常提醒，将各项纪律牢记于心，保证区妇联干部职工的清廉。

（胡仕梅）

【领导名录】

主 席

胡仕梅（女）

副主席

刘桂香（女）

堆龙德庆区工商业联合会

【概况】 2017年，堆龙德庆区工商业联合会核定行政人员为3名，实有干部4名、工人1名。截至年底，堆龙德庆区工商业联合会共有71家会员企业，注册资金5.5亿元。建立非公有制经济组织党支部11个、党员118名。

【开展学习活动】 年内，根据中共拉萨市堆龙德庆区委办公室关于印发《堆龙德庆区关于开展“讲党恩爱核心、讲团结爱祖国、讲贡献爱家园、讲文明爱生活”喜迎党的十九大主题教育实践活动实施方案》的通知，堆龙德庆区工商联制定《堆龙德庆区工商联会员企业关于开展“讲党恩爱核心、讲团结爱祖国、讲贡献爱家园、讲文明爱生活”喜迎党的十九大主题教育实践活动实施方案》并及时下发给工商联会员企业，工商联会员企业西藏雄巴拉曲神水藏药有限公司和西藏广祺实业有限公司先后组织企业职工学习“四讲四爱”。为庆祝建党96周年，堆龙德庆区非公党工委（工商联）制定《堆龙德庆区非公党工委纪念建党96周年庆（七一）活动方案》。6月30日下午，中共堆龙德庆区非公党工委积极组织辖区16个非公企业各党支部党员和堆龙德庆区工商联会员企业职工200余人在拉萨远大建材有限责任公司礼堂举办堆龙德庆区非公党工委（工商联）庆“七一”、喜迎党的十九大暨“四讲四爱”文艺演出活动。11月17日，堆龙德庆区非公党工委组织非公企业开展党的十九大精神宣讲会。非公企业党支部党员、预备党员、积极分子共80余人参加宣讲会。同时，积极邀请党的十九大代表、堆龙德庆区中学老师巴珍作宣讲报告。

【发挥工商联职能作用】 年内，为加强与非公企业之间的联系，拉近与非公企业之间的距离，切实让企业员工过上安乐祥和的节日，做到会费取之于企业，用之于企业。年初，区工商联开展节前慰问非公企业困难职工活动，对5名会员企业困难职工进行节日慰问，为他们敬献哈达，送去节日慰问金（每人500元，共计2500元），并预祝他们度过一个幸福祥和的藏历新年，为他们带去党和政府的温暖与关怀。同时积极引导会员企业参加“精准扶贫”和“社会公益事业”。2017年区工商业联合会组织会员企业到堆龙区中学举办“教育助学”活动，捐赠25000元。组织5家企业分别向乃琼镇加木村、马乡郎巴村、东嘎镇桑木村、羊达乡羊达村的困难群众捐赠45万元，解决就业43人，出资4304万元进行产业扶持，创运输收入达700余万元。为持续加强和改进党对企业的领导，充分发挥党在企业改革发展中的政治优势，区工商联制定《堆龙德庆区县级党员领导干部联系企业名单》，堆龙德庆区29名县级领导干部把辖区非公有制企业作为联系点。为进一步加强和管理会员企业，年内、对会员企业更换会员证、发放会员牌匾，新发展会员企业11家，个人（部门）会员4家，为工商联注入新鲜的血液，截至年底，区工商联会员企业共有90家。为了更好地发挥职能，堆龙德庆区工商联党支部在工商联支部进行换届选举。选举产生新一届工商联党支部书记。

2017年2月10日，堆龙德庆区工商联主席达瓦次仁和副主席普布次仁与结对帮扶贫困户合影留念

【非公企业党建】 年内，组织堆龙德庆区非公企业党支部党员、预备党员、积极分子共57人进行党务基础知识培训。并积极邀请自治区党校副教授曲宗和堆龙德庆区委党校老师仓决为学员授课。召开非公有制经济组织党工委会议，传达学习《拉萨市发展党员工作手册—发展党员程序》，预备党员代表和积极分子代表分别作思想汇报。会议审议通过预备党员名单和积极分子名单并面对党旗宣誓，各非公企业党支部书记汇报党建工作。为体现党和政府对非公有制经济组织中困难党员的关心，对6名困难党员进行慰问，每人送去慰问金1000元。区非公党工委出资2万元制作档案盒、出资8600元制作笔记本、党章、党徽、党费证，出资15000元制作十九大报告原文发放企业。制定《关于进一步加强和改进非公有制经济组织党的建设工作的实施意见(征求意见稿)》《2017年党员、预备党员、积极分子统计表》《堆龙德庆区非公有制党组织党员信息登记表》下发给企业党支部。2017年，完成非公党企业党支部党员信息采集工作。

【区工商联换届工作】 年内，根据拉萨市工商联《关于做好各区(区)工商联换届筹备前期工作的通知》要求，区工商联高度重视，立即安排部署，严格按照《各区(区)2017年工商联换届人事工作流程》，多次召开主席办公会议对非公有之制经济人士进行摸底，并根据实际情况设定常委9名、执委15名；成立换届领导小组；制定换届工作实施方案，对领导班子提名人选进行考察。按照上级部门的要求及程序选举产生15名执行委员会委员、9名执行委员会常委、1名主席，1名专职副主席，4名兼职副主席。

【精准扶贫】 年内，区工商联深入包村点古荣乡那嘎村对结对贫困户开展入户调查问卷并进行慰问，通过对结对贫困户调查，了解到，自精准扶贫后，结对贫困户在吃、穿、住方面得到极大的改善，并对现有的帮扶方式和帮扶责任人的工作到位情况感到非常满意。

【开展党风廉政建设】 年内，根据《关于抓好党风廉政建设和反腐败相关工作的督办通知》精神，区工商联制定《堆龙德庆区工商联2017年党风廉政建设工作计划》，根据区纪委要求及时报送党风廉政建设工作总结。区工商联积极学习党风廉政建设制度，深刻认识党风廉政建设和反腐败工作的长期性、复杂性、艰巨性，认真贯彻落实各级党风廉政建设和反腐败工作的部署和要求，调整充实区工商联党风廉政建设领导小组，加强党风廉政建设管理工作。组织党员学习《中国共产党廉洁自律准则》《中国共产党纪律处分条例》等各项规章制度。为进一步落实党风廉政建设制度，区工商联制定并完善财务管理、公务接待、公务用车等制度，不断提高反腐倡廉的制度化水平。2017年，区工商联先后10次召开党风廉政建设会议，传达区委、纪律检查委员会的相关文件精神并与干部职工签订《党风廉政责任书》。

【成立非公党工委流动党支部】 年内，由于堆龙德庆区非公企业流动党员多且流动党员流动性大，为更好地对党员进行教育和管理，充分发挥基层党组织和党员在非公有制企业中的作用，2017年，选举产生堆龙德庆区非公党工委流动党支部书记。

【香雄梅朵藏香产业协会工作】 年内，组织召开香雄梅朵藏香产业协会成立大会，选举产生协会领导机构。起草协会章程和各项规章制度，在拉萨市总工会的批准下成立工会小组。参与制定、修订藏香标准体系，加强藏香标准化工作。

(达瓦次仁)

【领导名录】

主　席

达瓦次仁(藏族)

副主席

普布次仁 (藏族)

军事

堆龙德庆区人民武装部

【概况】 2017年，在区委、区政府以及各部门的关心帮助和正确指导下，部党委认真贯彻陆军、军委国防动员部、西部战区、西藏军区和警备区党委扩大会议精神，按照年度工作总体部署，坚持不懈深入学习贯彻党的十九大全会精神，认真落实全军政治工作会议精神，突出军事斗争准备和国防后备力量建设这个中心，守住安全稳定这条底线，大力加强思想作风建设，深入开展好群众工作和双拥工作，积极参加扶贫帮抚工作，扎实打基础，反复抓落实，单位全面建设有序展开，扎实推进，成效明显。

【强化思想政治建设】 年内，区人武部认真开展“维护核心、听从指挥”主题教育，狠抓“四绝不、四争做”教育活动不放松，持续开展四反和防间保密教育、民族宗教政策教育，组织官兵撰写心得体会55余篇，组织交流发言8次，筑牢官兵听党指挥、能打胜仗、作风优良的思想基础。利用民兵整组、集中训练和执行急难险重任务等时机，在广大民兵中兴起学习贯彻“两学一做”常态化教育精神，并突出抓好民兵社会主义荣辱观教育，组织开展走访慰问扶贫帮抚对象，宣传党的十九大会议精神。

2017年8月22日，区人武部政委孙振立（中）欢送陆军入伍人员

【战备执勤和军事训练】 年内，区人武部落实习主席“能打仗、打胜仗”指示要求，按照训练大纲规定，组织本部官兵完成军事理论、军事技能、专业技能等科目的训练和学习。紧密结合形势任务，在春节、藏历新年、“两会”“五一”“十一”“萨嘎达瓦”节、党的十九大“燃灯节”和楚布寺“塔尔钦”活动期间等重点时段，组织民兵进行应急处突训练演练和维稳执勤活动，提升处置突发事件的能力，确保辖区社会稳定。全年组织应急综合民兵分队，完成高炮基本操作与指挥、防暴操、

防暴队形应用等训练。

【固牢安全稳定底线】 年内，区人武部按照中央“八项规定”、陆军“禁酒令”、西部战区、西藏军区和警备区有关规定，大力改进作风，扎实抓好倾向性问题专题整治活动。深入贯彻习主席在“古田政治工作”会议上的指示，集中解决形式主义、官僚主义、享乐主义和奢靡之风等“四风”问题。严格党委议事决策，强化集体领导。严格执行领导干部廉洁从政规定，力戒官僚主义、形式主义，坚持勤俭节约、简朴办事。以重大安全隐患排查整治活动和“争创安全年”活动为契机，广泛开展“三责”活动、“三互”活动和安全竞赛活动，落实重大活动安全风险评估，逐人逐级签订安全稳定责任书，强化安全责任，确保区人武部的安全稳定。

2017年10月27日，区人武部开展宣讲党的十九大精神活动

【开展双拥工作】 2017年，区人武部在工作中注重发挥人武部“三队”作用，扎实深入地做好群众工作和双拥工作，切实维护民族团结共建的良好局面。组织本部官兵和民兵60余人连续奋战，圆满完成楚布寺“次曲”宗教活动期间的安保任务，着眼人民群众的需求，以点带面，逐步推进民族团结进步事业深入发展。坚持积极向驻地群众进行征兵宣传，扎实做好部队院校招生、直招士官等招生的政治审查、筛选把关和推荐入学工作。2017年，区人武部服务考生100余人，征召地方适龄青年参军入伍，工作中未发生一起因处置不当影响民族团结的群体性事件。开展“爱心进村、法律进村、科技进村、文明进村、文化进村、项目进村”的“六进村”活动，培养30余名种养殖技术骨干，促进农牧民群众致富增收。以开展“共产党员民族团结先锋活动”为契机，定期安排人员与区民政局工作人员一道开展节日慰问、精准扶贫帮困，解决军属就业、子女入托入学等活动，以实际行动为群众解了难题、办了实事，巩固发展了平等、团结、互助、和谐的社会主义民族关系新局面。

【征兵工作】 2017年3—9月，区人武部以区（市）两级征兵工作会议精神为指导，遵照上级下发的新兵征集任务，区人武部严格按照征兵工作计划和征集流程，严把征兵各个关口，积极协调地方公安、民政、财政、卫生、教育等职能部门抽调人员组成征兵办，筹划安排征兵工作会议；开展征兵流程，确保征兵过程公平、公正、公开，为部队输送合格兵员，有效确保兵员质量，圆满完成年度征兵工作。

（吴　近　达瓦多杰）

【领导名录】

部　　长

刘红军（10月任职）

政治委员

孙振立

堆龙德庆区公安消防大队

【概况】 2017年，堆龙德庆区公安消防大队在党中央、国务院的正确领导下及在上级单位的有力指导下，堆龙大队全体官兵认真贯彻落实党的十八届三中、四中、五中全会和党的十九大精神，深刻领会落实习近平总书记系列重要讲话精神，按照《中华人民共和国消防法》《国务院关于加强和改进消防工作的意见》和《消防工作考核办法》的部署要求，坚持“预防为主、防消结合”方针，完善消防法规标准，健全消防安全责任制度，持续排查整治火灾隐患，加大消防安全宣传力度，不断夯实消防工作基础，提升公共消防安全水平，以创造良好的堆龙消防安全环境为总目标，求真务实，真抓实干，全力提升防火灭火、应急救援、维稳处突能力和部队正规化建设水平，圆满完成各类重大活动、敏感节点的消防安全保卫任务，确保火灾形势持续平稳和部队高度安全稳定。

年内，区消防大队共检查单位1870（家、次），发现火灾隐患1630处，督促整改火灾隐患1632处，下发《责令改正通知书》738份，处罚单位、个人6个（次），罚款14.5万元，依法查封危害公共消防安全单位2家，责令“三停”单位2家，区消防大队官兵共接警出动476起、出动车辆584余次、出动警力2808人次、抢救被困人员20人、疏散被困人员29人、抢救财产价值24.5万元。

【加强班子建设】 2017年，区消防大队始终将班子建设摆在各项工作的首要位置，全队官兵精诚合作，和谐共处，保持着高度的统一；党委书记、大队长身先士卒，严格按照上级要求，牢牢把握整个大队的工作目标和工作方向，认真落实七项组织生活制度，坚持议事议案制度，充分发扬民主，从制度上、行为上规范全体官兵。

2017年11月3日，区消防大队大队长洛桑朗卡带队慰问扶贫对象

【官兵政治教育】 区消防大队始终将思想政治教育贯穿于全年各项工作当中，充分发挥政治工作的生命线作用。2017年，区消防大队政治工作主要围绕全国“三节、两会”“萨嘎达瓦节”、十九大等一系列重要节点的维稳安保任务，引导大队官兵始终保持旺盛的政治热情、昂扬的精神风貌和坚韧的战斗意志，确保各项维稳消防工作任务的圆满完成。主要开展部队保密教育、法纪教育、党风廉政建设等各类主题教育学习活动和“作风纪律教育整顿”专题部署活动，并通过交流座谈，思想讨论，帮扶教育、文化交流、撰写心得、摘抄笔记、视频宣传等方式，掌握官兵的思想状态，确保官兵思想稳定。通过一系列的学习活动，使官兵思想得到统一，在一定程度上解决官兵条令意识淡化、一日生活制度、请销假、查铺查哨、用车审批、营区安全管理等方面存在的问题，切实增强全体官兵的政治意识、大局意识、责任意识和忧患意识，坚定全体官兵敢打胜仗、敢打硬仗的信心和决心。进一步严格队伍管理，树立部队的良好形象。

【构建消防新格局】 2017年，区消防大队以区防火安全委员会为平台，以工作联席会议为纽带，全面协调公安、安监、住建、民宗等有关职能部门力量，紧盯易燃易爆场所、文物古建筑、人员密集场所、在建施工工地、仓储物流场所五大防控重点，持续深入开展易燃易爆场所、仓储物流场所、夏季消防安全整治、十九大消防安全整治等一系列消防安全专项整治行动，始终保持严打严治严改火灾隐患的高压态势。行动中，各有关部门紧密配合、联查联动，及时进行消防信息互通，定期开展联合执法检查，有效凝聚消防安全打非治违强大合力。特别是公安机关及其消防部门，积极发挥主力军作用，广大公安干警、消防官兵以“养兵千日用兵千日”精神，时刻奋战在清剿火灾隐患的最前线，对发现的隐患和消防违法行为，敢于动真碰硬。

2017年，区消防大队先后召开6次消防工作专题会议，着力提升辖区火灾防控总体水平，大力推动出租房、群租房、三合一等“三类场所”消防安全专项整治行动、夏季消防安全检查暨十九大消防安全检查专项行动、今冬明春火灾防控工作等贯穿全年的大项消防安全专项整治。并针对辖区隐患较多的集贸市场、工业园区、寺庙拉康、易燃易爆、民生、夜间营业以及仓储物流等场所，联合区各职能部门和辖区直接负责人分别开展有针对性的专项检查，实现消防工作全覆盖、无缝隙排查，受到社会各界的高度赞誉和认可。

十九大期间，区消防大队在抓好全区火灾形势稳定的同时，配合上级单位，采取大队主官带队、监督参谋具体实施、中队全面熟悉的方式，以及白天监督检查、晚上错时夜查的工作模式，对不放心的九小场所、出租屋以及所有社会单位开展全面排查。同时，指派专人负责十九大期间信息上报，为支队、区政府十九大消防安保决策提供可靠的科学依据。

区消防大队根据上级文件要求向区政府请示协调，政府拨发专款为辖区内18家寺庙购置微型消防站装备器材，配置了手抬机动泵、背负式细水雾、多功能水枪、消防水带、灭火器、站牌、装备器材柜、制度牌、消防强光手提灯、消防自救呼吸器、消防安全绳、消防手套、消防腰斧、消防腰带、消防头盔、消防员灭火防护服、消防员灭火防护靴等，共计1044件，共花费119万元。

【消防宣传】 消防工作，宣传系于一半。2017年，区消防大队以落实《全民消防安全宣传教育纲要》为主线，以“四个必训”（有火必训、有会必训、有演必训、有用必训）为抓手，在常态化开展“九进”宣传和“错时制”宣传基础上，不断创新工作方法、拓宽宣传渠道，并购买价值70万元的消防宣传车。另外，在开展监督执法的同时，大队防火干部还坚持结合典型火灾案例，对被执法对象进行深入的宣传教育，使其主动消除火灾隐患，自觉抵制消防违法行为，从源头上减少隐患的产生。同时，制定《堆龙消防大队2017年“119”消防宣传活动细化方案》，并根据方案组织开展“关注消防，平安你我”为主题的“119消防宣传月”及根据《堆龙德庆区深入学习宣传贯彻党的十九大精神“五下乡”活动实施方案》的要求开展“五下乡”等系列宣传活动，进村入社、言传身教，受到广大群众一致好评，宣传效果良好，氛围浓厚。2017年，区消防大队开展消防宣传培训40余次，受训人员达6000万余人、发放各类消防宣传资料6500余份。

【开展岗位练兵】 2017年，为全面提高部队整体业务技能和技、战术水平，按照支队岗位练兵实施方案要求，大队以“练为战”为指导思想，坚持“从严、从难”的训练原则，严格要求，保证训练的“时间、内容、人员、效果”的四落实。按照训练大纲要求，堆龙中队精心拟定训练计划，依照计划内容逐一展开训练，中队干部深入现场，精心组织，官兵认真听讲，反

2017年3月23日，堆龙德庆区召开2017年度消防工作会议

复摸索动作要领，通过循序渐进的训练，队员们的训练成绩也有迅速提高。

【提高实战能力】 年内，对堆龙德庆区的市政消火栓进行普查，对有问题的报请区政府进行维修；制定灭火作战预案及消防安全重点单位提示卡；建立联动灭火救援机制，提高与军警民联合作战的能力。区消防大队有针对性的组织大家学习火场供水，易燃易爆、寺庙古建筑及人员密集场所的现场火灾扑救理论，以理论指导实践，为处理各类火灾事故打下坚实的基础，全面提高全体官兵实战与理论水平。

（贡桑曲珍）

【领导名录】

大队长

卢　　伟（7月离任）

洛桑朗卡（藏族，8月任职）

副大队长

索朗达瓦（藏族）

武警堆龙德庆区中队

【概况】 年内，中队党支部以习主席系列讲话精神为引领，以上级党委工作部署为导向，着眼"五个大考"特殊背景，以"保稳定，争先进"为总体目标，夯实"主题教育"活动开展和"两学一做"常态化、制度化落实，部队建设整体稳步向好。6月初，支部班子全面调整后，支部一班人深刻领会上级党委首长决心意图，加快融合、密切配合，在秉承年初建队目标的基础上，把中心聚焦到"迎接保卫学习贯彻十九大"上来，把重点转移到"能打胜仗、敢打硬仗"上去，大抓军事训练，严整部队风气，强力推动部队建设上台阶、换新颜。中队组建于1977年6月，2005年5月，原拉萨市支队与第一支队合并为拉萨市支队（旅级）后，系拉萨市支队六大队堆龙德庆县中队，主要担负堆龙德庆县看守所看守勤务和各类临时勤务。2016年随着堆龙德庆县撤县设区，更名为武警堆龙德庆区中队。

2017年12月29日，武警堆龙德庆区中队与看守所开展联合方案演练

【坚定政治信念】 年内，中队党支部坚持用党的创新理论和习主席系列讲话精神铸魂励志，强化官兵听党指挥、立场坚定、忠实履职的政治信念。坚持紧贴强军目标搞灌输，紧贴官兵思想抓引导，紧贴岗位要求促转化，针对官兵对强军目标和新一代革命军人要义领悟不深的实际，采取专家宣讲、干部串讲、骨干辅讲的方式，围绕军人的灵魂是什么、当代革命军人怎么做才是真正的有本事等重点问题破题讲课；鼓励官兵在板报小报上谈认识、讲道理、话收获，调动官兵钻研理论、丰富头脑、指导实践的积极性；深入开展"新一代革命军人样子"大讨论。

【提高训练水平】 年内，中队牢固树立"练兵备战"理念，严格军事训练"八落实"并结合中队应急班担负任务实际，把实战化训练作为根本，充分利用营区场地资源优势，坚持落实好应急班每天不少于6小时训练，坚持中午、晚上开饭前半小时器械训练，不断打牢官兵体能素质基础；落实"日训、周测、月考、季评"制度，建立完善官兵训练档案，树立训练有功、训练有为、训练有位鲜明导向，把军事训练成绩作为立功受奖、入党考学、晋选士官和骨干选拔的重要参考依据，激发官兵参训热情。部队战斗力进一步提升。

【突出班子建设】“火车跑得快，全靠车头带。”中队始终瞄准建设能打胜仗的党支部，2017年，一班人牢固树立“事业第一、集体第一、士兵第一”理念，在“两学一做”学习教育活动中，主官带头、支委示范、党员挂牌宣誓、支部公开承诺的做法一直在坚持，干部每月住一次班、上一次哨、帮一次厨、为战士过一次生日的传统一直在延续，成武县中队“五先四后”的好传统也被及时借鉴开展。党员干部自觉站排头、上一线、打头阵的良好形象，带动和影响中队官兵。

【固定勤务】中队常年担负堆龙德庆区公安局看守所的看守勤务，始终把固定目标执勤作为经常性执勤工作的重心，坚持以人为本，依靠规范的部署，完善的设施，强化重点，力补弱项，努力实现“正规执勤、确保安全”。坚持防范、约束、处置紧密结合的原则，加大“防逃、制逃、追逃”研究和演练，进一步完善中队各类执勤方案，做到合理布兵，科学组勤，严密组织，坚决把保证固定执勤目标绝对安全、万无一失的要求落到实处。

【临时勤务】2017年，中队担负重要敏感节假日期间堆龙德庆区主要路段的武装巡逻，圆满完成楚布寺、乃朗寺现场警戒等安全保卫任务，维护朝拜秩序，参与每周升旗护卫活动，为维护堆龙德庆区的安全稳定做出贡献。

2017年7月25日，武警堆龙德庆区中队官兵参加抗洪抢险任务

【双拥工作】年内，中队结合任务实际，广泛开展“共讲党恩跟党走、共促团结反分裂、共建文明树新风、共谋发展惠民生、共抓党建固根基、共创平安保稳定”维稳群众工作“六共”活动，积极配合区委、区政府及区中直相关部门搞好拥政爱民教育、国防教育。同时，中队注重加强对党委、政府、用兵单位、共建单位、友邻单位的走访慰问，进一步密切了警政警民关系；不定期举行党政军警民座谈会，邀请地方政府、用兵单位、友邻单位和营区周边普通群众进行座谈，积极汇报部队建设情况，征求对部队建设的意见和建议，形成改进意见和措施，促进拥政爱民工作健康协调发展。

（韩　寅）

【领导名录】

中队长

谭　凯

政治指导员

兰　旭

法 治

中共堆龙德庆区委政法委员会

【概况】 年内,堆龙德庆区深入贯彻落实党的十八大和十八届三中、四中、五中、六中全会精神,深入贯彻落实习近平总书记系列重要讲话精神、特别是"治国必治边、治边先稳藏"的重要战略思想和"努力实现西藏持续稳定、长期稳定、全面稳定"的重要指示,按照中央、自治区、拉萨市党委政法工作会议和综治工作会议部署要求,紧紧围绕"为党的十九大胜利召开营造安全稳定的社会环境"这一主题,始终坚持系统治理、依法治理、综合治理、源头治理的思路,不断创新社会治理机制,完善社会治理体系,提高社会治理能力,社会治安秩序持续好转,群众安全感和满意度进一步提高,实现各族群众安居乐业、社会大局安定和谐。

【党建工作】 年内,在区委区政府的正确领导下,区委政法委党支部党建工作以党的十八大和十八届三中全会、四中全会,党的十九大精神及习近平总书记的系列讲话精神为指导,结合政法、综治、维稳工作实际,努力提高区委政法委党建工作的整体水平;党支部活动室设立在党员活动办公室,内设有党建专柜,建立健全党建工作各项档案共计6盒、整理存放图书40余册,制作制度板8张、已全部上墙,年初还设立专门的党建经费22700元,确保各项党建工作的顺利开展。2017年,区委政法委党支部共组织学习32余次。区委政法委共对11户扶贫对象慰问15次,共慰问资金达10500余元并将一名孤寡老人送去养老院。

【社会治安综合治理】 年内,区综治委扎实推进综治各项制度落实,各级综治办进一步细化工作

2017年6月1日,西藏自治区党委常委、拉萨市委书记白玛旺堆(前排中)在堆龙德庆区楚布寺督导检查"次曲"宗教活动。区委书记格桑平措(前排左),区委副书记、政法委书记、公安局局长谢公瑾(前排右)陪同

任务措施，协调推进综治工作中难点、热点工作，认真落实综治成员单位全体会议制度、综治委主任会议制度、干部提拔任用综治意见征求等机制。2017年，共召开综治委全体会议2次，综治五部委联席会议4次，综治全体成员单位会议9次，对14名提拔使用干部进行综治工作意见鉴定。同时，进一步加大对责任落实的考核督促力度，坚持年初有安排、年中有督促、年底有考核；区委、区政府也将加强综治工作、深化平安堆龙建设工作纳入党委、政府重要议事日程，与经济发展同安排、同部署，及时研究解决综治及平安建设工作中热点、难点问题。

2017年9月16日，区委副书记、区长杜江（左排右一），副区长马扎西在综治宣传点进行现场巡查

【维护稳定】 年内，区委政法委认真贯彻落实区委、区政府的各项决策部署，坚持做到居安思危、安不忘危，进一步细化维稳各项工作措施，狠抓责任落实，确保“三大节日”“萨嘎达瓦”宗教活动月、“楚布寺次曲”活动、“一带一路”国际合作高峰论坛、“雪顿节”“十一”等重要节点和谐稳定，特别是有力维护党的十九大召开期间社会大局的安全和谐，实现“三无”“三不出”，实现堆龙德庆区社会大局的持续稳定、长期稳定和全面稳定。

【综治宣传】 年内，在三月综治宣传月、六月综治宣传周、“9·16”平安西藏宣传日期间，堆龙德庆区扎实开展具有针对性、广泛性、深入性、内容丰富且形式多样的宣传活动，一方面各乡（镇）积极联合驻村工作队、下沉干部采取定点宣传和流动宣传的方式，深入到农牧民群众中间，积极宣传“双联户”工作、强基惠民政策及相关民生政策，共向农牧民发放宣传资料2万余本；另一方面综治办组织区公安局、法院等40余家综治成员单位集中开展综治宣传活动；特别是针对人员比较密集、外来人口多、治安复杂的地方，专门组织力量联合开展法制宣传，切实提高守法、用法意识；共悬挂横幅200多条、摆放展板100多幅，发放藏汉两种文字的各种宣传单、宣传册5万余份，为全区社会治安综合治理、平安建设各项工作措施的落实起到积极的推动作用，为建设“团结、稳定、平安、和谐堆龙”营造良好的社会氛围。

【“平安创建”工作】 年内，制定下发《2017年堆龙德庆区平安创建及考核工作实施方案》，深入推进“平安乡镇”“平安村（居）”“平安单位”“平安家庭”等创建活动，结合堆龙德庆区、部门、行业特点，延伸创建领域，拓宽创建范围，提升创建层次，将平安建设延伸到社会各阶层、各行业、各环节，以小平安累积大平安。2017年，共推荐市级平安乡（镇）1个、平安寺庙2个、平安企业1个、平安村（居）委会6个、平安家庭60户；县级评选平安乡（镇）3个、平安寺庙2个、平安学校9个、平安单位19家、平安家庭200户。同时，严格实行平安创建活动动态管理办法，健全完善“平安摘牌”制度，实行跟踪管理，对工作情绪懈怠、措施落实不力的单位，予以警告，对警告后不整改或整改不力的，坚决予以摘牌。

【“双联户”工作】 年内，堆龙德庆区1309名“双联户”代表带领15600余名联户家庭、56700余名群众，共调解矛盾纠纷530起，排

2017年9月28日，中央维稳督导组在堆龙德庆区检查指导十九大维稳安保工作

查各类安全隐患409处、开展治安巡逻7000余次，整治环境卫生1222余次；特别是在各重点时期间，主动参与村组巡逻、村道设卡等工作；在各个佛事活动中也充当治安员、宣传员、信息员等，在基层维稳一线发挥作用；为促进群众增收致富上见成效，堆龙德庆区安排200万元对7个联户增收项目进行扶持，共吸纳联户家庭160余户，实现26户精准扶贫每年每户实现增收3000余元；在提升工作能力水平上谋突破，广泛开展面向不同阶层的教育培训和政策宣传活动，共举办各类培训班10期，参与人数达2500人次，激励引导各族群众以更大的热情参与属地联防、实现共同富裕；同时，2017年共有15名联户代表进入村级组织换届选举候选人，通过近年工作联户代表已不断成长，得到群众的充分认可。

（次仁卓嘎）

【领导名录】

区委副书记、政法委书记、公安局局长

谢公瑾

政法委常务副书记

管 兵

政法委副书记

巴 桑（藏族）

堆龙德庆区公安局

【概况】 2017年，区公安局在区委、区政府的正确领导和拉萨市公安局的精心指导下，坚持“稳定压倒一切”的思想，以确保春节、藏历新年、三月份、萨嘎达瓦、十九大期间重点时段安全为中心工作，进一步建立健全维稳工作机制，驾驭社会防控网络，严厉打击各类刑事犯罪活动，有效整治治安复杂场所，深入扎实的开展民爆物品及成品油管理，进一步深化“交通严打”等专项行动，扎实开展“喜迎十九大、忠诚保平安”等专题教育活动，推进四项建设（警务实战化、队伍正规化、执法规范化、基础信息化），圆满完成全年各项公安工作，确保“三无”“三不出”的工作目标。

【安保工作】 2017年，在拉萨市公安局和堆龙德庆区委、区政府及维稳指挥部的领导下，区公安局专门研究制定《堆龙德庆区公安局2017年元旦春节藏历年期间安全保卫工作实施方案》《堆龙德庆区公安局第一、二、三、四季度维稳防控工作方案》《三月份全区社会面安全防范工作方案》《萨嘎达瓦全区社会面安全防范工作方案》《堆龙德庆区公安局“十九大”期间社会面维稳防控方案及13个分方案》等102个工作方案全面落实各项维稳防控措施，圆满完成各项安保工作，确保“三无”“三不出”的核心目标；成立由局长谢公瑾任现场指挥长的警戒状态下社会面安全防范和处置突发事件工作领导小组，全面评估，研判堆龙德庆区社会治安形势，因情施策，制定各类工作预案；层层召开民警动员大会，统一思想、统一步调、统一行动，多次召开动员会议，全面动员部署，要求全体民警紧紧围绕“三无”“三不出”这个核心目标，尤其是在2017年春节、藏历新年、三月份、萨嘎达瓦、十九大期间，社会治安综合整治暨严打行动期间，堆龙德庆区全体公安民警、武警官兵、民兵、法院、检察院备勤力量以及政法委、司法局、消防大队等部门密切配合积极联动，充分发扬连续作战，不怕疲劳，雷厉风行，顽强拼搏的作风，坚决克服松懈麻痹思想和厌战情绪，以振奋的精神，昂扬的斗志全身心的投入各项备勤执勤等维稳工作中，在全体参战民警的共同努力下，圆满完成各个重要节点及佛事活动的安保工作。

【严打整治】 2017年，刑警大队在局党委的重视领导和上级业务部门的指导支持下，以确保堆龙德庆区社会治安秩序稳定为首要任务，坚持开拓创新、锐意进取、负重拼搏的精神，充分发挥刑侦部门破案打击主力军作用，始终抓住辖区群众反映强烈的突出问题，强化措施，重拳出击，有力打击和震慑各类刑事违法犯罪活动，有效维护广大人民群众的生命财产安全，为促进堆龙德庆区社会治安秩序持续良好发展做出积极贡献。

2017年，刑警大队共立案侦查案件189起，破获案件63起（破获入室盗窃案29起，盗窃车内财物1起，其他盗窃案7起，故意致人死亡2起，故意伤害案8起，诈骗案25起，妨碍公务1起，故意损坏财物1起），抓获犯罪嫌疑人47名，挽回经济损失22万余元。

【社会面严管严控】 2017年，治安大队、各派出所、各便民警务站继续按照"思想不放松、警力不分散、力度不减弱、措施不弱化"的工作要求，以维护全区社会稳定为目标，多措并举，积极实施"清、排、打、防、管、控、督"为一体的维稳工作机制，深入推动社会治安整治行动，有效排清社会面。立足"九大专项行动"抓日常管理，牢牢把握治安大局。治安大队、各派出所及便民警务站继续深化"九大专项行动"，不断加强对旅馆、招待所、娱乐场所、网吧、洗浴中心、出租房屋的清查整治工作力度，并对辖区重点目标进行24小时巡逻检查。2017年，治安大队共接警1892起、查处48起、处罚28人（罚款8人、拘留27人、并处7人），纠纷904起，求助542起，当场调解282起，其他129起、无现场17起。治安大队、各派出所对各单位、企事业进行监督检查期间共出动警力4815人次，警车1315车次，清查流动人口24000余人，企事业单位3514家次、沿街商铺3682家次、施工工地975家次，大小型汽车修理业1624家次，仓储物流2524家次、出租房屋2824家次、物流寄递业1325家次、宾馆3325家次、网吧2745家次、洗浴2412家次、娱乐场所3014家次、铁路检查340余家次、加油站5310家次、涉爆涉枪2528家次、废旧业695家次、九小场所4512家次，检查发现问题并下发整改的17家（停业整顿9家、限期整改8家）同时按照"以房管人、以业管人"分类管理和动态管理的要求，提高流动人口和出租房屋的登记率和人户一致率，做到"底数清，情况明"。通过深入扎实的开展"九大行动"工作，有效净化社会治安环境。

【社会管理机制创新】 根据区域功能、居住人员情况等实际情况，区公安局实施统一编号、细化管理，并科学的依照网格地区的重要性对网格进行划分，形成乡（镇）、村各级政府和辖区各企事业单位全员参与，驻村民警负责日常综治工作的网格化管理机制，真正做到熟悉和掌握常住、流

2017年9月1日，中央督导组一行在柳东路便民警务站督导检查工作。区委书记格桑平措（左一）陪同

动人口基本信息，及时收集掌握居民群众对社会治安意见建议与情报信息，及时发现排查社会治安隐患与矛盾纠纷，并对各类重点人员和特殊人群进行管控和帮教。2017年，共登记流动居住人口18925人、办理居住证4825张、办理临时居住登记卡14958张。

2017年6月13日，公安部交管局办公室副主任刘君（左二）在堆龙德庆区检查指导工作。区委书记格桑平措（左一）陪同

【青藏铁路堆龙段安全防范】 2017年，各派出所专门组织警力深入辖区铁路沿线进行全面细致的检查，及时查找问题了解情况，及时消除隐患。期间检查铁路守护点2450余处（次），铁路沿线巡逻2210余次，确保青藏铁路堆龙段的安全。

【民爆物品安全管理】 治安大队与各派出所严格依照《民爆物品管理规定》的规定，对堆龙德庆区所有涉爆单位进行规范管理，专人管理、专人负责，采用追踪卡登记制防止民爆物品的流失。为预防和减少堆龙德庆区涉爆案件和事故的发生，治安大队及各派出所实行分级负责和属地管理相结合的原则，坚持严打、严防、严管、严治，组织各涉爆点工作人员进行安全教育。2017年，辖区使用民爆物品单位1家、烟花爆竹长期销售店1家、危险化学品使用点13家、放射性使用单位2家、加油站8家。都已建档，签订责任书，建立安全组织，实行“一把手”负责制，持证上岗治安大队每周对涉爆单位进行两次以上的检查，对涉爆单位运输、使用、台账等进行检查，通过远程监控系统不定时对炸药库值班人员进行点名，检查值班人员在位情况、对库房技防、犬防、消防器材设施进行检查。要求必须落实好24小时值班制度，监控要运行正常，无死角监控，监控必须要存1个月以上，必须配备带报警装置，要实行专人专管，制定应急预案。2017年，区公安局共审批炸药580.125公斤，导爆管117000枚，电雷管3800发，检查民爆物品单位1家次、烟花爆竹长期销售店1家次、危险化学品使用点11家次、危险化学品储存库1家次、放射性使用单位2家次、加油站7家次。

【散装油管理工作】 为进一步提高辖区散装油品管理工作水平，扎实推进“平安堆龙、和谐堆龙”建设，区公安局结合《西藏自治区零散成品油销售管理办法》之规定，切实推行实名制加油，加强散装成品油管理，消除治安和消防隐患，严格按照“谁主管、谁负责、谁受益、谁负责、谁登记、谁负责、谁加油、谁负责”的原则，做好实名制登记加油和零散品销售管理及加油站安全管理工作。2017年，共报备184500公升柴油、25公斤汽油。

【便民、利民、爱民、为民】 区公安局户籍民警继续深入到堆龙德庆区4乡2镇主动上门办理户政业务及二代证采集工作，切实体现了便民、利民、爱民、为民，进一步和谐警民关系。从2016年11月开始作为拉萨市公安局异地办理身份证试点单位，截至2017年年底，已受理282张异地身份证，其中发放215张，出证率达到100%，出证时间为10日至20日工作时间，辖区为城乡结合，大部分为流动人口，办理异地身份证人员不断增长，办证工作量不断增加，但是始终做到严格把关的同时尽量放宽政策，2017年户口、身份证办理情况为：初办2415

张、丢失补办2325张、办理临时身份证325张、异地办证282人。新生上户628人、市外迁入425人、迁出市外282人、所内变动212人、补录13人、删除44户。

【道路交通整治】 2017年，区公安局完成拉萨市公交公司堆龙场站56名公交车辆驾驶人与堆龙德庆区公交运营公司21名驾驶人的违法记录、驾驶资格等审查情况，未发现严重违法未处理及违法记分满12分的情况，堆龙德庆区共有校车驾驶人9人，均持有A1以上驾驶证，并全部登记注册驾驶校车资格，在对该9名驾驶人的交通违法行为查询中，未发现严重违法未处理及违法记分满12分的情况。2017年，为堆龙德庆区创造安全、畅通、有序、高效的道路交通环境，圆满地完成各项安保任务及日常道路交通管理工作。2017年，交警大队完成各类勤务200余次，共接处警1700余次、出动警力4800余人，出动警车1200余台。2017年，堆龙境内共发生道路交通事故2000起，其中死亡道路交通事故12起、造成15人死亡、伤人交通事故40起、造成47人受伤，简易程序处理300起，其他均为财损事故，造成直接经济损失45万余元。共立案16起、破获交通肇事逃逸8起、移送起诉6起、取保候审8起、逮捕1人、监视居住2人、刑事拘留2人。交警大队在开展交通秩序专项整治动员部署以来，按照上级部署和要求，大队继续加大路面巡查、严查严管、大队共出动警力5000余人、出动警车1600余台、共查处违法行为3000余起，其中已处理1900起，未处理600起、当场警告500起，已处理违法行为中包括无证驾驶21起，未系安全带500起、违停1000起、逆行45起、闯信号灯40起、超长40起、开车拨打电话30起、证件未审102起、车门未关好行驶14起、未随车携带证件45起、未悬挂号牌2起、准驾不符2起、其他违法行为58起。参加违章学习人员260余人次；行政拘留29人，罚款总额120万余元。

积极联合区交通局、安监局等部门开展乡村道路隐患排查。全年，已对发现的122处隐患点完成百分百的整改，并且积极对城市道路交通标线受损、斑马线等相关交通标线进行重新绘制，对城区内学校门口绘制彩色斑马线、设立交通标牌，确保城区及学生上下学道路交通、安全、有序。

继续加大109国道、318国道巡逻管控，区公安局交警大队坚决落实排查治理全区道路交通隐患、提高道路交通事故防范能力、切实遏制重特大道路交通事故、区公安局党委高度重视、出动全局警力、加大对109国道、318国道24小时巡逻检查、以公安局政委、副局长等带队分组的各个小组加大路面巡查力度、以预防道路交通事故为中心，加大源头管理。采取夜间国道巡查、城区设卡检查、白天机动巡逻、国道设卡检查的工作方式，加大109国道、318国道汽车超速超员、无证驾驶、疲劳驾驶、农用拖拉机违法载人等交通违法行为。秉持发现一起、严处一起，形成高压态势。切实增强路面交通管理、提升路面的“见警率和管事率”，对违法行为进行严查严处，预防较大以上道路交通事故的发生。

继续加大“两客一危”运输单位检查。交警大队组织人员先后对辖区两家危险物品运输单位

2017年7月27日，区委副书记、区长杜江（中）调研新公安局建设情况

2017年2月23日，区委副书记、政法委书记、公安局局长谢公瑾（左排右二）带领公安局党委成员深入护路一线慰问护路队员

和一家客运企业检查日常工作情况15次、对涉危企业的监控人员值班情况，单位运输应急预案，车辆安装紧急切断装置情况进行检查，严格落实公安部、公安厅交管局、拉萨市公安局交警支队以及区公安局党委对危险物品运输单位、车辆的管理工作要求，严防发生涉危道路交通事故，并且对堆龙德庆区公交运营有限公司开展检查，核查驾驶人信息、GPS动态监管情况，检查企业日常管理工作，严格做到客运车辆“三不出站、六不进站”严防群死群伤的道路交通事故的发生。

开展道路交通宣传工作情况。针对辖区突出的交通违法行为及主动防护意识缺失的问题，充分发挥辖区“两站两员”，业务办理服务窗口及路面巡查，加大道路安全宣传，认真落实“道路交通安全法制宣传”工作，深入辖区客货运输单位及学校、社区、企业开展宣传工作。并不断通过“两站两员”强化农村道路交通宣传工作，做到宣传工作的针对性和实用性，强化交通劝导员的工作能力，真正发挥农村交通劝导的职能。共开展各类形式的道路交通安全宣传42余次、摆放宣传展板360余幅次，发放宣传手册1万余本。

【护城河工作】 德庆检查站认真履行“护城河检查站”工作职能和社会责任，按照“五逢必查”的要求，对车、人、物进行各类严格检查，切实的从源头上消除“潜入型”“输出型”维稳隐患。2017年共检查车辆1196022辆，人员2979101人。检查危化品车辆7827辆，20座以上车辆8065辆，查处交通违法行为447起，办理一卡通442人，查控柴油2100公升，汽油110公升，香蕉水25公升，查扣管制刀具10把，抓获在逃人员3名。

【监管工作】 2017年，区公安局监管民警始终坚持管理与教育感化相结合的原则，严格执行《看守所工作人员职责》《监管工作程序和工作规范》等十余项规章制度，切实加强对在押人员的管理，积极开展在押人员帮教活动，积极宣传国家政策和法律制度，与在押人员“谈心”，深挖余罪。同时进一步加强对监外执行人员的管制，防止脱管、漏管现象的发生。监管民警始终坚持“人性化”管理，节日期间，组织在押人员参加内容丰富的座谈会。组织在押人员开展“主题教育”撰写心得体会，每月开展和谐监舍评选活动，大大增强在押人员的爱国教育。同时实行夜间不定时轮班制度，加强对新关押人员的巡视，建立新关押人员七日跟踪教育制度并建立台账，确保监所的绝对安全。

全年，看守所总关押量为287人，行政拘留239人（拉萨市铁路处57人、经开区公安局19人、堆龙德庆区公安局92人、堆龙德庆区人民法院16人、柳梧公安局54人、曲水公安局1人），刑事拘留63人（拉萨市铁路处14人、堆龙德庆区公安局41人、堆龙德庆区人民法院1人、堆龙德庆区检察院1人、重庆大足区公安局1人、青海大通公安局1人、拉萨市刑警2人、柳梧公安局1人），其中微罪不予起诉1人，临时羁押12人，转本省（区、市）其他所3人，刑满释放6人，缓刑释放1人、投送监狱11人，取保候审13人，现在押人员刑事拘留11人，行政拘留12人。

【案件审核工作】 坚持以事实为依据、以法律为准绳，严把案件事实关、证据关、时限关、程序关、法律适用关和裁量关，严格各项法律审核。2017 年，共审核各类案件 159 件，其中刑事案件 100 件（刑事 78 件，交通 22 件），行政案件 59 件（治安 29 件，交通 30 件）。刑事拘留 23 件 36 人（刑事 24 人，交通 2 人），报捕 10 件 12 人（刑事11 人，交通1 人），批捕 10 人（刑事 9 人，交通 1 人），起诉 35 件 42 人（刑事 33 人，交通 9 人），取保候审 32 件 39 人（刑事 29 人，交通 10 人）；行政处罚 59 件 75 人，行拘并罚款 40 人，行政拘留 28 人，罚款 7 人。在所有审核、审批的案件中，没有一起被行政复议或被行政诉讼。

【开展执法规范化】 加强执法主体能力建设。按照年初制定的执法教育培训工作计划，定期组织各办案部门执法办案民警和兼职法制员进行法律业务知识培训，不断地提高民警执法能力与水平。积极组织 46 名民警参加 2017 年上半年的执法资格考试。加强与检、法部门的工作联动。定期、不定期邀请检察院、法院有关部门的同志对公安机关办理的疑难案件进行研讨。组织民警参加案件庭审旁听，从公诉、审判视角对案件事实、证据、法律的理解及要求，进一步提高及树立办案民警的证据意识、程序意识、法律意识和风险意识。着力推动办案场所硬件改造工作。规范执法办案场所办案区设置、使用和管理，是深入推进执法规范化建设的重要内容，结合区公安局基层单位实际，按各派出所辖区治安形势复杂程度、人口总数及年度办案数量，在充分调研的基础上，按照“因地制宜、分类设置、先易后难、分步实施”的原则，着力对东嘎派出所、乃琼派出所的执法办案场所进行改造，最大限度地减少执法安全隐患。德庆派出所、古荣派出所正在改造中。

【法制宣传】 2017 年，执法监督大队联合刑警、交警、治安、派出所等部门在堆龙德庆区交通事故多发地段和人口密集地段积极开展法制宣传 7 次，受教育群众达到4900 余人。通过摆放宣传展板、发放一系列内容丰富的宣传资料及真实案例现场说法等形式，使受人民群众知法、懂法、自觉遵守法律，有问题依靠法律来解决，进而增强人民群众的法律意识。

【公安信访工作】 坚持属地管理、分级负责、谁主管、谁负责，依法、及时、就地解决问题与疏导教育相结合的原则，全力做好涉访涉诉人员的稳控工作，及矛盾纠纷的排查统计工作。2017 年，共摸排上报矛盾纠纷及信访案件 11 起。截至年底，成功化解 5 起，有效稳控 6 起。

【民警思想政治建设】 按照区、市、局党委的相关要求，为进一步巩固和扩大学习“三严三实”教育活动工作成果，确保区公安局在开展“两学一做”活动和喜迎党的十九大忠诚保平安主题教育活动中取得实效，真正成为群众的满意工程。区公安局继续深入地开展“两学一做”学习教育，制定出台《堆龙德庆区公安局开展“两学一做”学习教育实施方案》《堆龙德庆区公安局“两学一做”学习计划表》《堆龙德庆区公安局开展喜迎党的十九大忠诚保平安主题教

2017年2月23日，区公安局政委蒋学忠和副局长普布扎西慰问区公安局离退休老干部

育实施方案》《堆龙德庆区公安局开展喜迎党的十九大忠诚保平安主题教育学习计划》等，实行“一把手”亲自抓、分管领导具体抓的方式，把学习教育落到实处。

【民(辅)警培训】 2017年，区公安局为更好地提高民警业务能力，全面提升民警综合素质，加强对民警素质的培养，增加民警培训机会。共组织26名民警参加厅、市、区举办的警督培训、网安、交通、指挥、禁毒、各项业务、提升干部培训、跟班业务学习、轮训轮值、战训合一、科技信息等培训班。

【队伍管理及督导检查】 2017年，为确保各项安全保卫工作的顺利开展，在局领导的统一带领下，开展交心谈心，共制作谈心笔录3份，随时加强民警思想教育。组织民警观看警示片《雪域铸警魂》《祸起贪欲》。通过开展形式多样的学习教育活动，组织全局民警重学《新人民警察之歌》背诵“入党、入警誓词”，进一步激发区公安局民警的爱国热情，凝聚警心、鼓舞斗志，切实夯实反分裂斗争，维护祖国统一、民族团结、西藏稳定的思想，从而为做好安全保卫工作奠定强而有力的思想基础。

【党组织建设】 抓好党风廉政建设和反腐败工作。为进一步抓好思想教育，扎实做好党风廉政建设，上半年，区公安局以组织民警学习案例、观看反腐倡廉教育片等活动，筑牢区公安局民警拒腐防变得思想防线，同时进一步完善谈心谈话制度，及时掌控民警的思想工作，加强监督检查，对执行“三项纪律”“八项规定”及西藏公安机关“八个严禁”情况进行明察暗访，进一步巩固“队伍素质建设年”活动成果。

严格督导检查，确保队伍健康发展。2017年，按照各项工作任务的要求部署，结合实际工作，确实落实督导检查工作，确保各部门、派出所工作正常开展，及时掌握和了解民(辅)警生活、学习动态，及时化解队伍中存在的问题。

以学习实践“两学一做”活动为载体，抓思想政治建设。区公安局结合学习“两学一做”学习教育活动和喜迎党的十九大忠诚保平安主题教育活动，狠抓民警的思想政治教育。制定民警学习计划，严格落实周一、周五集体学习制度，组织民警认真学习党章、党规、学习习近平总书记系列讲话精神，坚持不懈地对民警进行理论体系教育，坚定民警的政治信念，坚定不移地做中国特色社会主义事业的建设者、捍卫者。学习上要求民警要有专门学习笔记，每月记学习笔记不少于3000字，每季度撰写1篇心得体会；要求每个单位要有学习计划、学习安排、集中学习记录、集体讨论记录，每周有一次《情况反映》，每月组织一次学习心得体会交流，并严格落实民警学习笔记审核签字制度，进一步提高广大民警的政治理论水平，打牢执法为民的思想根基，着力改进工作作风，密切党群关系，警民关系，为推动区公安局公安工作又好又快发展和重塑形象打下坚实基础。

以《内务条令》、“三项纪律”“五个严禁”、自治区“三个严禁”、市局提出的“三项命令”为抓手，加强民警养成教育。严格按照“人要精神、物要整洁、说话要和气、办事要公道”的要求和《内务条令》、“三项纪律”“五个严禁”、《窗口单位服务规范》等相关规定，从

2017年7月1日，区公安局党委开展重温入党誓词活动

规范警容风纪、规范执法执勤行为等细微之处入手，从影响警民和谐、有损队伍形象的突出问题入手，通过经常性的教育和培养，开展经常性的督查、检查，及时查处民警违法乱纪行为，努力使民警养成举止端庄、行为规范、纪律严明的良好习惯和优良作风，进一步改变态度“冷硬横”、纪律作风“稀拉松”、内务管理“脏乱差”的现象，树立公安队伍良好的职业风范，严格警车管理，严格枪支管理，严格民警的日常行为管理，确保队伍管理正规有序。

2017年6月23日，区交警大队开展夜间交通检查

抓教育培训，提高民警综合素质。2017年，局党委在深入调研的前提下，研究制定《堆龙德庆区公安局警务实战化实施方案》对全年的教育训练工作和苦练基本功活动进行规划和部署，确定训练的任务、内容、时间、形式和标准，明确各警种训练的目标、内容、要求。为确保通过开展教育训练，队伍的整体素质和综合实战水平有明显提高，局教育培训领导小组多次召开会议就培训内容和课程进行反复研究和精心策划，坚持实战实际、实用实效的训练理念，紧紧围绕“五项建设”，采取“轮值轮训、战训合一”等训练模式，开展教育训练。同时，围绕警务实战工作的需要，从提高民警的基本素质入手，抓好针对性技能训练。领导干部着重加强管理科学、领导科学、警务战术指挥的训练；机关民警着重突出行政管理、常用公文制作与处理、文秘调研及“办文、办会、办事”等内容的训练；执法办案一线民警针对执法中易出现问题的环节和方面，着重进行执法环节的规范训练，从源头上减少和杜绝执法的随意性。

【精准扶贫工作】 2017年，是精准扶贫工作的重要之年，按照区委区政府的统一安排部署，2017年，区公安局党委委员来到德庆乡帮村进行调查了解，对33户特困家庭进行走访了解，建立特困档案，准确掌握33户贫困家庭的基本情况和需求，为下一步的精准扶贫打下坚实基础。

【110接处警正规化建设】 区公安局指挥中心进一步落实110接处警制度，提高民警110接处警质量和服务态度，确保110在接处警中不发生“冷、硬、横、推”现象，确保不发生有损“110”窗口形象的问题。全年，指挥中心共接到110报警电话4520起，其中刑事案件89起，治安案件1931起，交通案件2152起，求助348起。

【信息收集反馈工作】 2017年，区公安局办公室在局领导的有力指挥和各部门的全力配合下，较好地完成各类大小会议管理、日常事务管理、各类文件处理等工作。共整理上报公安简报580期、每日信息300期，起草制定各类报告建议、工作预案、汇报材料等210余份，阅办文件490余份，公安行政平台签收、发送文件、信息2700余份。

【信息建设及日常维护工作】 2017年，区公安局信通科全力保障维稳指挥部会议系统及老华为视频会议系统的运行。特别是十九大期间，安排专人在堆龙德庆区维稳指挥部进行24小时值班备勤，全年H3C、新华为、老华为及乡镇会议系统进行检查360余次，维护20余次，对全局电脑设备共检查65次，维护21次，对辖区新安装旅店业系统45家，维护86次，维护区公安局主页网站35次。

加强网上舆情巡查力度。严格按照《堆龙德庆公安局网安大队互联网舆情排查机制》《堆龙德庆区公安局网安大队网吧管理机制》等工作方案，全年共巡查网上信息114000余条，共发现并上报涉藏等信息65条。对辖区19家网吧登记备案，签订网吧管理责任书。

强化网吧管理。信通科组织民警对辖区网吧开展不定时检查，主要对实名制登记、人证对比、未成年上网及是否在网吧发布有害信息进行检查。期间共出动警力144人次，共检查网吧52次。

【保密工作】 区公安局以求真务实的态度，保持责任感与自觉性，坚持推进查漏补缺、网络安全、警钟长鸣三大工作。促使全局民辅警自觉履行保密义务和职责，确保业务工作开展到哪里，保密工作就跟踪到哪里、保密责任就落实到哪里，始终绷紧保密这根弦。组织保密学习6次，并与各科所队签订保密责任书19份。

（毛　源）

【领导名录】

拉萨市公安局党委委员，区委副书记、政法委书记、公安局党委书记、局长

谢公瑾

公安局党委副书记、政委

蒋学忠

公安局党委委员、副局长

普布扎西（藏族）

公安局党委委员、副局长

白玛多吉（藏族）

公安局党委委员、刑警大队队长

洛　旦（藏族）

堆龙德庆区人民检察院

【概况】 年内，堆龙德庆区人民检察院在区委和上级检察院的坚强领导下，深入贯彻党的十八大，十八届四中、五中、六中全会，十九大精神及习近平总书记系列重要讲话精神，牢固树立"四个意识"，深入开展"两学一做"学习教育，全面从严治检，加强检察队伍建设，扎实履行法律监督职能，各项检察工作取得新突破，迈上新台阶。2017年，堆龙德庆区人民检察院内设7个科室，政法编制37个，干警38人，领导职数1正3副，党组成员5名，党组书记、检察长副处级1名，3名正科级副检察长，1名正科级党组成员。干部36名，男干警11人，女干警27人，党员34名，具有本科及以上学历干警32名（其中研究生13名），入额检察官13名，检察官助理9名，书记员4名，行政人员7名。

【坚决维护社会局势持续稳定】 年内，区检察院严格按照区委、区政府的安排部署，认真贯彻执行关于反分裂斗争的方针政策和各项重要决策部署，积极参加重要时段和重点部位值班备勤工作。派出5名干警驻村、驻加油站。为做好机关内保工作，打造具有监控、门禁、安检等功能的信息化维稳值班室，并保证值班人员24小时在岗，无漏岗脱岗现象发生，确保内部安保责任落实，实现"三无、三不出"。

【依法严厉打击各类刑事犯罪】 年内，区检察院紧紧围绕全区经济社会发展大局，充分发挥检察职能作用，依法有力打击各类刑事犯罪，保障人民安居乐业。全年共受理批捕各类刑事案件33件

2017年11月6日，区人民检察院党组书记、检察长张军（右一）带队深入包村点开展精准扶贫结对帮扶"走村入户"工作

42人，批准逮捕23件26人，不批捕11件16人，无错捕、错不捕案件；受理移送审查起诉案件69件83人，提起公诉58件66人，其中，严重暴力犯罪6件6人，多发性侵财犯罪20件25人（含“黄赌毒”犯罪5件6人），侵害妇女儿童、老年人、残疾人、进城务工农民等犯罪案件5件5人，全部认定县人民检察院提起公诉的罪名，未出现改变定性、改变罪名的案件。

【宽严相济的刑事司法政策】 年内，区检察院坚持惩治犯罪和保障人权并重、程序公正与实体公正并重原则，切实加强对逮捕必要性和社会危险性的证据审查，对犯罪情节轻微、危害不大的16名犯罪嫌疑人作出不批捕决定，8名犯罪嫌疑人作出不起诉决定，促使他们改过自新，回归社会。对2起未成年人犯罪案件作出附条件不起诉决定，同时进行跟踪帮教，对涉案未成年人日常生活和学习情况进行跟踪考察，成功挽救4名失足少年迷途知返。

【积极参与社会治理创新】 年内，区检察院以矛盾排查化解为重点，充分发挥检察“窗口”作用，受理来信来访12人次，对来信来访耐心释法说理，全部给予核实、反馈和息诉。受理信访案件2件2人，经初查、初核后流转给业务部门具体办理。为进一步提升人民群众法治意识，结合“五下乡”“综治宣传月”“9·16”平安西藏、“12·4”国家宪法日等法制宣传活动，发放检察便民卡4000余张、

2017年12月18日，区人民检察院召开“贯彻落实十九大精神，响应新时代党的建设要求”专题组织生活会，会议由党组书记、检察长张军（右排右四）主持

宣传纸杯7000余个，藏汉宣传资料2万余册，解答群众咨询120余人次，受教育群众达3万余人次。

【深化侦查和立案活动监督】 为避免有案不立、降格处理等现象的发生，2017年，区检察院对本辖区内的侦查机关和各派出所开展立案监督检查，对3起未立案的要求侦查机关说明不立案理由，对程序性违法行为发出书面《纠正违法通知书》7份，口头纠正27次，排除非法证据2份，准确改变案件定性2件2人，对工作管理中的不规范行为发出《检察建议》8份。同时，为更好地推动行政执法与刑事司法衔接工作，深入环保、工商、药监局、农牧等行政执法机关开展行政执法监督，通过组织召开检察机关、行政执法机关和侦查机关联席会议，加强沟通协作，联合建立健全工作联系机制，进一步规范行政执法行为。

【刑事审判活动监督】 年内，区检察院健全“判前建议、判后审查”工作机制，出庭支持公诉44次，对审判活动进行法律监督，向法院提出量刑建议44件，采纳率达97%。全面、及时、认真地审查每一件判决，切实履行好对审判活动罪名认定是否正确、量刑是否适当的监督职能，确保办案质量。

【民事行政诉讼监督】 年内，区检察院为推进民事、行政诉讼和执行监督，加强检法协作，同堆龙德庆区法院会签《关于建立检察机关旁听制度的实施意见》和《民事执行监督实施办法》，对1起影响大、涉案人员多的合同纠纷案庭审现场和6起民事执行现场进行全程监督，对1起申请民事审判程序违法案件作出不支持监督决定；深入本辖区内200余家商铺、茶馆、超市和餐馆对食品安全、卫生情况、商家及从业人员的健康

证、相关营业所需经营执照、有无存在产品三无或过期等现象开展行政执法监督，并针对大部分餐饮行业未办排污许可证问题共收取排污费16万元；分别对环保、食品药品、工商及卫生管理部门发出检察建议4份，4家单位及时将整改情况向区人民检察院进行反馈。办理民事申诉案件3起，成功提请民事抗诉案件1起，被市中级人民法院裁定发回重审。

【刑事执行监督】 年内，区检察院为提高在押人员法治观念和自我保护意识，促进看守所依法、科学、文明管理，开展日常监所检察40余次，安全防范大检查15次，与在押人员谈话65人次，提出口头纠正意见10余条，开展法制讲座2次，下发《纠正违法通知书》1份，发出《检察建议》1份。为进一步规范社区矫正人员管理，推进堆龙区社区矫正工作良性发展，深入开展社区矫正人员专项检查活动，确保不脱管、漏管。结合本地实际，对全区社区矫正对象进行专项检查，对重点人员进行重点检查，详细查阅矫正人员档案，完善应急预案，并要求建立完善的报告制度。对社区矫正工作监督检查26次，解除社区矫正15人，新增矫正人员9人，对2名社区服刑人员违反相关报到规定给予书面警告3次。

【查办和预防职务犯罪】 年内，区检察院联合中国石油西藏销售仓储分公司签订《预防职务犯罪工作联系配合协议》，成立预防职务犯罪工作领导小组，建立联系点，并进行专题授课；参加拉那高等级公路预防工作会议，听取项目工程建设情况和廉政建设情况，切实做到检企携手。同时，不断加大贪污贿赂案件的查办力度，受理行贿犯罪记录查询64件，查办贪污贿赂案件1件1人，为国家挽回经济损失43万元。

2017年1月17日，区人民检察院荣获争先进位考核“进位奖”

【党风廉政建设工作】 年内，区检察院坚持把党风廉政建设和反腐败工作列入党组重要议事日程，严格落实“一岗双责”，层层签订党风廉政建设责任书，对重点任务和工作责任分解细化、责任到人，专题研究部署党风廉政建设工作20余次；严格执行民主集中制原则，充分发挥集体领导作用，坚持做到一把手末位发言，保证决策的科学性和正确性；为严格组织纪律，严格实行上下班指纹签到，在公务派车中严格落实“派车单”制度，不定期检查公车停放和出行情况，无任何违纪情况的发生。

【内部监督制约】 年内，区检察院严格执行司法办案各环节操作流程和检察机关司法工作基本规范，深化案件集中管理，全面运用检察机关统一业务应用系统。通过网上案件信息公开平台全年公开程序性信息、重要案件信息、法律文书47件，公开率达93%以上。所办案件从受案到结案全部实现网上流转，并对2016年以来的90件案件进行评查，对存在的问题和不规范的方面，进行全面整改。接受自治区检察院抽查案件评查9件，接受拉萨市检察院抽查案件评查20件，未发现承办人违规办案的现象。

【主动接受外部监督】 年内，区检察院开展“检察开放日”交流活动，邀请人大代表、政协委员、人民监督员和新闻媒体等走进检察机关，“零距离”感受和了解检察工作。同时，通过检察微博、微信发布检察动态116条，检察机关案件信息网公开相关信息25条，做到公开信息依法、全面、及时、规范，并被拉萨市检察院采用24条，被自治区检察院采用1条。

【检察人员分类管理改革工作】全面完成员额制检察官确认工作。年内，根据中央政法专项编制总数的36%首批员额比例的要求，在全院范围内15名符合条件的检察官根据考试考核结果，经层层上报，通过遴选委员会第一次委员会议和自治区检察院党组会议审议，正式确认13名首批员额制检察官；做好司法辅助人员转任工作。根据检察权运行特点、办案实际需求，按照检察辅助人员配置比例45%的要求，确定检察官助理9名和书记员人选4名，为实现检察人员各司其职分类管理奠定基础。

【落实检察官办案责任制】落实办案责任制是司法改革的核心，只有落实检察官司法办案的主体地位，才能遵循司法规律。年内，区检察院坚持检察官在司法一线办案的同时，根据“谁办案谁负责、谁决定谁负责”的要求，明确检察官、检察官助理职责，明晰检察官享有的职责权限和边界，制定案件终身负责的责任清单，全面加强内部监督。

【党员队伍思想政治素质】自觉坚持党要管党、从严治党的方针，把党建工作与检察工作同研究、同部署、同检查、同落实。年内，

2017年12月21日，区人民检察院组织开展“五下乡”法制宣传活动

区检察院结合“两学一做”学习教育，组织全院学习40余次，集中观看教育影片10余部，撰写心得体会80余篇，开展系列党建主题活动10余次。开展学习十九大精神报告学习会5次，召开专题研讨会3次，并组织党员听取各类十九大精神专题讲座。根据党员日常工作表现，每半年评选一名“团结奋斗”之星和“爱岗敬业”之星，机关党组织战斗堡垒作用和党员干警先锋模范作用明显增强。

【推进党建工作规范化】年内，区检察院健全和完善党建工作运行机制，探索实施党员先锋指数和“学分制”管理办法，规范组织工作程序，针对人员岗位不断变动的实际，进行党总支和各党支部的换届选举，调整充实党组织委员，成立6个党小组，严格确定5名培养对象，1名入党积极分子转为预备党员，确保高质量吸纳，做到优中选优。同时，严格落实“党务公开”制度，注重公开方式方法的多样化，借助党务公开栏、检察内网和“红色之微”党员微信群等平台，公开党组织重大决议、党员个人承诺书和党费收缴情况等各类信息50余条，收缴党费1.2万余元。

【“一院一品”建设】年内，区检察院为切实把“一院一品”创建工作落到实处，按照“区检院有板块、分市院有特色、基层院有典型”的要求，紧紧围绕队伍专业化职业化建设这一主题，成立“一院一品”建设工作领导小组，制定详细的工作方案，倾力打造符合堆龙检察工作规律、人民群众满意、富于时代气息的特色品牌。开辟党的十九大报告学习专栏4个，率先掀起学习十九大精神的热潮，组织干警集中学习，集中观看警示教育片。通过开展“五四”青年节爬山等主题党日活动，增进了友谊，增强了团队协作意识，提高

了检察队伍的凝聚力和战斗力；通过开展“四讲四爱”法制宣传活动、“送党恩进高墙”等形式促进“一院一品”建设。

【队伍素质能力建设】 年内，区检察院把法律监督能力建设摆在突出位置来抓，根据区市院分类培训要求，派出3名业务骨干到上级院参加跟案实训，18名干警前往北京、江西、山东等地及国家检察官学院、国家检察官学院林芝分院参加业务培训和司法考试培训；参加高检院举办的检察业务网络培训280余人次，检察干警的业务能力和执法水平等综合素能得到进一步提升。

【一对一帮扶到位】 年内，为深入贯彻落实区委关于精准扶贫工作决策部署，切实解决关系群众利益的实际问题，30名党员干部与包村点35户群众进行结对。同时，为全面了解贫困户在生活、生产中存在的具体困难和问题，组织党员干部多次逐家逐户开展实地调研，摸底调查贫困情况，并逐项登记，建档立卡，制定帮扶措施，为扶贫帮扶工作提供依据。

【解决群众所求所盼】 年内，区检察院为着力解决群众最关心、最直接、最现实的利益问题，党员干部填写承诺书后竭尽所能的解决就业岗位，确保每户至少有一人实现就业。同时，开展一系列暖人心的活动，党员干部自筹资金3.8万余元；1名党员干部坚持每月为一名在校大学生资助生活费，为驻村工作队解决慰问资金1.5万元，有力推动精准扶贫工作的深入开展，拉近党群干群关系。

（钟　瑜）

【领导名录】

党组书记、检察长

张　　军（8月任职）

党组成员、副检察长

达　　珍（女，藏族）

伊 金 娟（女）

次仁卓玛（女，藏族）

党组成员

仓　　珍（女，藏族）

堆龙德庆区人民法院

【概况】 2017年，堆龙德庆区人民法院在区委领导、区人大监督、区政府支持、区政协民主监督以及上级法院指导下，高举习近平新时代中国特色社会主义思想伟大旗帜，深入贯彻落实党的十八大、十八届三中、四中、五中、六中全会和十九大精神，紧紧围绕努力让人民群众在每一个司法案件中感受到公平正义的工作目标，坚持司法为民、公正司法、防控风险、服务发展，坚持与时俱进、改革创新、破解难题、补齐短板，创造性实施“12341”工作思路，共受理各类案件2646件，审执结2415件，同比分别上升33.90%、28.18%，结案率91.27%，结案标的5.59亿元。堆龙德庆区人民法院政法专项编制65个，实有干警61人，党员57人（占法院总人数的93.44%）。正职院长1人（副处级），副院长5人、挂职副院长2人，另有正科级干警7人，副科级干警20人。内设立案庭、刑事审判庭、民事审判一庭、民事审判二庭、行政审判庭、审判监督庭、执行局7个审判业务庭室及办公室、政工科、法警大队3个综合部门，另设有4个派出法庭（3个在建）。

【依法惩治刑事犯罪】 年内，区法

2017年7月1日，堆龙德庆区人民法院在包村点南巴村慰问老党员

院准确把握社会治安形势发展变化，坚持宽严相济刑事审判政策，受理刑事案件59件，审结56件，结案率94.92%，判处罪犯67人。依法维护人民群众生命财产安全，审结故意伤害、抢劫等暴力犯罪案件11件，判处罪犯13人；审结盗窃、侵占等侵财类犯罪案件19件，判处罪犯26人；针对危险驾驶、交通肇事的多发态势，加大打击力度，审结案件17件，判处罪犯19人；依法推进反腐败工作深入开展，审结贪污、挪用公款犯罪案件2件，判处罪犯2人；严厉打击妨害社会管理秩序罪，审结走私贩卖运输制造毒品、非法持有毒品犯罪5件，判处罪犯5人；严厉惩处破坏市场经济犯罪，审结合同诈骗犯罪2件，判处罪犯2人。

2017年1月14日，堆龙德庆区人民法院巡回法庭在乡村就地办案

【依法调处民商事纠纷】 年内，区法院坚定不移贯彻“创新、协调、绿色、开放、共享”发展理念，主动适应经济社会发展新常态，科学处理“十三对关系”，2017年，受理各类民商事案件1758件，审结1646件，结案率93.63%，结案标的4.12亿元。坚持司法为民，优先审理劳动争议、婚姻家庭等涉民生案件82件；审结租赁、建设施工、买卖、股权等合同类纠纷案件1496件，保障平等市场主体合法权益，全力维护市场经济秩序；审结民事侵权损害赔偿案件68件，制裁了不当行为，保护了受害者的合法权益。把依法促进案结事了人和作为审判工作的最高追求，调解案件777件，撤诉352件，调撤率68.59%。

【依法推进执行攻坚】 年内，区法院积极落实上级人民法院基本解决执行难工作部署，以拉萨中院在全市法院开展的“雪域飓风”执行专项活动为契机，创新执行方式方法，维护司法权威，全面与执行难宣战。2017年，受理执行案件821件，执结706件，执结率85.99%，执结标的1.48亿元。召开集中发放执行案款会16次，发放案款7528万余元。严厉打击规避执行、抗拒执行行为，主动加强与公安机关沟通协调，对44名“老赖”在全区范围内进行网上布控，依法公布失信被执行人16例，拘留14人次、罚款14.37万元，对8人采取限制高消费、限制信贷、招投标、出入境等信用惩戒措施，使失信被执行人一处失信、处处受限。依法保障军队改革，妥善办理涉军产案件21件，顺利执结武警二支队与程民土地租赁纠纷一案，确保中央关于军队停止有偿服务决策落到实处。强化涉民生案件执行力度，成功执结世邦欧郡商品房买卖合同系列案，执结标的3915余万元。

【强力推进智慧法院建设】 年内，区法院坚持把智慧法院建设作为夯实基层基础、提升审判质效的重要抓手，实现与全区三级法院内网互联互通，实现办公办案、科技法庭、视频会议等核心业务全覆盖。2017年，依托信息平台，公开裁判文书960份、审判流程信息1500余条、执行信息800余条、庭审直播6场次，科技法庭开庭审理1128场次，形成电子卷宗2554宗，以深层次、全方位、全留痕的司法公开，倒逼法官能力素质提升。

【稳步推进司法改革工作】 年内，区法院紧紧抓住司法责任制改革这个“牛鼻子”，坚持放权与监督相结合，出台办案人员权力清单、法官违法审判责任追究办法等4项制度，形成让审理者裁判、由裁判者负责的责任机制；出台员额法官管理办法及法官助理、书记员等分类指导意见5个，首批19名入额法官宣誓履职、7名法官助理、9名书记员分别编入5个审判团队，形成配置科学、监督有效的人员分类管理机制；有序落实法官职业保障、法院工作人员安全保护及工资待遇等政策措施，形成权责利相统一的职业保障机制。深入推进立案登记制改革，当场立案率达95%以上。与改革前相比，法官人数减少20%，人均办案数增长33%达到139件，服判息诉率上升7.94%，法官办案积极性普遍提高，工作责任心明显增强。

【强化措施提质效】 年内，面对诉讼案件“井喷式”增长的严峻形势，区人民法院科学调度，盘活用足审判资源，激发办案内生动力，坚持以纠纷性质、案件难度、影响范围等为依据，确立重大疑难复杂案件由院庭长包案化解的工作机制，着力实现简案快结、繁案细审、疑案精办。民事、刑事案件简易程序适用率分别达84.56%、62.26%。院庭长审理案件1135件，占结案总数的47%，院庭长真正回归审判一线，院庭长办案的示范引领作用充分彰显。

【积极参与社会治安综合治理】 年内，区法院充分发挥“乡村和谐法庭”前沿阵地作用，加强巡回审理，巡回办案412件。积极协助有关部门处置土地、房产等社会热点难点问题10余起。深入开展综治维稳宣传、“法律七进”活动320余次，开展法治专题讲座48次，发放宣传资料4.2万余份，受教育群众2.8万余人次，引导人民群众以法治思维、法治方式解决纠纷。举全院之力推进精准扶贫脱贫工作，组织干警深入到结对帮扶对象家中了解情况，针对性指导扶贫攻坚。为南巴村55户300余名困难群众送去现金、物品价值6万余元，协调各方资源助推南巴村集体经济发展壮大到50万元以上。

【坚持司法为民】 年内，区法院加强诉前调解，针对事实清楚、权利义务关系明确、争议不大的案件，经当事人同意，积极开展诉前调解工作，调撤案件220件，减轻了当事人诉累，降低了当事人诉讼成本。坚持依法处理涉诉信访和来信来访案件，认真执行诉讼风险提示、判后答疑、领导接访制度，处理来信来访275件，案件判后答疑率100%。将法律文书制作成图片形式，通过微信、短信平台送达1100余条，方便了群众参与诉讼。强化弱势群体司法保护，减缓免交诉讼费案件452件，减缓免诉讼费10.4万元，充分体现司法人文关怀。

【努力打造过硬法院队伍】 年内，区法院深入学习习近平新时代中国特色社会主义思想和党的十九大精神，深入学习“治国必治边、治边先稳藏”重要战略思想和“加强民族团结、建设美丽西藏”的重要指示精神，扎实推进“两学一做”学习教育常态化制度化，以上率下，班子成员带头讲党课、谈体会、组织民主生活会，带领全体法官干警增强“四个自信”、牢固树立“四个意识”。全年，党组理论中心组组织集中学习12次，干警个人撰写学习笔记近万字，全院

2017年4月23日，堆龙德庆区人民法院干警在拉萨市建材交易市场开展法制宣传活动

3个党支部开展集中学习28场次，全院干警每人撰写学习心得体会不少于4篇。

坚持以党建带队建促审判，以“三会一课”为基本制度，以落实民主集中制为抓手，以党员之家为平台，采取开辟法院文化走廊、重温入党誓词、向宪法宣誓、设立共产党员先锋模范岗、大力表彰先进等形式，引导党员干警践行“四讲四有”、做到“四个合格”，党组的核心领导、党组织战斗堡垒、共产党员先锋模范作用不断加强。全年，先后有10个集体、22人次获得县级以上表彰。

2017年7月1日，堆龙德庆区人民法院开展庆“七一”重温入党誓词活动

落实全区法院教育培训规划，采取走出去请进来相结合的方式，切实增强培训教育的针对性、实效性。邀请北京法院资深法官到堆龙德庆区人民法院开展专题讲座2次，组织参加最高人民法院“每月一讲”教育培训干警180余人次，先后选送业务骨干32人次参加司法考试、信息化建设、藏汉双语及党建工作等培训活动，有效提升干警适用法律、化解矛盾、做好群众工作的能力。与高校共建实习基地，接受法学专业实习生24名，做到法学理论研究与审判业务实践相互促进。

坚持从严治党，规范司法行为，坚持纪律挺在前面，严格执行中央八项规定，全面落实准则、条例要求，司法作风明显好转。加强正面教育和反面警示教育相结合，逐步实现廉政教育常态化，时刻警钟长鸣。严格落实党风廉政建设主体责任和监督责任，层层签订责任书，定期召开党风廉政建设形势分析会，落实廉政监督员、随案廉政监督卡制度，强化对重点岗位、重点环节、要害部门的监督，党风廉政建设进一步加强。全年没有干警发生违法违纪行为。

【主动接受监督】 年内，区法院认真贯彻执行党的路线方针政策和区委的重大决策部署，及时向区委汇报法院工作，确保法院工作的正确政治方向。自觉接受人大、政协监督，堆龙德庆区人民法院坚持每周五主动向区人大、政协报送下周庭审安排，邀请人大代表、政协委员随时旁听案件，主动邀请人大代表、政协委员进行现场监督重大审判执行活动22次；广泛接受社会各界监督，聘请6名各行业人士担任廉政监督员，适时邀请旁听、见证执行等活动；依法接受检察机关监督，与区检察院签订检察长列席审判委员会会议的实施意见、民事执行监督实施办法，建立重大民商事案件旁听及执行案件临场监督的工作机制；通过设立举报箱、举报电话、随案发放廉政监督卡等措施，主动接受当事人监督，发放廉政监督卡2144份，随机回访650余次；认真落实人民陪审员制度，加大人民陪审员参审力度，扩大司法民主，邀请人民陪审员参审案件145件，占普通程序审结案件的59.18%。

（伍　飞）

【领导名录】

党组书记、院长

巴　　桑（藏族）

党组成员、副院长

慕艳梅（女）

达瓦次仁（藏族）

米玛次仁（藏族）

阿旺单增（藏族，7月挂职）

曹永超（7月挂职）

审判委员会专职委员

晓　　央（女，藏族）

堆龙德庆区司法局

【概况】 年内，堆龙德庆区司法行政工作在区委、区人大、区政府、区政协的领导和监督下，在上级司法行政机关的指导以及在各相关部门的积极配合下，坚持“围绕中心、履职尽责、立足本职、服务大局”的工作思路，继续解放思想，坚持改革创新，牢固树立“维护稳定是第一责任，办实事求实效是第一要求，服务对象满意是第一标准”的服务理念，以化解矛盾纠纷、维护社会和谐稳定为目标，以服务经济为主线，着力提高司法行政加强和创新社会管理水平，充分发挥司法行政机关维护社会稳定、服务经济发展、促进社会公平正义、推动依法治区的职能作用，为建设和谐社会、平安堆龙做出积极努力。2017 年，区司法局下设综合办公室、法律援助办公室，实有行政人员 7 人。

2017年6月，区司法局局长度超对贫困党员开展走访慰问

【法制宣传教育工作】 扎实开展“五下乡”法制宣传工作。2017 年堆龙德庆区“五下乡”活动在德庆乡邱桑村拉开序幕。区司法局向前来参加活动的过往群众及流动人员发放《农牧民工法律援助服务手册》《生活法则》《堆龙德庆区法制课本》《生活法制》及印有法律标语的围裙、环保袋等各类法律法规宣传册（单）共计 13050 余份；在发放法制宣传资料的同时，工作人员现场进行法律咨询，现场解答过往群众提出的法律咨询，共解答法律咨询 20 余次；扎实开展“综治宣传月”活动。活动期间区司法局向过往的广大干部群众发放《法律知识读本》《中华人民共和国土地法》《农民工援助服务手册》《以案说法》《中华人民共和国反家庭暴力法》等各类法律法规。本次活动区司法局共发放宣传资料 800 余份，悬挂横幅 1 余条，咨询台 1 点，受教育人数达 900 余人；扎实开展“4 · 15”全名国家安全教育日活动。通过悬挂“增强国家安全意识 保障国家长治久安”横幅宣传标语，在区团结路设立法律咨询点，开展法制宣传活动，特别是区司法局法律援助律师对前来咨询法律问题的群众进行耐心细致的讲解，并详细介绍申请法律援助的条件、范围和程序，让广大群众遇到法律难题是通过司法途径解决矛盾。此次法制宣传活动向过往群众发放《中华人民共和国婚姻法》《农牧民工法律援助服务手册》《生活法则》《堆龙德庆区法制课本》《生活法制》等各类法制宣传资料，共发放 700 余份法制宣传资料；开展《中华人民共和国未成年人保护法》法制讲座。2017 年 6 月 14 日在中国拉萨 SOS 儿童村开展一场以宣讲《中华人民共和国未成年人保护法》、反校园暴力为主题的法制宣传活动。此次法制宣传活动，区司法局援助律师通过实际案例，以深入浅出的方式、诙谐幽默的语言，以青少年成长当中具体的维权事项，对儿童村的儿童，儿童村的爱心妈妈、爱心爸爸上一堂生动的法制课。在法制课上，援助律师与在座的爱心爸妈、学生进行交流，解答疑问，以提问的方式进行互动，并向在座的学生发放 20 个书包，法制讲座活动受到儿童村工作人员及爱心爸妈的一致好评。

【人民调解工作】 2017 年，堆龙德庆区各级人民调解组织已成功调解各类案件 90 件，当事人数 372

人，标的额5738万元，其中婚姻纠纷15件，拖欠民工纠纷44件，合同纠纷3件，生产经营纠纷3件，损害赔偿纠纷2件，邻里纠纷2件，房屋宅基地纠纷3件，征地拆迁纠纷2件，其他纠纷5件，征地拆迁纠纷2件，山林土地纠纷1件。通过以上案件的调解工作，充分发挥基层人民调解组织的作用，化解大量的矛盾纠纷，起到人民调解“第一道防线”的作用。

【加强特殊人群的管理】2017年，堆龙德庆区特殊人群工作以坚持“以帮教为手段、以安置为重点、以稳定为目标”的工作思路和“教育、挽救、感化”的工作方针，不断推进刑释解教人员的社会管理创新，最大限度地预防和减少重新违法犯罪。

为全面掌握了解全区特殊人员的生产、生活及思想动态，区司法局本着摸清情况、管控到位、讲究方法的原则，排查期间进行侧面了解。对一些有抵触情绪的特殊人员，通过与村干部、联户代表及监管责任人进行面对面会话的方式，间接了解其近期思想行为动态；嘘寒问暖，进行帮扶慰问。对一些生活困难的矫正对象及刑满释放人员，通过深入其家中，与其促膝长谈，了解其现实困难，并带去慰问品的方式进行了解；对一些思想不稳定、有重新违法犯罪苗头的人员逐一见面、逐一谈话，加大心理疏导力度，做到重点转化、重点帮教，严密防范，及时掌握其去向，确保不出现脱管漏管和重新犯罪情况发生，在藏历新年前期，区司法局对辖区内特困刑满释放及社区矫正人员进行走访慰问，为他们每人送去糌粑、大米、面粉、酥油、砖茶、清油等慰问品及1000元慰问金。

【法律援助工作】2017年，区司法局法律援助中心坚持以“执政为民、服务百姓”为出发点，全面开展各项法律援助业务，切实帮助困难群众解决突出问题。按照“应援尽援，尽援优援”的原则，扩大法律援助覆盖面。全年，区司法局法律援助中心共受理案件33件202人。其中，受理刑事附带民事类案件2件3人，占总案件量的7%；受理民事类案件31件199人，占总案件量的93%；截至年底，已结案22件118人，占总案件量的66%，正在办理11件84人，占总案件量的34%，案件总涉案标的583万余元，为当事人挽回经济损失314万余元。全年共接受法律咨询500余件，代写各类法律文书110余份。通过各项法律援助业务的开展使更多的弱势群体享有法律援助服务，维护当事人的合法权益。

【干部队伍建设】加强司法行政干部队伍建设，不断提高干部队伍的整体素质，是深入推进公正廉洁执法的重要保障。2017年，进一步加强司法所规范化建设，提高司法所工作质量和效率。区司法局制定并出台司法所月汇报工作例会制度。通过召开司法所所长工作例会，加强局机关与司法所之间的纵向联系，实现以例会促推进的良好工作局面。区司法局始终把加强干部学习教育作为提升干部素质能力的首要任务来抓，坚持学习教育制度，制定学习计划，以建设学习型机关为目标，通过集体学习、个人自学等多种形式，认真组织干警重点学习党的十九大精神、路线方针政策和国家法律、法规，

2017年4月，拉萨市司法局工作人员次仁在堆龙德庆区乡镇开展“四讲四爱”活动法律专项巡回讲座

在政治上不断求强，在工作上不断求精，使自身综合素质及局全体干部自身能力不断提高。同时，对于纪委转发、下发的一系列通报、要求均在第一时间进行传达学习。每逢节假日对全局干部职工进行节前廉政教育。全年，区司法局干部职工无一人出现违法违纪的行为。

【包村扶贫工作】 2017年9月7日，区司法局就包村车队与李某之间的运输款纠纷事宜召集双方当事人、乃琼派出所在区司法局法律援助中心进行调解，通过对双方大量的法治教育工作，双方最终达成调解协议，帮助包村车队追回经济损失200余万元。同时，区司法局局长庹超带领局全体干部多次到包村贾热村就精准扶贫工作与村委会书记、驻村工作队员座谈交流，了解存在的问题和困难，多次走访慰问7名贫困户。

（庹　超　任　胜）

【领导名录】

局　长

庹　超（藏族）

副局

米　玛（女，藏族）

堆龙德庆区综治委铁路护路联防工作领导小组办公室

【概 况】 2017年，在区、市护路办、堆龙德庆区委、区政府的坚强领导下，在区综治委铁路护路联防工作领导小组的具体指导下，沿线各乡涉铁（镇）、派出所的大力支持，全体护路办工作人员和专职护路联防队员同心同德，共同努力，确保青藏铁路堆龙段的安全畅通。

【高度重视，关怀到位】 堆龙德庆区委、区政府始终将铁路护路联防工作列入重要议事日程进行安排部署。2017年，继续为每名专职护路联防队员落实1300元全勤补贴、特殊岗位补贴和生活补贴；解决护路大队、中队改扩建项目，护路营房安装地暖项目及护路厨房改造项目资金182.62万元；在“三大节日”期间慰问专职护路队员41.6万元，总投入资金达908.85万元。在区委、区政府的关怀下，莫嘎护路大队教导员旦增被推选为拉萨市人大代表，高天护路大队教导员旦增旺堆被推选为堆龙德庆区政协委员，古荣护路大队大队长洛桑次成被推选为堆龙德庆区人大代表，古荣护路大队教导员巴桑被推选为党代会代表。

【属地管理，联防到位】 2017年，涉铁乡（镇）党委、政府认真落实社会治安综合治理“属地管理”原则，大力指导和支持铁路护路联防工作，时刻心系辖区专职护路联防队员的工作生活状况，为专职护路联防队员购置服装、节日慰问、解决设施资金等共计17.3万元。

【统一思想，认识到位】 召开“2017年度堆龙德庆区综治委铁路护路联防工作会议”，会上通报2016年全区铁路护路联防工作情况，安排部署2017年铁路护路工作，表彰2016年度堆龙德庆区铁路护路联防工作先进集体和先进个人。区综治委铁路护路联防工作领导小组与各涉铁乡（镇）签订《2017年度工作目标管理责任

2017年9月28日，中央维护稳定工作领导小组十九大维稳安保工作第八督导组副组长、最高人民法院办公厅副主任付向波一行在堆龙德庆区古荣护路大队检查指导党的十九大期间铁路护路联防工作

书》。同时，区护路办年初召开执勤、党建、信息、财务、政治教育、安全生产工作专题部署会议共24次，细化各项工作任务，明确各项职责分工，签订《工作任务责任书》。

【突出重点，措施到位】 按时转换戒备等级。在2017年“三大节日”“两会”“三月份”“一带一路”国际合作高峰论坛、“萨嘎达瓦”和“雪顿节”宗教活动和党的十九大期间青藏铁路堆龙段进入一级戒备，共计149天。全面进行动员部署。针对重点重要时段，区护路办先后组织召开专题部署会议13次，传达各级维稳工作会议精神，动员部署重要期铁路护路联防工作，做到全体队员统一思想，提高认识，明确任务；落实戒备工作措施。区护路办抽3名工作人员蹲点到沿线3个护路大队，指导和督导全区铁路护路联防工作。办公室留守4名工作人员，负责日常上传下达工作。办公室干部职工及全体专职护路联防队员一律停止请（休）假，要求全时全员全心在岗。一级戒备期间每天投入人力426人，在重点路口设卡5处。同时，对办公室蹲点组、大队负责人进行分组，确保24小时不间断督导巡逻。各涉铁乡（镇）、派出所加强对辖区铁路沿线的巡查力度；由沿线各村组负责人、双联户代表、民兵、党员等组成治安联防小组，每天投入人力407人，不定时对铁路沿线进行巡逻。重要敏感期间，组织对铁路桥梁、涵洞、隧道、明洞及防护栏损坏情况进行排查，共排除安全隐患16起。

2017年1月25日，区委书记格桑平措（右排左三）一行检查指导2017年“三大节日”期间堆龙德庆区铁路护路联防工作，并亲切慰问专职护路联防队员

【定期组织应急预案演练】 按照《堆龙德庆区突发公共事件应急预案》《反恐防爆应急预案》要求，2017年组织开展应急预案演练43次，共出动人力630人，有效锻炼应急分队快速反应和处置突发事件能力。

【开展铁路治安专项整治】 协同相关部门对辖区废旧金属收购站进行排查，与3家商户签订《拒收铁路电缆、光缆及设施设备责任状》，从源头上堵塞违法犯罪分子销赃渠道。进一步加强防牲畜上道工作，与各行政村及牲畜养殖户签订《牲畜管理责任书》共34份。加强铁路沿线未成年人的监护管理，强化宣传教育力度，并与沿线各行政村签订《未成年人监护管理责任书》17份。加强沿线“五残”人员监护管理，深入沿线“五残”人员家中，对监护人进行爱路护路宣传教育，签订《铁路沿线“五残”人员监护人维护铁路运输安全协议书》共45份，切实做到沿线特殊人群监护责任到位，教育到位，管理到位。全体执勤队员及巡逻督导人员严密监视沿线磕头朝佛、徒步旅行和骑行人员等可疑人员的动态，按照各自铁路守护责任段进行迎送交接，严防生面孔，盯紧老面孔，确保万无一失。

【落实情况报告制度】 主动、及时向上级汇报各项工作开展情况，2017年向上级汇报各类护路文件、信息共计420份，切实做到政令畅通，互通信息、密切配合。

【矛盾纠纷排查化解】 每月定期组织开展涉铁矛盾纠纷排查化解。2017年，共排查涉铁矛盾纠纷4起，并得到妥善解决。

【落实值班带班制度】 一级戒备期间区护路办抽调人员到护路大队进行蹲点。认真执行常态下和敏感时期的值班、带班及督导检查工作。

【加强安全生产工作】 区护路办主任与各护路大队负责人、驾驶员签订《车辆安全管理责任书》，落实区纪委《关于进一步加强公务用车使用管理的通知》精神，进一步明确办公室、各护路大队车辆管理第一责任人和直接责任人，明确车辆使用范围、责任及维护程序。严格执行派车登记制度，严格落实《队员自身安全管理规定》和《执勤纪律规定》，预防出现队员自身安全事故。各护路大队、中队组建安全生产检查小组，加强对日常的用水、用电安全监督检查，2017 年未发生任何安全事故。

【落实财务管理制度】 根据《拉萨市综治委铁路护路联防经费管理办法》《堆龙德庆区两线专项转移支付资金管理办法》规定，实行堆龙德庆区综治委铁路护路联防工作领导小组组长“一支笔”管理，认真按财务制度办事，做到专款专用，账目清楚，杜绝违纪现象发生。每月队员劳务费及各项补贴及时、足额发放到队员手中，从未发生拖欠、截留、挪用队员工资等违纪现象，财务报表及时上报。

【加强护路文化建设】 年内，积极协办第五届拉萨市铁路护路“践行四讲四爱活动·喜迎党的十九大”文艺会演。日常工作之余开展丰富多彩的文艺娱乐活动，排练的节目受邀参加堆龙德庆区民族团结文艺会演、合唱比赛，沿线学校“六一”儿童节、行政村“望果节”文艺演出，共演出 14 场次。

【开展“以劳养护”工作】 在各护路大队、中队修建牛圈，猪圈、鸡圈、鸭圈共 21 间，养殖 58 头牛、17 头猪、44 只藏鸡、13 只鸭、6 只鹅。在各护路大队、中队修建温室 10 间，种植西红柿、黄瓜青椒等蔬菜。通过大力开展养殖业种植业，2017 年为专职护路联防队员增收 8 万余元。

2017年3月2日，堆龙德庆区护路办组织35名专职护路队员参与顶嘎寺佛事活动现场安保工作

【推进信息化护路建设】 青藏铁路堆龙段共配备天翼对讲机 380 部，区护路办及各护路大队指定专人负责，年初签订《责任书》，加强日常管理。实行定时或不定时手机呼叫点名，能够有效提高护路队员的在岗率，切实发挥天翼对讲手机系统平台作用。各护路大队迁入综治信息网，并投入使用。

【沿线环境整治工作】 各护路大队、中队徒步巡逻小分队随身携带编织袋，定期捡拾铁路沿线垃圾，2017 年组织开展清理铁路沿线垃圾活动 266 次，共捡拾垃圾 1955 袋；青藏铁路堆龙段 20 米之内达到无生活垃圾、建筑垃圾和白色垃圾的要求。

【队员政治思想教育】 结合“两学一做”学习教育活动和“四讲四爱”喜迎党的十九大主题教育实践活动，先后 4 次邀请区党校讲师开展《党务知识》《知法、懂法、做合格的护路队员》《十八届六中全会和区、市九次党代会精神》为内容的政治思想教育培训。区护路办党总支、各支部书记、副书记组织召开党员大会 10 次，召开支部委员会 12 次，开展书记上党课活动 4 次。护路大队每周制定周课程表，教育专职护路队员坚定

2017年4月16日，在堆龙德庆区文化活动中心召开2017年堆龙德庆区综治委铁路护路联防工作会议

不移地反对分裂，维护祖国统一，维护民族团结，坚决与达赖为首的分裂主义分子及一切敌对势力斗争到底。

【队员综合培训】 协调堆龙德庆区食品药品监督管理局对17名护路厨师开展食品安全知识培训；协调区卫生局医务人员对100名专职护路队员开展日常卫生保健和疾病预防知识培训；先后2次邀请自治区防雷中心工作人员对200名专职护路队员开展防雷知识培训；邀请区公安局治安大队、拉萨西货场派出所干警开展为期7天的综合培训。

【宣传工作】 年初制定宣传计划，指定专人负责，利用三月综治宣传月等活动为契机，在堆龙德庆区城区、沿线乡（镇）、村组、学校、企业单位、施工现场等地，以现场宣讲、悬挂横幅、图片展览、发放传单等方式，大力宣传《中国人民共和国铁路法》《铁路运输安全条例》等法律法规。2017年共开展铁路护路宣传40次，悬挂横幅23幅次，图片展览180幅次，发放宣传单、宣传画册，发放标有“知路、爱路、护路”有关知识的书包、围裙、文具盒等宣传资料2.5万余份，受教育群众达3万余人。同时，区护路办利用广播、电视等媒体进行大力宣传，取得良好的成效。

【党组织建设】 区护路办设有党总支1个、党支部3个、党小组9个，共有31名党员，3名预备党员，36名入党积极分子。2017年培养36名优秀专职护路联防队员为入党积极分子。

【团组织建设】 新成立“古荣护路大队团支部”，按照团章规定，民主选举产生古荣护路大队团支部委员。区护路办设有团总支1个、团支部4个，共有团员58名。2017年培养7名优秀专职护路联防队员加入中国共青团。

【工会组织建设】 成立“高天、古荣、莫嘎护路大队工会委员会”，按照工会章程和工会法的要求，各大队工会委员会选举产生第一届工会委员会成员。堆龙德庆区总工会建立困难职工档案，专职护路联防队员优先享受疗养的政策，并对20名家庭困难队员进行慰问。

【开展组织活动】 区护路办党总支结合“两学一做”学习教育活动和“四讲四爱”喜迎党的十九大主题教育实践活动，围绕中心任务积极开展学习活动。党员干部深入帮扶对象家中进行座谈，详细了解结对帮扶对象生产生活状况，并送去罐头、大米等慰问品。进一步加强党风廉政建设，健全党内监督机制，坚持班子民主、科学和规范决策，在贯彻执行上级决定，护路大队、中队负责人的调整配备，评先、奖惩等重大问题检查集体讨论决定。2017年，在高天护路大队组织召开纪念西藏百万农奴解放58周年座谈会，邀请乃琼镇贾热村老党员次仁罗布讲述发生在自己身上的故事。区护路办党总支书记次仁，高天护路大队党支部书记旦增旺堆，莫嘎护路大队党支部书记旦增，依次在座谈会上发言，分别讲述发生在自己身上的故事及青藏铁路通车以来发生的巨大变化，全体与会人员备受教育和鼓舞。在区护路办团总支组织各护路大队团支部开展庆祝中国共产主义青年团成立95周年和“五四”运动98周年系列活动。举行新团员入团宣誓仪式，学习重温团章及中国共产主义青年团的知识，回顾中国共产主义青年团的光荣历史。组织团员青年开展铁路护路业务知识竞赛，拔河比赛，短跑、立定跳远、桌球、乒乓球、抱石头比赛和独唱、舞蹈比赛等丰富多彩的文体活动。完成区护路办党总支及下设各支部换届选举工作。

2017年11月2日，堆龙德庆区护路办党总支组织召开学习宣传贯彻党的十九大精神安排部署会议

【发挥组织作用】 2017年，大队党（团）支部在确保铁路安全的前提下，由党团员带头，义务打扫乡（镇）、村委会、敬老院、学校大院卫生152次；开展“保护铁路，爱我拉萨”志愿服务活动266次，捡拾白色垃圾1955袋（约25吨）；沿线植树600株；帮助困难群众收割、排除路面积水、扑灭火灾，慰问困难党员、抗洪抢险等好人好事22次；先后7次赶赴铁路沿线道路交通安全事故现场，帮助联系交警，协助交警维持现场秩序；协助公安部门维持哲蚌寺、楚布寺、乃朗寺、达扎寺、顶嘎寺佛事活动、加入村赛马节现场秩序共7次；护路大队文艺小分队慰问演出14场次，特别是莫嘎护路大队党支部长期坚持照顾莫嘎村独居老人强巴，每天送茶送水，定期洗衣打扫；切实发挥党团员的先锋模范作用。

【争取项目，保障到位】 堆龙德庆区护路大队、中队房屋及院子改扩建项目。此项目投资618万元，截至年底，建成并落地使用；堆龙德庆区铁路护路营房安装地暖工程项目。项目投资163.1万元，截至年底，已完成总体的70%；护路大队、中队厨房规范化建设项目。投资26.7万元完成各护路大队、中队厨房规范化建设项目，并于8月14日完成验收工作，已投入使用。

【路地共建，协作到位】 进一步加强与铁路公安、养护部门的协调、合作力度，做到信息互通，通力合作。区护路办与铁路公安、养护部门召开联席会议7次，排查调处29起安全隐患。

【主动作为，服务到位】 完成机关门卫工作。自2014年7月起，堆龙德庆区机关大院门卫安保工作由堆龙德庆区12名专职护路联防队员承担，区护路办指定专人负责，加强对门卫班队员的日常教育管理。门卫值班队员24小时坚守岗位，详细盘查出入人员、车辆，组织队员坚持24小时不间断徒步巡逻，2017年，门卫班徒步巡逻检查1189次，盘查外来车辆2850台次，人员7332人次，区市督导组36次，圆满完成区委、区政府交办的任务。

完成安全监管员选派任务。选派9名优秀队员任堆龙德庆区境内各加油站安全监管员。

完成对口支援及减编工作。2017年5月31日，对口支援拉日铁路尼木县及柳梧新区人数达到680人次，支援队员充分发挥以老带新的作用，加强与受援单位的沟通，相互学习、相互借鉴，达到共同提高的目的，未发生一起违纪情况。6月1日起，从堆龙德庆区减编32名专职护路联防队员，补充道曲水县（28人）和柳梧新区（4人），并按时完成交接工作。

【做好中央督导组迎检工作】 9月28日，中央维护稳定工作领导小组十九大维稳安保工作第八督导组副组长、最高人民法院办公厅副主任付向波一行莅临堆龙德庆区检查指导党的十九大期间铁路护路联防工作。中央督导组一行对堆龙德庆区铁路护路联防工作措施落实情况给予充分肯定。

【各级领导检查指导铁路护路联防工作】 西藏自治区党委常委、政法委书记、区综治委铁路护路联防工作领导小组组长何文浩一行在拉萨市堆龙德庆区主要领导的陪同下到堆龙德庆区检查指导喜迎党的十九大期间铁路护路联防工作，亲切慰问专职护路联防队员，并在《古荣铁路护路大队上级领导检查指导登记表》上批示："精神状态良好，纪律作风严明，护路成绩优异，争取再立新功。"自治区党委政法委副秘书长、区综治办副主任、区维稳办副主任、区护路办主任、区铁路安保专项督导组组长格桑罗布，拉萨市委常委、政法委书记、公安局党委书记、市综治委铁路护路联防工作领导小组组长马军到护路大队检查指导党的十九大期间堆龙德庆区维护稳定工作，并亲切慰问专职护路联防队员。马军在《古荣铁路护路大队上级领导检查指导登记表》上批示："优良的作风，严格的纪律，饱满的精神，扎实的工作。"拉萨市委秘书长、市政协主席、经济技术开发区党工委书记，市直机关工委书记袁训旺，拉萨市政协副主席张勤，市政法委主要领导，堆龙德庆区委、人大、政府、政协主要领导，各涉铁乡（镇）书记、乡（镇）长，以及区总工会、区人民医院等部门领导到铁路沿线检查指导工作，解决专职护路联防队员工作生活中的实际困难，并亲切慰问专职护路联防队员。

【主要数据统计】 2017年，堆龙德庆区铁路护路联防工作总投入人力20.64万余人次，车辆0.76万余台次，车辆巡线里程27.28万余公里，徒步巡逻1.27万余次，徒步巡逻里程10.17万余公里，排除铁路安全隐患118起，排查可疑人员1066次1415人，排查可疑车辆1057次1216台，清理沿线闲杂人员1918次2518人，清理沿线停靠车辆1645次2087台，清理牲畜827次2226头（只匹），自行修复防护栏57次123根，应急预案演练43次，爱路护路宣传37次，维持现场秩序28次，义务打扫卫生152次，捡拾铁路沿线垃圾266次，捡拾垃圾1955袋（编织袋）。

2017年，青藏铁路堆龙段安全迎送旅客列车1642列，旅客224.2万余人次；货运列车9.3万余趟，495.5万余吨。

（普布扎西）

【领导名录】

区人大常委会副主任、区护路办主任

次　仁（藏族）

区护路办副主任

西绕加措（藏族）

2017年8月27日，堆龙德庆区护路办组织专职护路辅导员开展义务清理铁路沿线垃圾活动

经济管理

堆龙德庆区发展和改革委员会

【概况】 2017年是“十三五”规划的关键之年，也是精准扶贫实现精准脱贫的攻坚之年。堆龙德庆区发展和改革委员会（以下简称区发改委）党支部领导全体干部职工，始终坚持以习近平新时代中国特色社会主义经济思想为指导，准确把握中国经济已由高速增长阶段转向高质量发展阶段的重要判断，牢牢把握“稳中求进、进中求好、补齐短板”的工作总基调，坚持新理念新思想新战略，紧扣社会主要矛盾变化，坚持以供给侧结构性改革为主线，抓好发展、稳定、生态三件大事，正确处理十三对关系，坚持和完善六大战略，着力创建拉萨城市副中心、产城融合示范区、城乡统筹先导区，突出抓重点、补短板、强支撑，牢牢把握建设团结美丽健康幸福新堆龙的发展目标，为堆龙德庆区决胜全面建成小康社会奠定坚实基础。

2017年9月4日，区委书记格桑平措（左二）主持召开G109线那拉段工程协调会

【发展改革工作思路】 2017年，区发改委始终以习近平新时代中国特色社会主义经济思想为指导，深入贯彻落实党的十九大精神、区市党委九届三次全会及区委二届一次全委会精神，全力构建“一核两带、三区三园、六沟多点”的产业发展空间布局，大力发展“五大主导产业”，加快构建现代化经济体系，全年经济高开稳走、积极向好，经济结构持续优化，质量效益不断提升，社会事业加快发展，城乡面貌焕然一新，人民群众的获得感明显增强，区一届人大三次会议确定的发展目标全面完成。

【经济总体目标任务完成情况】 2017年，区发改委坚持“稳中求进、进中求好、好中求快、补齐短板”的工作总基调，以稳增长、调结构、强支撑、促改革、惠民生、防风险为抓手，狠抓政策衔接，强化支撑保障，主要经济指标保持高位增长态势。2017年，全区实现地区生产总值29.85亿元，同比增长10.3%；一般公共预算收入11.94亿元，同比增长90.89%，完成目标任务的140.31%；全社会固定资产投资94.81亿元，同比增长23.5%；规模以上工业增加值9.26亿元，同比增长0.3%；社会消费品零售总额10.29亿元，同比增长12.3%；农牧民人均可支配收入13956元，同比增长13.5%。

2017年4月21日，国家发改委工作组就精准扶贫工作在马乡岗吉村开展入户调研

【产业结构持续优化】 2017年全区三次产业结构由2016年的6∶85∶9预期调整为6∶83∶11，三产比重上升明显。农业基础不断加强：粮食生产面积保持基本稳定，全年实现粮食总产2.33万吨。建立5万亩项目田、5万亩高产创建示范基地和0.42万亩良种繁育基地，打造0.2万亩有机青稞试验田。稳步实施奶牛“万户百场十中心”工程。牲畜年末存栏11.39万头（只、匹）。

【净土健康产业】 2017年，堆龙德庆区大力推动黑青稞、蔬菜、藏药材、花卉、奶牛、藏鸡等净土健康种养殖产业发展，全面铺开德庆乡、马乡、古荣乡三个净土健康产业园特色种植试点工作。稳步推进千栋高效日光温室建设，高原食品深加工基地加快规划建设。

【工业结构持续优化】 2017年，堆龙德庆区传统建筑建材产业技改力度持续加大，推动了西藏高争建材股份有限公司等产能拓展技术改造。全年完成工业总产值30.45亿元、工业销售产值36.56亿元、工业税收2.98亿元，增速分别达7.68%、30.13%、7.2%。小微企业创业创新基地城市创建工作成效明显，全年投入1000万元小微企业“双创”资金，众创空间平台建设完成，积极开展首届优秀创业青年赴北京学习交流等培训活动。

【文化旅游格局初显】 2017年，“香雄美朵”生态旅游文化产业园区基础设施投资申报力度继续加大，争取自治区交通厅项目建设资金0.97亿元，实现园区路网整合配套建设。完成邱桑温泉附属设施、桑木村旅游富民工程等4个旅游精品项目建设。围绕打造具有民族和地域特色的知名文化旅游品牌，相继开展楚布沟自行车体验赛、加木沟徒步游、邦普沟沐浴节、宇妥沟药王谷养生之旅等旅游文化宣传推介活动。2017年接待国内外游客121.59万人次，同比增长24.7%；实现旅游收入4162万元，同比增长21.34%。

【商贸流通体系】 2017年，堆龙德庆区现代服务业产业构架基本建立，钢铁交易、工程机械租赁等大宗商品交易市场建设步伐加快，拉萨综合物流保税区规划建设工作及拉萨西货站扩能、拉林机务段等国家重点项目建设稳步推进。结构型消费体系不断构建，商品贸易、餐饮住宿、休闲娱乐等消费预期持续增强，个性化消费需求得以保障，市场供给保障能力不断提升。

【投资支撑作用明显】 2017年，全区落实各类投资项目176个，其中，续建项目21个，新建项目155个；其中，完成国家和自治区、拉萨市级建管投资41.79亿元，占投资总额的44.9%；完成自建项目投资2.13亿元，占投资总额的

2.3%；完成招商引资及融资项目投资49.08亿元，占投资总额的52.8%。全年实施基本建设项目139个，完成投资52.17亿元，占投资总额的56.01%。生产性投资比重持续扩大，完成投资37亿元，占投资总额的39.78%。

【城乡面貌改善】 2017年，围绕拉萨城市副中心建设，堆龙德庆区城市主体功能区布局加快，区第二小学、区二级甲等医院、区藏医院等重大项目完成土地划拨及规划设计工作，新城征地拆迁工作稳步推进。启动实施德庆乡、马乡小康安居工程建设和海拔4500米以上居民搬迁安置工作，那曲高海拔生态移民搬迁安置工程建设加快推进。城市综合管理执法力度持续加强，依法拆除违法违章建筑2处、整治私搭乱建78处。城乡安全通行条件持续改善，建立覆盖27个行政村或自然组的6条试运行公交班线。

【生态环境保护】 2017年，堆龙德庆区严格落实项目环境影响评价工作，严把项目准入关，项目环评率、“三同时”执行率均达到100%。严厉打击破坏生态环境的非法采砂、采石、采矿行为，进一步强化对高污染、高危险、高耗能、低效率等“三高一低”重点企业的有效监管，既有建筑节能和建筑风貌得以改造提升。大力实施“净土”“净水”“净空”“静音”工程，空气质量持续保持国家二级标准。全面推行“河长制”，建立区、乡（镇）、村三级联动的河湖管护体制机制，辖区干流水质达到国家Ⅲ类标准。加快淘汰燃煤锅炉、薪柴炉灶，建立4家大气污染重点监管企业名单。重点完成2600亩拉萨周边防护林工程、800.2亩重点区域生态公益林、6468亩西藏生态安全屏障防护林体系建设、334亩城镇沙害治理，全区森林覆盖率达13.53%。实施102个农村饮用水源地保护工程，积极推进4个乡（镇）、6个行政村达到自治区级生态乡（镇）、生态村建设工作。

2017年11月23日，区发改委主任杨开颜陪同G109高速公路项目指挥部、市交通局有关负责人就高速公路建设过程中存在的问题隐患进行摸排

【深化重点领域改革】 年内，堆龙德庆区加强简政放权、放管结合、优化服务改革，依法公开26个区直单位3442项权责清单。深入推进政府预决算、医疗卫生、教育事业等领域改革，有力促进事业全面进步。深化商事制度改革，全面启动“五证合一”。加快推进农村土地改革，稳步实施“三权分置”。成立不动产登记中心，正式颁发首批不动产权证。加快推动国有资产监管体制机制改革，不断增强国有经济活力、控制力、影响力、抗风险的能力。

【招商引资】 年内，堆龙德庆区依托拉萨“雪顿节”经贸洽谈会、藏博会等优质商贸平台，不断强化B区实体企业招商落地，全年招商引资项目38个，项目总投资46.245亿元，实际到位资金25.0029亿元，同比增长27.44%。

【受援工作】 年内，堆龙德庆区紧紧围绕精准脱贫攻坚工作，启动“十三五”援藏项目中期调整工作，强化援藏资金80%向精准脱贫产业领域倾斜的政策导向。组团式援藏工作取得阶段性成果，9名援藏医生赴堆龙德庆区开展医疗技术援藏，区人民医院成功实施首例大隐静脉高位结扎剥脱术、腹腔镜微创手术。全年137名党员干部赴北京市跟岗锻炼或学习培训。

【脱贫攻坚】 年内,堆龙德庆区紧紧围绕"两年脱贫、三年巩固"的工作目标,整合本级财政资金1.47亿元投入到扶贫领域,狠抓增强内生动力这个关键,坚持扶智与扶志结合,推动"要我脱贫"向"我要脱贫"转变;狠抓产业脱贫这个基础,大力培育扶贫产业,带动贫困群众增收;狠抓就业脱贫这条渠道,开发公共服务岗位和引导群众自主就业,促进贫困群众就业;狠抓易地扶贫搬迁这个难点,加快推进600户扶贫搬迁安置点建设;积极推进当雄和那曲易地搬迁安置点建设,统筹解决搬迁群众就业、就医、就学等问题,确保搬迁群众既能安居更能乐业;狠抓成效巩固这个根本,研究制定面向贫困群众和低收入人群的医疗、教育、住房、就业激励保障政策,切实做到社会发展成果人人共享。全年实现贫困家庭人均纯收入7587.97元,同比增长171%,综合贫困发生率控制在0.5%以内。

【社会事业协同发展】 年内,堆龙德庆区坚持将本级财政收入的20%用于支持教育事业发展,全面推进园林式、书香化学校内涵建设。全面控缀保学,初中毛入学率、小学入学率、幼儿入园率分别达到108.64%、99.98%、95.47%。稳步推进"五个100%"工作,成功举办全市落实"五个100%"推进工作现场会议。自治区素质教育现场会议在堆龙德庆区召开,堆龙德庆区顺利通过国家素质教育均衡发展评估验收。深入开展全民健身运动,中小学生体质健康监测覆盖率达100%。稳步推进公立医院改革,全面实施分级诊疗和所有药物"零差价"销售制度。全面开展包虫病综合防治工作,筛查率达104.29%。大力推行村级家庭医生签约式服务,村医签约率达98%。扎实开展城乡居民、寺庙僧尼免费健康体检,体检率分别达99.8%、100%。区文化活动中心服务功能得到改造提升,堆龙德庆区顺利通过国家公共文化服务体系示范区中期督察验收工作,建成12个村级爱国主义教育基地,实施乃琼镇加罗庄园抢救性修缮保护等重点项目,成功举办第二届藏戏文化艺术节暨藏戏大赛等群众文化活动104场次。保障体系更趋完备,城镇登记失业率控制在2.2%以内,城乡社会保险实现全覆盖,五保户意愿集中供养率达100%。

【加强和创新社会治理】 2017年,堆龙德庆区社会治理不断创新,交通综合整治卓有成效,109国道、乡村公路生命防护工程建设有力促进交通出行安全。强化寺庙服务管理,加强寺庙环境卫生综合整治工作,全年实施12个民族宗教领域项目。僧尼健康档案、社会养老保险、医疗保险和低保补助实现全覆盖。

（杨开颜）

【领导名录】

主　任

杨开颜

副主任

杜原红

堆龙德庆区财政局

【概况】 年内,堆龙德庆区财政局深入贯彻落实党的十八大、十九大精神,全面落实中央第六次西藏工作座谈会、区市经济工作会议精神,以全面建成小康社会为目标,牢牢把握稳中求进的工作总基调,坚守稳定和生态"两个底线",充分发挥财政职能作用,依法依规组织收入,合理有序安排支出,实现经济健康发展、民生持续改善、生态环境良好、社会和谐稳定的目标。2017年区财政局根据工作职能,设有6个办公室,工作人员13名。

【合理安排预算】 2017年,经堆龙德庆区第一届人大第二次会议审议通过的2017年公共财政预算总财力年初预算191306万元,其中一般公共财政预算财力155306万元,政府性基金预算财力36000万元。财政部门以保增长、抓收入为己任,在认真总结上一年工作的基础上,与招商、税务部门沟通协调,加大招商引资力度,强化落实征管措施,加大非税收入管理,组织收入工作进展良好。

【"三农"投入】 年内,区财政局坚持全面统筹财力,不断加大投入力度,切实把加大对"三农"的投入力度作为加快"城乡一体化"发展的重要举措。全年落实"三农”资金18229万元，其中落实资金1574万元，对农作物、优良牲畜推广和农资综合补贴、粮食直补、农机具购置等进行补贴；全年扶贫资金投入12691万元，其中整合涉农资金2873万元；支农水利重点县本级配套760万元；落实资金2086万元，实施小农水利基本建设和防洪工程建设项目；落实资金401万元，实施草原生态保护奖励机制；落实697万元，实施重点生态公益林建设和森林生态效益补偿。

【教育投入】 2017年，区财政局落实资金31441万元，用于教育事业优先发展的投入，其中本级财政投入12510万元。落实“三包”及义务教育阶段农牧民子女营养改善计划资金2610万元，同比增加243万元，惠及更多的义务教育阶段农牧民子女学生；落实资金533万元，用于精准扶贫及教育救助资金，助推精准扶贫工作；使教育基础设施、教学条件、师生工作学习生活条件得到进一步改善。

【卫生投入】 2017年，区财政局落实资金10479万元，用于医疗卫生事业发展，其中本级财政投入6420万元，增加2517万元。安排资金2967万元，落实新型农村合作医疗及风险基金；安排资金1074万元，落实城乡医疗救助；落实资金511万元，开展城乡居民及寺庙在编僧尼健康体检；安排资金1066万元，落实公共卫生投入；使医疗卫生体系建设不断完善，设施设备得到不断改善，卫生事业得到不断加强和发展。

【文化事业投入】 2017年，区财政局落实文体与传媒事业经费1960万元，积极推进文化大发展。本级投入1836万元，实施堆龙德庆区文化活动中心；落实非遗产业扶持金，提升非遗的自身造血功能；6个乡镇文化站、32个农家书屋、寺庙书屋配置多个娱乐、健身设施设备；村级文化示范点建设（桑木村）、嘎东寺屋顶维修项目、古荣乡那嘎非遗传承基地、设兴村藏戏传承基地、措麦村非遗传承基地等项目，推进文体及传媒事业繁荣发展。

2017年3月17日，区财政局局长土登在包村点检查指导工作

【社会保障投入】 2017年，区财政局落实社会保障资金6243万元，其中本级财政投入3481万元。落实五保户供养资金162万元；落实农村低保补贴1026万元；落实城镇低保补贴390万元；落实残疾人生活补贴602万元；落实老年人健康补贴资金101万元；落实公益性岗位补贴600万元；落实城乡居民养老保险800万元；落实全区村干部基本报酬及业绩考核资金779万元，2017年村委会正职年补贴提高到4.99万元，副职年补贴提高到4.14万元，委员年补贴提高到3.51万元；落实小组干部报酬资金160万元；落实村民监督员报酬249万元。

【基础设施建设投入】 年内，区财政局立足基层，统筹财力，进一步支持交通、电力、水利、保障性住房等基础设施建设，全年财政基建投资达到25562万元。实施2017年城镇棚户区（危旧房）改造项目；北京对口援藏项目；24个行政村下沉干部周转房和食堂建设项目；香雄美朵1号桥建设项目；工业园区A区基础设施项目；生态农业园区古荣园区建设等。

【基层党建投入】 立足于进一步

2017年2月25日，区财政局组织干部开展学习活动

加强党的建设，进一步夯实党在农牧区的执政根基，2017年，区财政局共落实党建经费450万元，开展乡(镇)、村、机关党建工作，村干部及党员教育培训工作；为驻村工作队和下沉干部提供保障经费749万元，开展干部指导帮助村(居)管理服务和建设工作；村(居)组织换届安排20万元的换届经费；为基层党建工作提供保障，使基层社会管理和服务能力得到进一步提高，党的凝聚力、向心力明显提高，基层"战斗堡垒"作用发挥明显，党建统区的能力得到显著加强。

【完善政府预算体系】 年内，区财政局强化公共财政预算和政府性基金预算编制，将政府收支活动全部纳入预算管理；推进信息化建设，提高基层财政的预算编报能力和水平；扎实推进"三公"经费和全区预决算公开工作，2017年全区决算公开单位48家，预算公开单位49家。

【改进预算管理和控制】 2017年，区财政局将一般公共预算审核的重点由平衡状态向支出预算和政策拓展，收入预算从约束型向预期型转变，逐步建立跨年度预算平衡机制。

【优化财政支出结构】 年内，区财政局严格控制政府性楼堂馆所建设，财政供养人员以及"三公"经费等一般性支出，严格执行中央和自治区的规定。2017年"三公"经费压减28.29%，一般性支出得到较好控制；清理规范碎片化投入，整合资金、集中财力，进一步增强重点领域和薄弱环节财政保障能力。

全区收支圆满完成，支持发展保障有力，民生投入持续加大，改革创新深入推进，财政监督得到加强。

（格桑央吉）

【领导名录】

局　长

土　　登(藏族)

副局长

赵雪梅(女)

白玛曲珍(女，藏族)

拉萨市国土资源局堆龙德庆分局

【概况】 2017年，拉萨市国土资源局堆龙德庆分局按照区委、区政府的统一部署要求，深入贯彻党的十八届六中、七中全会以及党的十九大精神，高度重视，精神策划，周密部署，扎实工作，采取一系列措施，抓学习、抓制度、抓落实，把改进工作作风、优化服务环境作为推进国土资源管理工作发展的一个重要落脚点，以扎实开展"两学一做"专题教育活动为契机，强化"服务发展，保护资源、维护权益"责任意识，主动担当、克难而进，各项工作取得一定的成效。2017年，堆龙德庆分局行政编制7名，其中科级领导职数3名，实有工作人员15名，下设：行政办公室、建设用地办公室、矿产资源管理办公室、土地储备办公室、执法监察大队。不动产登记中心事业编制4名，其中副科级领导职数2名，实有工作人员3名。

【推进作风建设】 加强思想教育，从提高素质上推进国土系统机关作风建设。2017年，堆龙德庆分局以开展"两学一做"学习教

2017年8月21日，区委副书记、区长杜江（中）带队对地质灾害易发区点进行隐患排查

育常态化为着力点，认真制定学习计划表、学习考勤表，利用集中学习、上党课、党员活动日等，不断强化党员思想政治教育，增强党员干部和职工的“五个意识”。截至年底，局机关作风效能领导小组办公室和局“两学一做”学习教育活动办公室共组织集中学习24次，开展专题讨论会6次，其中十九大专题3次、集中研讨1次，观看警示教育片3次。

【党风廉政建设】 加强制度建设，进一步落实党风廉政建设责任制。年内，堆龙德庆分局积极推行领导干部问责制，建立健全“一把手”负总责、分管领导具体负责、领导班子成员共同抓的工作机制。优化完善重大事项集体决策制度，对建设用地审批，国有建设用地使用权及采矿权招标拍卖挂牌出让、储备资金列支计划等问题实行集体决策；加强机关作风建设，进一步提高机关效能水平。通过开展机关效能建设规范化管理，全局取得六个方面的效果：内控管理制度规范完善，大局意识明显增强，机关作风明显好转，行政行为明显规范，政务环境明显改善，行政执行力明显提高；开展廉政风险防控管理及工程建设领域专项治理工作。确定包括土地审批、土地出让、土地整理、土地登记抵押、征地拆迁、土地执法、采矿权审批、思想道德、体制机制等九个关键环节共41个廉政风险点及防控措施，制作《廉政风险防范管理流程图》和《堆龙德庆区国土局廉政风险点及防控措施一览表》。在工程建设领域专项治理工作中，着重解决非法批地、低价出让土地，擅自改变土地用途、违规征地拆迁，以及违法违规审批和出让探矿权、采矿权等问题，切实维护人民群众的根本利益，维护国土资源部门的良好形象，促进反腐倡廉工作。

【落实好最严格耕地保护制度】 2017年，通过宣传教育（以“6·25”法制宣传日等为契机，大力宣传）、抓土地整治（完成1个高标准农田建设项目）、抓层层落实，抓异地补充（异地补充耕地项目），落实好耕地保护制度。

【开展土地征收】 2017年，堆龙德庆分局完成五平方公里堆龙新城项目一期建设用地68家企业、298户外来户、242户本地村民以及龙腾大厦区粮食局15家商铺、19家租户、区邮政局6家商铺、粮食局院内15户民宅、南嘎村五组8户村民的评估报告签字确认和征地拆迁补偿协议签订工作和补偿资金兑现工作。完成青藏铁路格拉段（堆龙段）扩能改造项目贾热村942.11亩、色玛村9.31亩、乃琼村17.82亩、古荣乡古荣村18.29亩、德庆乡昂嘎村11.59亩的土地征收工作和补偿资金兑现工作。完成拉林机务段项目乃琼村176.98亩土地的测量工作，以及20家企协议签订工作和补偿资金兑现工作。完成国道109线那曲至拉萨段控制性工程德庆乡37户民宅，马乡4座水磨坊、1户民宅，古荣乡3座水磨坊、1家温室大棚企业、1户民宅，乃琼镇1户民宅等大部分地上附着物的协议签字和补偿资金兑现工作。完成拉萨市综合物流保税区项目色玛村854.78亩集体土地的《土地征收协议》签订工作，今年兑现360.78亩的征地补偿资金2958.396万元；完成色玛村3、4、5组212户、房屋324处房屋的协议签订和补偿资金兑现工作。征地拆迁工作领导小组正在开展入户政策宣讲和评估结果公布工作。完成项目一期范围内外来户及企业评估测量工作。

【基础业务】 严格土地登记发证。坚持做到“三严”：严格政策界限、严审用地来源、严格规范操作，不断夯实基础业务，各项业务有序开展。2017年，堆龙德庆分局共办理各类权证3863件，其中宅基地办证3771件，不动产登记证明92件；严格审评项目用地手续，截至年底，堆龙德庆分局共项目用地预审15件，用地初审5件，用地复函120件，保证全区建设项目顺利实施。

【矿证管理】 2017年，全区境内采矿企业共计14家，其中非金属采矿3家，金属矿1家；探矿企业共计16家。全面打击矿山开发违法行为。加强矿山的巡查管理力度，采取定期、不定期相结合的方式，对矿产违法行为进行集中整治，坚决打击各项违法行为。对违法采砂、采矿行为，将坚决予以严厉打击取缔。并欢迎广大群众对国土工作的监督和支持，鼓励广大群众对违法行为进行举报，形成全民齐抓共管良好工作格局。全年接到无证开采举报3起，分别为东嘎镇南嘎村、古荣乡嘎冲村、古荣村；为严厉打击无证开采、越界开采，以承包、租赁等非法转让矿业权等违法违规行为，堆龙德庆分局联合区安监局、环保局实地调查，对上述三家违法开采矿山企业进行关停。

【执法监察】 加大土地执法巡查力度，严格落实执法监察责任制，2017年，堆龙德庆分局开展土地执法巡查240余次；开展“五下乡”活动，宣传国土法律知识，为满足广大农牧民群众日益增长的精神文化需求，根据2017年堆龙德庆区“五下乡”安排表，安排专人到各乡(镇)、村委会进行法律宣传，并开展法律知识有奖知识竞赛，列举10道贴近群众的国土法律知识题目，发放宣传手册2000余本，现场对农牧民群众提出的土地问题予以解答；积极开展违法建设摸底排查工作。2017年6月25日土地宣传日，堆龙德庆分局派出3个宣传小组，分别到乃琼镇岗德林村、区政府主干道以及羊达乡进行宣传，切实增强广大群众遵纪守法的法律意识，为征地工作带来便利。

2017年8月20日，区国土局工作人员在乃琼镇加木村调查泥石流地质灾害情况

【做好维稳工作】 年内，堆龙德庆分局要求各科室根据自身的职能职责，接待好，处理好每一起群众来信来访，把矛盾纠纷化解在基层、萌芽状态；积极主动协助包村点做好综治维稳工作。深入包村点与村委会座谈，嘱咐村“两委”班子成员要按照“属地管理”原则，按照区委、区政府的有关要求切实做好“十九大”期间辖区内维护稳定和安全防范各项工作，要充分发挥基层党政组织作为“宣传队、工作队、战斗队”的作用，深入细致做好群众工作，广泛发动群众参与属地联防、共保辖区安全，变“要我稳定”为“我要稳定”，全面确保辖区内的社会稳定。加强社会面的防控确保10月为党的十九大顺利举行创造安全稳定的环境，要求执法大队加强土地违法巡查。截至年底，堆龙德庆分局共下发违法建设停工通知书250余份，加大矛盾纠纷排查。四是严格执行值班安全保卫制度，

安排工作人员建立全天24小时值班制度，切实做到带班领导在岗、值班人员到位。

【"送温暖"慰问活动】 堆龙德庆分局以元旦、春节和藏历新年为契机，春节、藏历新年来临之际，局领导带领工作人员慰问分局包村点乃琼镇加木村贫困户，慰问组与困难群众亲切交谈，嘘寒问暖，详细地询问他们的家庭生活情况和存在的困难，鼓励他们要树立信心，积极应对，克服困难。6月1日，开展包村点慰问工作，为孩子们送去书包文具、印有国土宣传标语的杯子等礼物，并向孩子们献上洁白的哈达和节日的问候。

（敬旺清）

【领导名录】

局 长

许 毅

副局长

阿旺旦增（藏族）

泽仁顿珠（藏族）

李 焕 好（女）

不动产登记中心主任

达瓦拉宗（女，藏族）

堆龙德庆区统计局

【概况】 2017年，堆龙德庆区统计局在区委、区政府的正确领导下，在上级业务部门的关心支持下，在各相关部门的密切配合下，认真贯彻落实党中央、国务院、自治区党委、政府关于统计工作的重要决策部署，紧紧围绕年初工作目标任务，立足服务全区经济建设和社会发展大局，坚持改革创新，凝心聚力，克难奋进，扎实推进各项工作，取得较好的成效，为推进全区各项事业提供有力的数据保障。

2017年2月10日，区统计局局长姚鹤珍带队在包村点马乡措麦村开展扶贫走访入户调查活动

【党务工作】 党组织建设情况。2017年，区统计局党支部共有8名党员，男性党员1名，女性党员7名；支部委员5人。区统计局严格按照相关党费收缴规定，及时收缴党费，共收缴2848.72元；党组织基础工作落实情况。认真落实党建工作责任。区统计局结合全区党建工作部署制定工作计划，明确职责分工，扎实开展主题活动、四讲四爱、"两学一做"学习教育活动等工作，且多次召开支部会议，专题研究党建工作，及时解决工作中出现的新情况、新问题，为机关支部的党建工作提供有力的保障。严格落实党内政治生活，及时召开组织生活会，把党的建设和全面从严治党各项要求真正落到实处；提升党员干部素质，营造浓厚学习氛围。2017年，区统计局认真落实"三会一课"制度，制定学习教育计划，扎实开展"两学一做""四讲四爱"等形式多样的政治理论学习活动，并结合各种活动共开展34余次学习，撰写心得体会6篇；扎实开展党建活动。2017年，区统计局结合"三大节日""妇女节""建党节""扶贫日"等重要节日，先后举办"送温暖""主题党日""四必访"等各类活动，把党的温暖送进结对帮扶户、困难职工、驻村干部、住院干部的心里，并结合各类活动共慰问20余次，送去慰问金13000余元。

【加强党风廉政建设】 2017年，区统计局党支部积极践行"三严三实""四讲四爱""两学一做"要求，把加强党员干部思想教育，提高法律法规意识，增强风险意识作为党风廉政建设的首要环节，积极倡导自主学习、终身学习，突出抓好集中培训、专题教育，激发党风廉政建设的内生动力，并与区纪委签订2017年度党风廉政建设责任书和严守换届纪律承诺书。通过组织党员干部观看警示教育片、传达典型案例通报等方式，形成廉政教育的长效机制；通过示范教育和警示教育，促使广大干部职工廉洁从政。区统计局结合党的群众路线学习教育实践活动，深入学习习近平总书记关于党风廉政建设的重要论述，进一步贯彻落实中央八项规定和区、市有关规定精神，区统计局组织开展20余次学习，撰写个人心得体会6篇。

【作风建设情况】 年内，区统计局积极开展内部督查，强化作风效能建设，对照中央和区、市所指出的各种作风问题现象，认真组织干部职工开展自查自纠活动；坚持落实公车管理各项规定，切实加强日常监管，进一步严格落实公车管理各项规定，确保公务用车上班不违规使用，下班一律入库统一管理，有效禁止违规使用公务用车行为；严格管控三公经费支出，严格执行厉行节约、禁止铺张浪费的各项规定，杜绝以各种名义用公款旅游或变相公款旅游的现象。大额资金使用均提交支部会集体研究决定，确保“三重一大”有效落实。

【扶贫工作】 2017年，区统计局严格按照区委、区政府的相关要求，结合工作实际，组织干部职工多次深入包村点困难户，进行一对一的走访，一对一的了解实际情况，针对困难户的实际需求，进行针对帮扶，确保扶贫到点到位。区统计局结对扶贫户6户，已全部实现脱贫。同时区统计局还组织开展“走基层、送温暖”等活动，送去粮油、水果、棉被、慰问金，及时帮助解决当前家庭生活上面临困难。截至年底，区统计局已开展走访慰问活动15次，慰问金9000余元。

【经济快速发展】 2017年全区实现地区生产总值29.85亿元，同比增长10.3%。其中，第一产业增加值1.82亿元，同比增长4.6%；第二产业增加值24.82亿元（其中工业增加值10.5亿元），同比增长10.4%；第三产业增加值3.21亿元，同比增长12.5%。

2017年实现农牧业总产值32299.54万元，同比增长9.3%，其中，农业产值13706.55万元，同比增长12.1%；林业产值1177.7万元，同比增长5.3%；牧业产值17107.23万元，同比增长12.52%；农林牧渔业增加值为1.82亿元，同比增长4.6%。

2017年全区实现工业总产值30.45亿元，同比增长7.68%；实现工业销售产值36.56亿元，同比增长30.13%；实现工业增加值10.5亿元，同比增长4%，其中规模以上工业增加值9.26亿元，同比增长0.3%；实现工业税收2.98亿元，同比增长7.2%。

2017年完成社会固定资投资额94.81亿元，同比增长23.5%。

2017年实现社会消费品零售总额10.29亿元，同比增长12.3%。

2017年旅游接待人数121.59万人次同比增长24.7%，完成目标任务的101.82%，旅游创收4162万元，同比增长21.34%，完成目标任务的109.7%。

2017年11月16日，区统计局对农牧局、各乡镇统计助理员进行布置和培训农业年报

2017年，全区全口径财政收入完成21.84亿元，同比增长97%；全区一般公共预算收入完成11.94亿元，同比增长90.89%。其中，税收收入完成11.5亿元，同比增长89.8%；政府性基金预算收入9.9亿元，同比增长104.92%；全区一般公共预算支出完成20.3亿元，同比增长21.48%；全区政府性基金预算支出10.29亿元，同比增长103.89%。

2017年农村居民人均可支配收入达到13956元，同比增长13.5%。

（黄　丹）

【领导名录】

局　长

姚鹤珍（女）

副局长

拉姆卓玛（女，藏族）

经济调查大队副队长

单增旺姆（女，藏族）

堆龙德庆区工业和信息化局

【概况】 年内，堆龙德庆区工业和信息化局（以下简称区工信局）在区委、区政府的正确领导下，在上级主管部门的指导下，区工信局主动适应经济发展新常态，以科学发展观为指导，紧紧抓住“发展”主线，深化改革，加强管理，完善服务，统筹兼顾，通过抓项目、争投入、强素质，在工业经济运行、企业服务、产业规划调研、企业入规、产业招商、企业信息化推进、产业集群建设等方面做了大量的工作，确保各项工作上台阶，为区域经济健康可持续发展再铸辉煌。2017年，区工信局内设商务局、招商引资局、国有资产委员会、质监局，共有行政编制7名，其中科级领导职数4名，实有干部12名。

【全区经济运行持续增长】 2017年，区工信局及时准确把握工业经济运行态势，增强堆龙德庆区工业经济分析的时效性、预见性、针对性和指导性，促进全县工业经济又好又快发展。截至年底，堆龙德庆区完成工业总产值304535.55万元，同比增长7.68%；完成工业销售产值365582.11万元，同比增长30.13%；完成工业增加值10.5万元，同比增长4%，实现工业税收29814.51万元，同比下降7.2%；完成工业投入202740.68万元，同比增长15%。其中，规上工业增加值9.26亿元，同比增长0.3%。工业投入（规上目标任务12.51亿元）完成195613.7万元，同比增长12.77%，完成目标任务的156.37%。工业销售值（规上目标任务30.293亿元）完成337528.3万元，同比增长54.26%，完成目标任务的111.42%。工业税收（规上目标任务2.56亿元）完成27820.67万元，同比增长22.56%，完成目标任务的108.67%。

【项目带动经济发展】 为充分宣传全区招商引资及投资环境，展示投资发展魅力，推介净土健康产业及旅游文化、城市综合开发等招商引资重点项目，推进区域经济社会实现快速可持续发展，堆龙德庆区以“2017拉萨雪顿节招商引资项目推介会暨集中签约仪式”为契机，堆龙德庆区共邀请区内外9家企业参加推介会，意向签约项目3个，总投资达10.01

2017年9月6日，副区长董智杭（中）、区工信局局长刘强、副局长次旦罗布在羊达乡西藏航龙钢铁物流集中交易中心了解交易中心建设情况

亿元，涉及旅游类、商贸类等项目。并通过易拉宝展示、发放宣传册等形式，向区内外客商全方位介绍堆龙德庆区招商引资环境、园区基本情况及部分企业发展情况等。

以“赴内地自主招商”“雪顿节”“昆交会”“西洽会”“京交会”等招商活动为契机，进一步整合全区的自然资源优势，突出堆龙德庆区交通、区位、劳动力等方面优势，与工业园区、有关区直部门和乡镇配合联动，共同开展好对外宣传推介工作，增加堆龙德庆区税源收入。

2017年6月15日，区工信局局长刘强、副局长次旦罗布在京东物流园开展调研

【经济调控】 年内，区工信局积极按照自治区、拉萨市工信部门的工作要求，积极开展工业企业淘汰落后产能、环保整改工作，对东嘎水泥厂、祁连山水泥厂的落后产能设备进行淘汰拆除，要求各工业企业严格按照环保要求对厂区环境卫生进行整改。强化工业经济运行监测调控。工业经济运行监测调控是区工信局工作的首要任务，始终紧抓工业经济运行不放松，通过下发文件、电话沟通、实地调研等方式了解企业工作开展情况，对全区 11 家规模以上工业企业及 32 家区域内列统企业实施动态跟踪管理，每月定期上报企业主要经济指标报表及工作简报，认真分析工业经济运行数据，找出问题及时反馈区委区政府，为下步工作安排提供参考决策。充分挖掘工业经济增长点。2017 年，区工信局多次会同区工业园管委会、区财政、区国税等部门深入工业园区和各乡镇调查规模以下企业发展情况，并督促各企业建立统计台账。通过掌握企业的生产经营情况，指导有条件的企业入规。组织堆龙德庆区企业工作人员参加区、市上级业务部门开展的工业经济数据统计培训，进一步加强企业统计人员的业务能力，规范规模企业统计制度。

【开展招商引资活动】 2017 年 1—12 月，堆龙德庆区共接待区内外客商 500 余人次，招商引资项目 38 个，其中新建项目 20 个，续建项目 18 个。项目总投资 46.2454 亿元，项目实际到位资金 25.0029 亿元，同比增长 27.44%，完成全年目标任务的 100.01%。

2017 年，区工信局主要推进以下重点项目建设：西藏藏中建材股份有限公司的 4000t/d 熟料新型干法水泥生产线项目，总投资为 12 亿元；西藏天赐源生物有机肥公司的年产 5 万吨有机肥项目总投资 3000 万元，截至年底该项目处于试生产阶段；西藏博可生物有限公司的青稞麦绿素项目，总投资 4500 万元，截至年底，该项目处于设备调试阶段。上述大部分项目已处于项目前期开发筹备及试生产等阶段，下一步区工信局将积极协调配合相关部门，力争各项目早日建成投产。

【商务工作】 2017 年，堆龙德庆区实现社会消费品零售总额 10.29 亿元，同比增长 12.3%。按照开展市场清理整顿工作的相关要求，区工信局积极开展相关工作。牵头开展木材交易市场清理搬迁工作，清理排查木材销售、粗加工商户 25 户，10 户已在城投达孜木材市场落实用地，其余 15 户等待用地中；对废旧塑料、废旧轮胎等旧货行业市场进行排查摸底，为下一步旧货市场清理整顿提供基础资料；积极开展商贸领域安全

2017年7月12日，区工信局副局长次旦罗布陪同拉萨市商务局、环保局一行在堆龙德庆区开展报废汽车回收拆解企业环保整改检查

生产工作，进一步加强对商贸领域成品油、再生资源、报废汽车拆解、超市、农贸市场的监管，定期不定期开展行业检查，及时掌握企业经营、安全生产等情况，全年共计开展检查40余次，出动检查人员90余人次；按照自治区、拉萨市政府关于开展环保整改工作的要求，积极督促相关企业开展环保整改工作，完成对报废汽车拆解企业的环保整改和加油站油气回收系统升级改造，对不予整改的报废汽车拆解企业上报自治区商务厅予以取缔；积极开展农牧区碘盐配送工作，截至7月17日，完成对全区6个乡镇30个自然村的219367.5公斤食用碘盐的配送工作，农牧区碘盐覆盖率达100%；积极开展"万村千乡"市场农家店的清理整顿工作，对堆龙德庆区2006—2016年"万村千乡"农家店进行全面清理，进一步掌握农家店存活、运营情况；进一步加强对报废汽车回收拆解企业的监管，定期开展检查，严格把关汽车报废相关手续，2017年审核报废汽车1000辆；积极开展节日市场监测工作。在春节、藏历年、国庆、中秋节期间启动市场监测工作，及时掌握生活必需品市场运行情况，确保节日期间市场运行平稳；积极开展"诚信兴商宣传月""5·15"消除碘缺乏病、"餐饮行业反对浪费"等各类宣传活动，发放各类宣传资料300余份；积极开展项目申报工作。2017年，申报"电子商务示范县""商贸集聚区"项目。

【安全生产和节能减排】 2017年，区工信局通过全面深入的调查摸底和大排查工作，进一步落实企业的安全生产主体责任和政府的安全生产监管责任，严厉打击非法违法生产、建设、经营、储存行为，彻底排查治理事故隐患，认真解决安全生产管理上存在的突出问题和薄弱环节，有效防范和坚决遏制各类安全生产事故的发生。进一步引导企业完成节能减排目标，加大节能耗能、淘汰落后产能的工作力度，大力促进产业结构优化升级。制定驻区企业安全生产大检查工作方案，通过检查，有效杜绝各类涉矿企业安全生产隐患，为全区工业经济平稳健康发展打下坚实的基础。

【主题教育实践活动】 年内，区工信局强化组织领导、坚持领导带头，有序开展"习近平总书记系列讲话精神""十九大报告""两学一做""党章"及自治区、拉萨市有关文件精神学习，统一广大干部职工的思想认识。通过广泛征求意见和建议、向社会进行公开承诺，接受广大群众的监督。

【落实党风廉政建设责任制】 加强领导，落实责任是做好党风廉政建设工作的前提条件，区工信局始终把党风廉政建设工作作为"一把手"工程，放在突出位置切实抓好抓实，把责任制的全面落实贯穿到党风廉政建设和反腐败各项工作之中。完善以局长为组长的党风廉政建设工作领导小组，及时调整充实党风廉政建设领导机构，定期组织召开专题会议，分析研究党风廉政建设各项工作；明确党风廉政建设和反腐败工作的指导思想、工作要点及具体要求，为做好全年工作打下基础、指明方向、明确责任。区委、区政府、区纪委有关反腐倡廉建设工作会议召开后，区工信局及时组织召开工信系统党风廉政建设工作会议，传达有关会议精神，全面安排部署2017年的党风廉政建设和反腐败工作；健全机制，形成主要领导亲自抓，各分管工作的领导配合抓，工作人员具体抓的工作格局，确保党风廉政建设和反腐败各项工作的正常开展。

【提高干部职工廉洁自律意识】加强思想道德教育，提高干部职工的廉洁自律意识，是做好党风廉政建设工作的基础。区工信局始终把加强思想道德教育，提高干部职工的廉洁自律意识作为做好党风廉政建设和反腐败斗争工作的基础。加强学习，提高干部职工的廉洁意识和理论水平。采取集中学习和个人自学相结合的方式，定期和不定期学习，开展以会代学等机会，组织班子成员，干部职工开展对党章、廉政准则、十八大精神和中央“八项规定”“九项要求”“约法十章”及区、市有关文件精神的学习，不断提高干部职工的廉洁意识和增强其拒腐防变的能力。结合思想作风整顿，切实开展党风廉政建设主题实践教育活动。在全局广泛开展以提高干部反腐倡廉意识和廉洁自律能力为核心，以建设学习型组织、廉洁型班子为目标的廉政教育活动，强化廉政学习理念，营造廉洁自律氛围。加强反面典型教育。在坚持正面教育的同时，通过组织干部职工观看警示教育录像片，通报反腐败典型案例等方式进行反面典型教育，以案说法，及时提醒，常敲警钟，引导干部职工树立正确的世界观、人生观、价值观和政绩观，筑牢干部职工拒腐防变的思想防线。

【构建拒腐防变的保障机制】年内，区工信局始终把制度建设作为工作的重中之重，不断建立和完善党风廉政建设和反腐败工作相关制度，坚持用制度管人、管物、管事的原则，确保党风廉政建设各项工作顺利开展。建立健全各项管理制度。进一步规范管理，使加强机关作风建设，落实干部职工廉洁自律，制止奢侈浪费行为等有关工作有章可循。继续推行党务、政务公开制度。在推行党务、政务公开工作中，坚决做到“五个必须公开”和“五个明确”。通过公开，杜绝弄虚作假和吃、拿、卡、要现象，遏制官僚主义、形式主义和办事拖拉行为，转变门难进、脸难看，事难办等作风。

【党建工作】年内，为提高党员素质，加强理想信念教育，按照区党委、组织部、机关工委的统一安排，区工信局党支部高度重视，周密部署，积极开展学习习近平总书记系列讲话精神、十九大专题报告、党章、“两学一做”专题学习。通过分管领导、单位主要领导讲党课的形式，加强全局党员干部的党性修养和服务群众、服务企业的工作意识。抓好班子建设，重点引导班子成员树立正确的政绩观、人生观、世界观和价值观，并认真执行上级的决议决定，贯彻民主集中制，重大问题都能做到广泛征求意见，并采取公示、情况通报会等形式沟通，使新班子成员能主动沟通，交换意见，统一思想，团结协作，形成一个团结向上的领导集体。全年区工信局吸收两名积极分子。

【机关效能建设】年内，区工信局把机关效能作风建设作为重点

2017年7月7日，区工信局开展农牧区碘盐配送活动

2017年10月31日，堆龙德庆区招商引资企业赠予区工信局锦旗

工作来抓，不断强化机关职能、提高工作效率、树立机关良好形象，进一步完善各项工作制度，制定人员工作职责、心得体会栏等并予以及时公开，全局干部职工全心全意为人民服务的意识明显增强，工作积极性明显提高，工作效率也明显提高；结对帮扶工作成效明显。对羊达乡通嘎村及调整后的古荣乡嘎冲村进行走访，为他们送去慰问品，了解帮扶对象困难，帮助解决急事难事。

【保密及信息宣传工作】 年内，区工信局严格按照区保密局的相关要求，积极做好涉密计算机的管理工作，切实做到处理公文的计算机禁止上网，联网的计算机禁止处理公文，禁止移动介质在联网和非联网计算机之间交换信息。同时，按照要求，由区工信局一名副局长负责全局的保密工作，并安排2名工作人员配合其开展本单位保密工作。按照相关文件要求归档后移交区档案局，切实做好档案的移交工作。严格执行和落实区委、区政府文件、会议决定事项，按照相关要求办理督查、督办事项。全年共办理区委、区政府督办纸质类文件70件，电话类督办文件60余件；办理上级业务部门纸质类督办文件60件，电话类督办文件50余件。进一步加强信息简报报送工作，截至年底，共向上级相关业务部门及区委、区政府上报各类工作信息150余条。

（小次央）

【领导名录】

局　长

刘　强

副局长

贺　蓉（女）

次旦罗布（藏族）

次仁玉珍（女，藏族）

堆龙德庆区城市建设投资经营有限责任公司

【概况】 2017年，堆龙德庆区城投公司在区委、区政府的领导下，区直属各部门的大力支持下，紧紧围绕城市中长期发展规划的战略目标，认真落实执行并坚持以“开拓、创新、效率、团结”的经营理念，在工作中严要求，并以经营为核心，以管理为手段，进一步解放思想、抢抓机遇、开拓创新。在公司党建工作及公司内部管理、项目融资、项目管理等工作方面取得一定成效。公司在区委、区政府的大力支持下于2016年4月正式组建。自成立以来，主要以完善机构、顺畅流程、健全制度等入手。截至年底，公司拥有员工23人，其中4人为政府委派；19人为社会招聘人员。下设综合办公室、工程项目部、财务部、项目融资部等。

【党建工作】 年内，公司严格按照党的组织制度办事，实行公司领导班子定期专抓机制，提高党建工作标准。实行公司领导班子定期研究党建工作机制，研究党建工作机制，制定年度党建工作计划，坚持“三会一课”、民主评议、党务公开制度，每半年开展一次民主生活会，对本公司各位党员的思想、工作状况进行分析总结，每周一次组织生活会，上一次党课，并认真总结工作经验，找出存在的问题，提出下一步工作措施，从组织上确保党建工作有章有序地进行。

加强公司议事决策机制。建立健全公司党支部议事制度、“三重一大”决策机制、经理办公会制度等，凡涉及公司全局事项首先由党支部会集中讨论，作政策性、方向性把关，通过后方可进入董事会和总经理办公会决策程序。

加大对党员教育的投入。按照“九有”标准，投入资金5000余元，建立党员活动室，配备桌椅，制作展板，悬挂横幅，订阅人民日报、西藏日报等各类书籍报刊，供党员学习，加大对党员教育的投入。

注重理想信念教育。围绕党建计划的总体要求及工作目标，撰写学习心得，并在支部党员大会上开展经验交流，做到学以致用，增强党员干部的“四个意识”，增强政治敏锐性和政治鉴别力，筑牢思想防线。2017年，确定发展对象1名。

抓活动，进一步密切党群干群关系。按照贴近实际、贴近党员、贴近群众的原则，把理论学习与实践活动相结合，与解决问题相结合。扎实开展专题教育。结合“两学一做”学习教育和“四讲四爱”主体教育实践活动，采取专题研讨、座谈交流、实地参观、开辟专栏等形式，组织党员职工深入学习，加强理想信念教育和党性党风党纪教育，切实提高公司队伍整体素质。

抓宣传，提高监督力和约束力。在醒目位置悬挂《堆龙德庆区龙腾、龙达、城投公司党支部党务政务公开栏》，严格按规范要求操作，党务公开的项目、形式、方案和内容；在把握公开内容时，力求做到全面、真实、具体，凡是职工关心的党内热点问题和工作目标任务，只要不涉及党内秘密，都及时进行公开。其次，在企业文化方面，宣传社会主义核心价值观，明确全体干部职工的道德规范、员工行为等内容；认真宣讲“四讲四爱”主体教育实践活动，将“维护祖国统一和民族团结”作为铁的纪律，组织庆“七一”纪念中国共产党建党96周年座谈会及学习“党的十九报告”精神，不断丰富企业文化氛围。另外，在党风廉政建设方面，始终坚持把纪律和规矩挺在前面，抓实党风廉政建设工作，做到逢会必讲，在区纪检委驻公司纪检组的监督下，严格要求公车管理，杜绝公车私用、严禁在项目建设过程中发放和收受红包等问题；同时，完善内部监督体系，强化对各类资金使用的监督。

2017年11月21日，拉萨市委副书记、市长，城关区委书记果果（前排左三）在堆龙德庆区马乡督导检查小康安居工程。区委书记格桑平措（前排左四），区委副书记、区长杜江（前排左二）陪同

【精准扶贫工作】 年内，公司把精准扶贫脱贫工作放在重点，根据上级部署要求，公司扎实开展好结对帮扶工作，做好脱贫攻坚工作。公司对扶贫户进行多次入户开展谈心活动，对帮扶对象送去粮食、医疗费用等，并提供帮扶对象前往内地看病的机会。解决4户4人就业问题，每人月收入3000元，提高贫困户的现金收入。2017年，开展走访慰问金额7050元，把温暖及时传递到群众的心坎里。

【强化公司管理】 强化制度执行。年内，在公司制订的一整套内部管理制度的基础上，进一步制定完善并严格执行《工程项目代建安全管理制度》《财务管理制度》《公司纪律制度》《党委会议制度》《公司学习制度》等一系列制度，与绩效挂钩；加强制度的执行力度。公司各项相关制度纪律公示上墙,各部门内部制度公示上墙;加强档案管理,2017年,公司对档案资料进行清理、编号、分类、归档。

【工程项目管理】 年内,为规范代建工程项目管理,防范施工过程中出现的安全、质量及索赔等问题,公司工程项目部制定对监理单位、施工单位的管理要求文本,在代建项目实施阶段前期,将工程项目报拉萨市建设工程质量监督站备案,组织各参建单位(建设、地勘、设计、施工、监理)签订《建设工程五方责任主体承诺书》;在监理、施工单位进场后,监理、施工单位分别签订由公司所提交的对施工、监理管理要求文本,文本内容规范各方在工程质量、安全、进度、成本控制要求,对在施工过程中出现的安全事故、质量问题、进度延误等均有不同的、严厉的处罚规定。公司项目部还制定工程项目现场管理制度要求,规范公司项目管理人员的日常工程项目监管工作要求和职责。

【强化项目管理】 通过落实重大项目任务分解,强化项目管理,提高项目管理水平扎实推进项目建设。截至年底,公司共承担区政府代建工程12个(完工项目3个、在建项目9个),自筹项目2个。

(1)完工项目

①工业园区A区道路绿化建设项目。项目总投为1983.05万元,2017年4月已完工。

②堆龙中学改扩建项目。建安费1355.4万元,2017年5月30已完工。

③堆龙德庆区二十五个行政村标准化建设项目。项目总投资9652.82万元,2017年7月20日完工。

(2)在建项目

①工业园B区基建项目

工程总投资24038.36万元,截至年底,完工率达70%,完成投资1.32亿元,余下30%因民房、二级变电站、电线杆、拆迁问题无法施工。

②堆龙德庆区城区段防洪堤二期工程

工程总投资金额2490万元,由于堤线占地等问题于2017年5月14日开始在水泥厂大桥下游施工,截至年底,已将水泥厂大桥下游全部完成,完成工程量的40%。

③堆龙德庆县堆龙曲东嘎镇、古荣乡防洪工程

工程总投资金额2275万元,截至年底,古荣防洪堤工程已完成总工程量的89%。

④堆龙德庆县巴热沟水土流失综合治理工程

工程总投资金额881.43万元,2017年10月15日巴热沟水土流失综合治理项目已全面完工,已于10月21日完成分部分项验收。

⑤堆龙德庆区堆龙曲马乡防洪堤工程

工程总投资金额1517万元,马乡防洪堤工程措麦一段、二段和马村段已全面完成;常木村段基础已全部完成,混凝土坡面已浇筑400米,截至年底,已完成总工程量的92%。

⑥香雄美朵项目园区路网建设

1号路:路基已完成,7道箱涵的墙身及顶板浇筑完成,其中5道箱涵的浆砌片石进出口已完成,挡墙完成2800方。2号路:全线挖方完成,给水管安装完成450米(未回填)。1道箱涵和1道倒虹吸完成,挡墙完成600方,

2017年8月3日,区委常务副书记张勇(中)主持召开香雄美朵园区道路路网施工项目协调会

剩余2道箱涵正在施工中。3号路：一段网围栏移完、清表完成。电力排管已安装300米，6个电力检查井已浇筑，2道倒虹吸完成，且都已回填完成。5号路：水稳层已铺完，正处于养护期。6号路：水稳层已铺完，正处于养护期。8号路：路基填方还剩800方，箱涵6道完成墙身及顶板，其中1道箱涵的进出口也已完成。9号路：污水管已安装3499米，雨水管已安装1759米，给水管安装完459米，路基段已基本成型。一处箱涵墙身、顶板完成，一道管涵完成。德庆区乃琼镇波玛村连接109国道公路工程（乃琼镇波玛村至古荣乡巴热村）：4道涵洞全部做完。路基已基本成型，全部挡土墙已完成，边沟完成1100米。德庆区乃琼镇波玛村连接109国道公路工程（巴热村村委会至巴热村楚麦组）：8道盖板涵全部完成，7道盖板涵完成铺装层的浇筑，6道波纹管涵涵身及浆砌片石挡墙全部完成。浆砌片石边沟完成1100米，4.6公里路基基本成型。由于天气影响，于2017年11月30日停工。

⑦香雄美朵“德吉藏家”波玛村易地搬迁建设项目完成情况共50栋（100套）

1号、2号、5号、12号、16号楼共28套二层砖砌体已完成；3号、8号、10号、13号、14号楼共26套二层砌体已完成85%；20号楼共2套一层砌体已完成；17号、18号、19号楼共14套一层砌体完成。

⑧马乡小康安居设施工项目

马乡小康安居设施工项目共建设50套房屋，除有电线杆影响的3户，47户已完成主体钢筋混凝土结构全部封顶。

⑨德庆乡、加入村小康安居设施工项目

德庆乡、加入村小康安居设施工项目放线已完成，德庆乡主体结构已完成70%。

（3）自筹资金项目

①堆龙区318国道、109国道横跨道路广告牌项目

项目总投资为606万元。截至年底，已安装完成3座广告牌，已完成75%，2座广告牌安装工程施工正常进行中，于2017年12月底完工。

②堆龙德庆区砂石料场建设项目

项目预计总投资7223万元。截至年底，正在办理前置手续中，已完成项目环评手续、设计总平方案；下一步办理土地产权变更、水保、项目可研及初设等手续。同时，加快办理项目扶贫资金贷款工作进度。

（何霞霞）

【领导名录】

总经理

汪　吉（藏族）

副总经理

拉　加（藏族）

副总经理

杜晓颖

堆龙德庆区净土产业投资开发有限公司

【概况】 2017年公司资产总计4.05亿余元，同比增长41.48%，其中，货币资金4906.3万元，在建工程1.18亿元，无形资产1.35亿元，确保国有资产保值增值，公司全年营业收入2000万元。

【拓展多元投融资渠道】 积极争取银行融资、扶贫贷款、国投资金、民间资本，2017年共吸纳各类资金1.9亿元，确保公司资金充足。支付购买土地、偿还银行贷款、土地租金等，截至年底期投资和其他经营支出共计2.5亿元，确保公司经营活力。

【战略布局初步形成】 2017年，公司初步形成“公司+基地”“公司+产业园”的“10+5+2”产业发展战略布局。组建10大项目公司：堆龙德庆区净土草莓产业有限公司、堆龙德庆区香雄美朵生态旅游文化有限公司、堆龙德庆区净土房地产开发有限公司、堆龙德庆区净土文化广告传媒有限公司、堆龙德庆区净土冷链有限公司等；发展5大基地：岗德林农业基地、德庆农业基地、马乡农业基地、奶牛养殖基地、古荣乡千栋温室产业园；打造2个产业园：香雄美朵旅游文化产业园、高原特色食品加工产业园。切实把资源优势转化为经济优势。

【千栋温室项目】 该项目位于古荣乡嘎冲村和加入村，占地面积2365亩，总投资2.5亿余元，规划建设30栋菜篮子工程（已完工并投入使用）、净土公司农业示范园（395栋）、优质蔬菜基地建设项

2017年1月24日，区委书记格桑平措（左排右三）在净土公司主持召开项目推进会

目（150栋）、古荣乡温室建设项目（161栋）等子项目，以推广堆龙德庆区有机农业发展。截至年底，已完成2365亩土地租赁程序，同时按照设施农业用地办理流程，办理净土公司农业示范园（395栋）、古荣乡温室建设项目（161栋）的用地备案。其中古荣乡温室建设项目（161栋）是堆龙德庆区产业扶贫项目，该项目于10月20日发布项目招投标公告，12月4日开标，确定施工单位，双方签订了施工合同。

【农业设施园经营管理】 按照区委、区政府的安排部署，公司于10月份完成对德庆、马乡农业设施园水电、供水管道、棉被和棚膜等附属设施的改造升级，建设内容包括增设灌溉水井6座及部分管道改造，马乡农业设施园更换温室棚膜、棉被55栋，德庆农业设施园管道改造等，项目总投资约240万元。截至年底，公司与北京兴寿西洋草莓专业合作社联合成立净土草莓公司，在马乡园区55栋温室从事草莓种植工作；结合2园区实际情况，公司对剩余大棚也将做种植规划。

【高原特色食品深加工基地项目】 该项目占地面积186亩，投资4.3亿余元，主要建设青稞食品加工厂、冷链中心及办公生活等附属设施。土地出让金3280.62万元已全部缴清。

青稞食品加工厂已申请援藏项目，项目可研、初步设计均已通过评审。

冷链中心项目项目占地84.94亩，规划总建筑面积为70696.51平方米，计划总投资3.83亿元，已投入土地资金1500万元，前期资金200万元，总投入合计1700万元。冻库最大容量7.5万吨，投资建设期为2年，一期工程主要包括一号冷库及配套加工区，二期工程主要为2号冷库，2栋高标准冷库建筑面积为51872.94平方米，2栋制冷系统采用R507a制冷剂技术，达到世界先进制冷设备工艺。截至年底，净土冷链公司工商、税务注册工作全部完成，该项目建设方案、可研及初设、环评、节能、水保、地勘等前置手续也已完成，项目于10月30日举行开工奠基仪式。该项目的顺利实施，是净土公司转变经营模式，尝试发展混合所有制经济的一种探索，不仅确保项目落地实施的同时盘活堆龙土地资源，还能有效缓解拉萨现有冷链项目的发展障碍，大力满足和引领西藏冷链物流业的发展。

【堆龙德庆区奶牛养殖基地建设】 该项目属于拉萨市重点督办净土健康产业项目之一，在前后历经三次选址后，项目最终确定在古荣乡巴热村（养鸡场旁）实施。项目占地面积约为200亩，项目计划分两期实施，总投资1.9亿元，养殖规划为2000头优质奶牛，其中一期计划引进优质奶牛450头。

【天然饮用水产业】 2017年，为推进堆龙德庆区天然饮用水产业发展，公司投资1亿余元，整合各方资源，积极打造堆龙净土好水净水。公司已与拉萨山泉有限公司（西藏雅江泉水有限公司）对接商讨合作建厂事宜。截至年底，拉萨山泉74.47亩土地已由净土公司竞买，土地出让金已全部付清（1851万元），不动产初始登记已办理。根据与拉萨山泉之前达成协议，截至年底，对拉萨山泉公司的资产评估已启动，评估初稿在12月底完成。

为掌握堆龙德庆区天然饮用水现状，寻找适宜开发的水源点，公司委托西藏自治区地质地热大队和水质水文检测站，前后对乃琼镇波玛村、羊达乡帮普村、古荣乡南巴村、嘎冲村以及拉萨山泉、雄巴拉区等10处水源点进行水质检测和水量监测，通过筛选波玛村西头水源点符合开发要求，且该水富含人体所需的锶、锂等矿物质。通过与西藏宏发建设集团进行沟通对接，该公司有意向与公司合作开发该处水源点，截至年底，双方正在协商项目选址事宜。

【香雄美朵生态旅游文化产业园】根据区委、区政府工作安排部署，2017年3月组织编制《香雄美朵旅游文化产业园苗木种植项目方案设计》规划，新增园区核心种植区、防风固沙区、苗木繁育区，种植面积2736亩，种植品种10个，总投入8000余万元；支付园区土地租赁、运营维护等费用3000万元，临时劳务用工工资420万元，总投入3420万元；截至年底，对该园区已投入1.142亿元园区运营管理资金；同时积极加强与青岛绿地、中新资本航合作对接，进一步促进园区项目建设；结合气候特点和植物生长特性，提前做好园区4494亩种植区域花卉苗木越冬防冻工作。

【房地产开发建设】该项目位于堆龙新城核心区，占地面64.5亩，项目计划总投资4.5亿余元。截至年底，房地产开发全资子公司已注册，缴纳土地出让金7500万元，正在办理国土手续。

【人力资源建设】公司自成立至今，已经培养出一批爱岗敬业、不畏艰辛、扎根高原、积极向上的净土队伍，队伍员工共65人，其中合同制员工59人，政府委派6人，按照“能者上、庸者下”的用人原则，选拔工作能力强、综合素质高的3名同志担任公司副总经理，夯实职责划分，促进公司健康发展。出台《关于拉萨市堆龙德庆区净土产业投资开发有限公司管理层人员薪酬绩效管理试行办法》，对公司管理层人员实行年薪制，个人薪酬与考核结果相挂钩，建立行之有效的人员激励与约束机制。

【品牌建设】年内，公司围绕净土健康产业，注重堆龙净土品牌形象塑造。推进按“青色麦田”系列产品包装升级，打造五大系列13个单品。发展区内八廓商城、大小昭寺门面两处，区外成都西部食品批发城代理商6家。拉萨市内土特产店铺货121家，区外成都、九寨沟铺货55家，大型连锁生活超市乐天、沃尔玛、乐百隆等9家，全年共铺货175家，铺货金额达220余万余，圆满完成年初既定销售任务。累计共注册商标26个。

【精准扶贫帮扶工作】2017年，按照区委、区政府的安排部署，公司大力推动精准扶贫帮扶工作，安置大量社会劳务人员，为当地经济发展做出应有贡献。通过文化旅游产业、高原冷链中心物流产业、特色种植业、安置就业给予当地农牧民带来诸多帮扶优惠。积极开展劳务技能培训，主动为贫困户传授农业实用技术；积极引导易地搬迁户就业，有针对性

2017年6月16日，香雄美朵项目签约仪式在净土公司举行

2017年1月16日，净土公司党支部召开组织生活会

地进行两期花卉种植培训，并签订就业协议，确保易地搬迁户每年增收4400元以上，让失地农民有固定的收入，2017年68人每年4400元收入已全部兑现完毕；加强对贫困家庭剩余劳动力的引导，采取组织季节性劳务创收、引导长期转移就业等方式实现增收脱贫，截至年底"香雄美朵"产业园用工约35083人次，发放工资421余万元；扶持发展特色种植业，2017年4月公司与古荣乡巴热村、那嘎村签订2500亩黑青稞种植收购协议，覆盖用户达400余户，免费发放黑青稞种子50600公斤，其青稞收购工作将于12月底实施；针对德庆、马乡农业设施园，积极开展劳务技能培训，主动为贫困户输送农业实用技术，解决约60人就业问题，发放工资36余万元。

（阿旺次仁）

【领导名录】

党委书记、董事长

阿旺次仁（藏族）

党委副书记、总经理

骆翰墨

副总经理

洛桑次仁（藏族）

堆龙德庆区龙跃恒通水电气服务发展有限公司

【概况】 2017年，公司在区委、区政府和国资委的大力支持和帮助指导下，坚持以邓小平理论和"三个代表"重要思想为指导，全面贯彻落实科学发展观，深入学习贯彻十九大精神和"四讲四爱"主题教育活动，坚持供水工作为全区人民服务的宗旨，紧紧围绕着全区的工作大局，以保障全区城镇居民生产和生活用水用电为根本，经过公司全体干部职工的共同努力，为堆龙德庆区的社会稳定和经济建设逐步夯实基础。

【加强党风廉政建设】 年内，公司党风廉政建设和反腐败工作在区委、区政府和国资委的统一领导下，以深入学习贯彻党的十八、十九大和习近平总书记系列讲话精神，以开展"两学一做""四讲四爱"为抓手，严格按照2017年全区党风廉政建设和反腐败工作的总体要求，紧密结合区水电气公司各项目标任务实际，深入开展党风廉政建设工作，坚持做到标本兼治，综合治理，突出重点，狠抓落实。2017年7月，区水电气公司经批复成立党支部。

教育是抓好党风廉政建设和反腐败工作的源头，更是做好前置性工作的重要思想保证。2017年，区水电气公司为深入推进党风廉政教育活动，年初将党风廉政建设理论知识学习、反腐倡廉专题学习等党风廉政建设方面的专题学习内容列入2017年度理论学习计划，重点学习习近平系列重要讲话精神及习近平关于党风廉政建设和反腐败斗争论述，通过公司领导班子带头学带动党员干部的理论学习，进一步统一思想、提高认识。截至年底，区水电气公司支部书记"谈心谈话"落实到每位员工，开展"两学一做"主题教育7次及"四讲四爱"知识竞赛，5名员工提交入党申请书。

【加强监督，厉行责任追究】 区水电气公司注重作风效能建设，将上下班签到、投诉办理、河道管理、请销假等作风建设列为常态管理，定期、不定期开展巡查，对不按时上下班签到和脱岗不在位、不请假擅自离岗的同志，及时

2017年8月15日，区水电气公司举行护河护堤管理移交仪式

进行约谈和教育提醒。同时加强对工作人员的监督，不遵守行为规范和廉政纪律规定的，立即责令纠正，并按有关规定调岗。对不听劝阻、我行我素、顶风违纪，对包庇袒护，特别是以权谋私或损害人民群众利益，造成严重后果的，坚决按照纪律和规章制度，从严从重追究有关责任人的责任。

【安全生产】 年内，公司认真学习安全生产文件，宣传贯彻区委安全生产文件精神，结合实际制定全年工作安全生产计划，工业园区水厂建立安全生产工作台账，明确具体时间，具体工作内容，在组织安全生产知识培训时，以提高职工安全意识和防范技能为重点，培训内容切合岗位实际需要，注重培训的实效性；全面开展补充完善岗位安全生产责任制工作，为真正把安全生产责任层层落实下去，公司对安全生产进行安全生产动员部署以及实施，在各个季节段制定安全生产工作方案；突出安全监管的实效性，在安排检修时，先进行安全告知，要求施工单位必须签订安全协议，并加强作业过程中对安全措施落实情况进行检查。有关人员每次都到现场进行监管，检查施工单位是否按安装标准规定进行作业，讲明安全措施要求；根据公司统一部署开展春、夏、秋、冬安全生产大检查，各部门制定活动方案，进行本岗位的自检自查。检查门口值班台账是否完善，防暴棍、防暴服、消防沙、灭火器等消防设施是否齐全、过期、损坏。

【环保工作】 年内，公司认真学习环保相关文件，宣传贯彻自治区、市委以及区委文件精神，结合实际制定环保计划，制定《防汛方案》《污水防治实施方案》《堆龙德庆区城市供水重大事故应急预案》《堆龙德庆区护河护堤初步方案》等；全面开展环保自查工作，制定计划，公司所有员工于每月底前往工业园区进行卫生清理工作，护河办每日对堆龙河段进行巡查、垃圾清理工作，进一步规范堆龙德庆区河道管理秩序，改善河道环境，营造优美的人居环境；建立环保工作长效机制，加快工业园区污水处理厂建设进度，按照全面建设小康社会的要求，着力构建“全面推进、分级管护、专业承包、按季考核”的河道长效管护机制，确保河道常年保持河面清洁、河坡整洁、河道畅通，改善和优化人民群众的生产生活环境，为加快社会主义新堆龙建设提供良好水环境。2017年6月配合区政府相关单位对不符合环保要求企业进行断电处理，2017年8月，对整改不到位企业进行停水处理。

【水厂运行情况】 工业园区水厂于2017年1月22日正式交由公司管理。水厂升级改造后（双井），水厂平均日供水量达到5760吨，电耗每月11余万千瓦时，建立《水厂供水安全检查表》《水厂日常检查表》等相关台账。

【水费收取】 至自来水价调整后，截至10月底，区水电气公司实现自来水销售148.08万吨，售水金额251.73万元。新装企事业用户总表5户，小型用户分表10户，抄表率达到90%，收费率达到80%。各单位用户的水表安装、材料、水费缴纳、供水协议书每一项都做好工作台账，在服务过程中始终做到用户第一，以用户满意为标准，更好地提升公司的服务质量。

2017年12月18日，堆龙龙跃恒通水电气服务发展有限公司工作人员勘察工业园区污水处理厂

【工程情况】 公司2017年承建的工程项目共有9个，截至年底，管网建设工程已全部完工，滨河路、滨河公园电力线路迁入地工程因新城区规划，处于前置手续办理中；工业园区污水处理厂完成招标工作，下一步进入施工阶段。结合公司业务特点，工程部制定工程项目目标管理责任书制度，明确项目用款申请审批管理规定、施工方案报审管理规定。

【管网维修情况】 接收工业园区水厂至今，公司完成管网维护60余次，管网抢修（24小时）144次，供水量达到350万立方米，按缴电费、设备租赁、临时人员工资等支出171.964174万元（统计时间10月份）。建立《维修保养情况表》《抢修明细表》等相关台账。

（唐　伟）

【领导名录】

总经理

刘　波

副总经理

郑　军

堆龙德庆区龙腾国有资产投资运营有限公司

【概况】 公司于2012年3月正式成立，注册资金5000万元，公司类型为有限责任公司（国有独资）；经营范围为土地收购、置换、储备及前期工作，土地出让、财务顾问、投资咨询等业务；面对新形势下的龙腾投资运营工作，在区委、区政府的大力支持和帮助下，公司在缺资金、少人员的情况下运转正常。自成立以来，主要以完善机构、顺畅流程、健全制度等入手。2017年，公司拥有员工11人，其中2人为政府委派；老职工4人；5人为社会招聘人员。下设总经理室、综合办公室、行政办公室、财务室。

【开展的主要工作】 年内，在区委、区政府的坚强领导下、在区国资委正确监管下，制定公司新的相关制度；为做好国有资产运营工作，做好项目前期工作，夯实项目基础，先后成立10家项目公司，为项目启动奠定坚实的基础；组建堆龙德庆区公交公司，2017年4月1日正式运营，开通8条堆龙城区到乡镇、村、组的线路，将群众出行延伸到末端，有效缓解末端群众出行难问题。龙兴福运租赁有限公司，参与堆龙德庆区公务用车改革，龙腾公司代表政府以车辆注资形式还未完成，因每天过户平均只有2—3辆，由于车辆过户缓慢导致政府出资还未确定，但政府公务用车基本能够得到保障，运转基本正常。对已经过户车辆安装OBD行车软件，可以实时监控车辆的行车路线、油量监控、驾驶员行车习惯等等。

【做好党建工作】 2017年，公司严格党费收缴标准，安排专人对支部党员的党费进行收缴，并认真录入党费证；实行党建工作层层负责制，党支部班子成员带头参与党组织生活，负责人在抓业务工作的同时，坚持抓党建工作。形成以抓党建带业务，以抓业务促党建的工作机制。

【开展精准扶贫结对帮扶工作】 2017年，公司对扶贫户进行多次入户开展谈心活动，为帮扶对象送去慰问物资（面粉、大米、砖茶、油、酥油）等，还为结对帮扶户送去医疗救助资金1000元，并送去慰问资金4000余元。解决结对帮扶户1人的就业问题，提高贫困户的现金收入，把温暖及时传递到群众的心坎里。

【项目管理】 独资组建堆龙德庆区公交运营有限公司，并于2017年4月1日正式启动投入运营。解决堆龙群众出行难，特别是上三乡群众出行难问题，切实为群众办实事，办好事，解难事，先后收到上三乡群众、村委会为公司送来的8幅锦旗，得到广大群众的欢迎。相关的配套服务设备配备完毕，对临时充电装置进行完善；在2017年的“楚布次曲”活动中配合区委、区政府和民宗局出动公交车25台次，顺利完成次曲佛事活动。截至年底，公交公司总共发出5000余班次，运送群众近3.6万人次，实现营业收入3.6万元。

2017年与成都捷龙汽车服务有限公司联合组建西藏龙兴福运租赁服务公司，截至年底，已将租赁业务营运证办理完成，公车改革正式拉开序幕。

堆龙龙腾大厦建设项目正式确定，项目备案、规划设计等前期准备工作已基本完成，由公司拿到土地后办理相关开发手续。龙腾大厦项目占地约32亩，总投资约6亿元，集商业综合体、办公、企业孵化器、餐饮娱乐休闲为一体综合性的商业综合体项目，规划设计方案正在紧张有序地进行，规划方案已具备建筑深化设计条件；选址已完成，征地和拆迁工作也在进行中。

依托雄巴拉曲风情园土地约700余亩土地，启动堆龙德庆区IPO总部经济产业园项目。由于雨季来临，风情园内的藏式风格2栋房屋因年久，屋面渗漏严重，为保护好这2栋藏式风格房屋，公司投入部分资金进行屋面渗漏处理。

（索朗德吉）

【领导名录】

总经理

罗江西

副总经理

桑　珠（藏族）

2017年4月1日，堆龙德庆区公交公司开业典礼，图为区党政主要领导同公司员工合影留念

堆龙德庆区工业园区管委会

【概况】 2017年，堆龙德庆区工业园区在区委、区政府的正确领导下，在区各有关部门的配合下，以习近平新时代中国特色社会主义思想和党的十九大精神为统领，紧紧围绕建设美好堆龙园区的总要求，全力以赴实现工业强区，以转型升级为主线，不断提升环境优势，打造竞争优势，构筑产业优势，立足新常态，实现新发展。

【经济运行】 全年园区共完成工业总产值12.75亿元，同比增长52.63%；完成工业增加值5.13亿元，同比增长45.88%；完成工业销售产值12.87亿元，同比增长59.16%；完成税收2.07亿元，其中工业税收5659.50万元，同比增长28.62%；完成财政收入6417万元。

【A区配套设施完善】 2017年，园区基础设施续建、新建项目共4个。总投资962.8万元的中小企业服务中心建设项目顺利验收，拟结合“双创”工作，为企业更好地提供服务；总投资800.8万元的垃圾转运站建设项目通过验收并投入使用；日处理量2万吨的园区污水处理厂项目由堆龙德庆区龙跃恒通水电气有限公司作为业主方采取PPP模式建设实施，现项目已进场施工建设，计划2018年6月30日前通水、调试；总投资799.94万元的工业园区A区基础设施附属工程项目，现正待验收。这些基础设施的进一步完善，将有力提高园区整体形象，降低企业入驻成本。

【B区开发建设与招商同步进行】 2017年，经区委、区政府同意，与拉萨市城投公司商谈，充分利用城投贷款优势，B区基础设施建设项目资金以城投三年免息贷款形式集资委托其建设，为大型项目开发建设蹚出一条新路。B区开发建设实施，同时高调开展B区招商工作，努力实现B区动工与招商项目入驻同步，实现B区竣工与招商项目竣工同步。截至年底，拟确定企业有3家，即投资23000万元的西藏吉祥哈达民族用品有限公司，总投资约23.3亿元的领峰智慧物流园（拉萨城投）项目，及堆龙德庆区净土健康产业公司实施的高原特色食品加工厂及冷链物流中心项目。

【招商引资】 2017年，园区积极开展团队招商、活动招商、以商招商、节会招商等各类招商形式，坚持领导带头招商，多次赴浙江、河南、浙江、北京、上海、成都等地，有针对性地开展宣传推介，取得较好的效果，其间分别接洽基金投资类、实业类企业30余家，20余家企业表示愿意到堆龙实地考察，有落户意愿。2017年，园区共引进西藏阳光壹佰营销管理有限公司、西藏国路安科技股份有限公司等10多家注册型企业。

2017年9月11日，西藏自治区党委常委、拉萨市委书记白玛旺堆（前排左二）在工业园区B区调研

【企业环保、安全生产】 年内，坚持建设绿色环保园区，以"安全第一、预防为主、综合治理"为方针，进一步加强园区各企业环保、安全各项工作，有效防范和坚决遏制各类环保、安全生产事故的发生。工业园区管委会积极安排部署迎接中央环保督查各项工作，得到区委区政府的高度认可。组织防自焚演练，定期对园区内部安全设施开展检查工作，正确指导园区2名保安如何开展安全检查，确保全年园区工作落实到位，不发生任何事故；联合园区企业组织成立园区义务消防队，分为三个小组对园区企业开展走访调研，对发现的问题能当场整改的当场整改，不能当场整改的，将给予整顿日期，在期限内完成。2017年，召开业务工作会议80余次，召开企业环保工作推进会30余次，开展安全生产专项整治行动5次，向企业发放安全生产书籍300余本，同企业签订安全生产责任书50余份，召开安全生产专题会3次，排查企业安全隐患3次，下令整改企业4家。

【服务企业】 年内，园区始终树立服务理念，积极发挥政府与企业间的桥梁纽带作用。积极争取2017年"雪顿节""藏博会"等节日企业产品展示，鼓励企业积极参与展示活动，借助各类平台打响企业品牌；认真周密得安排接待北京、区、市各级领导到园区参观指导。截至年底，园区累计接待区市主要领导同志、区内外考察团10余次，累计人数100余人；主动解决涉企信访事件，截至年底，解决信访事件及矛盾纠纷事件8起，涉及金额6万余元；大力营造"大众创业 万众创新"的双创环境氛围，为堆龙德庆区青年创业、西藏堆八仓土特产开发有限公司等数家企业免费提供办公场所、办公设施等，开拓青年创新创业工作新格局；全面推行办事公开制度，利用园区企业微信群、党务政务公开栏、财务公开栏，对办事流程、服务企业事项的相关政策、文件、法规进行及时公示，接受监督；为进一步规范园区企业环评手续，园区管委会积极配合市环保局、区环保局做好企业环评相关工作，截至年底，园区管委会已走访企业50余次；全年园区完成工作简报116篇，红头文件133篇，相关总结材料65篇。

【提高土地利用工作】 2017年，针对园区部分闲置土地，园区管委会积极与涉嫌闲置企业负责人面对面交谈，经不懈努力，截至年底，已成功无偿收回1宗，加大开发强度1宗，寻找合作伙伴谈合作4宗，剩余4宗正积极协调中。

【规划布局】 2017年，园区为实现规划先行，特别是规范B区招商产业范畴，全力推进产业规划修编工作，组织数次专家评审，相关部门讨论，严格把关，《拉萨市堆龙德庆区工业园区产业发展规划》（2016—2030年）已通过区政府2017年5月8日第45次常务会议研究及2017年7月21日一届区委第58次常委会议研究，实现产业定位明确，发展潜力大，同时取得规划环评及市级工业园区批复。

【党风廉政建设】 年内，园区紧紧围绕习近平总书记系列重要讲话、习近平新时代中国特色社会主义思想和党的十九大精神，系统性开展学习，全年开展集中学习10余次，集中观影2次，集中开展讨论4次，组织参观教育基地2次，全年形成党建工作简报26篇，党风廉政工作简报14篇，征求企业意见30余条，开展“讲党课”6次。组织管委会和企业党员深入学习宣传贯彻党的十九大精神5次，并组织园区企业在西藏红墙烧结砖有限公司厂区内隆重举行主题为“建设知识性、技能型、创新型劳动者大军，弘扬劳模精神和工匠精神，营造劳动光荣的社会风尚和精益求精的敬业风气”的深入学习贯彻落实党的十九大精神文艺会演。通过日常教育，专题教育，廉洁教育和各种谈话来加强对干部的引导、关心和帮助，达到教育树人的目的。全年，共召开领导班子集中谈话4次，并于2017年12月21日上午组织全体党员干部职工召开以“贯彻落实十九大精神，响应新时代党的建设要求”为主题的组织生活会，认真开展批评与自我批评，做到见人见事见思想，以达到增强“政治意识、大局意识、核心意识、看齐意识”的目的。全年开展精准扶贫走访活动10余次，慰问帮扶对象慰问金、各类生活必需品近10000元。慰问驻村工作队5次，调查研究2次，帮助驻村点解决实际问题，为驻村工作提供强有力的支持和保障。全年走访调研园区企业50余次，帮助企业解决困难事件2件，协调解决拖欠农牧民工资事件2起，涉及金额近130余万元。

（王仓仓）

2017年4月21日，副区长邬斌峰（右排中）安排部署园区党风廉政工作

【领导名录】

园区管委会主任

王保峰

园区管委会副主任

德　吉（女，藏族）

顿珠拉久（藏族）

堆龙德庆区安全生产监督管理局

【概况】 2017年，堆龙德庆区安全生产监督管理局(以下简称区安监局)在区委、区政府的坚强领导及自治区、拉萨市安委会的精心指导下，坚持“安全第一、预防为主、综合治理”的工作方针，深化各行业领域的专项整治、打非治违、宣传教育等一系列安全生产监管工作，确保堆龙德庆区安全生产形势持续稳定好转。国务院安委会督查组对堆龙德庆区安全生产工作进行督查时，对堆龙德庆区安全生产工作给予充分肯定。同时，堆龙德庆区被评为2017年全国“安全生产月”和“安全生产万里行”活动先进单位。2017年，区安监局编制人员共5名，实际有11名工作人员，其中行政编制4名，事业编制1名，工人2名，志愿者1名，公益性3名，没有分科室。

【组织领导】 年内，堆龙德庆区安全生产工作由主要领导亲自抓、总负责，分管领导具体抓、勇负责，其他领导配合抓、共担当。建立安全生产责任清单、权责清单，签订安全生产工作目标责任书。乡(镇)落实属地责任，全面强化安全生产措施，以属地责任有效落实来确保各自辖区的生产安全、社会安定；行业部门落实监管责任，进一步加强行业主要领域安全生产工作；企业落实主体责任，突出发挥主体作用，增强做好安全生产工作的积极性、主动性和自觉性，真正把安全生产责任落实到人头、落实到岗位；堆龙德庆区安委会督促监管责任落地生效，2017年召开安全生产工作会议8次，专题会议5次，区委常委会、政府常务会听取部署安全生产工作3次，研究解决重大问题，集中传达学习《中共中央 国务院关于推进安全生产领域改革发展的意见》。

2017年8月26日，区委副书记、区长、安委会主任杜江(前排右三)带队，对乃琼镇辖区内工业企业进行综合执法大检查

【队伍建设】 抓好队伍建设。年内，区安监局积极对全局党员干部职工进行调整、充实，做到分工不分家，严格执行“三会一课”和党务政务财务信息公开制度，最大限度地发挥和调动全局党员干部职工的工作积极性，有效提升党员干部职工的向心力和战斗力；抓好党员队伍作风建设。以强化责任意识和自律意识为关键，切实抓好党员干部队伍廉政建设。积极推行阳光政务，实现内部管理的程序化、规范化、制度化，对日常安全生产工作目标完成情况、责任落实情况进行监督检查，引导党员干部职工真正把心思用在干事创业上，把精力花在具体工作上，积极化解各种复杂矛盾，做到事不避难、敢于担当。

【规范行政执法行为】 建立落实规章制度来规范执法行为。年内，区安监局认真梳理行政执法依据，明确执法权限范围，规范文明公正执法行为，严格依法依规检查执法，推行落实行政执法责任制，进一步建立规范运行和高效运转的工作机制，保证执法行为的合法性、合理性。规范行政许可审批和备案。按照相关法律法规，明确行政审批工作标准和流程，不断加强对烟花爆竹、危险化学品、非煤矿山领域的行政审批和监管力度，在日常行政执法中加强与企业的互动，在执法中融合服务。健全执法体系，做实常态化监管。根据区委、区政府工作安排部署，科学合理地制定并落实2017年度全区安全生产“大检查、大排查、大整治”专项行动方案，成立由区委副书记、区长、安委会主任杜江为组长的领导小组，加强相关部门的联合执法检查，扩大监督检查面，增强执法的有效性。按照“全覆盖、零容忍、严执法、重实效”的要求，开展安全生产大检查、大排查、大整治专项行动和社会治安综合整治暨严打行动，采取企业自查、行业主管部门专项检查、综合督查的方式深入推进安全生产大检查工作。在辖区内开展检查共800余次，其中联合检查70余次，部门单独检查700余次，行政罚款33.3万元，并上缴堆龙德庆区国库。

2017年10月24日，区安委办联合相关单位检查那拉高速公路建设工程安全生产工作情况

【宣传培训】 加强日常安全生产宣传培训。年内，区安监局以“安全生产月”为契机，通过开展应急演练、安全培训、安全生产宣传等活动，发放有关交通、消防、建筑施工、旅游、电力、文物、环保、动物防疫等各类的宣传资料9100余册，雨伞、反光背心、帽子、日历等宣传物品920余件。同时，以职业健康、安全生产基层基础知识为内容，对各乡（镇）安监站监管人员、安委会成员单位工作人员、村级安委会工作人员和各相关企业员工进行了安全生产知识培训，受教育人员379人次。为党的十九大胜利召开营造良好的安全生产氛围，大力开展安全生产知识进企业、进工地、进校园、进社区、进村组、进家庭活动，并在堆龙德庆区109国道、318国道及重点路段主要干道设立大型户外安全生产宣传展板6面。注重安全生产信息化建设。以信息化促进公开化，有效提升隐患排查系统、行政执法系统的应用能力，信息化应用水平得到国务院安委会督查组以及上级业务部门的认可。同时，认真做好安全生产党建、财务、人事等各项政务信息的公开工作，及时发掘、总结、提炼工作中的亮点和特色，做好信息公开、上报和宣传工作。

【创建亮点工作】 严格依法依规办案。年内，为规范安全生产行政处罚行为，区安监局对执法检查及行政处罚的立案、调查取证、案件审理、案件审批、处罚告知、处罚决定、处罚执行、结案、归档等分别作相关规定，做到有章可循，按程序办事。在实际工作中，亮证执法、调查取证、行政处罚、办案流程等环节都做明确要求。截至年底，区安监局立案查处的9起行政处罚案，没有一起适用法律错误，处罚的种类、幅度与适用法律法规条款对应一致，从轻、减轻处罚的法定情节清楚、依据充分；在区委、区政府的大力支持下，由区安委会办公室出资30万元，创建羊达乡帮普村安全文明社区和热擦寺为安全文明寺庙，按照驻村工作队、驻寺工作组和村委会意愿安装视频监控、太阳能路灯、道路减速带和宣传展板；堆龙德庆区率先建立全自治区首套隐患排查系统，该系统的运用从根本上掌握事故防范和安全生产工作的主动权，并形成“分工负责，齐抓共管”的监管机制，实现全覆盖、无缝对接的安全监管方式，取得很好的实效，安全生产工作理念、监管机制、监管手段和监管方式得到创新和发展，企业实现隐患自查自改，实时上报，监管部门实现实时监控，科学监管。

（益西卓玛）

【领导名录】

局　长

陈　斌

副局长

旦增坚才(藏族)

堆龙德庆区国家税务局

【概况】 2017年,堆龙德庆区国税局在区委、区政府的正确领导下,主动适应经济发展新常态,紧紧围绕市局的要求,用中国特色社会主义理论体系教育武装党员干部,以创建一流队伍,培养一流作风,创造一流业绩为目标,围绕税收中心工作,继续加强党的组织建设和思想建设、作风建设,充分发挥基层党组织的战斗堡垒作用和共产党员的先锋模范作用,积极探索工作的新思路,不断实践工作的新途径,努力构建工作的新格局,着力开创工作的新局面,2017年全局共有行政人员25名,(含1名长期病假和1名在市局机关服务中心)。区国税局下设8个内部机构,分别为税源管理一所、税源管理二所、税源管理三所、政策法规股、办公室、堆龙德庆区稽查局、收入核算科、纳税服务股。

【风险管控】 年内,区国税局成立数据分析办,学习纳税评估指标、总结以往案例,按照业务类型将所有指标分为外部风险指标、内部风险指标以及数据清理指标三项,共计62项指标,其中外部风险指标39项、内部风险指标6项、数据清理指标16项。通过使用以上指标,区国税局共清理10766数据质量问题,发现1942起外部风险,解决72件内部风险;成立联合打击小组,由公安执法人员、检察院执法人员及税务执法人员组成,形成各部门积极配合税务机关,联手协税护税,以广辟税源,增加堆龙德庆区财政收入,加大涉税违法案件查处力度,全面净化堆龙德庆区税源结构的合理性和安全性;为了规避干部、纳税人的风险,邀请税务师事务所和会计事务所对行政执法进行监督。

【管理服务化改革】 年内,区国税局以管理所改革为切入点,将管理所服务职能进行优化,以管理带动服务,以管理降低风险,以管理推行专业化、精细化。做到双减负。根据这一思路区国税局对两百余项工作流程及程序进行梳理,根据工作实际将税收征管工作中的风险进行排查,即高风险、中风险、低风险进行一对一的排查,做到高风险类的工作由局长运筹,所长处理跟进做到管理全方位。中风险类的工作由局长运筹,所长及所员处理跟进。低风险即事务性的工作及杂项由所长安排给公益性岗位及外聘人员处理。事后由数据分析小组通过数据清理指标、风险指标进行风险管理。做到各项工作从承接到办理再到事后的监管都环环相扣的工作模式,即减少工作出现漏洞,又将征管工作中的高风险及时纳入工作监控。实现征管改革同风险,管控双落实的工作目标,真正做到由管户改为管事。

【优化纳税服务】 为不断提升纳税人满意度为工作出发点和落脚点,区国税局推出一系列便民措施方便纳税人办税。首创24小时自助办税服务区,实现纳税人全天候24小时办税;VIP办税服务

2017年3月17日,自治区国税局局长胡苏华(右二)、党组书记董涛(右三)在堆龙德庆区调研

大厅的建立，进一步减轻纳税人的办税负担。在第二办税服务厅内设立“互联网+”体验区，同时在办税大厅设立即时办结岗和实行延时服务；在纳税人之家休息室内启用办税大厅排队叫号实时提醒信息，进一步缓解纳税人在办税服务厅着急等待的心情，办税服务大厅业务受理情况：2017年1—12月服务人次90682人，业务办理次数487391笔，新办户3469户，其中企业1118，个体2351，认定一般纳税人313户，发票发售10386次，数量为422241份，推行增值税升级版1300户。纳税人之家接待3352次，分流等候2251次，发放各类宣传视频80次，宣传手册25127册。

2017年7月12日，拉萨市国税局精准扶贫新项目推进会在堆龙德庆区国税局召开

【精准扶贫暖人心】 年内，为增强党员干部的使命感，区国税局以全体党员干部参与、群众自愿参与的原则，成立堆龙德庆国税局党员爱心基金，要求党员每月缴纳100元的爱心基金作为区国税局的扶贫基金，进行长期性对帮扶对象捐助，截至年底，对古荣乡噶冲村四组贫困户送去5000元/年的爱心基金。对那嘎村四组贫困户上江苏奔牛中学高二的大儿子每个月送去600元，即一年7200元的补助。对古荣乡完小上4年级的小儿子每月送去300元，即一年3600元的补助。区国税局加大对贫困子女就学的救助，解决后顾之忧，实现“扶智”与“扶志”结合，增强农牧民“造血”功能。以精准扶贫为亮点，做到一对一帮扶，帮扶对象有工作，有收入，有积极性。区国税局已与当地乡政府及相关企业联系沟通，准备在近期开办工程机械修理及驾驶员合作社，预计帮扶对象年增收20000元。

为扎实推进精准扶贫工作的深入开展，强化目标任务，明确帮扶责任，确保完成全市精准扶贫目标，区国税局于2017年7月12日，召开拉萨市国家税务局精准扶贫项目推进会。市国税局两个驻村点纳木错村、羊达乡及堆龙国税局精准扶贫的15户低保户共30名学员有望通过学习维修、挖掘机操作、焊接等技术，实现就业脱贫的目标。

【加强维稳工作】 年内，为深入贯彻落实好拉萨市局及区委、区政府的重大决策部署，认真扎实地做好维护稳定工作，区国税局通过制定预案将维稳工作细化到人，分级负责，谁主管、谁负责。严格对照工作方案和工作标准，加强领导、强化措施、充实力量、落实责任，认真执行24小时领导带班和干部值班制度，忠诚履行好带班值班责任。成立堆龙德庆县国家税务局2017年维护稳定工作领导小组，将涉及本局的维稳工作落实到实处。并对本单位的内部的安全隐患进行排查工作。

（吴博文）

【领导名录】

局　长

罗布次仁（藏族，10月离任）

朱 军 民（汉族，10月任职）

纪检员

扎西次仁（藏族）

副局长

杨　　宇

洛桑赤列（藏族）

稽查局局长

达娃卓嘎（女，藏族，10月任职）

堆龙德庆区工商行政管理局

【概况】 2017年,堆龙德庆区工商局在拉萨市工商局党组、区委、区政府的坚强领导下,认真贯彻落实全市工商工作会议、堆龙德庆区经济工作会议精神,着力深化商事制度改革,大力推动市场主体发展,积极维护市场经济秩序,努力优化消费环境,各项工作取得新进展。2017年,全局下设执法科、注册大厅、办公室3个科室,共有12名干部职工。

【优化营商环境】 市场主体稳步增长。自实施商事制度改革以来,新设企业保持旺盛增长势头,成为推动大众创业、万众创新的重要动力。截至11月底,新登记各类市场主体3145户,同比增长84.13%,其中新增企业864户,增长率为34.58%,新增农民专业合作社5户,新增个体工商2276户,增长率为119.7%。截至11月底,市场主体总量达到9069户,其中企业2767户,个体工商户6149户,农民专业合作社153户。

【小微企业发展】 根据"双创示范"工作要求,依托《堆龙德庆区未就业高校毕业生就业创业扶持政策》等一系列文件精神,在登记大厅设立大学生创业服务咨询台、小微企业服务绿色通道等专门窗口,积极为广大创业者解答高校毕业生区内企业就业相关政策,及高校毕业生区内自主创业扶持政策等相关内容。截至11月底,小微企业达7918户,同比增长83.12%,其中2017年新增小微企业2770户,同比增长92.36%。

【完善市场主体退出机制】 严格落实《市场主体简易注销实施方案(试行)》,积极开展简化未开业企业和无债权企业简易注销工作,缩短办理时限,不在要求企业进行清算组备清算和登报公告,进一步提高登记效率。截至11月底,已办理企业简易注销3户。

2017年8月17日,为迎接环保督导检查,市工商局局长陈跃东(左排左二)、区工商局局长洛布(右排右二)在辖区汽修市场进行专项检查

【非公经济党建工作】 按照"围绕发展抓党建,抓好党建促发展"的工作思路,2017年区工商局共查找党员3名,发展培养预备党员2名,积极分子3名,进企业指导工作3次。同时,完善党支部活动室,安装书柜和展板,发放党建读本50余册,建立健全非公党支部的硬件设施。

【信用监管格局初步形成】 扎实开展年报工作。通过宣传引导、设立服务站点、上门指导等方式,多措并举推进企业年报公示。2016年度年报完成情况如下:企业应年报1920户;已年报1882户,未年报户数38户;年报率为98.02%;个体工商户应年报3880户,已年报3877户,未年报户数3户,年报率为99.92%;农民专业合作社应年报148户,已年报148户,年报率100%。将未按时年报的141户(含个体)已列入经营异常名录。

【实施双随机、一公开工作】 为扎实推进该项工作,制定《堆龙德庆区工商局"双随机、一公开"工作计划》,按照市局下发的抽查的名单,选派专职工作人员,通过电话通知、实地走访和采用年报数据的方式,进行企业基本信息核对工作。2017年,区工商局共认领抽查企业(农专)178户,个体工商户118户,自治区抽查企业6户。

【执法监管】2017年,区工商局继续推行集中办案制度,探索完善监管机制,加强竞争执法,开展重点领域市场监管执法,着力解决社会关注和群众关切的热点问题,努力维护公平竞争的市场秩序。2017年,共立案查处各类违法案件30件,案件总价69.03万元,罚没金额5.5万元。其中,商标案件2件,广告案件1件,三无产品案件1件,未登记变更案件1件,无证无照经营案件7件,吊销案件18件;开展各类专项整治。在十九大召开之际,组织辖区的六大市场主办方负责人进行维稳安保约谈工作,并签订责任书。开展安全生产大检查,填写《高危企业实地检查记录表》,做到检查有记录、整治有台账、抄告有文书,做到痕迹监管,共检查市场主体54户。积极开展环保检查,对辖区东嘎镇、乃琼镇和羊达乡范围内生产经营企业开展专项检查,共检查136户,责令整改98户。加强文化市场秩序检查,对音像制品店、网吧、娱乐场所开展专项检查,检查市场主体89户。严厉打击非法传销,规范直直销行为,组织召开2017年堆龙德庆区打击传销和禁止参与传销联席会议,与成员单位和各乡镇签订责任书28份的同时,2017年新增加1个无传销乡镇和1个无传销学校。开展农资市场专项整治工作,检查市场主体46次,发放宣传资料150余分。开展整治各类广告专项行动33次,规范广告经营主体和行业108户,下发广告行政指导建议书40份。

2017年8月7日,区工商局副局长拉巴次仁带领执法人员开展农贸市场计量器专项检查

【消费维权】开展"3·15"宣传活动。区工商局通过各大商店、超市、宾馆等重点场所的电子显示屏和街道宣传条幅等媒介,大力宣传新消法,提高消费者的维权意识。"3·15"当日受理咨询25起,发放宣传资料398份;建设12315消费联络站点。按照年初工作安排,在原有5个消费维权联络站点的基础上,2017年新增1个联络点(西藏京邦达物流科技有限公司)。同时,对区工商局的"12315"消费维权站,安装监控设施,进一步对"12315"做到规范化建设;加强服务领域消费维权。2017年,区工商局局受理消费者投诉、举报电话94件;消费者投诉的热点问题主要集中在汽车维修和工程机械方面。受理"12345"政府热线转办13件,案值38.51万元,为消费者挽回经济损失2.7万元。办理诉转案5件,案值33.4万元,罚没款1.35万元;加强流通领域商品质量监管。按照市局统一要求,对辖区内的刹车片、机油和轮胎的32批次开展商品抽检工作。对抽检不合格产品的6批次,处于立案调查中。

【实施商标广告战略】商标数量稳步增长。按照"培育一批,申报一批,储备一批"的发展思路,充分发挥商标在经济发展中的重要作用,提高区企业产品的知名度和市场竞争力。堆龙区商标注册数量达168件,拥有驰名商标2件,著名商标9件,2017年新增3件,分别为西藏雪峰管业有限公司"通藏",堆龙古荣高原民族服装制作专业合作社"和平",及堆龙德庆区乃琼镇色玛村岗珠藏鸡养殖专业合作社,注册"港觉"。

【推行商标行政指导】严格落实商标"四书五进"指导制,开展商标行政指导5次,发放四书85份,五进3次。在对辖区的驰名商标和著名商标进行商标续展工作的同时，对辖区“珠峰牧场”“圣香海螺”2家符合申报著名商标资格的企业，区工商局以“一对一”跟踪服务的方式，帮助企业准备申报相关材料，并与申报企业保持联系，进行申报商标的指导工作。

【队伍建设】 开展“两学一做”学习教育。本着“按需施教，因人施教”的原则，制定《堆龙德庆区工商局2017年度党员理论学习计划》，把思想教育作为首要任务，坚持融入日常、抓在经常。全年，集中学习19次，撰写心得体会2篇，分管领导讲党课1次，支部书记讲党课2次。加强党风廉洁建设。实行党建工作季度听取党建工作汇报制度，支部书记向分管领导汇报党风廉政建设2次。严格落实“三重一大”事项，实行民主决策机制。召开局长办公会议10次，决策事项12项（大额资金使用3项、重大决策7项），每次会议兼职纪检员现场进行监督；发挥纪检监察员作用。纪检监察委员结合业务实际，制作党风廉政监督卡，定时或不定时的向市场主体发放监督卡，及时了解执法人员在业务工作中是否存在“脸难看、门难进、话难听”和“吃、拿、卡、要”等行为，共发放监督卡60余份。

【改进工作作风】 年内，区工商局严格落实“两个责任”清单要求，以《市局2017年度党风廉政建设目标责任书》为依据，形成《堆龙工商局2017年度党风廉政建设目标责任书》，将党风廉政建设年度任务书面分解到班子成员、职能部门，分三个层级组织局内签订党风廉政建设主体目标责任书10份；根据《拉萨市工商局开展2017年党风廉政建设约谈的工作方案》要求，按职能，按计划每季度开展一次常规廉政约谈，已约谈全体党员3次，做到约谈有计划、内容有深度、问题有反馈；积极开展“一树两抓三比四提高”主题活动，创建“党员示范岗”2个，亮出党员承诺36份，荣获堆龙德庆区“2017年度民族团结先进集体”。

2017年5月26日，区工商局商标工作人员开展“珠峰牧场”商标指导工作

【开展精准扶贫活动】 2017年，全局13名党员干部共结对13户，慰问贫困户4次，发放慰问资金19500元，帮助2名贫困户找到工作。

【党组织建设】 年内，按照堆龙区直属机关工作委员会下发的换届选举工作的通知要求，按照换届选举程序，按期完成换届。支部书记由局长担任，支委班子健全、分工明确、职责清晰；按要求开好领导班子民主生活会和支部组织生活会，明确主题、规范程序，严格批评与自我批评，召开民主生活会1次；认真统计党内数据，规范党费收缴、使用和管理，按照规定整理归档支部会议记录、文件资料、基础台账。解决软弱涣散现象，制定《堆龙德庆区工商局党员主体活动日方案》，全年开展党员活动5次。

（达娃卓嘎）

【领导名录】

局　长

洛　　布（藏族）

副局长

拉巴次仁（藏族）

谯　　莉（女）

堆龙德庆区旅游局

【概况】 2017年，在拉萨市旅发委的正确指导下，在区委、区政府的坚强领导下，堆龙德庆区旅游局（以下简称区旅游局）紧紧围绕全域旅游发展战略，坚持把旅游产业发展作为活一方经济、富一方百姓的朝阳产业，积极适应供给侧结构改革要求，大力实施“旅游+”，促进旅游产业融合发展，旅游产业呈现稳定、持续、快速发展态势。2017年，区旅游局先后获得“拉萨市文化旅游产业先进单位”“全国美丽乡村创建先进区”等荣誉称号。截至年底，全区接待游客121.59万人次，同比增长24.7%；旅游收入4162万元，同比增长21.34%。

2017年3月16日，区委书记格桑平措（左二），区委常委、副区长刘春涛（左三）考察堆龙德庆区宇妥沟宇妥·云丹贡布纪念馆项目选址地工作。区旅游局局长朗珍曲尼陪同

【抓好党支部建设】 2017年按照党建工作要求结合旅游工作实际制定党建工作职责，健全工作制度，做到分工明确，完善工作职能。落实党务公开，加强党内民主监督政策，支部工作集体讨论决定，局机关涉及人事、资金和重要工作事项均由局党支部集体讨论决定，做好科学决策，民主决策；健全落实党支部学习制度和党员干部政治学习制度，加强党员管理，严格党内组织生活，按期按规定要求召开局党组和支部专题民主生活会，认真开展批评和自我批评；按照“坚持入党自愿，个别吸收，成熟一个发展一个的原则”做好新党员发展工作；按照党支部要求，有计划、有组织推进学习型党支部建设。

【抓好党风廉政建设】 2017年，区旅游局认真组织学习党章、习近平系列讲话、党的十九大精神等，认真开展学习教育、从严查找突出问题、从实进行党性分析、切实解决存在问题，并持续深化专项整治。年初，同班子成员签订党风廉政建设责任书。积极制定《堆龙德庆旅游局开展廉政风险防控工作实施方案》《堆龙德庆县旅游局“三重一大”集体决策细则》。认真学习《关于新形势下党内政治生活的若干准则》《中国共产党党内监督条例》等。

【绘就旅游新蓝图】 2017年，依托全区游资源布局，按照“新理念、高起点、大手笔、重保护”的原则，区旅游局积极组织旅游规划编制工作，委托规划公司编制完成《堆龙德庆区旅游业“十三五”发展规划》《堆龙德庆区全域旅游规划》初稿，并多次召开规划评审会。结合旅游工作实际，区旅游局及时理清工作思路，在年初制定全年旅游发展计划，将香雄美朵杯第三届楚布沟骑行赛、第二届宇妥沟藏医药浴体验游和藏医事业高峰论坛、旅游从业人员人才培训以及旅游纪念产品研发设计等作为全年重点工作。

【打造旅游新名片】 举办节庆活动。为进一步打造堆龙旅游新名片，区旅游局将自行车体验赛、养生之旅体验活动常态化，2017年成功举办“香雄美朵”第三届楚布沟自行车体验赛、第二届药王谷养生深度体验游活动，使楚布沟、药王谷成为常规旅游景点；协助乡镇成功举办第一届古荣糌粑文化节、第一届邦古沟沐浴文化节、比西沟徒步体验游活动。经过多年努力，药王谷、楚布沟、邦古沟、比西沟、加木沟等六大沟旅游品牌逐渐显现，影响力逐渐增强。

多样进行宣传。借力堆龙旅游官方微信平台，及时发布旅游政务、旅游节庆活动、旅游攻略等，多角度宣传展示堆龙旅游新形象。截至年底,关注人数已达千余人、发送信息30余次、浏览次数达5000余人次;随着堆龙德庆区旅游业的逐步发展的需要,制作大型全区旅游资源宣传片,委托旅游卫视《文明中华行》栏目组赴堆龙德庆区进行拍摄,截至年底,已制作完成;编制藏汉英三语《堆龙德庆区寺庙文化石刻资料》《堆龙德庆区楚布沟、措麦村、药王谷等名胜古迹源流简介》;创新制作并投入使用楚布寺景区电子导览器,通过汉语、藏语、英语等多种语言为旅游人员提供全方位的讲解,方便旅游人员了解景点详细资料。

对外考察交流。为全面提升干部队伍的综合素质,拓宽思路,区旅游局先后组织局干部职工赴青海玉树、那曲嘉黎、新疆、贵阳、江苏南京、四川成都等地对糌粑文化节、藏医药文化产业发展、旅游招商引资政策、旅游发展先进经验等进行考察交流。截至年底,共组织干部职工外出考察、培训、学习达10余人次。

【树立旅游新形象】 注重旅游培训。按照年初的重点工作任务,区旅游局先后制定《堆龙德庆区旅游人才培训班实施方案》《堆龙德庆区文化旅游融合发展专题培训实施方案》《堆龙德庆区旅游局驾驶员培训方案》《堆龙德庆区2017年乡村骨干业务能力提升培训方案》。5月,从旅游专项资金中支出9.7万元,委托米瑞金属工艺公司培养20名金属雕刻工艺人才,培训完成后可在该公司直接就业。9月,组织30名农牧民参加拉萨市公交驾驶培训有限公司的旅游A照驾驶员培训。11月,组织乡村旅游的骨干人员共计34人,到拉萨市蓝翔技能培训学校进行乡村旅游发展模式、全域旅游概念等培训。

完善基础设施。积极协助推进"香雄美朵"生态旅游文化产业园建设。积极推进项目建设,2017年区旅游局共实施6个项目,其中已完工项目3个。截至年底,全区旅游项目稳步实施,实现旅游项目零投诉、零上访的目标。已完工项目3个楚布沟旅游停车场项目,总投资37.39万元;堆龙德庆区东嘎镇桑木村旅游富民工程建设项目总投资100万元;堆龙德庆区楚布沟旅游厕所项目总投资42.05万元。

【加强联合执法】 年内,根据区政府对全域旅游整体要求,专门制定工作方案,成立工作领导小组,建立《堆龙德庆区旅游局行政执法投诉举报制度》,畅通旅游投诉渠道,联合区安监局、卫生局、公安局、食品药品监管局、工商局、国税局、区消防大队等单位对全区旅游景点、宾馆、招待所、接待游客的寺庙等涉旅企业进行摸底调查和整顿。截至年底,开展各类旅游安全生产大检查活动共计16余次,出动工作人员80人次、联合执法6次,进一步规范堆龙德庆区旅游市场,防止重大旅游安全事故的发生,进一步树立安全、诚信的旅游形象。

【抓好精准扶贫工作】 2017年,区旅游局按照"旅游发展带动扶贫开发,扶贫开发促进旅游发展"的思路,以旅游为载体,以脱贫为目的,做大做强旅游产业、做特做优现代农业、做精做美城乡环境,合力推进精准扶贫和城乡统筹发展,提升全域旅游水平和档次,加快贫困村和贫困人口脱贫致富步伐。年初从旅游专项经费中支出9.8万元,用于购买措麦村波斯菊花卉种子,改善措麦村村容村貌;从旅游专项经费中列支5万元,用于修建桑木民俗度假村化粪池以及广场绿化的进一步美化,以便于游客出行和美化桑木村乡村旅游周边的环境卫生;为扶持桑木村的乡村旅游建设和村集体经济,从旅游专项经费中列支15万元,用于购置桑木度假村综合活动用房内的各项软件设施,以便于度假村更好的发展以及通过旅游产业能够增加村集体收入;为深入贯彻大学生创新创业工作,区旅游局将楚布沟杨善度假村作为大学生创新创业突破口,经过局班子协商从旅游专项经费中解决扩建停车场费用3万元,便于更好地为楚布沟旅游发展代言,并且能够通过发展旅游产业带动当地老百姓完成通过旅游产业实现精准扶贫和精准脱贫。

（朱翔宇）

【领导名录】

局　长
　　朗珍曲尼(女,藏族)

副局长
　　徐 文 博(女)

社会事业

堆龙德庆区民政局

【概况】 2017年，堆龙德庆区民政工作在区委、区政府的坚强领导下，在市民政局的正确指导和大力支持及各乡镇的协同配合下，以“两学一做”学习教育活动为契机，坚持“民政为民、民政爱民”工作理念，狠抓重点、突出亮点，着力保障和改善民生，全区民政各项工作取得较好成绩，初步实现“病有所医、老有所养、弱有所扶、贫有所济、难有所帮”。

【城乡低保、临时救助和医疗救助工作】 2017年，区民政局核对困难家庭1227户，有效缓解家庭收入核算难、低保对象认定难的问题。2017年，农村最低生活保障标准A类提高至4869元/年，B类提高至4569元/年，C类提高至4269元/年。农村五保供养标准提高至5910元/年。全面核查城乡最低生活保障对象。全年发放城镇低保资金367.85万元，农村低保资金419.85万元，“两线合一”补贴资金317万元。全年实施医疗救助773人次，落实医疗救助资金521.78万元。实施临时救助75人次，落实临时救助资金16.85万元。实施“一站式”医疗救助71人，结算医疗救助资金68万元。

【五保集中供养工作】 年内，区民政局为充分发挥党员的先锋带头作用，在五保集中供养服务中心成立了由老人自治组织的“老人说事会”，为更好的服务老人提供新的突破口；为进一步丰富老年人生活，在五保集中供养服务中心成立“夕阳梦”五保老人文艺队，切实增强老年人参与感和获得感。堆龙德庆区五保集中供养服务中心本着“思考靠前一步，工作快人一拍”的工作理念，严格按照福利机构标准化建设要求开展各项工作，使堆龙德庆区五保集中供养工作迈上新台阶。

2017年，西藏自治区民政厅厅长嘎玛泽登（前排中）、拉萨市民政局党组书记何镛在堆龙德庆区五保集中供养服务中心调研

【做好老龄工作】 年内，区民政局充分利用春节、藏历新年、“九九”重阳节等节日，开展慰问及志愿服务活动活动。为切实降低老年人“鞋底成本”，组织开展“送服务上门”活动。深入各退休支部开展《中华人民共和国老年人权益保障法》及《老年人保健知识》讲座，切实提高老年人维权意识和自我保健意识。并在现场登记办理优待证，为老人提供高效便捷的服务。为摒弃“大锅饭”，提供个性化“点餐”服务，进一步提高老年人服务效用，在老年群体中开展调查问卷，针对调查问卷的分析，制定2018年老龄工作计划。

【流浪乞讨人员救助管理工作】 年内，区民政局不断完善工作措施，推进流浪乞讨救助工作。成立流浪乞讨人员救助工作巡查小组，对辖区范围内流浪乞讨人员进行全面的摸排，形成流浪乞讨人员救助管理工作的良好局面，全年救助流浪乞讨人员13名并通过市救助站全部遣送返乡。

【殡葬服务管理工作】 年内，区民政局为进一步规范天葬事务管理工作，调整充实天葬台管理工作领导小组，继续加强天葬台基础设施建设，与天葬师签署责任书，切实维护天葬台周边环境与正常秩序。同时，积极争取把全区3处天葬台道路、网围栏、遗属休息室等建设纳入“十三五”项目规划。

【婚姻登记工作】 年内，区民政局规范化开展婚姻登记工作，及时完成各乡（镇）婚姻档案、婚姻登记台账核查工作并建立电子台账，为全区婚姻档案的查阅及保存提供双重保险。全年办理结婚登记557对，离婚134对，补领144对。没有发生任何违规现象，登记合格率达100%。

2017年，区民政局工作人员入户核查新增低保户

【社会组织管理工作】 2017年，区民政局开展社会组织清理整顿工作及年检工作，对不能依法办会、开展活动、发挥作用的社会组织及时进行清理。邀请区委党校老师结合精准扶贫，开展社会组织党建知识培训，引导社会组织突破党建工作瓶颈，把堆龙德庆区社会组织党建工作推上一个新台阶。进一步加大社会组织党建工作的指导力度，制定社会组织党建工作实施方案，安排党建指导员前往各社会组织指导党建工作。

【防灾减灾工作】 2017年，区民政局修订出台《堆龙德庆区自然灾害救助应急预案》并下发至各乡（镇）。积极组织减灾委员会成员单位在人员密集场所开展“5·12”防灾减灾周宣传活动，发放宣传手册2000余份，宣传物品800余份。为进一提高堆龙德庆区应急队伍的应急处突能力，在马乡设兴村“全国综合减灾示范社区”开展防灾减灾应急演练，同时进一步提升群众的风险防范意识、应急避险和自救能力。

【推进民政项目建设】 年内，区民政局把项目建设作为保障和改善民生的具体措施，坚持“整体规划、多方筹措、分步实施、平衡推进”的原则，积极衔接上级部门，对天葬台维修、老年人日间照料中心、慈善超市等项目列入“十三五”项目计划。同时，积极筹措本级财政资金1780万元，全部用于民政项目建设。启动实施德庆乡救灾仓库建设，完成堆龙德庆区民政局福利机构附属工程建设。新建五保集中供养服务中心三县(区)洗衣房、温室大棚、院内园林景观。

【双拥优抚工作】 2017年,荣获全国"双拥模范县(城)"八连冠及全区"双拥模范县(城)"九连冠。年内,民政局以双拥文明创建为载体、以完善落实优抚政策为重点、以退役士兵安置改革为突破,深入推进双拥优抚安置工作。认真落实相关安置政策,主动作为,对符合安置条件的退役士兵2名及时进行就业安置,对不符合就业安置条件的退役士兵,积极协调区"四业办"开展就业技能培训,并结合自身优势和意愿,提供就业岗位。加强军民融合,助力新城建设。为巩固堆龙德庆区军民鱼水情深的双拥情怀,促使堆龙德庆区以全新的面貌,喜迎党的十九大胜利召开,组织驻区部队官兵在堆龙德庆区范围内开展以"堆龙新城新面貌,军民喜迎十九大"为主题的环境卫生清扫活动。活动成效显著,堆龙面貌焕然一新,同时也彰显堆龙德庆区部队官兵吃苦耐劳的优良作风。

【基层政权建设】 年内,区政局指导各行政村制定村规民约及自治章程并上墙公示。圆满完成30个行政村村级组织"两委"换届选举工作。制定出台《堆龙德庆区民政局关于深入推进农村社区建设试点工作的实施方案》下发至各乡(镇),并按照方案稳步推进农村社区建设工作。

【区划地名工作】 2017年,区民政局通过多次召开座谈会和实地查看完成全区环城及城区范围内28条道路、4座桥梁及2个隧道的初步命名工作。

【基层民政工作】 年内,区民政局严格落实中央、区、市民政部门关于在乡(镇)设立民政所的调研决策部署,充分认识加强新时期民政工作的重要性和紧迫性,进一步增强责任感、使命感,把设立乡(镇)民政所作为解决民政供需矛盾的重要利器。以在乡(镇)设立民政所为契机,以提高基层民政服务能力为抓手,切实加强组织领导,强化协同配合,全面推进乡(镇)民政所设立工作。截至年底,办公场所固定、人员设施到位、制度保障到位的各乡(镇)民政所已正式挂牌运行,"群众不跑腿、干部多跑路,信息随时传"的可喜局面已初步形成。2017年,乡镇民政所为群众办理各类事项268件、政策解答685件。

【自身建设】 年内,区民政局为不断深化"民政为民、民政爱民"理念,大力弘扬忠于职守、爱岗敬业、淡泊名利、竭诚奉献的"孺子牛"精神。提高反腐倡廉、拒腐防变、秉公用权能力,更好地服务广大人民群众,全年组织开展一系列形式多样的学习活动。积极开展服务窗口"比学赶超"星级评比活动,每月对服务窗口人员从"党的建设、作风效能、廉洁自律、维护稳定、业务工作"五个方面进行评价,并在评比栏公示,有效提高工作人员的积极性;为确保学习不流于形式,组织开展"党建+党风廉政"理论知识测试活动,进一步巩固"两学一做"学习成果的同时,深层次激发党员干部加强理论学习的紧迫感。根据测试结果,准确把握党员干部理论知识

2017年11月7日,区民政局在羊达乡召开民政所工作现场会

2017年10月13日，区民政局组织驻区部队官兵分别在全区范围内开展以“堆龙新城新面貌，军民喜迎十九大”为主题的环境卫生清扫活动

学习的薄弱环节及存在的共性问题；为打破制约党员干部职工理论学习瓶颈，在持续开展业务知识交流学习的同时，根据党建理论测试结果，针对性开展“一人一党课”活动，进一步强化党员干部对理论知识学习的主动性和积极性；为进一步丰富理论知识学习形式，确保学习内化于心，外化于行，年初制定方案前往包村点开展“新老党员结对互助”活动，在加强对党的政策的宣讲的同时全面深化年轻党员干部对党的发展历程及历经的艰辛岁月的了解。切实加强年轻党员干部对党的情感认同，进一步促进党员干部以更加奋发有为的姿态贯彻落实好党的路线方针政策；强化党员服务，贴近干群关系。为推动形成“感情向人民群众贴近，工作向重点难点聚焦”的工作格局，充分发挥党员干部这个“关键少数”的带头作用。全局党员干部职工以更高标准、更严作风、更好效果要求自己，前往堆龙德庆区五保集中供养服务中心开展党员志愿服务活动，开展结对帮扶活动，通过为老人整理内务、打扫庭院、谈心聊天的方式，进一步关爱老人生活，同时让党员干部职工在奉献中体现价值。

（次旦卓嘎）

【领导名录】

局　长

仓决卓玛（女，藏族）

副局长

旦增欧珠（藏族）

陈　文　珂（女）

堆龙德庆区人力资源和社会保障局

【概况】 2017年，堆龙德庆区人力资源和社会保障局（以下简称人社局）在堆龙德庆区委、区政府的正确领导下，在自治区、拉萨市大力支持和指导下，认真贯彻中共十八届三中、四中、五中、六中全会及自治区、拉萨市第九次党代表会精神，紧紧围绕2017年拉萨市各县（区）人社工作年目标考核内容和堆龙德庆区迎接拉萨市目标绩效争先进位考核任务分解表的相关要求，充分履职尽责，坚持科学合理，公正透明的原则，着力提升工作效能，促进各项工作任务圆满完成，为堆龙德庆区健康和谐发展提供坚实基础。

【增强劳动者职业技能】 努力建设高技能人才队伍，开展农民工、高校毕业生、企业职工等各类群体的职业培训与能力开发，增强劳动者职业技能，促进就业。2017年，全区实现就业再就业培训145人，完成市局下达目标任务的145%；农牧民转移就业培训1027人，完成市局下达目标任务的114%；职业介绍762人次，完成市局下达的目标任务的127%；职业介绍成功363人，完成市局下达目标任务的121%；开发就业再就业岗位1000个，完成市局下达目标任务的143%；实现新增就业1444人，完成市局下达目标任务的103%；实现困难就业人员就业162人，完成市局下达目标任务的108%；失业人员再就业334人，完成市局下达目标任务的110%；小微企业新增就业1373人，完成市局下达目标任务的109%；城镇登记失业人员67人，城镇失业登记率在2.2%；职业技能鉴定278人，完成市局下达目标任务的141%；农牧区劳动力转移就业1.308万人，2.616万人次，实现收入0.6007亿元，完成市局下达目标任务的101%；高校毕业生实名制统计691人；组织60人参加创业培训，创业成功8人，带动24人就业，完成市局下达目标任务的140%；组织实施高校毕业生见习35人，完成市局下达目标任务的117%；建档立卡贫困户转移就业863人，完成市局下达的目标任务的100%；易地搬迁类建档立卡贫困户转移就业414人，完成市局下达目标任务的103%；培训建档立卡贫困户421人，完成市局下达目标任务的105%；开展人力资源洽谈会2期，完成市局下达目标任务的100%；小微企业吸纳就业4000人，完成市局下达目标任务的114%。

【为干部群众兑现保险】 年内，区人社局贯彻执行《中华人民共和国社会保险法》，继续推进新农保工作，加强城乡居民养老保险宣传力度，提高各险种参保人数，参保率和覆盖面。认真开展基金监督制度自查，切实加强基金的管理。包括干部职工医保，城镇职工医保及僧尼医保。2017年，企业职工基本养老保险直接在市局参保缴费；城乡居民基本养老保险实现参保24355人，完成市局下达目标任务的125%，征缴基金195.3万元，完成市局下达目标任务的104%，县级财政补贴8.8454万元，完成市局下达目标任务的100%，基金征缴率为95%；城镇职工基本医疗保险实现参保2521人，完成市局下达目标任务的102%；城镇居民基本医疗保险工作实现参保1890人，完成市局下达目标任务的100%，生育保险实现参保2171人，完成目标任务的104%，企业直接在市局参保缴费；失业保险实现参保1008人，完成目标任务的100%；工伤保险实现参保4641人，完成目标任务的133%，征缴基金301万元，完成目标任务的101%；待遇支付方面：完成了居民和职工住院及生育报销，其中职工住院报销6.58141万元；生育报销56人，共61.9920万元；居民住院及生育报销累计39.6885万元。已对2014年10月—2016年12月职业年金及机关养老保险完成核定缴费。2017年由于“五险合一”征缴，已对55家单位进行核定，共计缴费7700万元。

【工资福利和专技工作】 专业技术人员的职称评审和继续教育培训工作。2017年全区确认资格81人(含教育系统)，聘任初级资格75人，中级资格16人，聘任副高2人。完成全区883人继续教育手册登记编号工作；促进人才资源的合理配置，营造宽松的人才流动环境。严格按照干部、工人管理权限，审批办理干部、职工调动手续。根据区委组织部人事调动相关手续，协助办理调动手续63人，其中调出9人，调进54人；做好增资呈报和工资福利审批工作，强化基础性管理。完成机关事业单位调整西藏特殊津贴标准增资呈报工作，做到数据翔实、情况清晰。截至年底，审批完成20名新录用人员工资定级工作；审批完成339名人员工资变动上报工作；发放退休老干部丧葬费、抚恤金4人，共计475164.8元；兑换1002名干部职工2016年年终一次性奖金9080480元。

【维护劳动者合法权益】 年内，区人社局为切实履行劳动保障监察职责，贯彻执行劳动保障法律法

2017年8月21日，区委常委、副区长李晓强（主席台中）主持召开全民参保登记暨社会保障卡数据采集工作动员部署会

规,严格监督检查用人单位遵守劳动法律法规的情况,积极受理违反劳动法律法规的行为,进一步提高办案质量和结案率,对案件以最短时间给双方当事人公平、公正的调节;继续以规范劳动市场秩序为工作重点,加强劳动相关法律法规宣传教育普及工作;加大劳动监察执法力度,继续重点解决拖欠农民工工资,收缴民工工资保证金等问题,保障劳动者合法权益。2017 年,共开展各类法律法规政策宣传活动 14 次,发放宣传手册 10500 余册;加大劳动监察执法力度,继续重点解决拖欠农民工工资,收缴民工工资保证金等问题,保障劳动者合法权益;加大用工领域特别是工程施工领域的农民工资拖欠矛盾排查力度,全面开展各类专项和矛盾排查 11 次,确保矛盾整治问题化解在萌芽状态。办理劳动用工手续 81 家用工单位,规范劳动合同 1032 份,监督检查面达到 98%,共受理投诉案件 63 起,立案 63 起,结案 63 起,成功移交 1 起涉嫌违法案件,对 28 家用工单位下发限期整改指令书,帮助 835 名农民工追讨工资 903.561096 元;40 家企业预存建筑领域农民工工资保证金 2785.103 万元。为进一步加强劳动保障监察信息预警研判工作,确保各类不稳定因素及群体性事件早发现苗头,准确判断性质,及时有效地控制在萌芽状态,切实把握工作主动性,维护好劳务和谐,增强工作的预见性和针对性,牢牢把握工作主动权和相关要求,全力维护堆龙德庆区劳务和谐稳定的发展大局,制定《堆龙德庆区劳动保障监察信息研判机制》。9 月,自治区开展的农牧民工工资支付情况检查调研活动中,自治区人社厅及自治区住建厅领导对堆龙德庆区劳动保障监察工作给予高度评价。

2017年5月5日,副区长皮志帅(左二)在区人社局举办的专场招聘会指导工作

【管理机制】 年内,为深化堆龙德庆区公益性岗位和政府购买人员人事制度改革,区人社局建立科学、规范的薪酬和绩效考核机制,充分调动其工作的积极性和主动性,保证全区经济社会发展各项任务圆满完成。根据堆政发关于印发《堆龙德庆区政府购买服务人员薪酬分配方案(试行)、绩效考核实施办法(试行)、管理暂行规定(试行)》的通知,区人社局认真贯彻落实文件相关要求,进一步完善堆龙德庆区公益性岗位和政府购买服务人员的管理机制和福利待遇,坚持"谁用人、谁管理"的原则,加大对人员管理和监督力度。

【政策法规宣传】 建立综合协调的执法工作机制。年内,建立以区人社局、公安局、信访局、安监局、司法局等多家职能部门协调的联合执法领导小组执法机制,配备专业人员,形成工作网络,清理建设领域拖欠工程款和农民工工资等现象,并按照目标、任务、节点,落实工作部门和责任人,做到每项工作任务实、节点明、责任清。加强宣传,提高社会认知度。区委、区政府多次召开会议,依托 30 个行政村人社工作协调员,大力宣传外出务工人员须知,通过邀请市直部门专家在每年 3 月组织外出务工人员实施农牧民引导性培训,5 月利用春风行动专场招聘会现场发放宣传资料,6 月利用综治宣传月在主要干道组织堆龙德庆区人力资源和社会保障局劳动监察大队干部实施现场讲解,现场咨询等方式的宣传活动,截至年底，共组织各类宣传10次，发放劳动法律和维权手册8500余册。

【做好包村点扶贫工作】 年内，区人社局根据掌握了解的实际情况，经同村委员领导班子，村民代表商议，初步拟定“输血”和“造血”相结合，积极调动和发展当地优势，借助外部支持，最终实现脱贫致富的目的。在开展帮扶工作中，积极做好思想和组织动员工作的同时，教育引导扶贫对象克服“等、靠、要”思想，树立自力更生、自主创业、自我解困意识，力求在必要的外力扶持下，通过贫困妇女群众自身不懈努力实现脱贫致富；坚持职业技能培训、创业培训促进创业为中心，紧紧围绕全区改革发展稳定大局，坚持抓重点、攻难关、创亮点、求突破的工作思路，下大力气做好就业再就业工作，开创出就业工作新局面；把包村工作列入区人社局重要工作日程，按要求到村开展各项工作，充分发挥部门优势进行帮扶，同时通过包村工作，进一步将部门工作与当前开展新农村建设工作结合起来，培养堆龙德庆区人力资源和社会保障局干部对农村工作的认识，密切干群关系，改进工作作风，进而促使区人社局工作更上新台阶。

【民生工作】 公开办事流程和岗位职责。年内，社保大厅制作张贴五项社会保险业务流程图，制作“岗位职责”工作证，每名干部职工主动亮明身份、服务承诺和标准，做到工作职责明确、办事程序清晰。开展办事流程简化和备案制度。对劳动保障监察的投诉举报、书面审查、工资保障金办理等多项业务工作流程进行简化。养老保险业务每月集中一周，在服务大厅实行养老保险退休手续一站式办理，极大提高办事效率，收到良好效果。开辟网上办事和服务平台。建立业务工作群（就业岗位开发、基层服务平台等），及时发布最新政策法规，加强学习交流，促使服务更加便捷。

【自身建设】 年内，堆龙德庆区人力资源和社会保障局狠抓自身队伍建设，切实转变工作作风。结合堆龙德庆区人力资源和社会保障局深入开展“两学一做”学习教育，加强组织领导，精心筹划部署，创新活动方式，增强干部素质。坚持每周四下午学习制度，学习科学发展、服务科学发展的工作思路更加清晰，把握发展大局、加快区人社局发展的责任意识进一步加强。

加强党组织建设力度，确保党建工作取得实效。认真落实党内组织生活制度，开展民主评议和专题民主生活会，严格执行党支部“三会一课”制度，加强全局党员干部的管理教育工作，确保党员受教育率达98%以上。

严格执行党风廉政主体建设，进一步健全完善制度。局支部坚持党要管党、从严治党要求，始终以高度的政治责任感和历史使命感，把主体责任记在心上、扛在肩上、抓在手上。年初安排部署2017年党风廉政建设重点工作，尽职尽责种好“责任田”，层层签订党风廉政建设责任书。深入推进惩治和预防腐败体系建设，努力构建不想腐、不敢腐、不能腐的长效机制。坚持党风廉政专题会议制度、领导干部个人重大事项报告和述廉制度、党风廉政建设考核和监督制度、民主生活会制度、廉政谈话提醒制度。

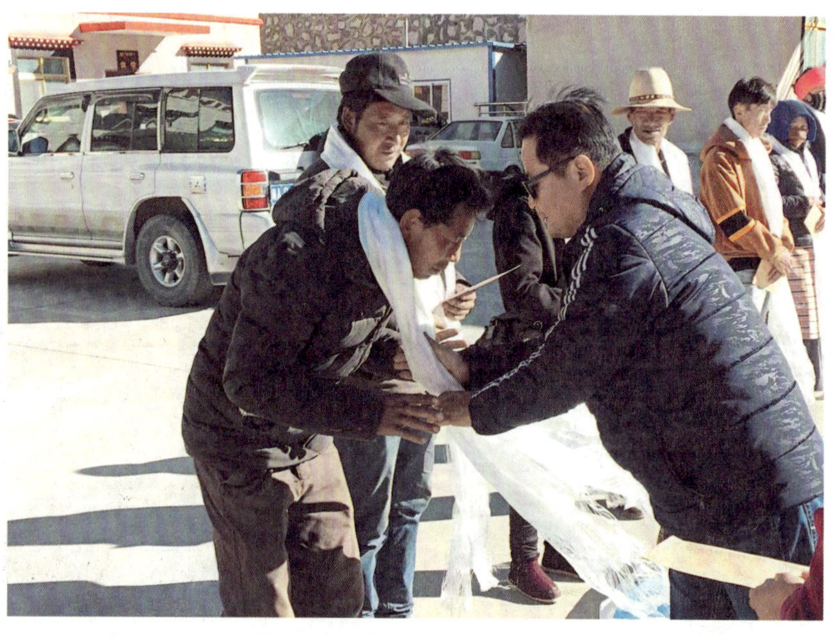

2017年2月24日，区委组织部副部长、人社局局长洛桑达吉慰问包村点贫困户

转变工作作风，增强服务意识。区人社局严格按照中央“八项规定”、自治区“十条禁令”、拉萨市“九项要求”精神，积极谋划工作，不敷衍，不积压，无乱收费、乱摊派现象；认真对待办事群众，主动承担责任；能认真贯彻党风廉政建设责任制，做遵法、学法、守法、用法的模范；重点整治纪律涣散问题。对无视组织纪律和工作纪律、“为官不为”现象进行大力整顿，重申“五不让”的纪律要求，配合纪检部门明察暗访工作，大大减少办事拖拉、相互推诿、敷衍塞责的现象。

（加央多吉）

【领导名录】

局　长

洛桑达吉（藏族）

副局长

土登群培（藏族）

杨 洁 琼（女）

堆龙德庆区民族宗教事务局

【概况】 年内，堆龙德庆区民族宗教工作在区委、区政府的坚强领导下，在上级业务部门的有力指导下，深入贯彻落实党的十八届四中、五中、六中全会和党的十九大精神、习近平总书记系列重要讲话精神和中央第六次西藏工作座谈会精神，紧紧围绕民族工作主题，贯彻党的民族宗教工作基本方针政策，坚持一手抓稳定不放松、一手抓发展不动摇，认真贯彻落实区、市、区党委政府的各项决策部署，认真抓实抓好年初工作安排的落实，民族宗教工作扎实有序开展。2017年，区民宗局编制7人，实有工作人员8人（含借调人员2名），分为宗教事务办公室、民族团结工作办公室、项目财务办公室、综合办公室。

【基层党组织建设】 2017年8月8日，区民宗局党支部召开党员大会对支部班子进行补选改选工作，以党支部书记、副书记、专职委员为核心的支部班子；修订完善《堆龙德庆区民宗局支部委员分工》及民主评议党员制度、“三会一课”制度、党支部学习制度、“三重一大”制度等11项支部工作制度并上墙公示，以接受群众和上级领导、业务部门的监督和指导；紧密结合“两学一做”学习教育活动，深入学习党章、党纪、党规，习近平总书记系列重要讲话精神，十八届三中、四中、五中、六中全会精神，党的十九大精神，自治区和拉萨市第九次党代会、九届三次会议精神等重要会议和领导讲话精神；扎实开展党风廉政教育，重温中央“八项规定”、自治区“约法十章”、市委“八项要求”和“十个严禁”，认真学习《中国共产党廉洁自律准则》《中国共产党纪律处分条例》《中国共产党党内监督条例》等内容；开展“学雷锋志愿服务”“党员承诺践诺”“党支部书记讲党课”“主题党日”等一系列活动。全年，党支部组织党员集中学习50余次，干部个人撰写学习笔记2万余字，学习心得体会、发言交流材料共30篇；集中讨论7次，开展各项活动9次。

【主题教育活动和寺庙法制宣传活动】 年内，为开展好“四讲四爱”主题教育实践活动，区民宗局召开宗教领域“四讲四爱”主题教育实践活动动员部署会，并制订活动方案。在各寺庙制作“四

2017年6月5日，区委书记格桑平措（前排中），区委副书记、区长杜江（前排右一）在楚布“次曲”佛事活动现场指导工作

讲四爱”主题教育实践活动的设置宣传栏、悬挂标语横幅等形式，营造浓厚的活动氛围；制作统一规范的“四讲四爱”主题教育实践活动工作台账，便于建立健全活动开展资料的整理，发放各类宣传品等；以“四讲四爱”主题活动和法制宣传活动相结合，采取一对一、一对多和讲师讲、干部讲、高僧大德讲等形式，联系区委统战部、宗教办、司法局、检察院、党校等单位法制宣传进寺庙活动，深入寺庙、僧舍宣讲以习近平总书记系列重要讲话精神、民族区域自治法、反分裂国家法、文物保护法、消防法、《拉萨市民族团结进步条例》及各项宗教政策法规等为主要内容，覆盖僧尼、驻寺干部率达100%，发放宣传图书资料300余份(册)；定期召开各个节点的转段会，总结前一节点的活动开展情况和下一节点的动员部署，完成自治区要求的规定动作及自选动作；组织僧尼进行“四讲四爱”主题教育活动相关知识测试、开展“爱国爱教知识竞赛”、深入学习贯彻党的十九大精神等各项活动；成功举办民族团结进步创建活动进寺庙暨“四讲四爱”主题教育实践活动僧尼作品比赛，获奖僧尼15人，发放奖金11000元；顶嘎寺管会通过僧人和区检察院检察官、司法局律师等结对交友，促进民族团结学习法律知识活动，活动中给僧人发放印有“四讲四爱”内容的暖瓶、电饭煲等物品。

2017年3月30日，区委副书记、区长杜江（左排左二）检查统战民宗综治宣传点

【民族团结宣传教育】 年内，全区各乡(镇)、区直各单位、各驻军部队、学校、寺庙、企事业单位利用黑板报、宣传栏、挂横幅、LED显示屏等载体开展内容丰富、贴近生活、贴近群众的宣传活动，大力宣传《拉萨市民族团结进步条例》《中华人民共和国民族区域自治法》《城市民族工作条例》等相关内容，共悬挂藏汉两种文字宣传横幅100余幅、LED显示屏滚动宣传民族团结标语22处。通过悬挂横幅、发放宣传资料等方式开展宣传教育活动，共发放宣传资料30000余份，发放印有民族团结标语的手提袋、抽纸盒等宣传品10000余个，投入资金10万余元。

【民族团结进步模范表彰大会】 为进一步做好全区民族团结进步模范集体、家庭和个人评选表彰活动，区委、区政府高度重视，采取自下而上、自上而下、上下互动、逐级评选的方式方法，以优中选优的原则对各组织推荐的集体、家庭、个人进行筛选，并报区委组织部、区纪委审核后，于9月22日上午在区文化活动中心隆重召开堆龙德庆区民族团结进步模范表彰大会，共表彰34个模范集体、77个模范家庭、435个模范个人、60个模范个体商户，共发放奖金98.9万元。

【开展“民族团结”各项活动】 年内，按照市局文件精神，区委、区政府高度重视，研究制定《中共堆龙德庆区委办公室、堆龙德庆区人民政府办公室关于印发堆龙德庆区开展第六个“民族团结进步节”暨第27个“民族团结宣传月”活动实施方案》，由区民宗局牵头联合区委宣传部、区直机关工委、团区委、司法局等多家单位在全区范围内开展以“民族团结”为主题的知识竞赛、歌唱比赛、演讲比赛、文艺演出、民族团结讲座等丰富多彩的文化体育活动，通过此次活动，为全区各族人民和干部职工营造出浓厚的民族团结氛围，进一步促进各族群众和干部职工之间的交往交流交融。

【寺庙慰问及包村慰问活动】 在区委、区政府的大力支持和关心下，区民宗局年初根据寺庙规模、僧尼人数制定慰问方案，为各寺庙送去大米、清油、砖茶等慰问品和慰问金，折合人民币共计10万元。

组织全体党员干部学习精准扶贫的相关知识和政策，先后10余次深入包村点古荣乡那嘎村调研指导精准扶贫工作、基层党建工作和2017年村级组织换届工作，形成1篇综合性调研报告。先后在年初、“三大节日”前夕、年中、年末前往结对包村点看望慰问结对帮扶的10户精准扶贫户，共送去价值8800元的慰问品和8700元慰问金，同时还实时关心关注他们的生产生活情况，帮助他们解决就业。

【申报宗教领域为民办实事项目】 为切实改善民生，着力解决僧众最关心、最直接、最现实的利益问题，按照人大、政协提案和各寺庙的实际情况，2017年区民宗局向区委、区政府申报顶嘎寺、其美龙寺等9座寺庙环境整治、道路硬化等基础设施建设项目12个，共投入资金1097万元，截至年底，各寺庙项目已全部竣工。

【班子僧尼成员岗位补贴资金】 按照《堆龙德庆区宗教活动场所僧尼管理成员岗位补贴和绩效奖励发放管理实施细则(暂行)》要求，做好岗位补贴和绩效奖励发放工作，使寺庙管理委员会班子僧尼成员真切感受到党和政府对他们的关心与厚爱，2017年已兑现全年各寺管会(专职特派员)班子僧尼成员岗位补贴，共发放补贴60.9万元。

【宗教活动顺利有序开展】 按照《西藏自治区大型宗教活动管理办法》的规定和每季度宗教活动提前上报审批的原则，经市区政府审批，年内各项佛事活动均按上级部门的要求分别制定各类方案、预案。为确保各项宗教活动顺利有序开展，建立各部门联防联动机制，区委区政府主要领导亲临活动现场坐镇指挥，各部门协同作战，确保各场佛事活动正常有序开展。全年各项佛事活动确保“三无”“三不出”。

【自然减员及新僧尼吸收工作】 按照区市业务部门在编僧尼自然减员补充新吸收僧尼工作文件精神和要求，区民宗局结合各寺庙实际，制定《堆龙德庆区2017年藏传佛教寺庙定员僧尼吸收补充工作实施方案》和《堆龙德庆区2017年藏传佛教寺庙定员僧尼吸收补充名额分配表》，区民宗局按照拉萨市新吸收僧尼工作要求，科学合理分配名额，拟定的14名新吸收僧尼，按照上级规定，严格履行相关程序，切实做好在编僧尼自然减员补充新僧尼吸收工作。

【僧尼培训班】 年内，为提高全区寺管会(专职特派员)班子僧尼成员整体素质、宗教造诣及道德修养，区民宗局研究制定各类培训方案，采取走出去、请进来的培训方式开展以宣讲员、新吸收僧尼、僧尼班子成员和一般僧尼等各类培训；已邀请党的十九大代表巴珍老师、区委党校讲师、自治区佛学院经师等以党的十九大精神、寺规戒律、宗教政策、宗教事务条

2017年7月11日，区民宗局召开宗教领域“四讲四爱”第二节点总结暨第三节点培训会

例等为僧尼讲座。组织僧尼前往军史博物馆、拉萨市民族团结进步展厅等拉萨爱国主义教育基地参观学习，同时到南山公园、滨河公园参观拉萨的树上山、河变湖工程成果；僧尼赴内地学习交流。各项培训投入资金共计14万余元，培训覆盖率达到89.74%。

【僧尼体检工作】 年内，为落实党和政府的利寺惠僧政策，做好全区在编僧尼的体检工作，结合“四讲四爱”主题教育实践活动的开展，将包虫病知识宣传作为一项重要的工作，在各寺庙制作包虫病知识宣传展板，邀请专业人员对寺庙僧人讲解包虫病防治进知识。

按照区委、区政府全民体检、僧尼体检、包虫病筛查等三个同步要求，区民宗局制定下发《堆龙德庆区2017年寺庙僧尼参加免费健康体检实施方案》，5月18日至8月底，采取上门体检、集中在乡镇卫生院和区人民医院体检三种方式对全区持证僧尼进行体检，经筛查，1名持证僧尼血检呈阳性，无需手术，医院为该僧人制定药物治疗方案。2017年寺庙僧尼提出，希望到自治区或拉萨市设备先进、医资雄厚的大医院去体检的意见建议，经区委统战部、宗教办和民宗局召开专题会议研究后，对有特殊病、长期病号及年龄较长的僧尼共计83人，到西藏自治区藏医院进行体检，经检查，1名僧人较为严重，需立即住院治疗。

【管理教育服务工作】 年内，区民宗局按照区委、区政府的要求，制定《堆龙德庆区有寺无僧拉康、日追及社会流动从事宗教活动人员的管理方案》；以“四讲四爱”主题宣传教育实践活动为契机，召开社会从事民间宗教活动人员座谈会和宣讲教育活动，活动中发放印有“四讲四爱”宣传标语的木碗和包；对社会从事民间宗教活动的持证人员进行年审，堆龙德庆区19名“持证”人员均通过年审。按照社会从事民间宗教活动人员的管理要求，层层压实责任到乡（镇）、村、组，并严格落实请销假。

2017年12月20日，区民宗局联合公安消防大队开展消防知识进寺庙活动

【宗教活动场所的六个严防工作】 区民宗局联合统战、安监、消防、所辖乡镇积极开展，每月不少于2次的消防安全检查；按照上级部门的要求，制定《关于做好2017年堆龙德庆区涉宗领域“除火患、保平安”冬春火灾防控》工作方案，将“今冬明春防火灾”工作，作为区民宗局的重要工作来抓，将堆龙德庆区宗教日常督导检查与寺庙消防安全工作相结合，进入各寺庙专项安全排查工作，区民宗局联合消防大队举办“消防知识进寺庙培训”活动，并要求各寺管会在寺庙内开展防火灾、防自焚、防爆恐的应急演练。

【伊斯兰教临时礼拜点管理工作】 为进一步管理好伊斯兰教信教群众管理工作，在穆斯林各种传统节日前，区民宗局按照“早研究、早部署、早管控”的原则，积极联系相关部门及临时礼拜点负责人沟通，召开会议研究部署各项安保工作，前往临时礼拜点督导检查等工作，确保伊斯兰教临时立礼拜点在各项传统节日中的“三不出”。

（主国权）

【领导名录】

局　长

尼玛旺堆（藏族，5月离任）

朗杰次成（藏族，5月任职）

副局长

马 玉 华(女,回族)

次仁扎西(藏族)

堆龙德庆区卫生局

【概况】 2017年,堆龙德庆区卫生局(以下简称区卫生局)有行政管理人员共计9人。下属医疗卫生机构有区医院、疾病控制中心、5个乡(镇)卫生院、25个村卫生室,堆龙德庆区卫生计生工作人员共293人。区、乡、村三级医疗预防保健网络基本健全。初步实现保健不出村,小病不出乡,大病不出区,重疑难病及时转诊的工作目标,能为农牧民群众提供综合、便捷、安全、有效、经济的医疗卫生保健服务,使堆龙德庆区农牧民群众有地方看病、看得起病,确保病有所医的国家政策得以有效落实。

【党风廉政工作】 年内,区卫生局认真贯彻落实中共中央、自治区、市及堆龙德庆区委、区政府关于党风廉政建设精神及工作部署,把落实党风廉政建设责任制作为重要工作抓紧抓实,组织党员干部学习业务技能、法律知识、廉政知识等,紧紧围绕卫生计生工作,坚持标本兼治、综合治理、惩防并举、注重预防的反腐倡廉的工作方针,不断总结完善党风廉政建设责任制,严格各项管理制度措施,积极推进党风廉政建设,扎实抓好卫生系统的党风廉政建设和作风建设工作。年内,区卫生局把党风廉政工作纳入全年整体工作,反腐倡廉工作任务分解到医院、疾控中心、各乡(镇)卫生院,明确责任内容,落实具体责任人,促进卫生系统党风廉政建设和反腐败工作的顺利开展。

【卫生事业】 区委、区政府把医疗卫生事业视作重大的民生工程,2017年,堆龙德庆区投资7000万元修建医院外科综合楼建设项目;配套700万元建设区公共卫生应急服务中心;争取国家投资240万元、本级财政配套230万元建设区疾控中心业务用房;争取北京援藏资金600万元用于购置乡镇卫生院医疗设备,完善堆龙德庆区基层医疗硬件设施;争取援藏资金1000万元建设德庆乡邱桑村藏医药文化展示中心。2017年堆龙德庆区投入170万元,实施乡村医生绩效发放,从坐班制、就诊量、服务态度等方面对其进行考核发放。

根据自治区及拉萨市包虫病综合防治工作相关会议精神,为做好全区包虫病综合防治工作,结合堆龙德庆区包虫病筛查工作实际,为更好、更快地完成包虫病筛查任务,本级财政投入688.8万元,解决堆龙德庆区包虫病实验室基础设施建设、包虫病筛查急需设备的购置以及日常工作开支等。截至年底,包虫病实验室设备齐全,已投入使用。

【农牧区基本医疗制度100%覆盖】 2017年,农牧民个人筹资率达到100%,农牧区医疗政府补助标准提高至年人均475元,较2012年的人均300元增加175元;农牧区参加个人筹资的人数为39614人,个人筹资缴费金额人均提高到30元,合作医疗个人筹资总金额为118.84万元。2017年,大病统筹补偿金额2448.83万元,累计最高报销封顶6万元。

2017年5月25日,堆龙德庆区卫生局召开卫生计生暨党风廉政建设工作会

【农牧民医疗保障】2017年，区财政投入80万元资金，在原有7万元的医疗保险的基础上，为全区农牧民群众购买30万元的超大额医疗保险，不断增强政府医疗兜底力度。

【健康扶贫工作】区委、区政府高度重视，加强组织领导。把帮扶工作作为年度一项重点工作来抓。2017年4月，根据区委、区政府的工作安排及堆龙德庆区自身实际情况，本级财政安排300万元作为合作医疗精准扶贫专项资金，在《堆龙德庆区农村合作医疗精准扶贫优惠政策》的基础上，制定《堆龙德庆区卫生局合作医疗及精准扶贫医疗救助实施政策》，对农牧民群众扶贫救助不设起付线和封顶线，均予以80%以上报销。截至年底，已对113人次进行救助工作，救助金额达73.53万余元。

【全面实施国家基本药物制度】区委、区政府高度重视全区实施国家基本药物制度工作，按照建立国家基本药物制度工作安排，实现全区所有政府办基层医疗机构实施国家基本药物制度的目标。在自治区卫计委下发的《国家基本药物目录(2009年版基层部分)》基础上，区卫生局按照《西藏自治区政府关于基层医疗机构基本药物采购工作实施办法》的要求，2017年，共采购西药196种和藏药227种。

【基本公共卫生服务】按照自治区基本公共卫生服务项目，明确堆龙德庆区公共卫生服务范围，确保国家和自治区基本公共卫生服务项目免费向城乡居民提供。为进一步落实基本公共卫生服务，提高服务质量，规范和加强基本公共卫生服务专项经费管理，充分发挥资金使用效益，通过政府购买服务的方式，大力开展各项公共卫生服务，如包虫病、慢病管理、地方病防治、规划免疫、结核病防治，性病艾滋病防控等公共卫生工作。

2017年9月19日，堆龙德庆区医务人员为辖区内流动人口进行免费健康体检

堆龙德庆区每年投入100万元用于解决先天性疾病患者看病难、看病贵的问题。2017年7月带领9名先天性疾病患儿到北京首都儿研所进行免费治疗，前期康复治疗已完成；推行家庭医生(乡村医生)签约服务制度，以老年人、慢性病、孕产妇等为重点，提供有针对性、防治结合的健康管理服务，家庭医生签约率达98%；为15岁以下人群补种乙肝疫苗项目覆盖全区6个乡(镇)，对15岁以下学生和儿童实施乙肝疫苗接种，2017年，继续开展乙肝疫苗常规免疫工作，免疫接种率达到97%以上。

大力实施“降消”“母子系统保健”和“孕期微营养素补充”等项目，继续实施城乡农牧民孕产妇住院分娩特殊报销补偿政策和生活救助政策，积极开展妇女常见病普查诊治。2009年以来，堆龙德庆区全面实施农牧区住院分娩补助、增补叶酸工作，截至2017年9月30日，对堆龙德庆区174名孕前及早孕妇女发放叶酸，发放叶酸片277盒。堆龙德庆区继续对农牧民住院分娩实行优惠政策，农牧民住院分娩费用实行100%报销补偿，对每位住院分娩的农牧民和护送者分别给予50元的奖励补助。2017年，住院分娩率持续2年达到100%。计生两项扶助金发放率达100%，受助合格率达100%；完成孕前优生健康检查 437.5 对，出生缺陷体检人数 300 对。

【公立医院内部管理工作】 根据《拉萨市“先诊疗、后结算”实施方案》要求，在区医院推行“先诊疗后结算”服务模式，实行绿色通道，分别与自治区、拉萨市医院签订“先诊疗、后结算”服务协议。自 2013 年 5 月实行该制度以来，受益群众达 3046 人，结算资金 1217.08 余万元。同时，堆龙德庆区人民医院与自治区二医院普外科（国家重点学科科室）合作建立国家级重点科室临床培训基地，最大限度的方便堆龙德庆区农牧民群众在自治区重点医院就诊就医，使堆龙德庆区广大农牧民群众得到实实在在的好处。切实加强公立医院内涵建设和内部管理，积极开展“医疗质量万里行”“平安医院”及医院管理年、医疗安全百日专项检查、区医院巡查活动。优化诊疗流程，加强重症学科、急诊科、护理等重点科室的建设与管理，加强医院感染、医疗质量和临床用药安全管理，开展优质护理服务示范工程，提高临床护理质量，加快医院信息化建设步伐，逐步规范临床检查、诊断治疗和用药行为，探索人事制度改革试点，医院整体管理水平、医疗服务水平和医护质量进一步提高。

【免费健康体检暨包虫病筛查工作】 2017 年，全面推进建立农牧民健康档案和僧尼健康体检工作。截至年底，完成城乡居民免费健康体检 42105 人，体检率 99.8%。在编僧尼免费健康体检率 100%。在各乡（镇）人民政府的大力配合和区卫生局的精心安排下，通过全区医务人员的不懈努力，全民健康体检工作取得较好的成绩。自 2017 年 4 月起，对堆龙德庆区 4 个乡 2 个镇、所有寺庙在编僧尼、编外人员以及驻寺干部进行免费健康体检暨包虫病筛查工作，并建立健康档案。截至 2017 年 10 月 10 日，堆龙德庆区已完成包虫病筛查任务，体检人数 48326 人，其中 B 超检查人数 48326 人，血清检测人数 34063 人，在上级医院进行进一步排查后发现确诊患者 56 人，其中药物治疗 21 人，手术治疗 31 人，仅需定期检查 4 人。药物治疗 21 人中，18 人已经领取药物。手术患者中 18 人已完成手术，9 人为流动人口，部分已返回原籍治疗。

（次旦卓嘎）

2017年11月17日，堆龙德庆区卫生局召开迎接拉萨市包虫病防治工作督导检查会

【领导名录】

局　长

李　宁

副局长

李扎西（藏族）

堆龙德庆区食品药品监督管理局

【概况】 年内，堆龙德庆区食品药品监督管理局在区委、区政府的正确领导下，在拉萨市食药监局的业务指导下，深入学习贯彻党的十八大、十八届历次全会及十九大精神，切实围绕保障人民群众食品药品安全这一中心任务，锐意进取，奋发实干，有序推进食品药品监管工作，严厉打击各类食品药品违法违规行为，全年未发生一起食品药品安全事故。2017 年，区食药监局由原有的 3 名行政人员增加至 5 名，全局在职干部职工共 10 名，其中正科级干部 1 人，副科级干部（含副

主任科员)4 人。

【作风建设】 年内,区食药监局每月定期组织开展党风廉政建设专题学习活动,认真落实"三重一大"议事制度,完善和建立党风廉政建设各项制度。同时,领导班子成员之间,班子成员与干部职工之间开展约谈各 1 次,局领导班子主要领导与成员之间、与干部职工之间签订《党风廉政建设责任书》,确定"一岗双责"责任、细化工作任务。

2017年7月26日,区食安办组织相关成员单位召开创建国家食品安全城市推进会议,区委副书记、区长杜江到会并作重要讲话

【党建工作】 年内,区食药监局党支部以党章、党的十九大精神、习近平总书记系列重要讲话精神等为学习重点篇目,组织干部职工每周五开展集中学习活动,积极开展党建主题活动。同时,深入包村点,积极探讨包村点维护稳定工作和致富工作思路,听取包村点急需解决的突出问题和困难,与此同时,积极开展包村点调研工作,通过实地走访深入了解包村点经济社会发展以及和谐稳定状况。在"三大节日""六一"儿童节、十九大等期间,积极开展帮扶慰问活动。

【落实食药安全责任】 年内,区食药监局进一步调整充实食品安全成员单位、食品药品安全协管员及信息员,并且为切实加强各乡(镇)、食品安全成员单位、药械经营使用单位、学校及企业的主体责任,积极推动食药安全工作,严格防控食品药品安全事故。年初区食安办、区食药监局组织各乡(镇)、食品安全成员单位、药械经营使用单位召开 2017 年度食品药品工作会议,并与各乡镇、各成员单位签订《食品安全责任书》《药械安全责任书》31 份,与辖区各学校、幼儿园、乡(镇)幼儿园、村级教学点签订《学校食品安全责任书》(覆盖 43 家学校及幼儿园)。

【推进食药安全监管工作】 年内,区食药局以"3+1"监管模式(日常监管+专项整治+联合执法+食品抽检),严格按照法律法规,扎实开展食品药品监管工作。2017 年,日常监督 1206 家次,开展"学校食堂食品安全专项检查""畜禽水产品专项监督检查""餐厨废弃物专项监督检查""十九大期间食品药品安全专项检查""药品经营和使用单位供货方资质专项整治"等专项检查及"三大"(高、中、小)考试期间食品安全保障工作、"楚布寺次曲活动"食品安全保障工作等 20 余次,其间共检查食品药品经营使用单位 620 余家次,有效整改 98 余项食品药品安全隐患。按照拉萨市 2017 年食品安全抽检计划任务分配表,局领导高度重视、及早行动、精心部署,制定堆龙德庆区食品抽检工作方案。抽检工作人员严格按照食品抽检工作规范,开展堆龙德庆区 2017 年度食品抽检工作,2017 年共完成 23 批次食品抽检任务。根据拉萨市食品药品监督管理局工作要求,全年共完成 13 批次医疗器械抽检任务,上报药品不良反应报告 15 个,化妆品不良反应报告 4 个。

【推进创建工作】 为有效推进拉萨市创建国家食品安全城市工作,2017 年区食安办组织召开 2 次"堆龙德庆区创建国家食品安全城市推进会议",与各成员单位签订《堆龙德庆区创建食品安全城市责任书》,同时为切实提高广大群众对创建国家食品安全城市的知晓率和参与度，2017年区食药监局制作370个宣传栏、在堆龙德庆区公交车上张贴宣传海报40张，在全区范围内进行有效宣传。年内区食安办积极发挥组织协调作用，牵头组织区农牧局、工信局、公安局等食品安全成员单位开展“三大节日”“五一”劳动节、十九大、“畜禽水产品”联合检查等工作，共检查86家食品经营店，主要涉及餐饮店、超市、小食杂店、菜市场、卤菜店等人流较多、风险较大的食品行业。

【行政许可工作】 依据行政许可管理规定要求，认真开展食品经营及药品经营行政许可工作。2017年，区食药监局共办理食品经营许可证780个，药品经营许可证2个，GSP认证2家。对辖区内食品流通领域经营户下达办理食品经营许可证通知单430份。

【培训宣传】 年内，区食药监局为加强食品安全从业人员法律意识，每月对新申请办理食品经营许可证的食品安全从业人员开展食品安全法规培训，共对280名食品安全从业人员开展培训，发放结业证280本。对乡（镇）食品药品安全协管员开展1次食品药品安全培训；同时为加强食品安全从业人员和广大消费者的食品安全意识，突出宣传，强化预防，在“五下乡”、宣传活动、综治宣传月、“12331”食品药品投诉举报活动、食品安全宣传周活动等期间，深入乡镇、学校、企业宣传食品药品安全知识，共发放食品药品安全知识宣传书、宣传册、宣传海报1300余份，悬挂横幅5条，通过一系列宣传教育活动，提高群众食品药品安全意识，营造良好的氛围。

【乡（镇）食药执法装备】 为有效发挥乡（镇）食品药品安全协管员作用，切实增强乡（镇）食药安全，2017年，区食药监局统一为各乡（镇）食品药品安全协管员配备执法服装、执法电动车、笔记本电脑及打印机。

2017年4月1日，区食药监局在区邮政局门口开展“12331”食品药品投诉举报宣传活动

【打击违法违规经营行为】 年内，区食药监局根据食品药品投诉举报情况和食品抽检结果，依照相关法律法规，严格落实食品药品行政处罚程序。2017年，共收到举报事件18起，受理办结18起。责令整改13家次、下达停业整顿5家次。

（尼玛卓嘎）

【领导名录】

局　长

　　郭　　斌

副局长

　　尼玛江才（藏族）

　　赖　雪　萍（女）

堆龙德庆区人民医院

【概况】 年内，堆龙德庆区人民医院（以下简称区医院）在堆龙德庆区委、区政府的高度重视和上级卫生主管部门的关心指导下，区医院严格遵照上级领导的指示精神，全院上下围绕稳步推动公立医院改革工作，凝心聚力、开拓创新，卓有成效地完成医院各项医疗卫生工作。区医院占地面积33335平方米，建筑面积5705.17平方米，全院共有50张床位，院内设有行政、总务后勤科、医务科、信息科、护理部、设备科、病案室、财务科、保卫科、内科、外科、手麻科、儿科、口腔科、藏医科、妇产科、“120”急救中心、药房、影像科(B超、心电、放射科)、检验科、供应室及收费室等22个科室。拥有西门子16排CT机、奥林帕斯腹腔镜、强生超刀、彩超、全自动发光免疫分析仪等大型设备,设施设备条件能够基本满足病人的治疗需求。2017年,全院共有医护人员146人,正式114人,占78.08%;聘请临时工23人,占15.75%;公益性岗位6人,占4.11%;借调1人,占0.68%,退休返聘1人,占0.68%,政府购买人员1人,占0.68%。其中,专业技术人员职称结构为(只包括正式专技人员,无工勤人员和聘请临时工)副高3人,占2.70%;中级25人,占22.52%;初级24人,占21.62%;其他59人,占53.15%。

【基层党建工作】 年内,区医院在各级党委政府和各级卫生行政部门的正确领导和关心支持下,全院职工齐心协力,奋发图强,认真学习贯彻党的十八大和十八届三中、四中、五中、六中、七中全会及十九大精神,以邓小平理论和“三个代表”重要思想为指导,全面落实科学发展观,坚持以病人为中心全面提高医疗服务质量,深化医药体制改革、建立中国特色基本医疗卫生体制改革,健全现代医院管理制度,狠抓医疗质量,提高技术水平,优化医疗环境,促进医患和谐,2017年顺利完成各项目标任务,创造良好的社会效益与经济效益,全面推进医院科学发展。

2017年9月11日,国务院医政办督导处处长朱永峰(中)等一行工作组在区人民医院检查药品零差价落实情况

按照中共中央八项规定和自治区、拉萨市、堆龙德庆区委相关文件会议指示精神,院党支部及时召开全院党风廉政建设(结合医德医风)工作动员部署专题大会,按照“两个主体责任”的规定要求,医院党支部书记作为医院党风廉政建设的主体负责人,与院长及相关科室负责人签订《区医院党风廉政建设目标责任书》,组织全院党员认真学习《中国共产党廉洁自律准则》《中国共产党党纪处分条例》,要求摘抄笔记、撰写心得体会,并将卫计委“九不准”的相关规定作为区医院职工的行为准则,全面强化医院职工防腐拒变的能力,增强全院职工的党风廉政建设思想意识;根据相关要求区医院完善制度、强化措施,在医院人事变动、资金使用、基础建设等重大决策上实行集体研究、民主决策,确保党的相关政策规定切实落到实处,从源头上杜绝腐败情况的发生。

按照堆龙德庆区委统一部署,根据“两学一做”专题教育学习活动的总体安排要求,区医院党支部紧密结合公立医院改革、等级复审、绩效考核制度和平安医院等重点工作,把全面加强医德医风建设、扎实抓好“三好一满意”放在工作的核心位置,立足本职、精心谋划、强化措施、统筹推进,为有效提升基层医务人员真心为民、服务大众的为民情怀思想意识发挥基层组织的战斗堡垒作用。

2017年,区医院党风廉政建设工作按照中纪委、自治区纪委、市纪委和区纪委工作会议的部署和要求,认真落实完善党风廉政制度建设,加强反腐倡廉体制创新的各项措施。围绕上级党组提出的工作思路和中心任务,实现遏制违法犯罪,减少严重违纪,降低不良投诉,提高群众满意度的目标,坚持反腐倡廉建设方针和工作要求,进一步完善党风廉政建设和行风建设长效机制，强化内审监督手段，重点做好三重一大保廉工作，进一步加大公立医院改革、二级甲等综合医院和平安医院的创建力度，全面提升医院整体形象，为推动医院文明建设提供良好的政治保障。

为深入贯彻落实党的十九大精神，医院组织全院干部职工学习十九大报告确保第一时间准确把握中央会议精神，通过“看”直播，“学”精神，“读”报告，“写”体会，抓好党员学习教育，同时区医院以科室为单位，把集中学习，个人自学与每周党员学习会结合起来，深刻理解党的十九大会议精神的良好局面，切实把会议精神同做好各项医疗业务工作结合起来，此外，还将贯彻落实党的十九大精神同医院业务工作实际相结合，通过采取多样形式开展专题讨论，不断提高医疗综合服务能力，进一步转变工作作风，确保堆龙医疗卫生工作的与时俱进。

【推进扶贫开发工作】 2017年，区医院安排2人到马乡朗巴村和羊达乡通嘎村驻村，为认真落实堆龙德庆区精准扶贫精神，深入推进精准扶贫工作，加快贫困群众早日脱贫致富，为两个驻村点多次开展免费“送医、送药、送温暖”活动；此外区医院还对乃琼镇色玛村6家结对认亲贫困户送上慰问品和慰问金，前后共慰问13次，共计12000元，医院作为健康服务单位，为每个贫困户每年进行免费的全身体检并及时反馈，针对存在的疾病免费调剂药品并指导他们用药，解决2名对口贫困户子女的就业问题。

【完成各项应急保障任务】 年内，区医院积极配合市卫计委和区委、区政府安排的各类敏感节点的医疗保障任务，全年共完成46项任务，历时208天，有效完成上级卫生主管部门和堆龙德庆区委、区政府交给的各项医疗救治应急处突任务。

【执行药品“零差价”销售】 2015年2月1日起正式实行药品零差价，并专门召开药品零差价启动大会。2016年11月起所有药品取消药品加成，按实际进价“零差率”销售，“零差率”达100%，药价大幅度降低，切实减轻广大农牧民群众的就医负担。已有451种藏西药（西药339种、藏药112种）实行零差价销售，受益患者人数为44133人，得到国家卫计委、自治区卫生厅、拉萨市卫生局及堆龙德庆区委、区政府领导的高度认可和广大农牧民患者的真心欢迎。

【方便群众就医】 在2016年的基础上继续执行“先诊疗、后结算”，有效缓解农牧民群众“看病难”的现状，截至年底，区医院救治受益群众达600人，金额达317万元，这一举措使老百姓切实享受到医疗卫生事业改革发展带来的便利和实惠，真正体现公立医院改革的公益性和公立性。

【改善医疗就医环境】 区委、区政府把医疗卫生事业视作重大的民生工程，为顺利开展医院感染科各项工作，做好辖区内各类传染性疾病的防控工作，为广大患者提供更好的就诊条件，2017年，区委、区政府相继投入200多万元的资金，修建区医院发热门诊，并安装一系列发热门诊所需设备，9月12日，发热门诊投入运营；为

2017年4月11日，堆龙德庆区人民医院举行“二级甲等医院”揭牌仪式，区委常委、宣传部部长图登佩杰（后排左五），副区长马扎西（后排右五）出席仪式

及时抢救危重病人和缺氧病人，及时得到治疗，也为住院患者提供方便，6月，区委、区政府先后投入178万元资金，维修供氧管道，重新开通供氧系统，成立专人专管的全院供氧中心；10月初，在上级各部门的支持下，成立堆龙德庆区人民医院血库，另邀请自治区血液中心专家到区医院进行指导，按专家的要求对存在的若干问题进行整改，于10月24日顺利通过血库验收。血库的成立对于区医院今后工作有着极大的帮助，能有效地保障临床用血安全，提高输血管理质量；区医院在朝阳区卫计委大力支持下，无偿获赠一套远程视频会议及会诊系统，通过先进的远程会诊系统，可以让本地医生联系到北京知名医院的专家，通过网络实现实时会诊，让大城市的医疗资源惠及乡村一线，力争解决堆龙德庆区老百姓看病难的题，这一举措不仅提高区医院的医疗水平，更为堆龙德庆区农牧民提供更好更高的就医平台。2017年，根据医院需求，区委、区政府为区医院购买进口超声电刀和免疫发光仪，为顺利开展各项业务工作提供良好的保障。

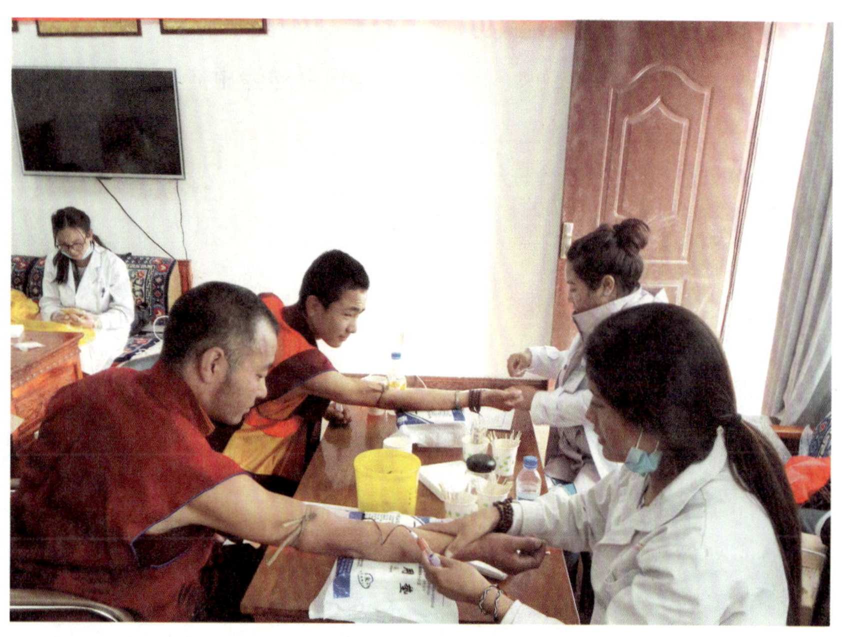

2017年6月9日，区人民医院医护人员为寺庙僧人进行健康体检

2017年区医院聘请自治区藏医院妇产科专家索娜和退休老专家次成、张达娃、旦真、旦增多吉等5名专家轮流坐诊，为全区广大患者开设专家门诊，前来排队就诊的人络绎不绝，此举不但为区医院提高业务量，也为前来就诊的患者提供更高水平的诊疗服务。

【全民免费健康体检工作】2017年，区医院组织骨干医护人员对堆龙德庆区内所有寺庙僧尼进行免费健康体检，并建立健康档案。同时，区医院组织20余名骨干医护人员，为全区4个乡2个镇农牧民群众进行全民健康体检工作，全区应体检42172人，实际体检42105人（疾病谱详见附表3），参检率达99.8%。67名老百姓因长期在外打工、卧病在床行动不便、部分随亲属常年在其他地区居住以及生病住院等诸多原因未能参与体检。全区白内障疑似人数为404例，0—18岁先心病疑似病例2例。

【开展“送医、送药、送温暖”活动】2017年，为深入开展送医、送药活动，喜迎党的十九大胜利召开，以实际行动践行“两学一做”专题活动，根据区委、区政府的指示精神，区医院组织骨干人员和援藏医生以及部分党员干部，组成医疗小分队，为全区4乡2镇一线执勤点、驻村点、驻寺点、护路点、派出所维稳工作人员及各行政村村民开展医疗巡诊工作（送医、送药、送温暖活动），截至10月，共开展10余次义诊活动，为3000余人次进行免费诊疗，发放120多种藏、西药，并指导服药，总价值近5万余元。

【开展“肝包虫”筛查工作】5月，区医院在开展全民健康体检的同时，在区委、区政府和上级卫生部门的指示下，按照“全面覆盖、免费提供、自愿参检、城乡均等、方便群众”的基本原则，开展全区的肝包囊虫病的筛查工作，以下为肝包囊虫病筛查统计表。

全区肝包囊虫病筛查统计表

表 2

应筛人数（人）	已筛人数（人）	确诊病人（人）	需手术病人（人）	血清采样人数（人）	口服药物治疗人数（人）	血清阳性（人）	B 超疑似病人（人）	全区参检率（%）	堆龙德庆区常住人口参检率（%）
47677	48326（包括流动人 649 名）	56	29	38806	23	944	536	100	99.3

【扎实推进业务工作】 强化业务学习，加大人才培养力度。2017年，为加强区医院医疗人员的业务素质，积极选派基础好、责任心强的年轻人出去学习深造，共派出医务人员到上级医院学习培训21人次；各科室定期组织医护人员进行专科理论知识和技能操作的学习，医院制定详细的业务学习方案。按照医院制定的业务学习计划，秉承公平公正的方式进行全院医务人员专业理论和技能考试三次，全院各项业务学习22次，全院医务人员发表论文6篇。

紧抓业务工作，积极完成各项业务指标。区医院紧紧围绕堆龙德庆区委、区政府2017年医疗卫生各项工作的总体安排部署要求及“拉萨市卫生局目标考核验收责任书”指标体系的年终考核验收工作要求，强化措施、统筹安排、上下联动，在全院各个科室医务人员的共同努力下，全院业务工作有序开展、扎实推进，以下为2017年区医院业务数据统计表。

堆龙德庆区人民医院 2017 年业务数据统计表

表 3

<table>
<tr><th>科室</th><th colspan="2">门诊（人数）</th><th colspan="2">住院（人数）</th><th>出院（人数）</th></tr>
<tr><td>内科</td><td colspan="2">8874</td><td colspan="2">614</td><td>608</td></tr>
<tr><td>妇产科</td><td colspan="2">3716</td><td colspan="2">394</td><td>388</td></tr>
<tr><td>外科</td><td colspan="2">959</td><td colspan="2">283</td><td>279</td></tr>
<tr><td>藏医科</td><td colspan="2">2467</td><td colspan="2">20</td><td>20</td></tr>
<tr><td>急救中心</td><td colspan="2">25500</td><td colspan="2">270（留观）</td><td>270</td></tr>
<tr><td>口腔科</td><td colspan="2">1575</td><td colspan="2">—</td><td>—</td></tr>
<tr><td>专家门诊</td><td colspan="2">1042</td><td colspan="2">—</td><td>—</td></tr>
<tr><td>全民体检及肝包虫筛查</td><td colspan="2">48326</td><td colspan="2">—</td><td>—</td></tr>
<tr><td>合计</td><td colspan="2">92459</td><td colspan="2">1581（包括留观）</td><td></td></tr>
<tr><td rowspan="2">辅助科室</td><td>检验—常规</td><td>检验—生化</td><td>超声（包括体检）</td><td>心电图（包括体检）</td><td>放射</td></tr>
<tr><td>18462</td><td>8210</td><td>42802</td><td>41785</td><td>6604</td></tr>
</table>

2017 年手术量数据统计表

表 4

科室	项目	总计(台次)
外科	阑尾切除术　46	189
	LC　20	
	PPH　3	
	骨科手术　7	
	肛周脓肿　1	
	包块切除　24	
	拔甲术　29	
	清创缝合术　58	
	肿物切除　1	
妇产科	剖宫产　15	95
	绝育术　4	
	子宫全切　1	
	取环术　40	
	上环术　10	
	取皮埋　25	
急诊	大型清创缝合 600	600
总计	—	884

2017 年居民体检疾病谱

表 5

序号	疾病名称	患者人数(人)	占比(%)
1	高血压	3778	8.8
2	脂肪肝	3078	7.2
3	胆囊炎	1861	4.6
4	阴道炎、宫颈炎	575	1.3
5	子宫肌瘤	17	0.04

续表 5

序号	疾病名称	患者人数(人)	占比(%)
6	胆结石	1824	4.2
7	心电图异常	5261	12
8	白内障	404	0.9
9	唇腭裂	2	0.05
10	先心疑似	2	0.05

【医疗组团式援藏工作】 配备精兵强将。年内,区医院积极做好北京三级医院对口帮扶区医院衔接工作,主动与朝阳区派出的援藏医疗队接洽,充分信任5名医技精湛、业务能力强的优秀医务人员,合理安排工作岗位,由援藏医疗队领队担任业务副院长,其余4人分别担任普外科、麻醉科、妇产科及B超科主任。

增强业务能力。派出医务人员进修学习,2014年至2017年,共选派29名医护人员,前往对口援藏医院,进修学习院办、院感、设备信息科、普外科、麻醉科、妇产科、内科、放射、腔镜下妇科技术、120急救技术,并邀请北京援藏专家对全体干部职工进行各种操作技术培训和考核;院领导通过征求"组团式"援藏医疗队意见建议、会议研究讨论,进一步完善修订行政、医疗、护理、教学等规章制度,印制制度汇编、医院检验手册等,并于2017年1月起,围绕医德医风、行政管理、业务指标、考勤等环节全面推行绩效考核制度,更好地激发干部职工工作的积极性和主动性。

2017年8月11日, 北京对口援藏医院专家在羊达乡通嘎村开展义诊活动

【开展环保各项工作】 年内,区医院为确保区医院及周边环境的清洁与卫生,给前来就医的广大患者提供干净舒适的就医环境,严格按照环保部门的相关规定和要求,制定《危险废物应急预案》《废物安全管理应急处理预案》《医疗废物处理操作规范》等,并建立由分管行政后勤副院长牵头,相关科室负责人协助配合,2名专职保洁员具体负责落实工作的管理流程,在区医院自身的职责范围内,力所能及地开展相关医疗环保管理工作。

医院医疗废物处理管理工作。为使医院的医疗废物得到有效处理,杜绝医疗废物对环境的污染,确保区医院医疗废物的收储环节、转运过程,处置方式规范化,根据环保部门的要求,区医院将医疗废物管理工作委托给西藏中油优艺环保服务有限公司处置,并签订合同,同时院内专门建立医疗废物处理暂存站,各种制度、流程上墙,对医疗废物的处置进行有效的管理。

医院污水处理管理工作。2017年按照环保部门要求，对区医院污水处理站进行改造和维修后，将污水处理站交由第三方物业管理公司管理，与污水处理相关工作由物业管理公司负责，医院领导和相关负责人对有关工作定期进行检查和考核，进行水质监测，确保污水处理工作有效开展和运行，能够使处理过的污水达到排放标准。

放射科辐射监测和防辐射工作。在拉萨市环保局、堆龙德庆区环保局的监督下，建立区医院放射科，建设过程中上级环保部门多次到实地考察和监督指导，为防止辐射线的泄露，在放射科室X光室、CT室、DR室、胃肠机室内的所有墙内放置铅板。

2017年，区医院与智结环保公司签订协议，购买3台环境辐射检测仪器、办理辐射许可证及监测放射科医务人员每日个人辐射剂量等，并由环保公司为区医院出具评估报告及放射环评报告；该公司每年将出具环评报告、监测放射科医务人员每日个人辐射剂量，年出资31000元。

（格　央）

中级职称以上人员名单

表6

等级	职称	姓名	性别	民族	工作单位	职务	批准单位	批准时间
副高级3人	副主任医师	罗布次仁	男	藏	堆龙德庆区人民医院	党支部书记	自治区人社厅	2008.8
	副主任药师	陈玮	女	汉	堆龙德庆区人民医院	副主任药师	自治区人社厅	2017.6
	副主任医师	尼玛仓决	女	藏	堆龙德庆区人民医院	副主任医师	自治区人社厅	2018.1
中级25人	主治医师19人	巴桑	女	藏	堆龙德庆区人民医院	内科主任	拉萨市人社局	2004.7
		穷达	女	藏	堆龙德庆区人民医院	护理部主任	拉萨市人社局	2005.5
		尼拉	女	藏	堆龙德庆区人民医院	藏医科主任	拉萨市人社局	2005.12
		次旺	男	藏	堆龙德庆区人民医院	主治医师	拉萨市人社局	2008.1
		丹增卓玛	女	藏	堆龙德庆区人民医院	护理部副主任	拉萨市人社局	2008.6
		巴珠	女	藏	堆龙德庆区人民医院	影像科主任	拉萨市人社局	2009.3
		次仁措姆	女	藏	堆龙德庆区人民医院	副院长	拉萨市人社局	2009.7
		张琮	男	藏	堆龙德庆区人民医院	药剂科主任	拉萨市人社局	2009.9
		夏晖	男	汉	堆龙德庆区人民医院	主治医师	拉萨市人社局	2010.9
		王仕会	女	汉	堆龙德庆区人民医院	主治医师	拉萨市人社局	2010.9
		吴仕华	男	汉	堆龙德庆区人民医院	主治医师	拉萨市人社局	2010.9
		德吉卓嘎	女	藏	堆龙德庆区人民医院	主管护师	拉萨市人社局	2011.12
		泽多	男	藏	堆龙德庆区人民医院	院长	拉萨市人社局	2012.11
		白玛措姆	女	藏	堆龙德庆区人民医院	主治医师	拉萨市人社局	2012.11
		张相梅	女	汉	堆龙德庆区人民医院	主治医师	拉萨市人社局	2012.11

续表 6

等级	职称	姓名	性别	民族	工作单位	职务	批准单位	批准时间
中级25人	主管护师3人	巴　桑	女	藏	堆龙德庆区人民医院	主治医师	拉萨市人社局	2013.7
		达　瓦	男	藏	堆龙德庆区人民医院	主治医师	拉萨市人社局	2014.1
		拉巴顿珠	男	藏	堆龙德庆区人民医院	院办主任	拉萨市人社局	2017.6
	主管药师1人	毛　卫	男	汉	堆龙德庆区人民医院	医务科主任	拉萨市人社局	2017.6
		葛　军	男	汉	堆龙德庆区人民医院	外科副主任	拉萨市人社局	2017.6
		拉　珍	女	藏	堆龙德庆区人民医院	主治医师	拉萨市人社局	2017.6
	主管技师2人	白玛旺姆	女	藏	堆龙德庆区人民医院	主管技师	拉萨市人社局	2017.6
		索朗拉姆	女	藏	堆龙德庆区人民医院	内科副主任	拉萨市人社局	2017.6
		白　波	女	汉	堆龙德庆区人民医院	检验科主任	拉萨市人社局	2017.8
		尼珍拉	女	藏	堆龙德庆区人民医院	主治医师	拉萨市人社局	2017.8

【领导名录】

院　长

泽　多(藏)

书　记

罗布次仁(藏)

副院长

次仁措姆(女,藏)

王岩松(援藏)

堆龙德庆区疾病预防控制中心

【概况】 年内,区疾病控制中心在区委、区政府的正确领导下,在上级主管部门的大力支持下,以十九大精神、邓小平理论和“三个代表”重要思想为指导,进一步加强党的作风建设,认真贯彻执行党的路线方针政策,实践全心全意为人民服务的宗旨,结合《中华人民共和国传染病防治法》《中华人民共和国传职业病防治法》《突发公共卫生事件处理条例》等法律法规,认真贯彻落实区、市卫生工作会议精神,按时完成上级下达的工作任务,基本完成区、市卫生工作综合目标责任书中规定完成的各项工作。

2017 年,区疾病控制中心核定事业编制 29 名,共有在职职工 23 人;职称结构:中职 4 人,初职 9 人,医士(护士)4 人,高级工 1 人,普工 2 人,公益性 1 人,驾驶员 2 人。学历结构:本科 11 人、大专 6 人、中专 2,高中 1 人,初中 3 人。中心设:办公室,流病科,地方病科,检验科,性病艾滋病科,结核、麻风、慢性病防治科、妇幼保健科、健康教育科、公共监督科、计划免疫科,共 10 个科室。

【行政管理及政治思想工作】 年内,区疾病控制中心紧紧围绕加强和改进新形势下党的作风建设、反腐倡廉建设工作,扎实推进党风、政风、行风建设和反腐倡廉各项工作,通过一系列措施,广大干部履职尽责意识明显增强,队伍作风明显改善,工作环境进一步得到优化。按照区委的要求,深入开展“两学一做”学习教育、“四讲四爱”专题学习活动、认真学习“党的十九大工作报告”,结合“三会一课”开展集中学习活动 12 次。区疾病控制中心 7 名干部对结对的 4 户精准扶贫户,积极开展扶贫助困,强化党内关爱帮扶,党员干部自筹帮扶、慰问金共计 7200 元;区疾病控制中心支部全体党员及干部自发组织为古荣乡精神障碍产妇卓玛曲宗及新生儿捐款、捐物,金额约达 4000 元,并为产妇及新生儿进行随访检查。

2017年根据堆龙德庆区委巡察工作的统一安排部署，5月15日至7月20日，区委巡察三组对区疾病控制中心党支部进行全面巡察，巡察组反馈的问题一针见血、切中要害，提出的整改意见和建议明确具体，符合区疾病控中心实际情况，区疾病控制中心严格按照巡察组反馈的意见建议，坚持党要管党、从严治党，牢固树立“四个意识”，切实担负起巡察整改落实的主体责任，抓好整改落实，对于能够立即解决的，马上整改；对于需要专项整改的，制定方案、明确责任、确保完成整改任务。

【疾控中心建设】 年内，区疾控中心以贯彻执行“预防为主”为主导的卫生工作方针，以疾病控制为主要工作，全方位开展疾控事业，防治知识包含学科广泛，需要医学、统计学、社会学、心理学等各类学科的知识，要求工作人员要具有高度的责任心及良好的业务素质。疾控事业对业务人员掌握综合知识程度要求较高，这就需要不断地学习；通过学习和培训极大提高区疾控中心业务人员专业知识及综合素质，为进一步做好疾病预防控制工作打好基础。

【包虫病防治工作】 包虫病工作开展情况。截至9月13日，为堆龙德庆区包虫病应检人数47861人，实检人数48326人（包括流动人649人），全区参检率达100%，（常住人口参检率达99.3%）。在包虫病筛查的同时区疾病控中心组织专业人员为所有的参检者建立纸质健康档案和电子数据库，并将结果及时反馈给本人。从2017年5月8日至9月13日堆龙德庆区包虫病筛查人数48326人（包括流动人口），B超筛查人数48326人，率达100%，血标本采集人数38806人，血标本采集率达81.1%，经筛查B超初筛阳性人数536人，血清初筛阳性人数944人，经上级定点医院进一步复查，堆龙德庆区确诊包虫病人数为57人（1人死亡），确诊后需手术的患者29人，需口服用药治疗的患者23人，无需治疗的4人（各乡镇确诊病人的数据详见表2）。强化宣传培训，营造防治工作的良好氛围。截至年底，共制作宣传展板12块，宣传光碟10张。发放包虫病防治宣传手册1万份，包虫病防治宣传单5000份、宣传画300张，语音台历300个，发放宣传围裙1000条。先后选派全区各级医疗卫生机构23名医务人员参加区、市级举办的包虫病防治培训共5期。对乡、村级医务人员采取以会代训、专题培训等方式进行培训，培训覆盖率达100%。在全区11所学校、15所寺庙等发放包虫病防治宣传手册，做到课时有安排，讲座有教案，全区包虫病防治知识知晓率达98.1%。

堆龙德庆区各乡镇、单位包虫病检查情况表（一）

表7

单位＼项目	应检数（人）	实检数（人）	参检率（%）	宣传覆盖率（%）
德庆乡	7805	7088	91%	98%
马　乡	5300	4807	90.5%	98%
古荣乡	6549	6084	93%	98%
乃琼镇	10033	9449	94%	98%
东嘎镇	5687	5118	90%	98%
羊达乡	4171	3895	93%	98%
区直机关	8316	1200	142.5%	99%
卫生系统		168		

续表 7

项目 单位	应检数(人)	实检数(人)	参检率(%)	宣传覆盖率(%)
各学校	8316	9713	142.5%	99%
福利院		155		
流动人员		649		
合　计	47861	48326	99.1%	98.1%

备注：全区应体检 47861 人，实检 48326 人，全区参检率 100%，常住人口参检率 99.1%（其中 2 岁以下儿童，及外出部分打工人员等未能前来堆龙德庆区参加包虫病检查）

堆龙德庆区包虫病确诊患者管理情况表(二)

表 8　　单位：人

单位 项目	手术治疗情况		药物治疗情况		无需治疗人数
	需手术治疗人数	术后及正在做手术人数	需药物治疗人数	服药人数	
德庆乡	11	11（8）	4	4	1
马乡	3	3（2）	5	5	0
古荣乡	1	1（1）	4	4	1
乃琼镇	2	2（1）	3	3	0
东嘎镇	1	0	1	1	0
羊达乡	2	2（1）	1	0	0
区直机关	0	0	0	0	0
卫生系统	0	0	0	0	0
各学校	0	0	4	4	2
福利院	0	0	0	0	0
流动人员	9（学生 5 人）	2（0）	1	1	0
合　计	29	21（13）	23	22	4

【创建国家健康促进县(区)工作】强化组织领导，确保各项措施到位。由堆龙德庆区区委、区政府牵头，坚持“政府主导、多部门协作、专业机构支撑、全社会参与”的建设机制，于年初召开“健康堆龙”及健康促进动员部署会议。及时成立由 29 个成员单位的负责人或卫生分管负责人组成的建设全国健康促进区项目工作领导小组。截至年底，国家下拨的用于创建全国第二批建康促进区项目的 28 万元专项资金已到位并已投入使用；堆龙德庆区本级财政投入 4700 万元用于创建“健康

堆龙”,其中用于健康促进工作经费约500万元。联防联动,全方位创建健康促进场所。截至5月,已完成6类场所共143家单位的创建申报及区级评审工作,包括5所学校、3家医院、18家机关、2家企业、9个村、108个健康家庭。截至年底,堆龙德庆区2所中、小学内建设小型“健康步道”。以烟草控制为手段,逐年提高无烟场所比例。截至年底,各控烟单位积极推进无烟公共场所建设,在各单位醒目区域张贴“禁止吸烟”标识,全区所有室内公共场所、工作场所全面禁止吸烟,实现无烟医疗卫生机构全覆盖,实现无烟政府办公楼和无烟学校全覆盖;加强特色宣教,提升健康意识。

推进心理健康促进工程。截至年底,区中学已开设心理健康教育校本课程、开放阳光心吧、创办阳光小报、组建阳光天使;开展以《把握现在,掌握未来》《阳光总在风雨后——特别的爱给特别的你》《告别儿童,走向青春》《我是女生,我是男生》等为主题的青春期性心理健康教育讲座。开展的相关课题多次荣获国家、自治区的奖项。

营造健康宣传新氛围,增强健康教育工作动力。在2017年8月完成辖区450户健康促进区人群健康问卷调查,为正确客观指导和评价建设健康促进试点工作提供有效依据。利用各主题宣传日多次开展健康教育、健康咨询等活动,联合各级卫生医疗机构开展宣教活动9场次,受教人员达44049人次;开展巡讲活动5场次,参与人数4147人;共发放健康教育宣传资料14种60400余份,发放宣传小礼品9种12000余份,共悬挂横幅16条。截至年底,编印标有“健康素养促进行动”“健康中国行”的藏汉双语各类健康教育知识读本(市民手册)8000本,宣传折页(控烟、酒驾、儿童合理用药)12000份;订制宣传品(笔袋、太阳帽、伞、鼠标垫)4种,共计1900个;订制指示牌30个,禁烟标识150个。在辖区内利用主要路段的公交站牌、大型宣传栏制作创建健康促进县区的承诺及倡导健康、控烟的相关标语。

2017年7月28日,自治区卫生计生委副巡视员央宗(前排右三)在堆龙德庆区中学进行健康促进省级评审工作

【传染病监测及疫情处置】 以“预防为主”“早发现、早隔离、早治疗”的原则,发生疫情时第一时间赶赴现场,深入调查疫情的源点,掌握第一手资料,分析疫情动态趋势,切断传播途径,保护易感人群并及时制定有效的防治措施,积极开展传染病防治知识的宣传。坚持做好每日疫情上报及监测工作,坚持零报告制度,不漏报、不瞒报、不迟报、不谎报,将每日疫情按时进行电话上报及网络直报,并做好疫情的汇总和备案工作。

2017年1—10月疫情分析。按审核日期统计,2017年1月1日—10月31日全区网络直报及电话共报告法定传染病乙、丙两类15种共296例,总发病率499.34/十万,与上年同期(309例)相比下降4.21%,无甲类传染病报告。无死亡病例。乙类传染病报告发病10种237例,占发病总数的80.06%,发病数与上年同期(237例)持平。丙类传染病报告发病5种59例,占发病总数的19.93%,发病数与上年同期(72例)相比下降18.05%(其中包括各大医院报告堆龙德庆区病例266例)。

乙类传染病发病情况

表 9

疾病名称	发病数（人）		发病率 / 十万		发病率与上年同期比（%）
	2016 年 1—10 月	2017 年 1—10 月	2016 年 1—10 月	2017 年 1—10 月	
菌痢	41	40	70.71	67.47	-4.5
肺结核	83	71	143.14	119.77	-16.3
病毒性肝炎	46	45	79.33	75.91	-24.5
梅毒	51	51	87.95	86.03	-4.3
猩红热	7	12	12.07	21.93	81.6
麻疹	9	15	15.52	15.18	-2.1
HIV	3	2	5.17	3.37	-34.8
合计	237	237	408.72	343.79	-15.8

图 1 乙类传染病发病地点分布

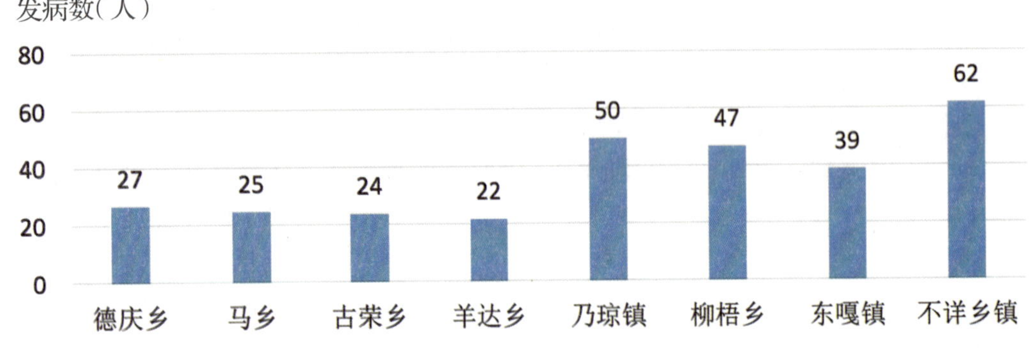

图 2 乙类传染病发病性别年龄分布

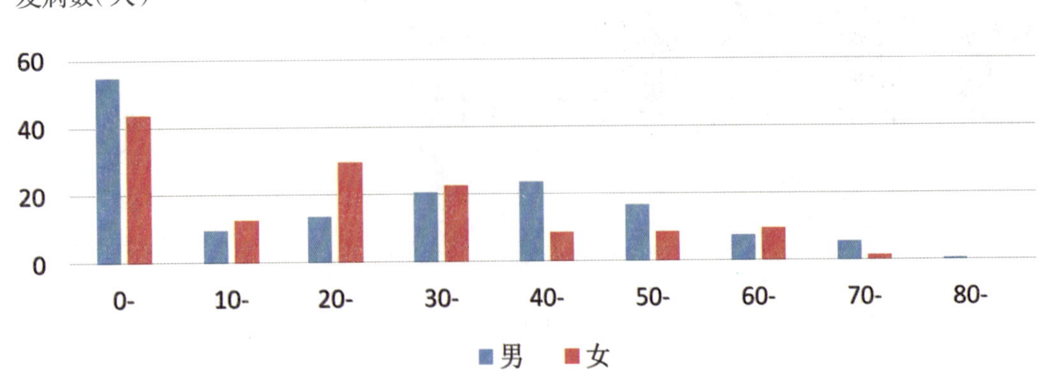

图 3 乙类传染病发病职业构成图分布

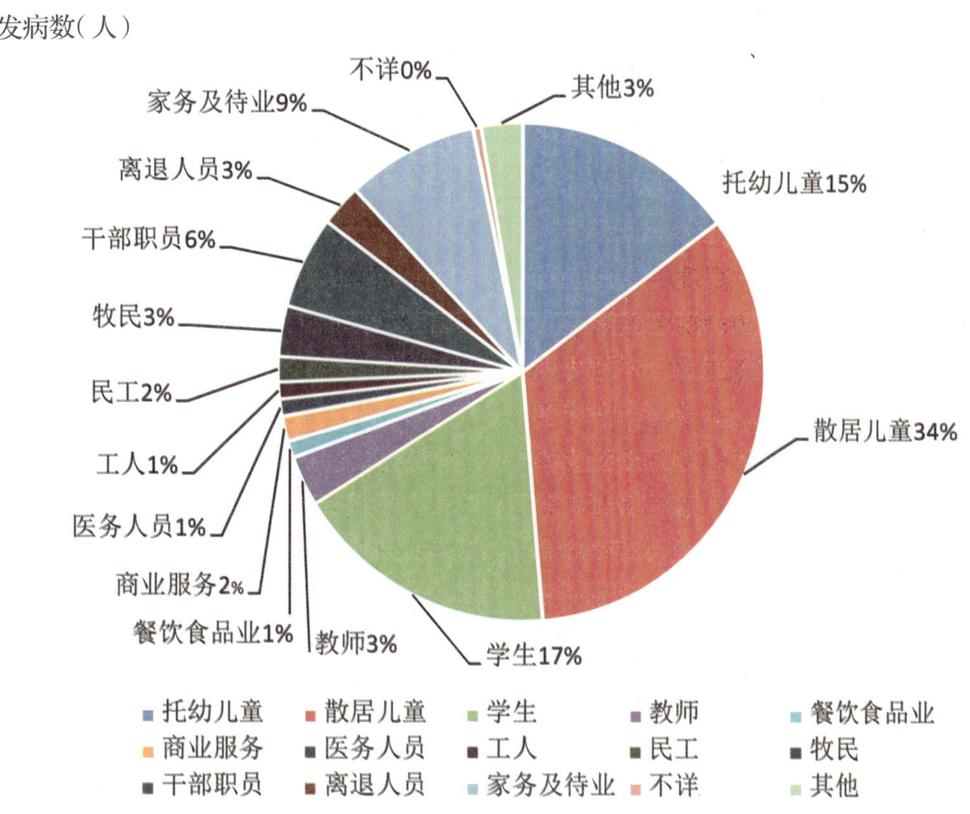

图 4 乙类传染病发病月份分布

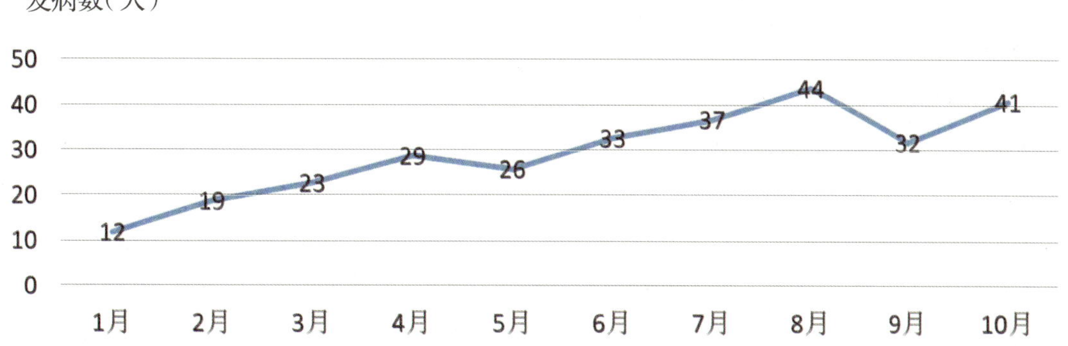

丙类传染病发病情况

表 9

疾病名称	发病数(人)		发病率/十万		发病率与上年同期比(%)
	2016 年 1—10 月	2017 年 1—10 月	2016 年 1—10 月	2017 年 1—10 月	
风疹	1	1	1.72	1.68	-2.3
流腮	10	5	17.24	8.43	-51.1
手足口病	61	46	105.2	77.60	-26.2
包虫病	—	6	—	10.12	—
其他感染性腹泻	—	1	—	1.68	—
合计	72	59	124.17	99.53	-19.84

图 5 丙类传染病发病年龄分布

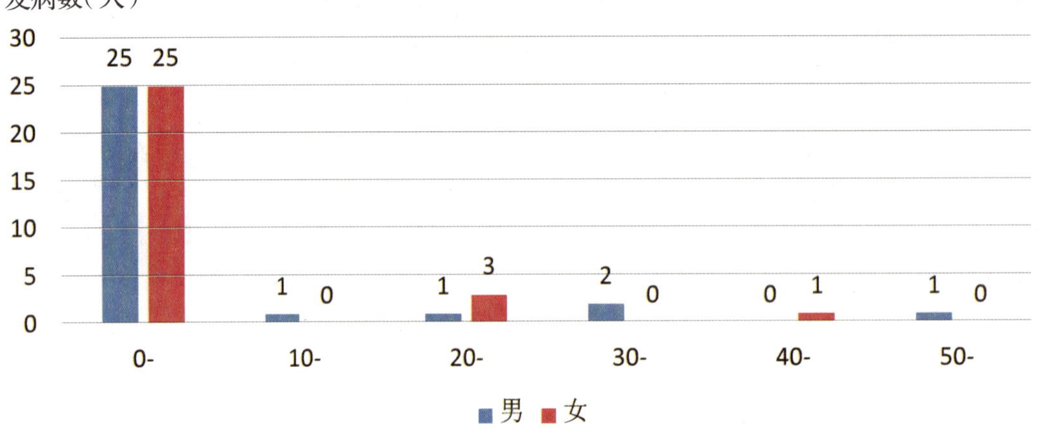

图 6 丙类传染病发病月份分布

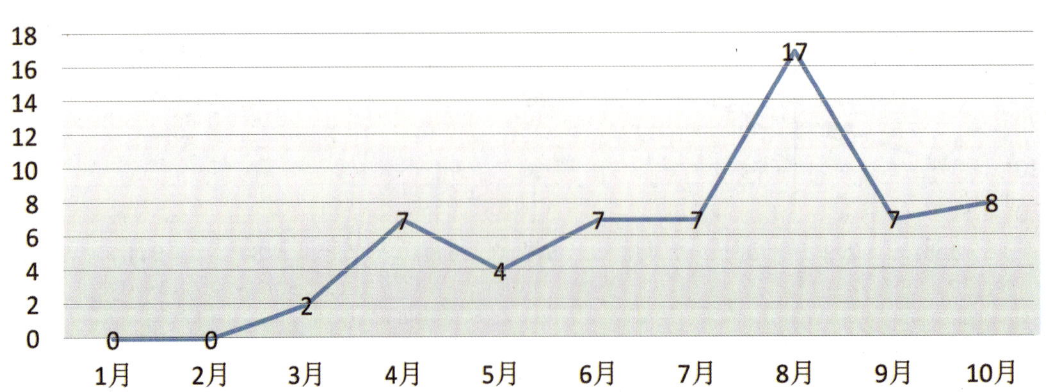

【重点疫情分析】 2017年,占首位的法定传染病以肺结核、梅毒居多,其次为手足口病和病毒性肝炎、菌痢分别占发病总数23.98%、17.90%、15.54%、14.83%、肺结核、病毒性肝炎和梅毒以农民为多发,手足口病和菌痢以散居儿为多发。

【重点疫情管控】 2017年,堆龙德庆区传染病总体处于下降趋势,其中猩红热处于上升趋势,今后在传染病防控方面,在保持原有的基础上,对上升趋势的传染病进行重点防控及干预。H7N9是2017年堆龙德庆区重点防控对象,区疾控中心流病科与宣教科结合堆龙德庆区实际进行排查工作,对辖区养殖场进行摸底排查,此次共排查18个养殖场并与18家养殖场签订责任书,并对68名养殖场饲养员进行排查,对在养殖的5万多只鸡鸭进行登记,此次排查未发现疫情,但存在许多危险隐患,中心工作人员当场进行指正,并对存在隐患的负责人进行告诫。

【计划免疫工作】 计划免疫是预防危害儿童健康的常见传染病最经济有效和最科学的方法,以低投入,高效益为特点,是疾控工作的中心任务。基础免疫工作。在安全注射的基础上确保免疫规划接种疫苗的接种率达95%以上。2017年常住应种10494针次、实种10375针次、接种率98%,流动应种1525针次、实种1474针次、接种率96%;"九苗"查漏摸底及补种工作。根据拉萨市卫生局《关于开展9苗查漏补种工作的通知》安排,要求确保为满8月龄至6岁儿童及时提供接种服务,提高儿童及时接种率,结合堆龙德庆区的实际情况,开展全区4乡2镇适龄儿童的摸底调查和查漏补种工作。堆龙德庆区共调查3913名儿童,其中常住3300名,流动儿童613名,常住应补种数113针刺,实种110针刺,接种率达97%,流动儿童应补种187针刺,实补种182针刺,接种率97.3%,此次查漏补种无出现任何急慢性异常反应,无不良群体事件发生;入托、入学查漏补种工作。按照市疾控中心《关于开展全区入托、入学儿童预防接种证查验工作的通知》要求,在疾控中心领导的重视和区教育局的配合下,为切实做好堆龙德庆区2017年托幼机构和小学新生入学预防接种证查验工作,较好地完成入学新生的预防接种证查验工作及第一轮疫苗补种工作,区疾病控制中心组织4名专业人员于10月9—23日,开展对辖区内5所学校共计617名新生接种证查验登记工作。查验率达100%,未发现需补证学生。在查验工作的同时,开展第一轮的查漏补种工作,此次各种疫苗共补种392针次,工作中专业人员认真负责详细核对卡证,严格把关禁忌证,严格按接种要求操作,杜绝误查错种,保证此次接种工作顺利完成,无异常反应及不良群体事件发生。

2017年4月25日是第31个"计划免疫宣传日",区疾病控制中心组织4名工作人员开展以"规范接种疫苗,共建健康中国"为主题的宣传活动,采取流动宣传的方式,沿途在人口密集的地方做宣传,主要针对流动人口聚集的铁器电焊加工经营市场、东嘎村等进行口头宣传,发放宣传资料,现场咨询等形式开展丰富多彩的宣传活动,向家长讲解预防接种

2017年11月23日,拉萨市卫计委主任扎西德吉(前左一)在区疾病控制中心调研

的重要性和必要性，共发放宣传资料200余份，现场咨询72人。通过宣传让群众更进一步了解预防接种的相关知识，以及国家在预防接种工作方面的方针政策。

【性病、艾滋病防治工作】 阻断艾滋病母婴传播工作。按自治区预防艾滋病母婴传播工作实施方案的相关要求，建立“逢孕必检”的工作机制。并因地制宜的紧紧围绕所有孕产妇及婚前保健人群等目标人群。

健康教育工作。利用各种卫生宣传日以及区、乡保健门诊大力宣传“预防艾滋病母婴传播”知识。发放各种宣传册、画报、宣传单等资料，通过区、乡保健服务单位发放到孕产妇手中，向孕产妇传递艾滋病母婴传播知识和信息。

提供自愿咨询与自愿检测服务。2017年，孕期HIV检测人552人，阳性患者0人。孕期乙肝检测552人，阳性患者31人，梅毒检测552人，初筛阳性26人。

开展防治艾滋病进企业活动。为辖区内的雄巴拉曲藏医药有限公司的员工开展防艾的知识宣传外，免费为127名员工进行性病、艾滋病检测工作。

加强现有病人的管理，开展随访干预，突出人文关怀，切实落实艾滋病“四免一关怀”政策。注重做好艾滋病/HIV感染者人文关怀工作，规范开展艾滋病/HIV抗病毒治疗。

广泛宣传，提高知晓率。充分利用各种宣传日，深入开展艾滋病防治知识宣传活动，通过发放艾滋病防治知识宣传资料、自制宣传折页、现场接受群众咨询等方式宣传艾滋病防治知识，共计1000余人参加；向酒店、宾馆、洗浴中心等公共场所摆放宣传材料和安全套，在城区交通要道、人群聚集地开设宣传栏，宣传艾滋病防治知识和政策；与辖区内中、高级学校联合特邀上级专家到学校向师生进行艾滋病防治知识宣讲，共计2000余人参加，普及艾滋病防治知识，为堆龙德庆区进一步做好艾滋病防控工作起到积极的推动作用；结合健康促进组织的进村居等防艾宣传活动，共计3000余人参加。通过以上宣传活动，提高人民群众艾滋病防治知识知晓率，营造全社会支持和主动参与艾滋病防治工作的氛围。宣传活动共计出动宣传车10余辆，人员10余人次，发放艾滋病防治知识宣传册6000余本，设置艾滋病宣传栏5个，发放艾滋病防治知识宣传袋1000个，安全套1000余只，接受群众咨询600余人。

【麻风病防治工作】 举办第64届“世界防治麻风病日”暨第三十届“中国麻风节”宣传活动。活动主题为“创造一个没有麻风的世界”。为进一步加大宣传力度，提高全民防病意识，突出宣传主题，堆龙德庆区疾控中心领导及结防专干人员到辖区内的四名麻风病治愈者进行看望慰问，为每位麻风病治愈者送去慰问金500元及棉被（共计每人1000元）。通过慰问活动把各级政府和社会各界的关爱带给他们，让他们感受到温暖，增强生活的信心；同时以通俗易懂的语言、形象生动的方式进行现场宣传，提高干部、群众、社会各阶层对麻风病的认识，更新观念，改变旧的看法，使人们清楚地看到和认识到麻风病是可防、可治、不可怕的道理。

【结核病防治工作】 病人发现情况（2016年10月1日—2017年9月30日）共登记可疑结核病188例，其中因症就诊11例、乡村医生推荐可疑结核病人107例、转诊结核病人31例、追踪到位27例，密切接触者12例；检出结核病人54例。从综合医疗机构上报的大疫情网络直报中追踪堆龙德庆区可疑或确诊肺结核病人41例，其中，到位27例、拒绝就诊4例、查无此人6例、死亡1例、地址不详3例。

2017年各乡镇卫生院及区医院推荐结核病人转诊人数一览

表11

单位	总人数（人）	推荐可疑病人指标（人）	实际推荐数（人）	涂阳病人（人）	新发涂阴病人（人）	完成率（%）
德庆	8520	43	34	1	6	79
马	5586	28	35	1	12	100
古荣	6526	33	11	0	4	33
羊达	4145	21	11	0	5	52
东嘎	5687	28	2	0	6	7
乃琼	9755	49	17	2	13	34
合计	40219	202	110	4	46	54

病人登记和管理情况。2016年10月1日至2017年9月30日共登记管理的病人54例，其中，新发涂阳肺结核3例、复治涂阳肺结核1例、涂阴肺结核37例、结核性胸膜炎10例、肺外结核3例。督导随访病人254例，均未出现停、断药现象，经规范治疗后症状有所减轻，无不良反应。

病人转归情况。2016年1月1日至2017年9月30日共登记管理的结核病人88例，其中，新发涂阳肺结核7例（治愈4例、在治3例）；涂阴肺结核81例（完成治疗48例，拒治3例、死亡1例、丢失0例、迁出0例、治疗失败0例、在治29例）。

实验室工作。2016年10月1日至2017年9月30日共痰检212人次，其中，初诊病人痰检137人次，复查病人痰检75人次；共对561张玻片进行涂片镜检。各县区每季度相互抽查玻片进行质控，堆龙德庆区合格率达100%。

宣传工作。以“3·24”世界防治结核病日为契机，动员社会力量开展防治结核病工作，鼓励志愿者积极参与结核病防治知识传播，区疾病控中心结防科与宣教科工作人员到拉萨市第四高级中学进行宣传活动，共计2800余师生参加活动，发放宣传单100张、宣传册3000余册、笔记本280本。同时，在辖区内开展“百千万”志愿者活动，经结防科组织培训后从数百人中推选20名志愿者，其开展活动材料已汇总上报。

【地方病防治工作】 继续在青藏铁路沿线开展鼠疫流动监测，着重注意不明原因死亡动物的发现和收集，搜集疫源地啮齿动物血清，查清动物间疫情的活动规律，严防人间疫情的发生；做好灭獭灭蚤、季节消长及密度调查；对全区范围内发放鼠疫防治宣传材料2600余份，其中手册2400余册，海报200余张，开展“三报三不”的宣传教育活动；对监测区域内的各种宿主动物及寄生虫进行流行病学调查、旱獭密度及面积调查、探洞干蚤调查等工作。

鼠防监测工作。1.自4月开始区疾病控中心陆续接到从各乡镇报来不明原因死亡动物11只（9只旱獭、2只草狐），其中2只为鼠疫阳性。

表12

取材时间	动物名称	详细地址	结果
2017.5.28	旱獭	德庆乡帮村6组鲁吉沟	+
2017.7.31	旱獭	德庆乡门堆村4组卡热多	+

在上述阳性区，区疾病控中心组织中心专业人员和乡卫生院医务人员及村医进行保护性灭獭、灭蚤以及对群众进行预防投药。

表 13

总户数	总人数	预防投药(粒)	堵洞	废弃洞
26	136	2784	198	195

2. 采集各类动物血清 107 份，其中狗血 26 份、羊血 81 份(绵羊 56 份、山羊 25 份)，其中 2 只山羊和 1 只绵羊血清实验室检测为阳性(拉萨市疾控中心地方病科)；

3. 旱獭数量调查 74 个样方，总面积 2650Ha，见獭 32 只，平均旱獭密度为 0.01 只 /Ha；

4. 探洞干蚤调查 208 个洞，未获蚤。媒介昆虫监测布夹检鼠 4 只，未获蚤；

5. 小型鼠种类调查 24 夹次，每次 100 夹，捕获 4 只黑唇鼠兔；

6. 发放各式藏汉双语宣传材料 2600 余份，其中手册 2400 余册，海报 200 余张，受益人数达 1600 余人次。

碘缺乏病监测。按照《2017 年西藏自治区碘缺乏病监测方案》的要求，共监测 240 户居民食用盐。全部为合格碘盐。碘盐覆盖率 100%，合格碘盐食用率 100%（消除碘缺乏病标准要求 90% 以上)，碘盐合格率 100%；重点人群碘营养监测。孕妇尿碘、盐碘含量检测监测。在开展碘盐监测随机抽样监测的同时开展孕妇尿碘监测，全区共抽取妇女尿样 82 份，由市疾控中心地方病科负责检验；8—10 岁儿童碘营养监测。采用触诊方法调查 200 名 8—10 岁儿童甲状腺，触诊法评价儿童甲状腺肿大率为 2.0%（肿大有 4 名，消除碘缺乏病标准要求 5.0% 以下）。儿童尿碘。200 名 8—10 岁儿童尿碘由市疾控中心负责检验。开展“5・15”碘缺乏病日宣传活动。2017 年 5 月 15 日是中国第 24 个防治碘缺乏病日，为做好堆龙德庆区碘缺乏病防治知识宣传日活动，区疾病控中心以“每天多一碘，健康多一点”为主题开展形式多样的现场宣传活动。通过现场悬挂大型宣传横幅，张贴宣传画，现场发放宣传资料、现场咨询，向群众宣传有关“缺碘”的预防常识，使群众改善饮食结构，养成健康的饮食习惯，受教育人数达 500 余人。

【公共卫生监督工作】 公共场所卫生监督工作。对全区公共场所经营单位进行建档，建档率 100%，同时建立电子档案，纸质档案和电子档案相结合，确保经营的单位资料的完善，同时做好档案的日常管理，及时更新，有效做到档案的最新化，并及时地进行网络直报，规范资料的信息化管理。截至 2017 年 11 月 15 日，共办理健康证 5239 个。办理公共卫生许可证 35 张，变更 2 件，注销 3 件。“五小”行业单位，持证的有 252 家，无证的 3 家。卫生许可证持证率 98.8%。按照上级方案和要求，根据量化分级管理评分标准，对全区 252 家公共场所进行量化分级管理，公共场所量化分级覆盖率均达到 100%，2017 年度量化分级达 100%。其中，住宿业 A 级 1 家，B 级单位3家、游泳馆B级单位1家。C 级单位 247 家。开展学校卫生抽检工作，同时对饮用水的专项检查，共出动卫生监督员 53 人次，检查各中小学及托幼机构 43 所。监督覆盖率达 100%。2017 年，对辖区内的中、小学，托幼机构 42 家及公共场所 27 家进行快速抽检工作，抽检项目有空气、照度、噪声、表面清洁度等，均合格。

严厉打击非法行医及诊所内超范围诊疗。严格开展“打非”工作，截至年底，共出动执法人员 27 人次，累计检查医疗卫生机构 55 家，查处非法行医 1 家。

枯水期采样及送检。2017 年 4 月 17 日，针对堆龙德庆区饮用水(枯水期)进行采样工作，其中出厂水 2 份，末梢水 9 份。共 9 个点；农村集中式供水(枯水期)开展情况。2017 年 5 月 2 日，对堆龙德庆区 5 个乡镇 10 个点(农村集中式供水)进行采样工作，共采样20份(出厂水10份、末梢水10份);饮用水监测(丰水期)工作开展情况。2017年7月17日,对堆龙德庆区饮用水(丰水期)进行采样工作,其中4个市政供水(4个末梢水:西郊水厂);农村集中式供水(丰水期)开展情况。2017年9月25日,对堆龙德庆区5个乡镇10个点(农村集中式供水)进行采样工作,共采样20份(出厂水10份、末梢水10份)。

农村环境卫生监测工作。根据拉萨市2017年农村环境卫生监测技术方案,堆龙德庆区作为项目实施县,区疾病控中心严格按照要求确定监测范围和对象,监测主要采取实地培训和现场检测的方法,严格按照实施方案的要求,共对堆龙德庆区的6个乡镇,22个行政村、6所学校、100户家庭进行调查。100户被监测家庭中,农村户厕类型,非卫生厕所100户,厨房普遍可见蝇类和鼠迹,周围环境存在蚊蝇孳生地。在调查的6所学校卫生中,主要的供水方式为学校自备集中式供水,处理方式均为沉淀过滤。共调查16个厕所,其中非卫生厕所16个(水冲式16个),大部分学校均未建立学校卫生室,也没有卫生专业技术人员,均未建立学生健康档案。采集土壤22份并已送检,检测结果还未反馈。

【慢性病防治、监测工作】 慢病管理情况。2017年,堆龙德庆区慢病工作在疾控中心的具体指导下大力开展慢病防制工作,不断完善服务内容,改进办事程序、服务方式、管理制度,尽最大努力为服务对象提供方便,增强服务意识、提高服务质量。堆龙德庆区高血压建档数1095人,糖尿病39人,重症精神病34、疑似精神病1人、65岁以上老年人管理数2492人。

2017年堆龙德庆区慢性病管理情况

表14

项目 单位	高血压建档数	管理数	糖尿病建档数	管理数	重精建档数	管理数	65岁以上老年人
德庆乡	188	188	8	8	3	3	470
马乡	280	280	2	2	3	3	313
古荣乡	190	190	2	2	5	5	522
羊达乡	129	129	3	3	8	8	193
乃琼乡	251	251	19	19	11	11	565
东嘎镇	57	57	5	5	4	4	336
机关	0	0	0	0	0	0	93
合计	1095	1095	39	39	34	34	2492

前十位疾病谱分析

表15

序号	疾病名称	患者人数	占比
1	高血压	48	13%
2	脂肪肝	45	12%

续表 15

序号	疾病名称	患者人数	占比
3	心电图异常	37	10%
4	胆囊炎	26	7%
5	多血症	23	6.2%
6	胆石症	15	4%
7	高血脂	10	2.7%
8	子宫肌瘤	3	0.8%
9	关节炎	2	0.5%

上消化道癌项目工作、心脑血管项目工作。1.2017 年堆龙德庆区农牧民群众(40—69)岁上消化道癌项目工作的顺利实施并完成国家分配的任务数(150 人),堆龙德庆区到自治区人民医院进行胃镜检查的人数共 151 人,各乡镇检查人数如下:乃琼镇 24 人、古荣乡 34 人、羊达乡 27 人、德庆乡 30 人、马乡 36 人。检查结果:查出胃糜烂 23 人、胃溃疡 4 人、胃癌 3 人、慢性胃炎 121 人。同时并向患者进行慢性病及医疗报销惠民政策的宣传。2. 心血管病是威胁我国居民健康的重大公共卫生问题之一,已经成为导致我国居民预期寿命受损、因病致贫、因病返贫的主要疾病,项目开展到至今堆龙德庆区共筛查 900 余人,其中筛出高危人群数 238 人、预期计划 2017 年 12 月开始由堆龙区医院带领工作人员下乡对高危人群进行筛查、随访。

【健康教育工作】 利用好各“宣传日”的主题,对辖区内的群众进行多方面宣传工作。按照健康教育工作要求,分别利用世界艾滋病日、世界卫生日、结核病防治日、计划免疫日、世界无烟日、碘缺乏病防治等节日,组织人员在区繁华地段多次开展健康教育、健康咨询等活动,在人员比较密集和人员较为特殊的乡镇和行政村举办多次健康巡讲活动,联合“西藏大学防治艾滋病宣传志愿者”举办文艺会演 4 场次,联合拉萨市第四高级中学在全校范围内举行“防治结核病知识竞赛”1 场,共悬挂横幅 18 条,发放健康教育宣传资料 28 种约 65600 余份,宣传海报 8 种 2500 余份,发放互动小礼品 9 种 18000 余份,为居民进行健康咨询 1420 余人次。近年来,艾滋病的发病率呈直线上升趋势,为深入宣传艾滋病防治工作,全面维护群众的身体健康和生命安全,区疾病控制中心联合市卫生局、疾控中心、城关区疾控中心、艾滋病宣传社会志愿者在堆龙德庆区辖区内的拉萨市第一职业技术学校和拉萨市第四高级中学的师生们进行艾滋病防治知识方面的专题讲座,共有 2100 人次参加此次讲座。艾滋病的发病率呈直线上升趋势,为深入宣传艾滋病防治工作,全面维护群众的身体健康和生命安全,区疾病控中心与“西藏大学艾滋病宣传志愿者”在堆龙德庆区乃琼镇,羊达乡帮普村、古荣乡巴热村、马乡朗巴村进行艾滋病方面的宣传,共有 1990 人次参加此次活动。为了进一步推动健康促进试点区建设工作,加强堆龙区辖区内学生防治结核病工作,普及健康知识,提高全校师生对结核病防治知识的知晓率,全面降低学校里结合病发病率,4 月 12 日区疾病控制中心联合拉萨市第四高级中学对该校学生举行关于结核病的知识竞赛。参与现场比赛的有 1300 余师生。

【农村孕产妇住院分娩补助项目】 动员各乡镇卫生院不断加大对项目的宣传力度,使党的这项惠民政策家喻户晓,努力提高全区项目补助兑现率。截至9月底，农牧区住院分娩产妇501人，享受补助产妇501人，补助兑现率达100%。兑现提前待产生活补助16050余元，住院分娩奖励及护送者补助金额53.2万元。同时也享受堆龙德庆区政府给住院产妇奖励每人1000元。

【阻断艾滋病母婴传播工作】 按自治区《预防艾滋病母婴传播工作实施方案》的相关要求，建立"逢孕必检"的工作机制，并因地制宜的紧紧围绕所有孕产妇及婚前保健人群等目标人群，2017年孕期HIV检测人数552人，阳性患者0人。孕期乙肝检测552人，阳性患者31人，梅毒检测552人，初筛阳性26人。

【农村孕产妇增补叶酸预防神经管缺陷项目工作】 加强"增补叶酸预防神经管缺陷"项目的宣教是工作的重要内容。通过采取宣传栏，印发宣传资料等形式宣传准备怀孕农村妇女及孕早期妇女补充小剂量叶酸的好处及领取叶酸的程序。大力宣传小剂量叶酸增补相关知识，提高待孕妇女的优生优育的意识，尽量为减少新生儿神经管畸形出生缺陷的发生做好预防工作。截至9月底，对全区234名孕前及早孕妇女发放叶酸，发放叶酸数量327盒、服用人数234人、服用率83%，其中高危人群30人，增补叶酸知识知晓率为93.6%。

【新生儿疾病筛查工作】 按自治区《新生儿疾病筛查项目实施方案》的相关要求，区疾病控制中心制定以分管副区长为组长、相关部门负责人为成员协调领导小组和技术领导小组的实施方案。召开此项目启动会并已实施，截至年底，堆龙德庆区人民医院全区新生儿遗传疾病筛查血片采集105人，其中不合格12名，已做复查。新生儿听力筛查检测人数99人，初筛阳性7名，复查后阳性0人。

2017年11月16日，区委副书记、区长杜江（右二）在区疾病控制中心调研

【妇幼保健事业】 在各级党委、政府的大力支持及各项目工作及时开展下，孕产妇住院分娩、婴儿住院治疗得到100%的报销。对本区户籍的孕产妇孕期在堆龙区医院可享受三次免费产前检查，高危、贫困孕产妇及婴儿住院分娩及治疗的可及时拿到绿色通道卡，区委、区政府年底对住院分娩产妇给予上级相同标准的奖励，堆龙德庆区流动人口享有与户籍同等的妇幼保健服务，倾力改善妇幼保健服务的公平性和可及性。

【妇幼保健管理工作】 孕产妇保健工作情况。全区农牧区总人口数39716人，总户数12317户，育龄妇女数13624人，孕产妇总数816人，建卡数814人，建卡率为99.8%产妇数560人，分娩总数564人，双胎数4对，死胎死产7人，活产数557人，其中男婴288人、女婴269人。接受系统管理产妇人数550人，接受率为98.74%。接受早检的产妇数550人，早检率为98.74%。接受产前5次的产妇数558人，检查率为100%，接受产前6次的产妇数559人，检查率为100%，接受产后访视3次的产妇数560人，访视率为100%。截至年底，全区已发现孕妇240人，产妇接受新法接生数560人，接生率为100%，在县（区）级以上医院住院分娩人数560人，住院分娩率为100%；全区高危孕产妇筛选出307人，其中高危产妇220人、中重度高危产妇8人,高危产妇住院分娩220人,分娩率为100%。高危产妇接受产前六次数为220人,检查率为100%,高危产妇接受产后三次数为220人,检查率为100%。

儿童保健工作情况。0—14岁儿童总数为8001人,0—7岁儿童总数4298人,0—5岁儿童总数3210人;0—7岁儿童“四病”管理工作中,筛选肺炎患儿117人,腹泻患儿69人,贫血儿3人(全民体检新发现贫血3人)患佝偻病儿1人。“四病”管理数为193人,治愈数为193人;2017年0—7岁儿童体检工作情况:0–7岁儿童应体检数4298人;0—7岁儿童实际体检数3781人,体检率为87.9%,0—5岁儿童应体检数3210人,0—5岁儿童实际体检数3185人,体检率为99.2%,体重<2SD人数67人。0—3岁儿童应体检数2085人,0—3岁儿童第一次实际体检数2069人,体检率为99.2%,0—3岁儿童第二次实际体检数1982人,体检率为95%,0—1岁儿童应体检数1010人,0—1岁儿童第一次实际体检数1002人,体检率为99.2%,0—1岁儿童第二次实际体检数1008人,体检率为99.8%。

2017年,为更好地掌握堆龙德庆区农牧民儿童营养改善情况,进行摸底排查及宣传教育,参加人数达560余人,发放宣传册1450册。截至9月,堆龙德庆区6个月至2岁儿童应领取人数1420人(包括流动儿童)。服用人数1352人,服用率95.2%,共发放营养包2193盒;通过发放营养包,提高6个月至2周岁月龄儿童的食欲及免疫力,但全程服用率仍较低,区疾病控制中心将在下一步的工作当中加大宣传工作,让群众知道营养包的好处。

(向巴泽登)

【领导名录】

主　任

向巴泽登(藏族)

副主任

次旦卓嘎(女,藏族)

堆龙德庆区文化广播电影电视(新闻出版、文物)局

【概况】 2017年,堆龙德庆区文化广播电影电视(新闻出版、文物)局共有在职干部职工26人,行政编制人员10人,含文化执法大队4名(正科级1名、副科级3名),事业编制人员7人(含借调干部1名),工人7人,公益性岗位2人。

【群众文化】 年内,堆龙德庆区民间艺术团联合梦之舞演艺公司、远大农民工演出队、老年艺术团、8支藏戏队共开展数百场丰富多彩、喜闻乐见的群众性文化活动,如元旦晚会、“五下乡”“3·28”西藏百万农奴解放纪念日、“四讲四爱”巡回演出、“精准扶贫易地搬迁”演出、“七一”建党文艺演出、十九大巡回下乡演出等。截至年底,参演人员共计4000人次,观众达12000余人次;改造升级堆龙德庆区文化活动中心各功能房,投入本级资金400余万元,重新规划改造堆龙德庆区文化活动中心,于2017年7月正式投入运营,全天人流量为190余人次;实施文化惠民工程,构建公共文化服务体系,扩大公共文化服务覆盖面和辐射力,真正实现丰富群众精神文化生活、促进经济发展、构建和谐社会的文化兴区目的。将原区级新华书店搬迁至文化活动中心一楼,并对书籍进行重新配置和编目,在堆龙德庆区党政一号楼多个楼层的党员阅读书柜上配备20000余册书籍,方便堆龙德庆区干部职工在工作闲暇阅览阅读,为堆龙德庆区6个乡镇文化站、32个农家书屋重新配置娱乐、健身设施设备,更新堆龙德庆区各农家书屋、寺庙书屋图书(1000余册),发放2017年县(区)级非遗产业扶持资金65万元。为确保2018年拉萨市创建国家公共文化服务体系示范区考核圆满通过,区文广局为各乡镇文化站重新补充配备健身器材、电脑、书柜等(共计55万元),同时为各乡镇发放5万元公共文化配套资金,用于文化站、农家书屋补充书籍资金。

【公共文化基础设施建设】 年内,为夯实堆龙德庆区文化产业基础,支持文化产业重点项目和文化产业基地建设,2017年区文广局建设完成设兴藏戏传习基地、那嘎藏戏队非遗传习基地和措麦藏戏队合作社项目、乃琼镇加罗庄园抢救性修缮保护工程、

东嘎镇桑木村热玛庄园复原、数字影院项目；紧紧抓住文化市场管理关键环节，对全区文化、文物、新闻出版、广播电视的行政管理职能进行归并整合，全面完成政府对文化、文物、广电、新闻出版等行政管理职能的归并管理，统筹兼顾，推进文化市场综合管理工作高效有序运转。

【非物质文化遗产传承和发展】年内，为更好的弘扬和发展非物质遗产文化，继续做好非物质文化遗产的挖掘和申报工作，区文广局成功将桑木村传统技艺非遗项目“罗萨梅朵”和南嘎村“嘎东藏戏”申报为市级非物质文化遗产；经政府常委会研究，2017年成功将堆龙工业园区阿卓商贸、乃琼米瑞金属、乃琼镇勉唐派绘画师旦巴云丹等申报为县级非物质文化遗产和县级非遗传承人；发放2017年县（区）级非遗产业扶持资金65万元，为提升非遗的自身造血功能，推动文化成为支柱产业的发展和堆龙德庆区“文化兴县”的战略目标进程，提供强有力的保障；为夯实堆龙德庆区文化产业基础，增强产业发展后劲，加大堆龙德庆区文化产业的投入，那嘎藏戏队非遗传习基地和措麦藏戏队合作社项目于2017年建设完成；为将堆龙德庆区“藏戏之乡”的美誉打响，区文广局于2017年8月举办堆龙德庆区“第二届藏戏文化艺术节暨藏戏大赛”，并颁发团体、个人、业余等各类奖状及奖金10余万元，激励堆龙德庆区藏戏传承，发展民族曲艺文化。

【文物工作】年内，根据堆龙德庆区各类文物保护单位具有分布广数量多的特点，加上文物行政部门人员缺少，区文广局与各乡镇人民政府签订辖区文物安全责任书，堆龙德庆区境内26家文物保护单位做到层层有人负责、有人监督、有人管理；文物安全巡查工作是文物安全保卫工作的重要组成部分，在日常巡查的基础上，安全巡查重点放在区内外举行重大会议和重要节假日、敏感日时段，确保各级文物保护单位保持文物安全状态。区文广局在元旦、春节、藏历新年，尤其是党的十九大会议召开前，深入最基层对堆龙德庆区各级文物保护单位进行文物防火防盗消防安全大检查23余次，对存在安全隐患的单位整改3次。对乃朗寺和巴普寺检查中发现可移动文物保存场所设施简陋问题，从本级文物保护经费中购买4个文物保险柜，确保2座寺庙可移动文物得到有效保护；为做好堆龙德庆区各级文物保护单位管理工作，区文广局依据《中华人民共和国文物保护法》相关条例，结合自身实际情况并征求上级文物部门的建议，制定堆龙德庆区文物保护单位安全管理制度（实行）办法，并将管理办法发放到各级文物保护单位管理部门手中，对此办法有无可塑性建议和特殊要求进行全面征求。2017年8月，开始对堆龙德庆区境内2处文物点雄巴普摩崖造像和嘉敏曲果玛尼拉康进行保护，邀请市文物局领导和自治区古研所专家开展研究保护工作，经研究决定将达到申报堆龙德庆区县级文物保护单位条件的上述2处文物点报送区人民政府，批准公布为堆龙德庆区县级文物保护单位，为有效推进堆龙德庆区文物保护事业奠定基础。2017年6月，在本级经费有限的情况下，区文广局

2017年6月22日，市文化局局长多吉次仁（左一）率队一行在堆龙德庆区调研

2017年5月14日，区委副书记、区长杜江（中），区委常委、副区长刘春涛（右一）在区文广局调研

积极向上级文物部门反映存在困难，为堆龙德庆区自治区级文物保护单位措麦寺解决20万元的屋面修复经费，并于2017年7月完成施工。对波玛直龙遗址拉康争取资金13万元，该项目正在准备施工阶段。充分利用本级经费8万元为羊达通嘎玛尼拉康进行屋面防水维修，对堆龙德庆区自治区级文物保护单位乃朗寺和县级文物保护单位巴普寺购置文物专用保险柜。在日常的巡查工作中发现堆龙德庆区桑木村的日玛庄园和岗德林村的甲拉庄园均因多年未曾修复，存在房顶及多处墙体坍塌的危险，区文广局积极按照文物法要求，联系具有古建文物保护资质的单位进行实地勘测评估，并上报2017年堆龙德庆区本级财政预算项目400万元进行修复。截至年底，此项目前置手续已经全部办理完，待基建领导小组会议后具体实施；为在进行区域经济建设中有效的保护好文物，区文广局对境内68处文物点建立保护标志。2017年随着堆龙新城建设及那拉高速公路的建设，涉及堆龙德庆区德庆乡境内2处文物点为坚热斯摩崖石刻、罗杰康桑建筑遗址，涉及马乡境内的文物点为丝绒戊堡，涉及古荣乡境内的文物点工蹦佛塔。针对此情，区文广局要求施工方立即停止文物点的施工区域，并多次与上级文物部门、区发改委、施工方开展协调工作，区文广局根据实地考察时提出要求，已让施工方做出具体的保护方案及签订相关的安全协议书，确保堆龙德庆区境内各类无级别文物得到有效保护。2017年10月12日，区文广局上报区人民政府同意区文广局会同国土规划部门对17家县级文物保护单位划定保护范围和建设控制地带，并要求区委、区政府并督促文物保护单位所在地各乡（镇）人民政府、寺管会积极协助配合完成此项工作。

【文化市场综合管理】 年内，区文广局紧紧抓住文化市场管理关键环节，对全区文化、文物、新闻出版、广播电视的行政管理职能进行归并整合，全面完成政府对文化、文物、广电、新闻出版等行政管理职能的归并管理，统筹兼顾，推进文化市场综合管理工作高效有序运转，加大文化市场监管力度，规范演出类市场管理，与经营场所、演职人员签订政治安全责任书；严格行政审批制度，规范管理工作，新办理2家网吧文化经营许可证；积极组织文化执法大队、公安、工商等部门开展联合检查、突击行动，集中开展文化、新闻出版、“扫黄打非”、卫星地面电视接收设施治理等市场综合管理。

【文化执法监管力度】 文化市场健康发展。年内，为营造安全、健康、绿色的文化市场环境，执法大队结合上级部门的要求，及时研究制定各种检查方案，根据方案要求，联合公安、文广等相关单位以日常检查和联合检查的方式对管辖内的网吧、娱乐场所、音像制品店、打字复印店、文物市场以及个人违规安装卫星地面接收设施进行全面不定期的反复查、夜间查行动，效果明显。检查各类文化市场经营单位共2160家次。检查出动车辆共156台次，出动人员334人次，检查网吧179家次，娱乐场所78家次，音像制品店104家次，打字复印店114家次。查处两起非法销售音像制品案。通过对各类文化市场的检查，确保堆龙德庆区文化市场安全有序。

【广电维修及管理情况】 2017年，堆龙德庆区共有单收站24座，收转站21座，有线电视网4座，电视村锅站8座，有线闭路用户800余户；截至年底，全区已建成“户户通”广播电视工程建设项目为14926户；完成53座宗教场所504间僧舍和48间集体活动场所的552套广播电视“舍舍通”安装调试工作；同时为了确保广大僧尼能够正常收看到电视节目，区文广局投入专项经费6.2万余元为每座寺庙配备寻信义和卫星接收器所需的配件，2015—2017年，全面完成7个乡镇级干部职工784套和青藏铁路护路队42套无电户、5套农牧民清流机顶盒升级置换机、11937套广播电视接收器安装入网工作。截至年底，堆龙德庆区境内广播电视覆盖率达到99.9%。

为了确保全区各单收站，收转站和“户户通”“舍舍通”设备正常运行，2017年区文广局以一月一巡查的原则，出动维修人员到各乡镇进行维修设备，确保广大农牧民群众和僧尼、乡镇干部职工、护路队员能够正常收听收看到电视节目。

【广播电视安全播出】 2017年为确保春节、藏历新年双节和三月敏感月、十九大等重要时期广播电视安全输出，确保广播电视正常收听收看，区文广局明确安全播出责任与各乡镇、各寺管会、各寺管小组签订安全播出责任书，还制定区乡广播电视安全播出值班表，保证双岗值班，做到人不离岗，密切注视，加强巡逻，严防死守，确保党的各大节庆的盛况转播万无一失。

【电影放映】 年内，区文广局加大对农村电影放映工作的实施力度，从区、市电影公司引进大量的藏、汉语爱国主义影片和科教片，配合“五下乡”“两学一做”“四讲四爱”“十九大红色电影进基层”等各类活动开展主题电影放映工作，积极开展电影进学校、进农牧区、进机关、进军营活动，截至年底，累计放映电影670余场，受益群众22000余人次。

【包村扶贫和驻村点工作】 为全面掌握区文广局包村点“精准扶贫”工作情况，4月开展精准扶贫工作调研，同包村两委班子、驻村工作队、精准扶贫工作小组了解整村扶贫工作开展情况，并开展入户调查，了解23户困难户具体情况，就致贫原因及脱贫工作提出意见和建议，并根据调研工作实际，调整帮扶方式，真正做好脱贫帮扶工作；结合区文广局工作实际，及时将中央、区、市、堆龙区关于对“精准扶贫、精准脱贫”工作的一系列政策，通过广播、电视、电影、宣传册等多种渠道进行宣传，有效推进“精准脱贫”，推动“一年脱贫、四年巩固”的总体目标实现；整合多项资金，争取220万元的资金，建设“古荣乡那嘎非遗传习基地、设兴藏戏传习基地、措麦非遗传习基地”等项目，为扶贫攻坚顺利开展打下基础。

（旦增平措）

2017年2月24日，堆龙德庆区举行“迎新居、过新年、感党恩、奔小康”文艺演出活动

【领导名录】

局　长

米　玛（藏族）

副局长

朱志霞（女）

堆龙德庆区农牧局

【概况】 2017年，堆龙德庆区农牧局内设有行政办公室、财务办公室、动检站、推广站、农机站、科技办公室、草补办等部门。在职干部职工30人，西部志愿者1名，其中行政5人（正科3人），工人8人（含净土公司3名），17名事业编人员。

【农牧民人均可支配收入】 2017年，堆龙德庆区农牧民人均可支配收入达到14510.85元，比市级指标增减246.33元，同比增长18%，其中，德庆乡11806.61元，马乡12294.62元，古荣乡12579.24元，羊达乡16512.63元，乃琼镇16878.30元，东嘎镇16782.16元。

【农业产业】 2017年全区耕地面积为7.4147亩，其中粮食播种面积为5.37万亩，比指标增减0.22万亩，其占全区播种面积的72.42%；经济作物播种面积1.9270万亩，占全区播种面积的25.98%，其中蔬菜面积为1.17万亩，与指标持平；饲草作物种植面积0.1177万亩，占全区播种面积的1.6%。2017年，粮食总产量2.33万吨，其中青稞1.602万吨。

依照拉萨市的目标任务，2017年堆龙德庆区项目田及测土配方施肥面积5万亩，其中“喜拉22号”2000亩、“藏青2000”3.74万亩、“山冬7号”1万亩，“冬青18号”500亩，分别安排在德庆乡1.078万亩、马乡1.09万亩、古荣乡1.01万亩、羊达乡0.71万亩，东嘎镇0.13万亩、乃琼镇0.982万亩。

2017年，堆龙德庆区在马乡马村打造2000亩有机青稞试验田，累计投入资金510万元。为了有机青稞试点各项工作能够顺利推进，保障有机青稞产量和质量，堆龙德庆区本着“早安排、早部署、早谋划、早准备”的原则，于2017年初陆续开展各项准备工作，于5月中旬前陆续完成客土改良、堆施农家肥、深耕松土、硬化机耕道等各项工作；年初提前对全区3家商品有机肥生产商进行摸底调查，通过对商品有机肥的质量、价格、服务等进行综合比对后，最终同西藏华丰农业发展有限公司签订合同，订购2400吨商品有机肥；为保障种子纯度，于年初从山南、日喀则等地调运种子3.2万公斤（品种主要为藏青2000），且进行严格精选，以确保种子纯度不低于95%、净度不低于96%。按照“200公斤/亩至500公斤/亩的施肥量”“每提高50公斤施肥量则设立一个试验区”的计量标准，将2000亩有机青稞试验田统一划定为七个试验片区，农牧科技人员实行全程蹲点服务，为有机青稞试验工作及时提供技术指导，定期记录作物长势、病虫害等情况，为有机青稞试验工作提供真实有效的数据支撑。经过不懈努力，有机农业试点工作有序推进，顺利完成年初制定各项工作目标，得到市委领导、上级业务部门、区委区政府领导的充分肯定。

【畜牧业产业】 2017年堆龙德庆区牲畜年末存栏11.65万头（只、匹），仔畜成活率97.5%，成畜死亡率1.05%，出栏率39.69%。猪牛羊肉产量0.42吨，奶产量1.25

2017年9月11日，西藏自治区党委常委、拉萨市委书记白玛旺堆（前排左二）、堆龙德庆区委书记格桑平措（前排右二）等相关领导检查指导堆龙德庆区有机农田工作推进情况

吨，山羊绒产量 0.81 吨，禽肉产量 437 吨，禽蛋产量 144.26 吨，牲畜良种覆盖率 35%。

【春季防疫】 2017 年，堆龙德庆区共免疫 30.13 万头（只、羽）牲畜，免疫率达到 100%，其中牛三价灭活疫苗免疫为 7.23 万头，其中，牦牛 4.3194 万头、黄牛 2.9121 万头；猪口蹄疫免疫 1.61 万头。羊口蹄疫免疫 2.67 万只，其中绵羊 1.4594 万只、山羊 1.2065 万只。禽类免疫数为 18.61 万羽，其中鸡 8.0989 万羽、鸭 10.52 万羽，免疫率达到 100%。

2017年3月16日，拉萨市农牧局书记其美旺姆（右五），区委书记格桑平措（右四），堆龙德庆区区委副书记、区长杜江（左四），区委副书记边旦（右三）在马乡马村参加春耕仪式活动

【秋季防疫】 2017 年，堆龙德庆区共免疫 24.7713 万头（只、羽）牲畜，免疫率达到 100%。牛口蹄疫免疫 7.5617 万头（牦牛 4.6577 万头、黄牛 2.9040 万头）；猪口蹄疫免疫 1.2001 万头；羊口蹄疫免疫 2.6859 万只，包括绵羊 1.4878 万只、山羊 1.1981 万只；禽流感免疫数为 13.3236 万羽，其中鸡 11.7556 万羽、鸭 15680 万羽，免疫率 100%。

【黄牛改良工作】 2017 年，堆龙德庆区牲畜年末存栏数 11.38 万头（只、匹），黄牛总数为 2.5565 万头，占牲畜存栏总头数的 22.46%，其中，公牛 0.9214 万头、母牛 1.6351 万头，能繁母牛 1.172 万头（占黄牛总数的 45.84%）；改良牛 1.4693 万头，其中，公牛 0.3673 万头、母牛 1.102 万头，能繁母牛 0.8926 万头（占改良牛总数的 60.75%）。黄牛养殖主要分布在四乡两镇农区、牧区和半农半牧区。

2017 年，堆龙德庆区共有 12 个改良点，黄改授配面扩大到 6 个乡（镇）13 个行政村，培养 24 名从事黄牛冻精配种工作的兽医技术人员。2017 年堆龙德庆区改良任务 2500 头，黄改工作自 6 月 22 日开始，10 月 15 日结束，共配牛 2683 头，黄改受胎数 2177 头，受胎率达 81.15%，新生犊牛数 2138 头，出生率达 98.21%，成活仔畜数 2035 头（公犊牛 1197 头、母犊牛 838 头），犊牛成活率达 95.18%。

【动物监督执法、市场检疫】 2017 年，堆龙德庆区备案在册畜禽养殖场共 44 个，其中家禽养殖场 13 个，生猪养殖场 12 个，牛羊养殖场 19 个；截至年底，区农牧局共开展肉制品检疫报检 36 次、出动检疫 36 次、冷鲜肉专项整治 23 次、回收肉品品质检验合格证 254 张、过时冷鲜肉封存冻库 23 次，动物及动物产品检疫率、检疫合格证安全率达到 100%；累计联合执法出动 26 次、养殖场专项整治 29 次（中央环保督察转办案件），检查饲料、兽药经营 7 次，产地检疫 101 次、开具电子检疫票 101 张、道口检疫管理 7 条记录，血清监测 760 份（监测结果为正常），并累计出动执法车辆 391 车次、动物卫生监督执法人员 157 人次，查获销售未经检疫肉制品案 3 起。通过高频率、全方位的检查执法严厉打击违反畜产品安全的不法行为，有效保障堆龙德庆区畜产品质量安全，促进畜牧业健康发展，截至年底，辖区内没有发生一起畜产品质量安全事故。

【包虫病防治】 年内，区农牧局组织各乡（镇）主管副乡长、乡（镇）兽医负责人员召开家犬投药及新生羔羊免疫工作动员大会。对各乡（镇）兽医进行一对一犬只管理

2017年12月25日，拉萨市农牧局副局长晋米带队的市级农产品质量安全考核组在堆龙德庆区考核

电子系统操作为期2天的培训。

积极争取专项资金，购买防护物资，并设立兽药库，安排专人负责疫苗（药品）的储存、发放、使用，现共储备家犬驱虫（吡喹酮）39箱、新生羔羊疫苗400瓶、稀释液200瓶、羊耳标10500支、耳标钳76把、家犬投药记录本12479本。截至年底，已发放驱虫药16.5箱、疫苗344瓶、稀释液175瓶、羊耳标7135支、耳标钳19把、犬只投药记录本4383本；同时发放口罩720包、一次性手套5200双、一次性防护服114套、多次防护服184套、消毒药83件、宣传资料8500张等各种防护物资。

按照每月驱虫一次、连续五次、投药后五天观察粪便的方式，对家犬投药，每轮完成5393只家犬驱虫，驱虫覆盖率已达到98%以上；9月21–22日，在东嘎镇、乃琼镇开展犬只免疫接种工作，已完成124只家犬的免疫、采集基本信息、植入芯片及办理免疫证书工作。

7月22日全面开展新生羔羊免疫接种工作，8月2日完成第一次新生羔羊免疫工作，共计免疫8585只（耳标识），免疫率达到100%，同时完成免疫卡填写工作；8月31日全区范围内开展新生羔羊强化免疫工作，9月20日全面结束，共计免疫8585只新生羔羊，免疫率达到100%。

堆龙德庆区兽医站与拉萨市动物疫情预防控制中心联合开展动物疫病监测和流行病学调查采血工作，共采集牲畜血清760份、犬粪100份、OP液420份、棉拭子380份。

【万户百场十中心】 堆龙德庆区于4月正式开展“万户百场十中心”工作，区农牧局安排专人负责，并结合实际研究制定《堆龙德庆区奶牛养殖“万户百场十中心”工程实施方案》及“奶牛养殖示范户工程任务分解表”，走村入户对奶牛示范户进行摸底调查。万户堆龙德庆区任务560户，每户补贴4500元。于5月5日完成560户奶牛养殖示范户筛查工作，截至年底，已核对完200余户，同时记有农户信息的门牌已开始制作，并完成3137头奶牛的统一耳标标志工作；百场堆龙德庆区任务5个（扩建2个、新建3个），截至年底，前期选址工作共确定3个点，分别在马乡马村、古荣乡加入村、乃琼镇加木村，项目初期建设资金从区科技局2017年科技创新经费中安排。

【农牧业重点项目】 2017年全区农牧业基本建设项目共有4项，总投资达726万元。堆龙德庆区草原监理检测体系建设项目：项目总投资136万元。项目建设业务用房200平方米，购置办公和实验仪器设备55台（套）等，截至年底，基建工作已基本完成，正在安装设备。堆龙德庆区绿色防控示范基地建设项目：项目总投资200万元，项目建设示范面积1万亩，开展不同作物病虫害绿色防控技术应用，形成适合本地区推广的绿色防控技术。截至年底，项目已完工；堆龙德庆区人工种草与天然草场改良建设项目：项目总投资200万元，项目建设播种（饲草种子及草种子），灌溉人工草地1000亩，旱作人工草地1200亩。截至年底，项目已完工；堆龙德庆区重大动物疫情应急物资储备及冷链设施项目：项目总投资150万元，项目建设重大动物疫情应急物资储备及冷链设施（200平方米），其中2–8摄氏度疫苗储备库、冷库 100 ㎡，应急物资综合仓库 100 ㎡，配备冷藏车相关设施。截至年底，基建工作已基本完成。

【科技工作】 2017 年，堆龙德庆区科技工作本级财政投入 1251 万元，比上年增加 246 万元、其中科普宣传及科技培训投入 60 万元，科学技术普及达到 16.77 元 / 人。在全区 6 个乡（镇）前后共建立 13 个科普活动站，并为其添置各类科普书籍和挂图、宣传展板、图书柜、音响、电视、DVD 播放机，桌椅等相关科普示范设备。

截至年底，全区共开展科普宣传活动 127 次，群众参与人数达到 5106 人次，播放科普光碟 213 余次，发放科普资料 5010 余册；并通过技术人员授课、现场观摩等多种形式开展“科普宣传教育”等活动，累计开展科技宣讲 17 场次，培训农牧民达 2910 人次，印发宣传册 500 份；同时培养 72 名自治区级农牧民科技特派员，27 名拉萨市级农牧民科技特派员，有效地缓解堆龙德庆区农牧区基层科技力量不足与科技服务缺位的突出矛盾；并且在拉萨市科技局的支持下将 7 名科技特派员派往林芝、云南、青海等地学习种养殖技术。

【土地确权】 农村土地承包经营权登记颁证工作（以下简称“土地确权”）是全面深化农村土地制度改革的一项重点工作，是农村改革向纵深发展的重要体现。堆龙德庆区土地确权工作于 2017 年 4 月由区农牧局作为牵头单位开展该项工作，以《国土资源部财政部农业部关于加快推进农村集体土地确权登记发证工作的通知》文件为基本遵循，以维护农村社会稳定为前提，以维护农民土地的合法权益为根本原则，赋予农村承包土地“合法身份”，强化农民土地承包经营权的物权保护，确保农民合法权益得到保护，确保农村社会稳定。堆龙德庆区确权工作共涉及 6 个乡镇、5618 户、61523.72 亩。开展土地确权发证工作在解决土地纠纷、化解社会矛盾中发挥着重要作用，只有开展确权登记颁证，才能妥善解决承包地块面积不准、四至不清、空间位置不明等问题，进一步巩固农村基本经营制度，进一步明晰农村土地产权，进一步规范土地流转和农业规模经营作为发展方向。

截至年底，堆龙德庆区基本完成档案资料的整改工作，经过权证信息再核实，承包面积、承包合同、承包经营权登记簿和权证“四相符”的权证数量为 3773 本，达权证总数的 67%，其余 1845 本权证需要重新打印后再进行颁证。

【合作社工作】 2017 年，堆龙德庆区在工商部门依法登记注册并在农牧部门备案的合作社 145 家，注册资金总额 1.3075 亿元，入社成员 2943 名，其中包括市级示范社 5 家，县级扶持合作社 8 家，共扶持资金 165 万元。种养业合作社流转土地面积 1886.14 亩，2016 年总产值 14186.7 万元，带动 5860 户农牧民群众增收致富，另外招收贫困工人 562 人，额外扶贫人数有 4082 人，额外扶贫资金达 711.29 万元，2017 年 5 家合作社获得市级示范社荣誉。

【草补工作】 2017 年，堆龙德庆区草原总面积 250.40 万亩，可利用草原面积 245.16 万亩，主要类型为高寒草甸和温性草原。人工种草及农副产品载畜量 6.46 万个

2017年6月9日，区农牧局工作人员对乃琼镇范围内的违法养殖场开展联合执法检查

绵羊单位,可利用天然草原载畜量23.38万个绵羊单位。草畜平衡载畜量29.84万个绵羊单位,可利用草原载畜量标准(亩/绵羊单位)10.59个绵羊单位。

堆龙德庆区2017年共发放草畜平衡奖励资金367.74万元,全区牲畜存栏量保持在平衡点以下。

堆龙德庆区人工种草面积达到6000亩,其中苜蓿草4000亩、青饲玉米1000亩、燕麦草1000亩。分别安排在乃琼镇500亩、羊达乡500亩、古荣乡1300亩、马乡2000亩、德庆乡1700亩。

堆龙德庆区根据《西藏自治区开展基本草原划定工作实施方案》要求,认真组织、精心部署,于2015年年中开始对各乡(镇)基本草原进行摸底调查,同时深入农牧户,通过宣讲、发放宣传单等方式向农牧户进行政策宣传。截至年底,已完成6个乡镇30个行政村的基本草原划定内外业工作,并初步勾绘出1:5、1:10万地形图,现有基本草原图斑120个,基本草原划定面积达到223.49万亩、250个地块,其中重要放牧场223.34万亩、234个地块,割草地0.14万亩、15个地块,湿地0.0075万亩、1个地块。

根据2017年农业部草原监理中心和自治区草原监理站的安排和部署及有关要求,堆龙德庆区于2017年8月以样地调查和样方调查的方式,选择古荣乡(温性草原类)和德庆乡(高寒草甸类)的2个典型草原类型,同时选择具有代表性的10个样地、30个样方进行监测,并对每个样地的2个农牧户开展畜补饲调查,共调查20户,并已将相关数据报送市农牧部门。

(德庆卓嘎)

【领导名录】

局　长

旦增久乃(藏族)

副局长

杨　方

主任科员

普　片(女,藏族)

2017年5月24日,区农牧局工作人员进行筛选万户奶牛工作

堆龙德庆区农业综合开发建设办公室

【概况】 堆龙德庆区农业综合开发建设办公室(以下简称区农业开发办)主要从事全区扶贫、农发项目的申报及实施工作。2017年,区农业开发办共有人员编制15人(党员10人),正科级1人,副科级干部1人,科员2人,员级5人,工人3名,公益性1人,临时工1人。2016年,区农业开发办争取自治区、拉萨市支持以及本级财政扶持,共执行中央、自治区、拉萨市扶贫、农发项目8个、易地扶贫搬迁工程2个,争取到投资资金共计26152万元(扶贫投资5980万元,易地搬迁款20172万元),其中国投4520万元(扶贫国投1990万元,易地搬迁款2530万元),自筹、金融贷款21632万元(扶贫金融贷款3990万元,易地搬迁贷款17642万元)。

【扶贫项目】 年内,区农业开发办深入贯彻落实拉萨市以及区委区政府相关扶贫政策,瞄准"建档立卡"工作识别出的贫困人口,共1262户4387人。积极落实2017年扶贫项目,共实施面上扶贫项目8个,其中扶贫产业项目6个,金融融资项目2个,总投资为5980万元,其中国家投资1990万元,自筹、融资3990万元,自筹部分由中国邮政储蓄银行堆龙德庆区支行提供贷款，同时由本级财政为贷款提供贴息。项目涉及堆龙德庆区5个乡镇包括藏药材生产加工类、建筑建材类等关系民生的各方面。通过新建4个挖掘机购置项目；扩建1处藏药材生产加工项目、扩建3处村集体经济施工队等给全区带来方便，扶持合作社、企业，拓宽贫困人口的就业渠道，带动“建档立卡”贫困群众320人脱贫。

2017年2月27日，藏历火鸡年的大年初一，西藏自治区党委书记吴英杰（中）在堆龙德庆区乃琼镇波玛村易地搬迁安置点与搬迁群众欢度藏历新年

【易地扶贫搬迁工作】 党和政府把易地扶贫搬迁当作新时期探索脱贫开发的一项重要举措。年内，区农业综合开发办公室按照“搬得进、稳得住、能致富”的要求，全力以赴推进堆龙德庆区2017年桑木村300户、拉萨市经济技术开发区300户易地扶贫搬迁集中安置点项目建设。截至年底，2个易地扶贫搬迁集中安置点，各项工作如期推进，工程顺利完成建设。

堆龙德庆区重点打造桑木村300户集中安置试点工程和“香雄美朵”生态旅游文化产业园100套民宿扶贫搬迁安置试点工程，根据家庭人口数量和产业园区规划，在桑木村设置60平方米、80平方米、100平方米的公寓式住房，在“香雄美朵”设置120平方米、140平方米、160平方米、180平方米的庭院式住房。同时，为解决搬迁群众的后顾之忧，区委、区政府投入资金1282.132万元，为其配备家具家电。截至年底，波玛村安置点、桑木村安置点搬迁群众已实现入住。易地扶贫搬迁工程的最终目的，为更好地解决搬迁群众后续生计问题，堆龙德庆区重点在搬迁安置方式上下功夫，确保每户搬迁群众至少有1人实现就业。

【对口帮扶献爱心】 年内，区农业综合开发办公室严格按照《社会治安综合治理目标管理责任书》的有关规定，层层落实，及时掌握情况，将各种对维护社会治安不利的问题解决在萌芽状态。同时将维护稳定与对口包村点工作相结合，要求包村点马乡朗巴村委会切实做好社会稳定工作，确保堆龙德庆区的社会政治稳定。村委会班子成员团结上进，关心群众，没有群体性事件发生，寺庙的宗教活动均处于合法活动之内。在对口包村工作中，区农业综合开发办公室还积极组织开展在职党员到村组报到服务联系群众活动，按照基层所需、群众所盼、党员所能的原则，组织在职党员到朗巴村委会报到登记，发挥党员所长，直接联系群众。为表达对村集体经济发展的支持，分别在朗巴村望果节及旅游度假村开业时为村委会送上2000元，同时为帮助村委会更好地发挥村集体经济带动作用，区农业综合开发办公室组织党员干部多次到朗巴村了解情况，因地制宜的为帮扶村提供发展规划建议。

（苏广龙）

【领导名录】

主　任

杨　炜

副主任

拉巴普赤（藏族）

堆龙德庆区林业绿化局

【概况】 年内，堆龙德庆区林业绿化局在区委、区政府的正确领导下，以党的十八大、十八届历次会议以及十九大精神为指导，坚持“标本兼治、综合治理、惩防并举、注重预防”的方针，把党风廉政建设融入林业业务建设、领导班子建设、干部队伍建设和党的建设之中；以作风为突破、以教育为基础、以制度为保障、以监督为关键、以纠风为重点，进一步加大从源头上预防和治理腐败的力度；继续推进惩防体系建设，切实加强党风廉政建设和反腐败工作，为推动林业事业实现新跨越提供坚强保障。2017年，堆龙德庆区林业绿化局共有核定行政编制为3名，干部职工7名。

【林业工作】 2017年，堆龙德庆区林业绿化局已完成拉萨周边防护林工程项目，建设规模为人工造林800亩，总投资382.5793万元，造林地分布在马乡马村、古荣乡嘎冲村、乃琼镇贾热村。封山育林1800亩，分布在马乡马村；重点区域生态公益林建设工程项目，建设规模为人工造林800.2亩，总投资400.5793万元，造林地分布在马乡马村、古荣乡嘎冲村、乃琼镇贾热村；西藏生态安全屏障保护与建设防沙治沙项目，建设规模为城镇居民点沙害治理334亩，封山育林6468亩，总投资133万元，分别分布在马乡措麦村、德庆乡昂嘎村。

【自筹资金实施的造林】 2017年，堆龙德庆区自筹资金实施的植树造林主要包括义务植树、四旁植树、乡镇人民政府大院绿化、寺庙、单位庭院绿化等的栽植，共栽植柳树24125株、杨树3000株、小圆柏150株、塔柏410株、雪松6株、油松10株、沙棘300株、侧柏220株、桃树100株。

【重点公益林建设】 2017年，继续加强堆龙德庆区森林生态补偿基金建设，加强对原生植被、珍稀野生动物种群的保护管护，涉及4个乡1个镇，管护面积277093亩，管护人员119名，公益林管护费为4.85元／亩，每年实现管护人员现金收入1343901.05元。

【森林防火工作】 森林防火工作是林业工作的头等大事之一，为此年初区林业绿化局将及时向各乡镇下发《堆龙德庆区森林火险隐患排查方案》《森林防火通知》和与各乡镇签订《森林防火责任书》，并制定《森林防火应急预案》坚持每周对各乡镇进行一次森林火险排查。进一步强化森林防火意识，在森林防火成效上实现新的进步。利用森林防火宣传活动，印发森林防火手册，重点对重点公益林乡、镇、村及重点人员进行宣传，形成“森林防火，人人有责”，全社会都来关心、支持森林防火工作的良好氛围。在每年的森林火灾高发期，在思想上重视，把森林防火工作当作一件大事；立足预防，确定目标；抓住关键环节，强化隐患排查；明确职责，层层尽职；同心协力，形成合力；改进方法，强化督导。确保堆龙德庆区森林防火工作更上一层楼。

【城区绿化养护工作】 年内，继续加强堆龙德庆区政府院内及区城周边14万平方米绿化带的养护、提升工作。

【疫源疫病监测，掌握禽病动态】继续严格实行疫情监测日报告制度，不折不扣的落实防控监测的各项工作。实行重点防控监测片区实施巡护人员严密的疫情动态监测。

2017年11月20日，拉萨市林业绿化局工作组在古荣乡检查林业工作

【野生动物肇事损失补偿】 2017年，严格执行上级业务部门对相关野生动物肇事损失补偿工作流程，开展好野生动物肇事损失工作的申报、审核、调查取证等工作。野生动物肇事损失补偿按照自治区承担60%，拉萨市承担30%，县级承担10%。

【有害生物防控】 根据国务院发布《森林病虫害防治条例》有关规定及自治区林业厅对林业有害生物防治工作的相关部署，结合堆龙德庆区林业有害生物现状，发展趋势，防治措施等问题，坚持“预防为主，科学治理，依法监管，强化责任”的林业有害生物的防治方针，5月22日，区林业绿化局组织园林公司技术人员采取多种措施参加防治工作，有效清除，改善林木生存环境，保证林木健康生长。提前谋划，积极筹备。认真组织开展森林病虫害防治宣传，使广大群众对森林病虫害防治知识做到人人知晓；严格检疫，杜绝危险性病虫害传播。为确保造林用苗质量，有效杜绝危险性病虫害的外来传播，区林业绿化局加强检疫监管，认真做好流通领域造林苗木调运检疫工作；备足相关药械和药剂，组织集中药物防治，对病虫害进行集中防治，切实落实林业病虫害防控责任。加大病原防控力度，确保堆龙德庆区林业生态安全。

【消除“无树村、无树户”】 为深入贯彻落实以习近平总书记为核心的党中央全面推进生态文明建设、实现绿色发展的重大决策部署，年内，区林业绿化局根据《西藏自治区人民政府关于大力开展植树造林推进全区国土绿化的决定》的重要指示精神，加强义务植树的宣传工作，进一步提高广大群众对义务植树工作重要性的认识，提高全民义务植树意识，自觉履行义务植树，实现大力消除无树村组、无绿院落、无林农户的目标。区林业绿化局积极开展调查摸底工作，统计全区各乡镇无树村、无树户，适龄人口数等基本数据，经统计，去掉城区规划范围内的乡镇村组，堆龙德庆区海拔4300米以下的没有“无树村”。将重点开展消除1851户“无树户”工作，2017年消除德庆乡200户、马乡336户和古荣乡200户“无树户”，共计736户（占总无树户的39.7%）。按户均5棵树，共需栽植3680棵。

2017年1月10日，区林业绿化局在古荣乡加入村召开森林防火现场会

【工作亮点】 树种选择。年内，区林业绿化局本着因地制宜、因害设防原则，以人工造林作业区的立地条件、施工经营条件为基础，结合当地生态经济需求，树种的选择坚持立地条件与树种生态学和生态学特性相一致，遵循“适地适树、良种壮苗”，兼顾当地群众生产生活的需要的原则，宜林则林、宜灌则灌、宜草则草，主要选择抗性强、耐干旱瘠薄、根系发达、萌蘖性强、经济和生态效益高的优良乡土树种和外地引进的树种相结合。如河北杨、青杨、江孜沙棘等三种树种形成层次，可以有效地提高防护效能和稳定性。

林业工作和精准扶贫相结合。坚持造林绿化与构建和谐社会、坚持社会主义新农村、建设生态文明、增加农牧民收入相结合的原则，除树苗的采购外，其余全部工作量交由村委会组织群众实施，结合本年度精准扶贫工作要求，将精准扶贫户优先纳入到小工行列。拉萨市林业局主要领导多次到该项目点指导工作，加强管理，落实责任，质量与收益挂钩，鼓励发展农牧民造林专业队。

超前准备。针对春季造林时间紧、任务重的实际，堆龙德庆区林业绿化局到2017年涉及项目的乡镇、行政村开展前期组织协调、计划安排等工作，确保春季植树造林受到重视，形成声势，取得实效。各乡镇、行政村将于年后抓紧开展造林前的整地、挖坑（机械）、小型水利设施的建设等工作。

加强种苗管理。针对堆龙德庆区2017年造林项目种苗的需求量，堆龙德庆区林业绿化局着重对堆龙德庆区区域内的私营苗圃及个体农户苗圃情况进行全面细致的调查，全面掌握堆龙德庆区内苗木情况，全部苗木在堆龙德庆区境内的苗圃基地采购。造林种苗选择和使用上，在苗木标准合格的前提下，优先考虑政府扶持建设的农牧民个体苗圃生产的苗木。严把苗木质量关，进一步加大优质壮苗的使用率，特别是乡土树种的使用率，切实提高造林成活率。

明确责任、分工协作。由于2017年堆龙德庆区造林和绿化任务工作任务重、时间急，区林业绿化局高度重视，并召开局务会议，成立工作项目领导小组，把任务分工到具体的人头上，要求明确具体负责人，确保事事有人管、件件都落实的工作要求，做好做实此项工作。

落实造林责任。为了提高造林的成活率和保存率，堆龙德庆区对各造林工程项目以承包的形式，承包给当地乡镇、村委会及园林绿化公司。能够切实发挥项目所在地乡镇、村的主观能动性；结合精准扶贫工作，劳动力要求优先使用本村精准扶贫户；坚持谁造林、谁经营、谁受益的原则，不植无主树，不造无主林，与各乡镇及园林绿化公司签订目标责任书，并将后期管护成果作为当年年终各乡镇的考核内容挂钩；充分发挥护林员的管护作用，把巡查、监测和防治工作落实到具体的地块。

2017年4月14日，区林业绿化局在香雄梅朵组织开展义务植树活动

坚持因地制宜，适地适树，科学营造的原则。遵循自然规律，尊重群众意愿，选择适宜的造林树种，确立科学的造林模式；采取带、片、网、点相结合，乔灌草合理配置；在造林方式上，宜造则造、宜封则封，实行封、造、抚、管有机结合。

（李欢欢）

【领导名录】

局　长

江　　央（藏族）

副局长

央吉拉姆（女，藏族）

堆龙德庆区水利局

【概况】 2017年，在区委、区政府的坚强领导下，在上级业务部门的大力支持下，堆龙德庆区水利局深入学习贯彻落实党的十九大会议精神、习近平总书记一系列重要讲话精神和区委、区政府党代会精神，积极推进“两学一做”学习教育常态化、制度化，以提升水利保障能力为核心，以解决民生水利问题为重点，以河长制建设为抓手，全面推进水利现代化建设，为堆龙德庆区着力营造“三大生态”、率先实现“两个建成”的目标提供强有力的水利支撑和保障。2017年，区水利局内设行政办公室、财务办公室、水政办公室、水利普查办公室、农水办公室、河长制办公室、党建办公室以及防汛值班室等部门。在职干部17人，其中正科级1人，副科级3人。人员结构：行政编制6人（1人为长期病假），事业编制11人。中共党员占职工总数88%。

2017年3月5日，区水利局学习传达文件精神

【防汛抗旱】 年内，区水利局按照“安全第一，常备不懈，以防为主，全力抢险”的防汛抗旱工作方针，认真落实防汛责任到位、预案修订和演练宣传到位、抢险物质和队伍准备到位、值守人员和巡查到位、隐患排查和整改到位、避险知识宣传到位、预警发布和避险转移到位等“七个到位”要求，全年实现人员零伤亡。2017年，堆龙德庆区不同程度受到强降雨、冰雹等极端恶劣天气影响，使部分乡（镇）、村组，堆龙河滨河路工业园区段，堆龙河东嘎大桥下游均受到不同程度的洪水灾害，共遭受洪涝灾害9处，山洪泥石流灾害2处。冲毁农田及房屋、道路12处。根据实际情况及时启动防汛应急预案，妥善处理灾情，共调用挖掘机11台（次），装载机17台（次），出动运输车辆933辆（次），编织袋12000，防冲墩110，土石方16550方，人员出动618余人，其他大型机械16台（次）。投入资金共计6452695元。面对严重暴雨造成的灾害险情，区防汛抗旱指挥部主动防范、科学调度，启动应急预案，调用防汛储备物资，强化部门协同和乡、村、组整体联动，取得防汛抗灾工作的全面胜利。做到无人员因灾伤亡、无一处水利工程失事，有力保障人民群众生命财产安全。

【水利基础设施建设】 2016年续建项目共6项，总投资为11654.92万元，分别为：（1）2015年小型农田水利基本建设“重点县”项目，项目总投资为1081.8万元，工程已完工。（2）2016年小型农田水利基本建设“重点县”项目，项目总投资2825.42万元，工程已完工。（3）古荣乡巴热村水土流失综合治理项目，项目总投资为1019.02万元，已完成100%，（4）堆龙曲马乡防洪堤工程，项目总投资为1517.62万元，截至年底，已完成总工程的83%。（5）堆龙曲东嘎镇古荣乡防洪工程，项目总投资2302.8万元，完成总工程量的90%。（6）堆龙德庆县城区二期防洪堤工程，项目总投资2908.26万元；

2017年新开工项目2项，总投资4386.27万元，分别为：（1）2017年小型农田水利基本建设“重点县”项目，总投资2509.2万元，完成35%。（2）堆龙德庆区德庆乡防洪工程，总投资1877.07万元，完成15%。

2017年本级财政安排4个项目，总投资2623.44万元，分别为：（1）2017年农村饮水安全巩固提升工程，项目建设内容为：堆龙德庆区德庆乡昂嘎村诺录组等24个乡镇村组境内的自流引水工程，以达到巩固提升，项目总投资889.46万元。（2）马乡措麦村1、3、4、5组农田水利基础设施，项目建设内容为：新建12条渠道，渠道总长11.30km及其配套工程，项目总投资为921.61万元。（3）贾热进水口，项目建设内容为：新建进水口工程1处，进水渠1处，项目总投资401.35万元。（4）堆龙德庆区诺陆录村德沟防洪护岸工程，项目建设内容：治理河道总长1.69km，右岸新建护岸1621m，保护耕地655亩，林草地135亩。项目总投资411.02万元。

2017年7月7日，区水利局局长拉巴卓玛在岗德林村进行防汛抢险指挥

计划外项目。2017年区水利局除做好上述重要工程建设外，区水利局还积极与拉萨市水利局和拉萨市财政局积极对接，多渠道争取项目和资金，截至年底，已争取882.32万元的计划项目，分别为:(1)2016年农村饮水安全工程维修项目，项目建设内容为：解决顶嘎村、设兴村和那嘎村农村饮水安全维修工程，项目总投资94.069万元。(2)2017年小农维修项目，项目建设内容为：解决顶嘎村、设兴村和那嘎村农村饮水安全维修工程，项目总投资188.35万元。(3)2017年拉萨市第一批脱贫攻坚统筹资金项目，项目建设内容为：解决涉及羊达乡邦普村、马乡设兴村和古荣乡南巴村等境内小型农田水利设施，项目总投资500.01万元。(4)2017年农村饮水安全巩固提升工程。项目建设内容：新建机井工程1座，管理房1座，入户给水点2座，PE管道工程1200米。项目总投资99.89万元。

【开展“河长制”工作】 2017年是堆龙德庆区全面推行“河长制”工作开局之年，在区委、区政府的坚强领导下，前期工作进展顺利，成效初步显现。区委、区政府成立以区委书记任组长的全区推行河长工作领导小组，以区委副书记、区长任总河长的三级河长体系，协调解决筹备工作中的重大问题；区水利局组织开展江河湖库名录信息调查工作，最终形成调查成果；中共拉萨市堆龙德庆区委办公室、拉萨市堆龙德庆区人民政府办公室联合印发《堆龙德庆区全面推行“河长制”工作实施方案》，并召开全面推行河长制动员会，区级总河长多次开展巡河行动并召开联席会议；区级河长制6项工作制度和6个乡(镇)的工作方案顺利出台；82名护河护堤员认真履职，发挥本职工作的职能，定期巡查堆龙河段的垃圾倾倒现象和私自占用河道工作。并为他们购买护河护堤巡逻车30台，服装和帽子82套；与西藏自治区电视台制作《相约河长制，情系母亲河》专题宣传警示片，与拉萨市电视台联合拍摄“河长制工作公益广告”正在后期制作，同时在拉萨河堆龙段、堆龙河及骨干支流显著地段设立市、区、乡三级河长制藏汉双语公示牌。

【提升水生态文明建设】 年内，区水利局组织开展第二十五个“世界水日”和第三十届“中国水周”宣传活动，通过召开座谈会和出动宣传车、张贴标语等形式，深入宣传水利政策法规。全区共出动宣传车3台、拉横幅5条、发放宣传资料2000份。组织实行最严格水资源管理工作，按照全市下达的2017年实行最严格水资源管理制度“三条红线”考核指标，堆龙德庆区2017年用水总控制指标为0.9850亿立方米，农田灌溉水有效利用系数达0.448，万元工业增加值用水量为0.021亿立方米，较2016年下降5%，万元国民生产总值用水量为0.0368立方米每万元，重要江河湖泊水功能区水质达标率为92%。

根据实际，2017年堆龙德庆区用水总控制指标为0.944亿立方米，其中农业用水总量0.64亿立方米，工业用水总量0.3亿立方米，生活用水总量0.04亿立方米。未超过用水总控制指标。为科学利用、有效保护、有序管理水资源打下基础，同时顺利完成拉萨市考核验收；全面排查整治堆龙河排污口，有效控制污水、污染物向堆龙河排放，着力节约保护水资源，全力保障水生态安全。

【取缔沿线采砂场及恢复工作】自6月23日至7月28日，区水利局按照《关于强制拆除河道采砂场实施方案》，联合区国土局、规划局、安监局、环保局、信访局、公安局、城市综合执法局、铁路护路队、水电气公司、区医院、卫生局、消防大队、东嘎镇人民政府、羊达乡人民政府和沿线各行政村委会组成强制拆除小组，依次对堆龙河沿线各采砂场进行拆除工作，完成堆龙河河道沿线采砂场的取缔和恢复工作，取得较好的成果。强拆行动，共出动大型吊车22台、运输车12辆、推土机8台，1440人次，清理余料35万方。同时，根据乡镇的不同特点，多次下发文件要求乡、村、组严禁开设采砂场或以入股方式与企业签订租赁土地开设采沙场。

【环境卫生专项整治】按照《全面推行河长制工作方案》，自5月20日至9月底，开展为期120天的河道整治工作，期间共开展河道清理垃圾行动66余次，投入清运垃圾机械180余台，清理垃圾175.5吨，总共投入经费110万元（含乡镇投入经费）。

【推进党建工作】局党组真正扛起党建工作主体责任。出台《堆龙德庆区水利局2017年党建工作要点》《堆龙德庆区水利局党建工作计划》《堆龙德庆区水利局“党员固定活动日”工作计划》《堆龙德庆区水利局党建工作具体细则》《堆龙德庆区水利局“讲党课”计划》等，并结合每月实际情况按月制定《堆龙德庆区水利局党支部学习计划》，从集中性教育向经常性教育延伸，把严肃党内政治生活、严明党的政治纪律和政治规矩作为加强思想政治建设融入党建工作中，进一步建立健全党建工作的组织体系和运作体系，形成“一把手”负总责、主管领导分工负责，值班具体抓的党建工作领导体系，统一领导，上下联动的党建工作格局；认真落实“三会一课”制度。2017年，共召开党员大会8次、支委会12次、党小组会议10次；开展“党员活动日”和“党费日”活动，党费收缴健全专人管、足额收、及时缴、定期查的工作机制。每月开展一次活动，党员按时按标准交纳党费；积极开展党员进村结对共建，积极组织本单位在职党员到顶嘎村、贾热村参加活动，3月28日支委集体参加顶嘎村“3·28”百万农奴解放日纪念活动，7月1日党支部书记到顶嘎村上党课，10月18日支委部分党员到顶嘎村与村班子成员、群众党员一同收听收看党的十九大现场直播，并重温入党誓词。全力抓好支部规范化建设。认真抓好党务干部配备和党组织换届选举，规范发展党员，健全支部各项规章制度。

【党风廉政建设】年内，区水利局认真贯彻落实全面从严治党工作部署，将党风廉政建设主体责任纳入年度工作总体布局，与水利业务工作同研究、同部署、同检查、同落实、同考核，全面落实承诺书、逐级报告、定期约谈、述职述廉等措施。推行党风廉政建设主体责任和监督责任清单管理，层层压实责任，层层追踪问效。注重源头治理综合防控，积极推进行政审批改革，规范权力运行

2017年5月16日，堆龙德庆区召开全面推行河长制动员部署大会，会议由区委副书记、常务副区长赵涛主持

2017年11月8日，区水利局对巴热水保项目进行验收

机制。编制出台《堆龙德庆区水利局内部管理制度汇编》,全面提高廉政风险防控能力。深入推进“两学一做”学习教育常态化制度化,不断强化政治纪律和政治规矩。认真开展中央八项规定精神“回头看”自查自纠工作,驰而不息纠正“四风”,对发现的违规违纪问题严肃追责问责。切实加强意识形态工作,严格党内政治生活,不断提升党支部建设水平。

【精准扶贫工作】 年内,区水利局为认真贯彻落实全区扶贫开发工作会议精神,深入推进精准扶贫开发工作,加快建档立卡户脱贫致富步伐,召开精准扶贫工作的专题会议,研究部署区水利局精准扶贫工作,将精准扶贫工作与党建工作结合,与全局“常态化服务”机制结合,与项目管理和调度工作结合。经常深入包村点开展精准扶贫工作,多次组织党员干部开展入户走访慰问,了解村情民情,掌握基本情况,科学制定帮扶计划,全年深入顶嘎村开展精准扶贫、精准脱贫工作360余次,每名党员每月2次,送去慰问金及物资2000余元,为包村点落实农田水利维修项目一个,项目资金37万元,切实将精准扶贫工作落到实处。

(旦增次杰)

【领导名录】

局 长

拉巴卓玛(女,藏族)

副局长

谢 远 晋

堆龙德庆区教育(体育)局

【概况】 2017年,全区4乡2镇共有8所中小学校(含初级中学1所、完全小学7所)和2所区级幼儿园,另有5所乡镇中心幼儿园和24所行政村级幼儿园(不含拉萨SOS儿童村)。全区在校(园)中小学生、幼儿8241名,其中初中生1660名(不含市六中就读的德庆乡学生)、小学生4349名、在园幼儿2232名;在编专任教师人数696名,其中高级教师20名(副高级职称)、一级教师261名(中级职称),教师学历合格率达到100%。全年以来,教育系统广大教职员工齐心协力,以开展“教育管理年”为契机,结合落实自治区第九次党代会提出的“五个100%”教育目标任务工作的推进,在基本实现区域内义务教育均衡发展的基础上,全面加强常规管理,大力促进学校精细化管理,扎实推动素质教育,有效开展全纳教育,努力提升教育教学质量,各项工作切实开展、高效运行,力促学生德、智、体、美、劳的全面发展和身心健康成长。

【义务教育】 2017年,各学校课程设置及开齐开足情况符合要求,国家、地方课程体系在课程改革中逐步完善,教育教学的中心地位持续巩固,办学行为步入规范化、法制化。义务教育阶段适龄儿童就近就便入学原则得到进一步落实,全区初中毛入学率达到108.64%,净入学率为93.00%;小学毛入学率达到107.07%,净入学率为99.98%。将全面实施素质教育作为义务教育工作的主线,以教育信息化作为实施素质教育的推手,全面推进迎接自治区素质教育督导评估工作,自治区素质教育督导评估现场观摩会于5月份在堆龙进行。做好2017年度内地西藏初、高中班(校)招生考试工作,小考、中考工作圆满完成。

【学前教育】 尊重学龄前儿童身心特点和学前教育规律,科学推进幼儿双语教育工作,2017年全区幼儿园双语教育普及率达到100%。注重幼儿教师培训工作,全年参培幼儿教师达到450人次,每学期对新分配到学前教育岗位的教师开展岗前集中培训和分批跟岗锻炼。全区幼儿园硬件设施基本达到国家规定标准,管理梯队合理,进一步规范办园行为,加强督导检查,防止幼儿园教育“小学化”倾向,预防安全事故发生,努力提高保育教学工作水平。全区学龄前1年毛入园率为104.41%,学龄前2年毛入园率为102.40%,学龄前3年毛入园率为95.47%。

【党建统教】 年内,区教育局坚持党建统教,围绕教育抓党建、抓好党建促教育。层层签订教育系统基层党组织目标任务责任书,将“点线面”的工作同步推开,点上工作抓特色,线上工作抓思路,面上工作抓协调。局领导深入学校解难题、深入课堂引教改、深入教师谋发展,促进教育行风进一步转变。进一步端正办学思想,牢固树立科学的教育质量观,促使学校将工作重心转移到提高教育教学质量上来,按照从易到难、逐项落实的原则,有序落实好各个阶段性工作。

【德育工作】 2017年,区教育局推动德育工作深入开展,努力构建学校、家庭、社会“三位一体”的德育网络,实行全面育人、全员育人、全程育人,进一步加强和改进新形势下青少年学生的思想教育工作,各学校积极开展“新闻联播进校园”活动,不断深化“四讲四爱”主题教育实践活动效果。西藏民族大学研究生调研团在区小学和区中学调研,对学校德育工作规划、教学、管理、服务育人理念、方法、效果以及校园文化开展情况、民族团结、爱国主义教育、核心价值观培育方面的做法提出宝贵意见。

2017年5月17日,自治区督导评估团在堆龙德庆区开展素质教育工作评估验收

【“四讲四爱”主题教育实践活动】 4月初,区教育局启动教育系统“四讲四爱”主题教育实践活动,围绕喜迎党的十九大胜利召开的主线,坚持规定动作不走样,自选动作有特色,具体动作做得细,各项工作有序推进,取得积极的成效。发挥主流媒体的引导作用,以收听广播、讨论交流、电视收看、周记书写常态化为抓手,引导学生关注《早间新闻》《新闻联播》《西藏新闻联播》。强化升国旗仪式、深化普法教育、实化节日教育、细化常规教育,开展系列主题活动,增强活动效果。考察调研、学习借鉴其他单位的好做法,结合教育系统实际开拓新思路、新方法,推动活动不断向纵深发展。

【教研工作】 2017年,堆龙德庆区有4项课题研究成果获得“首届西藏基础教育教学成果奖”。召开全区小学教研工作交流会,实行示范教学、蹲点教研制度,以听评课、主题教研等活动载体持续跟进。配合拉萨市“提高教育教学质量”三年行动计划教研员蹲校送教活动,完成对德庆乡中心小学、马乡中心小学、古荣乡中心小学、羊达乡中心小学等四所学校的送教活动。组织开展全区“实验操作教学”主题教研活动，举办全区首届小学汉语“句式教学”同课异构大赛，举办全区第二届中小学科学实验说课大赛。指导教师参加第五届全国中小学实验教学说课大赛、五省六区小学汉语文“句式教学”比赛，帮助参赛教师完成录课、上传等工作。顺利完成国家教育部关于“少数民族教育质量监测”系列工作。

【师资队伍建设】 年内，区教育局面向区外生源，引进12名区外高校毕业生充实到教育教学一线工作。加强各项常规管理工作，举办全区首届各小学以藏文、语文、数学为主的任课教师业务考试。完成教师副高级、中级、初级系列职称评荐工作，激发教育发展后劲。全面制订切合学校工作实际的教师培训计划，在争取上级部门安排培训名额，保质保量完成上级下达的培训任务的基础上，充分利用援藏干部后方教育资源优势作为突破口，通过“走出去、请进来”的互动交流方式，重点开展教育援藏师资培训工作，确保师资培训经费和教研经费的落实，做到人、财、物、时同步到位。教师队伍总体素质得以有效提高，为逐步缩小校际间的差距提供保障。

【教育信息化】 作为实施素质教育的“推动器”，教育信息化工作成为推动“十三五”时期堆龙德庆教育迈上新台阶的重要抓手，2017年全区所有学校的教室均可实现信息化教学。完成拉萨城域网的建设工作，构成拉萨市教育局无纸化办公系统，搭建8所中小学校远程监控系统，进一步完成区小学、古荣乡中心小学教学设备更新和维修工作。区第二幼儿园和乃琼镇波玛村幼儿园的校园网投入使用，区中学建成虚拟实验室，区中学和古荣乡中心小学建成数字化实验室。搭建拉萨教育信息化监测系统，全区中小学全面使用电子阅卷系统。2017年利用网络信息手段开展教师信息技术应用能力培训538人次。

【以教脱贫】 年内，区教育局充分发挥教育部门在精准扶贫、精准脱贫工作中的作用，结合教育工作实际，切实帮助农牧民群众解决家庭困难特别是农牧民群众子女“上学难”的问题。制作教育惠民政策宣传册，对“三包”政策、免费教育政策和奖励助学政策作进一步宣传，大力开展贫困学生关爱行动，进行思想引领、心理疏导、学业辅导、生活帮扶、困难救助。全面落实教育惠民政策的同时，坚持教育经费、资源、师资分配向农牧区和薄弱学校倾斜，使农牧区幼儿能够享受到高质量的学前教育和义务教育。高度重视精准扶贫搬迁户适龄青少年儿童入学入园工作，满足其就近就便、免试免测入学入园的需求。认真兑现“农村低保”类建档立卡免费教育补助政策，圆满完成大学生奖励、资助以及内地初高中、中职贫困家庭学生生活补助等资金发放工作。

【“五个100%”】 年内，区教育局围绕贯彻落实自治区第九次党代会精神，将落实“五个100%”教育目标任务作为提升教育教学水平的重要抓手，全面系统地开展各项工作，工作成效逐步得以体现。坚持高标准定位，结合堆龙教育实际制定《关于贯彻落实自治区第九次党代会精神确保高质

2017年5月10日，堆龙德庆区召开2017年度教育工作会议

量实现“五个100%”教育目标的实施办法》。原则上按照局机关班子成员、工作人员包乡镇、包学校的安排部署，负责对各学校推进“五个100%”工作情况进行督导检查，整体掌握“五个100%”推进工作进展情况、存在的突出问题和特殊困难，及时提出解决对策，完善系列规章制度，进一步加强长效机制建设。2017年11月，拉萨市落实“五个100%”推进工作现场会在堆龙德庆区召开，为进一步开展工作提供新的起点。

【安全卫生】 年内，区教育局坚持维稳处突和常态工作相结合，各学校专职保安人员协同学校成立护校队、巡防队、处突队开展工作，加强校园矛盾纠纷、安全隐患的排查和处理；进一步加强食品卫生、交通消防等方面的安全防控，连续实现“零事故”“三不出”目标。按照维稳指挥部的部署，做好每年春节、藏历新年、三月份、“萨嘎达瓦”、十九大期间的安全维稳工作，各值班人员严格执行既定戒备等级的带班值班制度，确保24小时岗上有人，进一步维护教育系统持续和谐稳定的良好局面。

【体育工作】 年内，各学校按照课程标准上好体育与健康课，围绕“阳光体育运动”开展跳绳、篮球、乒乓球、呼啦圈、踢毽子、广播操队列、队形比赛、冬季长跑等活动，保证学生每天有一小时体育活动时间（含体育课）。推行特色课间操活动，在常规课间操基础上增加特色内容，以藏族锅庄舞为主要元素，有条件的学校编排武术表演、健美操等其他形式的特色课间操。根据现有足球教练员参加培训情况及工作需要，选派4名教师参加国家体育总局2017年西部送教上门（西藏）足球教练员培训。

【基建项目】 2017年，全区教育系统续建项目2个，计划新建项目12个。续建项目包括古荣中心小学综合楼建设项目和德庆中心小学供暖工程项目，均已全部完工并交付使用。新建项目包括堆龙德庆区第二小学建设项目；德庆乡顶嘎村、德庆乡帮村、德庆乡桑仓村、马乡莫嘎村、马乡聂村、马乡色兴村、马乡卓木嘎村等七所村级幼儿园建设项目；德庆乡中心小学风雨操场建设项目；堆龙德庆区姜昆黄小勇希望小学教学及辅助用房建设项目；德庆乡中心小学教师宿舍楼建设项目；乃琼中心小学教学楼建设项目。

区教育系统中级职称以上人员名单

表16

姓名	性别	工作单位	专业技术职务名称	批准单位	批准时间
巴桑卓嘎	女	区小学	高级教师	自治区人社厅	2016年12月
古　扎	男	区小学	高级教师	自治区人社厅	2015年12月
普　珍	女	区小学	高级教师	自治区人社厅	2015年12月
张瑞芝	女	区小学	高级教师	自治区人社厅	2013年9月
袁金红	女	区中学	高级教师	自治区人社厅	2012年12月
米　玛	男	区中学	高级教师	自治区人社厅	2013年9月
朱艳美	女	区中学	高级教师	自治区人社厅	2012年12月
贺红侠	女	区中学	高级教师	自治区人社厅	2014年11月
珠　扎	男	区中学	高级教师	自治区人社厅	2014年11月
巴　珍	女	区中学	高级教师	自治区人社厅	2015年12月

续表 16

姓名	性别	工作单位	专业技术职务名称	批准单位	批准时间
王　芳	女	区中学	高级教师	自治区人社厅	2017 年 1 月
王成林	男	区中学	高级教师	自治区人社厅	2012 年 12 月
次仁白玛	女	区中学	高级教师	自治区人社厅	2015 年 12 月
仁　增	男	区中学	高级教师	自治区人社厅	2015 年 12 月
房明娟	女	区中学	高级教师	自治区人社厅	2014 年 11 月
徐　丽	女	区中学	高级教师	自治区人社厅	2014 年 11 月
王书清	男	区中学	高级教师	自治区人社厅	2015 年 12 月
张　洋	女	区中学	高级教师	自治区人社厅	2014 年 11 月
索朗白珍	女	区中学	高级教师	自治区人社厅	2013 年 9 月
尼玛次仁	男	区教育局教研室	高级教师	自治区人社厅	2017 年 8 月
拉　珍	女	德庆乡中心小学	一级教师	拉萨市人社局	2014 年 12 月
洛松朗措	女	德庆乡中心小学	一级教师	拉萨市人社局	2015 年 12 月
尼玛次仁	男	德庆乡中心小学	一级教师	拉萨市人社局	2011 年 5 月
达　杰	男	德庆乡中心小学	一级教师	拉萨市人社局	2011 年 5 月
次旦平措	男	德庆乡中心小学	一级教师	拉萨市人社局	2008 年 4 月
米玛普赤	女	德庆乡中心小学	一级教师	拉萨市人社局	2013 年 5 月
斯朗曲珍	女	德庆乡中心小学	一级教师	拉萨市人社局	2014 年 5 月
索朗念扎	男	德庆乡中心小学	一级教师	拉萨市人社局	2010 年 5 月
巴桑旦增	男	德庆乡中心小学	一级教师	拉萨市人社局	2010 年 5 月
多吉旺堆	男	德庆乡中心小学	一级教师	拉萨市人社局	2015 年 11 月
尼　普	女	德庆乡中心小学	一级教师	拉萨市人社局	2014 年 12 月
旦巴达杰	男	德庆乡中心小学	一级教师	拉萨市人社局	2012 年 12 月
贾　亮	男	马乡中心小学	一级教师	拉萨市人社局	2007 年 6 月
德吉央宗	女	马乡中心小学	一级教师	拉萨市人社局	2016 年 1 月
旦　珍	女	马乡中心小学	一级教师	拉萨市人社局	2011 年 6 月
顿珠多吉	男	马乡中心小学	一级教师	拉萨市人社局	2016 年 1 月

续表 16

姓名	性别	工作单位	专业技术职务名称	批准单位	批准时间
索朗曲珍	女	马乡中心小学	一级教师	拉萨市人社局	2010 年 10 月
格桑卓嘎	女	马乡幼儿园	一级教师	拉萨市人社局	2008 年 5 月
普布多吉	男	古荣乡中心小学	一级教师	拉萨市人社局	2015 年 12 月
尼玛卓玛	女	古荣乡中心小学	一级教师	拉萨市人社局	2015 年 12 月
巴　桑	女	古荣乡中心小学	一级教师	拉萨市人社局	2017 年 5 月
边　巴	男	古荣乡中心小学	一级教师	拉萨市人社局	2007 年 4 月
米　玛	男	古荣乡中心小学	一级教师	拉萨市人社局	2007 年 4 月
平措德吉	女	古荣乡中心小学	一级教师	拉萨市人社局	2007 年 4 月
次仁央拉	女	古荣乡中心小学	一级教师	拉萨市人社局	2016 年 8 月
普　布	女	古荣乡中心小学	一级教师	拉萨市人社局	2014 年 5 月
洛　珠	男	古荣乡中心小学	一级教师	拉萨市人社局	2010 年 5 月
扎西元旦	男	古荣乡中心小学	一级教师	拉萨市人社局	2017 年 5 月
米玛旺堆	男	古荣乡中心小学	一级教师	拉萨市人社局	2012 年 5 月
加　措	男	古荣乡中心小学	一级教师	拉萨市人社局	2017 年 5 月
杨玉红	女	古荣乡中心小学	一级教师	拉萨市人社局	2012 年 5 月
扎西贡布	男	古荣乡中心小学	一级教师	拉萨市人社局	1991 年 8 月
格桑德吉	女	乃琼镇幼儿园	一级教师	拉萨市人社局	2010 年 5 月
边　珍	女	乃琼镇幼儿园	一级教师	拉萨市人社局	2013 年 8 月
赤　尼	女	乃琼镇中心小学	一级教师	拉萨市人社局	2006 年 4 月
平　措	男	乃琼镇中心小学	一级教师	拉萨市人社局	2007 年 4 月
巴桑卓嘎	女	乃琼镇中心小学	一级教师	拉萨市人社局	2014 年 5 月
晋美达瓦	男	乃琼镇中心小学	一级教师	拉萨市人社局	2010 年 5 月
次仁占堆	男	乃琼镇中心小学	一级教师	拉萨市人社局	2011 年 5 月
米玛坚才	男	乃琼镇中心小学	一级教师	拉萨市人社局	2006 年 4 月
大边巴次仁	男	乃琼镇中心小学	一级教师	拉萨市人社局	2008 年 5 月
小巴桑次仁	男	乃琼镇中心小学	一级教师	拉萨市人社局	2012 年 9 月

续表 16

姓名	性别	工作单位	专业技术职务名称	批准单位	批准时间
米　玛	女	乃琼镇中心小学	一级教师	拉萨市人社局	2016 年 1 月
扎　桑	女	乃琼镇中心小学	一级教师	拉萨市人社局	2004 年 10 月
冲　多	女	乃琼镇中心小学	一级教师	拉萨市人社局	2012 年 5 月
次仁央金	女	乃琼镇中心小学	一级教师	拉萨市人社局	2016 年 1 月
索朗德吉	女	乃琼镇中心小学	一级教师	拉萨市人社局	2013 年 5 月
次吉达瓦	男	乃琼镇中心小学	一级教师	拉萨市人社局	2012 年 5 月
扎西德吉	女	乃琼镇中心小学	一级教师	拉萨市人社局	2014 年 5 月
达娃央金	女	乃琼镇中心小学	一级教师	拉萨市人社局	2009 年 5 月
宋德军	男	乃琼镇中心小学	一级教师	拉萨市人社局	2012 年 5 月
宗　吉	女	乃琼镇中心小学	一级教师	拉萨市人社局	2012 年 5 月
巴桑卓玛	女	乃琼镇中心小学	一级教师	拉萨市人社局	2011 年 5 月
阿　乃	女	乃琼镇中心小学	一级教师	拉萨市人社局	2014 年 5 月
玉　珍	女	乃琼镇中心小学	一级教师	拉萨市人社局	2016 年 1 月
益西白玛	女	乃琼镇中心小学	一级教师	拉萨市人社局	2016 年 1 月
班　珍	女	乃琼镇中心小学	一级教师	拉萨市人社局	2013 年 5 月
小边巴次仁	男	乃琼镇中心小学	一级教师	拉萨市人社局	2016 年 1 月
次　尼	女	乃琼镇中心小学	一级教师	拉萨市人社局	2013 年 5 月
达瓦卓玛	女	乃琼镇中心小学	一级教师	拉萨市人社局	2014 年 5 月
次德吉	女	乃琼镇中心小学	一级教师	拉萨市人社局	2014 年 5 月
尼　珍	女	乃琼镇中心小学	一级教师	拉萨市人社局	2012 年 5 月
大德吉卓嘎	女	乃琼镇中心小学	一级教师	拉萨市人社局	2009 年 6 月
小德吉卓嘎	女	乃琼镇中心小学	一级教师	拉萨市人社局	2017 年 5 月
罗　吉	女	乃琼镇中心小学	一级教师	拉萨市人社局	2006 年 9 月
旺堆尼玛	男	乃琼镇中心小学	一级教师	拉萨市人社局	2007 年 4 月
边巴卓玛	女	乃琼镇中心小学	一级教师	拉萨市人社局	2009 年 5 月
次仁曲旦	男	乃琼镇中心小学	一级教师	拉萨市人社局	2003 年 5 月

续表 16

姓名	性别	工作单位	专业技术职务名称	批准单位	批准时间
巴　央	女	乃琼镇中心小学	一级教师	拉萨市人社局	2017 年 5 月
坚　才	男	乃琼镇中心小学	一级教师	拉萨市人社局	2012 年 5 月
张　洪	男	乃琼镇中心小学	一级教师	拉萨市人社局	2005 年 12 月
尼玛曲珍	女	乃琼镇中心小学	一级教师	拉萨市人社局	2012 年 5 月
旺　东	男	乃琼镇中心小学	一级教师	拉萨市人社局	2008 年 5 月
次仁平措	男	乃琼镇中心小学	一级教师	拉萨市人社局	2011 年 11 月
尼玛旦增	男	区小学	一级教师	拉萨市人社局	2010 年 5 月
强　珍	女	区小学	一级教师	拉萨市人社局	2007 年 4 月
边巴卓玛	女	区小学	一级教师	拉萨市人社局	2007 年 4 月
珠　扎	男	区小学	一级教师	拉萨市人社局	2007 年 4 月
达　娃	女	区小学	一级教师	拉萨市人社局	2014 年 5 月
扎　桑	女	区小学	一级教师	拉萨市人社局	2009 年 5 月
尼玛次仁	男	区小学	一级教师	拉萨市人社局	2012 年 5 月
玉　珍	女	区小学	一级教师	拉萨市人社局	2010 年 5 月
旦增罗布	男	区小学	一级教师	拉萨市人社局	2011 年 5 月
丹增卓玛	女	区小学	一级教师	拉萨市人社局	2009 年 5 月
米玛仓决	女	区小学	一级教师	拉萨市人社局	2008 年 5 月
白玛卓嘎	女	区小学	一级教师	拉萨市人社局	2012 年 5 月
尼玛片多	女	区小学	一级教师	拉萨市人社局	2014 年 5 月
曲尼旺姆	女	区小学	一级教师	拉萨市人社局	2009 年 5 月
洛桑曲珍	女	区小学	一级教师	拉萨市人社局	2014 年 5 月
周　峰	男	区小学	一级教师	拉萨市人社局	2009 年 5 月
西　洛	男	区小学	一级教师	拉萨市人社局	2010 年 5 月
央　珍	女	区小学	一级教师	拉萨市人社局	2013 年 5 月
大边巴	男	区小学	一级教师	拉萨市人社局	2006 年 4 月
次旦卓嘎	女	区小学	一级教师	拉萨市人社局	2012 年 5 月

续表 16

姓名	性别	工作单位	专业技术职务名称	批准单位	批准时间
拉巴次仁	男	区小学	一级教师	拉萨市人社局	2016 年 1 月
张 文 文	女	区小学	一级教师	拉萨市人社局	2014 年 5 月
普　琼	男	区小学	一级教师	拉萨市人社局	2009 年 5 月
普布占堆	男	区小学	一级教师	拉萨市人社局	2012 年 5 月
达　娃	女	区小学	一级教师	拉萨市人社局	2012 年 5 月
边巴次仁	男	区小学	一级教师	拉萨市人社局	2005 年 12 月
哈 吉 娜	女	区小学	一级教师	拉萨市人社局	2011 年 5 月
仓　琼	女	区小学	一级教师	拉萨市人社局	2014 年 5 月
次旦央宗	女	区小学	一级教师	拉萨市人社局	2013 年 5 月
穷　吉	女	区小学	一级教师	拉萨市人社局	2011 年 5 月
扎西次仁	男	区小学	一级教师	拉萨市人社局	2006 年 4 月
欧　珠	男	区小学	一级教师	拉萨市人社局	2007 年 9 月
德吉央珍	女	区小学	一级教师	拉萨市人社局	2012 年 5 月
强　桑	女	区小学	一级教师	拉萨市人社局	2012 年 5 月
德　吉	女	区小学	一级教师	拉萨市人社局	2009 年 5 月
吴 晓 玉	女	区小学	一级教师	拉萨市人社局	2016 年 1 月
边巴卓嘎	女	区小学	一级教师	拉萨市人社局	2013 年 5 月
边巴卓玛	女	区小学	一级教师	拉萨市人社局	2009 年 11 月
次　珍	女	区小学	一级教师	拉萨市人社局	2011 年 5 月
仓　决	女	区小学	一级教师	拉萨市人社局	2013 年 5 月
尼　玛	女	区小学	一级教师	拉萨市人社局	2014 年 5 月
旦增平措	男	区小学	一级教师	拉萨市人社局	2007 年 4 月
德吉拉珍	女	姜昆黄小勇希望小学	一级教师	拉萨市人社局	2014 年 5 月
唐 素 芳	女	姜昆黄小勇希望小学	一级教师	拉萨市人社局	2015 年 12 月
仓　决	女	姜昆黄小勇希望小学	一级教师	拉萨市人社局	2011 年 5 月
穷　达	女	姜昆黄小勇希望小学	一级教师	拉萨市人社局	2009 年 5 月

续表 16

姓名	性别	工作单位	专业技术职务名称	批准单位	批准时间
次　仁	男	姜昆黄小勇希望小学	一级教师	拉萨市人社局	2009 年 5 月
德庆央宗	女	姜昆黄小勇希望小学	一级教师	拉萨市人社局	2009 年 5 月
多吉次仁	男	姜昆黄小勇希望小学	一级教师	拉萨市人社局	2011 年 5 月
拉姆次仁	女	姜昆黄小勇希望小学	一级教师	拉萨市人社局	2017 年 4 月
旦增曲扎	男	姜昆黄小勇希望小学	一级教师	拉萨市人社局	2011 年 5 月
边巴卓玛	女	姜昆黄小勇希望小学	一级教师	拉萨市人社局	2012 年 5 月
旦增旺姆	女	姜昆黄小勇希望小学	一级教师	拉萨市人社局	2016 年 7 月
次仁旺堆	男	姜昆黄小勇希望小学	一级教师	拉萨市人社局	2010 年 5 月
索　朗	男	姜昆黄小勇希望小学	一级教师	拉萨市人社局	2014 年 5 月
尼玛卓嘎	女	姜昆黄小勇希望小学	一级教师	拉萨市人社局	2011 年 11 月
洛桑曲珍	女	姜昆黄小勇希望小学	一级教师	拉萨市人社局	2012 年 5 月
张 秀 花	女	姜昆黄小勇希望小学	一级教师	拉萨市人社局	2015 年 12 月
色　珍	女	姜昆黄小勇希望小学	一级教师	拉萨市人社局	2013 年 5 月
白玛卓嘎	女	姜昆黄小勇希望小学	一级教师	拉萨市人社局	2013 年 5 月
央　金	女	姜昆黄小勇希望小学	一级教师	拉萨市人社局	2011 年 12 月
白　珍	女	姜昆黄小勇希望小学	一级教师	拉萨市人社局	2012 年 5 月
扎西卓玛	女	姜昆黄小勇希望小学	一级教师	拉萨市人社局	2013 年 5 月
边巴卓玛	女	姜昆黄小勇希望小学	一级教师	拉萨市人社局	2012 年 5 月
旦增曲然	男	姜昆黄小勇希望小学	一级教师	拉萨市人社局	2014 年 5 月
旦　珍	女	姜昆黄小勇希望小学	一级教师	拉萨市人社局	2015 年 12 月
米玛布知	女	姜昆黄小勇希望小学	一级教师	拉萨市人社局	2017 年 4 月
殷 臣 秀	女	姜昆黄小勇希望小学	一级教师	拉萨市人社局	2016 年 8 月
仓　决	女	姜昆黄小勇希望小学	一级教师	拉萨市人社局	2010 年 5 月
米玛次仁	男	姜昆黄小勇希望小学	一级教师	拉萨市人社局	2008 年 5 月
格　桑	女	区中学	一级教师	拉萨市人社局	2005 年 3 月
次仁措姆	女	区中学	一级教师	拉萨市人社局	2005 年 3 月

续表 16

姓名	性别	工作单位	专业技术职务名称	批准单位	批准时间
晋美多吉	男	区中学	一级教师	拉萨市人社局	2016 年 7 月
佟 福 鼎	男	区中学	一级教师	拉萨市人社局	2013 年 5 月
扎西曲珍	女	区中学	一级教师	拉萨市人社局	2015 年 12 月
普布仓决	女	区中学	一级教师	拉萨市人社局	2011 年 6 月
石　　达	男	区中学	一级教师	拉萨市人社局	2011 年 5 月
莫 春 燕	女	区中学	一级教师	拉萨市人社局	2010 年 5 月
次仁央啦	女	区中学	一级教师	拉萨市人社局	2007 年 4 月
土登央金	女	区中学	一级教师	拉萨市人社局	2015 年 12 月
巴桑拉姆	女	区中学	一级教师	拉萨市人社局	2014 年 5 月
韩 庆 龄	女	区中学	一级教师	拉萨市人社局	2012 年 5 月
扎西央宗	女	区中学	一级教师	拉萨市人社局	2007 年 4 月
涂　　卉	女	区中学	一级教师	拉萨市人社局	2012 年 5 月
普布卓玛	女	区中学	一级教师	拉萨市人社局	2007 年 4 月
彭 正 强	男	区中学	一级教师	拉萨市人社局	2016 年 7 月
曲　　吉	女	区中学	一级教师	拉萨市人社局	2014 年 5 月
李 迎 春	女	区中学	一级教师	拉萨市人社局	2011 年 5 月
普　　琼	男	区中学	一级教师	拉萨市人社局	2007 年 4 月
索　　次	男	区中学	一级教师	拉萨市人社局	2007 年 4 月
次　　吉	女	区中学	一级教师	拉萨市人社局	2008 年 5 月
普布仓曲	女	区中学	一级教师	拉萨市人社局	2008 年 9 月
白玛玉珍	女	区中学	一级教师	拉萨市人社局	2017 年 12 月
米　　玛	女	区中学	一级教师	拉萨市人社局	2017 年 12 月
次仁曲宗	女	区中学	一级教师	拉萨市人社局	2017 年 12 月
普布卓玛	女	区中学	一级教师	拉萨市人社局	2012 年 5 月
李 雪 优	女	区中学	一级教师	拉萨市人社局	2015 年 12 月
央　　珍	女	区中学	一级教师	拉萨市人社局	2008 年 5 月

续表 16

姓名	性别	工作单位	专业技术职务名称	批准单位	批准时间
卓　嘎	女	区中学	一级教师	拉萨市人社局	2008 年 5 月
普布琼达	女	区中学	一级教师	拉萨市人社局	2006 年 4 月
龙　宗	女	区中学	一级教师	拉萨市人社局	2008 年 5 月
白红梅	女	区中学	一级教师	拉萨市人社局	2009 年 5 月
索朗卓嘎	女	区中学	一级教师	拉萨市人社局	2014 年 5 月
德吉卓嘎	女	区中学	一级教师	拉萨市人社局	2015 年 12 月
王　霞	女	区中学	一级教师	拉萨市人社局	2015 年 12 月
元旦卓玛	女	区中学	一级教师	拉萨市人社局	2012 年 5 月
扎　西	男	区中学	一级教师	拉萨市人社局	2015 年 5 月
尼玛卓玛	女	区中学	一级教师	拉萨市人社局	2010 年 5 月
赵有萍	女	区中学	一级教师	拉萨市人社局	2016 年 1 月
次仁央拉	女	区中学	一级教师	拉萨市人社局	2015 年 12 月
巴　桑	女	区中学	一级教师	拉萨市人社局	2009 年 5 月
扎西巴珠	男	区中学	一级教师	拉萨市人社局	2017 年 5 月
格桑达瓦	男	区中学	一级教师	拉萨市人社局	2009 年 5 月
强巴卓嘎	女	区中学	一级教师	拉萨市人社局	2006 年 4 月
次拉姆	女	区中学	一级教师	拉萨市人社局	2012 年 5 月
王　磷	女	区中学	一级教师	拉萨市人社局	2015 年 12 月
陈新龙	男	区中学	一级教师	拉萨市人社局	2013 年 5 月
边巴卓玛	女	区中学	一级教师	拉萨市人社局	2014 年 5 月
扎　西	男	区中学	一级教师	拉萨市人社局	2011 年 9 月
央　吉	女	区中学	一级教师	拉萨市人社局	2013 年 5 月
卓　嘎	女	区中学	一级教师	拉萨市人社局	2007 年 8 月
洪　飞	女	区中学	一级教师	拉萨市人社局	2013 年 5 月
阿　奴	女	区中学	一级教师	拉萨市人社局	2015 年 12 月
平措德吉	女	区中学	一级教师	拉萨市人社局	2016 年 7 月

续表 16

姓名	性别	工作单位	专业技术职务名称	批准单位	批准时间
扎西旺堆	男	区中学	一级教师	拉萨市人社局	2017 年 12 月
欧珠央宗	女	区中学	一级教师	拉萨市人社局	2017 年 12 月
仓　决	女	区中学	一级教师	拉萨市人社局	2017 年 12 月
赵吉明	男	区中学	一级教师	拉萨市人社局	2011 年 11 月
达瓦次仁	男	区中学	一级教师	拉萨市人社局	2015 年 12 月
王　萍	女	区中学	一级教师	拉萨市人社局	2012 年 5 月
胡燕梅	女	区中学	一级教师	拉萨市人社局	2012 年 5 月
德　吉	女	区中学	一级教师	拉萨市人社局	2016 年 7 月
普布德吉	女	区中学	一级教师	拉萨市人社局	2015 年 12 月
薛富春	男	区中学	一级教师	拉萨市人社局	2012 年 9 月
尼　珠	女	区中学	一级教师	拉萨市人社局	2009 年 4 月
益西曲珍	女	区中学	一级教师	拉萨市人社局	2009 年 4 月
丹巴杰参	男	区中学	一级教师	拉萨市人社局	2016 年 7 月
卓　嘎	女	区中学	一级教师	拉萨市人社局	2016 年 7 月
次珠啦	女	区中学	一级教师	拉萨市人社局	2011 年 11 月
游艳梅	女	区中学	一级教师	拉萨市人社局	2012 年 9 月
郑文玉	男	区中学	一级教师	拉萨市人社局	2011 年 6 月
高　波	女	区中学	一级教师	拉萨市人社局	2016 年 7 月
索朗查果	女	区第二幼儿园	一级教师	拉萨市人社局	2015 年 12 月
边巴卓玛	女	区第二幼儿园	一级教师	拉萨市人社局	2008 年 5 月
白玛曲尼	女	区第二幼儿园	一级教师	拉萨市人社局	2009 年 5 月
杜　斌	男	区第二幼儿园	一级教师	拉萨市人社局	2012 年 5 月
白玛西落	女	区第二幼儿园	一级教师	拉萨市人社局	2016 年 1 月
次旦央宗	女	区第二幼儿园	一级教师	拉萨市人社局	2014 年 5 月
拉　珍	女	东嘎镇桑木村幼儿园	一级教师	拉萨市人社局	2013 年 5 月
边巴卓嘎	女	东嘎镇桑木村幼儿园	一级教师	拉萨市人社局	2010 年 5 月

续表 16

姓名	性别	工作单位	专业技术职务名称	批准单位	批准时间
次仁德吉	女	东嘎镇桑木村幼儿园	一级教师	拉萨市人社局	2009 年 5 月
达　珍	女	东嘎镇桑木村幼儿园	一级教师	拉萨市人社局	2012 年 5 月
白玛次仁	男	羊达乡中心小学	一级教师	拉萨市人社局	2009 年 5 月
江白加措	男	羊达乡中心小学	一级教师	拉萨市人社局	2010 年 5 月
平　措	男	羊达乡中心小学	一级教师	拉萨市人社局	2012 年 5 月
央　珍	女	羊达乡中心小学	一级教师	拉萨市人社局	2012 年 5 月
李　军	男	羊达乡中心小学	一级教师	拉萨市人社局	2011 年 5 月
努　努	男	羊达乡中心小学	一级教师	拉萨市人社局	2016 年 8 月
索朗次仁	男	羊达乡中心小学	一级教师	拉萨市人社局	2007 年 4 月
拉　珍	女	羊达乡中心小学	一级教师	拉萨市人社局	2009 年 5 月
达瓦卓玛	女	羊达乡中心小学	一级教师	拉萨市人社局	2013 年 5 月
白玛德吉	女	羊达乡中心小学	一级教师	拉萨市人社局	2012 年 5 月
加　雷	女	羊达乡中心小学	一级教师	拉萨市人社局	2012 年 5 月
达　瓦	女	羊达乡中心小学	一级教师	拉萨市人社局	2012 年 5 月
达　嘎	女	羊达乡中心小学	一级教师	拉萨市人社局	2015 年 12 月
仓木啦	女	羊达乡中心小学	一级教师	拉萨市人社局	2009 年 5 月
索朗德吉	女	羊达乡中心小学	一级教师	拉萨市人社局	2012 年 10 月
小尼珍	女	羊达乡中心小学	一级教师	拉萨市人社局	2014 年 1 月
德吉尼玛	女	羊达乡中心小学	一级教师	拉萨市人社局	2012 年 8 月
索朗加布	男	羊达乡中心小学	一级教师	拉萨市人社局	2014 年 1 月
次仁措旺	女	羊达乡中心小学	一级教师	拉萨市人社局	2012 年 9 月
德吉央宗	女	羊达乡中心幼儿园	一级教师	拉萨市人社局	2016 年 1 月
达　娃	女	区第一幼儿园	一级教师	拉萨市人社局	2009 年 5 月
索　朗	男	区第一幼儿园	一级教师	拉萨市人社局	2009 年 5 月
拉巴卓玛	女	区第一幼儿园	一级教师	拉萨市人社局	2012 年 5 月
巴　桑	女	区第一幼儿园	一级教师	拉萨市人社局	2014 年 5 月

续表 16

姓名	性别	工作单位	专业技术职务名称	批准单位	批准时间
琼　达	男	区第一幼儿园	一级教师	拉萨市人社局	2010 年 5 月
达瓦次仁	男	区教育局教研室	一级教师	拉萨市人社局	2008 年 5 月
李占宏	男	区教育局教研室	一级教师	拉萨市人社局	2006 年 4 月
朱　鸿	男	区教育局教研室	一级教师	拉萨市人社局	2012 年 5 月
贾惠芳	女	区教育局教研室	一级教师	拉萨市人社局	2011 年 5 月
达　珍	女	区教育局教研室	一级教师	拉萨市人社局	2008 年 5 月
央　金	女	区教育局教研室	一级教师	拉萨市人社局	2009 年 5 月
卓玛措	女	区教育局教研室	一级教师	拉萨市人社局	2008 年 5 月
尼玛卓玛	女	区教育局教研室	一级教师	拉萨市人社局	2013 年 5 月
旦增念扎	男	区教育局教研室	一级教师	拉萨市人社局	2006 年 4 月
达瓦扎西	男	区教育局教研室	一级教师	拉萨市人社局	2009 年 5 月
巴桑晋美	男	区教育局教研室	一级教师	拉萨市人社局	2007 年 4 月
次仁拉吉	女	区教育局教研室	一级教师	拉萨市人社局	2016 年 1 月
色　玛	女	区教育局教研室	一级教师	拉萨市人社局	2006 年 4 月
赵东来	男	区教育局教研室	一级教师	拉萨市人社局	2014 年 5 月
郭宗英	男	区教育局教研室	一级教师	拉萨市人社局	2012 年 5 月
次旦拉姆	女	区教育局教研室	一级教师	拉萨市人社局	2012 年 5 月
益西旦增	男	区教育局教研室	一级教师	拉萨市人社局	2008 年 5 月

（赵东来）

【领导名录】

书　记

何景平

局　长

林　芸（女）

副局长

达瓦扎西（藏族）

堆龙德庆区粮食局

【概况】 2017 年，堆龙德庆区粮食局在区委、区政府的正确领导下，在市粮食局的指导和区发改委的关心下，高举邓小平理论伟大旗帜，深入贯彻党的群众路线总体目标和要求，坚持“一个中心、两件大事、三个确保”的西藏工作指导方针，较好的完成年度各项工作。

【学习“十九大报告”精神】 2017 年，区粮食局安排集中学习 12 次，按照学习调研形成一份分析检查报告，在学习活动中，大家都踊跃发言、自我批评，共同查找存在的

2017年6月24日，常州粮食局和拉萨市粮食局在堆龙德庆区粮食局参与“农户科学储粮仓”发放仪式

问题，经过讨论，大家形成一致观点，主动服务群众意识需要加强。十九大重点提出“关注民生”，针对区粮食局实际，抓好粮食收购工作。严格执行国家粮食收购政策，切实保护种粮农民利益，同时组织好粮食供应，特别要保证缺粮区的供应，维护粮食市场稳定；加强对粮油公司及仓库的监督与检查，发现问题及时汇报，及时处理；做好粮食收购仓容准备和农户科学储粮相关工作，增加一线收储仓容，严防农户出现“卖粮难”等不良现象。要把学习宣传贯彻党的十九大精神贯穿粮食流通改革始终，结合深入学习领会报告精神，推动粮食流通改革发展不断取得新成绩，以实际行动保障国家粮食安全，把堆龙德庆区人民的饭碗牢牢端在自己手上。

【粮食安全检查】 2017年，根据拉萨市粮食局转发的《关于依法加强粮食市场监管工作》的通知精神，以及区委、区政府提出让老百姓吃上“放心粮油”的指示，为切实做好粮食质量保障工作、维护粮食经营者、消费者的合法权益，区粮食局对辖区内的5个粮油仓库及5家粮油公司每月例行安全隐患大检查，确保粮食安全。

【粮食市场监督】 区粮食局作为堆龙德庆区食品放心工程领导小组的成员单位，时刻把全区人民的食品安全放在第一位，扎实有效的开展粮食安全大检查工作，严格审核辖区内的5家粮油公司的许可证，不符合标准的单位不予发放证书。对变质、腐化等不合格的粮油食品，坚决予以查收，并协调有关部门作为饲料处理。

（刘明荣）

【领导名录】

局 长

边 巴（藏族）

堆龙德庆区中学

【概况】 2017年，堆龙德庆区中学（以下简称区中学）在区委、区政府及区教体局的正确领导下，坚持以邓小平理论、“三个代表”重要思想和科学发展观为指导，认真贯彻落实党的十八大精神，深入落实基层党建工作责任制和党风廉政建设责任制，积极开展“四讲四爱”主题教育活动，坚持“成人、成才”的办学思路，解放思想，与时俱进，树立“以人为本”的办学理念，加强教师队伍建设，以课堂转型为契机，以校园文化建设为载体，努力提高教学质量，力创平安学校、和谐校园。

【领导班子建设】 2017年，区中学在区委、区政府和区教体局的高度重视下，现班子建设以勤政、廉洁、务实、高效为目标，积极进取、务实肯干、团结协作，通过抓强化学习促思想建设，抓效能建设促工作作风等途径，努力建设工作务实高效、服务师生发展的领导班子。

【开展党风廉政建设】 年内，区中学领导干部的廉洁从政、廉洁治校，通过召开党支部会议、校委会会议、中层干部会、党员大会，开展理想信念、党纪党规、法律法规教育；教职员工的廉洁从教，通过党员大会、教职工大会，弘扬“公正、包容、责任、诚信”的价值取向，开展师德建设主题教育活动，每位教师都签署师德承诺书，形

2017年8月14日，自治区教工委副书记、教育厅党组书记普布次仁（前排左二）在堆龙德庆区中学检查工作

成“执教为民、廉洁从教”的良好氛围。

【“四讲四爱”主题教育实践活动】年内，区中学通过创新宣传渠道，营造浓厚氛围，正确引导学生树立“‘四讲四爱’人人学、‘四讲四爱’共参与”的思想观念，以开展主题演讲比赛、手抄报比赛、歌咏比赛、朗诵比赛等活动为抓手，让学生用自己的心语抒发对党、对祖国的无限热爱和美好祝福，深化感党恩教育，开展专题培训，建强学生宣讲队伍，用通俗易懂的语言向参训学生进行详细讲解，就宣讲技巧和宣讲要点进行授课，并对参训学生提出的问题进行一一解答，积极开展“四讲四爱”主题教育实践活动。

【通过自治区素质教育督导验收】为全面推进中小学实施素质教育，全面促进内涵发展，振兴教育教学质量，根据《拉萨市振兴教育教学质量三年行动计划（2014—2017）》《西藏自治区中小学素质教育督导评估暂行办法》相关要求，2017年5月17日，自治区教育厅素质教育督导评估组到区中学开展素质教育工作督导与评估。督导组听取校长王书清关于学校在办学条件、组织管理、队伍建设、教研教改活动、办学特色等方面的情况汇报，随后督导组分成三个小组查看学校功能室配置及使用方面的情况。然后，评估组成员深入课堂随堂听课，评课，观摩大课间活动，召开师生座谈会，随机检查该校素质教育常规活动的开展情况等，广泛采集信息，全方位、多角度地分析综合评价，最后，以优异的成绩通过自治区素质教育督导验收。

【加强师德师风建设】年内，区中学成立由校长任组长，其他班子成员和班主任为成员的师德师风教育活动领导小组，通过广播、黑板报、标语、展板、简报、学习手册、学生问卷调查等形式开展师德师风教育活动，引导教师不仅重言传，更要重身教，时时处处体现为人师表。同时，多次组织广大教师认真学习《中华人民共和国教师法》《中华人民共和国教育法》《中小学教师职业道德规范》《教育部关于加强和改进师德建设的意见》等法律法规，通过政治学习、业务学习、开展读书活动等载体，增强广大教师的法制观念，提高广大教师的职业道德素质，力促教师在提高政治素质、思想素养上求实效，在转变教育理念、提高教育教学质量上求实效，在服务学生、服务家长、服务社会上求实效，在为人师表、树立良好形象上求实效，在促进学校发展、争先创优上求实效。

【教师业务培训】年内，区中学通过“国培计划”、区培计划、校本培训和建立“手拉手”联谊学校、邀请区教科所、市教研所专家、市内兄弟学校名师来校指导，通过研、培、导、练、赛等多种形式，积极挖掘教师的潜能，发现教师的创新点，提升教师专业成长，为教育教学质量的提升创造有利条件。2017年，区中学分别与达孜县中学、林周县中学、曲水县中学开展各种交流活动，与拉萨北京实验中学开展“城乡结对”活动，培训教师达130人次，有力地促进教师专业素质。

【课堂教学】教学工作是学校的中心工作，教育质量是学校的生命线，而进行课改研究就是提升教育教学质量的强有力的保证。年内,区中学要求全体教师树立“面向全体、全面发展、主动发展”的教学思想,努力做到“把眼光盯在质量上,把功夫下在备课上,把基础放在个人素质提高上,把关键放在教学方法的改革上,把目标放在全体学生的进步和提升上,把效果显现在40分钟的课堂上”,保证教学工作扎实有效。

在常规管理工作中,充分发挥教学管理处的作用,定计划、定措施,展开竞争,在课堂教学、作业指导、成绩考查、专业发展等方面对教学工作进行量化考核。以抓教学细节入手,规范教学教研常规工作,着力打造高效课堂,做好推门听课、集体备课、一课多讲、同课异构等多形式课堂教学活动,坚持面向教育教学实践、切实解决实际问题,以如何使学生日日有进步为着眼点,筹建课题,大兴研究之举,积极找对策,转变教学理念,抓好教学环节,集中教师进行自我反思、全面总结、提炼经验。每年中考结束后,组织教师对试卷成绩进行分析,认真反思,查漏补缺,研究对策,增强实效。

为深入推进区中学教学教研工作,全面落实市、区《振兴教育教学质量三年行动计划》,学校组织部分教师到拉萨北京实验中学参观学习、邀请拉萨北京实验学校教育专家到校上示范课、邀请拉萨市教育专家和区中学优秀教师一起上“优质示范课”活动、开展“共创有效课堂”赛课评比大赛、开展与内地西藏班校长交流活动。

为确保学生德、智、体、美、劳全面发展,学校利用现有教学设施,开设阳光阅读课、阳光体育课、心理健康课、兴趣课等校本课程,组建校文艺队、校足球队,校鼓乐队等,成立科技兴趣小组、计算机兴趣小组等,每学期定期举办学生美术作品展、学生成就展,并利用“五四”“六一”“一二·九”等节日开展评奖活动,促进学生发展。

【积极拓展教育教学空间】 年内,区中学以形式多样的活动为载体,激发学生学习兴趣,充分发挥现有教育资源的作用,开展丰富多彩的课余活动,学校的图书室、体育场(馆)、青少年活动中心、实验室等场所向学生开放,有组织、有计划地为学生安排丰富多彩的科技、文艺、体育等活动;有计划地组织社会实践活动,积极探索实践教学和学生参加社会实践帮老助残的有效机制,丰富学生的生活体验,在实践中发展,在体验中成长;强化德育实践环节,利用清明节、“五四”青年节、“一二·九”爱国运动、9月民族团结月、法制进校园、开辟校外法制基地、新生军训、卫生安全教育等活动,加强新生思想政治建设;每年召开不少于3次的家长会,开展“大家访”,加强家庭教育、社会教育,引导家长树立正确的教育观,促学生文明养成、自我管理有长足的发展。

【思想道德教育】 年内,区中学学校积极推进培育践行社会主义核心价值观教育长效机制建设,完善诚信教育机制,拓展教育方式,通过多种形式的主题教育活动,加强实践体验,努力提高德育工作的实效性。学校利用升国旗、奏国歌、国旗下的讲话、主题班会、学生大会、新生军训、播放有意义的影片等活动加强政治思想教育;利用校园广播、班级板报、校园宣传栏、阳光小报等宣传平台渲染政治思想教育氛围,加

2017年5月17日,自治区教育厅副厅长旺堆(右二)、拉萨市常务副市长占堆(右三)在堆龙德庆区中学督导素质教育工作

强对学生的爱国主义和集体主义教育。同时学校结合重要的节假日、纪念日，开展有意义的教育活动，如结合三月份“向雷锋同志学习”、综治宣传月活动，开展一系列“传承雷锋精神”和反对分裂、爱我中华活动；结合清明节，开展网上祭英烈活动，以培养学生爱国情感；结合“五四”召开表彰大会，弘扬“爱国、进步、民主、科学”的五四精神，并开展“放飞青春”校园歌手大赛；结合“九·一八”事变教育学生“牢记历史，勿忘国耻”之手抄报活动；在11月组织学生参加“珍惜青春·远离犯罪”模拟法庭活动；结合“一二·九”运动开展朗诵活动，进一步激发学生的爱国热情和历史使命感。

2017年3月25日，区中学举行第二届校园足球联赛

【民族团结教育】 年内，区中学积极探索加强民族团结的新思路、新方法，通过坚持不懈地开展民族团结教育活动，学校各族师生互相支持，亲如一家，保持学校团结稳定的大好局面，促进学校各方面工作的协调发展。

抓舆论宣传。充分利用横幅、宣传标语、黑板报、校园广播等宣传工具，在校园内加大宣传力度，广泛宣传党的民族政策，宣传民族团结教育的重要性，使广大师生在自觉与不自觉中受到民族团结的教育，营造和谐民族氛围。

学习民族理论政策。为更好地了解和掌握民族理论政策、民族法律法规和民族基本知识，区中学组织全体师生，深入学习《中华人民共和国民族区域自治法》《拉萨市民族团结进步条例》等法律法规。

民族团结教育进教材。将民族团结教育列入教学计划，各任课教师依照任教学科特点在课堂上对学生渗透民族团结教育、爱国主义教育、人格塑造等教育，做到在教案中有体现，在课堂上有落实，切实保证教学时间、教学质量和教学效果；利用民族团结教育月、重大节日、纪念日等契机，组织开展丰富多彩的活动，加强各族师生之间的文化交流，促进民族团结，如开展民族团结月活动、开展民族团结演讲比赛；将藏民族的民族舞穿插到学生课间操中，并开发为校本课程，以这种“春风化雨、润物无声”的方式，增进民族文化的交流与融合，增强学生的民族团结意识。

（薛富春）

堆龙德庆区中学中级以上职称人

表17

序号	姓名	性别	专业技术职务	批准单位	批准时间
1	王　芳	女	中教高级	西藏自治区人社厅	2017年1月1日
2	袁金红	女	中教高级	西藏自治区人社厅	2013年1月1日
3	朱艳美	女	中教高级	西藏自治区人社厅	2013年1月1日
4	王成林	男	中教高级	西藏自治区人社厅	2013年1月1日

续表 17

序号	姓名	性别	专业技术职务	批准单位	批准时间
5	索朗白珍	女	中教高级	西藏自治区人社厅	2013 年 9 月 5 日
6	米　玛	男	中教高级	西藏自治区人社厅	2013 年 9 月 5 日
7	贺红侠	女	中教高级	西藏自治区人社厅	2014 年 11 月 28 日
8	房明娟	女	中教高级	西藏自治区人社厅	2014 年 11 月 28 日
9	徐　丽	女	中教高级	西藏自治区人社厅	2014 年 11 月 28 日
10	张　洋	女	中教高级	西藏自治区人社厅	2014 年 11 月 28 日
11	珠　扎	男	中教高级	西藏自治区人社厅	2014 年 11 月 28 日
12	次仁白玛	女	中教高级	西藏自治区人社厅	2016 年 1 月 1 日
13	仁　增	男	中教高级	西藏自治区人社厅	2016 年 1 月 1 日
14	巴　珍	女	中教高级	西藏自治区人社厅	2016 年 1 月 1 日
15	王书清	男	中教高级	西藏自治区人社厅	2016 年 1 月 1 日
16	央　珍	女	中教一级	拉萨市人社局	2008 年 5 月 30 日
17	龙　宗	女	中教一级	拉萨市人社局	2008 年 5 月 30 日
18	次　吉	女	中教一级	拉萨市人社局	2008 年 5 月 30 日
19	次仁央啦	女	中教一级	拉萨市人社局	2007 年 4 月 24 日
20	胡燕梅	女	中教一级	拉萨市人社局	2012 年 5 月 31 日
21	薛富春	男	中教一级	日喀则人社局	2012 年 9 月 14 日
22	仓　决	女	中教一级	拉萨市人社局	2017 年 12 月
23	高　波	女	中教一级	拉萨市人社局	2016 年 7 月
24	德吉卓嘎	女	中教一级	拉萨市人社局	2015 年 12 月
25	平措德吉	女	中教一级	拉萨市人社局	2016 年 7 月
26	王　萍	女	中教一级	拉萨市人社局	2012 年 5 月 31 日
27	游艳梅	女	中教一级	日喀则人社局	2012 年 9 月 14 日
28	普布仓曲	女	中教一级	日喀则人社局	2008 年 9 月 15 日
29	扎西央宗	女	中教一级	拉萨市人社局	2007 年 4 月 24 日
30	央　吉	女	中教一级	拉萨市人社局	2013 年 6 月
31	次拉姆	女	中教一级	拉萨市人社局	2012 年 5 月 31 日
32	元旦卓玛	女	中教一级	拉萨市人社局	2012 年 5 月 31 日

续表 17

序号	姓名	性别	专业技术职务	批准单位	批准时间
33	卓　嘎	女	中教一级	山南人社局	2007 年 8 月 27 日
34	白红梅	女	中教一级	拉萨市人社局	2009 年 5 月 19
35	佟福鼎	男	中教一级	拉萨市人社局	2013 年 6 月
36	涂　卉	女	中教一级	拉萨市人社局	2012 年 5 月 31 日
37	韩庆龄	女	中教一级	拉萨市人社局	2012 年 5 月 31 日
38	李迎春	女	中教一级	拉萨市人社局	2011 年 5 月 31 日
39	洪　飞	女	中教一级	拉萨市人社局	2013 年 6 月
40	赵吉明	男	中教一级	拉萨市人社局	2011 年 11 月 1 日
41	强巴卓嘎	女	中教一级	拉萨市人社局	2006 年 4 月 28 日
42	石　达	男	中教一级	拉萨市人社局	2011 年 5 月 31 日
43	次仁措姆	女	中教一级	拉萨市人社局	2005 年 3 月 29 日
44	索　次	男	中教一级	拉萨市人社局	2007 年 4 月 24 日
45	莫春燕	女	中教一级	拉萨市人社局	2010 年 5 月 31 日
46	陈新龙	男	中教一级	拉萨市人社局	2013 年 6 月
47	大普琼	男	中教一级	拉萨市人社局	2007 年 4 月 24 日
48	女巴桑	女	中教一级	拉萨市人社局	2009 年 5 月 19 日
49	普布卓玛	女	中教一级	拉萨市人社局	2007 年 4 月 24 日
50	格桑达瓦	男	中教一级	拉萨市人社局	2009 年 5 月 19 日
51	尼玛卓玛	女	中教一级	拉萨市人社局	2010 年 5 月 31 日
52	德　吉	女	中教一级	拉萨市人社局	2016 年 7 月
53	旦巴杰参	男	中教一级	拉萨市人社局	2016 年 7 月
54	晋美多吉	男	中教一级	拉萨市人社局	2016 年 7 月
55	卓　嘎	女	中教一级	拉萨市人社局	2008 年 5 月 27 日
56	次仁曲宗	女	中教一级	拉萨市人社局	2017 年 12 月
57	尼　珠	女	中教一级	拉萨市人社局	2009 年 4 月
58	普布仓决	女	中教一级	拉萨市人社局	2009 年 4 月
59	普布卓玛	女	中教一级	拉萨市人社局	2012 年 5 月 31 日
60	次珠啦	女	中教一级	日喀则人社局	2011 年 11 月 28 日

续表 17

序号	姓名	性别	专业技术职务	批准单位	批准时间
61	扎　西	男	中教一级	日喀则人社局	2011 年 11 月 28 日
62	索朗卓嘎	女	中教一级	日喀则人社局	2012 年 9 月 14 日
63	曲　吉	女	中教一级	拉萨市人社局	2014 年 5 月 31 日
64	卓　嘎	女	中教一级	拉萨市人社局	2016 年 5 月 31 日
65	巴桑拉姆	女	中教一级	拉萨市人社局	2015 年 5 月 31 日
66	扎　西	男	中教一级	拉萨市人社局	2014 年 5 月 31 日
67	边巴卓玛	女	中教一级	拉萨市人社局	2014 年 5 月 31 日
68	扎西曲珍	女	中教一级	拉萨市人社局	2016 年 1 月 1 日
69	王　磷	女	中教一级	拉萨市人社局	2016 年 1 月 1 日
70	赵有萍	女	中教一级	拉萨市人社局	2016 年 1 月 1 日
71	次仁央啦	女	中教一级	拉萨市人社局	2016 年 01 月 01 日
72	阿　奴	女	中教一级	拉萨市人社局	2016 年 01 月 01 日
73	李雪优	女	中教一级	拉萨市人社局	2016 年 1 月 1 日
74	王　霞	女	中教一级	拉萨市人社局	2016 年 1 月 1 日
75	土登央金	女	中教一级	拉萨市人社局	2016 年 1 月 1 日
76	达瓦次仁	男	中教一级	拉萨市人社局	2016 年 1 月 1 日
77	普布德吉	女	中教一级	拉萨市人社局	2016 年 1 月 1 日
78	格　桑	女	中教一级	拉萨市人社局	2005 年 3 月 29 日
79	郑文玉	男	中教一级	山南人社局	2011 年 6 月 12 日
80	普布琼达	女	中教一级	拉萨市人社局	2006 年 04 月 28 日
81	彭正强	男	中教一级	拉萨市人社局	2016 年 5 月
82	扎西巴珠	男	中教一级	拉萨市人社局	2017 年 5 月
83	益西曲珍	女	中教一级	拉萨市人社局	2009 年 4 月
84	欧珠央宗	女	中教一级	拉萨市人社局	2017 年 12 月
85	白玛玉珍	女	中教一级	拉萨市人社局	2017 年 12 月
86	米　玛	女	中教一级	拉萨市人社局	2017 年 12 月
87	扎西旺堆	男	中教一级	拉萨市人社局	2017 年 12 月

城市建设·环保

堆龙德庆区住房和城乡建设局

【概况】 2017年，在区委、区政府的正确领导下，在全区各部门的大力支持和鼎力配合下，堆龙德庆区住建局紧紧围绕“质效提升”工作目标，在改革与发展的大环境下，紧跟上级党委、政府的步伐，不断强化业务水平，优化服务水平，努力践行“忠诚、敬业、奉献、担当、高效”精神，狠抓精细化管理，上下一心、务实重行、开拓创新，以贯彻落实区委、区政府各项重点工作为载体，积极提升管理理念，学习先进管理方法，提高管理水平。

2017年，堆龙德庆区住房和城乡建设局下设5个内设机构和1个事业机构，分别为办公室、基建办、财务室、安居办、新城办、圣洁保洁服务中心。

【作风效能建设】 加强理论业务学习。年内，区住建局牢固树立正确的理想信念，时刻保持政治上的清醒坚定。不断加强业务学习，定期组织干部职工认真学习城乡建设和管理等相关专业知识，提升业务素质，提高办事效率；强化内部管理。努力做到热情办事、正确履职、严守纪律，严厉查处违反“四条禁令”的行为，不断提升干部队伍的执法、管理和服务水平。全力打造一支尽心履职、行为规范、工作高效、服务优质、勤奋廉洁的干部队伍；加强党风廉政建设。区住建局时刻把党风廉政建设作为一项重要政治任务，始终把党风廉政建设与干部作风建设紧密结合起来，认真落实党风廉政建设目标任务，进一步规范干部职工从政行为，加强监督检查，促使干部职工廉政自律。通过狠抓机关效能作风建设，形成工作一盘棋，发展一条心，干事一股劲，一心一意谋发展，聚精会神搞建设的良好氛围，干部职工团结协作，精神面貌焕然一新，工作作风明显好转，工作效率明显提高。

2017年5月16日，拉萨市住建局党组书记宋留柱（左一）调研堆龙德庆区保障性住房及小康安居工程工作

【环卫工作情况】随着堆龙德庆区城市化发展步伐的加快，群众对城乡环境的需求逐步增加，2017年，堆龙德庆区住建局不断创新工作方式，加大资金投入，完善管理体制，改进工作作风。为进一步巩固工作成效，筑牢工作基础，圣洁保洁服务中心环卫工人已从2016年的420名增加到469名（城区238名，乡镇231名），新设环卫监督岗位并安排6名监督员，新设公厕管理岗位并安排7名公厕管理员。为提高工作水平，堆龙德庆区住建局按照服务区域和路段，实行分组包干管理，一环扣一环，层层管理，互相监督，人人负责，用制度管人，做到奖罚分明。经过不懈努力，环卫工作办公环境和设备设施得到明显改善，管理模式和各项制度逐步完善，工作效率显著提高。经初步估算，堆龙德庆区2017年垃圾转运处置量已达到45000余吨，垃圾清运率达到98%以上。堆龙德庆区环卫工作运行体系正逐步向正规化迈进，随着工作队伍的不断扩大和设备设施的更新完善，堆龙德庆区的城乡环境卫生将发生日新月异的变化。

【基建项目实施情况】堆龙德庆区司法局业务用房建设项目：该项目总占地面积600平方米，房屋用地面积191.81平方米，总建筑面积383.62平方米，建筑高度9.35米，建筑层数为2层。项目总投资169万元，资金来源为本级自筹。该项目于2016年12月7日完成社会稳定风险评估；2016年12月18日完成网上环评登记表；

2017年5月1日，堆龙德庆区住建局局长金咪陪同拉萨市住建局党组书记宋留柱（左）在堆龙德庆区开展建筑领域安全生产大检查

2016年12月20日完成节能登记备案；2016年12月16日完成可研批复；2017年6月17日开工建设，截至年底，已全部完工。

区乃琼镇人民政府建设项目：该项目包含新建综合业务用房2671.20平方米、乡镇文化及便民服务中心1075.12平方米、职工活动中心及食堂1132.88平方米、周转房1219.68平方米、附属用房297.11平方米、门卫房75.60平方米、公厕76.44平方米及室外总体。项目估算总投资3570.22万元，资金来源为本级配套和拉萨经开区解决。该项目于2017年9月14日完成社会稳定风险评估；2016年2月1日完成建设用地规划许可证；2016年2月1日完成建设工程规划许可证；2017年9月25日完成环评；2017年9月27日完成节能登记备案。2017年9月20日完成可研批复；2017年11月21日完成初设概算批复；2017年11月29日移交政投代建管理中心。

堆龙德庆区公安局业务技术用房装修改造工程：包括餐厅、健身房、休息室、会议室、指挥中心、办公室等的装修，供氧设施安装，地暖安装，门禁系统等装修改造，项目总投资约1300万元。该项目已全面完工（前置手续为新建公安局办公楼时所办理的前置手续）。

桑木村公租房基础设施：包括新建监控、值班室、围墙等，项目总投资90万元，资金来源为本级自筹，截至年底，已完工。

318、109环线沿线风貌整治工程：项目总投资550万元，资金来源为本级自筹。该项目于2017年5月23日完成国土规划选址意见手续；2017年4月24日社会稳定风险评估；2017年5月4日完成网上环评登记表。2017年4月8日完成节能登记备案；2017年5月31日完成可研批复；2017年8月15日进场施工。

堆龙德庆区民兵训练基地

2017年6月19日，区住建局安居办主任洛旦、副局长王妤玮带队在乃琼镇波玛村开展精准扶贫走访入户工作

（二期）建设项目：建设内容为100米和50米靶场及投弹场，靶场设置轮胎堆放区、靶壕1座、收弹靶档；投弹区设置避弹墙、避弹坑2座。项目总投资532万元，资金来源为本级自筹。该项目于2017年5月15日完成社会稳定风险评估；2015年5月4日完成选址；2015年5月13日完成用地规划；2017年5月4日完成环评；2017年6月5日完成节能登记备案；2017年6月5日完成可研批复；2017年6月13日完成概批；因建设选址在民兵训练基地储备用地内，规划和国土手续沿用之前的手续；2017年7月19日开标，2017年10月31日开工建设，截至年底，已完成工程量的5%。

堆龙德庆区4个人居环境建设及环境综合整治试点工程：包括德庆乡昂嘎村，马乡常木村，古荣乡巴热村，羊达乡羊达村4个点的道路硬化、修建排水沟、垃圾池、绿化、路灯安装，项目总投资1900万元。该项目于2017年5月28日完成社会稳定风险评估；2017年6月1日完成国土手续；2017年6月7日完成用地规划；2017年5月24日完成环评；2017年6月8日完成节能登记备案；2017年6月12日完成可研批复；2017年6月15日完成概批。截至年底，该项目前置手续已办理完成，招标代理已抽取。

堆龙德庆区东嘎镇南嘎村棚户区改造建设项目：堆龙德庆区2016年棚户区改造项目实施三个点（桑木村三组、四组及南嘎村嘎东组）730户的棚户区改造，包括基础设施的提升，给排水、亮化、美化、硬化，新建广场、停车场等。改造总面积为54750平方米，总投资为4692.31万元，其中4380万元为国家投资，不足部分由本级财政承担。该项目于2016年11月25日完成社会稳定风险评估；2016年9月18日完成规划意见；2017年1月16日完成环评；2016年12月13日完成节能登记备案；2016年12月21日完成可研批复；2017年4月1日完成概批；2017年7月7日开标，2017年7月21日开工，工期150天（不含冬季停工期）。该项目已根据《拉萨市人民政府关于印发〈拉萨市建设项目代建管理办法（试行）〉的通知》要求，于2017年4月24日移交拉萨市政投代建管理中心代建。截至年底，该项目已完成3个点的管网铺设、支路的硬化、嘎东组的桥梁、大门建设，广场及停车场的场地平整等，已完成总体的75%。堆龙德庆区2016年棚户区改造项目原定在东嘎镇南嘎村三、四组实施并完成项目设计。但因该项目与堆龙德庆区后期规划的堆龙新城建设项目冲突，为了不重复投入，不浪费投入，结合堆龙德庆区规划实际，于2016年6月12日，将2016年棚户区改造项目实施地点变更为东嘎镇桑木村三、四组和东嘎镇南嘎村七组（共730户）。

堆龙德庆区2016年28个行政村下沉干部职工周转房及食堂建设项目：该项目总投资9652.82万元，已于2017年7月15日全面竣工并交付使用，截至年底，已拨付约20%工程款。

堆龙德庆区2017年棚户区（危旧房）改造建设项目：包括东嘎镇南嘎村、羊达乡通嘎村两个点905户。东嘎镇南嘎村590户资金计划纳入到堆龙德庆区新城搬迁安置点，截至年底，已完成征地拆迁工作，前置手续已办理完成；羊达乡通嘎村棚户区改造项目于2017年6月30日办理完成规划手续；7月5日完成社会维稳风险评估手续；9月15日完成可研评审工作；11月1日完成环评工作；9月25日完成初设评审；2017年11月22日完成概算批复。

拉萨市堆龙德庆区食品药品检验中心建设项目：建筑面积2000平方米及附属设施，项目总投资1500万元，资金来源为国家投资，因资金未到位，项目暂缓实施。

堆龙德庆区市政道路及地下管网建设项目：包括新建9条（乃加二路、乃加一路、加落二路、拉青路、加米一路、乃加三路、新村路、攻木吉路、滨河北路）、改造3条（柳东路、东嘎路、团结路），共计12条道路，总里程为19.645公里，总投资157721.83万元（不包含征地拆迁费用），拟用地面积70万平方米（1051亩），其中改造29万平方米（438亩）。该项目8月1日完成稳评工作；9月1日完成环评工作；8月28日完成选址意见书工作；9月10日完成地勘；10月20日办理完成水保工作；9月18日完成初设评审待评审报告；可研评审已完成。

堆龙德庆区10个自然组综合活动场所建设项目：建设内容为新建古荣乡南巴村冲麦组综合活动场所171.05平方米，厕所7.36平方米，总体工程包括砼硬化201.40平方米，围墙工程70米，电气工程1项，给排水工程1项，绿化工程144.02平方米，升旗台1座；那嘎村岗堆组综合活动场所171.05平方米，厕所7.36平方米，总体工程包括砼硬化201.40平方米，围墙工程70米，电气工程1项，给排水工程1项，绿化工程144.02平方米，升旗台1座；嘎冲村朗孜组综合活动场所171.05平方米，厕所7.36平方米，总体工程包括砼硬化201.40平方米，围墙工程70米，电气工程1项，给排水工程1项，绿化工程144.02平方米，升旗台1座；新建德庆乡昂嘎村诺路组综合活动场所210.01平方米，厕所7.36平方米，总体工程包括砼硬化193.38平方米，围墙工程69米，电气工程1项，给排水工程1项，绿化工程124.09平方米，升旗台1座；邱桑村宇妥组综合活动场所210.01平方米，厕所7.36平方米，总体工程包括砼硬化183.48平方米，围墙工程72.45米，电气工程1项，给排水工程1项，绿化工程167.22平方米，升旗台1座；顶嘎村牧组综合活动场所210.01平方米，厕所7.36平方米，总体工程包括砼硬化182.69平方米，挡墙79米，围墙工程72.45米，电气工程1项，给排水工程1项，绿化工程167.22平方米，升旗台1座；新建马乡常木村吉康组综合活动场所226.76平方米，厕所7.36平方米，总体工程包括砼硬化226.15平方米，围墙工程72米，电气工程1项，给排水工程1项，绿化工程106.38平方米，升旗台1座；马村卓木岗组综合活动场所226.76平方米，厕所7.36平方米，总体工程包括砼硬化238.58平方米，围墙工程72米，电气工程1项，给排水工程1项，绿化工程106.38平方米，升旗台1座；岗吉村仁青岗组综合活动场所226.76平方米，厕所7.36平方米，总体工程包括砼硬化226.15平方米，挡墙40米，土方700立方米，围墙工程72米，电气工程1项，给排水工程1项，绿化工程106.38平方米，升旗台1座；设兴村聂组综合活动场所226.76平方米，厕所7.36平方米，总体工程包括砼硬化226.15平方米，土

2017年10月18日，区住建局干部职工在局办公室集中观看党的十九大开幕式

方751.8立方米，围墙工程72米，电气工程1项，给排水工程1项，绿化工程106.38平方米，升旗台1座。按照《关于堆龙德庆区10个自然组综合活动场所建设项目初步设计概算的批复》，项目总投资为894.3441万元，建设资金由本级财政解决（其中2017年解决500万元，不足部分由2018年本级财政解决）。该项目于2017年4月18日完成国土规划选址意见手续；2017年4月24日社会稳定风险评估；2017年4月26日完成网上环评登记表。2017年5月1日完成节能登记备案；2017年5月25日完成可研批复；2017年6月12日完成概批；该10宗地块为村组集体用地，无需办理国土手续。2017年6月12日完成项目前置手续。第一次开标时间为2017年7月25日，因通过资格审查的投标单位不满足三家，按流标处理。第二次开标时间为2017年9月27日。开工日期为2017年10月17日，工期90天（不含冬季停工期）。截至年底，该项目正在进行基础部分施工。

堆龙德庆区香雄美朵生态旅游产业园路网（含给排水）建设项目：建设内容为路面、路基、防护、排水、给水、强弱电排管、环境保护及配套工程，项目总投资27742.95万元，其中9741.9014万元由交通专项资金解决，剩余部分资金为融资贷款。该项目于2016年11月25日完成社会稳定风险评估办理；2017年7月13日水保工作；2017年7月5日完成环评手续办理；2017年8月3日完成用地预审工作；2017年10月30日完成可研工作；2017年11月24日完成概算工作；2017年11月29日移交给政投代建管理中心；2017年12月20日发布招投标公告。

2017年8月21日，区住建局组织环卫工人在日月湖水景花园小区与人和汽修厂中间小道整改环境突出问题

堆龙德庆区香雄美朵生态旅游文化产业园综合服务区建设项目（演艺中心）：含演绎场接待中心4396.12平方米、马厩617.2平方米共计2个，马厩业务用房288.6平方米、看台及设备用房2484.81平方米、演出准备用房及马匹准备区1631平方米和总体附属等配套工程，项目估算总投资8017.34万元，资金来源为融资贷款。该项目于2016年11月25日完成社会稳定风险评估办理；2017年7月3日水保工作；2017年7月5日，完成环评手续办理；2017年6月8日完成用地预审工作；2016年12月1日完成节能备案工作；2017年4月15日将项目移交给堆龙德庆区净土公司。2017年4月18日完成西藏自治区企业投资项目备案工作。

堆龙德庆区香雄美朵生态旅游文化产业园综合服务区建设项目（游客接待中心）：总建筑面积80584.71平方米；地上建筑面积41039.79平方米，地下建筑面积39544.92平方米，估算总投资69270万元，资金来源为融资贷款。该项目于2017年7月3日水保工作；2017年7月3日完成环评手续办理；2017年4月28日完成用地预审工作。因前期设计体量过大，资金缺口大、按照区委区政府主要领导的要求进行设计图纸的修改工作。

堆龙新城搬迁安置项目（1552套）：新建小区共有安置小区为6至8层高的公寓楼及2至5层的商业楼，共有1552套安置房，其中带院子跃层的户296型套，及附属配套设施。资金来源为本级自筹，估算总投资15亿元。该项目于8月1日完成稳评工作；

9月2日完成环评工作；9月23日完成地勘工作。9月25日完成水保工作。待办理完规划手续后，开展可研评审工作。

堆龙德庆区滨河公园建设项目：拟选址为堆龙新城东嘎路以西、团结路以南、堆龙河以北，占地215.5亩，设置林卡大道，前行为音乐喷泉广场（场地可举办大型活动），主入口右侧设置为篮球馆、羽毛球馆、人防工程及园林景观大道，左侧设置有锻炼区及步行游览区。沿河区域主要设置为休闲娱乐商业如餐吧、未来星巴克、大鹏叔叔来请客等可供游客及当地居民在锻炼或游览时，有处休息的港湾。新建13333.4平方米广场、2160平方米商场、LED文化墙、戏台、绿化、亮化、公厕、给排水等建设应急避难室、避难广场、紧急停车场、应急配套设施，项目估算总投资19000万元，资金来源为融资贷款。该项目已完成设计方案；6月21日完成地勘工作；2月8日完成稳评手续。由于选址上地面附着物较多，土地权属复杂，资金未落实，导致设计无法深化进行。

堆龙德庆区楚布寺电采暖项目：该项目已完成总体的80%并已由拉萨市政投代建，由供暖办公室办理前置手续，堆龙德庆区住建局为协助单位。

桑木村棚户区改造配套工程：该项目属堆龙德庆区东嘎镇南嘎村棚户区改造建设项目的配套工程。

羊达乡给排水工程：该项目已纳入2018年棚户区改造项目。

香雄美朵生态旅游产业园香料体验馆建设项目：该项目已融入堆龙德庆区香雄美朵生态旅游文化产业园综合服务区建设项目（游客接待中心）。

拉萨新天地（福地岛）：该项目因体量大，融资量大，无法实施。

堆龙德庆区老干部活动中心：该项目因选址问题，需融入新城搬迁安置点项目。

【安居工程实施情况】2016年试点项目建设情况：古荣乡加入村农牧民集中安置区工程（试点项目），由堆龙德庆区龙腾公司负责组织实施，该项目计划总投资约4.07亿元，资金来源为企业（投）融资；项目规划用地525.2亩，规划建筑面积约182442.4平方米（其中商业38394.8平方米、住宅135865.7平方米、配套用房8181.9平方米），容积率0.51，建筑密度约20%，绿化率25%。其中一期用地约300.8亩，规划建筑面积106560.8平方米，住宅608套78913.4平方米，商业19465.5平方米，安置区配套及幼儿园、社区诊所、村委会、老年日照中心等配套附属设施8181.9平方米。该项目建成后，由堆龙德庆区住建局购买137套房屋，用于安置加入村2016年有意愿参与小康安居工程试点群众。截至年底，该项目正在进行施工招标阶段。

2017年已开工项目建设情况：德庆乡农牧民集中安置区工程由堆龙德庆区住建局负责组织实施，计划分期建设安置房屋360套，总投资2.1亿元，安置小康安居和海拔4500米以上搬迁群众。2017年开工建设100套，总投资4400万元，建设A户型房屋（123.85平方米）40套、B户型房屋（153.74平方米）50套，C户型房屋（186.82平方米）10套，含总体水电、院落工程、装修工程等。截至年底，100套主体建设完成80%，处于冬季停工状态。马乡农牧民集中安置区工程由堆龙德庆区住建负责组织实施，建设安置房屋50套，该项目总投资1900万元，占地面积约51亩，新建A户型房屋（123.85平方米）20套、B户型房屋（153.74平方米）25套、C户型房屋（186.82平方米）5套，含总体水电、院落工程、装修工程等。截至年底，50套房屋基础施工、验收完成，主体结构一层施工验收完成，二层主体结构完成，3户因电线杆移线原因外，其余47户均完成钢筋混凝土结构及砖砌体结构施工，截至年底，处于冬季停工状态。

易地搬迁工作推进情况：2017年堆龙德庆区计划完成精准扶贫搬迁安置600套，共分为二个区域、二个单体项目，其中经开区B区购置300套、桑木村购置300套。经开区B区安置点该项目由拉萨市国家级经济技术开发区组织实施，由堆龙德庆区住建局购买300套作为2017年精准扶贫易地搬迁安置。桑木村农牧民集中安置区项目由拉萨市城投公司负责组织实施，建成后由堆龙德庆区住建局购买300套安置房，作为2017年精准扶贫300套易地搬迁安置用房。该安置用房团购工作完成，购买协议已签订，堆龙德庆区已经按照协议资金拨付相应团购资金，累计完成投资4212万元，已组织183户群众实现桑木村搬迁入住。

援藏项目推进情况：桑木村小康村居基础设施改造项目于2016年10月正式开工，2016年12月停工，2017年3月15日复工，2017年9月5日完成终验，该项目2017年度完成投资566万元。德庆乡基础设施改造项目、马乡基础设施改造项目与德庆乡、马乡农牧民集中安置区，截至年底，同步推进中，完成投资2000万元，德庆乡、马乡各1000万元。波玛村“德吉藏家”（易地搬迁）扶贫开发项目总投资6000万元，包括土建工程（打桩工程、基坑支柱和场地平整13408.4平方米，地上主体工程13408.4平方米，住宅5620平方米，游客接待中心2749平方米，民宿4739.4平方米，附属用房300平方米）、安装工程（电气、弱点智能化、给排水、消防工程）、设备购置（变配电购置）、室外工程（园林绿化工程、道路场地、供水、供电），截至年底，项目主体建设基本完成，为达到项目效果和产业开发要求，项目业主单位堆龙和美公司，正在调整附属设施和配套设施等。

桑木村农牧民集中安置区购房工作：该工作于2014年启动，经过5次调研摸底，3次申报，2次筛选，2次逐级审批，3次认购签印，堆龙德庆区已有189户群众缴纳2万元定金愿意购买桑木村农牧民集中安置区住房。户型及户数为：B户型（87.26平方米）7户，C户型（104.85平方米）102户，D户型（123.06平方米）45户，E户型（138.47平方米）35户。

【建筑市场监管】 工程项目建设管理规范有序。加大对明火作业、生活电器和重大危险源的安全监管，加强施工现场消防安全的防范工作，确保消防设施齐全有效，并联合相关部门进行安全检查，坚持日常检查、集中排查和阶段验收相结合。2017年，堆龙德庆区住建局共开展安全生产检查110余次，签发整改或停工通知书70余份；企业管理深入细致。持续整顿拖欠工程款和农民工工资现象，加强工程开工、验收备案等环节监控，与资质晋级和项目招投标相挂钩，落实农民工工资保障金制度，努力减少建设行业拖欠现象；认真受理群众质量投诉，及时联系相关单位并跟踪处理，针对群众反映的质量通病进行综合整治，对影响使用的建筑部位进行重点检查，有效减少群众投诉现象。

（程 博）

2017年6月24日，区住建局组织干部职工在堆龙大道开展街道环境卫生整治活动

【领导名录】

局 长

金 咪（藏族）

区安居办主任

洛桑顿旦（藏族）

副局长

王妤玮（女）

堆龙德庆区环境保护局

【概况】 年内，堆龙德庆区环保局认真贯彻落实中央关于环境保护各项决策部署，大力实施“环境立区”战略，始终坚守环境保护红线、底线、高压线，围绕全区“三化四区”的战略目标，以中央环保督察为契机，以生态创建为抓手，以污染防治为着力点，抓好创建自治区级生态县（区）、迎接中央环保督察、污染防治、环境影响

评价、环境监察等各项环保工作，改善环境质量，保障环境安全，环境保护工作呈现出强劲的发展态势。2017年，堆龙德庆区环保局共有工作人员11人。

2017年11月17日，拉萨市环境保护初评工作组在堆龙德庆区开展环境保护考核初评工作

【整治空气质量下降问题】针对2016年堆龙德庆区空气质量优良率下降问题，堆龙德庆区委、区政府高度重视，迅速响应，立即责成由区环保局牵头，联合区住建局、区综合执法局等部门调查处理该问题，制定《堆龙德庆区净空行动实施方案》《堆龙德庆区大气污染防治实施方案》，大力开展扬尘污染专项整治工作和大气污染防治工作。针对“西环线”施工点开展5次专项监察执法，责令停产1次，下发限期整改告知书10份，要求其做好施工期间的施工围挡、洒水作业、运输遮挡等整改工作；联合区交警大队、综合执法局对109国道沿线、318国道沿线渣土运输车辆多次开展问题专项整治，查处交通违法行为4人，查处并现场教育渣土运输车辆未覆盖60余车次；依法依规申请堆龙德庆区人民政府关闭全区禁采区域内所有采石场和不符合环保要求的18家采砂场和取土点、关停位于东嘎镇和羊达乡境内堆龙河沿线的14家未办理环评手续的砖厂、取缔波玛路沿线5家未办理环评手续且未采取任何环保设施的堆煤场；要求4家废旧汽车拆解企业按要求进行整改，其中1家企业已经搬迁，其余均在整改中；五是针对存在的垃圾焚烧现象，区环保局联合区综合执法局和区住建局加强对垃圾焚烧检查，全面从严打击垃圾焚烧行为，2017年，共打击垃圾焚烧行为8起，开展批评教育8人次，共计罚款13000元。

通过多措并举，根据拉萨市监测站空气质量季报，2016年第四季度和2017年前三季度，堆龙德庆区空气质量优良天数267天，平均空气质量优良率已达到81.80%，相较2016年的77.93%上升3.87%，其中2017年前三季度平均空气质量优良率已经达到98.77%，已经达到空气质量良好标准。

【推进迎检工作顺利开展】2017年2月8日自治区迎接中央环保督察电视电话会议之后，按照拉萨市委、市政府要求，堆龙德庆区高度重视，及时启动，将迎接环保督察工作作为一项重要政治任务来抓，主要领导坚持靠前指挥、亲临一线，重要问题亲自督办，各小组、各单位、各乡（镇）按照各自职责，对照分工，高效统一、协调推进，环保工作扎实有序开展，取得明显的效果。

健全机构、强化领导，全面部署迎检工作。区委、区政府及时召开迎接中央环保督察动员部署会议，成立机构，组织专班，做到“六个到位”，形成齐心协力抓迎检的组织体系。成立由区委书记格桑平措任组长，由区委副书记、区长杜江任常务副组长，各分管县级领导具体负责，各单位、各部门分工协作的迎接中央环保督察工作领导小组，并根据需要调整充实领导小组办公室、综合协调组、文稿材料组等共计14个专项工作组，同时从相关部门抽调工作人员实行集中办公；迎检准备期间，先后研究通过《堆龙德庆区迎接中央环境保护督察问题整改方案》《堆龙德庆区环境保护问题清单整改方案》《堆龙德庆区重点任务整改工作方案》等，系统梳理堆龙德庆区挂牌督办重点环境问题，全程跟踪并及时销号；先后召开区委常委会议8次、政府常务会议4次、迎检工作动员部署会议1次、专题推进会4次，领导小组例会5次，研究解决迎检工作推进中的问题，并在此基础上建立迎检领导小组周例会和工作动态日通报制度。

分工负责、加强督导，全面推进重点问题整改。为进一步强化问题整改，针对环境重点问题，先后出台《拉萨市堆龙德庆区人民政府关于淘汰关闭22个环评违法违规项目的通知》《拉萨市堆龙德庆区人民政府关于依法关闭国道及铁路沿线可视范围内采石场采砂场的通知》及《关于开展堆龙德庆区环保督察重点问题联合执法行动的实施方案》等文件，制定堆龙德庆区迎接中央环保督察工作流程图，实现各项工作的无缝对接，协调推进。区环保局、水利局、国土局、安监局、综合执法局、住建局等单位，依法开展联合执法行动，开展河道采石采砂场及109、318国道沿线环境卫生综合整治等联合执法17次，累计检查重点污染企业5家，查处环境违法行为52起，下达《行政处罚决定书》71份，下达《环境违法行为限期改正通知书》52份，共计处罚金额41.1万元，依法关停18家（包括3家采石场、15家取土场），限期搬迁5家。其间，还邀请环保部、环保厅等环境专家组成的环境问题专家组，对各企业提出问题和整改要求，帮助企业进行整改。

认真核查，狠抓落实，及时办结环境举报案件。根据中央环保督察组转办问题查办督办工作要求，堆龙德庆区在接到举报案件后立即按照职责分工划定主责单位和协办单位，并及时进行转交、督办，并按照“1+4+9”的形式将办结案件进行上报。未发生一起案件超期或处理不到位现象。中央环保督察组进驻西藏以来，堆龙德庆区共接到58个环境举报案件，其中，已办结58件，办理中0件，移交公安机关1件，取缔关闭2家企业，长期整改15家，处罚61家，共计罚款300余万元。并定期组织开展中央环境保护督察组举报案件“回头看”工作，及时跟进举报案件的处理情况，并建立健全各项长效机制，确保中央环保督察工作取得实效。

2017年10月，区环保局副局长仁青江村在江苏南京考察学习

【规划创建】 委托第三方公司，按照自治区级生态县（区）创建标准，编制完成《西藏自治区拉萨市堆龙德庆区生态文明建设示范区创建规划（2017—2020年）》，同时开展自治区及生态县（区）创建工作，实现规划与创建同步实施，大大提高创建效率；努力实现自治区级生态村和生态乡（镇）全覆盖的目标。2016年堆龙德庆区28个行政村被评为“自治区级生态村”、5个乡（镇）被评为“自治区级生态乡（镇）”，分别占比93.33%、83.33%。2017年，已于5月开展剩余1乡2村的生态创建工作，截至年底，正在等待考核结果。

【环境污染防治工作】 年内，区环保局严格落实排污许可制度，在征收排污费过程中，设立专人负责排污申报、审核工作，对排污单位的申报资料实行逐一审批，严禁虚报、瞒报，做到依法、足额、全面征收。为全面执行排污许可证制度，堆龙德庆区采取定期检查与不定期抽查相结合的方式，对排污单位执行排污许可证情况进行监督，对未办理排污许可证的企业发放排污催缴单。前三季度，共发放排污催缴单140份，办理排污许可证127个，收缴排污许可费16.26万元，均已上缴国库；编制《堆龙德庆区大气污染防治实施方案》《堆龙德庆区水污染防治行动计划实施方案》《堆龙德庆区“净空行动”实施方案》和《堆龙德庆区噪声污染防治实施方案》，坚持将污染防治工作作为改善民生的重要内容、基本前提和内在要求；严格按照相关规定进行固废及危险化学品的处理和管理，将固废、危化品特别是危废处理情况每年以统计报表的形式上报市环保局；大力开展饮水水源地建设项目。全区现有农村饮用水源点102个，2017年完成2016年乡镇饮用水源保护项目建设20个和2017年乡镇饮用水源保护项目建设63个，对取水口周围及保护区内的区域进行精心保护，主要包括：水源地保护区隔离防护与保护工程以及水源地保护区标志工程（界桩、界碑、标识牌及两次水质监测）；全面实行环境保护网格化管理、“双联户”工作模式，健全完善区、乡（镇）、村、组、联户单元五级环境污染预警上报处理体系，全区1.57万余户居民共划分联户单元1265个，实现常住人口、流动居住人口全覆盖，实现重点行业、重点区域、重点企业环境风险预警全覆盖，有效防范突发环境污染问题；向西藏高争水泥厂、东嘎水泥厂、西藏红墙烧结砖有限公司、东嘎电力有限公司、西藏拉萨皮革厂等重点国控区控企业，分别下达监督性监测通知书，要求国控企业年度环境监测不得少于4次，区控企业年度环境监测不得少于2次。同时，委托拉萨市环境监测站每季度对大气和水进行常规监测；配合开展淘汰落后产能设备拆除和燃煤锅炉淘汰整治工作。要求全区16家涉及每小时10蒸吨及以下燃煤锅炉企业于2017年12月31日前完成淘汰整治工作。并每月对淘汰整治工作进行监督检查。其中西藏藏地吉龙农业开发有限公司、藏榕泡沫厂、西藏正邦泡沫有限公司已经完成燃煤锅炉的更换工作；拉萨皮革厂、西藏藏泉酒业有限公司已停产；其余企业已与锅炉厂家签订购买合同，保证于2017年12月31日前完成燃煤锅炉更换工作。

【建设项目环境管理】 年内，区环保局严把环评审批关，禁止“三高”项目进入堆龙。对不符合国家产业政策、环保法律法规、城市总体规划和清洁生产、总量控制要求的建设项目，实现一票否决制。严格控制工业园区“两高”行业的增产能，对园区项目建设按照环评制度和“三同时”制度严格执行。前第三季度，共备案建设项目环境影响登记表71个，环保总投资1734.32万元。出具环境影响评价报告表的环评预审意见29份，堆龙德庆区备案无效项目共计16个，均下达备案无效通知，未出现“未评先批”“拆分环评”“越权审批”现象；大力开展未批先建排查工作。在全区范围内开展未批先建排查工作，申报区人民政府出台《拉萨市堆龙德庆区人民政府关于淘汰关闭22个环评违法违规项目的通知》《拉萨市堆龙德庆区人民政府关于依法关闭国道及铁路沿线可视范围内采石场采砂场的通知》，强化建设项目环境保护。2017年，堆龙德庆区依法向未批先建企业下达《行政处罚决定书》，其中已

2017年2月，区环保局开展精准扶贫包村慰问工作

缴纳罚款企业为37家；区环保局于2017年9月28日审批堆龙瑞兴商贸有限责任公司《关于堆龙德庆区砂石料加工场建设项目》，该项目为拉萨市环保局采石采砂项目下放权限后区环保局审批的第一个采石采砂场项目，也是拉萨市辖区内审批的第一个采石采砂场项目；加大宣传力度。以三月综治宣传月、世界水日、“6·5”世界环境日等为契机，通过墙体、单立柱、龙门架等在显要位置设立宣传标牌80余处，悬挂宣传横幅50余条，发放各类宣传资料2000余册，发放环保袋10000余个，组织开展“拒绝车窗垃圾”“禁白”等环境保护相关专项宣传活动4次，派出专项宣传组6个，进一步加大环保的宣传力度，普及环保知识，提高全民的环保意识。

【环境监察】 年内，区环保局按照“全覆盖、零容忍、严执法、重实效”的总要求，全面开展环境监察工作，深入开展各类专项行动，狠抓重点行业重点领域的环境执法，着力解决影响科学发展和损害群众健康的突出环境问题。前第三季度，累计开展各项检查200余次，累计检查企业、单位90余家，对环保措施不到位的企业、单位下发《环境违法行为限期整改通知书》，对于其中情节严重的企业下发《行政处罚决定书》，并依法处以相应的罚款，已缴纳罚款企业41家，收缴罚款163.91万元，均已上缴至国库。

开展石材加工厂和砖厂专项检查。区环保局联同区工信局、区国土局、区安监局等部门对堆龙德庆区堆龙河沿线的21家石材场和东嘎镇9家砖厂、羊达乡5家砖厂进行专项检查。针对石材厂存在厂区未硬化、切割作业当中无任何环保治理措施、沉淀池不规范、厂区存在较大的扬尘等问题。区环保局下达《限期整改通知书》，要求其立即停产整改。针对9家砖场均存在无环评手续，达不到环保“三同时”要求，根据《中华人民共和国环境保护法》第六十一条和《环境影响评价法》第三十一条规定，责令其立即停止生产，进行搬迁并恢复原貌。

开展畜禽养殖专项检查。区环保局联同区农牧局对位于乃琼镇、东嘎镇、羊达乡辖区内的11家畜禽养殖场进行专项检查。检查中发现：堆龙德庆区畜禽养殖场均存在未办理环评手续、场区内“脏乱差”现象严重、化粪池无防渗设施，异味大、污水无组织排放等问题。根据《中华人民共和国环境保护法》第六十一条、第六十三条，《环境影响评价法》第三十一条规定，区环保局下达《行政处罚决定书》，要求11家畜禽养殖场立即停止生产。

开展汽修市场环境整治行动。区环保局联合拉萨市运管局前往南嘎汽修市场、人和汽贸、桑木汽修厂开展联合整治执法行动，要求环保措施不到位的企业进行整改。

开展商砼、商混站专项检查。对4家商砼、商混企业进行扬尘专项检查，对整改不到位的1家企业依法予以处罚，并监督企业整改到位。

2017年8月18日，堆龙德庆区召开环保专项会议

【巩固“禁白”工作成果】 年内，区环保局为认真贯彻落实《中共拉萨市委办公厅 拉萨市人民政府办公厅关于印发〈拉萨市进一步巩固“禁白”成果实施方案〉的

通知》文件精神，堆龙德庆区制定2017年度《堆龙德庆区关于进一步巩固“禁白”成果实施方案》，成立以区委常委、副区长刘春涛为组长、区环保局局长旦增卓玛为副组长，各乡镇、区直各单位广泛参与的堆龙德庆区巩固“禁白”成果领导小组，并由区委、区政府与各乡镇及东嘎农贸市场等白色污染责任单位签订《堆龙德庆区“禁白”工作目标责任书》，进一步明确相关单位“禁白”工作职责，强化目标管理。

自领导小组成立以来，堆龙德庆区先后召开领导小组会议4次，召开“禁白”工作推进会1次，通过各部门联合执法和常规执法相结合的方式，对区城农贸市场、超市、餐饮店、主要交通干线等重要地段进行“地毯式”的执法检查。截至年底，执法小组已联合执法4次，出动人员30余人次，出动车辆4车(次)，暂扣塑料包装袋约10公斤、一次性发泡塑料餐具300余套，使堆龙德庆区“禁白”工作取得明显进展，白色污染得到有效控制。

（刁郡洁）

【领导名录】

局　长

金　　咪（1月离任）

旦增卓玛（女，藏族，1月任职）

副局长

旦增卓玛（女，藏族，1月离任）

仁青江村（藏族，1月任职）

副主任科员

仁青江村（藏族，1月离任）

堆龙德庆区城市管理局（城市管理综合执法局）

【概况】 2017年3月7日，依据《关于〈堆龙德庆区人民政府机构改革方案〉的批复》精神，在区委、区政府领导和支持下，挂牌成立堆龙德庆区城市管理局，城市管理局队伍实行“公务员+协管员”的组成模式，抽调4名干部组织实施日常工作，45名执法协管人员、2名公益性岗位协助日常执法，城市管理局下设4个办公室，分别为综合办公室、法规科、财务室，政工办公室，管理片区为堆龙德庆区所辖行政区域。

【基层党组织建设】 随着城管队伍的不断壮大，城管队伍党员数量不断增加，为加强党的基层组织建设，增强党组织的凝聚力、战斗力和创造力，经区直工委批复同意，区城管执法局于8月4日召开全体党员会议，成立第一届堆龙德庆区城管执法局党支部，新成立的党支部将充分发挥基层党组织的战斗堡垒作用。

【党风廉政教育】 以“两学一做”“四讲四爱”学习教育为契机，抓好理论学习和思想政治教育，进一步增强执法人员的宗旨意识和服务理念，经常性开展“爱岗敬业”“党风廉政”主题教育活动，着力对基层执法中队和执法队员作风散漫、工作效率低下等问题进行督察，做到“早发现、早提醒、早教育、早纠正”，扎实推进党风廉政建设。

【作风效能建设和业务培训】 严格执行执法行为规范，坚持依法行政，文明执法。坚决杜绝“吃、拿、卡、要”不良现象，切实转变工作作风，提升城管形象。制定《堆龙德庆区城市管理局执法协管人

2017年3月7日，区委书记格桑平措（右），区委副书记，区长杜江（左）为堆龙德庆区城市管理局（城市管理综合执法局）揭牌

2017年6月23日，区委常委、副区长李晓强（前）作拆违控违动员部署

员管理制度》《堆龙德庆区城市管理局请销假制度》《堆龙德庆区城市管理局着装管理规定》等规章制度，完善内部管理机制，强化各项制度的落实，不断提高执法队员的理论知识、业务素质。

【强化大局意识和文明执法】 充分发扬城管队员不畏艰辛，吃苦耐劳的精神作风，克服松懈自满不良情绪，做到认识到位、工作到位、措施到位、效果到位。加强队伍管理，着力解决作风不严谨、态度不端正、纪律不严格等行为。着重强化队员的四种意识，即依法行政的意识、严格执法的意识、忍辱负重的意识、为民服务的意识。每周不定时开展2次自督自查工作，切实保障各项规章制度的落实。以督察促管理，促进效能建设，在提升城市管理水平和执法队伍形象方面，发挥积极作用。

【城市管理宣传工作】 区城管局自成立以来，在执法过程中以不同形式、多种渠道对城市管理工作进行宣传，不断加大宣传城市管理工作的广度、深度和密度，提高城管工作的知名度。加强宣传在先，处罚在后。内部加强执法人员法律、法规宣传学习等活动。在全局范围内大力营造学法、懂法的浓厚氛围，使区城管局人人牢固树立法制观念。并在日常工作中结合实际向商户和群众宣讲法律、法规和城市管理工作的重要性，使城市管理工作得到商户和广大人民群众的支持，提高群众参与度，打牢群众基础，以身作则从实际出发带动人人参与市容市貌建设的良好氛围。

【全面实行单元区管理】 坚持单元管理，责任到人，推行“路段长制”管理模式，将堆龙德庆区中心区域主次干道、背街后巷划分成4个管理单元，管理单元设立责任人，下设管理中队，开展日常巡查工作，对违反城市管理法律、法规、规章、规定的行为进行巡查、报告、劝阻、制止，督促其改正。协调乡镇、公安民警联动、反馈城市管理工作问题。

【集中整治与日常管理相衔接】 着力走出“整了反弹、反弹了再整”的恶性循环。以开展集中整治活动为抓手，形成长效机制防反弹。依法从严治理单元区，重点管理道路占道经营、出店经营、乱堆乱放等严重影响市容市貌的行为，坚持把重心放在日常管理上，抓苗头管控，抓细节问题查处，做到勤巡、细查、敢管、善为，不断提升城市管理精细化水平。

【全面治理城市环境】 专项整治不手软。通过开展专项整治行动，采取有效措施，做到宣传教育与处罚相结合，以净化城市环境为目标。使堆龙德庆区占道经营、乱设摊点、乱堆乱放现象得到有效控制；突破难点出硬招。针对市容难点问题，抽调精干执法力量组成城管队伍配合相关部门开展定点值守，错时执法等有效措施，使堆龙德庆区东嘎农贸市场南、北门、康达检测中心大门等地自然形成的“骑行市场”得到有效控制；齐抓共管形成合力。区城管局积极做好与各级政府部门和各乡镇的对接和联合。注重在工作职责范围内协助各业务部门的联合执法进行综合治理，确保全区工作“一盘棋”。2017年，共开展集中整治31次，净白行动3次。出动车辆380余次，教育、劝离流动摊点840余个，清理出店经营1850余次，清理乱贴乱画780处，清理占用河道堆放大型机械、废弃车辆140余台次。没收塑料袋1万余个。拾取白色垃圾7000余起。

【大气污染防治整治工作】 环保工作城市管理局责无旁贷，为切实做好大气污染防治工作，改善堆龙德庆区环境空气质量，提升城市形象，自5月起开展一系列治理工作并形成长效机制。严查道路运输遗撒车辆；严管施工工地扬尘污染；严整露天烧烤，油烟污染。2017年，共查获偷倒、焚烧、收容垃圾5起，处罚5起，共计罚款人民币14400元整；劝诫货运车辆未覆盖篷布1160余台次，处罚道路遗撒行为4起，共计罚款人民币2600元整；检查工地扬尘46家，整改39家；取缔固定设点夜间烧烤15家，整改固定门店，店外烧烤入店经营23户。

【户外广告规范管理】 严把户外广告设置关，形成违规户外广告和门头招牌长效管理机制；积极对沿街商铺门头招牌进行升级改造，逐步实现广告设置规范化。自户外广告整治行动开展以来，区城管局对辖区内各类违法违规设立的广告进行了全面拆除。2017年，共拆除违规户外大型广告1处、更换破旧损坏店招65处。拆除违规设立的小型户外广告380余起。

【保持控违拆违的高压态势】 区城管局至成立开始，在配合国土局、水利局、工信局等部门联合执法拆除违法建设，违法砂石厂，始终以铁的手腕配合行业主管部门，加大对违法建筑的打击力度，2017年，区城管局配合国土局，水利局共强制拆除违法建筑2处，砂石厂8家；拆除影响市容市貌的钢架房3家，拆除面积440余平方米；拆除临街占道洗车场1家，拆除面积170余平方米。拆除私搭乱建的活动板房、棚房98处。

【处理投诉及时高效】 始终坚持群众利益无小事原则，把群众的举报投诉作为工作的第一要务，认真接待、分类处理，做到件件有答复，事事有回音。对举报投诉案件，交相关责任部门限期办理。同时严把反馈关，做到真正让群众满意。全年共办理领导批示、12345投诉等问题28件，受理市民投诉咨询73件，办结率为98%。

【罚没收入】 成立以来，对各类违法行为的处罚绝不手软，共立案23件，罚款24500元整，已全额上缴国库。

（王周强）

【领导名录】

党支部书记

普次伦珠（藏族，8月任职）

党支部副书记

孔　畅（8月任职）

2017年8月10日，区城市管理综合执法局启动城区道路遗撒整治行动

邮政·通讯

堆龙德庆区电信局

【概况】 堆龙德庆区电信局位于堆龙德庆区青藏路25号，主要覆盖区域堆龙德庆区城（包括人和汽贸城）、4乡2个镇以及拉萨市经济技术开发区。2017年共有员工11名，其中党员6人、管理岗3名。下设3个服务营销网格，县城内设有天翼手机卖场1家（营业厅），截至年底，扩大到13家合作营业厅，在各乡镇建立天翼手机卖场各1家、乡镇代理点2家，在区内有25家代理点，方便广大电信客户办理各类电信业务，设立专职专岗维系、投诉专岗，实现专人为广大百姓服务。

2017年10月18日，公司组织员工观看十九大直播实况

【网络建设】 2017年，堆龙德庆区完成光网进各小区、各单位、中小型企业等项目。区政府网络、线路改造统一布放光纤皮线，全区实现26处ONU退网，乃琼镇安居院已实现光纤到户，堆龙德庆区光网覆盖率达到95%，2017年完成109国道城域网补签工程105万元，完成10项提升工程项目建设，总投资300余万元，惠及1000多户，惠及人数达3000余人。

【三下乡活动】 年内，区电信局结合区委宣传部组织的“三下乡”活动，分别在乃琼镇、东嘎镇、羊达乡、马乡、古荣乡、马乡开展电信“天翼惠民”政策，深入了解当地农牧民群众的电信业务需求，并为当地村民带来实在的惠民政策，一方面提升客户的感知，另一方面方便村民，真正实现“用心服务”的电信服务宗旨。

【慰问活动】 与友好共建单位携手共进。2017年，区电信局在第四高级中学开展运动会期间，及时送去慰问品，为莘莘学子送去关爱和电信人的问候；在八一建军节到来之际，堆龙德庆区电信局慰问组前往羊八井慰问某旅一线集训的官兵指战员，同时为

2017年9月3日，公司组织员工开展消防培训

县域内某旅、油库、独立团、司训大队等部队送去饮料、水果等节日慰问品；在春节、藏历年来临之际，慰问坚守在岗位一线的干警，并送去节日的问候及慰问品。

【贫困帮扶】 年内，积极响应区委、区政府的号召，区电信局帮扶对象共计8户，年初，慰问组赠送大米、面粉、砖茶、粮油、酥油，年底回访人均每户再次赠送1000元，解决帮助帮扶对象的生活所需。

（永春花）

【领导名录】

局　长

曹建平

副局长

永春花（女，藏族）

刘树忠

中国移动通信集团西藏有限公司拉萨分公司堆龙德庆区移动公司

【概况】 2017年，中国移动堆龙德庆区分公司深入学习贯彻党的十九大和区市党委九届三次全会精神，切实以习近平新时代中国特色社会主义思想为指引，围绕区市、区党委、政府中心工作，着力深化党的建设、积极推动现网转型升级，加快互联网、云计算、物联网等新一代信息通信技术布局。持续推进“提速降费”举措，不断提升客户精细化服务能力和网络运营能力，从资费优化、网络提速等多个角度持续推出惠民惠农业务，致力于让堆龙德庆区各族人民共享信息发展成果，为堆龙德庆区经济社会长足发展和长治久安提供有力的通信和信息化支撑。拉萨移动堆龙德庆区分公司位于堆龙德庆区团结路24号，辖区市场范围覆盖堆龙德庆区2个镇4个乡。2017年，公司共有员工15名，下设12家合作厅、渠道代理点20家、集团单位350家。

【网络建设情况】 年内，堆龙德庆区移动公司为响应政府“提速降费”号召，加快光网进小区、各单位、中小型企业等项目，所进驻小

2017年1月10日，中国移动堆龙德庆区分公司开展“送通信”五下乡活动

中国移动堆龙德庆区分公司营业楼外景

区均为光纤到户，并将最低带宽提升为20M，进一步提升客户感知。为提升网络质量，从而提升客户满意度，堆龙德庆区移动在市公司的大力支持下，新建基站82个，实现所有乡、镇、村网络100%的覆盖。

【五下乡活动】 为了不断丰富广大群众精神文化生活，满足群众追求健康美好生活的需要，在新年来临之际堆龙德庆区政府开展《送政策、送法律、送文化、送科技、送爱国教育》为主要内容的送通信“五下乡”活动。堆龙德庆区移动公司积极响应政府的号召，1月9—14日，分别在马乡、古荣乡、羊达乡、德庆乡、乃琼镇、东嘎镇等6个乡镇为广大农牧民群众带来优惠的产品及优质的服务。堆龙德庆区分公司全体员工为农牧民客户带去“预提卡、宽带、存费送手机、存费送费、积分兑换”等个性化优惠活动。

【精准扶贫】 为提升团队凝聚力、增强员工使命感及社会责任感。堆龙德庆区分公司按照政府及拉萨移动党委统一部署，分别于2017年3月、5月、8月、11月组织精准扶贫结对帮扶的干部职工一同前往堆龙德庆区乃琼镇波玛村，对精准扶贫的7户帮扶贫困户进行慰问，积极与被帮扶对象进行交流沟通，为贫困户及时传达各级就业信息和扶贫政策，鼓励贫困户自力更生、勤劳致富、自主就业，积极推动贫困户实现就业脱贫，切实改变贫困户生活现状。截至11月，堆龙德庆区移动公司对贫困户帮扶金额11000元。

【部队慰问】 在“八一”建军节到来之际，区移动公司慰问组前往堆龙德庆区辖区内的独立团、司训大队等部队进行慰问，并为部队官兵送去水果、饮料等节日慰问品。

（孙鸿平）

【领导名录】

总经理

秦晋杰（3月离任）

李　攀（3月任职）

堆龙德庆区邮政中心支局

【概况】 2017年，区邮政中心支局以落实自治区邮政公司以及拉

2017年1月9日，区邮政支局开展党员学习活动

萨市邮政分公司文件精神为重点，同时在区委、区政府的关怀下，结合实际，牢牢把握稳中求进的总基调，通过加强企业管理、强化基础工作、提高服务质量等一系列措施，推动堆龙德庆区邮政事业的稳步发展，较好地完成各项工作目标。全局员工认真学习、努力工作、勤奋敬业、团结一致，以服务民生、服务地方经济建设为己任，积极践行普遍服务义务，使区邮政支局的生产和管理工作又迈上了一个新的台阶。

2017年11月，区邮政支局在部队驻地服务退伍老兵

【经营指标完成情况】 1—12月累计实现业务收入307.81万元，同比2016年增长0.33%。

【工作亮点】 2017年1—10月，完成金银册销售金55册银57册总计收入206076元；2017年经多次联系成功营销制作图书的业务，产生函件收入15.8万元；多次走访堆龙德庆区委宣传部，成功订购300本从严治党笔记本，产生函件收入15000元；赶着全民阅读的热浪经多次走访羊达乡政府，成功做成首次乡政府阅览室购书业务总计购书30000元；有了羊达乡阅览室购书的基础，在堆龙区各单位宣传走访后，堆龙区工信局阅览室购书40000元；明月寄相思，思乡月活动中，全局上下同心、全员营销，成功销售月饼、红酒共48632.8元；在大干30天活动中，共销售一带一路金装册子21套，产生集邮收入62580元；乃琼镇政府的挂历制作多次走访协调后，重新签订合同后，在原有90000元收入基础上新增28800元的函件收入；2017年10月18日，迎来党的十九大顺利召开，区邮政支局利用此次十九大召开的契机，走访区政府、各企事业单位，成功销售十九大各类学习资料总计2174册，产生报刊收入52596元，定做十九大学习笔记1080本，产生函件收入54000元。

【乡邮工作】 努力做好邮政普遍服务工作，切实加强乡邮通信工作的基础管理工作，保证农牧区邮件、报刊的正常投递，加强乡邮人员车辆和运行设备的管理，确保乡邮工作正常有序地开展。做好空白乡镇网点的运营工作，对乡邮网点的运营工作有进一步的提升，对即将接手的村邮站工作做好准备工作。强化基础管理，从制度建设入手，建立完善各项规章制度和执行措施。加强服务管理，树立客户至上的服务理念，内强素质，外树形象，并加强业务学习，不断提高服务水平。严格执行业务规章制度，确保各项业务资金和邮件的安全。

（达姆卓玛）

【领导名录】

局　长

达姆卓玛（女，藏族）

中国农业银行股份有限公司堆龙德庆区支行

【概况】 年内，农行区支行坚持“普惠金融”的市场定位，围绕“政治责任第一、服务担当第一、市场份额第一”的工作总要求，充分发挥金融服务主力军作用，全面落实中央赋予堆龙德庆区的优惠金融政策。在区委、区政府的关心支持、区分行党委和分行营业部党委的正确领导和全体员工共同努力下，农行区分行的各项业务取得长足的发展。围绕农业增产、农业增效、农民增收，农行区分行积极配合区委、区政府及上级部门全面落实各项扶农惠农政策，积极寻找信贷介入的切入点和突破口，不断改进金融服务手段，创新金融产品，优化信贷机制，加大信贷投放力度，形成经济、金融的良心互动格局。面向“三农”是农业银行的永恒主题，服务农牧业、农牧民和农牧区是全行上下的重要职责。为更好地服务地方区域经济，提高农牧民生产生活水平，始终坚持稳中求进、改革创新的工作基调，不断提高“三农”业务经营管理水平，加大信贷投放力度，自觉按照“目标明确、服务到位、风险可控、发展可持续”的要求，推进“三农”业务又好又快发展。

截至年底，全区各项存款余额为575493万元，较年初增长74168万元。其中，对公存款余额为385461万元，较年初增长37885万元；储蓄存款余额为190032万元，较年初增长36283万元。各项贷款余额为122473万元，较年初增长-7069万元。其中，个人贷款余额为81637万元，较年初增长7385万元；公司类法人贷款余额为40787万元，较年初增长-14503万元；涉农贷款余额为86919万元，较年初增长-8108万元。

【“三农”业务】 按照“广覆盖、普惠制、商业化”的要求，堆龙德庆区支行继续加大对农牧民发展生

2017年10月9日，农行堆龙德庆区支行召开十九大期间的安全维稳工作部署会议

2017年3月15日，农行区支行开展“3·15”金融消费者权益保护日宣传活动

产经营的支持力度，以农牧户贷款证为依托，以小额信贷为载体，全年累计发放涉农贷款39323万元，涉农贷款总额占全行贷款总额的70.97%，其中，累放农牧户到户贷款25188万元，余额59534万元，占涉农贷款总额的65.04%。截至年底，涉农贷款余额达86919万元，较年初增加-8108万元。年内培育涉农小微企业客户15家，培育农牧业产业化经营龙头企业3家，为县域“三农”业务发展不断注入新的活力。有信用乡（镇）9个，信用村49个，累计发放贷款证14704张，发证面和使用率均达到95%以上。深入推进金穗“惠农通”工程，支行营业室全年共发放惠农卡361张，累计发放惠农卡5700张。近3年来，推广新系统的上线10个，共向县域及以下营业网点新办理POS机123台。2012年根据农行西藏自治区分行的安排在堆龙德庆区乃琼镇波马村进行“惠农通”业务的试点，极大地方便波马村群众支取小额存款，得到有关部门的良好评价。截至年底，全区已设立助农取款服务点45个，实现金融空白网点全覆盖，从而为农牧民提供足不出村、方便快捷的基础金融服务，有效延伸农村支付窗口，覆盖全县所有的行政村和部分组。妇女小额担保贴息贷款余额2500万元。

【精准扶贫】 2017年，农行区分行精准扶贫建档立卡贫困户数有1727户，贫困人数5813人，截至年底，对578户贫困家庭发放贷款，全区贫困户贷款余额为2115万元。从1月至12月底，对建档立卡贫困户356户、1453人，累计发放贷款2115万元。

2017年，由堆龙德庆区政府确定的精准扶贫企业类贷款已发放5家，企业贷款金额合计达15000万元，带动贫困户215人。截至年底，正在受理1笔本地合作社申请贷款金额共计1200万元，预计带动贫困户25人。

2017年，累计发放农村个人生产经营贷款1046笔，累计金额达8429万元，贷款余额剩余22943万元。

农行区分行根据《堆龙德庆区精准扶贫结对帮扶工作实施方案》，组织精准扶贫结对帮扶的干部职工与堆龙德庆区扶贫办指定的20户被帮扶贫困户签订结对帮扶责任书、政策明白卡，实行家访制，积极与被帮扶对象进行交流沟通，为贫困户及时传达各级就业信息和政策，鼓励贫困户自力更生、自助就业，推动贫困户实现就业脱贫，切实改变贫困户等，全年农行区分行对贫困户帮扶金额30000余元。

（土旦尼玛）

【领导名录】

行 长

达桑次仁（藏族，12月离任）

杨 满 林（藏族，12月任职）

副行长

袁 登（藏族，12月离任）

索朗次仁（藏族，12月任职）

张 鑫（12月任职）

中国邮政储蓄银行堆龙德庆区支行

【概况】 2017年，区支行始终坚持“以客户为中心”的服务理念，以“追求卓越，创造一流”为目标，不断加强内部管理，强化服务意识，完善服务设施，提高服务效率，以高效优质的服务质量，赢得

支行全员学习新业务制度

客户的依赖和广泛的好评。2017年，全支行共有员工22名，平均年龄27岁。

【争创一流服务窗口】 年内，区支行的员工们在为客户服务的过程中，始终坚持“想客户之所求，急客户之所需，排客户之所忧”的理念，为客户提供全方位、周到、便捷、高效的服务，给客户留下良好的印象。柜台服务是展示邮储银行良好服务的“窗口”，作为银行业文明规范服务千佳示范单位及中国五星级银行网点，区支行每位员工都以最饱满的热情去对待每一位客户，针对不同客户的需求，提供个人理财的建议，在服务中与客户进行有效的双向沟通，做客户的理财顾问，做客户真诚的朋友。柜面365天营业，客流量大，现金收付量大，货款，残币、零钞较多，而忙碌的柜员们并没有因此而有丝毫的怨言，柜员们以积极的工作态度赢得客户的肯定与信赖。

【践行社会责任】 年内，区支行在发展中始终坚持“以客户为中心，以产品为导向”的经营原则，秉承“普之城乡，惠之于民”的经营理念，立足当地实际，认真履行社会责任，高度重视“三农”工作，积极为当地广大群众提供优良的金融服务。2017年，区支行投放CRS及便民取款机8台，全年累计发放贷款3亿余元，信用卡发卡413张，理财销售1.41亿元，保险销售共计194万元。全年为堆龙德庆区内个人及单位客户提供电话银行、网上银行、手机银行等万余次，为区内乡镇及行政企事业单位免费代发工资2万人次，服务客户超过2.7万余户。特别是在“三农”领域，针对西藏的发展特点，找准精准扶贫的突破口，针对区支行开办的“三农”金融中心的特点，在堆龙德庆区进行推广“扶贫富农贷”的项目，堆龙德庆区支行也荣获由堆龙区委、区政府颁发的“2017年经济发展贡献先进奖”，该产品已成为堆龙德庆区内金融服务领域的一支重要力量。

【推进扶贫工作】 年内，为塑造区支行“普之城乡，惠之于民”的社会形象，区支行多次组织开展“防电信诈骗宣传活动”“消费者权益保护宣传活动”“金融消费者权益日活动”“打击和防范经

堆龙德庆区支行营业大厅

堆龙德庆区支行外景

济犯罪宣传日活动”“328 进校园活动”等一系列的宣传活动，不仅提高区内各族各界人士的金融知识水平，同时也将活动与业务发展创新相结合、与企业文化建设相结合、与增强服务意识相结合，以活动促工作、以活动促发展。2017 年，区支行在确保各项业务稳定发展的同时，时刻不忘主动承担社会职责，积极参与社会公益活动。主动参与堆龙区扶贫攻坚指挥部组织的“精准扶贫、结对帮扶”活动，支行每个员工负责一户古荣乡嘎冲村贫困户的精准扶贫和精准脱贫工作，先后多次看望慰问贫困户主，为他们送上米、油等生活用品，“授之以鱼不如授之以渔”，大家利用业余时间，为每一户贫困户提供技术、信息、购销、就业等方面的系列咨询服务，积极引导贫困户家中的劳动力投入到工作之中，鼓励其自食其力，并在每一户贫困家庭中宣传学法、守法、爱国爱民、远离邪教、遵守村规民约、和睦相处等的相关知识，积极鼓励他们走上学法、懂法、守法的道路。

【强化学习教育，提升青年素质】 年内，在日常工作中，为了确保为广大客户提供快捷高效的优质服务，区支行每周组织进行员工业务技能的培训和再培训，利用休息时间充电学习，让每位员工都成为业务的多面手，使“青年文明号”“巾帼文明岗”的称号时刻贯彻在每位员工心中。开展服务礼仪培训活动，让员工全面了解和掌握银行服务礼仪接待、仪容仪表礼仪、服务言语礼仪等内容，进一步强化员工的服务理念，提升营业窗口服务形象；定期召开支行员工交流会议，通过员工不同岗位切身的工作体验，对服务工作进行交流，对优质的服务案例共同学习，设立“党员先锋岗”，发挥党员先锋模范的作用，带动身边员工提升服务水平。

【业务工作】 年初，支行长组织支行业务主管与信贷客户经理对当前形势进行分析，最后达成共识，确定区支行“以储蓄存款作为突破口，带动各项业务开展”的营销思路，提出把邮储银行堆龙区支行营销出去的口号，并结合当时的实际情况，对营销出去赋予 3 项内容，即：树形象、增功能、上效益。同时，加强优质文明服务，制定文明优质服务规则，从环境设施、仪表行为、语言修养到质量效率，都进行严格的规范。从服务时间到服务设施，从服务环境到服务手段，进行全方位的创新和改造。

（阿旺央金）

【领导名录】

行　长

阿旺央金（女，藏族）

副行长

巴桑央吉（女，藏族）

乡（镇）概况

东嘎镇

【概况】 2017年，在中央、自治区、拉萨市和堆龙德庆区委、区政府的深切关怀和坚强领导下，镇党委、政府从落实“四个全面”战略布局出发，以“两学一做”学习教育和“四讲四爱”主题教育实践活动为载体，不忘初心，牢记使命，带领全镇各族群众，凝心聚力加快城乡统筹、强化基层治理、提升城市水平，全力服务于堆龙新城建设，实现党建、经济、社会、稳定、民生健康有序发展，协同稳步推进。东嘎镇位于青藏公路与拉贡公路交会处，距离拉萨市区仅12公里，是堆龙德庆区驻地镇，也是堆龙德庆区乃至整个拉萨市的西门户，地理位置极其重要。东嘎镇总面积10平方公里，现有实际耕地面积为420亩，全镇下辖3个行政村，17个村民小组，总户2121户，常住人口5614人，其中妇女3018人，劳动力2962人；镇党委下设3个村党委，16个党支部，45个党小组，党员总数468人，其中农牧民党员410人（含预备党员23人），占农牧民总数的7%。全镇共有干部职工71人，行政人员45人（其中副科级以上干部14人），事业人员13人，工人4人，公益性等工作人员7人，政府购买服务性岗位2人。3个行政村共22名村“两委”成员，其中初中文化程度14人、高中2人、大学本科1人，平均年龄43岁。调整充实村级配套监督委员会、共青团、妇委会、民兵、治保等组织。各村级组织活动场所、农家书屋和群众活动中心全部健全。

2017年6月10日，全国妇联书记处书记杨柳（前排左五）一行在东嘎镇桑木村检查指导“会改联”工作

【基层党建工作】 为加强东嘎镇基层党建工作，年初，镇党委召开专题会，研究部署2017年东嘎镇基层党建工作，制定《中共东嘎镇委员会基层党建工作目标责任书》，在党建工作部署会上，与各村党总支第一书记签订责任书。按照党建“一岗双责”的要求，把党建工作与日常工作同时安排，

同时部署，同时实施，不定期对各村党建工作进行督导检查，确保东嘎镇党建工作落到实处。

建阵地。借鉴便民服务的工作模式，在镇政府内新建便民服务大厅，实行坐班制，为广大群众办事咨询提供更加高效便捷的服务；开展村级党支部规范化建设。按照村级组织活动场所的“九有”要求，切实对各村党支部活动场所进行排查。同时，各村根据自身实际，积极争取上级单位支持，建立便民服务大厅、远程教育室、党员活动室、农家书屋等，定期开放为民服务；充分发挥阵地宣传作用。有效利用远程教育、宣传栏、党员活动室，积极开展法治、文明、环境保护、惠农政策、“平安东嘎创建”等宣讲培训活动，党员群众的“创建”意识、法律意识和环保意识得到提高；打造东嘎村和桑木村色拉庄园2个爱国主义教育基地。2017年，镇党委联合东嘎村、桑木村接待自治区、拉萨市、堆龙德庆区及其他地市参观考察人员共计30余批次1200余人。

抓班子。深入开展学习活动，通过健全全镇干部职工学习制度，周四定期组织开展学习和讨论等方式，巩固、提升干部职工的履职能力；积极建设“民主型”党组织。镇党委在工作中始终坚持民主集中制，通过定期召开民主生活会，建立健全《东嘎镇党委议事规则》《东嘎镇政府议事规则》《东嘎镇“三重一大”事项议事决策制度》等制度，形成“集体研究，集体决策，决议后分工负责”的工

2017年8月29日，西藏自治区妇联系统改革试点工作现场推进会在堆龙德庆区东嘎镇桑木村隆重举行。图为合影留念

作机制。截至年底，共召开党委会13次，决策决议事项80余项，决议落实率达到100%；建设服务型党组织，扎实开展扶贫帮困活动，利用各种纪念日、主题教育实践活动积极组织开展慰问帮扶工作，组织全镇干部职工开展“结对、认亲、交朋友”活动，与群众面对面谈心交心，询问生活困难，征求意见建议。通过多种渠道帮助困难群众，涉及节日慰问、解决学费、医疗费用、购买生活物品等10个方面，累计帮扶资金达4万余元，暂时帮扶不了的做了合理解释和政策引导；实行村干部“坐班办公、便民服务”的运作方式，强化村干部坐班制度和便民服务制度，落实定人、定班、定时、定责。

带队伍。认真总结2016年党员发展工作，研究制定东嘎镇2017年党员发展计划，对全镇党员基本信息进行建档立册，调整完善党员管理信息系统，实现一人一档；严格标准，认真落实发展党员制度，开展优秀团员青年推优入党工作，推进“三个培养”工作，为东嘎镇党员队伍不断吸收新鲜力量。2017年，东嘎镇预备党员转正式党员31名，积极分子转预备党员23名，吸收积极分子20名。组织开展“承诺、设岗、摘星”活动。对三个行政村群众基础较好、工作能力较强的152名农牧民无职党员的惠民政策宣传岗、村情民意收集岗、文明新风示范岗等15个岗位进行的设岗定责活动和直接与年底分红挂钩的十二星级摘星评比活动。开展评先评优活动。在隆重纪念中国共产党建党96周年之际，对东嘎镇表现突出的基层党组织、共产党员、党务工作者进行表彰，共表彰先进基层党组织3个、优秀共产党员11名、优秀党务工作者6名，激发他们干事创业的热情。开展党员志愿服务活动。成立党员志愿服务队，利用“主题党日”开展环境卫生整治、入户走访等系列

志愿服务活动。多措并举稳步推进村级组织换届选举工作。前期充分开展调研摸底工作，做到底数清、情况明，着力做好村级组织班子进退留转意向的调研、考核测评、离任审计、整顿软弱涣散党组织等各项工作，形成初步人选方案，并召开东嘎镇村级组织换届选举工作动员部署会。12月2日，各村党委召开党员大会，依法选举出村党委委员共计18名，圆满完成各项议程。12月9—11日，东嘎镇下辖3个行政村分别召开村民委员会、村务监督委员会换届选举大会，圆满完成各项选举任务。

重教育。扎实推进"两学一做"学习教育常态化制度化。研究制定党员教育培训制度、计划和学习安排表，规定每周四为党员学习日，采取个人自学、集中学习、书记讲党课、专项研讨相结合的方式开展理论学习，先后组织学习20次；开展书记讲党课活动3次；组织交流研讨会8次。在抓好理论学习的同时，以"3·28"西藏百万农奴解放纪念日、"七一"等节日为契机，适时组织干部群众观看爱国影片；组织群众参观各类新旧对比展、爱国主义教育基地，积极引导全镇党员干部及群众感党恩、听党话、跟党走。

【党风廉政建设工作】 抓纪律建设，维护党纪尊严，严守党的政治纪律和政治规矩。年内，全镇各级党组织自觉担负起执行、维护政治纪律和政治规矩的责任，认真贯彻执行自治区、拉萨市、堆龙德庆区关于对共产党员、国家公职人员违反政治纪律行为给予相应处分的有关规定。及时组织党员学习《中国共产党章程》《中国共产党廉洁自律准则》《关于新形势下党内政治生活的若干准则》《中国共产党纪律处分条例》《中国共产党党内监督条例》《中国共产党问责条例》以及十九大报告中提出的"坚定不移全面从严治党，不断提高党的执政能力和领导水平"的要求，增强全镇广大党员干部自觉遵守政治纪律的意识。充分整合镇纪委、镇党群办、镇综治办等部门，成立综合督导检查力量，先后成立56个督导组，开展各类督导检查1164次，严肃处理脱岗漏岗怠岗等维稳工作措施落实不到位的人员，取消脱岗漏岗值班带班领导1人的评优选先资格。

2017年6月30日，在党的生日来临之际，区委书记格桑平措（左一）在东嘎镇看望慰问老党员

抓组织领导，全面安排部署，夯实全面从严治党政治责任。牢固树立抓好党风廉政建设是本职，不抓党风廉政建设是失职，抓不好党风廉政建设是渎职的理念，围绕中心、服务大局，坚决把党风廉政建设和反腐败工作作为一项硬任务，列入重要议事日程，科学研判形势，镇村组3级层层压实"两个责任"的落实，镇党委会5次专题研究部署党风廉政建设工作，并将党风廉政建设相关文件的学习传达纳入每次党委会的"必上议程"，及时解决镇纪委、村纪检监督员、村务监督委员会、各党支部纪检委员在履职过程中遇到的困难和难题，压紧压实责任，先后多次召开党风廉政建设工作部署会、村组干部党风廉政建设恳谈会、书记讲廉政课等，并创造性地开展镇级自办村组财务培训班，编纂并印发村组财务管理教材30册，通过多种形式多种载体，对全镇党风廉政建设和反腐败工作进行系统安排部署。层层传导压力，及时调整充实东嘎镇落实党风廉政建设责任制领导小组，

2017年10月16日，区委书记格桑平措（左一）在东嘎村西藏古船民族手工业有限公司调研

健全完善领导小组工作职责，将全镇党风廉政建设和反腐败工作重点任务进行分解，进行细化，落实到3个行政村及镇机关9个内设机构。对镇辖3个行政村进行村级财务自查，对古荣乡6个行政村开展村级财务交叉检查，继续落实市委巡察四组巡察整改要求，为镇纪委预算党风廉政工作经费10万元。各级主体责任办、纪委、监察局、巡察办下发的文件严格按照程序阅办，镇党委主要领导对每份文件详细签批并作出指示，重要内容必上党委会研究讨论或进行学习传达。截至年底，镇党委班子成员签批阅办党风廉政建设有关文件达160余人次。

抓廉政教育，创新教育载体，筑牢拒腐防变思想道德防线。坚持把党风廉政建设和反腐败教育工作纳入全镇党员教育培训工作总体部署中，扎实开展理想信念和宗旨教育、党风党纪和廉洁自律教育，营造崇廉尚洁氛围。结合推进“两学一做”学习教育常态化制度化，利用镇党委理论中心组学习、专题讲座、各类培训，督促各级党员干部认真学习《中国共产党章程》《中国共产党廉洁自律准则》《关于新形势下党内政治生活的若干准则》《中国共产党纪律处分条例》《中国共产党党内监督条例》《中国共产党问责条例》以及十九大报告中关于全面从严治党的论述，先后4次召开专题研讨会，共分12个讨论小组，分别讨论“准则”“条例”以及关于严禁共产党员和国家工作人员参与赌博的有关要求，大力营造学习贯彻“准则”“条例”以及各项规定的浓厚氛围。组织党员干部赴拉萨市廉政教育基地参观学习，通过“东嘎镇党员学习”工作群、“东嘎之窗”公众号、《东嘎周报》、彩色LED显示屏、手机短信等多种渠道发布廉政提醒信息，学习通报各级违纪违法典型案件124件，集中观看《镜鉴》《作风建设在西藏》《永远在路上》《打铁还需自身硬》《巡视利剑》等警示教育片11次，编印下发《2017年度东嘎镇村级财务管理制度汇编》30册，发挥廉政宣传预防和警示作用。镇党委理论中心组集中学习党风廉政建设相关内容12次，镇党委主要领导与干部谈心谈话19次，镇机关召开各类党风廉政建设学习会27次，3个行政村召开各类党风廉政建设学习会30余次，全方位、多渠道增强全镇机关党员和广大农牧民党员遵守纪律的自觉性。

狠抓正风肃纪，推进从严治党，切实把作风建设引向深入。坚持把落实中央八项规定精神和区党委“约法十章”“九项要求”和市委“八项要求”作为作风建设的基础性、经常性工作，坚持一个节点一个节点坚守，不断放大节点肃纪正风的正效应。紧盯“四风”问题新变异、新变种，抓住元旦、春节、藏历新年、清明、“五一”劳动节、子女升学、雪顿节、国庆节、中秋节、十九大等时段，及时下发通知，提前召开部署会，明确提出纪律要求。截至年底，共召开各类节前廉政提醒会10次，镇纪委下发文件7份，成立15个严肃节日纪律专项督导组。通过采取明察与暗访相结合，定期与随机相结合的方式，加大对公车私用、公款吃请、收送礼品礼金、举办“升学宴”等问题的监督检查力度，镇党委、政府班子成员全部签订《拒收礼品红包承诺书》《家庭助廉守法承诺书》，镇机关党员和辖区农牧民党员全部签订《不参与赌博承诺书》，共签订各类严肃纪律承诺书486份。严肃全镇所有公车管理，将10辆公车（含3个行政村的8辆公车）的车辆识别代号、车型、车牌、颜色等信息详细登记备案，并严格落实“派车单”制度。十九大期间还创新推出“外派单”制度，凡是因公外出的干部职工必须填写“外派单”，写明去何处办何事，并经镇主要领导批准后，方可离开镇机关。“派车单”管车，“外派单”管人，多措并举科学规范各项工作纪律。扎实开展精准扶贫精准脱贫监督工作，深化创先争优强基础惠民生活动，明确全镇干部职工“包村制”为“全包制”，即村内党风廉政建设工作也要包，有效促进3个行政村的作风转变。

狠抓干部使用，严格选人用人，树立正确的选人用人导向。始终坚持“选一个干部就是树一面旗帜”的理念，严格执行《党政领导干部选拔任用工作条例》，坚持“注重基层、崇尚实干、群众公认、业绩突出”的用人导向和“信念坚定、为民服务、勤政务实、敢于担当、清正廉洁”的“好干部标准”及“德才兼备、以德为先”的选人用人标尺，把做好日常工作和完成重大任务结合起来考察和识别干部，通过树立正确用人导向来匡正干部价值取向和选人用人风气。贯彻落实纪律检查体制改革要求，推动深化“三转”，规范镇纪委职能职责并配齐镇纪委书记1人，纪委副书记1人，纪检专干2人，村纪检监督员3人，各党支部配齐纪检委员，大力加强纪检干部队伍建设。配备独立办公场所和充足办公设施设备，为全镇纪检工作开展提供有力保障，同时大力支持纪检干部参与上级跟岗培训，注重提升纪检干部履职能力。

2017年5月16日，清华大学团委副书记铁强携清华大学第十九届研究生支教团在区委常委、组织部部长王满春的陪同下在东嘎镇进行考察、交流、学习活动

狠抓问责质效，保持高压态势，不断加大执纪审查工作力度。按照全覆盖、无禁区、零容忍的要求，始终保持高压态势，镇党委会研究对东嘎村林琼岗事项和南嘎村东嘎水泥厂东侧私挖山体事项的处理建议，给予相关责任人取消一年内评优选先资格的处理，及时调整充实镇反腐败协调领导小组，组织召开专题会议，整合工作力量，形成强大合力。加强精准扶贫精准脱贫情况、惠民政策落实情况、惠民资金使用情况监督检查，通过专项检查、村级财务自查、信访举报等途径，重点盯住侵吞挪用专项资金、截留套取涉农资金、村组干部侵害群众利益、土地违规流转等关系群众切身利益的事情。各级党组织本着对党的事业和党的干部负责的态度，积极实践监督执纪“四种形态”，原南嘎村四组组长拉巴因骗取征地拆迁补偿受到留党察看两年处分，镇党委主要领导批评教育一般干部19人，推动管党治党从宽松软走向严紧硬。

狠抓组织程序，掌握工作动向，严格执行请示报告工作制度。坚持定期向区委、区委主体责任办、区纪委汇报或报告贯彻落实各级党委和纪委有关党风廉政建设和反腐败斗争决策部署情况和重要工作、重大问题、重要事项推进情况。镇党委、镇纪委主要领导主动向区委、区纪委主要领导汇报党风廉政建设工作，按要求完成区委主体责任办交办的各项工作并递交工作报告。对市委巡察四组巡察反馈问题、2016年党风廉政建设责任制落实情况检查考核反馈问题、市委主体责任办检查反馈问题、区纪委检查反馈问题，做到立行立改、长期坚持。通过召开镇党委会、镇党风廉政建设工作部署会等方式，听取镇纪委、3个行政村汇报党风廉政建设工作汇报，指导镇纪委正确履职。同时，要求3个行政村党组织及第一责任人定期书面报告党风廉政建设工作开展情况，对责任不清、情况不明及热衷于开开会、表表态、签责任书、做做表面文章的方式来抓党风廉政建设工作的，及时批评教育，督促全镇各级党组织及第一责任人真正把管党治党、加强党风廉政建设作为自己的主责。

狠抓体制机制，规范工作行为，进一步强化对权力的运行和制约。坚持把加强制度建设摆在突出位置，强化对权力运行的制约和监督，注重从源头上防治腐败。及时完善东嘎镇党委会议事规则，着力提高会议效率和决策效率。加大对《党政机关事业单位主要领导"五个不直接分管"和末位表态实施办法（试行）》"三重一大"集体决策等执行情况的监督检查力度，督促民主集中制真正落到实处。加强对《东嘎镇干部职工管理制度》《东嘎镇干部职工考勤制度》等执行情况的监督检查，进一步加大干部队伍管理力度，严格干部请销假程序，及时成立镇级"采购领导小组"和"督查室"，努力实现用制度和机制管人、管事、管权。继续贯彻落实好《堆龙德庆区贯彻落实〈拉萨市建立健全惩治和预防腐败体系2013—2017年工作规划〉实施方案》，确保持续性工作常抓不懈、阶段性工作进度清楚。组织人员对镇机关各科室、3个行政村梳理建立权力清单、查找廉政风险点、更新防控措施等情况进行检查。

狠抓检查考核，督促工作落实，确保"两个责任"落到实处。坚持镇党委主要领导带队检查考核3个行政村党风廉政建设责任制落实情况，层层传导压力。严格参照堆龙德庆区党风廉政建设责任制检查考核办法，结合年度目标绩效争先进位考核，成立东嘎镇党风廉政建设考核领导小组，采取召开座谈会、听取汇报、查看台账等方式，对下辖3个行政村落实党风廉政建设责任制进行检查考核，详细记录工作中存在的问题与不足，及时反馈并要求在组织生活会上进行说明，让批评和自我批评更加有效。更加注重考核结果运用，将落实党风廉政建设责任制情况与领导班子政绩挂钩，与目标绩效争先进位考核挂钩，与干部评优选先、提拔推荐挂钩，以达到党风廉政建设责任制考核目的，确保"两个责任"落实到位。

【宣传工作】 不断提升宣传文化水平。年内，东嘎镇创新宣传工作载体，创办东嘎周报，共分四个版面刊登东嘎镇各部门重点工作信息，截至年底，共发行周报43期；2017年7月申请"东嘎之窗"微信公众号，每天下午推送东嘎镇各类工作信息。"东嘎之窗"微信公众号自创建以来共推送文章204篇，阅读量达29624次，营造了良好的宣传舆论环境。以定期订阅党报、党刊及其他党的书刊为主，以开展"五下乡""两学一做"学习教育、"四讲四爱"主题教育实践活动以及民间文艺队进行文艺会演等活动为辅，从思想上、生活上丰富干部群众的精神文化生活。2017年，东嘎镇共发放报纸杂志教育书籍2300份，发放科技种植养殖书籍500余册。东嘎

2017年11月16日，东嘎镇党委书记旦增平措带队在南嘎村开展重点工作考评

镇向区里推荐“最美家庭”3户，东嘎村二组索朗央宗被评为市级“最美家庭”荣誉称号；重视各村文化建设，积极开展各类节庆活动。组织开展好藏历新年、“3·5”学雷锋、“3·28”西藏百万农奴解放纪念日、新旧西藏对比、民族团结月活动，丰富群众精神文化生活；把握导向，加强社会舆论宣传。在做好简报、材料报送工作的同时，进一步加大对外宣传力度，加强对突发事件的防范与应对，积极主动与新闻媒体沟通，释疑解惑，做好舆论引导；扎实推进“四讲四爱”主题教育实践活动。制定东嘎镇“四讲四爱”主题教育实践活动实施方案，调整充实宣讲员队伍，认真遴选出宣讲员11名。充分利用“东嘎之窗”微信公众号、《东嘎周报》、东嘎镇党员学习教育微信群、宣传册、宣传栏、横幅、LED屏等载体开展宣传。截至年底，已集中开展宣讲70余场，参与群众共计6569人次。利用“五四”青年节举办“四讲四爱”大型文艺活动，参与活动学生、群众达1000余人。

【群团工作】 全面开展团委工作。认真收集整理青年信息，2017年东嘎镇共有青年1513人，团员64人。多方位推进青年就业创业，组织辖区青年参加创业大赛，积极做好宣传发动工作，参加团市委、团区委组织的各项活动。鼓励未就业高校毕业生参加社会实践，为下一步工作积累经验；不断推动工会组织发展壮大，发挥工会建言献策和监督的作用。2017年全镇共有工会组织4家，组建率为100%。新增工会会员22名，职工入会率达90.4%。农民工会员51人，其中东嘎村有18人，南嘎村有20人，桑木村有11人；坚持和谐主题，不断创新妇女工作机制。截至年底，东嘎镇共有妇女3018人，占总人口的54%。桑木村作为拉萨市“会改联”的试点村，已完成“会改联”工作，正式成立为妇联。年内，东嘎镇积极开展妇儿帮扶工作。在2017年“三八”妇女节之际，组织妇女开展系列庆祝活动，并向三个行政村妇女群众发放2000元作为活动经费；积极组织广大妇女参加包虫病筛查体检，并组织干部职工对下属行政村妇女开展健康教育活动。坚持不懈开展法制宣传教育活动。组织妇联干事入村宣传妇女权益保障法、婚姻法等法律、法规；积极组织妇女参加技能培训。7月，南嘎村开展贫困妇女编织培训，努力提高妇女就业竞争力。

2017年11月14日，自治区宣讲团拉萨分团在东嘎镇开展党的十九大精神宣讲

【经济工作】 经济发展稳中有进。2017年镇级财政收入达到34.01万元；农牧民人均纯收入达18253.09万元，同比增长18%；现金收入13342.77元，同比增加2074.65元；村组集体经济总收入达2394.28万元，南嘎村、东嘎村1000万元和桑木村50万元的集体经济创赢目标圆满完成；民间固定资产投资总额3.82亿元；三产总产值13855.92万元，同比增长5.9%，其中，第一产业产值758.78万元；第二产业产值3159.51万元；第三产业产值9937.63万元。各项目标任务有序推进，为全面建成小康社会奠定坚实基础。

【生态文明建设工作】 生态建设成效突出。全年召开《东嘎镇迎接中央环境保护督察和安全生产监督迎检工作推进会》等6次重大学习部署会，出台《东嘎镇环境保护“党政同责·一岗双责”责任制实施办法（暂行）》等11个办法和方案，传达精神，研究方向，推进全镇生态文明建设深学深悟、落实落细。投入村容村貌环境整治经费165.94万元，打好环境保护“宣、建、配、督、改、巡”组合拳。一宣，印发环保宣传6折页、门前四包海报、防灾减灾宣传册，制作悬挂环境卫生保护宣传横幅等宣传资料，推动环保宣传入企业、进商户、下田间。二建，修建堆龙河柳东大桥桥头美化墙和镇政府储备地美化墙，建堆龙河桑木段河道沿线2000米网围栏和堆龙河桑木段—南嘎段30个环保警示牌等环境保护基础设施。三配，配置环卫工人服饰装备46套，电动环卫车17辆，增设大型垃圾集中收纳回收箱6个。四督，开展桑木村老旧汽车报废回收拆解、再生资源回收等特殊行业、109国道沿线镇集体经济预留地、天成矿业以探代采区、南嘎村七组、东嘎村西嘎山、堆龙河桑木段、各村组背街巷道等实地督察考核和中央环境保护督察转办件督办工作。五改，完成堆龙河桑木段、东嘎镇人民政府储备用地综合环境整改、南嘎村东嘎农副产品批发市场旁防洪渠道综合环境整改、桑木二组和南嘎一、二组交界处综合环境整改等系列环境整治工作，推进南嘎村环境卫生整治及生态恢复、东嘎村环境生态恢复等生态修复。配合查处中央第六环境保护督察案件23件，其中重点星级案件3件，完成全镇100余家企业“一企一档”基础信息完善工作和配合堆龙德庆区联合执法组问题企业查处工作。六巡，全面开展环境保护“红袖标”工作，组织动员村组党员、联户代表和自发群众，展开村组、街道、沿河、沿山等区域巡查，截至年底，累计参与环境保护巡查达7000余人次，由巡查举报查处环境违法违规案件20余件，实现生态文明建设。

2017年5月15日，东嘎镇桑木村开展“四讲四爱”宣讲进田间地头活动

【脱贫攻坚工作】 脱贫攻坚精准深化。年内，东嘎镇建立扶贫攻坚干部职工结对帮扶制，镇党政班子成员“一帮二”，一般干部职工“一帮一”，走村入户，察民情、解民忧、讲政策，实现帮扶精准、措施到位、脱贫有力。完善干部入户宣讲制度，深入广泛宣传精准扶贫、精准脱贫系列政策，挖掘《东嘎周报》和“东嘎之窗”微信公众号等宣传载体，丰富宣传方式。强化“六脱”推力，重点倾斜“以业脱贫”。积极引导建档立卡户自主创业，发挥区位优势，通过牵线搭桥，促进就近就便就业，积极与辖区内企业对接，引导建档立卡户和低收入群体就业。截至年底，东嘎镇通过经济开发区、康达汽贸城、东嘎农贸批发市场、铁器电焊加工市场、南嘎村党员扶贫茶园、桑木村藏年花和格桑花种植项目、镇村组各级提供的扶贫岗位等各类渠道为465名农牧民群众联系就业岗位并全部上岗工作，其中建档立卡户及低收入群体30名。扎实落实“以迁脱贫”，东嘎镇2016年71户扶贫搬迁户已经全部搬迁入住，搬迁率达100%。着力创新“以教脱贫”，在为全镇79名建档立卡在校大学生报销学费、路费共计9.28万元，资助生活费共计29.2万元的基础上，东嘎镇又从本级财政中拿出6.7万元，奖励2017年新录取大专以上学生，按照1200元、1000元、800元、600元四档分别奖励研究生、重点本科、普通本

2017年12月2日，东嘎镇南嘎村召开党员大会选举产生新一届党委委员

科、大专学生共计59人。严格开展“以补脱贫”，全镇以补脱贫人员122人，其中草原监督员51人、护林员48人、水生态保护员17人、环境监督员6人，以补岗位工资已严格按照相关要求及时足额兑现；切实做好“以保脱贫”。实现全镇104户315人以保脱贫。坚决保障“以助脱贫”，全镇以助脱贫人员有22人，严格落实相关医疗报销政策。

【社会保障工作】 劳动就业质量双收。2017年全镇组织开办城乡劳动就业专项技能培训班2期，累计培训93人，其中参加装挖机技能培训23人，参加驾驶证B证培训70人。2017年前三季度，全镇劳务输出979人，已经实现连续2年保持在900人以上。实现转移就业801人，比上年同期增加144人。此外，3个行政村17个村民小组城镇调查失业率稳定在2.2%以内，技能带动就业效果凸显。

【集体经济发展】 集体经济创盈有力。年内，东嘎镇立足区位优势，整合经济资源，筹备成立东嘎村的堆龙亚乃物流有限公司、南嘎村的堆龙南嘎阿亚物业有限责任公司和桑木村的堆龙桑木藏年花旅游文化有限公司，着力打造全区物流运输、仓储租赁、文化旅游等实体集体经济的示范镇。突破发展瓶颈，创新发展思路，开创发展新模式，引导群众着力实现合作社经济规模化、产业化和信息化，加大对特色合作产业的开发力度，不断发展壮大合作经济。积极鼓励引导农牧民建立合作社。截至年底，全镇11个农牧民合作社，共计创收732万元，辐射带动全镇剩余劳动力246户376余人，实现农牧民个人就业、家庭增收和合作经济共创共赢。

【民生保障工作】 民生保障全面改善。2017年全镇共扶持优抚对象99人；资助寿星老人252人，资助金达14.46万元；发放全镇18名失能、高龄老人健康补贴款1.08万元，282户低保户低保金17.29万元和90户273人低保提标金1.36万元；发放261人残疾补助72.96万元和全镇161户2016年度“一孩、双女”扶助专项资金14.88万元。发放政策性涉农保险赔付金17.64万元；发放2016年及2017年草补资金共计174386.68元；镇级民政所也已挂牌使用，乡镇改街道、桑木村易地搬迁点成立社区前期走访调研工作和基本草原划定工作基本完成。

【教育工作】 年内，东嘎镇开展学校食品和消防安全检查14次，开展校园值班和安保工作检查22次，完成校车运行安全检查和登记工作、堆龙德庆区非义务教育阶段及精准扶贫贫困户家庭在校生奖励资助精准识别和全镇191名本地户籍学生整班移交工作，实现小升初100%整班移交工作，完成外地户籍学生后续追踪就学情况调查摸排工作。开展“六一”儿童节文艺会演、校园文化艺术节、镇级教师节表彰等众多活动。召开第33个教师节暨表彰大会，发放表彰资金46600元，对全镇教学单位5个先进集体，40名优秀教师、工勤人员等进行表彰鼓励。截至年底，本级财政对教育投入达12.56万元。

【卫生工作】 年内，东嘎镇印发包虫病、卫生城市宣传手册共计

6500册。开展包虫病检查和优生优育检查，包虫病检查工作覆盖4529人，筛查完成率达90.7%，发现疑似病例10人，经复查最终确诊2人，截至年底，正在治疗中。优生优育体检工作覆盖全镇28对孕产妇、58对孕龄妇女。开新型农村合作医疗工作，为全镇2014户5736人进行医疗筹资172080元，筹资率达100%，参保费用全部由村委会承担，实现广大农牧民群众享受到新型农村合作医疗保险“零花费”。

【文化工作】 年内，东嘎镇全面完善镇村两级文化站点基础设施建设，增设健身器材、电脑等配套设施，实现文化站、农家书屋网络全覆盖。制作《文化站免费开放制度》等6项规章制度，规范站点运行。成立东嘎镇“扫黄打非”领导小组，建立健全“扫黄打非”工作长效机制、东嘎镇“扫黄打非”宣传教育制度等6项工作制度。

【农牧工作】 年内，东嘎镇召开2017年春季重大动物疫病防控工作动员大会，建立《东嘎镇2017年重大动物疫情防控实施方案及应急预案》，完成全镇1689头（只）牲畜免疫注射建档工作，完成规模养殖场和农村散养户的牲畜疫抗体监测工作。完成799户1039只犬包虫病试点投药工作。

【水利工作】 年内，东嘎镇开展水利督察30余次，完善《东嘎镇2017年防洪工作预案》《东嘎镇全面推行河长制工作实施方案》，完成南嘎村七组（嘎东沟）防洪主干渠道清淤工作，购置下发镇村两级防洪物资共计11类6632件，开展防洪减灾宣传3次。

【食药工作】 年内，东嘎镇开展食品药品安全知识宣传工作5次，发放宣传册600余份。建立健全《东嘎镇食品安全事故应急预案》等8个具体实施方案和监管制度。2017年全镇食品药品安全率为100%。

2017年6月6日，东嘎镇桑木村召开第一次妇女代表大会，选举产生13名妇联执委

【流动人口服务管理】 为落实各项流动人口服务管理，2017年东嘎镇积极同派出所开展流动人口排查工作，并安排各村委会专人负责流动人口服务管理工作。在办理居住证时，认真审核，严格落实一对一担保责任制。同时，对长期居住流动人口推行“双联户”管理模式，共推选175名联户代表，使流动人口管理更加规范，做到流动人口情况明、底数清。

【特殊人群管理】 2017年，东嘎镇共有10名社区矫正人员和14名刑释解教人员。社区矫正人员按照自治区司法厅工作要求健全一人一档资料，严格实行请销假、每月考勤制度，并定期开展思想教育工作，时刻掌握管控人员的思想和行动轨迹。刑释解教人员除2名无劳力人员外，其余12名均有较稳定的收入（其中2名为精准扶贫户）。在日常生活中积极协助区公安局、派出所国保管控工作，安排村组、联户代表等基层维稳力量对管控人员实行侧面盯防，定期汇报管控情况。同时，东嘎镇以发放电磁炉、电饭锅、酥油和资金（3000元）等方式对各类重点人员进行慰问，确保各项管控措施落到实处。

【信访调解工作】 截至年底，全镇共受理信访案件50起，其中已结案26起，21起案件正在协调中，3起已走司法程序。东嘎镇认真受理每一件信访案件和矛盾纠纷，积极组织镇村两级调委会成员，重要案件和纠纷实行领导责任制，形成专案工作小组开展协调工作，并上报每月矛盾纠纷排查情况，案件的相关资料按照一案一档进行存档。对于无法协调的案件，引导上访人员通过司法途径解决问题。

【人民调解】 年内，按照区司法局工作要求，进一步调整充实调解委员会成员（更新3名联户代表、2名妇女调解员），使调委会成员比例更加科学。2017年全镇调委会成功调解11起案件，建立健全卷宗案卷。

【公共安全管理】 安全生产监督。年内，东嘎镇认真落实区安监局交办的各项工作任务，并坚持对辖区内企业、学校以及重点部位进行不定期检查50余次，发现的问题及时下发整改通知书并上报区安监局；组织下沉干部每日到加油站开展安全监管工作，戒备期间干部入住加油站，镇督导组不定期督导检查加油站的安全生产工作开展情况，确保加油站安全生产无隐患。

消防安全监管。根据上级工作要求，结合东嘎镇实际，投入119085.5元资金对镇机关及3个行政村建起微型消防站并配备微型设备，进一步改善各个领域的消防设施；宣传消防知识，组织干部群众进行消防演练，结合法制宣传月和119消防宣传日对辖区各个领域悬挂横幅，向群众发放消防宣传册，有效提高广大群众防灾救灾能力。

校园及周边治安综合治理。开展辖区内2所小学和3所幼儿园食品和消防安全检查14次，以及校园值班和安保工作督导检查达22次，完成校车运行安全检查和登记工作；加强对教师、家长、学生宣传交通安全知识，引导学生不搭乘“三无车辆”；不定期开展学校食品卫生检查工作，维护广大师生安全与健康。

【平安创建工作】 2017年东嘎镇研究制定《东嘎镇平安创建动态管理办法》，并认真落实各项制度措施，严格督导检查辖区的单位、学校、家庭等平安工作开展情况。东嘎镇按照区政法委指示精神，严格把关，认真评选30户“平安家庭”和3个“平安大院”。

【群防群治工作】 2017年，东嘎镇组织三个行政村成立由联户代表、无职党员等组成19个治安巡防队，并为95名治安巡防员发放帽子、反光背心、手电筒、红袖标等装备。在维稳戒备时期，东嘎镇统一安排群众队伍开展村组维稳值班、巡逻工作，值班巡逻次数达9853次，治安巡逻队工作进一步延伸到东嘎镇维稳力量触角，同时，从综治经费中兑现相关值班补助75000元。

【民族团结工作】 2017年，东嘎镇作为全区民族团结“七进”进乡镇试点以来，严格按照上级的要求，认真开展各项工作。2017年全镇23名个人和18户获得区级民族团结先进个人和模范家庭荣誉，同时，东嘎镇获得区级“2017年民族团结进步模范先进集体”奖。

【双联户工作】 精选联户代表。年

2017年5月4日，东嘎镇举办“四讲四爱”系列活动之“五四”青年文艺会演，东嘎镇全体干部职工、各村第一书记、驻村工作队、3个行政村及演员共逾800人参加观看了文艺会演

内，东嘎镇对联户代表队伍中的无作为、责任心不强、群众意见较大的联户代表进行调整；不适合推行10–15户管理模式的区域进行调整；根据村委会的意见建议和实际工作需要进行调整；对往年工作中出现的部分漏洞区域进行增补联户单位。

推进政策落实。两名报考全区公开录用考试的考生落实加分政策；及时兑现自治区级“先进双联户”52000元（13户）和市级“先进双联户”26000元（13户），以及各级“先进双联户”奖金、联户代表误工补贴和绩效奖金。同时，兑现2016年联户代表工资680400元和联户代表绩效奖金923400元；对工作表现突出、家庭条件较差的34名联户代表进行慰问活动，慰问金达1.7万元，以实际措施极大鼓舞联户代表的工作积极性。

【强化铁路护路】 年内，东嘎镇进一步调整充实铁路护路工作领导小组，并层层签订责任书，把各项责任落到实处；在三大节日、“七一”、党的十九大期间，东嘎镇对铁路护路队员进行三次慰问活动，送去面粉、大米、衣物等日常生活用品及慰问金，共涉及资金30000元；在重大敏感时期，成立维稳督导检查组，对辖区护路点开展50余次督导检查工作，全年未出现任何影响铁路安全事件。

【工作亮点】 积极促进精准扶贫政企联系机制。全面开创企业岗位人员缺失反馈政府，政府梳理辖区失业人员资料，按照企业人员需求，推进精准扶贫户优先择业的基层脱贫攻坚群众就业新格局，实现脱贫攻坚企业参与。截至年底，东嘎镇已为465名农牧民群众联系就业岗位并全部上岗工作，其中建档立卡户及低收入群体30名；积极提升贫困户自主脱贫的思想主动和行动自觉，实现“志、智”双扶。如东嘎村五组建档立卡户罗桑，虽身患癫痫，但脱贫意愿十分强烈，在镇党委、政府和村组的积极帮扶下，罗桑自主创业，2017年其经营的茶馆月收入达3000元，积极引入社会资金参与脱贫攻坚，其中东嘎村党员致富能手江白和巴桑融资1000万元，带动建档立卡户增收致富；远大公司董事长洛桑金巴出资5万元，对桑木村贫困户进行医疗资助；东嘎村致富能手格桑旺堆出资12万元，解决东嘎村2户贫困户的住房困难问题。全镇上下凝心聚力，充分调动镇机关、各村人力和物力资源，投入到脱贫攻坚战中，创新设立镇级“爱心基金”和“扶贫基金”，两项基金均来源于全镇干部职工的爱心捐款，主要用于对贫困党员、建档立卡贫困户及低收入群体进行爱心资助。干部群众自发组织开展脱贫攻坚“暖冬”行动，自筹资金，为结对帮扶对象购买过冬服装、鞋帽，为全镇困难家庭带去党和政府深切关怀和社会群众的温暖帮助。

2017年7月6日，东嘎镇开展清理河道垃圾专项整治行动

环境保护，机制创新，步入长效，初具雏形。着力开展辖区环境保护“红袖标”干群联防联治工作。建立健全东嘎镇环境保护网格化管理体系、村组24小时区域值班制度、村民小组日常巡逻制度和镇级干部职工、村“两委”、农牧民党员、联户代表重点部位联动值守制度。畅通环境保护信息渠道，实现环境保护信息镇、村、组、户四级联动，双向沟通。推进环境保护督察常态化建设，建立健全基层环境保护学习体制，将

环境保护理论学习纳入全镇党委理论中心组和政府学习会议重点学习内容，一月一学习。夯实环境保护宣传工作基础保障，作为全镇党政宣传工作和各行政村组宣传工作的重点内容之一，丰富宣传载体，创新宣传方式，提高宣传覆盖率，一季度一宣传。

新城建设，立足服务，注重效能，初结硕果。征地拆迁，完成堆龙新城“五平方公里”征地拆迁中本地户、外来户、企业基础数据统计和实地核查，细化完善《堆龙德庆区新城建设本地村民宅基地征收和安置实施细则》，挨家挨户地详细讲解安置细则。截至年底，320户外来户中，签订征地拆迁补偿协议289户，已拆迁263户；71家企业中，签订征地拆迁补偿协议63家，已拆迁52家；本地户242户，全部签订征地拆迁补偿协议，签订率达100%，拆迁率达98%；龙腾大厦涉及8户，全部签订征地拆迁补偿协议。近期，正按要求对桑木村和南嘎村涉及征地拆迁的出租房和门面房开展摸底调查工作。堆龙新城建设征地拆迁各项工作取得实质性的进展，期间未发生一起群体性上访事件。流动人口管理工作，双联户发挥作用日益凸显，开创“双联户双延伸”管理模式，即在联户单位中延伸党的触角，在流动人口多的地方延伸联户触角。在联户单位中设立45个党小组，在东嘎农贸批发市场和铁器电焊加工市场成功划分联户单位，选举联户代表，扎实做好流动人口的服务和管理工作。此外，在堆龙新城建设征地拆迁工作中，联户代表也发挥十分重要的作用。

建“先进双联户”评选管理办法。桑木村委会严格按照十星级“先进双联户”创建评选要求，结合桑木村实际工作需求，制定桑木村“先进双联户”评分评选办法。该评分办法充分结合村委会的警务室、矛盾纠纷、扶贫、维稳等重要工作，对个别做出特殊贡献的联户单位进行加分，并由村监督委员会成员对联户代表进行考核评选，充分调动村民参与“双联户”工作的积极性，同时养成村民互帮互助的良好习惯。

组集体经济调动村民治理村务工作。南嘎村六组在组长仓觉的带领和六组村民的支持下，制定南嘎村六组安居停车管理、流动人口管理、大门值班管理、环境卫生管理等社会治理制度，同时结合工作实际，出资3万元，对工作中表现突出的联户代表、党员进行表彰奖励。例如：十九大召开期间，南嘎村六组村民及时反映六组安居东侧区政府储备地上焚烧垃圾行为，并主动到实地灭火，第一时间制止火势的蔓延，消除隐患。以上实际举措，充分凝聚南嘎村六组村民的工作力量，同时创建东嘎镇最干净、最安全的村组安居。

制作联户代表工作手册。2017年，东嘎镇投入8000元制作300本联户代表工作手册。该手册包含联户代表学习“双联户”工作内容和“先进双联户”评选办法，以及日常走访和开展各项工作的记录本。联户代表在手册上既能记录日常工作和发现的问题，又能学习“双联户”相关知识，为联户代表更好地开展群众工作提供扎实有效的基础。

（王　敏）

【领导名录】

镇党委书记

　　旦增平措（藏族）

镇党委副书记、镇长

　　贺　进

镇党委副书记、人大主席

　　普布卓玛（女，藏族）

镇党委副书记

　　马立玲（女）

镇党委委员、宣传委员、南嘎村第一书记

　　白　玛（女，藏族）

镇党委委员、人武部长、东嘎村第一书记

　　平措扎西（藏族）

镇党委委员、纪委书记

　　仇力晖

镇党委委员、组织委员

　　索娜央珍（女，藏族）

副镇长

　　则　比（女，回族，桑木村第一书记）

　　扎西次仁（藏族，南嘎村服务中心主任）

　　武雅文（女）

乃琼镇

【概况】 乃琼镇位于堆龙德庆城区以南，北隔堆龙河，西部与古荣乡相邻，南部与曲水县连接，东临109国道，距城区2公里，距拉萨市中心约14公里，平均海拔3700

米，辖区总面积约256平方公里。2017年，全镇下辖岗德林、乃琼、色玛、加木、波玛、贾热6个行政村，37个村民小组，全镇总人口3466户10110人。乃琼镇现有耕地13800亩，是堆龙德庆区面积最大的农业镇，适宜种植青稞、冬小麦、玉米以及各类大棚蔬菜。

【基层党建工作】 2017年，乃琼镇有基层党组织46个，其中党委5个，党总支2个，党支部37个。辖区共有党员857名，其中预备党员41人，女党员306人，少数民族党员837人，大专以以上学历党员76人。各党委（总支）定期组织支部成员开展学习活动，组织全体党员参与“党员固定学习日”“书记讲党课”“纪念建党96周年系列活动”“四讲四爱”等主题活动，以深入开展“两学一做”为抓手，积极利用党员远程教育平台，要求全镇党员都下载西藏党员教育APP，关注西藏先锋微信公众号，利用新媒体，促使各级党组织，特别是农牧区基层党组织开展党员经常性教育、“三会一课”和“两学一做”学习教育推进常态化制度化，并严格实行学习考勤和考核制度，进行12次理论中心组学习研讨会，有效地促进各党委（总支）自身建设和部门的全面建设；利用“三八”“五四”、母亲节、“六一”“七一”等时间节点，镇党委发挥群团组织作用积极开展群团活动。

乃琼镇贯彻民主集中制，坚持班子成员末尾发言制，落实“三重一大”决策机制。特别是对重大事项决策、重大项目实施、重要干部推荐和大额资金使用，坚持会议研究、集体决策，党委会议事决策水平不断提高，研究重大事项45起，重大资金680余万元。抓好七项重点任务，2017年对全镇进行拉网式清查、整改，并统一制定32项制度和台账，通过这一举措提升党务工作者的业务水平，进一步规范台账的建立。

2017年6月16日，区委书记格桑平措（左二）带队在乃琼镇检查指导村两委换届工作情况

创新五项长效的工作方法和制度措施，实行“一三五”走动式工作方法；“1+3”民意诉求制度；“1+10”联动机制、矛盾纠纷迅速调处机制；“书记—驻村工作队”例会制；惠民政策“四个到位”等；借助镇人大、政协之家平台，充分了解掌握各村各类隐患420起，将群众反映的热点、焦点、难点问题登记在案，分类销号，特事特办。已逐一销号解决417起，其中3起涉及土地历史遗留问题，正在主动协调当中。

严程序，优换届。镇党委先后召开9次专题会议，及时成立村级组织换届工作领导小组和指导检查组，制订实施方案、应急预案，对可能出现问题的村制定一村一策。向各村发放宣传标语330条，宣传横幅57个，换届纪律宣传册3500册，同时在镇机关组织观看《镜鉴》等换届纪律宣传教育片。2017年12月11日，圆满完成6个村级组织换届选举工作。

【党风廉政建设】 班子成员按照“一岗双责”要求，明确分工，签订党风廉政责任状，严格落实党风廉洁建设责任考核制，建立完善党风廉洁建设考核结果有效运用工作机制。组织党员干部、群众学习“准则”“条例”，观看警示教育片26场次，学习通报各级违纪违法典型案件19件，召开专题学习教育讨论会70次，讲党课14次。紧盯节日节点，下发廉政过节通知6份，签订廉政承诺书106份，针对全镇重点项目、精准扶贫、环保督查等重点工作开展各类督导162次，及时对重大事项完成情况予以公示，确保实时对全镇重大事项跟踪督办。开展谈话20人次，提醒谈话1人。对镇、村两级执行党的政治纪律、组织纪律、财经纪律、工作纪律和生活纪律的情况开展13次检查。每月开展作风督查4次以上，严防“四风”反弹，三公经费相比同期下降3.9%，杜绝车轮和餐桌上的浪费。

【宣传工作】乃琼镇把精神文明建设作为一项重要工作来抓，不断提升宣传文化水平，积极开展节庆活动。组织好“3·28”西藏百万农奴解放纪念日、“过好今生最幸福”现场参观、清明扫墓等各项活动，丰富群众精神文化生活。2017年是十九大胜利召开之年，镇党委政府把宣传党的十九大作为一项极为重要的任务，努力做好氛围营造、组织广大干部群众收听收看十九大开幕式闭幕式、学习十九大精神及十九大报告原文等工作。此外，镇党委政府高度重视“讲党恩爱核心、讲团结爱祖国、讲贡献爱家园、讲文明爱生活”喜迎党的十九大主题教育实践活动。乃琼村、岗德林村、色玛村、波玛村都建设爱国主义教育基地，其他各村也利用展板，文化走廊等多种形式开辟“四讲四爱”主题教育实践活动宣传专栏，并组织群众参观。全镇现已张贴宣传海报2000余份，宣传横幅180余条，宣传栏58个。乃琼镇还将“四讲四爱”主题教育实践活动开到茶馆、田间地头、施工地点等，增强“四讲四爱”主题教育实践活动的吸引力、感染力和说服力，更加贴近群众、贴近实际、贴近生活，因群众的实际需求，不断增强“四讲四爱”主题教育实践活动的针对性和实效性。2017年，乃琼镇累计开展各类宣讲247场次，派出宣讲员230人次，受益干部、群众121352余人次。

2017年7月1日，乃琼镇召开“七一”表彰大会。图为区委常务副书记张勇（前排右四）和与会人员合影

【工青妇工作】2017年，乃琼镇共有1个团委、6个团支部。团员88名。镇团委积极开展“五四”演讲比赛、“书香溢乃琼，全民爱阅读”等活动，丰富团组织生活。在全镇青年中深入开展就业创业调查活动，同时做好青年农牧民创业大赛推荐、准备、参赛工作。为2017年大学新生争取“国酒茅台”资助。乃琼镇妇联积极开展“藏历新年送温暖”“三八”妇女节、母亲节、“六一”儿童节等活动，丰富妇女儿童的精神生活。做好“最美家庭”“平安家庭”评选工作，积极为8名“两癌”患者申请救助，为11名考入大学的2017年应届女大学生申请助学金。此外，堆龙市帼藏香牧场农民专业合作社在扩建过程中，解决20名贫困妇女就业问题。镇工会在各村成立基层工会组织，2017年吸收新入会农牧民工会员900人，开展“喜迎十九大”活动慰问基层困难职工15人。

【经济发展情况】2017年，全镇生产总值完成26638.20万元，同比增长13.56%，其中第一产业完成5365.46万元，第二产业完成421.78万元，第三产业完成20850.96万元，农村居民人均纯收入17574.64元，同比增加2733.19元，增长18.41%。

【农牧发展工作】2017年，全镇农作物播种总面积13800亩，其中粮播面积10734.6亩，占总耕

2017年8月，乃琼镇召开迎接中央第六环保督察组动员部署大会

地面积的77%，完成目标任务的100%。农作物损害控制率为99%，机耕、机播、机收分别达到95%以上。动物防疫30273头，其中出栏11440头、存栏18833头，牲畜仔畜成活率97%，春秋牲畜接种疫苗达到100%，抗体保护率达到98%以上，有效预防高致病性禽流感、口蹄疫、猪蓝耳病等疫病，做到镇不漏村、村不漏户、户不漏禽、禽不漏针，针不漏量，确保全镇畜牧的安全。

【农牧合作社项目】 不断加大对农村合作社的组织宣传力度，积极吸纳日木勉唐卡专业合作社、乃琼镇财康石材农民专业合作社等合作社参与乃琼镇精准脱贫工作，2017年，镇域40余家合作社共对乃琼镇30名贫困群众进行产业分红共计10.5万元，年人均分红3500元。

【为民办实事项目】 2017年，乃琼镇为民办实事项目共有5个。截至年底，所有项目的前置手续已基本完成，加木村道路过境段路灯安装工程、加木村600米道路硬化项目已进场施工，其余3个文化遗址保护项目（色玛村莲花生大师脚印遗址保护工程、觉木隆寺宗喀巴大师修行洞保护工程、文成公主遗址保护工程）已通过区基建领导小组会议研究通过初设方案，正与区发改委对接获取盖建批复。

【维稳安保工作】 各项维稳安保任务完成圆满。镇党委、政府始终把维稳工作作为重中之重，聚焦党的十九大中心工作，不断统一思想、明确目标、细化措施，及时制定完善各类方案、预案；与各村、组、联户单位、户层层签订维稳工作责任书，层层压实工作责任。充分发挥群防群治、双联户作用，不断加强值班带班，加强单位内部安保和社会面的安全巡逻，实现以乃琼的稳定保堆龙的稳定、以乃琼的稳定保拉萨的稳定的任务目标。

【综治信访工作】 依托双联户“第一道”防线作用，统筹整合各方力量，不断强化群防群治管理，不断加强矛盾纠纷排查和安全隐患排查，重点抓好西环线、南环线征地拆迁、抢栽抢种移栽调处工作，努力形成党委领导、政府主导、综治协调、相关部门齐抓共管、社会力量积极参与的良好局面。安全防治持续深入。集中力量对岗德林村、乃琼村、色玛村等辖区人员密集场所和重点部位的仓储物流企业开展联合检查，对存在安全隐患的单位进行集中整治；与各村委会、学校、寺管会、卫生院以及辖区内各企业及时签订安全责任书，积极开展消防安全大检查活动，实现隐患排查无死角，安全监管全覆盖。不断加强铁路督导巡查工作，扎实开展铁路督导巡查80次。扎实抓好信访及矛盾纠纷调处工作。乃琼镇共排查各类矛盾纠纷284起，成功调解282起，调处率达99.39%。

【征地拆迁工作】 2017年，共完成流转土地6000亩，涉及拆迁群众180户，兑现拆迁补偿款10311.2925万元。拉萨保税物流园区、青藏铁路机务段和109改扩建工程涉及近460户群众共5000余亩土地。经前期各项宣传和动员工作，各类方案、领导小组、抽调人员已全部到位。全部的土地都已测量，树木都已点清，测量、评估工作全部完成，正在与各户进行确认和签订合同中。其中109改扩建工程已顺利入场施工。

【民族团结】 积极推进民族创建工作，大力营造浓厚氛围，“三个离不开”思想深入人心。对全镇50多家民族通婚家庭进行慰问和座谈，并成功申报6个先进家庭和46个先进个人为区级优秀代表，其中加木村委会评选为区级民族团结先进单位，并推选乃琼镇人民政府和乃琼村委会为自治区级民族团结先进单位。

【食药监及安全工作】 通过悬挂横幅、发放《食品安全科普宣传手册》等方式，积极开展食品药品安全宣传活动；通过进商铺、进餐馆、进学校、进医院等方式，扎实开展食品药品安全专项检查。2017年，乃琼镇先后开展“春节、藏历新年节前食品药品安全检查”“3·15”食品安全宣传和“五一”食品安全检查，发放食品安全宣传资料3800余份，进一步增强农牧民群众食品药品安全意识，有效防止群体性中毒事件发生。

【防汛抗旱工作】 不断加强防汛抢险救灾实战演练，协调多方加强因强降雨引起的山体滑坡、泥石流等隐患地质灾害评估工作，努力做到灾情报送及时、稳妥处置有力；积极推进强降雨天气造成的道路、农田等修复工作，防汛应急抢险应对能力和应急处突能力得到显著提高。

【教育工作】 2017年，镇中心校顺利通过自治区级教育均衡发展和素质教育评估验收。在本级财政无收入的情况下，投入9万多专项资金，鼓励教育发展，积极开展教师节感党恩活动，先后慰问中心小学教师及附属幼儿园教师、退休教职工共120人，并送去棉被、四件套等节日慰问品，积极营造出良好尊师重教的环境。严格落实教育奖励制度，为177名高等教育在校生兑现奖励金155.7万元。不断加强普通家庭在校大学生奖励资助摸底工作，摸底准确率达100%。利用多方力量，继续加大社会爱心人士对教育事业的扶持。中商华夏物产有限责任公司授牌乃琼镇中心小学“定点扶贫示范学校”和“定点支教示范学校”并签订结对帮扶及支教协议书，无偿援赠价值10万元物资，并资助部分精准扶贫户学生到北京参加夏令营活动。镇党委还出台乃琼镇教育激励机制，激发教师队伍活力，提高改善教学教育质量。

【文化建设】 不断强化文物保护和非物质文化遗产挖掘工作，进一步加大日姆勉唐派唐卡文化、觉木龙蓝面具藏戏文化等镇域文化档案管理，进一步加大文成公主遗址、觉木龙藏戏、雄巴拉曲神水等历史资料收集力度，进一步修订完善《乃琼镇非物质文化遗产保护和传承的方法与措施》，为加强非物质文化遗产保护和传承提供有力政策支撑。坚持把培育和践行社会主义核心价值观与群众性精神文明创建活动紧密结合起来，不断加强镇域综合文化站建设，不断加强农家书屋管理，积极推进农牧民活动场所建设，实现文化综合场所全覆盖和农家书屋行政村全覆盖。

2017年6月10日，乃琼镇举行“讲贡献爱家园”喜迎建党96周年环境整治活动

【卫生与健康工作】 2017年，包虫

病综合防治工作开展专项讲座20场、制作户外展板宣传17块、发放材料5500份、宣传品10000份，组织农牧民群众接受包虫病检测达8280人次，其中确诊4人，并及时为患者免费发放抗包虫病药物，对符合手术治疗条件的实行免费救治。积极推进镇卫生院和村级卫生室建设，全镇合作医疗个人筹资率达100%；合作医疗核销26867人，核销总金额108.43万元。积极开展全民健康体检活动，组织全镇8280名干部群众进行免费体检，并建立健全健康档案，体检率达97.6%；深入镇医院、村卫生室、各级学校、寺庙积极开展控烟行动，进一步明确无烟区域，无烟单位创建工作稳步推进。积极推进婴幼儿住院救治、孕产妇住院分娩工作，孕产妇免费体检率、住院分娩率实现两个100%，杜绝婴幼儿、孕产妇、5岁以下儿童死亡情况的发生，人口自然增长率达1.06%；积极开展肺结核等传染病救治工作，传染病有效管理率实现100%。大力推行村级家庭医生签约式服务，签订家庭医生服务协议书3494份，村医与城乡居民签约率达98%；由镇卫生院和各行政村共同出资68400元为6个行政村18名村医配发电动摩托车，“送医入户”工作扎实推进，镇域公共卫生服务能力持续提升。

2017年3月28日，乃琼镇在波玛村五组精准扶贫易地搬迁点举办庆祝“3·28”百万农奴解放纪念日文艺演出活动

【民政、保障工作】 坚持以民为本、为民解忧、为民服务的根本宗旨，充分发挥镇民政所作用，大力推进民生安镇各项工作。严格低保要求，不断完善困难群众临时救助制度，五保户供养金、提标金兑现率达100%，救助实现全覆盖。不断加强低保户群众动态管理，进一步规范低保户档案资料，扎实推进清退违规低保和超标低保户工作。先后6次核对，新申请对象45户139人，检出不符合条件对象13户44人，检出率31.66%，在册低保户27户84人，其中2017年新增低保户18户66人、续保9户18人。严格按照标准，及时为19名散居五保老人供养金兑现112290元、提标金5440元。进一步完善困难居民医疗救助制度，积极解决因病致贫、因病返贫问题；2017年，帮助137名群众办理民政医疗救助，为特困户、优抚对象、五保户、三属、特困残疾人、百岁老人、义务兵等人群免费发放清油1090公斤、面粉109袋，赠送慰问金10.9万元；为302名群众及时兑现残疾人两项补贴和事业发展补助金29.7万元，为1名重度智力残疾群众发放阳关家园补贴0.15万元、为5名残疾儿童补发康复补贴3.6万元。不断加大全民参保宣传工作力度，积极组织“经办人”工作培训，以村为单位，采取流动式的布置采集点，积极推进全民参保登记计划暨社会保障卡数据采集工作，完成系统录入13486人，完成率达90%。2017年，全镇城乡居民养老保险参保人数达4318人(不包含60岁到龄人员)，征缴款为436300元。

【精准扶贫】 2017年，全镇198户556名建档立卡贫困群众年人均收入14430元，高标准越过国家扶贫线，在现行条件下实现真脱贫，所下辖6个行政村全部达到真摘帽标准。

【“四业工程”】 充分发挥“四业工程”作用，实现培训项目102人，其中驾驶证C照培训11人，驾驶

2017年5月4日，乃琼镇举办第二届青春阳光杯“五四”演讲比赛

证B照升A照培训47人，城管培训38人，精准扶贫培训（带头人）6人，并全部就业，培训就业率达到100%。依托区春风行动暨精准扶贫就业专场招聘会和“香雄美朵”产业园、拉萨综保物流园区、西货站等重大项目建设，实现劳务输出1532人次，转移就业622人。截至年底，未就业高校毕业生62人，实现就业38人、自主创业1人。通过“百企帮百村”活动，对接企业（合作社）30家，实现精准扶贫户119人达成就业意向。依托区第二届青年创新创业大赛，积极组织辖区7家小微企业积极参赛，并获得青年创业组一等奖1名和三等级2名的优异成绩，并努力营造出大众创业万众创新的良好氛围。进一步发挥致富能手作用，请农牧民企业家进行现身说法交流，扎实推进待业大学生就业创业。

【双拥优抚工作】 2017年农牧民群众参军入伍3名。先后与驻地部队建立起沟通联系机制，开展军民联谊活动，进一步拉近军地关系，巩固和促进军地关系，为堆龙德庆区夺得全国八连冠、全区九连冠做出积极贡献。

【环境保护工作】 先后强制关停整治卫生死角56起、受理环保督导案件28件，其中中央环保举报14件，集中整治乃琼村达扎寺南面垃圾填埋场和达扎寺旁边违规取土地、乃琼镇堆龙河沿线石材厂等环境问题共25项，召开会议16次，投入专项资金280万元。截至年底，乃琼镇发动群众共计3300人次，出动车辆150台次，清理垃圾25000余袋，填埋、平整土堆2850平方米，播撒格桑花种200公斤，围墙822米，以“保护母亲河”为主题，先后开展4次河道清理整治工作，出动2000余人次。环境整治工作已彰显成效，群众环保意识有所提高，各路面、绿化带的垃圾得到有效控制，环境得到进一步美化，各商户门前卫生有所改善。推进农村水源地保护工程建设，深入开展施工、矿山、道路扬尘整治，坚决防止“三高”项目进入，严把建设项目环评准入关，“三同时”执行率实现100%。积极实施“绿色工程”，实施人工造林421亩，乃琼镇国家生态林7245亩，地方生态林5967亩，共计13392亩，植树造林完成率达95%，造林存活率达90%，完成指标的104%，有效防止水土流失和扬尘污染。积极实施“净空工程”，不断加大辖区地膜垃圾处理力度，坚决控制垃圾焚烧和秸秆焚烧现象，不断提高空气质量。

（沈巾琪）

【领导名录】

党委书记

尼　玛（藏族）

党委副书记、镇长

任　威

党委副书记、人大主席

格桑曲珍（女，藏族）

党委副书记

李雅娟（女）

镇党委委员、纪检书记

格桑德吉（女，藏族）

镇党委委员、人武部长

巴　珠（藏族）

镇党委委员、宣传委员

曲尼旺姆（女，藏族）

镇党委委员、组织委员

禹新娟（女）

副镇长

巴　桑（藏族）

高祥龙

米　珍（女，藏族）

羊达乡

【概况】 羊达乡距拉萨市中心17公里，总面积119.7平方公里，耕地面积8958.45亩。辖3个行政村，12个村民小组，1394户、4171人。2017年共有正式党员人数325名、预备党员18名、入党积极分子21名，其中农牧民党员238名（占总人口数的5.71%）、机关干部职工党员63名（含15名下沉）、中心校党员24人，妇女党员156名，藏族党员306名、汉族党员17名、其他少数民族党员2名、三老人员33人。建档立卡贫困户119户383人，其中羊达村67户216人、通嘎村28户88人、帮普村24户79人，边缘户人群35户116人。建档立卡贫困户中劳动力155人（部分丧失劳动力18人、普通劳动力137人）。383贫困人口中，健康人数339人，患大病人数11人，残疾人数33人。中心小学1所、幼儿园3所；1座乡级文化服务活动中心、3座村文化宣传站、3所农家书屋；1座寺庙（1名僧人）、3座拉康；乡卫生院1所、3个村级卫生医务室，1个乡级兽医站、6名兽医；县级工业园区1个，现代设施农业园区1个（360栋高效日光温室，占地865亩）。

【基层党组织建设】 年内，羊达乡党委在民主生活会、组织生活会上结合实际问题、实事求是，认真开展批评和自我批评，让红脸出汗在班子中成为常态，并以“两学一做”学习教育为载体，自觉深入学习领会习近平总书记系列重要讲话精神，自觉贯彻执行“三会一课”制度，自觉深入田间地头、茶馆餐厅等地，摸清队伍存在的问题，突出问题导向，针对问题整改，把工作做到“家门口”，做到群众的“心坎上”，进一步加强领导干部的理论素养和为民服务意识，为广大干部职工树立良好的学习榜样。

第一责任人职责履行到位。2017年，第一责任人解决藏泉酒业拖欠集资款、干法水泥厂所占土地青苗补偿款等重点难点问题15个；组织召开党委会议29次，其中研究部署基层党建工作26次；召开2017年党建工作安排部署会6次、“两学一做”学习教育常态化制度化专题会议12次、“四讲四爱”主题教育实践活动专题会议10次、抓党建促脱贫专题会议14次、村级组织换届选举专题安排部署会议8次，有效地激发广大干部职工工作积极性的同时把各项工作安排部署到位。

村级组织换届选举工作顺利开展。村级组织换届选举工作是2017年基层党组织建设工作的重中之重，关乎我党在基层的执政之基和威信威望，因此自换届选举工作开展以来，未敢有分毫松懈心理，乡党委大力组织动员和教育引导村“两委”、党员干部以高度负责的态度，大力营造氛围，真正做到群众知晓、群众参与、群众监督；深入基层对现任村“两委”班子进行全面摸底；积极开展村“两委”班子期满考核、班子成员综合评议工作；主动开展离任村干部审查和财务清查工作；持续深入开展基层党组织软弱涣散整顿整改工作，不断自查；12月2日，羊达乡顺利完成村级党组织换届选举工作。截至年底，对村级组织换届选举前期准备工作还在不断地进行整改“回头看”。

加强党员队伍建设和群团工作。按照“控制总量、优化结构、

2017年10月5日，自治区党委常务副书记、自治区政协党组书记丁业现（中）在羊达乡通嘎村调研基层党建工作

提高质量、发挥作用”的总要求，乡党委制定详细发展党员计划，明确党员队伍建设工作的目标、重点、建立健全机制，持续加强现有党员教育管理力度，确保党员队伍高质量、高标准。2017年，羊达乡狠抓发展党员的源头，严格构建高标准党员队伍，全面强化党员干部学习理论、业务技能、党性修养教育培训力度，深入推进“两学一做”学习教育常态化制度化，深入学习贯彻十九大精神，建立健全长效学习机制，把每周星期四作为羊达乡党员干部学习贯彻十九大精神的学习日。截至年底，累计开展集中学习8次，其中交流研讨3次，学习结果测试1次，干部职工等撰写心得体会累计300余篇。

扎实做好“服务群众最后一公里工作”。作为城乡接合部乡镇，羊达乡党委政府不断探索实践，使得便民服务中心的工作作风得到不断提升，自羊达乡便民服务中心试点实行代办代跑业务以来，已累计为农牧民群众办理事项11658件，其中综合窗口2355件，综治窗口7850件，民政窗口101件，农牧窗口428件，人社窗口924件，年均受理量4000余件，月均受理量350余件。实现让群众少跑路、干部多跑腿的工作格局，得到农牧民群众的屡屡好评和称赞。

【党风廉政建设】 为了做好党风廉政建设和反腐败工作，乡党委始终把党风廉政建设与反腐工作作为“一把手”工程，放在突出位置，切实抓好抓实，把责任制全面贯穿到党风廉政建设和反腐败各项工作中。2017年，羊达乡组织党政班子成员深入学习十八届中央纪委七次全会精神、组织全乡干部职工学习自治区第九届纪律检查委员会第二次全会精神，让广大党员干部进一步增强党性观念，坚定理想信念，明确奋斗方向，深刻认识到“权力就是责任，责任就要担当”和“有责必问、问责必严”的要求，促进羊达乡范围内形成崇廉尚洁的良好氛围；不断加强和完善组织领导；班子成员认真履行“一岗双责”职责；严格干部选拔任用；认真抓好作风建设，严格执行领导干部廉洁自律，从严管理干部，不断加强机关效能和作风建设；强化检查考核问责，强化权力运行的监督制约机制，切实规范“三重一大”事项的决策行为，认真落实领导干部报告个人有关事项、述职述廉、民主生活会、廉政谈话等制度，严格执行“一把手”两个不直接分管及末位表态发言制度，严格落实“副职分管，正职监管，集体领导，民主决策”的工作机制，强化项目资金管理使用监督，突出对重要岗位和关键环节的监督，认真落实党务、政务公开。

【经济增长】 2017年羊达乡农村经济总收入达9421.44万元，同比增长18%，其中第一产业收入2657.85万元，第二产业收入2111.63万元，第三产业收入4651.97万元。农村居民人均纯收入达17111.46元，现金收入11978.03元，同比上年增长18%。精准扶贫户人均年收入11598.68元。全社会固定资产投资额10677万元。2017年，全乡失业人数48人，从业人数2618人，城镇登记失业率在1.8%以内，比上年减少0.2%。在发展村集体经济上，羊达村账户余额612万元，2017年总收入75.92万元；通嘎

2017年9月25日，自治区党委组织部工作组在羊达乡调研通嘎村抓党建促脱贫攻坚情况

村账户余额1561万元，2017年总收入961万元；帮普村账户余额41万元，2017年总收入52.2万元。

【农、林、牧业协调发展】 2017年羊达乡机耕机播面积0.81万亩，机收面积0.78万亩。其中，青稞播种面积3114.51亩，冬小麦2300亩，豆类28亩，经济作物播种面积1098.5亩（油菜400.5亩，薯类698亩）。全乡粮食总产量0.21万吨，农作物有害生物灾害损失率控制在0.3%以内。各类新生仔畜3720头，其中牦牛990头，成活率95.96%；黄牛685头，成活率97.08%；绵羊433头，成活率9.07%；山羊463头，成活率99.78%；猪1090头，成活率99.71%。全年家禽和牲畜注射免疫总数为47202（头、只、羽），实际疫苗的牲畜有47202（头、只、羽），其中牦牛应免数1532头，实免数1532头；牛应免数1193头，实免数1193头；绵山羊应免数973只，实免数973只；猪应免数270头，实免数270头；家禽应免数43234（只、羽），实免数43234（只、羽），免疫密度100%，切实达到“乡不漏村，村不漏户，户不漏畜，畜不漏针，针不漏量”的防疫标准，有效杜绝牲畜疫病发生和传染。羊达乡在春季植树造林工作中积极组织农牧民群众，利用植树造林的最佳时期，共造林50余亩5000棵树木，树木存活率85%。同时以村为单位，充分结合农牧民安居工程，实行房前屋后植树造林，进一步加大绿化力度。

2017年10月16日，区委书记格桑平措（左二）一行在羊达乡调研考评重点工作开展情况

【净土健康产业】 羊达乡现代农业设施园2017年收获羊肚菌鲜品115公斤，干品11.5公斤，藏红花554.2克，藏灵芝252公斤，灵芝孢粉102公斤，红皮土豆总产量154634公斤，为羊达村889户群众实现户均3121元的增收。园区建立蔬菜农残检测室，规范蔬菜出园流程，确保食品安全；邀请省、市、区农业专家举办培训班不少于5期，培训农牧民500余人次，发放宣传资料1000余册，多次组织农户前往自治区农科院参观、学习；邀请各行各业的专家30余人亲临园区指导工作；继续加大对本地种植户的扶持力度，为当地种植户减免租金24.4万元；还开辟蔬菜种植体验区，党员带头、党员示范温室，进一步发挥党员的先锋模范作用。

【矛盾纠纷排查化解工作】 乡党委政府高度重视矛盾纠纷排查化解工作，除每月按时召开矛排例会，还组织召开9次专题联席会议。多次深入各村、组，体察民情、了解民意，分析社会动态局势，及时解决群众关心的热点、难点问题，早发现、早处理，将矛盾纠纷遏制在萌芽状态。2017年，羊达乡通过主要领导“一、三、五”下访摸排日，成功调解口头纠纷9起；通过书记、乡长接待日成功调解纠纷15起；通过乡综治办、人民调解化解中心、司法所成功调解矛盾纠纷24起；通过乡党委政府与各村的不懈努力，3起（藏泉酒业拖欠农牧民集资款1946.4073万元，涉及户数111户，涉及人数420余人；重庆和霖建筑有限公司拖欠通嘎村车队运输款和沙场材料款164.92万元，涉及人数达到123人；香雄美朵项目部拖欠民工工资17.655万元，涉及人数达到65人）涉及人数较多、资金量较大的矛盾纠纷得到妥善的解决，共计涉及资金2128.9823万元，涉及人数达608人。

【安全生产工作】 年内，乡党委政府高度重视安全生产工作，制定出台切实可行的工作方案，进一步调整充实安全生产工作领导小组和道路运输安全管理工作领导小组，与村委会、企（事）业、寺庙、商铺层层签订责任书，明确各单位责任，并先后召开8次安全生产工作专题部署会议。在2017年羊达乡安全生产大检查、大排查、大整治专项行动中，共督导检查全乡各重点部位和重点企业（加油站、液化气储备站等）32次，其中十九大期间督导19次，结合国家环保巡视工作对羊达乡各企业督导检查390余次。整改安全隐患企业98家，查封取缔企业8家。与辖区三个行政村、各类企业、加油（气）站等重点部位共签订20份《羊达乡2017年安全生产目标管理责任书》、20份《羊达乡2017年消防安全责任书》和20多份《羊达乡2017年度各商铺安全防范责任书》，明确各村、各企（事）业单位主体责任，加强安全生产主体责任意识。全年全乡未发生一起安全生产责任事故。

【散装成品油管理】 年内，羊达乡严格散装成品油的管理要求，遵循《西藏自治区零散成品油销售管理办法》和《拉萨市实名制登记加油和零散成品油销售管理实施办法》等制度。对于辖区加油站，乡党委政府专派2名干部对辖区2个加油站进行安全监管，十九大期间专派4名干部对2家加油站持续55天进行24小时监管。对于辖区企业，年初重新对加注使用散装成品柴油的用油企业备案造册，并与用油企业签订油料安全使用、管理责任书219份。同时结合安全生产大检查、大排查、大整治专项行动，成立安全生产督导检查组，全年共对辖区219家单位进行督导390余次。与各行政村、热擦寺寺管小组、三家车队、摩托车用户签订《反自焚、防自焚责任书》，进一步对用油企事业单位说明申请油料流程，宣传安全用油、储油方式、方法，要求各用油单位提高认识，明确油料管理人员，落实好责任，形成企业内部油料使用管理办法，做到“五证一保一责”，严格按照相关要求管理油料，保证散装成品油的绝对安全。农忙季节，在村“两委”、派出所积极配合下，乡党委政府进行统筹协调，很好地保证农牧民群众农用机械的用油需求，从未发生一起因加强油料管理，造成影响农牧民群众正常生产、生活用油的问题。

2017年4月11日，羊达乡召开“四讲四爱”主题教育实践活动动员部署大会

【发挥双联户效用】 乡党委政府高度重视“双联户”工作，年初以“乡与村，村与组、组与联户长，联户长与联户家庭”的形式，层层签订《2017年羊达乡综合治理责任书》107份，切实细化责任，突出强调联户代表的带头作用。形成以乡综治办和派出所为核心，以村联户代表为基础、各联户家庭为单元的社会网格化管理体系。

羊达乡共有联户代表122名，其中92名为农牧民，其中34名党员、4名村两委后备干部、30名为流动人口、沿街商铺、企事业机关联户代表。2017年，共组织“双联户”联户代表进行专题培训5次，参加人数达605人次。联户代表积极发挥“双联户”的职能作用，共调处邻里纠纷46起。在各敏感节点，由联户代表组成的治安巡逻队，共巡逻140多天、7930余人次，排查登记出流动人员1200多人，陌生车辆800余辆，并做好流动人员的管理工作、情报收集工作；联户代表多次参加乡环境整治工作，为迎接环保督查发挥积极功效。2017年10月落实的联户增收项目（卓玛藏猪养殖合作社、蔬菜种植农民专业合作社）带动扶贫户就业8户，每年可为8名联户代表节约劳动力成本28800元，增收32000元以上。

【民族团结工作】 2017年，羊达乡共有民族团结家庭41户，乡党委政府积极开展形式多样的民族团结活动，如纪念西藏百万农奴解放58周年活动、“喜迎党的十九大，加强民族团结，爱国歌曲大家唱”活动、藏式民间娱乐活动、藏汉干部“一对一”帮扶学习藏语活动、“习近平总书记重要讲话摘录100句学习大比拼”活动等。同时以“四讲四爱”主题教育活动为契机，与“四讲四爱”宣讲活动同步走，持续广泛深入地开展爱国主义教育和民族团结教育。随着一系列民族团结活动的开展，羊达乡逐步形成“人人讲团结，共同谋发展”的良好氛围，“汉族离不开少数民族，少数民族离不开汉族”的思想成为全乡各族人民群众的共识和自觉行动。

【综治宣传】 年内，羊达乡综治宣传工作结合“七五”普法，以“建设平安羊达”为主题，以宣传平安稳定为重点。在各宣传节点利用报纸、宣传册、横幅、LED显示屏、开辟宣传专栏等方式进行专题宣传教育，大力宣传平安建设工作、法律知识、社会治安防范知识、“四讲四爱”内容，切实做到宣传覆盖全乡、宣传深入联户家庭。全年累计悬挂横幅123条，播放LED宣传标语67条，发放宣传手册7600多份、围裙2000多条、挂历3000多件、手提袋2000多个。同时，乡主要领导以会代训，每会必训，向全乡干部职工及参会联户代表、农牧民群众宣传教育“四讲四爱”内容、法律知识、各项惠民政策，并经常强调两点：非法买卖土地房屋、违法建设、非法集资等问题的“高压线”不能碰；要“爱家园”，教育引导不断增强环保意识、卫生意识、健康意识，培养健康文明的生活方式。

【精神文明创建】 年内，羊达乡组织乡干部职工以进茶馆、进村组、进企业等多种渠道发放文物保护宣传资料，并通过乡政府大门滚动播放LED及悬挂横幅等方式宣传文物工作；研究制定《羊达乡文化服务活动中心工作计划》，设立乡一级的文体活动室、图书阅览室、多媒体室，设立3个村级“农家书屋”和1个寺庙书屋，并制定落实《羊达乡农家书屋的管理制度》《羊达乡文体活动室管理制度》，在工作日对群众全天免费开放，让群众在这里既可以获得更多的农业技术信息又可以丰富业余文化生活；结合实际，利用春节、藏历新年、“三八”“3·28”“五四”“七一”“雪顿节”“望果节”等节日积极组织开展各类丰富多彩的文体活动；积极配合文化局执法大队工作，定期对辖区内的网吧、酒吧、茶馆等娱乐场所进行监督和检查，杜绝黄、赌、毒现象发生；羊达乡现有5座文物保护单位，其中自治区级文物1座（热擦寺），区级文物4座（3座拉康及通嘎村庄园），主动配合上级文保部门开展省保单位和县保单位的挖掘研究工作，对保护单位定期巡查，确保其不受破坏；积极对辖区内圣香海螺藏香厂藏香

2017年6月29日，羊达乡组织召开纪念建党九十六周年暨“七一”表彰大会

2017年9月9日，羊达乡帮普沟“首届沐浴文化节”启动仪式

制作技艺、通嘎村藏毯编制合作社的藏毯编制技艺进行市级非遗申报工作并通过媒体进行宣传报道。

【教育保障】 2017年，羊达乡继续坚持把教育摆在优先发展的战略地位，全面推行素质教育。坚决执行“两免一补”政策；切实抓好保学控辍工作。学前教育入学率、小学入学率及巩固率均达到100%；继续加大助学帮扶力度。“六一”儿童节，乡政府为中心校及3个村级幼儿园捐助物资、现金达24000余元。在第33个教师节日，乡政府对乡中心小学优秀教职工予以奖励，对离退休教师进行慰问，共计27900元。全年乡政府教育支出共计51900元，占本级财政收入的27%。另外，乡党委、政府协调西藏四友商贸有限公司为帮普村幼儿园献爱心捐资助教3万余元。

【社会保障】 羊达乡民政所自2017年8月挂牌成立以来，不断完善内部基础设施和规章制度，牢记“以民为本、为民解困、为民服务”的根本宗旨，充分发挥基层民政部门的职能作用，上为政府排忧，下为百姓解难，认真落实党的各项惠民政策。2017年，羊达乡70—79岁老人100人、80岁以上高龄老人40人、空巢老人4人、失能老人1人、留守儿童1人、孤儿0人、残疾人149人、农村低保对象18户48人。羊达乡实行优抚对象数据精准化、动态化管理；积极关注弱势群体，全面落实高龄老人、寿星老人、残疾人补助；妥善处理复退军人信访问题；提倡干部多跑腿、群众少跑腿的理念，完成代跑医疗救助服务21件。

【医疗卫生】 2017年，全乡孕产妇共计111人，建卡数111人，建卡率100%，转诊率100%，住院分娩数55人，住院分娩率达到100%；为全乡486儿童进行体检，体检率达100%，并为所有儿童建立儿童保健手册；为76名儿童实现预防接种；对84位符合“四有条件”可享受扶助政策的农牧民每人发放960元扶助资金；通过加强各项合作医疗制度，群众的信任和积极性得到明显提高，参加合作医疗的人数逐步上升；积极开展家庭医生签约服务，签约率97.6%；大力开展慢病防治工作，全乡高血压、慢性病建档立卡共计150人，精神病建档立卡5人，糖尿病建档立卡3人。

为做好包虫病防治宣传和检查工作，乡卫生院多次下到3个行政村进行包虫病宣传防治工作，累计发放包虫病科普知识折页共计5000余张，为328名群众进行诊疗，为95名高血压患者实行建档管理，免费发放医疗药品共计价值6000余元。2017年，全乡包虫病体检总户数1394户，体检总人数4069人，体检率达到97.55%。为从源头上控制包虫病，共实施5次家犬驱虫，同时对家畜病变脏器进行无害化处理，深埋牛2头（肝、肺）、羊42头（肝、肺）。

【精准扶贫】 2017年，羊达乡上下统一思想，努力攻坚克难，乡党委政府严格按照“因户制宜、精准施策、勤劳致富、脱贫光荣”的工作方针，针对贫困户的具体问题，全年召开党委政府专题扶贫会议共计21次，研究制定具体方案，准确采取脱贫措施，精准实施项目建设。全乡贫困户119户283人已基本达到脱贫标准，贫困发生率控制在0.072%以内，错退率为0，漏评率为0，群众满意度达到95%以上。截至9月，建档立卡贫困户家庭人均纯收入达到11598.68元，同比增长154.2%。

乡党委政府高度重视脱贫攻坚工作。进一步调整充实工作领导小组和建立健全“一、三、五”党员干部职工下访工作机制，2017年乡党委共举行脱贫攻坚大型宣传16次，走访入户调研1300余人次，带领党员干部主动认领责任，签订《2017年度堆龙德庆区包村单位责任人和包户责任人精准扶贫精准脱贫工作目标责任书》《2017年度堆龙德庆区帮扶责任人就建档立卡户就业脱贫工作目标责任书》。

实地调研、因地施策。经实地调研，充分整合利用帮普村的环境资源和地域优势，发动该村贫困户种植红皮土豆，由乡政府与贫困户代表签订保底收购合同，并以0.5元/公斤的价格保底收购。在2016年的基础上，2017年乡政府针对建档立卡贫困户和边缘户人群再次签订50亩订单，由羊达现代设施农业园区全部收购并如期兑现15.5万公斤土豆资金，以确保扶贫措施的持续性和实效性，使扶贫同“扶智”和“扶志”工作得到有机融合，进一步在农牧民群众中树立“勤劳致富光荣”的思想。

积极联系、大力开发就业岗位。乡党委利用毗邻经开区、工业园区、设施农业园区的自身优势，积极和各合作社、企业联系，进一步开发适合于贫困户的就业岗位，为贫困群众提供更广阔的就业平台，帮助实现就业人员28名；通过设立精准扶贫岗位，解决9人就业问题；制订羊达乡精准扶贫大学生实习计划，为未就业精准扶贫大学生提供实习岗位。

让“边缘户人群”实现“双稳定”。在精准扶贫工作开展的同时，乡党委组织工作人员通过发放测评表及时、准确掌握“边缘户”群众的生产生活状况和思想动态，并做好其心理抚慰工作，引导他们正确认识和了解精准扶贫工作，并从精准扶贫基金中拿出4.4万元对全乡“边缘户”进行慰问。

发展特色优势产业，助推脱贫摘帽工作。2017年，羊达乡农业设施园秉承“服务农民为主、农民利益至上、合作社可持续发展”的理念，大力发展城郊现代设施农业，不断拓展市场份额，辐射带动周边失地农民增收致富。直接带动羊达村增收168.98万元（贫困户15户、增收91890元）；政策优惠减免棚租19.6万元；解决全乡临时用工2800余人次，兑付工资43.988万元（贫困户10人、增收57100元）；产业工人8人，支付工资12.24万元（贫困户5人、增收74800元）。

牧业良种产业繁育体系已初步形成规模。帮普亚玛藏鸡养殖专业合作社通过解决就业和土地流转等方式，带动农牧民群众和村集体增收22万余元，社员户均增收5312.5元，对羊达公益事业贡献资金141630元，其中扶贫方面4.35万元，帮助贫困户13名实现就业，长期对当地10户贫困户进行分红。

积极发挥经济合作组织帮扶力量。羊达乡现有合作社、协会、基地17家，根据自身实际情况，通过为贫困户解决就业、分红、慰问、土地流转、技术培训、劳动力转移等方式，2017年带动205人实现创收101万元，其中解决就

2017年12月27日，羊达乡开展第六批、第七批工作队轮换交接工作

业22人，分红和慰问183人，实现人均增收4926.85元，协同乡党委政府帮助贫困户脱贫致富。

【生态环境保护】 在草原生态保护方面，自实施草原生态保护补助奖励机制政策以来，羊达乡始终坚持以科学发展观为指导，坚持以人为本和统筹兼顾，坚持保护与建设并举，坚持保护优先和自然恢复为主，以实行补助奖励为手段，以生态改善和农牧民增收为目标，基本实现全乡草畜平衡，全面促进羊达乡经济社会和生态环境协调发展，直接增加农牧民政策性收入，涉及1198户131350亩草场承包。2016年和2017年草原生态补助奖励资金394049.46元已全部完成兑现，确保草原生态系统良性循环。

在环境整治方面，乡党委政府组织召开专题部署会议，进一步调整充实环境整治工作领导小组，制定《堆龙德庆区羊达乡“迎国检”环境保护综合整治工作方案》《羊达乡“迎国检”环境保护综合整治领导小组》《羊达乡“迎国检”环境保护综合整治监督小组》，明确分管领导和责任科室，将各村的环境卫生治理负责到位。同时，制定《羊达乡环卫工人管理制度》《羊达乡环境保护监督员奖惩办法》《羊达乡环卫工人任务分工（网格图）》，签订《堆龙德庆区2017年度环境保护工作目标责任书》，进一步规范环境卫生整治机制，明确环卫工人、环境监督员的工作职责，将环保工作网格化、科学化、明细化。为3个行政村配备12个全新的移动式垃圾斗，3辆垃圾三轮车，并与三轮车驾驶员签订《垃圾三轮车安全使用责任书》，在应对突发环境卫生事件中长期备用2台推土机以便及时处置。为更好推进羊达乡生态环境保护工作，严明查处破坏生态环境的违法违规行为，特为羊达乡添置航拍机。

2017年12月5日，羊达乡开展十项活动之“你的辛勤付出 我的点点温暖”

乡党委政府主动联合各执法职能部门组织召开“羊达乡环境保护、违规建设、安全生产联合整治工作部署会”，对违反环境保护规定、未批先建、违法生产的企业工厂开展综合整治拉网式排查行动，认真核实清查各企业工厂（个体）的国土、环评、营业执照等相关手续，检查工厂、车间等的设施设备规范情况，对相关手续证件不齐、违法违规生产、未批先建等企业由相关执法部门下发整改通知单，严格按照相关法律法规公正执法。共查处辖区98家企业（个体），其中79家企业工厂无环评手续，88家租地未进行备案，各执法部门责令关停87家，对10家企业厂区机器设备及电闸贴加封条。

按照区委、区政府相关工作要求，组织召开“全面推行河长制工作部署会”，全乡共配备8名护河员，主要负责境内堆龙河沿线的环境卫生监督及日常清理工作。七八月份雨季，堆龙河水位急速上涨，对河道沿线及河堤造成严重的破坏，羊达乡及时联系上级部门并组织村组人员开展防汛工作，加班加点进行抢修、护堤等防御工作，体现出“讲贡献、爱家园”的良好风貌，为保护母亲河的环境尽职尽责。

（谷长珍）

【领导名录】

党委书记

刘　军

党委副书记、乡长

强　勇（藏族）

党委副书记、人大主席

洛桑索朗（藏族）

党委委员、人武部长

达瓦次仁（藏族）

党委专职副书记

王 亚 娟（女）

党委委员、纪检书记

琼 卓 玛（女，藏族）

党委副书记、派出所所长

马 进 忠（回族，4 月离任）

刘继元（4 月任职）

党委委员、组织委员

仁旦卓玛（女，藏族）

党委委员、宣传委员

文　　兵

副乡长

拉　　珍（女，藏族）

钟　　晋 （女）

扎西罗登（藏族）

古荣乡

【概况】 2017 年是党的十九大胜利召开之年，是实施“十三五”规划、深化推进供给侧结构性改革的关键之年。古荣乡政府在堆龙德庆区委、区政府和古荣乡党委的坚强领导下，在区政府相关部门的大力支持下，按照年初既定的目标任务，大力发扬“撸起袖子加油干，扑下身子抓落实”的工作作风，团结带领全乡干部群众，努力克服各种困难，经济社会事业发展呈现出平稳上升、后劲增强、亮点纷呈、效益初显、民生改善的良好态势。古荣乡地处拉萨市西部，青藏铁路及 109 国道沿线，距区政府驻地 23 公里，距离拉萨市中心 35 公里，全乡总面积 764.79 平方公里，其中耕地面积 13300 亩、林地面积 25901.85 亩、草场面积 13.45 万亩；2017 年全乡共有加入、嘎冲、巴热、古荣、南巴、那嘎六个行政村，32 个村民小组，总户数 1819 户，总人口 6542 人。

2017年5月26日，拉萨市委常委、宣传部部长吴亚松（前排左二）带队在古荣乡调研“四讲四爱”主题教育实践活动工作开展情况

【党委自身工作】 加强党员教育。年内，根据古荣乡不同类型、不同层次、不同岗位党员实际需求，科学组织、扎实高效开展好党员教育培训工作；提升党建能力水平。积极挖掘“两学一做”学习教育榜样，组织有爱心、有公益心、有责任心的党员参与到全乡脱贫攻坚、美丽乡村建设、文明创建等中心工作上来。积极组织村党支部第一书记、书记、村委主任等村“两委”班子到内地乡镇参观、学习培训，提高基层党务工作者综合素质；全面规范基层组织建设。严格按照上级有关发展党员工作要求，结合古荣乡党员发展工作实际，均衡各村党员力量，严把党员“入口关”。2017 年，古荣乡共召开党委会议 18 次，专题研究基层党建工作 11 次。

【经济发展】 年内，古荣乡牢牢抓住发展、稳定、生态三件大事，坚决守住社会稳定、环境保护、安全生产三条底线，大力实施“六大战略”，坚持稳中求进工作总基调，以深化供给侧结构性改革为主线，以增加农牧民收入为核心，以“发展生态经济、提升农业品质、建设旅游乡村”为发展思路，加快经济社会发展。2017 年，古荣乡地区生产总值达到 1.24 亿元，增长 17.03%。第一产业收入 7296.78 万元，同比增长 3.64%，其中农业收入 5179.3 万元，牧业收入 2075.33 万元，林业收入 42.15 万元。第二产业收入 1536.7 万元，同比增长 300%。第三产业 3566.52 万元，同比增长 11.82%。全社会固定资产投资古荣乡增长 5 倍，达到 3.2 亿元；社会消费品零售总额古荣乡增长 15.12%，达到0.67亿元；居民消费品价格涨幅控制在3%以内，城镇登记失业率控制在2%以内；农村居民人均可支配收入古荣乡增长18.84%，达到13098.52元；建档立卡贫困人口人均可支配收入增长19.05%，达到7512.4元。

【村集体经济】 按照区委年初决策部署和工作要求，古荣乡大力发展村集体经济，结合各村实际情况研究发展思路和工作计划，每月召开工作例会，村属企业实现全覆盖，村集体收入全部达到50万元以上。在实际工作中，加入、嘎冲、巴热、古荣借助区位优势和重大项目建设，主动谋划发展思路，集体收入都超过60万元。南巴、那嘎村围绕楚布沟旅游业建设度假村，利用种养殖业发展深加工产业，圆满实现50万元的目标。大力推进双创工作，建立小微企业服务中心，扶持合作社发展壮大，截至年底，全乡共有合作社45家，其中年产值300万元以上企业的达8家。大力发展净土健康产业，古荣生态农业园高效运转，年产蔬菜瓜果达800吨，产生效益360余万元，积极引进新品种，种植火龙果、树莓、草莓等水果50余亩。

【精准扶贫】 年内，古荣乡坚持把精准扶贫精准脱贫工作作为兴乡富民、加快发展的头等大事来抓，坚决响应拉萨市“两年脱贫、三年巩固”的目标要求，加强组织领导，注重宣传引导，精准识别建档，精细研究对策，狠抓措施落实，强化督导检查，精准扶贫精准脱贫工作取得显著成效。截至年底，全乡建档立卡贫困户347户1243人，实现以业脱贫381人，以迁脱贫166户576人，以教脱贫46人，以补脱贫509人，以保脱贫42户63人，以助脱贫20人。贫困户年增收19.05%，人均可支配收入达7512.4元。324户1159人人均可支配收入超过4265元，实现脱贫；23户84人人均可支配收入低于4265元，处于贫困状态。综合贫困发生率为1.28%，群众满意度达到97.8%，顺利通过拉萨市的考核验收和自治区的评估检查。

2017年6月15日，区委书记格桑平措（右排右二）在古荣乡调研村两委换届前期筹备工作

【农牧产业】 推进农业发展。2017年全乡粮食总播种面积1.26万亩，产量339.78万公斤，其中青稞8900亩，产量222.5万公斤，同比增加50.5万公斤；冬小麦1330亩，产量39.9万公斤，同比减少50.4万公斤；豌豆694.95亩，产量16.68万公斤，同比增加0.94万公斤。经济作物总面积1636亩，总产量达60.7万公斤。

实施牧业发展。实施“万户百场十中心”战略，重大动物免疫率达100%，全乡牲畜总存栏17287头（只、匹），其中大牲畜牦牛9890头，黄牛5191头，犏牛585头，羊583只，猪1038头，鸡存栏18519只，成畜死亡率1%，仔畜存活率97.32%，牲畜出栏率36.2%，良种年末覆盖率34.86%，奶产量0.36万吨，禽蛋产量15.8吨。

草场保护。全乡草场承包面积共64万亩，涉及1378户5844人。为实现全乡草蓄平衡，全乡大力宣传，农牧民群众积极响应，2017年完成2016年、2017年草场生态补贴工作，每年分别兑现资金96万元。

【教育卫生】 教育工作。年内，乡党委政府高度重视，成立乡长为组长的专项工作组，召开教育

2017年3月28日，在“3·28”百万农奴解放纪念日当天，乡党委书记索朗曲珍为感动古荣人物颁奖

工作部署会，安排教育经费6.4万元。2017年古荣乡小学入学率达到100%，巩固率达到100%，学前教育入园达到100%，小学毕业学生整班移交率100%，小学阶段辍学率为零。积极创新教育工作，建立古荣大学生交流群，举办大学新生欢送会，2017年新考入大学人数达73人，创历史之最。卫生工作。大力实施健康卫生行动，积极推进城乡卫生服务一体化，加大乡村卫生工作的服务和监督力度。大力开展妇幼保健工作，2017年新生婴儿和孕产妇未出现死亡现象。扎实开展全民体检和包虫病筛查工作，体检率达到97%，包虫病筛查率达93%。创造性开展健康行动，积极争取健康项目5个，已建成3个。组织开展3·8健康徒步行活动和8月登山比赛，协助开展楚布沟骑行大赛，营造浓厚的健康生活氛围。

【文化旅游】 积极推进文化事业。2017年，古荣乡配备文化站站长1名，文化干事7名，村级覆盖率达到100%。全乡广播、电视覆盖率99%。进一步建强文化活动基础设施，各村建设爱国主义教育基地，乡机关配齐图书室、学习室、多媒体教室和健身房等基础设施。创造性开展丰富的文化活动，2017年除传统的藏历新年、春耕和望果节外，还开展“3·28”感动古荣人物评选、“五四”原生态歌曲大赛、首届糌粑文化节等活动，丰富古荣乡农牧民的精神文化生活。

推进全域旅游发展。年内，利用楚布河谷风景区和楚布寺、乃朗寺等独特的自然、人文条件，各方共投入资金400余万元，发展乡村农家乐、林卡、度假村等生态旅游业。2017年，新建南巴、那嘎、巴热3家度假村，扩建那嘎扬善度假村，修建停车场和旅游公厕，接待能力显著提升。通过首届糌粑文化节和楚布沟自行车大赛，打响楚布沟的旅游名声。通过举办首届古荣枸杞采摘活动，建立古荣乡村旅游发展的新品牌。2017年，共接待游客近20万人，旅游产值达1600万元。

【民政工作】 农村低保工作。年内，严格按照区民政局关于做好农村低保整顿清理工作的有关部署并结合相关要求，古荣乡多次入户核查低保家庭情况后，根据实际情况清理已脱贫的45户低保家庭，新增低保户18户72人，2017年，全乡共有低保户120户421人；特殊人群服务。走村入户调查211名残疾人，登记造册做到一人一表，同时把信息录入到全国残疾人基本服务状况和需求专项调查工作平台上。多方解决资金共计20余万元，为特困群众申请到15个临时救助，利用重阳节走访慰问70岁以上老人；防灾救灾工作。在防汛工作中，提前安排部署，准备防抗灾物资，加强巡逻排查和应急演练，及时应急处理。在冰雪灾害上，抓好隐患排查整治，投入资金近10万元，对古那公路历年发生冰雪灾害的路面进行修复、疏通。在消防安全上，建设微型消防站，为村庄、学校、寺庙配齐消防器材，实现全年无一起重大自然灾害发生。

【环境保护】 环境卫生工作。2017年全乡共刷写各类生态环境保护和节约资源宣传标语80多条，悬挂横幅320余条，定制环保宣传手册800余册、环保购物袋1500余个，投入乡本级财政40余万元，为6个行政村开展村容村貌整治排查工作，为环卫队重新配发垃圾箱12个、电动三轮车8辆、铁锹24把、大扫帚160把、小扫帚300把、簸箕24个和环卫服30套等环卫工具。对楚布沟景区进行全面环境整治，共清理垃圾死角30余处，清运垃圾470余立方米。

河道管理工作。全面实施河长制，乡政府"一把手"担任乡级河段长，成立"河长制"办公室，制定《古荣乡全面推行河长制工作方案》，明确河段长、村级联络员和村委会及乡的工作职责，安排工作任务；建立《河长制工作会议制度》《河长制信息通报制度》等6项制度。采用河段位置立河段信息及举报电话、宣传单、横幅等多种方式宣传这一创新政策，劝导群众守护家园，爱护河道。组织110余人次的巡河行动，300余人参与清理河段白色垃圾。

林业工作。积极开展植树造林，2017年在楚布沟植树造林300余亩，培育防风固沙基地400亩，消除无树户200户，除高海拔的纯牧区外，实现户户有树木、村村有树林。

2017年9月2日，古荣乡"首届古荣糌粑"文化节文艺会演活动现场

【项目建设】 土地管理工作。年内，古荣乡加强土地法规宣传，经常性对土地使用情况进行巡查监管，聘请专业人员对加入、嘎村土地和村庄进行飞行拍摄。加强土地属地管理，及时上报辖区内违法买卖土地情况。关闭南巴取土点、古荣采砂场和加入采石场，坚决杜绝土地私搭乱建。截至年底，古荣乡无土地私自买卖、非法租赁、未批先建等违法违规现象。

项目建设。2017年，共批复"为民办实事"建设项目4个，总投资490万元。分别为计划投资80万元的南巴村水渠建设项目以及加入村2组、3组人畜安全饮水工程建设项目；投资80万元的巴热村公共活动场所建设项目和投资120万元的古荣乡群众健康活动场所改扩建建设项目，已全部施工；2016年"为民办实事"续建项目1个，即总投资234.59万元的南巴村商品房项目，已建设完工并通过初步验收。2016年"凝心聚力党建321"建设项目那嘎村村集体便民服务超市，已基本完工。另外，在古荣乡实施的还有G6高速、那曲生态搬迁安置小区、堆龙河河堤、香雄美朵公路、南巴农村公路等项目，在各级各部门的关心指导下顺利推进。

【决策落实工作】 年内，为切实发扬"说办就办、马上就办"的工作作风，切实保证区委、区政府的重大决策部署在古荣乡顺利完成，进一步推动全乡各项工作，提高工作效率，抓好决策落实，确保政令畅通。成立古荣乡决策落实督查组，由乡党委副书记任组长，乡纪委书记任副组长，乡纪委委员为成员。下设督查办公室，由纪委副书记任办公室主任，主要职责是督查工作的贯彻落实情况。2017年，区委、区政府督查室严格按照区委、区政府的决策部署，强化对各项工作的督办行动，及时下发督办通知和领导批示，2017年区督查室下发文件中涉及古荣乡负责办理事项共38项，截至年底，已全部完成。属于协办事项的工作，古荣乡在工作中全力配合区直相关部门做好工作。

【工作亮点】 社会治理有新成效。由于古荣乡地处城郊接合部、处于堆龙新城区的边缘，征地价格与城区差距较大，征地工作及其困难，但古荣乡扎实做好群众的思想引导工作，2017年加入小康安居征地与群众实质性沟通仅用时1天，完成征地工作。那曲生态搬迁安置征地主动对接，在最短的时间内确保施工顺利进场。

注重项目狠抓产业带动。扶产业就是扶根本，加强项目申报搭平台，全区实施的三批产业扶贫项目中，落地古荣乡的项目共15个，占全区扶贫项目总数的42.86%，截至年底，已建成13个，正在建设2个；思想引导助力搬迁安置。古荣乡强化思想引导，组建工作组深入村民家中进行宣传动员，重点结合搬迁户家庭情况进行动员。对于居住环境差和房屋简陋的家庭，进行幸福生活对比宣传。对于家人经常进城务工的家庭，从节省生活开支上进行宣传。对于有劳动力的家庭，注重在就业增收上进行宣传。对于有高中及以上学生的家庭，从学生毕业后进城就业居住上进行宣传。全乡贫困户搬迁达到166户576人，占贫困户总数的47.84%；细微举措调动扶贫资源。脱贫工作需要全社会的力量。古荣乡建立古荣乡小微企业服务中心，为全乡40多家合作社提供集中办公、共同商议的场所，在通过合作社解决贫困户就业岗位的同时，通过合作社致富带头人的宣传，调动贫困户勤劳创业的积极性。扶贫先扶智，扶贫扶智工作既要正面宣传，也要侧面引导，古荣乡建立大学生交流群和合作社工作群，特别是通过大学生交流群，将就业创业增收的典型事例向在校大学生宣传，通过贫困户家中的大学生动员其家人和亲戚转变思想观念，引导其勤劳致富和就业创业。

【经济发展有创新】 加快土地流转促增收。在嘎冲村、加入村大力开展土地流转，流转土地3500亩，建成200栋高效温室大棚，枸杞种植基地顺利运行，1000栋温室大棚和一个有机农业园正在建设中。每亩1500元的土地流转费远远超过群众的传统种植收入，同时在流转后群众从农民转变成农业工人，实现就近就便就业；推进旅游发展强经济。开展招商引资，先后与5家公司达成旅游开发的意向，总投资达到6亿元，将有意愿开发的公司向区政府介绍。自投资金发展旅游业，2017年自投资金70万元，建起3家旅游度假村，提高接待能力。同时，积极结合特色产业发展，整合农村资源优势，通过举办古荣净土枸杞采摘节，吸引上万名群众到古荣乡采摘枸杞，增加枸杞种植大户收入；搭建双创平台建实体。高度重视“大众创业、万众创新”工作，乡党委、政府主要领导亲自抓，安排工作人员4名，将原有的1间废旧房屋进行改建，建起拉萨首个乡镇小微企业创业创新服务中心，将40多家散、小、弱的合作社进行整合，为想创业的群众提供创业场所，促进古荣乡实体企业的快速发展。

【项目建设有新进展】 充分珍惜堆龙区级项目建设投资。年内，古荣乡紧密围绕区委、区政府的重点工作，主动深入各村与村干部和群众共商项目建设大事，积极与相关区直单位协商，努力上报区政府争取项目实施，2017年共争取到区一级项目24个，总投资达3000多万元。积极借助资源争取区市项目。强化对自治区

2017年8月12日，古荣乡望果节加入村赛马活动

2017年5月4日，古荣乡举行2017年原生态歌曲暨爱国歌曲大家唱比赛活动现场

和拉萨市相关文件的学习，掌握政府决策，找准项目核心，围绕古荣乡资源和发展方向谋划项目，通过相关部门和领导，积极向自治区和拉萨市争取项目。2017年，共上报自治区和拉萨市的项目5个，涉及资金7.85亿元。3个项目已经确定，其中2个项目已经开始设计；超前作为推动项目精准落地。围绕全面建成小康社会的目标，积极研究需要落地的项目，超前谋划、不等不靠，主动联系设计单位进行项目设计，确保项目争取时资金预算精准，取保项目实施时工作落实精准。截至年底，项目库储备项目31个，已经进行设计的项目8个，准备继续提前设计的项目5个。

（王福祺）

【领导名录】

乡党委书记
　　索朗曲珍（女，藏族）
乡党委副书记、乡长
　　陈传勇
乡党委副书记、人大主席
　　欧珠平措（藏族）
乡党委副书记
　　吕孝峰
乡党委委员、人武部长
　　强巴次仁（藏族）
乡党委委员、宣传委员
　　白玛曲珍（女，藏族）
乡党委委员、组织委员
　　黄西霞（女）
乡党委委员、纪委书记
　　刘青（女）
副乡长
　　次仁玉珍（女，藏族）
　　杨恒
　　尼玛偏多（女，藏族）

马乡

【概况】“马”为藏语音译，意为“红色”，因境内部分山土颜色呈红色而得名。马乡位于堆龙德庆区西北部，堆龙河中游，距区政府驻地约40公里。南依古荣乡，北接德庆乡，东与林周县接壤，西与当雄县接壤。极点直线距离东西32千米，南北21千米，总面积为470平方公里，平均海拔为3900米；全乡属山地、冲积河谷平原、洪积扇、风积沙地地形地貌，为高原温带半干旱气候区；农作物品种有青稞、小麦、油菜、豌豆等；畜牧养殖有牦牛、黄牛、绵羊、犏牛、山羊、藏鸡、藏猪等；矿产资源以红土为主，另有少量铁、大理石等。

2017年，全乡下辖6个行政村、19个自然小组，共有1522户5215人。全乡共设党总支6个，党支部18个，全乡党员总数为567名（正式党员529名，预备党员38名），其中干部党员96名，农牧民党员471名。全乡共有建档立卡精准扶贫户211户732人（低保户46户169人，五保户32户34人）；设有7个文化宣传站；7个农家书屋；1所中心小学，7个学前教育点；519名在校学生，48名教师；乡级卫生院1座，村级卫生室6所，配备医务人员。乡境内共有3座寺庙，有寺有僧宗教活动场所6个，有寺无僧宗教活动场所6个。

【党的建设】2017年，马乡党委按照组织部下发的党员发展计划，共发展党员41名，其中农牧民党员38名，干部党员3名。

强化领导核心，提高决策水平。坚持党委总揽全局、协调各方的领导核心作用，确保党委对改革发展稳定各项事业的统一领导。2017年，共召开党委会议17

次，其中研究部署工作19项、人事调整8项、经费开支37项，项目安排3项。认真履行各级党组织书记“第一责任人”职责，坚持每半年召开一次基层党建工作推进会。听取各分管领导及各行政村党总支书记专题汇报3次。与各党总支部签订《党建工作目标责任书》11份。切实形成一级抓一级，层层抓落实的工作格局。

加强思想教育，提升党员素质。高度重视对党员的思想教育与管理，时刻保持党员先进性和先锋模范带头作用。认真落实“三会一课”制度，每月组织3次集中学习，每阶段确定1个专题开展交流研讨，开展集中学习教育24次，集中研讨4次。同时，加强党委理论中心组学习，截至年底，共学习21次，撰写心得体会22篇。以“四讲四爱”教育实践活动为契机，坚持工作队在参加自身各类学习的同时，并带领村“两委”班子成员和全村党员群众共同学习。截至年底，全乡共集中宣讲170场次，涉及40727余人次，做到全员全覆盖。

加强党风廉政，强化干部作风。认真落实党风廉政建设党委主体责任和纪委监督责任，坚持把严肃党的政治纪律和政治规矩放在首位、挺在前面。2017年共召开纪委专题部署会议2次，听取分管领导关于党风廉政建设情况汇报2次；组织开展专题学习教育12次；以巡察整改工作为契机，整改立行立改问题18项，修订完善制度6项；开展村级财务检查2次，对各村党风廉政建设、村级纪检监督员工作和村“两委”换届开展动员及情况进行摸底行调研3次。进行严守换届纪律集体谈话1次，辐及158余人次，个别谈话20余人次。

强化责任担当，完成换届选举。乡党委高度重视村级组织换届选举工作，带头担起责任，坚持从自身做起，立标打样，成立换届工作领导小组以及由乡党委书记、副书记、委员担任组长的6个指导小组，深入各村摸清摸细现任村两委领导班子情况，走村入户听取了解村民对现任村两委班子、村两委换届选举的意见和建议，发放宣传册1600余份、张贴标语24张、悬挂横幅12条，同时开展集中培训2次。在深入调研的基础上，先后召开4次换届选举专题部署会、进行3次民主测评、开展2次海推，共发放调查问卷540份、征求意见表1500余份，设立征求意见箱19个，收集意见建议16条。个别谈话4次，书记谈话3次，谈话对象达360余人次；最终6个村共选举产生新一届村两委成员38人，村务监督委员会18人。

【工青妇团】 2017年，马乡积极理清工会工作思路，认真落实党关于工会工作的各项政策。开展好工会“9·16”普法工作；深入开展工会职工、农民工“关爱工程”，重大节日“送温暖”活动，马乡已于4月完成特困会员建档立卡工作。积极筹措资金，完成“金秋助学”活动，扶贫解困、互助互济工作，为特困会员做一些力所能及的实事、好事。继续坚持“五必访”，坚持积极开展经常性的文娱体育活动，活跃会员文化生活，增强他们的体质。在元旦、“三八”妇女节、“3·28”西藏百万农奴解放纪念日、“七一”党的生日等重要节日期间，组织干部职工积极开展篮球赛、知识竞赛、互动游戏等各类文体活动，增进会员感情，

2017年9月26日，交通部工作组在马乡措麦村调研措麦村4号公路建设情况

丰富职工生活。马乡顺利完成妇联改革换届选举工作，共选举产生妇联主席6名，专职副主席9人，兼职副主席12人，执委29人。在“三八”妇女维权周、百万农奴解放纪念日、“五一”“十一”等重大节日期间，全面而深入地开展系列维权和法制宣传活动，发放宣传资料4000余份(册)，受益妇女儿童达2000万余人。积极贯彻落实中央、区市党委党的群团工作会议精神，贯彻落实《全区村(居)组织换届选举工作方案》文件要求，顺利选举出年龄结构更合理化、工作能力更优质的6名团支部书记。

【贯彻学习十九大精神】 年内，马乡根据区委要求，结合“四讲四爱”主题教育实践活动，马乡迅速掀起学习宣传贯彻党的十九大精神热潮，通过机动宣讲和集中宣讲相结合、研读原文与专题辅导相结合的方式，已组织农牧民开展十九大宣讲18次，组织机关党员干部专题学习4次、专题研讨2次，教育引导党员干部群众不断增强“四个意识”“四个定力”，坚定“四个自信”，确保在思想上政治上行动上同以习近平同志为核心的党中央保持高度一致。

【四讲四爱主题教育】 自启动“四讲四爱”主题教育实践活动以来，马乡严格按照区市区党委的部署，在区委活动办的有力指导下，组织乡党委班子、党员干部、群众僧尼、在校学生共计5000余人，全面贯彻“讲党恩爱核心”主题和喜迎党的十九大这一主线，统一思想认识，精心组织安排，丰富方式方法，强化落实成效，扎实有序地推进各个环节工作，使活动不断取得积极成效，有了一批实实在在的思想成果、工作成果，有力促进改革发展稳定生态各项事业的发展。

乡活动办组织各村开展覆盖性宣讲8次，受众累计达32000余人次。开展机动性宣讲150次，受众累计达9000余人；发放宣传资料10000余份，张贴宣传标语1500余张，制作固定宣传栏30余个；撰写简报150余份、总结汇报14份，撰写心得体会600余份，制作工作台账43个；邀请区委党校讲师授课8次，自行组织培训8次，参观爱国主义教育基地6次，举办大讨论活动6次，组织观看爱国主义电影10次；33项规定活动无一遗漏，同时自行组织4个自选活动；开展督导检查12次，反馈活动整改意见30条，约谈党员干部6人；开展专题会议8次，开展动员、转段会议4次，狠抓经费保障工作，确定活动经费为20万元。

【经济发展】 2017年，马乡完成农村经济总收入1.309亿元，同比增长18.01%；全社会固定资产投资6.252亿元，同比增长14%；农牧民人均可支配收入12311.61元，同比增长18.01%；其中现金收入8827.42元，同比增长13.18%；村集体创收目标均突破50万元；实现粮食总产5222.06吨，油料总产586.37吨，蔬菜总产7954吨，高产创建、测土配方农田1.27万亩，有机青稞试验种植2000亩，青稞良种统供率达95%以上，农作物有害生物灾害损失控制率在0.3%以内；积极开展牲畜疫病防控工作，春秋两季牲畜防疫率达100%，包虫病羔羊疫苗接种率达100%，犬类驱虫率达100%，年末牲畜存栏达2.7万头

2017年5月18日，拉萨市委组织部副部长方友刚（右二），堆龙德庆区委常委、组织部部长王满春（右一）在马乡马村探访结对帮扶户

（只、匹），出栏率达35.6%；全年兑现强农惠农补贴资金246.56万元。各项经济指标保持健康平稳的增长态势，经济总量实现大跨越。

推动供给侧结构性改革，创新农业发展模式。实施马村千亩有机试验农田和设兴村青稞高标准农田建设等农牧科技项目；大力培育发展新型农业经营主体，助力农业适度规模经营，引导马村格兴林农业农牧民专业合作社、常木村热色农产品种植农民专业合作社发展“合作社＋土地流转＋农户”的经营模式，流转500余亩农田带动65户群众，2017年新增8家有限责任公司、3家合作社。

发展农牧产业，实施“一村一品”产业发展战略。充分挖掘各村资源禀赋，大力发展特色养殖产业；全年争取970万元，实施措麦村牦牛养殖繁育基地建设项目、马村犏牛养殖繁育基地扩建项目和岗吉村藏绵羊养殖基地建设项目等规模养殖产业；积极与净土公司合作，采取“公司＋农户＋基地”模式，吸纳30户当地村民实现就近就业，每人3000元/月，共计108万元的工资收入，实现农牧民致富增收。

加大招商引资力度，发展建筑石材产业。利用常木村砂石料、设兴村红土、朗巴村火山岩等自然资源，采取融资方式，加强对外合作，合理将资源优势转化成经济优势；对接高速公路建设单位开采岗吉村花岗岩和朗巴村片石资源，切实增加村集体经济收入。

2017年9月28日，北京朝阳区委常委孙琦率队王四营乡党政、企业家考察团在马乡设兴村聂组林卡开展援助帮扶活动

全年通过建筑石材业，为村集体创收70万元。

以重点项目建设契机，带动第三产业快速增长。抢抓格拉高速、堆龙河防洪堤、下沉干部周转房等重点项目建设，积极转移富余劳动力就业，为本地群众创造现金收入；通过向高速建设单位租赁临时建设用地、路基料场用地、居住房屋和物资仓库等方式，为村集体创收150万元；通过运输车辆和工程机械，为群众创收1200万元，为村集体创收200万元。旅游商业产业快速发展。争取206万项目资金，实施朗巴村藏家乐和马村休闲农庄；发挥节点乡镇中心辐射作用，吸引个体商户落户，2017年全乡个体工商户达40户。

加大基础设施建设，增强新农村建设能力。2017年，共争取到43个基建项目，总投资达9012.02万元。投入2873.82万元，实施14个小型农田水利项目和堆龙河堤建设项目，切实提高农田灌溉水利用率和防洪抗灾能力；投入2413.2万元，实施完成常木村综合办公楼、各村下沉干部周转房等7个基层公共用房，切实改善基层政权基础设施和干部职工的办公生活条件；投入525万元，实施完成各村卫生室、设兴村藏戏文化传习基地、朗巴村赛马（牛）场等10个公共服务设施，切实改善群众生活环境；投入3000万元，实施设兴村聂组便民桥、马乡小康安居工程等3个基建项目，切实改善群众的出行和居住条件。同时从乡级机动资金中支出200万元，实施岗吉村、朗巴村便民服务大厅、设兴村人居环境整治等9个基础项目，切实完善便民服务设施。

【精准扶贫工作】自精准扶贫工作开展以来，马乡加强组织领导、注重宣传引导、精准识别建档、精细研究对策、狠抓措施落实，紧扣

“两年脱贫、三年巩固”的既定目标，大力实施“六个精准”“五个一批”“八个到位”措施，在区委、区政府的坚强领导下，全乡精准脱贫工作扎实推进，贫困户拥有持续脱贫和长期致富的能力。截至年底，全乡211户732人全部达到脱贫标准。

通过现有的优势产业和劳务输出，共实现脱贫247人。依托措麦村残疾人扶贫家具合作社、马村犏牛养殖繁育合作社、朗巴村新农村家具合作社等8个合作社，贫困群众就近解决就业问题，拥有稳定的就业和收入来源，共帮扶解决脱贫63户114人。大力发展现代设施农业，有序组织贫困户在园区上岗就业，通过项目建设、维修、运营等劳务对接，解决30名贫困户持续就业创收，月均工资达3000元。紧紧抓住区域内重点项目建设的机遇，组织精准贫困户富余劳动力就近劳务输出，实现103人劳务输出，人均增收5600元。截至年底，马乡共有82户实现易地搬迁。通过易地搬迁政策宣传，积极引导困难群众通过易地安居增加就业机会。2016年，全乡搬迁户为52户215人。2017年，意愿搬迁户39户144人，其中已有30户125人搬迁至桑木村。（另9户为1至2人户，暂未安排搬迁房）。在乡党委、政府的就业帮扶引导下，马乡所有搬迁户开阔视野，借助搬迁点的区位优势，增强就业意愿，消除“等靠要”的消极思想，实现自主就业。通过以补脱贫336人，通过以保脱贫50户82人，通过以教脱贫37人，通过以助脱贫报销贫困户医疗费用累计19.47万元。生态补偿方面，按照“一人一岗”原则，共安排336个以补岗位，其中建档立卡贫困户207个，低收入人群（扶贫边缘户）129个；兜底保障方面，马乡切实做好五保户、无劳力低保家庭的政策兜底工作。截至年底，全乡“扶贫兜底”50户82人实现脱贫（含五保集中供养）。同时，加大与区净土公司的合作力度，发展净土健康产业，辐射带动无劳力33户78人，实现年分红27.3万元、人均分红3500元。医疗救助方面，严格按照《堆龙德庆区农村合作医疗精准扶贫优惠政策》，帮扶贫困家庭报销医疗费用累计达19.47万元；教育帮扶方面，向37名贫困高校在校生（含大中专、高等职业技术学校），累计发放29.6万元的教育资助资金，每名学生8000元，以教助贫37户，37人。结对帮扶方面，积极借助包村单位资源，多方筹集帮扶资助资金，共筹措34.5万元资助资金，其中区发改委发动企业募捐31万元，乡机关发动辖区干部群众募捐3.5万元。同时全乡180对结对认亲干部主动为结对帮扶户解决实际困难。

2017年5月26日，区委书记格桑平措（右二）在马乡措麦村贫困户家中调研

经过全乡干部职工以及农牧民群众的不懈努力，马乡顺利通过自治区、拉萨市以及堆龙德庆区考核验收，并将进一步巩固完善脱贫成效，争取顺利完成国家级脱贫验收工作。

【民生工作】 实施民生保障工作，让群众获得更加可靠的社会保障。年内，马乡本着“以民为本、为民服务、为民解困”的工作理念，全面落实民政政策，着力解决群众最关心、最直接、最现实的利益问题。按照“一看家底、二问收入、三查就业情况，四了解隐性收入”的调查方式，严把低保关，全年共调整105户不符合条件的低保户，新纳入37户符合低保条件的对象。完成低保资金和两线合一资金兑现工作，确保47户建档立卡低保户的顺利脱贫工作；完成149名残疾人和22名留守儿童的动态管理和系统录入工作。积极开展全民参保计划和社会保障卡数据采集工作，完善社会保障体系。大力开展富余劳动力转移就业工作，让群众有满意的收入和就业。组织800余人农牧民到全市重点项目就业，组织150余辆运输车到高速公路运料，累计组织农牧民转移就业培训2期，农牧民实用技术培训2期，开展就业指导300余人次，职业介绍70人次，全年实现城镇就业人数达120余人。全年农村养老保险人数为2552人，参保率达97%，同比增长11%。全年累计兑现225.58万元的涉农保险资金。

2017年9月21日，堆龙德庆区农牧局局长旦增久乃在马乡马村现场指导青稞收割

【教育事业】 年内，马乡大力改善教学条件，加强校园管理水平，强化教学监督管理，马乡全年适龄儿童入学率达到100%，学前教育入园率100%，未出现一例中小学在校学生辍学事件。加大教育投入力度，在“六一”儿童节、教师节等节日期间，组织师生开展各类文体活动、慰问全体教职工并表彰一批优秀教师，共支出资金达4万元；同时加大精准贫困户教育资助力度，全年资助40名贫困大学生，共兑现19.04万元。加强学校周边安全稳定工作，加强学生各类疫苗接种工作，加强学校食品安全，加强做好学生接送和校车的安全管理工作，切实保障学生安全。

【卫生事业】 大力改善基层就医条件，让群众享受更高水平的医疗卫生服务。推进新型农村合作医疗，2017年完成全乡5305人的新型农村合作医疗15.89万元的自筹工作，参保率达到100%。开展公共卫生服务工作。以乡卫生院与村卫生室为依托，通过入户调查、疾病筛查、健康体检等多种方式，为辖区内常住人口建立统一、规范的居民健康档案。做好慢性病情诊疗管理及家庭医生签约服务工作，保证每户群众健康有人管理有病及时治疗的需求，完善高血压患者档案记录工作，为全乡群众保驾护航。开展全民体检与包虫病筛查工作。组织卫生院广泛宣传包虫病知识，累计完成包虫病宣传教育8次，同时组织兽医对辖区内的家犬和牛羊进行驱虫，切实提高包虫病防治工作。开展全民体检工作，对全乡的干部群众进行包虫病筛查，检查人数达5200余人。经检查全乡共有8例包虫病患者，截至年底，已为5名需服药和3名手术治疗的患者做好诊疗服务。开展妇幼保健工作。为全乡50名孕产妇建立孕产妇卡，建卡率100%；筛选管理高危产妇12名，筛查管理率100%；为全乡454名6岁及6岁以下儿童进行疫苗接种，接种率100%。做好健康教育宣传工作，以措麦村为试点的禁酒戒烟行动取得的成效赢得西藏自治区第二批健康促进县（区）试点项目评估验收工作组的肯定和好评并已成为堆龙德庆区的亮点工作。同时2017年成功通过国家健康社区建设验收工作，评选72户健康家庭，全面提升群众的健康意识健康水平，村居环境整洁活动已成为日常行为。

【文化事业】 大力繁荣发展文化事业，让群众享受更丰富的精神文化生活。群众文娱文化氛围浓重。2017年，马乡以丰富群众文

2017年6月7日，马乡马村开展“四讲四爱”主题教育实践活动之“爱国歌曲大家唱”比赛活动

化生活为目的，以繁荣群众文化为主线，以藏历年、雪顿节、望果节等各类节庆和“五下乡”、各类宣讲、重大活动日为契机，组织全乡4支藏戏队、农民演出队共开展60余场次丰富多彩、喜闻乐见的群众性文化活动，参演人员200余人次，观众达7800余人次。各村隆重举办“3.28百万农奴解放纪念日”专题庆祝活动；成功举办“七一”党建专题文艺演出；积极参加第二期堆龙德庆区藏戏艺术大赛，马乡措麦藏戏队蝉联冠军荣获佳绩，充分展现马乡悠久历史、底蕴浓厚的文化魅力，赢得社会各界的好评。大力实施文化惠民工程，加快推进公共文化基础设施建设，着力构建公共文化服务体系。积极争取项目修建设兴藏戏队传习基地，同时争取共计32万余元的公共文化免费服务项目资金，为各村重新配置书架、阅览桌椅、健身器材、娱乐设施及图书，积极引导农牧民群众参与到公共文化服务中去。

【综治维稳】 全力维护社会大局稳定。积极搭建以便民、利民、为民宗旨的便民服务站，乡、村都实行矛盾纠纷受理登记制度，做到登记清楚，调处有时间、有责任、有结果，确保事事有人管、件件有落实、小事不出组、大事不出村、难事不出乡。2017年6个行政村均建立信访矛盾纠纷排查调解委员会，全乡共有7个人民调解委员会，46名成员，全年乡机关接访5次，全乡共调处7起纠纷。

扎实开展双联户工作。自开展“联户平安、联户增收”工作以来，全乡在17个网格的基础上，按照“住户相邻、邻里守望”的原则，结合地域实际划分联保单元109个，其中5家企业12个联户单元、乡机关4个联户单元、村93个联户单元。2017年马乡荣获自治区“先进集体”称号。

积极开展铁路护路工作。2017年，马乡铁路沿线没有发生重特大行车事故，没有发生盗窃、抢劫铁路物资等刑事、治安案件。共投入人力400余人次、车辆180余台次、督导检查150余次，看望慰问护路人员228余人次、发放慰问金及慰问品价值达1.171万元、乡政府从机动经费中支出2.9万元为莫噶护路大队搭建队员家属接待室，解决亲属居住困难问题；2017年，共开展3次大规模爱路护路集中宣传活动、悬挂张贴10余张宣传标语、制作发放550余份宣传手册、累计宣传教育2000余人次。

（陈鑫远）

【领导名录】

乡党委书记
　　达瓦次仁（藏族）
乡党委副书记、乡长
　　王定平
乡党委副书记、乡人大主席
　　次　央（女，藏族）
乡党委副书记
　　平措朗杰（藏族）
乡党委副书记、派出所所长
　　索朗严扎（藏族）
乡党委委员、纪检书记
　　马晓伟
乡党委委员、宣传委员
　　温　颖（女）
乡党委委员、武装部长
　　格桑多吉（藏族）
乡党委委员、组织委员
　　李倩倩（女）
副乡长
　　拉巴次旦（藏族）
　　格桑曲珍（女，藏族）
　　洛桑央金（女，藏族）

后勤服务中心主任

次旦卓嘎（女，藏族）

德庆乡

【概况】 德庆乡，藏语意为“极乐之地”，位于堆龙德庆县西部，地处堆龙河上游两岸，距市中心约67公里，距县政府约55公里。东北部和西部分别与林周县和当雄县接壤，东南部与马乡相连。

2017年，全乡区域面积约930平方公里，其中耕地面积15820.8亩，草场面积55400公顷，平均海拔4220米。全乡辖6个行政村，23个村民小组，总户数1947户，7681人。共有干部职工60名，其中借调11名，下沉干部17名，公益性岗位2名、临时工10名。德庆乡具有鲜明的地方特色和深厚的藏文化底蕴，乡境内名胜古迹随处可觅。藏医鼻祖宇妥云丹贡布、吐蕃赞普松赞干布的妃子门萨赤江、大臣噶东赞（禄东赞）分别出生于德庆乡邱桑村、门堆村和顶嘎村；乡境内有4座寺庙，有藏区著名的其美龙天葬台和顶嘎天葬台；堆龙邱桑温泉。

2017年，乡机关设有6个内设机构和4个副科级事业机构，分别为党群综合办公室、政务综合办公室、经济发展和社会事务办公室、维护稳定和综合治理办公室、财务所、司法所、民政所；农牧综合服务中心、文化服务中心、后勤服务中心、卫生院。

【确保各项决策部署落地生根】 2017年初，召开乡党委班子（扩大）会议，分析研究德庆乡党建及党风廉政建设工作的要点难点，精心制定党建工作计划，与各级党组织签订《德庆乡基层党组织建设目标责任书》《德庆乡党风廉政建设责任书》《严守换届纪律承诺书》《精准扶贫目标责任书》，细化重点工作，层层分解任务，层层传导压力，层层落实责任；思想教育到位。立足德庆乡复杂的维稳形势和浓厚的宗教氛围，结合“两学一做”学习教育和“四讲四爱”主题实践活动，进一步深化和巩固农牧民党员的党性意识教育和政治意识、大局意识、核心意识、看齐意识，依托各村级党组织开展“三会一课”“主题党日”活动及邀请区委党校授课，共组织农牧民党员各类党性教育学习80余次，6000余人次。结合“四讲四爱”主题实践活动，组织广大群众和寺庙僧尼开展各类载体活动198场次，有效提升全乡广大党员群众爱党、护党、跟党走的意识，基层党组织的凝聚力、战斗力得到进一步稳固；跟踪问效到位。紧紧围绕“五位一体”总体布局和协调推进“四个全面”战略布局，组织各类传达学习会议共50余次；围绕西藏自治区、拉萨市和区委中心任务和重点工作，召开工作部署会议和工作推进会40余次，主要负责人针对重点领域和关键环节督促检查12次，主要领导听取工作汇报11次。

【加强组织建设】 组织领导精准。始终把党的领导贯穿精准扶贫、精准脱贫工作，2017年召开党委（扩大）会议26期，研究相关议题105项，围绕精准扶贫工作相关议题41项，传达学习上级各项会议及领导讲话精神23项；乡党政主要领导下村检查调研党建促脱贫工作40余次，对党建薄弱基层组织顶嘎村和邦村约谈整改8次；

2017年1月10日，市委常委、宣传部部长吴亚松（前右一），区委书记格桑平措（前右二）在德庆乡邱桑村看望慰问结对户

人员选派精准。选派3名党委委员、1名副乡长、2名乡内设机构主任担任6个行政村第一书记，同时，克服乡机关干部严重不足困难，进一步优化充实下沉力量，截至年底，下沉干部人事方案已上报区委组织部待批；培训实施精准。为确保精准扶贫政策落地生根，针对乡村干部、联户代表、党员代表分类实施精准培训，邀请区委党校老师开展培训8次，乡级开展培训12次，各村开展专题培训共40余次，参培人员达2000余人次。

【强化基层阵地建设】 2017年，德庆乡紧密结合村级组织换届选举前期工作，根据《中国共产党章程》规定，对符合条件的2个村党支部提升为党委，4个村党支部提升为党总支，并在23个村民小组中建立党的支部委员会，切实将党的领导延伸到村民小组中，成为领导农牧区各项事业的核心阵地。2017年全乡发展新党员33名，并针对新发展党员开展党史党性教育培训3次。

【党建"七项重点任务"落实有力】 2017年，德庆乡紧密结合市委巡察组进驻巡察契机，树立问题导向，认真对党员的发展程序、党费的收缴、党员档案的规范化管理以及"三会一课"的执行、党员组织关系集中排查、党建促脱贫工作和村级"三资"规范化管理等工作进行认真细致的自查自纠，并高度重视市委巡查组巡察反馈的12项整改意见，不遗余力地抓好跟踪整改和"回头"巩固工作，目前各村均形成较为完善的党建工作长效机制。结合各党组织发挥战斗堡垒情况和广大党员发挥先锋模范作用情况，德庆乡结合"七一"党的生日，表彰一批先进组织和优秀共产党员、党务工作者，对党建工作滞后，发挥作用薄弱的村级组织通报批评，要求限期整改、跟踪到底。

2017年1月25日，区委书记格桑平措（中排左三），区政法委书记、公安局局长谢公瑾（中排左二）一行在德庆乡看望慰问检查站工作人员

【村级组织换届选举各项工作】 结合2017年村级组织换届选举的重要工作，德庆乡超前谋划，提早入手，从现任班子的考评着手，深入了解和掌握现任班子的"进退留转"意向，通过逐村逐组逐户反复摸底现任班子的"德能勤绩廉"情况，同时对村级组织后备干部进行全方位的摸底测评，在广大党员中和群众中反复推敲反复酝酿，在乡党委会议上反复研究部署，认真对照自治区和拉萨市、堆龙德庆区党委关于不宜列为村级组织换届选举后备人选的硬性条件，将政治品质放在首位，结合"德能勤绩"，优中选优，形成初步人事方案。确保政治上靠得住，工作上有能力、群众中有威信的符合学历条件而年轻的农牧民党员走进村级组织班子中，为不断推进德庆乡党的建设和经济社会发展、长治久安注入新鲜血液。

【基层党风廉政建设】 强化党委"主体责任"。年内，德庆乡坚持党建工作与发展、稳定工作同部署、同安排、同检查、同考核。严格落实中央"八项规定"区党委"约法十章""九项要求"和市委"八项要求"。加大班子成员和干部队伍在纪律、作风和效能方面的建设，严防"四风"问题新变异、新变种。紧盯元旦、春节、藏历新年等重要节点，召开节前部署会，明确纪律要求。加大对公车私用、公款吃请、收送礼品礼金、举办"升学宴"等问题的监督检查力度。严格执行"三重一大"民主集中研究制，坚持一把手末位发言，从不

2017年11月16日，乡党委书记罗桑次仁带队各科室负责人前往各村检查工作台账

抢先定调子。组织学习《中国共产党廉洁自律准则》《中国共产党纪律处分条例》《关于新形势下党内政治生活的若干准则》《中国共产党党内监督条例》《中国共产党问责条例》以及通报各级违纪违法典型案件30余件，召开专题学习会19次，集中观看《打铁还需自身硬》《作风建设在西藏》《永远在路上》等廉政警示教育片3次。乡党委理论中心组集中学习党风廉政建设相关内容10次，与党政班子、各村党组织主要负责人谈心谈话39人次，书记讲廉政党课5次；牢记第一责任人职责。全面落实书记抓总体，抓党政班子成员，抓各村第一书记、抓村级党组织书记制度。截至年底，主持召开24期乡党委（扩大）会议，研究事宜246件，重点分析研究德庆乡党建工作要点难点，精心部署全年党内学习、政治生活、换届选举、精准扶贫等重要工作任务，传达学习上级各项会议及领导讲话精神60余次。乡党政主要领导下村检查调研党建工作40余次，研究制定《德庆乡村级软弱涣散基层党组织整顿工作标准细则》《软弱涣散村党组织整顿实施方案》，对党建工作薄弱村主要领导约谈8人次。组织召开乡党委理论中心组专题学习会议14次，安排乡纪委召开党风廉政专题学习会议5次，进一步建立健全基层党建工作机制和乡村互动的基层党建工作考评体系，形成齐抓共管、互动互促的格局；加强离任审查。成立德庆乡村（组）级财务审查领导小组，对全乡6个行政村、23个小组进行财务审查，结合全区交叉检查工作，对村“两委”离任财务工作进行持续发力整顿，重点审查精准扶贫资金、惠民资金落实情况及村组级财务制度执行情况，下发立行立改通知书，并对整改情况进行跟踪问效。

【宣传文化工作】狠抓“感党恩”教育。年内，德庆乡结合“两学一做”学习教育和“四讲四爱”主题教育实践活动，以包村为基点，组织机关干部深入各村组，宣传党的各项扶贫政策，十九大宣讲，实现“政策上门”服务，确保不落一户、不落一人，做到家喻户晓，人人知晓，让群众切身感受党的恩情，进一步提升“感党恩”意识；加大宣传报道。充分利用宣传展板，LED显示屏，德庆在线微信公众号，向社会展现德庆精准扶贫工作面貌及成效，弘扬德庆人干事创业的精神风貌的同时敞开大门接受群众和社会各界的监督。

截至10月17日，德庆乡“四讲四爱”主题教育活动覆盖全乡6个行政村、1所学校、4座寺庙，举办各类培训15期，培训宣讲员1200余人次，发放《宣讲提纲》30册，发放宣传手册5640册，发放自制宣传手册2400本，发放宣传单10000余份，成立宣讲队7个，共派出宣讲员490人次，全乡6个行政村23个组，均已完成宣讲12遍，并对其开展“回头讲”，面向农牧民群众宣讲达555场次，整体受众人数达57000次，开展督导52次，开展实践活动364场次，为民办实事好事78件。至10月18日召开党的十九大以来，德庆乡积极组织党员干部和群众收听收看，组织宣传学习宣传贯彻十九大精神学习会46次、研讨会10期。

为了进一步丰富群众文化生活，弘扬民族传统文化，培养文化人才，充分展示德庆乡政治、经济、文化等方面所取得的丰硕成

2017年11月29日，德庆乡党政领导班子向妇女群众宣讲党的十九大精神

果,进一步加强精神文明建设,推动群众性文化活动深入开展,营造积极向上,团结和谐的社会氛围。开展群众性文艺活动。以春节藏历新年、纪念“3·28”百万农奴解放、“五四”活动、“六一”儿童节、“党的恩情怎么报”演讲比赛、“爱国歌曲大家唱”“习近平总书记重要讲话100句书法比赛”等四讲四爱系列活动等,按照惯例,持续开展传统“望果节”“亚吉节”,开展乡村两级文艺活动35场次,不断丰富群众精神文化生活。充分利用群众集中的优势条件,进行党的方针、政策和各项惠民政策以及乡党委政府中心工作的宣讲宣传。满足群众精神文化的同时,使文化阵地更好地发挥乡党委政府的喉舌作用。

【经济发展】 2017年,德庆乡实现经济总收入9661.72万元,农牧民人均纯收入达15647.33元,乡级财政收入8万元。

优化种植业结构、稳步发展畜牧业。德庆乡总耕地面积为17598.2亩,2017年粮经饲比例调整为64:27:9,购良种3.2万公斤,互换良种0.25万公斤,粮食作物主导品种良种覆盖率达到87.26%,粮食产量预计达到0.56万吨。截至年底,牲畜存栏总数32494头(只、匹),出栏4527头(只、匹),预计全年出栏头数11591头(只、匹),出栏率达到35.67%,草场面积83.12万亩,达到草畜平衡。

产业助农效应增强。德庆乡以净土健康产业、扶贫产业、农牧产业为支撑,建设特色种植基地,改变原有种植模式,引进高附加值经济作物,拓宽农业发展方向;建成农畜产品加工基地,使农畜产品向纵向发展,实现产品效益最大化;建立养殖基地,改善牲畜饲养环境,提高牧业收入。

项目拉动德庆乡农村经济的发展。落实2017年固定资产投资项目4个,估算总投资320.75万元。(德庆乡公共服务基础市场建设项目的20个流动摊位安装完成;2017年德庆乡干部职工活动中心建设项目和邱桑村赛马场场地建设项目已开工进场的工作;昂嘎村蓄水池改建项目正办环评报告表,待完成后区发改委出具概算批复);积极配合区级相关部门建设辖区内道路、桥梁等基础设施项目建设(完成顶嘎村二组至三组村级道路建设项目、邦村一组至二组村级道路建设项目、邱桑寺道路、昂嘎村诺路组大桥建设项目、各村下沉干部周转房建设项目);积极申报扶贫产业,申报加气站、加油站和桑木出租房屋3个扶贫产业项目。

成立村级公司,壮大村集体经济。根据区委、区政府的要求,德庆乡各行政村成立村级公司,并按照区委一届会议的要求,乡党委政府统筹谋划,各村积极调研,先后申报10个壮大村集体经济项目,截至年底,已通过审批的有5个项目,其中顶嘎和昂嘎村购置挖掘机项目已落实,邦村辣椒厂项目、昂嘎村诺路组水磨房建设项目、门堆村山绵羊培育项目正在进一步完善相关手续。

依托国家大型工程建设,提升民间固定资产投入。结合G109高速公路、小康安居工程、德庆段防洪堤工程等项目建设,群众积极购买机械设备投入到项目建设中,截至年底,全乡大型运输车辆116台、大型机械设备63台,投资额约为7152万元。

抓住契机增收致富。以国家、

自治区等基础设施建设项目为契机，德庆乡当地群众以饱满的热情投入到工程建设当中，截至年底，劳务输出人数179人，实现经济收入268.5万元。

【精准扶贫工作】2017年，全乡精准扶贫建档立卡户共269户1093人，乡党政主要领导下村检查调研促脱贫工作40余次，紧紧抓住“六脱”措施，结合实际因地制宜地制定计划措施，对6个行政村和269户精准扶贫户采取“一村一策、一户一法”等精准扶贫措施，确保扶贫责任精确到人、各项扶贫措施精确到位。

以业脱贫方面。强化自主就业。在积极落实104名（其中保洁员40名，道路管控员25名，护河护堤员8名，村级护林员8名，环境监督员6名）建档立卡扶贫人员政府购买岗位的基础上，在思想教育和就业创业引导上狠下功夫，102人建档立卡户人员实现自主转移就业；强化业务培训。根据建档立卡贫困户自身特点，量身定制岗位培训清单，举办烹饪培训班2期，建筑施工技能培训会2期，手工编制技能培训3期，175名贫困人员获得相关行业从业资格证；强化就近就便就业增收。积极动员当地8家合作组织参与精准扶贫工作，带动24名建档立卡精准扶贫人员实现半脱产就业。依托G6那拉109高速公路修建工程及其他建设项目，实现建档立卡户劳务输出300余人次。

以迁脱贫方面。做到扶贫搬迁群众“零返迁”。全乡共有搬迁群众142户634人，截至年底，已完成搬迁的83户344人（其中60户247人搬迁至桑木村，23户230人搬迁至波玛村）无一人“返迁”。第二批59户290人已完成房屋分配抽签工作；做到小康安居工程稳步推进。为提升德庆乡散居群众、高海拔群众生活生产环境，实现安居乐业，共享发展成果，成立工作专班，统筹各方力量，争取群众支持，截至年底，100套小康安居房屋工程已全面开工建设。

以教脱贫方面。各类补助资金及时足额发放。对86名在校贫困生兑现各类补助资金共计57万余元，让贫困学生“学无所忧”；定期召开返乡大学生交流会。充分利用寒暑假，组织全乡返乡大学生与乡村机关干部开展座谈会，通过大学生进一步影响和带动其身边人甩掉“守旧”思想，崇尚“勤俭持家，勤劳致富”的中华美德。

以补脱贫方面。足额发放岗位工资。对430名生态岗位扶贫工作人员兑现岗位补贴资金共129万元；强化跟踪问效。组织乡扶贫攻坚工作领导小组定期不定期对扶贫岗位工作人员履职情况进行监督检查，检查结果与年底个人绩效考核挂钩，确保人人受监督、人人有责任、人人有事干。

以助脱贫方面。上级政策落实到位。乡党委政府严格按照上级相关政策，做到政策不走样、不打折，确保德庆乡建档立卡贫困均实现门诊、住院医疗费100%报销制度。特困群众救助到位。针对3名报销额度超过10万的重病贫困患者资助医疗费1万元/人。

以保脱贫方面。及时足额发放补助资金。全面落实69户低保户最低生活保障资金和20户（集中供养15户，散居5户）五保户养老补助资金；加强监督检查，

2017年7月7日，德庆乡、村两级优秀党员、党务工作者与乡领导合影留念

促进勤俭致富。组织“两代表一委员”、村务监督员成立精准扶贫领域专项督导检查组，对辖区内餐饮、娱乐场所进行明察暗访，杜绝出现精准扶贫对象大吃大喝、酗酒赌博等不良现象发生。

截至年底，全乡建档立卡户年人均收入7351.38元，全乡综合贫困发生率为0.2%，贫困人口错退率为0，贫困人口漏评率为0.4%，群众认可率达90%以上。达到自治区的“脱真贫、真脱贫”要求。

【便民服务工作】 2017年，在区政务服务中心的精心指导下，德庆乡按照“规范、高效、便民、廉洁”的要求，牢固树立优质服务意识，积极推进政务服务工作深入开展，对于来信来访来询实行有问必答、有求必应、有难必帮、限时办结，很好地解决群众办事难的问题。在方便群众办事、改善服务职能上取得的明显成效，受到德庆乡辖区广大群众的一致好评。

健全机构，加强领导。按照高起点规划、高标准建设的要求和“整合、规范、创新、便民”的原则，为便民服务中心新购置6套办公桌椅，安装监控、饮水机，统一配备必要的办公用具，并接入宽带，解决服务中心基本办公需求，从硬件设施上保证便民服务中心顺利开展工作。

简化程序，快捷服务。为了切实提高机关效能，按照“一厅式服务、一站式办结”的要求，围绕农民群众生产、生活息息相关、群众日常办事频率较高的劳动保障、农村合作医疗、信访接待等事项，进行有效整合，把民政、社保相关服务项目，统一纳入服务中心，变分散办公为集中办公，力求做到“一门办理，全程服务，限期办结”。

【民政及人社工作】 深入开展低保户核查工作，精准做到应保尽保、应退尽退。2017年，德庆乡全面完成对140户低保户核查清退工作，清退83户329人；全面完成新增应保尽保低保户12户50人；截至年底，健全和完善全乡69户257人低保户各类档案资料。

2017年7月20日，德庆乡举办“四讲四爱”暨习总书记系列重要讲话100句书法比赛

“两线合一”工作做到精准无误。按照A类4869元/年、B类4569元/年、C类4269元/年。

劳动力转移就业大幅提升。德庆乡2017年转移就业人数1890人，实现工资性收入1512万元，劳务输出700余人，实现工资性收入560万元，积极组织当地群众的231台大小货车投入当地和区内建筑建材等货物运输，实现运输收入450万元；组织挖机和装载机投入当地和区内各类建筑施工领域，实现机械设备收入945万元。

大力开展技能培训，拓宽就业渠道。2017年，德庆乡共组织两期115名农牧民厨师培训、两期60名农牧民建筑施工技能培训，均获得相关行业从业资格证书，有效拓宽农牧民就业创业空间和渠道，如邦禾苗餐馆通过参加培训提升餐饮技能，成为当地较为知名的餐馆。

新型合作医疗参保率达到100%，收缴参保资金27.91万元。

认真做好养老保险缴费工作，缴费人数达2600余人，保险金额26万余元。

【教育工作】 乡党委始终秉着教育是兴国兴邦的重要途径的原则，不断压实责任，加大投入力度，做到人员有保障，资金有保

2017年5月18日，德庆乡组织双联户户长开展“四讲四爱”主题教育宣讲活动

障。2017 年，德庆乡对基层教育工作投入资金 5 万余元；狠抓校园安全、校车安全工作，为广大师生提供安全的工作学习环境；加大教育宣传力度。深入村组开展教育相关政策宣讲，让广大农牧民群众坚信知识改变命运的道理，进一步提升和巩固适龄儿童入学率。截至年底，德庆乡小学入学率、巩固率、整班移交率均达到 100%。

【卫生健康工作】 医疗卫生基础设施不断完善。2017 年德庆乡顶嘎村、昂嘎村、邦村、邱桑村卫生室扩建项目已完工，已投入使用。村级家庭医生签约式服务，已签约 1949 户、7813 人、签约率达 100%。

群众健康检查和诊疗不断提升。2017 年，高效完成全民体检工作及包虫病筛查工作。全民体检人数为 6565 人，共检查出常见病（红细胞增多症、胆囊炎、高血压、糖尿病、胆结石等）1543 人。

深入开展包虫病防治宣传教育和组织筛查工作，通过反复筛查，共查出疑似患者 63 人（B 超诊断），经拉萨市人民医院和自治区第二人民医院反复检查后确诊出邦村边巴等 16 名患者，截至年底，患者均在手术治疗休养中。

【生态环保工作】 讲文明、爱生活的习惯得以长效化。年内，德庆乡结合“四讲四爱”主题实践活动，在深入做好思想动员基础上，积极组织广大党员群众在所在村组和国道沿线、重点路段、辖区铁路沿线、人群较集中、乡周边及各村委会等地方开展 48 次爱国卫生大整治、大清理活动，共投入人力 6500 余人次，并将群众庭院周边卫生和公共区域门前“三包”任务写进乡规民约，形成长效机制，确保德庆村容整洁、乡风文明；切实发挥“河长制”作用，永保母亲河的清澈。2017 年，按照上级部署，对全乡河流主支杆的保护工作进行属地化责任分解。对六个行政村设立河长的基础上，各村民小组内设立河流专管员，明确职责，在河道显眼处设立河长制公示栏，强化跟踪问效，全面深入推进水环境综合治理，提升水环境质量和河道生态环境面貌；积极配合区林业局做好防沙治沙封沙育林项目，2017 年，在昂嘎村实施封沙育草项目面积达 6468 亩，在德庆村、昂嘎村等区域国道沿线植树造林 8000 株，成活率 95% 以上；乡辖区内无乱采乱挖现象、无未批先建项目、无“十五小”“新五小”企业，也没有引进“三高”项目、无地膜垃圾、无垃圾焚烧、无秸秆焚烧等现象；进一步做好自治区级生态乡镇创建巩固相关工作资料，严格落实乡规民约、环境工作制度、环保监督员职责、环境卫生管理制度等，确保德庆青山绿水常在。

【食品药品安全工作】 2017 年，乡食品安全委员会办公室联合区食药局在乡辖区内小餐馆、中心校、小超市等单位开展排查活动。2017 年 2 月、5 月、7 月、9 月在辖区内集中开展食品药品的专项检查 4 次。截至年底，德庆乡辖区内没有发生任何食品药品安全事故。

【维护稳定和综合治理】 2017 年，德庆乡党委、政府高度重视维稳各项工作，始终站在保稳定、促发展、讲政治、顾大局的高度，进一步强化责任意识、风险意识，切实加强对全乡维护稳定工作的领导。成立以乡党委书记为组长、乡长为副组长、其他班子成员及各村主要领导、驻村工作队员、驻寺干部、治保主任为成员的工作领导小组，社会面管控方面充分调动民兵、双联户、党员志愿服务队等力量保障维稳力量到位、经费保障到位。自年初以来，德庆乡党政一把手对维护稳定工作亲自研究、亲自安排、亲自部署，把精力放在维护稳定上来，把维护稳定各项工作列入重要议事日程来抓，并严格执行“一岗双责”责任制，逐步、逐层、逐人落实责任。同时，还制定相应的考核细则，订立责任状，强化责任，明确奖惩，同评先评优挂钩，同个人的政治荣誉挂钩，将责任状列入年终考核范围，对全乡的综治、维稳工作起到加压和激励作用。共组织召开综治工作专题会议18次、督导检查386次，为全乡开展综治工作奠定基础。

深入开展矛盾纠纷排查工作，全力维护社会大局稳定。德庆乡始终以“小事不出组、中事不出村、大事不出乡”为目标，深入开展矛盾纠纷排查检查工作。同时充分发挥乡司法所、人民调解员和联户代表的作用，积极调解各类矛盾纠纷，切实做到将矛盾纠纷消除在萌芽状态。2017年，德庆乡共有32名人民调解员，6个行政村均建立信访矛盾纠纷排查调解委员会，移交乡机关接访调解纠纷9起，5起婚姻纠纷、2起劳资纠纷、1起债务纠纷、1起土地纠纷，特别是2017年G6高速公路施工过程中存在拆迁征地引发的土地纠纷等问题，截至年底，共调解76起。调解率达100%。

2017年6月8日，德庆乡党委理论中心组召开第九次学习会

深入开展安全生产工作，确保安全措施落实到位。2017年，德庆乡安全生产委员会在各级党委、政府的坚强领导下，在区安委会的具体指导下，认真开展安全生产各项工作，确保农牧民群众的生命财产安全。年初，德庆乡安委会按照区安委会的部署要求，及时召开德庆乡安全生产工作会议，层层签订责任书。德庆乡安委会还结合实际制订方案、预案，成立安委会领导小组。在安全生产大检查大排查活动中，对辖区内建筑领域、109国道和乡村道路等进行安全隐患排查工作。2017年，德庆乡安委会开展安全巡查60余次，对排查出的隐患进行及时登记，并责令责任单位及时整改。在汛期来临时，及时指导各行政村安委会开展防汛工作，避免自然灾害对农牧民群众的生命财产安全造成影响。

【人民武装工作】 2017年，德庆乡在区、市、区相关部门的坚强指导下，认真开展各项工作。年初，及时完善各类方案预案和调整充实领导小组。德庆乡人武部根据区市区征兵工作精神，将征兵工作作为一项重点工作来抓。人武部结合实际，及时召开征兵专项工作会议，将符合条件的应征青年及时录入到征兵网，确保一人不漏。德庆乡党委、政府积极营造氛围，通过悬挂横幅、广播及LED显示灯等多种方式对征兵工作进行大力宣传，发放宣传册1000余册。2017年德庆乡输送1名优秀青年参军，为其家庭发放1000元的慰问金。

【联户平安、联户增收工作】 年内，为进一步深化联户平安、联户增收各项工作，德庆乡党委政府高度重视，主动作为，狠抓落实。年初，召集各行政村召开“双联户”工作安排部署会，及时签订责任书、完善方案预案、充实领导小组。日常工作开展过程中，综治办深入各行政村对“双联户”工作进行指导检查，指导各行政村开展好相关工作，使双联户各项工作得到进一步规范。在围绕提高联户代表工作能力和责任意识上，综治办不定期对联户代表进行教育培训工作，使他们熟悉掌握自身工作职责和相关政策规定，共计对全乡联户代表进行培训10余次。在重大节日及敏感节点，充分发挥联户代表积极作用，在情报信息搜集、设卡巡逻、排查安全隐患、调解矛盾纠纷等工作方面，联户代表发挥不可替代的作用，为社会稳定做出积极的贡献。在联户增收方面，德庆乡党委、政府通过各种渠道，积极带领农牧民群众增收致富。2017年，通过“联户平安、联户增收”的途径争取资金123万元成立邦村藏式辣椒合作社、昂嘎村糌粑加工厂。积极开展双联户创建评选工作，按照上级文件要求，根据联户代表日常工作情况、手机微信报平安等情况，评选出40个村级“先进双联户”、9个乡级“先进双联户”，同时还推选出3个县级“先进双联户”、1个市级“先进双联户”，并在市、区、乡、村范围内进行表彰，大大提高联户代表的工作积极性，推进“联户平安、联户增收”的工作步伐。

【民族团结工作】 坚持民族平等大团结，德庆乡辖区内民族通婚家庭共计38户，为大力宣传民族团结先进典型，在全乡范围内评选出民族团结先进个人30人、民族团结模范家庭11户；发展少数民族地区经济文化事业，德庆乡依托药王云旦·宇妥·贡布故里打造“药王谷”“宇妥沟”等具有地域特色的旅游文化产业；培养少数民族干部，德庆乡民族干部达到60%以上，并积极培养村级后备干部；使用和发展少数民族文字语言，乡辖区内所有宣传标语均为藏汉双语版，乡机关开设“藏汉双语班”，培养汉族干部藏语言的沟通使用，选派业务骨干参加藏汉互译培训；乡域内民族交往交流交融氛围日益浓厚。随着市场经济的快速发展，乡域内外来经商、务工人员逐年递增，民族通婚家庭越来越多，回民餐饮、中餐随处可见，如今的德庆就是一个各民族团结一心，和睦相容的民族大家庭。

（强巴卓嘎）

【领导名录】

党委书记
　　罗桑次仁（藏族）
党委副书记、乡长
　　陈　敏
党委副书记、人大主席
　　旦增群培（藏族）
党委副书记
　　旦巴雅杰（藏族）
党委委员、人武部长
　　索朗多吉（藏族）
党委委员、宣传委员
　　杜军毅
党委委员、纪委书记
　　张良宏
党委委员、组织委员
　　梁彩丽（女）
副乡长
　　旦增曲珍（女，藏族）
　　扎西曲珍（女，藏族）
副乡长、德庆乡邱桑村第一书记
　　多吉旺堆（藏族）
经发办主任
　　单珍卓嘎（女，藏族，11月任职）

从顶嘎寺俯瞰德庆乡全景

柳梧乡

【概况】 年内，全乡下辖4个行政村，25个村民小组，共1601户，总人口4877人；辖区有卫生院1个，3个村级卫生室，4所幼儿园2所小学，1个农业银行储蓄所，4个寺庙，1个拉康。

【铁路护路工作】 年内，为切实做好柳梧乡境内铁路护路工作，在县护路办及柳梧新区综治办的指导下，按照属地管理原则，乡党委、政府专门成立柳梧乡铁路护路护线领导工作小组。坚持定期或不定期的巡查督导。前往护路营房探望护路队员，送去水果、蔬菜及衣服、鞋子等生活必需品，共投入10000余元，各重要节点及日常督导检查达60余次，巡逻达300公里。

【双联户工作】 2017年，柳梧乡辖区90名联户代表按照上级相关单位的要求，严格坚持"有事报事无事保平安"的工作机制，将每日联户单位情况及时有效的上报至操作平台。

【党员干部政治理论学习】 抓理论学习，提高党员干部的政治素养，提高党性认识。年内，柳梧乡大力倡导理论联系实际的优良学风，教育引导党员干部职工善于在学习中借鉴、在学习中思考，不断提高自身综合素质水平和实际工作能力。2017年，乡机关召集全乡干部、各驻村工作队及下沉干部集中学习25次，撰写学习心得体会150余篇。请市委党校老师到各村学习宣讲8次，各村自行组织农牧民党员集中学习50余次，撰写学习心得体会440余篇。

【加强组织建设】 年内，柳梧乡严格按照《中国共产党章程》要求，严格把好发展党员工作的各个环节，严格履行入党手续，严格落实发展党员工作中的培训、政审、考察、审批、转正等各个环节。截至年底，柳梧乡共有488名正式党员，其中农牧民党员437名、机关党员51名；年内，共发展预备党员9名，发展入党积极分子17名（机关入党积极分子5名、农牧民入党积极分子12名），有党员致富能手14名。

督促农牧民党员和机关党员自觉参加党组织生活会，完成党组织交给的任务，按规定交纳党费，自觉接受党组织的教育和培训。并利用相关节假日广泛开展各种活动，党员领导干部无论职务高低，都能以普通党员的身份参加组织生活会，自觉接受党组织和党员的监督。

【落实党风廉政建设责任制】 年内，柳梧乡深入贯彻学习党章、党员领导干部廉洁自律准则、纪律处分条例、党内监督条例、中央八项规定等规章制度，组织乡机关干部和村"两委"观看《镜鉴》《榜样》等电影，将党风廉政教育具体化，进一步明确乡镇领导班子成员、各村党支部成员和党员在党风廉政建设中的责任，并层层签订党风廉政建设责任书。认真组织党员干部学习廉政准则、撰写心得体会，强化对党员干部的廉政教育。

【开展扶贫帮困活动】 年内，柳梧乡党委、机关党支部充分利用各种纪念日、主题教育活动，积极组织开展党员结对帮扶慰问活

2017年9月22日，拉萨市副市长、柳梧新区党工委书记陆从福在达东村乡村旅游开发项目点指导工作

动，帮助贫困党员群众解决急需解决的困难。2017 年，共组织结对帮困慰问活动 3 次，受益人数 150 余人，开展重大节日前慰问赠送慰问品活动，受益人数达 200 余人。

【落实群团、武装工作】 年内，柳梧乡工会、共青团、妇女、宣传、统战、武装等工作顺利开展，各项目标任务全面完成。在抓城乡环境综合整治中，在乡政府和各村均成立乡村道路保洁队，配备 4 辆保洁车和 2 辆洒水车，逐步建立城乡环境综合整治的长效机制。

2017年4月21日，柳梧乡邀请市委党校老师在德阳村开展“四讲四爱”宣讲活动

【经济发展】 年内，全乡固定资产投资 623901 万元，较上年增加 422.9%；农村经济总收入达到 10133.00 元，比上年增加 8.4%；农牧民人均收入达 14755.56 元，比上年增加 2.6%；粮食总产量 1982.56 吨，油菜籽产量 171 吨，牛奶产量 610.44 吨；农牧民合作医疗、养老保险参保率均达到 100%。

【农牧工作】 年内，柳梧乡根据 4 个行政村实际情况和地理位置，在结合往年农业工作经验的基础上，合理进行种植结构调整，压缩春小麦，扩大油菜及高效益农作物种植面积，柳梧乡 4 个行政村的耕地总面积共 7165 亩，其中，粮食作物播种面积 6617.75 亩。截至年底，顺利完成柳梧乡春耕、秋收、冬播等全面工作。

在牧业发展中，柳梧乡本着“保证存栏，加大出栏，优化养殖结构，提高效益”的指导思想，2017 年，在上级领导部门和驻村工作队的大力支持帮助下，购置奶牛等牲畜，进一步优化畜群畜种结构。在牲畜疫病防治方面，柳梧乡成立牲畜疫病防治领导小组，严格依照《中华人民共和国动物防疫法》《动物防疫条件管理办法》《动物管理检疫办法》等法律法规，加强疫病的防治，制定相关的实施方案，组织全乡农牧民群众填写牲畜免疫卡。年内，柳梧乡多次派出乡干部配合兽医技术人员，开展专项防治病工作，共接种牲畜 24103 头（只、匹），其中牛 19522 头、羊 3052 只、猪 1361 头、鸡 168 只，接种率达到 100%。

【新农村建设】 强化精神文明建设。年内，柳梧乡为了满足农牧民日益增长的物质文化需求，柳梧乡党委、政府想办法、出主意，筹集资金，充分利用藏民族能歌善舞的特点，组织农牧民业余文艺演出队，把浓郁的民族风情、乐观进取的生活风采和昂扬向上的时代精神有机地结合起来，凝聚人心，激发热情，从群众中来，到群众中去，让群众得到教育，丰富群众精神文化生活。组织农牧民群众在藏历新年、“六一”儿童节、望果节、国庆节等传统节日与非传统节日期间举办各类文化活动、文艺演出，极大丰富农牧民群众的业余文化生活。充分利用“农家书屋”的作用，配齐适用农牧民群众生产生活的书籍，组织村民定期学习，提高村民科技致富的能力。

推进农业机械化。在新区管委会的正确领导和帮助下，乡党委政府以“为农服务、兴乡富民、促农增收”为宗旨，加强协调力度，全面推进农业机械化。

防灾、抗灾工作落实到位。在新区管委会的领导下，在上级主管部门指导下，围绕“安全第一、常备不懈、以防为主、全力抢险”的防汛工作方针，针对柳梧乡防

2017年9月19日，柳梧乡机关召开"四讲四爱"喜迎党的十九大主题教育活动动员会

灾抗灾特点，掌握主动，防患未然。2017年乡政府还成立防洪抗旱工作领导小组，及时调整、充实乡防汛指挥小组成员，从思想、组织、措施、抢险队伍、物资等方面作好充分准备。通过自筹资金并与有关部门积极联系，争取到铁丝、编织袋、石料等各类防汛抗灾物资，并发放给各村，争取做到有备无患。同时对德阳水库认真进行汛期安全检查，制订防汛抢险预案，对出现险情的处理进行科学指导。

【精准扶贫工作】 年内，柳梧乡坚持以习近平总书记扶贫开发战略思想为指引，坚持精准扶贫精准脱贫方略，认真贯彻落实市党委、政府相关决策部署，紧紧围绕"柳梧新区2016年全面实现贫困人口脱贫，2020年全面建成小康社会"的目标任务，扎实苦干，柳梧乡党委、政府积极谋划，认真组织，狠抓落实，深入贯彻"一村一品"战略，大力改善农村经济产业结构，着力提升社会发展软实力。以柳梧新区"十三五"经济社会发展规划为抓手，多措并举，深入推进精准扶贫精准脱贫各项工作。随着产业项目的不断推进、民生政策的不断完善、百姓意识的不断提高，贫困人口脱贫已初见成效，脱贫成果甚为喜人。

按照习近平总书记在十九大报告中强调的实现产业兴旺、生态宜居、乡风文明、治理有效、生活富裕的总要求，建立健全城乡融合发展机制和政策体系，加快推进农业农村现代化为工作目标，脱贫攻坚战取得决定性进展，柳梧乡范围内全面消除因学、因病、因缺劳力等因素致贫的现象。柳梧乡通过推进落实"六脱"措施，132户贫困户年人均纯收入由2015年底的2596.23元增长到2017年的15743.62元，增长6倍。对照"三有、三不愁、三保障"标准和拉萨市4265元的脱贫标准线。截至年底，柳梧乡总体已具备脱贫摘帽条件，为脱贫攻坚打下坚实基础。

【项目建设】 年内，柳梧乡根据新区党工委、管委会，紧紧围绕"一年脱贫，四年巩固"目标任务，强化组织领导，精准施策，以产业发展为抓手，以农村经济结构和生活方式转型提升为突破口，深入贯彻落实"一村一品"发展战略，积极发展"以城带乡、产城融合"道路。柳梧乡以项目带脱贫，鼓励贫困户就业。坚持将扶贫开发与特色产业、城乡一体化有机结合，在特色旅游业、种植业、基础设施建设改造升级等方面取得显著成效。2016年重点实施达东村河滩地树木种植、达东村、桑达村、德阳村果树种植、金银花观光带建设、达东村"整村推进暨扶贫综合(旅游)开发"，2017年重点实施德阳村、达东村经济果树种植(二期)、达东村整村改造工程(二期)、柳梧新区农贸市场、桑达村"小康示范村基础设施改造"、柳梧村"城中村改造"。打造城乡一体、产业互动、节约集约、生态宜居的新型农村建设。全面地促进农牧民生产方式、生活习惯、致富途径、收入结构、思维方式上的大转变，有力地促进农牧民增收和农村发展，为柳梧乡群众脱贫致富、共奔小康奠定坚实的基础。

【净土健康产业】 为进一步打造"净土健康、美丽乡村"项目，实现"一乡一业""一村一品"的规划及双联户"联户平安、联户增收"的目标，年内，乡党委政府针对各村现有资源、产业特点进行分析规划，并积极联系有关部门，为各村申请项目，以奠定柳梧乡净土健康产业发展为基础，重点开展实施经济效益较好、增收快的几类项目。达东村金银花种植项目：选址位于机场高速拉萨至机场方向左侧，占地面积约500亩，共投入120万元资金；德阳村藏鸡养养殖项目：经对德阳村当地气候、水质、饲料供应等综合考察，特向柳梧新区管委会申请15万元项目款，养鸡场养殖350只藏鸡；德阳村砖厂：在上级部门的资金支持下投入40万元用于的砖厂项目建设，截至年底，砖厂初见成效。

【教育工作】 年内，结合柳梧实际，柳梧新区管委会出台《教育资助管理办法》，在区市“三包”政策的基础上，柳梧乡实行在校学生资助和大学生升学奖励制度，针对贫困户小学、初中、高中在校生每人每年再分别给予1000元、2000元、3000元的教育资助金；针对全乡农牧民子女，高中毕业达到国家录取分数线且被全国各类全日制本专科高校录取的大学生，按照大专、本科、硕士、博士分别给予8000元、10000元、12000元、20000元升学奖励。此外，建档立卡户子女为高校生的，除以上奖励外，还享受学费、书本费、住宿费、路费全额报销。2016年，精准扶贫户在校生教育资助123人，共兑现教育资助金17.9万元，大学生资助金54.2万元，截至年底，已发放兑现完毕。2017年精准扶贫户在校生教育资助已兑现98人，共21.6万元。

【卫生事业】 年内，乡卫生院认真做好日常卫生医疗各项工作，每个月组织下村巡回医疗一次，并认真开展0—6岁儿童免费体检。截至年底，对桑达中心校进行食品安全检查22次，提出整改措施7项；对全乡食品、餐饮进行检查、督导11次，提出整改意见5条；对乡卫生院、各村卫生室进行药品安全检查3次，发现1次药品过期违禁现象，食品药品安全率控制在100%；全乡无一例孕产妇死亡。

【高校毕业生和失地农牧民就业率】 年内，柳梧乡和各驻村工作队开展农牧民技能培训和转移就业摸底调查工作，并建立基础台账，为做好失地农牧民转移和剩余劳动力就业技能培训工作提供依据；同时，乡政府积极与乡镇范围内企事业单位协调，为群众提供务工服务，组织对失地、少地群众进行驾驶和挖掘机培训，通过多方协调，2017年，解决失地群众就业176人，针对村民的文化程度及个人的生活实际情况成立保洁合作社，先后对15名村民提供乡村公路清洁员的就业岗位。

【顿珠金融产业园区】 年内，经过柳梧乡及柳梧村委会等多方的努力，顿珠金融产业园区的征地及拆迁、兑现补偿款、平整工作已顺利完成。

【高新技术产业园区】 年内，为积极配合拉萨市、柳梧新区高新技术产业园区建设的前期准备工作顺利开展，柳梧乡多次召开关于高新区征地相关事宜会议，研究如何解决征地及拆迁工作存在的一些问题。从初期的选址到与村委会、群众各方的协调工作及征地补偿款等方面做大量的工作，尤其是征地拆迁过程中，柳梧乡专门成立征地拆迁领导小组，结合实际制订征地拆迁实施方案，并在拆迁之前多次前往实地做考

柳梧乡德阳村千亩果林项目

察调研，确保按时完成相关拆迁工作，保证高新技术产业园区建设工作有序开展。截至年底，经过柳梧乡及村委会等多方的努力，高新技术产业开发园区前期征地及拆迁工作方面无留下任何的问题。

【柳梧村工作队及下沉干部】 年内，柳梧乡协助村委会建立健全财务制度，将之前的财务凭证全部规范化；配合上级部门完成顿珠金融产业园区征地补偿款的实施工作；青铁小区采光8户重建工作及大型停车场建设获得群众的肯定。

【桑达村工作队及下沉干部】 2017年初，驻村工作队以及村“两委”班子成员征求群众的意愿并组织党员、双联户、村民监督委员、人大代表共同开会研究后向新区管委会、乡政府申报桑达村2017年4个项目。水渠修建项目，活动中心舞台、赛马场建设项目及察巴湖绿化平整项目。其中，察巴湖二期争取资金100万元，截至年底，正在前期的筹划阶段；桑达村活动中心40盏太阳能路灯的建设工作通过为民办实事经费，争取资金20万元。

【德阳村工作队及下沉干部】 先后与村“两委”班子成员进行工作交流30余次，召开党员大会14次，村民大会10次，通过召开会议，走访慰问、开展调研作为解民情的有效方法。农闲时间，走村入户，和群众拉家常，掌握群众的思想状况；农忙季节，深入田间地头和群众话生产，了解群众的生产困难；节日期间，深入贫困户家中嘘寒问暖。对德阳村的村情民意、急需解决问题、基层组织建设、社会发展和稳定等基本情况，进行全面了解，为更好地开展工作创造有利条件。

【达东村工作队及下沉干部】 按照柳梧新区组织部的要求，达东村驻村工作队均实现按时交接，并能自觉做到认真组织全体驻村工作队成员学习政治纪律、组织纪律、工作纪律和财经纪律，宣传党的十九大精神，同时制定维稳工作的方案预案及全年的工作计划、目标，帮助和引导广大村民走向共同富裕的道路。2017年，共召开群众大会8次，党员会议10次，入户宣传调研20余次，发放宣传手册500余份。

（张成塑）

【领导名录】

党委书记

王 龙 龙

党委副书记、乡长

格桑多布杰（藏族）

党委副书记、人大主席

达娃曲桑（藏族）

党建副书记

洛桑卓玛（女，藏族）

党委委员、纪委书记

米玛仓决（女，藏族）

乡党委委员、宣传委员、副乡长

王 楠（女）

党委委员、组织委员

央 宗（女，藏族）

党委委员、统战委员

罗布次仁（藏族）

乡党委委员、综治委员

旦增晋美（藏族）

副乡长

刘 金 凤（女）

旦增卓嘎（女，藏族）

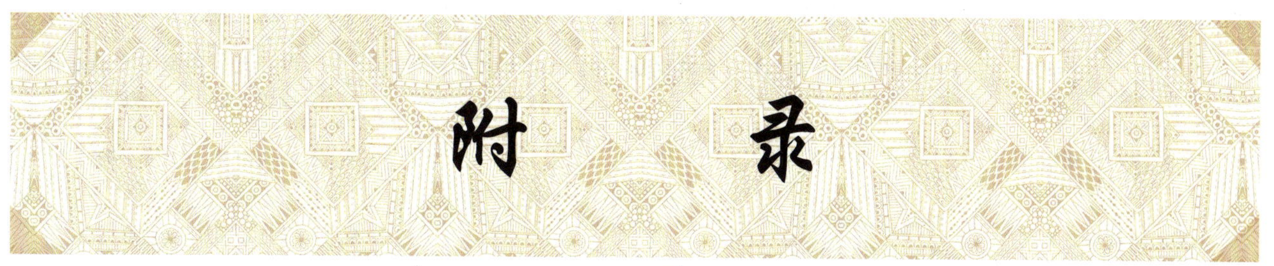

受区(县)级以上表彰的先进集体名录

表 18

获奖单位	获奖名称	表彰时间	授予单位
堆龙德庆区信访局	2016 年度信访工作“三无”县(市、区)	2017 年	国家信访局
堆龙德庆区中学	全国中学生心理健康教育特色学校	2017 年	中华人民共和国教育部
中共堆龙德庆区委政法委员会	全区社会治安综合治理先进集体	2018 年	中共西藏自治区委员会、西藏自治区人民政府
觉木龙寺管委会	2017 年自治区级先进管委会	2017 年	中共西藏自治区委员会、西藏自治区人民政府
堆龙德庆区民政局	双拥模范县	2017 年	中共西藏自治区委员会、西藏自治区人民政府、西藏军区
堆龙德庆区地方志办公室	2016 年度全区地方志工作先进集体	2017 年	中共西藏自治区委员会办公厅 西藏自治区人民政府办公厅
武警堆龙德庆区中队	基层建设先进单位	2017 年	武警西藏总队
拉萨市堆龙德庆区公安消防大队	基层建设先进单位	2017 年	武警西藏自治区消防总队委员会
羊达乡人民政府	全区乡镇(街道)工会规范化建设“八有”达标单位	2017 年	西藏自治区总工会
古荣乡人民政府	全区乡镇(街道)工会规范化建设“八有”达标单位	2017 年	西藏自治区总工会
共青团拉萨市堆龙德庆区委员会	2016 年度全区五四红旗团委	2017 年	共青团西藏自治区委员会
共青团拉萨市堆龙德庆区委员会	2016 年度拉萨共青团工作目标考核第一名	2017 年	共青团拉萨市委员会
堆龙姜昆黄小勇希望小学	基层党建先进集体	2017 年	西藏自治区教育厅
堆龙姜昆黄小勇希望小学	优秀中队	2017 年	西藏自治区少工委
堆龙姜昆黄小勇希望小学	先进集体	2017 年	西藏自治区少工委
堆龙德庆区小学	四讲四爱“第五届西藏少儿美术展”优秀组织奖	2017 年	西藏自治区文化厅

续表18

获奖单位	获奖名称	表彰时间	授予单位
堆龙德庆区小学	四讲四爱"第五届西藏少儿美术展"最佳创意奖	2017 年	西藏自治区文化厅
堆龙德庆区护路办	2016 年度县(区)铁路护路联防工作考核评比第二名	2017 年	西藏自治区综治委铁路护路联防工作领导小组
农行堆龙德庆区支行	西藏分行 2017 年"激情仲夏"零售业务活动优秀支行	2017 年	农行西藏自治区分行
农行堆龙德庆区支行	西藏自治区分行营业部 2016—2017 年度先进基层党组织	2017 年	农行西藏自治区分行
堆龙德庆区人民政府	拉萨市 2015—2017 年科技工作先进集体	2017 年	中共拉萨市委员会、拉萨市人民政府
堆龙德庆区人民政府	2017 年度拉萨市目标绩效争先进位考核县区争先二等奖	2018 年	中共拉萨市委员会、拉萨市人民政府
堆龙德庆区人民政府	拉萨市第三届服务非公经济发展先进单位	2017 年	中共拉萨市委员会、拉萨市人民政府
堆龙德庆区人民政府	拉萨市民族团结进步创建活动示范单位	2017 年	中共拉萨市委员会、拉萨市人民政府
中共堆龙德庆区委宣传部	拉萨市 2016 年度深化全国文明城市创建先进单位	2017 年	中共拉萨市委员会、拉萨市人民政府
措麦寺管委会	2017 年拉萨市级先进管委会	2017 年	中共拉萨市委员会、拉萨市人民政府
达扎寺管小组	2017 年拉萨市级先进管委会	2017 年	中共拉萨市委员会、拉萨市人民政府
顶嘎寺管会	2017 年拉萨市级先进管委会	2017 年	中共拉萨市委员会、拉萨市人民政府
聂寺管小组	2017 年拉萨市级先进管委会	2017 年	中共拉萨市委员会、拉萨市人民政府
堆龙德庆区信访局	2016 年度信访工作先进县(区)一等奖	2017 年	中共拉萨市委员会、拉萨市人民政府
堆龙德庆区中学	优秀教师团队	2017 年	中共拉萨市委员会、拉萨市人民政府
马乡中心小学	拉萨市 2017 年度民族团结进步模范集体	2017 年	中共拉萨市委员会、拉萨市人民政府
古荣乡人民政府	拉萨市 2017 年度民族团结进步模范集体	2017 年	中共拉萨市委员会、拉萨市人民政府
堆龙德庆区中学	优秀教师团队	2017 年	中共拉萨市委员会、拉萨市人民政府
堆龙姜昆黄小勇希望小学	拉萨市创建全国民族团结进步示范先进集体	2017 年	中共拉萨市委员会、拉萨市人民政府
堆龙德庆区护路办	2016 年度拉萨市铁路护路联防工作一等奖	2017 年	中共拉萨市委员会、拉萨市人民政府
堆龙德庆区中学	拉萨市初中教育教学质量二等奖	2017 年	拉萨市人民政府
东嘎镇	拉萨市 2016 年度优秀基层劳动就业社会保障公共服务平台	2017 年	拉萨市人民政府

续表18

获奖单位	获奖名称	表彰时间	授予单位
堆龙德庆区工信局	2016年度全市招商引资工作目标考核一等奖	2017年	拉萨市人民政府
堆龙德庆区民政局	2016年度拉萨市县(区)民政工作争先二等奖	2017年	拉萨市人民政府
堆龙德庆区文广局	“深入开展‘四讲四爱’主体教育实践活动 喜迎党的十九大”第三届拉萨市民间艺术团文艺调演 原创作品二等奖(歌曲类)	2017年	拉萨市人民政府、拉萨市委宣传部
堆龙德庆区文广局	“深入开展‘四讲四爱’主体教育实践活动 喜迎党的十九大”第三届拉萨市民间艺术团文艺调演 语言类三等奖	2017年	拉萨市人民政府、拉萨市委宣传部
堆龙德庆区文广局	“深入开展‘四讲四爱’主体教育实践活动 喜迎党的十九大”第三届拉萨市民间艺术团文艺调演 优秀组织奖	2017年	拉萨市人民政府、拉萨市委宣传部
堆龙德庆区文广局	“深入开展‘四讲四爱’主体教育实践活动 喜迎党的十九大”第三届拉萨市民间艺术团文艺调演 舞蹈类三等奖	2017年	拉萨市人民政府、拉萨市委宣传部
堆龙德庆区文广局	“深入开展‘四讲四爱’主体教育实践活动 喜迎党的十九大”第三届拉萨市民间艺术团文艺调演 原创作品二等奖(舞蹈类)	2017年	拉萨市人民政府、拉萨市委宣传部
堆龙德庆区人大常委会	拉萨市人大系统“庆七一、学党章、喜迎十九大”暨“两学一做”知识竞赛二等奖	2017年	中共拉萨市人大常委会党组
中共堆龙德庆区委宣传部	2016年度全市外宣工作先进集体	2017年	拉萨市委宣传部
堆龙德庆区公安局交警大队	2017年度“党的十九大安保工作”集体嘉奖	2017年	拉萨市公安局
堆龙德庆区公安局治安大队	2017年拉萨市公安局“九大专项行动”阶段性工作先进集体	2017年	拉萨市公安局
拉萨市堆龙德庆区公安消防大队	基层建设先进单位	2017年	武警西藏自治区拉萨市消防支队委员会
堆龙德庆区公安局	工人先锋号	2017年	拉萨市总工会
堆龙德庆区中学	五四红旗团委	2017年	共青团拉萨市委员会
堆龙德庆区司法局	拉萨市妇女儿童维权服务岗先进单位	2017年	拉萨市妇女儿童工作委员会
堆龙德庆区人民检察院	在2016年度基层检察院考核中荣获第三名	2017年	拉萨市人民检察院
堆龙德庆区人民法院	2016年度全市法院目标考评模范法院	2017年	拉萨市中级人民法院
堆龙德庆区人民法院	2016年度全市法院目标考核先进集体	2017年	拉萨市中级人民法院
堆龙德庆区人民法院	2017年度全市法院信息工作先进集体	2017年	拉萨市中级人民法院
堆龙德庆区疾控中心	拉萨市三八红旗集体	2017年	拉萨市人力资源和社会保障局、拉萨市妇女联合会
堆龙德庆区人民检察院	拉萨市巾帼文明岗	2017年	拉萨市人力资源和社会保障局
堆龙德庆区财政局	拉萨市城乡妇女岗位建功先进集体	2017年	拉萨市人力资源和社会保障局、拉萨市妇女联合会

续表18

获奖单位	获奖名称	表彰时间	授予单位
堆龙德庆区财政局	2016 年度财政总决算编制先进单位二等奖	2017 年	拉萨市财政局
堆龙德庆区财政局	2016 年度部门决算编制先进单位县(区)级二等奖	2017 年	拉萨市财政局
堆龙德庆区财政局	2017 年库存及专户月报先进单位一等奖	2017 年	拉萨市财政局
堆龙德庆区财政局	2017 年库存及专户月报先进单位县(区)级一等奖	2017 年	拉萨市财政局
堆龙德庆区财政局	2016 年度社会保障基金财务决算及 2017 年度社会保障基金先进单位三等奖	2017 年	拉萨市财政局
堆龙德庆区财政局	2016 年度财政固定资产投资决算报表评比县(区)级先进单位	2017 年	拉萨市财政局
堆龙德庆区中学	拉萨市第五届中学生汉字听写大赛优秀组织奖	2017 年	拉萨市教育局、国家语委办
拉萨市国土资源局堆龙德庆分局	2016 年度全市国土资源工作先进集体	2017 年	拉萨市国土资源局
堆龙德庆区食品药品监督管理局	拉萨市 2016 年度食品安全工作先进集体	2017 年	拉萨市食品安全委员会
堆龙德庆区卫生局	2017 年拉萨市卫生应急技能竞赛团体一等奖	2017 年	拉萨市卫计委、拉萨市总工会
堆龙德庆区卫生局	卫生计生工作政府支持工作先进集体	2017 年	拉萨市卫计委
堆龙德庆区卫生局	卫生计生工作综合考核二等奖	2017 年	拉萨市卫计委
堆龙德庆区疾控中心	拉萨市卫生应急技能竞赛团体一等奖	2017 年	拉萨市计生委、拉萨市总工会
中共堆龙德庆区委宣传部	2017 年全市“四讲四爱”主题教育实践活动先进集体	2017 年	拉萨市“四讲四爱”主题教育实践活动领导小组
中共堆龙德庆区委宣传部	2017 年度民族团结进步 模范先进集体	2017 年	中共堆龙德庆区委员会、堆龙德庆区人民政府
中共堆龙德庆区委宣传部	堆龙德庆区 2016 年度全区安全生产先进单位	2017 年	中共堆龙德庆区委员会、堆龙德庆区人民政府
中共堆龙德庆区委宣传部	堆龙德庆区 2016-2017 年度先进基层党组织	2017 年	中共堆龙德庆区委员会、堆龙德庆区人民政府
中共堆龙德庆区委统战部	2017 年民宗团结进步模范先进集体	2017 年	中共堆龙德庆区委员会、堆龙德庆区人民政府
中共堆龙德庆区委统战部	2017 年度目标绩效争先进位考核进位奖	2018 年	中共堆龙德庆区委员会、堆龙德庆区人民政府
中国人民政治协商会议堆龙德庆区委员会办公室	2016 年目标绩效争先进位考核二等奖	2017 年	中共堆龙德庆区委员会、堆龙德庆区人民政府
中共堆龙德庆区委党校	2016 年目标绩效争先进位考核进位奖	2017 年	中共堆龙德庆区委员会、堆龙德庆区人民政府
中共堆龙德庆区委党校	2017 年度民族团结进步模范先进集体	2017 年	中共堆龙德庆区委员会、堆龙德庆区人民政府
堆龙德庆区信访局	2016 年度社会治安综合治理工作先进集体	2017 年	中共堆龙德庆区委员会、堆龙德庆区人民政府
堆龙德庆区信访局	2016 年度信访工作先进集体	2017 年	中共堆龙德庆区委员会、堆龙德庆区人民政府

续表18

获奖单位	获奖名称	表彰时间	授予单位
堆龙德庆区信访局	2016年目标绩效争先进位考核进位奖	2017年	中共堆龙德庆区委员会、堆龙德庆区人民政府
堆龙德庆区民宗局	2016年目标绩效争先进位考核二等奖	2017年	中共堆龙德庆区委员会、堆龙德庆区人民政府
堆龙德庆区民宗局	2016年度信访工作先进集体	2017年	中共堆龙德庆区委员会、堆龙德庆区人民政府
堆龙德庆区民宗局	2017年度民族团结进步模范先进集体	2017年	中共堆龙德庆区委员会、堆龙德庆区人民政府
共青团拉萨市堆龙德庆区委员会	2016年目标绩效争先进位考核三等奖	2017年	中共堆龙德庆区委员会、堆龙德庆区人民政府
共青团拉萨市堆龙德庆区委员会	2017年度目标绩效争先进位考核二等奖	2018年	中共堆龙德庆区委员会、堆龙德庆区人民政府
武警堆龙德庆区中队	2017年度民族团结进步模范先进集体	2017年	中共堆龙德庆区委员会、堆龙德庆区人民政府
堆龙德庆区公安消防大队	2016年度社会治安综合治理工作先进集体	2017年	中共堆龙德庆区委员会、堆龙德庆区人民政府
堆龙德庆区公安消防大队	2016年度全区安全生产先进单位	2017年	中共堆龙德庆区委员会、堆龙德庆区人民政府
堆龙德庆区公安消防大队	2017年度民族团结进步模范先进集体	2017年	中共堆龙德庆区委员会、堆龙德庆区人民政府
堆龙德庆区公安局	2017年度社会治安综合治理工作先进集体	2018年	中共堆龙德庆区委员会、堆龙德庆区人民政府
堆龙德庆区公安局	2017年度目标绩效争先进位考核三等奖	2017年	中共堆龙德庆区委员会、堆龙德庆区人民政府
堆龙德庆区公安局	2017年民族团结进步模范先进集体	2017年	中共堆龙德庆区委员会、堆龙德庆区人民政府
堆龙德庆区工商联	档案工作先进集体	2017年	中共堆龙德庆区委员会、堆龙德庆区人民政府
堆龙德庆区人民检察院	2016年目标绩效争先进位考核进位奖	2017年	中共堆龙德庆区委员会、堆龙德庆区人民政府
堆龙德庆区人民检察院	2016年度社会治安综合治理工作先进集体	2017年	中共堆龙德庆区委员会、堆龙德庆区人民政府
堆龙德庆区人民检察院	2016年度信访工作先进集体	2017年	中共堆龙德庆区委员会、堆龙德庆区人民政府
堆龙德庆区人民检察院	堆龙德庆区创先争优强基础惠民生活动优秀组织单位	2017年	中共堆龙德庆区委员会、堆龙德庆区人民政府
堆龙德庆区人民法院	2016度档案工作先进集体	2017年	中共堆龙德庆区委员会、堆龙德庆区人民政府
堆龙德庆区人民法院	2016度信访工作先进集体	2017年	中共堆龙德庆区委员会、堆龙德庆区人民政府
堆龙德庆区人民法院	2016年度社会治安综合管理工作先进集体	2017年	中共堆龙德庆区委员会、堆龙德庆区人民政府
堆龙德庆区护路办	2016年度社会治安综合治理工作先进集体	2017年	中共堆龙德庆区委员会、堆龙德庆区人民政府

续表18

获奖单位	获奖名称	表彰时间	授予单位
堆龙德庆区护路办	2017 年度民族团结进步模范先进集体	2017 年	中共堆龙德庆区委员会、堆龙德庆区人民政府
堆龙德庆区护路办	2016 年度目标绩效争先进位考核三等奖	2017 年	中共堆龙德庆区委员会、堆龙德庆区人民政府
堆龙德庆区护路办	2016 年拉萨市堆龙德庆区五四红旗团支部	2017 年	中共堆龙德庆区委员会、堆龙德庆区人民政府
堆龙德庆区护路办	2016 年度全区安全生产先进单位	2017 年	中共堆龙德庆区委员会、堆龙德庆区人民政府
堆龙德庆区财政局	2017 年度民族团结进步模范先进集体	2017 年	中共堆龙德庆区委员会、堆龙德庆区人民政府
拉萨市国土资源局堆龙德庆分局	2016 年度目标绩效争先进位考核三等奖	2017 年	中共堆龙德庆区委员会、堆龙德庆区人民政府
拉萨市国土资源局堆龙德庆分局	2016 年度信访工作先进集体	2017 年	中共堆龙德庆区委员会、堆龙德庆区人民政府
堆龙德庆区工信局	2016 年度全区安全生产先进单位	2017 年	中共堆龙德庆区委员会、堆龙德庆区人民政府
堆龙德庆区工信局	2016 年目标绩效争先进位考核进位奖	2017 年	中共堆龙德庆区委员会、堆龙德庆区人民政府
堆龙德庆区城市建设投资经营有限责任公司	2017 年度精准扶贫贡献奖	2018 年	中共堆龙德庆区委员会、堆龙德庆区人民政府
净土公司	2017 年度民族团结进步模范先进集体	2017 年	中共堆龙德庆区委员会、堆龙德庆区人民政府
净土公司	2017 年度精准扶贫贡献奖	2018 年	中共堆龙德庆区委员会、堆龙德庆区人民政府
堆龙德庆区龙腾国有资产投资运营有限公司	2017 年度精准扶贫贡献企业	2018 年	中共堆龙德庆区委员会、堆龙德庆区人民政府
堆龙德庆区国税局	2017 年度经济发展贡献奖	2018 年	中共堆龙德庆区委员会、堆龙德庆区人民政府
堆龙德庆区工商局	2017 年度经济发展贡献奖	2018 年	中共堆龙德庆区委员会、堆龙德庆区人民政府
堆龙德庆区工商局	2017 年度民族团结进步模范先进集体	2017 年	中共堆龙德庆区委员会、堆龙德庆区人民政府
堆龙德庆区民政局	2016 年度信访工作先进集体	2017 年	中共堆龙德庆区委员会、堆龙德庆区人民政府
堆龙德庆区民政局	2016 年目标绩效争先进位考核二等奖	2017 年	中共堆龙德庆区委员会、堆龙德庆区人民政府
堆龙德庆区人民医院	民族团结进步模范先进集体	2017 年	中共堆龙德庆区委员会、堆龙德庆区人民政府
堆龙德庆区人民医院	社会治安综合治理工作先进集体	2017 年	中共堆龙德庆区委员会、堆龙德庆区人民政府
堆龙德庆区农业综合开发办公室	2017 年度目标绩效进位奖二等奖	2018 年	中共堆龙德庆区委员会、堆龙德庆区人民政府
堆龙德庆区水利局	2017 年度目标绩效争先进位考核一等奖	2018 年	中共堆龙德庆区委员会、堆龙德庆区人民政府

续表18

获奖单位	获奖名称	表彰时间	授予单位
堆龙德庆区中学	2017年堆龙德庆区民族团结先进集体	2017年	中共堆龙德庆区委员会、堆龙德庆区人民政府
堆龙德庆区小学	2017年堆龙德庆区民族团结先进集体	2017年	中共堆龙德庆区委员会、堆龙德庆区人民政府
堆龙姜昆黄小勇希望小学	堆龙德庆区教育系统2016—2017学年绩效考核二等奖	2017年	中共堆龙德庆区委员会、堆龙德庆区人民政府
羊达乡中心小学	藏语言工作先进集体	2017年	中共堆龙德庆区委员会、堆龙德庆区人民政府
堆龙德区第一幼儿园	堆龙德庆区教育系统2016—2017学年绩效考核达标奖	2017年	中共堆龙德庆区委员会、堆龙德庆区人民政府
堆龙德区第二幼儿园	堆龙德庆区教育系统2016—2017学年绩效考核达标奖	2017年	中共堆龙德庆区委员会、堆龙德庆区人民政府
东嘎镇桑木村双语幼儿园	堆龙德庆区教育系统2016—2017学年绩效考核达标奖	2017年	中共堆龙德庆区委员会、堆龙德庆区人民政府
堆龙德庆区住建局	2016年度综治先进集体	2017年	中共堆龙德庆区委员会、堆龙德庆区人民政府
堆龙德庆区住建局	2017年民族团结进步模范先进集体	2017年	中共堆龙德庆区委员会、堆龙德庆区人民政府
堆龙德庆区住建局	2016年度信访先进集体	2017年	中共堆龙德庆区委员会、堆龙德庆区人民政府
堆龙德庆区住建局	2016年度安全生产先进集体	2017年	中共堆龙德庆区委员会、堆龙德庆区人民政府
堆龙德庆区住建局	2017年度目标绩效争先进位考核二等奖	2018年	中共堆龙德庆区委员会、堆龙德庆区人民政府
东嘎镇	2016年度安全生产先进单位	2017年	中共堆龙德庆区委员会、堆龙德庆区人民政府
东嘎镇	2016年度社会治安综合治理工作第三名	2017年	中共堆龙德庆区委员会、堆龙德庆区人民政府
东嘎镇团委	2016年拉萨市堆龙德庆区五四红旗团委	2017年	中共堆龙德庆区委员会、堆龙德庆区人民政府
东嘎镇	2016年度信访工作先进乡(镇)一等奖	2017年	中共堆龙德庆区委员会、堆龙德庆区人民政府
东嘎镇	2017年度民族团结进步模范先进集体	2017年	中共堆龙德庆区委员会、堆龙德庆区人民政府
乃琼镇	2016年度目标绩效争先二等奖	2017年	中共堆龙德庆区委员会、堆龙德庆区人民政府
乃琼镇	2016年度信访工作先进乡(镇)二等奖	2017年	中共堆龙德庆区委员会、堆龙德庆区人民政府
乃琼镇	2016年度社会治安综合治理工作第一名	2017年	中共堆龙德庆区委员会、堆龙德庆区人民政府
乃琼镇	2016年度民族团结进步模范先进集体	2017年	中共堆龙德庆区委员会、堆龙德庆区人民政府
乃琼镇	2016年度安全生产先进单位	2017年	中共堆龙德庆区委员会、堆龙德庆区人民政府

续表18

获奖单位	获奖名称	表彰时间	授予单位
乃琼镇	2016 年度全区教育工作先进乡镇 二等奖	2017 年	中共堆龙德庆区委员会、堆龙德庆区人民政府
羊达乡	2017 年度民族团结进步模范先进集体	2017 年	中共堆龙德庆区委员会、堆龙德庆区人民政府
羊达乡	2017 年度目标绩效争先进位考核一等奖	2018 年	中共堆龙德庆区委员会、堆龙德庆区人民政府
羊达乡	2017 年度社会治安综合治理工作第一名	2018 年	中共堆龙德庆区委员会、堆龙德庆区人民政府
古荣乡	2017 年度民族团结进步模范先进集体	2017 年	中共堆龙德庆区委员会、堆龙德庆区人民政府
马乡	2016 年度社会治安综合治理工作第三名	2017 年	中共堆龙德庆区委员会、堆龙德庆区政府
马乡	2016 年度信访工作先进乡(镇)三等奖	2017 年	中共堆龙德庆区委员会、堆龙德庆区政府
马乡朗巴村	2017 年度民族团结进步模范先进集体	2017 年	中共堆龙德庆区委员会、堆龙德庆区人民政府
马乡	2016 年度拉萨市堆龙德庆区五四红旗团支部	2017 年	中共堆龙德庆区委员会、堆龙德庆区人民政府
德庆乡	2016 年度全区教育工作先进乡镇	2017 年	中共堆龙德庆区委员会、堆龙德庆区人民政府
德庆乡	2016 年拉萨市堆龙德庆区五四红旗团委	2017 年	中共堆龙德庆区委员会、堆龙德庆区人民政府
德庆乡	2017 年度民族团结进步模范先进集体	2017 年	中共堆龙德庆区委员会、堆龙德庆区人民政府
德庆乡	2016 年度信访工作三等奖	2017 年	中共堆龙德庆区委员会、堆龙德庆区人民政府
德庆乡	2016 年度社会治安综合治理工作第三名	2017 年	中共堆龙德庆区委员会、堆龙德庆区人民政府
德庆乡	2016 年度信访工作先进乡(镇)三等奖	2017 年	中共堆龙德庆区委员会、堆龙德庆区人民政府
德庆乡	2016 年度全区教育工作先进乡镇一等奖	2017 年	中共堆龙德庆区委员会、堆龙德庆区人民政府
德庆乡	20217 年度目标绩效争先进位考核二等奖	2018 年	中共堆龙德庆区委员会、堆龙德庆区人民政府
德庆乡	2017 年度社会治安综合治理工作二等奖	2018 年	中共堆龙德庆区委员会、堆龙德庆区人民政府
堆龙德庆区民政局	2016—2017 年度先进基层党组织	2017 年	中共堆龙德庆区委员会
堆龙德庆区人民检察院	中共拉萨市堆龙德庆区人民检察院总支部委员会 2016—2017 年度先进基层党组织	2017 年	中共堆龙德庆区委员会
堆龙德庆区护路办	2016—2017 年度先进基层党组织	2017 年	中共堆龙德庆区委员会
堆龙德庆区民宗局	2016 年度提案承办先进单位	2017 年	中共堆龙德庆区委员会

续表18

获奖单位	获奖名称	表彰时间	授予单位
堆龙德庆区民宗局	堆龙德庆区 2016 年度消防工作先进单位	2017 年	中共堆龙德庆区委员会
堆龙德庆区民宗局	2016—2017 年度先进基层党组织	2017 年	中共堆龙德庆区委员会
马乡	2016—2017 年度先进基层党组织	2017 年	中共堆龙德庆区委员会
德庆乡	2016—2017 年度先进基层党组织	2017 年	中共堆龙德庆区委员会
堆龙德庆区环境保护局	堆龙德庆区民族团结先进集体	2017 年	堆龙德庆区人民政府
堆龙德庆区环境保护局	西藏自治区环保考核争先进位二等奖	2018 年	堆龙德庆区人民政府
堆龙德庆区民政局	堆龙德庆区 2016 年度消防工作先进单位	2017 年	堆龙德庆区人民政府
堆龙德庆区文广局	堆龙德庆区 2016 年度消防工作 先进单位	2017 年	堆龙德庆区人民政府
古荣乡	堆龙德庆区 2016 年度消防工作先进单位	2017 年	堆龙德庆区人民政府
马乡	堆龙德庆区 2016 年度消防工作先进单位	2017 年	堆龙德庆区人民政府
堆龙德庆区中学	综合治理先进集体	2017 年	堆龙德庆区人民政府、堆龙德庆区综治委
乃琼镇中心小学	2016 全区教育教学质量先进学校三等奖	2017 年	堆龙德庆区人民政府、堆龙德庆区教育体育局
乃琼镇中心小学	堆龙德庆区教育系统 2016—2017 学年绩效考核三等奖	2017 年	堆龙德庆区人民政府、堆龙德庆区教育体育局
乃琼镇中心小学	2016 年度全区安全生产先进单位	2017 年	堆龙德庆区人民政府、堆龙德庆区教育体育局
堆龙德庆区小学	2017 年全区教育教学质量先进学校一等奖	2017 年	堆龙德庆区人民政府、堆龙德庆区教育体育局
堆龙德庆区中学	堆龙德庆区教育系统 2016—2017 学年绩效考核一等奖	2017 年	堆龙德庆区人民政府、堆龙德庆区教育体育局
堆龙德庆区中学	2016 全区教育教学质量先进学校一等奖	2017 年	堆龙德庆区人民政府、堆龙德庆区教育体育局
堆龙德庆区中学	教育系统绩效一等奖	2017 年	堆龙德庆区人民政府、堆龙德庆区教育局
堆龙德庆区中学	民族团结先进集体	2017 年	堆龙德庆区人民政府、堆龙德庆区民宗局
堆龙德庆区中学	综合治理先进集体	2017 年	堆龙德庆区人民政府、堆龙德庆区综治委

说明：由于各单位资料提供不全，可能有遗漏

受区(县)级以上表彰的先进个人名录

表19

姓名	性别	民族	籍贯	政治面貌	工作单位	获奖名称	表彰时间	授予单位
阿旺益西	男	藏	当雄	中共党员	乃琼镇中心小学	TCL 希望工程烛光奖	2017 年	中国青少年发展基金会
王满春	男	汉	陕西富平	中共党员	堆龙德庆区组织部	自治区创先争优强基础惠民生活动第六批自治区级先进工作者	2017 年	中共西藏自治区委员会、西藏自治区人民政府
任姝芳	女	汉	四川蓬溪	中共党员	堆龙德庆区宗教办	2017 年自治区级优秀涉宗干部	2017 年	中共西藏自治区委员会、西藏自治区人民政府
李新兵	男	汉	甘肃渝中	中共党员	高天护路大队	2017 年西藏自治区民族团结进步模范个人	2017 年	中共西藏自治区委员会、西藏自治区人民政府
单增旺姆	女	藏	日喀则	党员	堆龙德庆区统计局	自治区优秀驻村工作队员	2017 年	自治区人民政府
扎西达杰	男	藏	堆龙	中共党员	德庆乡门堆村	2016 年度全区外宣工作先进个人	2017 年	中共西藏自治区党委宣传部
玉　措	女	藏	当雄	中共党员	堆龙德庆区农牧局	优秀基层科技工作者	2017 年	西藏畜牧兽医学会
吕孝峰	男	汉	山东	中共党员	古荣乡人民政府	自治区优秀驻村工作队员	2017 年	西藏自治区强基办
洛桑卓嘎	女	藏	昌都	中共党员	堆龙德庆区食药局	西藏自治区强基惠民活动优秀驻村工作队员	2017 年	西藏自治区强基办
索郎卓嘎	女	藏	拉萨	中共党员	堆龙德庆区人民检察院	自治区级先进驻村工作队员	2017 年	西藏自治区强基办
秦洪云	女	汉	四川仁寿	中共党员	团区委	2016-2017 年度自治区大学生志愿服务西部计划西藏专项优秀志愿者	2017 年	共青团自治区委员会、西藏自治区志愿者协会
梁　飞	男	汉	河南许昌	中共党员	拉萨市堆龙德庆区公安消防大队	年度工作突出个人三等功	2017 年	中共西藏自治区消防总队
边巴次仁	男	藏	堆龙	群众	堆龙德庆区小学	四讲四爱“第五届西藏少儿美术展”园丁奖	2017 年	西藏自治区文化厅
阿　奴	女	藏	四川	群众	堆龙德庆区中学	“一师一优课、一课一名师”自治区级优课奖	2017 年	西藏自治区教育厅
李天奎	男	汉	甘肃	群众	堆龙德庆区中学	“一师一优课、一课一名师”自治区级优课奖	2017 年	西藏自治区教育厅
桌玛群宗	女	藏	四川	中共党员	堆龙德庆区中学	全区初中教师教学竞赛一等奖	2017 年	西藏自治区教育厅
泽仁扎西	男	藏	昌都	中共党员	堆龙德庆区中学	西藏自治区足球锦标赛优秀裁判员	2017 年	西藏自治区体育局
泽仁扎西	男	藏	昌都	中共党员	堆龙德庆区中学	西藏自治区五人制足球赛优秀裁判员	2017 年	西藏自治区体育局

续表19

姓名	性别	民族	籍贯	政治面貌	工作单位	获奖名称	表彰时间	授予单位
拉巴多杰	男	藏	日喀则	中共党员	堆龙德庆区小学	全区足球锦标赛优秀裁判员	2017年	西藏自治区体育局
唐　红	女	汉	四川	中共党员	堆龙德庆区小学	西藏自治区小学教师竞赛荣获品德与生活(社会)二等奖	2017年	西藏自治区教育厅
张瑞芝	女	汉	山东	中共党员	堆龙德庆区小学	西藏自治区首届教育教学成果奖	2017年	西藏自治区教育厅
边巴次仁	男	藏	堆龙	群众	堆龙德庆区小学	西藏小学美术本土化探索与实践二等奖	2017年	西藏自治区教育厅
边巴次仁	男	藏	堆龙	群众	堆龙德庆区小学	藏区区域化推进民族特色课程开发二等奖	2017年	西藏自治区教育厅
央　珍	女	藏	堆龙	中共党员	羊达乡中心小学	“一师一优”活动自治区级优课奖	2017年	西藏自治区教育厅
旦增罗布	男	藏	林芝	中共党员	羊达乡中心小学	“一师一优”活动自治区级优课奖	2017年	西藏自治区教育厅
土　登	男	藏	云南德钦	中共党员	古荣乡中心小学	山南市足球邀请赛第三名	2017年	西藏自治区体育局
加　措	男	藏	堆龙	中共党员	古荣乡中心小学	藏棋辅导奖	2017年	西藏自治区藏棋委员会
阿　奴	女	藏	四川	群众	堆龙德庆区中学	一师一优课、一课一名师部级优课奖	2017年	中央电化教育馆
多吉次仁	男	藏	堆龙	中共党员	马乡中心小学	全区首届少儿藏文书法展览暨少儿藏文书法大赛中荣获优秀指导奖	2017年	拉萨市群艺馆、西藏自治区书法协会、拉萨市雅酷少儿文化发展有限公司
普布扎西	男	藏	堆龙	中共党员	堆龙德庆区护路办	2016年度全区铁路护路联防工作先进个人	2017年	西藏自治区综治委铁路护路联防工作领导小组
嘎玛顿珠	男	藏	堆龙	群众	高天护路大队	2016年度全区铁路护路联防工作先进个人	2017年	西藏自治区综治委铁路护路联防工作领导小组
达瓦次仁	男	藏	昌都	群众	高天护路大队	2016年度全区铁路护路联防工作先进个人	2017年	西藏自治区综治委铁路护路联防工作领导小组
达瓦维色	男	藏	堆龙	群众	古荣护路大队	2016年度全区铁路护路联防工作先进个人	2017年	西藏自治区综治委铁路护路联防工作领导小组
郎珍多吉	男	藏	堆龙	群众	古荣护路大队	2016年度全区铁路护路联防工作先进个人	2017年	西藏自治区综治委铁路护路联防工作领导小组
次仁顿珠	男	藏	堆龙	群众	莫嘎护路大队	2016年度全区铁路护路联防工作先进个人	2017年	西藏自治区综治委铁路护路联防工作领导小组
米玛次旦	男	藏	堆龙	群众	莫嘎护路大队	2016年度全区铁路护路联防工作先进个人	2017年	西藏自治区综治委铁路护路联防工作领导小组
边巴普赤	女	藏	日喀则	中共党员	农行堆龙德庆区支行	西藏分行营业部先进个人	2017年	农行西藏分行营业部
边巴普赤	女	藏	日喀则	中共党员	农行堆龙德庆区支行	第五届中国农业银行劳动模范	2017年	农总行

续表19

姓名	性别	民族	籍贯	政治面貌	工作单位	获奖名称	表彰时间	授予单位
刘斌斌	女	汉	四川江油	中共党员	农行堆龙德庆区支行	农行西藏分行营业部共产党员岗位标兵	2017年	农行西藏分行营业部
刘斌斌	女	汉	四川江油	中共党员	农行堆龙德庆区支行	农行西藏拉萨分行业务比赛后台录入第一名	2017年	农行西藏拉萨分行
解传奇	男	汉	山东莱芜	中共党员	农行堆龙德庆区支行	农行西藏分行营业部优秀共产党员	2017年	农行西藏分行营业部
王瑞芳	女	汉	山西朔州	中共党员	中共堆龙德庆区委宣传部	2016年度拉萨市深化全国文明城市创建工作先进个人	2017年	中共拉萨市委员会、拉萨市人民政府
央拉	女	藏	日喀则	中共党员	中共堆龙德庆区委宣传部	2016年度拉萨市深化全国文明城市创建工作先进个人	2017年	中共拉萨市委员会、拉萨市人民政府
次旺	男	藏	拉萨	中共党员	堆龙德庆区宗教办	2017年拉萨市级优秀涉宗干部	2017年	中共拉萨市委员会、拉萨市人民政府
樊晓瑞	女	汉	河南新密	中共党员	堆龙德庆区强基办	自治区创先争优强基础惠民生活动第六批拉萨市级先进工作者	2017年	中共拉萨市委员会、拉萨市人民政府
兰旭	男	男	重庆永川	中共党员	武警堆龙德庆区中队	政法工作先进个人		中共拉萨市委员会、拉萨市人民政府
丁莉	女	汉	江苏徐州	中共党员	堆龙德庆区信访局	市信访工作先进个人	2017年	中共拉萨市委员会、拉萨市人民政府
次仁扎西	男	藏	山南	中共党员	堆龙德庆区民宗局	拉萨市创建民族团结进步示范市活动先进个人	2017年	中共拉萨市委员会、拉萨市人民政府
桑姆	女	藏	日喀则	中共党员	堆龙德庆区农牧局	2015—2017年拉萨市科技工作先进个人	2017年	中共拉萨市委员会、拉萨市人民政府
孙建宇	男	汉	山西大同	中共党员	东嘎镇	创建民族团结模范先进个人	2017年	中共拉萨市委员会、拉萨市人民政府
索朗多吉	男	藏	山南	中共党员	德庆乡	2017年全市综合治理工作先进个人	2018年	中共拉萨市委员会、拉萨市人民政府
益西旦增	男	藏	墨竹	中共党员	堆龙德庆区教育（体育）局	民族团结进步模范个人	2017年	中共拉萨市委员会、拉萨市人民政府
央金	女	藏	拉萨	中共党员	堆龙德庆区教育（体育）局	拉萨市优秀教师铜奖	2017年	中共拉萨市委员会、拉萨市人民政府
达珍	女	藏	拉萨	中共党员	堆龙德庆区教育（体育）局	拉萨市优秀教师银奖	2017年	中共拉萨市委员会、拉萨市人民政府
西绕加措	男	藏	达孜县	中共党员	堆龙德庆区护路办	2016年度铁路护路联防工作先进个人	2017年	中共拉萨市委员会、拉萨市人民政府
旦增旺堆	男	藏	堆龙	中共党员	高天护路大队	2016年度铁路护路联防工作先进个人	2017年	中共拉萨市委员会、拉萨市人民政府
旦增巴觉	男	藏	山南	群众	高天护路大队	2016年度铁路护路联防工作先进个人	2017年	中共拉萨市委员会、拉萨市人民政府
尼玛次仁	男	藏	堆龙	群众	高天护路大队	2016年度铁路护路联防工作先进个人	2017年	中共拉萨市委员会、拉萨市人民政府

续表19

姓名	性别	民族	籍贯	政治面貌	工作单位	获奖名称	表彰时间	授予单位
次旺曲培	男	藏族	昌都	群众	高天护路大队	2016年度铁路护路联防工作先进个人	2017年	中共拉萨市委员会、拉萨市人民政府
论　珠	男	藏族	堆龙	群众	古荣护路大队	2016年度铁路护路联防工作先进个人	2017年	中共拉萨市委员会、拉萨市人民政府
尼玛旺堆	男	藏族	达孜县	群众	古荣护路大队	2016年度铁路护路联防工作先进个人	2017年	中共拉萨市委员会、拉萨市人民政府
土　多	男	藏族	堆龙	群众	古荣护路大队	2016年度铁路护路联防工作先进个人	2017年	中共拉萨市委员会、拉萨市人民政府
其美仁增	男	藏族	日喀则定日县	群众	古荣护路大队	2016年度铁路护路联防工作先进个人	2017年	中共拉萨市委员会、拉萨市人民政府
罗　布	男	藏族	堆龙	中共党员	莫嘎护路大队	2016年度铁路护路联防工作先进个人	2017年	中共拉萨市委员会、拉萨市人民政府
嘎　玛	男	藏族	堆龙	中共党员	莫嘎护路大队	2016年度铁路护路联防工作先进个人	2017年	中共拉萨市委员会、拉萨市人民政府
多布杰	男	藏族	当雄	中共党员	莫嘎护路大队	2016年度铁路护路联防工作先进个人	2017年	中共拉萨市委员会、拉萨市人民政府
次旦多吉	男	藏族	堆龙	群众	莫嘎护路大队	2016年度铁路护路联防工作先进个人	2017年	中共拉萨市委员会、拉萨市人民政府
罗　布	男	藏族	堆龙	群众	莫嘎护路大队	2016年度铁路护路联防工作先进个人	2017年	中共拉萨市委员会、拉萨市人民政府
元旦卓玛	女	藏	昌都	中共党员	堆龙德庆区中学	拉萨市优秀教师铜奖	2017年	中共拉萨市委员会、拉萨市人民政府
强　珍	女	藏	堆龙	群众	堆龙德庆区小学	拉萨市优秀教师铜奖	2017年	中共拉萨市委员会、拉萨市人民政府
德庆央宗	女	藏	林芝	中共党员	堆龙姜昆黄小勇希望小学	拉萨市优秀教师铜奖	2017年	中共拉萨市委员会、拉萨市人民政府
索朗德吉	女	藏	门巴	中共党员	乃琼镇中心小学	拉萨市优秀教师铜奖	2017年	中共拉萨市委员会、拉萨市人民政府
旺堆尼玛	男	藏	青海	中共党员	乃琼镇中心小学	民族团结进步模范个人	2017年	中共拉萨市委员会、拉萨市人民政府
李　军	男	汉	四川	中共党员	羊达乡中心小学	拉萨市优秀教师铜奖	2017年	中共拉萨市委员会、拉萨市人民政府
白玛央宗	女	藏	堆龙	中共党员	马乡中心小学	民族团结进步模范个人	2017年	中共拉萨市委员会、拉萨市人民政府
旺　久	男	藏	堆龙	中共党员	德庆乡中心小学	拉萨市优秀教师金奖	2017年	中共拉萨市委员会、拉萨市人民政府
罗桑它青	男	藏	拉萨	中共党员	堆龙德庆区小学	拉萨市篮球联赛优秀球员	2017年	拉萨市人民政府
次旦罗布	男	藏	林芝	中共党员	堆龙德庆区工信局	2016年全市招商引资先进个人	2017年	拉萨市人民政府

续表19

姓名	性别	民族	籍贯	政治面貌	工作单位	获奖名称	表彰时间	授予单位
古　扎	男	藏	堆龙	群众	堆龙德庆区小学	优秀班主任	2017 年	中共拉萨市组织部、拉萨市教育局
努　努	男	藏	拉萨	中共党员	羊达乡中心小学	2017 年新录用公务员岗前培训优秀藏文教师	2017 年	中共拉萨市组织部、拉萨市教育局
古　扎	男	藏	堆龙	群众	堆龙德庆区小学	优秀教育工作者	2017 年	中共拉萨市组织部
王永强	男	汉	内蒙古	中共党员	乃琼镇	2017 年新录用公务员岗前培训优秀学员	2017 年	中共拉萨市委组织部
央　拉	女	藏	日喀则	中共党员	中共堆龙德庆区委宣传部	2016 年度拉萨市对外宣传工作先进个人	2017 年	拉萨市委宣传部
旦增西宁	男	藏	日喀则	中共党员	中共堆龙德庆区委宣传部	2016 年度拉萨新闻奖三等奖	2017 年	拉萨市委宣传部
洛桑卓玛	女	藏	云南	中共党员	柳梧乡	2011—2015 全市法治宣传教育先进个人	2017 年	拉萨市委宣传部、拉萨市司法局、拉萨市普法办
白　央	女	藏	四川	中共党员	柳梧乡	2017 年拉萨市优秀驻村工作队员	2017 年	拉萨市强基办
扎西玉珍	女	藏	日喀则	中共党员	区委政法委	拉萨市 2017 年度综治先进个人	2017 年	拉萨市委政法委
秦洪云	女	汉	四川仁寿	中共党员	团区委	2016—2017 年度拉萨市优秀大学生志愿服务西部计划西藏专项志愿者	2017 年	共青团拉萨市委员会、大学生志愿服务西部计划西藏专项拉萨市项目办
陈春银	男	汉	重庆	中共党员	堆龙公安局国保大队	三等功	2017 年	拉萨市公安局
次仁达瓦	男	藏	拉萨	中共党员	堆龙公安局德庆派出所	三等功	2017 年	拉萨市公安局
孔　畅	男	汉	重庆	中共党员	堆龙公安局交警大队	三等功	2017 年	拉萨市公安局
普布索朗	男	藏	拉萨	中共党员	堆龙公安局德庆检查站	三等功	2017 年	拉萨市公安局
群典罗布	男	藏	拉萨	中共党员	堆龙公安局乃琼派出所	三等功	2017 年	拉萨市公安局
索朗拉旺	男	藏	那曲	中共党员	堆龙公安局刑警大队	三等功	2017 年	拉萨市公安局
旦增洛布	男	藏	四川阿坝州	中共党员	堆龙公安局刑警大队	三等功	2017 年	拉萨市公安局
梁永亮	男	汉	安徽	中共党员	堆龙公安局楚布寺派出所	三等功	2017 年	拉萨市公安局
韩治剑	男	汉	河北	中共党员	堆龙公安局德庆检查站	个人嘉奖	2017 年	拉萨市公安局
郭　超	男	汉	山东	中共党员	堆龙公安局乃琼派出所	个人嘉奖	2017 年	拉萨市公安局

续表19

姓名	性别	民族	籍贯	政治面貌	工作单位	获奖名称	表彰时间	授予单位
普布次仁	男	藏	拉萨	中共党员	堆龙德庆区人民检察院	喜迎党的十九大“四讲四爱”主题演讲第二名	2017年	拉萨市人民检察院
袁　燕	女	汉	陕西	中共党员	堆龙德庆区人民法院	个人三等功	2017年	拉萨市中级人民法院
白　珍	女	藏	拉萨	中共党员	堆龙德庆区人民法院	驻村工作先进个人	2017年	拉萨市中级人民法院
达　娃	男	藏	拉萨	中共党员	堆龙德庆区人民法院	办案标兵	2017年	拉萨市中级人民法院
李　娟	女	汉	四川	中共党员	堆龙德庆区人民法院	优秀法官	2017年	拉萨市中级人民法院
米玛次仁	男	藏	拉萨	中共党员	堆龙德庆区人民法院	优秀纪检干部	2017年	拉萨市中级人民法院
嘎　珍	女	藏	山南	中共党员	堆龙德庆区人民法院	优秀党务工作者	2017年	拉萨市中级人民法院
拉姆次仁	女	藏	拉萨	中共党员	堆龙德庆区人民法院	民族团结先进个人	2017年	拉萨市中级人民法院
伍　飞	男	汉	四川	中共党员	堆龙德庆区人民法院	信息工作先进个人	2017年	拉萨市中级人民法院
尼玛旦增	男	藏	江孜	中共党员	堆龙德庆区司法局	拉萨市“六五”普法先进个人	2017年	拉萨市司法局
次仁旺堆	男	藏	拉萨	中共党员	堆龙德庆区国税局	先进个人	2017年	拉萨市国税局
杨　宇	男	汉	四川成都	中共党员	堆龙德庆区国税局	先进个人	2017年	拉萨市国税局
达娃卓嘎	女	藏	拉萨	中共党员	堆龙德庆区国税局	先进个人	2017年	拉萨市国税局
刘蒲薇	女	汉	四川	中共党员	堆龙德庆区人民医院	“突发事件紧急医学救援”二等奖	2017年	拉萨市卫生计生委
石达次仁	男	藏	日喀则	群众	堆龙德庆区人民医院	“突发中毒事件应急处置项目”三等奖	2017年	拉萨市卫生计生委
索朗扎西	男	藏	日喀则	积极分子	堆龙德庆区疾控中心	拉萨市卫生应急技能竞赛个人二等奖	2017年	拉萨市卫生计生委、拉萨市总工会
次德吉	女	藏	拉萨	群众	堆龙德庆区疾控中心	拉萨市卫生应急技能竞赛个人三等奖	2017年	拉萨市卫生计生委、拉萨市总工会
强巴曲珍	女	藏	昌都	中共党员	堆龙区疾控中心	拉萨市卫生应急技能竞赛个人三等奖	2017年	拉萨市卫生计生委、拉萨市总工会
索朗扎西	男	藏	日喀则	积极分子	堆龙区疾控中心	拉萨市卫生应急技能竞赛个人二等奖	2017年	拉萨市卫生计生委、拉萨市总工会
次德吉	女	藏	拉萨	群众	堆龙区疾控中心	拉萨市卫生应急技能竞赛个人三等奖	2017年	拉萨市卫生计生委、拉萨市总工会

续表19

姓名	性别	民族	籍贯	政治面貌	工作单位	获奖名称	表彰时间	授予单位
强巴曲珍	女	藏	昌都	中共党员	堆龙区疾控中心	拉萨市卫生应急技能竞赛个人三等奖	2017年	拉萨市卫生计生委、拉萨市总工会
杨培	男	藏	堆龙	中共党员	堆龙德庆区文化广播电影电视(新闻出版、文物)局	广播电视维护管理先进个人	2017年	拉萨市新闻出版广电局
涂卉	女	汉	四川	中共党员	堆龙德庆区中学	第四届东方少年中国梦新创意中小学全国作文大赛优秀指导教师	2017年	北京市文学艺术界联合会、北京作家协会
云登西绕	男	藏	堆龙	中共党员	堆龙德庆区文化广播电影电视(新闻出版、文物)局	全市文物先进个人	2017年	拉萨市文物局
白玛拉姆	女	藏	甘肃	中共党员	堆龙德庆区教育体育局	教育系统“四讲四爱”主题教育实践活动先进个人	2017年	中共拉萨市教育局委员会、拉萨市教育局
次旦平措	男	藏	拉萨	中共党员	堆龙德庆区中学	教育系统“四讲四爱”主题教育实践活动优秀宣讲员	2017年	中共拉萨市教育局委员会、拉萨市教育局
罗桑它青	男	藏	拉萨	中共党员	堆龙德庆区小学	教育系统“四讲四爱”主题教育实践活动先进个人	2017年	中共拉萨市教育局委员会、拉萨市教育局
边巴卓玛	女	藏	堆龙	中共党员	堆龙姜昆黄小勇希望小学	教育系统“四讲四爱”主题教育实践活动优秀宣讲员	2017年	中共拉萨市教育局委员会、拉萨市教育局
马红霞	女	汉	甘肃	中共党员	堆龙德庆区第二幼儿园	教育系统“四讲四爱”主题教育实践活动优秀宣讲员	2017年	中共拉萨市教育局委员会、拉萨市教育局
巴桑次仁	男	藏	日喀则	中共党员	乃琼镇中心小学	教育系统“四讲四爱”主题教育实践活动优秀宣讲员	2017年	中共拉萨市教育局委员会、拉萨市教育局
努努	男	藏	拉萨	中共党员	羊达乡中心小学	教育系统“四讲四爱”主题教育实践活动优秀宣讲员	2017年	中共拉萨市教育局委员会、拉萨市教育局
扎西云旦	男	藏	阿里	中共党员	古荣乡中心小学	教育系统“四讲四爱”主题教育实践活动先进个人	2017年	中共拉萨市教育局委员会、拉萨市教育局
白玛央宗	女	藏	堆龙	中共党员	马乡中心小学	教育系统“四讲四爱”主题教育实践活动先进个人	2017年	中共拉萨市教育局委员会、拉萨市教育局
次旦旺久	男	藏	拉萨	中共党员	德庆乡中心小学	教育系统“四讲四爱”主题教育实践活动先进个人	2017年	中共拉萨市教育局委员会、拉萨市教育局
尼玛卓嘎	女	藏	拉萨	中共党员	堆龙德庆区中学	拉萨市第五届汉字听写指导教师	2017年	拉萨市教育局、拉萨市国家语委
次仁顿珠	男	藏	四川	中共党员	堆龙德庆区中学	拉萨市第五届汉字听写指导教师	2017年	拉萨市教育局、拉萨市国家语委
谭阿路	女	土家	湖南	群众	堆龙德庆区中学	市第二届教师互联网微课大赛一等奖	2017年	拉萨市教育局、拉萨市电教馆
巴桑拉姆	女	藏	拉萨	中共党员	堆龙德庆区中学	一师一优课、一课一名师市级优课奖	2017年	拉萨市教育局
欧珠央宗	女	藏	拉萨	中共党员	堆龙德庆区中学	一师一优课、一课一名师市级优课奖	2017年	拉萨市教育局
杜玲	女	汉	四川	群众	堆龙德庆区中学	市第二届教师互联网微课大赛一等奖	2017年	拉萨市教育局

续表19

姓名	性别	民族	籍贯	政治面貌	工作单位	获奖名称	表彰时间	授予单位
高　波	女	汉	山西	群众	堆龙德庆区中学	一师一优课、一课一名师市级优课奖	2017年	拉萨市教育局
臬玛群宗	女	藏	四川	中共党员	堆龙德庆区中学	拉萨市初中教学竞赛一等奖	2017年	拉萨市教育局
谭阿路	女	土家	湖南	群众	堆龙德庆区中学	一师一优课、一课一名师市级优课奖	2017年	拉萨市教育局
拉巴多杰	男	藏	日喀则	中共党员	堆龙德庆区小学	拉萨市体彩杯优秀裁判员	2017年	拉萨市体育局
唐　红	女	汉	四川	中共党员	堆龙德庆区小学	拉萨市“义务教育阶段第二届振兴教育教学质量三年行动计划课堂教学大赛”三等奖	2017年	拉萨市教育局
格　桑	男	藏	日喀则	中共党员	乃琼镇中心小学	一师一优课优秀奖	2017年	拉萨市教育局
次仁央金	女	藏	当雄	中共党员	乃琼镇中心小学	一师一优课优秀奖	2017年	拉萨市教育局
次　尼	女	藏	林周	中共党员	乃琼镇中心小学	一师一优课优秀奖	2017年	拉萨市教育局
索朗德吉	女	藏	拉萨	中共党员	羊达乡中心小学	“一师一优”活动“市级优课”	2017年	拉萨市教育局
白玛德吉	女	藏	拉萨	中共党员	羊达乡中心小学	“一师一优”活动“市级优课”	2017年	拉萨市教育局
大达瓦卓玛	女	藏	拉萨	中共党员	羊达乡中心小学	“一师一优”活动“市级优课”	2017年	拉萨市教育局
拉巴美朵	女	藏	阿里	中共党员	羊达乡中心小学	“一师一优”活动“市级优课”	2017年	拉萨市教育局
努　努	男	藏	拉萨	中共党员	羊达乡中心小学	“感恩祖国、圆梦北京”活动优秀教师	2017年	拉萨市教育局
平　措	男	藏	堆龙	中共党员	羊达乡中心小学	“一师一优”活动“市级优课”	2017年	拉萨市教育局
李　军	男	汉	河南	中共党员	羊达乡中心小学	“一师一优”活动“市级优课”	2017年	拉萨市教育局
康剑平	男	土家	湖南慈利	群众	古荣乡中心小学	“一师一优课、一课一名师”市级优秀奖	2017年	拉萨市教育局
索朗多吉	男	藏	日喀则	中共党员	马乡中心小学	“一师一优课、一课一名师”市级优秀奖	2017年	拉萨市教育局
普　琼	男	藏	日喀则	中共党员	马乡中心小学	“一师一优课、一课一名师”市级优秀奖	2017年	拉萨市教育局
尼玛次仁（小）	男	藏	芒康	中共党员	马乡中心小学	“一师一优课、一课一名师”市级优秀奖	2017年	拉萨市教育局
次　白	女	藏	拉萨	团员	马乡中心小学	一师一优市级优秀奖	2017年	拉萨市教育局

续表19

姓名	性别	民族	籍贯	政治面貌	工作单位	获奖名称	表彰时间	授予单位
益西旦增	男	藏	墨竹	中共党员	区教育体育局	拉萨市李氏教育个人奖	2017 年	李氏教育奖促进会
次拉姆	女	藏	甘南	中共党员	堆龙德庆区中学	拉萨市李氏教育个人奖	2017 年	李氏教育奖促进会
张洋	女	汉	四川	中共党员	堆龙德庆区中学	拉萨市李氏教育个人奖	2017 年	李氏教育奖促进会
韩庆龄	女	汉	甘肃	中共党员	堆龙德庆区中学	第四届东方少年中国梦新创意中小学全国作文大赛优秀指导教师	2017 年	北京市文学艺术界联合会、北京作家协会
涂卉	女	汉	四川	中共党员	堆龙德庆区中学	第四届东方少年中国梦新创意中小学全国作文大赛优秀指导教师	2017 年	北京市文学艺术界联合会、北京作家协会
段凤芝	女	汉	山东菏泽	中共党员	中共堆龙德庆区委宣传部	2017 年度堆龙德庆区民族团结先进个人	2017 年	中共堆龙德庆区委员会、堆龙德庆区人民政府
段凤芝	女	汉	山东菏泽	中共党员	中共堆龙德庆区委宣传部	2017 年堆龙德庆区卫生工作先进个人	2017 年	中共堆龙德庆区委员会、堆龙德庆区人民政府
央拉	女	藏	日喀则	中共党员	中共堆龙德庆区委宣传部	2016 年度堆龙德庆区食品安全工作先进个人	2017 年	中共堆龙德庆区委员会、堆龙德庆区人民政府
王瑞芳	女	汉	山西朔州	中共党员	中共堆龙德庆区委宣传部	2016 年度堆龙德庆区信访工作先进个人	2017 年	中共堆龙德庆区委员会、堆龙德庆区人民政府
唐靓	男	汉	四川岳池	中共党员	中共堆龙德庆区委统战部	2017 年民族团结进步先进个人	2017 年	中共堆龙德庆区委员会、堆龙德庆区人民政府
晋朗	男	藏	拉萨	中共党员	中共堆龙德庆区委统战部	2017 年优堆龙德庆区级优秀涉宗干部	2017 年	中共堆龙德庆区委员会、堆龙德庆区人民政府
巴桑	女	藏	堆龙	中共党员	堆龙德庆区人民代表大会常务委员会办公室	优秀公务员	2017 年	中共堆龙德庆区委员会、堆龙德庆区人民政府
程鹏斌	男	汉	浙江遂昌	中共党员	堆龙德庆区人民代表大会常务委员会办公室	优秀共产党员	2017 年	中共堆龙德庆区委员会、堆龙德庆区人民政府
程鹏斌	男	汉	浙江遂昌	中共党员	堆龙德庆区人民代表大会常务委员会办公室	2016 年度信访工作先进个人	2017 年	中共堆龙德庆区委员会、堆龙德庆区人民政府
罗布曲桑	男	藏	山南	中共党员	堆龙德庆区人民代表大会常务委员会办公室	民族团结进步模范个人	2017 年	中共堆龙德庆区委员会、堆龙德庆区人民政府
罗布曲桑	男	藏	山南	中共党员	堆龙德庆区人民代表大会常务委员会办公室	驻村工作先进个人	2017 年	中共堆龙德庆区委员会、堆龙德庆区人民政府
黄敏	女	汉	重庆巫山	中共党员	中国人民政治协商会议堆龙德庆区委员会办公室	优秀共产党员	2017 年	中共堆龙德庆区委员会、堆龙德庆区人民政府
扎桑	女	藏	堆龙	中共党员	中国人民政治协商会议堆龙德庆区委员会办公室	2016 年度综治工作先进个人	2017 年	中共堆龙德庆区委员会、堆龙德庆区人民政府

续表19

姓名	性别	民族	籍贯	政治面貌	工作单位	获奖名称	表彰时间	授予单位
唐　丽	女	汉	四川达州	中共党员	中国人民政治协商会议堆龙德庆区委员会办公室	2016年度信访工作先进个人	2017年	中共堆龙德庆区委员会、堆龙德庆区人民政府
央　宗	女	藏	堆龙	群众	中国人民政治协商会议堆龙德庆区委员会办公室	民族团结模范个人	2017年	中共堆龙德庆区委员会、堆龙德庆区人民政府
次　旺	男	藏	拉萨	中共党员	堆龙德庆区宗教办	2017年民族团结进步先进个人	2017年	中共堆龙德庆区委员会、堆龙德庆区人民政府
次仁扎西	男	藏	山南	中共党员	堆龙德庆区民宗局	堆龙德庆区2017年下半年优秀涉宗干部	2017年	中共堆龙德庆区委员会、堆龙德庆区人民政府
次仁扎西	男	藏	山南	中共党员	堆龙德庆区民宗局	堆龙德庆区2017年下半年优秀涉宗干部	2017年	中共堆龙德庆区委员会、堆龙德庆区人民政府
何　平	男	汉	四川	中共党员	中共堆龙德庆区委党校	安全生产先进个人	2017年	中共堆龙德庆区委员会、堆龙德庆区人民政府
次旦玉珍	女	藏	堆龙	中共党员	中共堆龙德庆区委党校	综治先进个人	2017年	中共堆龙德庆区委员会、堆龙德庆区人民政府
边巴次仁	男	藏	堆龙	中共党员	中共堆龙德庆区委党校	综治先进个人	2017年	中共堆龙德庆区委员会、堆龙德庆区人民政府
格桑卓嘎	女	藏	日喀则亚东	中共党员	中共堆龙德庆区委党校	民族团结进步模范个人	2017年	中共堆龙德庆区委员会、堆龙德庆区人民政府
朗　珍	女	藏	山南	中共党员	中共堆龙德庆区委党校	事业单位工作人员年度考核优秀	2017年	中共堆龙德庆区委员会、堆龙德庆区人民政府
田德全	男	汉	青海互助	中共党员	堆龙德庆区信访局	区民族团结先进个人	2017年	中共堆龙德庆区委员会、堆龙德庆区人民政府
唐　菲	男	汉	重庆潼南	中共党员	堆龙德庆区信访局	区综治工作先进个人	2017年	中共堆龙德庆区委员会、堆龙德庆区人民政府
唐　菲	男	汉	重庆潼南	中共党员	堆龙德庆区信访局	区信访工作先进个人	2017年	中共堆龙德庆区委员会、堆龙德庆区人民政府
丁　莉	女	汉	江苏徐州	中共党员	堆龙德庆区信访局	区民族团结先进家庭	2017年	中共堆龙德庆区委员会、堆龙德庆区人民政府
玉　珍	女	藏	拉萨	中共党员	堆龙德庆区信访局	区安全生产工作先进个人	2017年	中共堆龙德庆区委员会、堆龙德庆区人民政府
巴　桑	女	藏	拉萨	中共党员	堆龙德庆区地方志办公室	2016—2017学年度教育工作先进个人	2017年	中共堆龙德庆区委员会、堆龙德庆区人民政府
秦洪云	女	汉	四川仁寿	中共党员	团区委	2016年度安全生产先进个人	2017年	中共堆龙德庆区委员会、堆龙德庆区人民政府
秦洪云	女	汉	四川仁寿	中共党员	团区委	2016—2017年度拉萨市堆龙德庆区优秀志愿者称号	2017年	中共堆龙德庆区委员会、堆龙德庆区人民政府
秦洪云	女	汉	四川仁寿	中共党员	团区委	2016年度民族团结先进个人	2017年	中共堆龙德庆区委员会、堆龙德庆区人民政府
巴桑央吉	女	藏	拉萨	积极分子	团区委	2016年度民族团结先进个人	2017年	中共堆龙德庆区委员会、堆龙德庆区人民政府

续表19

姓名	性别	民族	籍贯	政治面貌	工作单位	获奖名称	表彰时间	授予单位
巴　片	女	藏	日喀则	中共党员	堆龙德庆区妇女联合会	信访先进个人	2017年	中共堆龙德庆区委员会、堆龙德庆区人民政府
巴桑普赤	女	藏	拉萨	中共党员	堆龙德庆区妇女联合会	民族团结先进个人	2017年	中共堆龙德庆区委员会、堆龙德庆区人民政府
洛桑平措	男	藏	甘肃甘南	中共党员	堆龙德庆区工商业联合会	民族团结先进个人	2017年	中共堆龙德庆区委员会、堆龙德庆区人民政府
巴桑扎西	男	藏	日喀则	中共党员	堆龙德庆区公安消防大队	优秀涉宗干部	2017年	中共堆龙德庆区委员会、堆龙德庆区人民政府
巴桑扎西	男	藏	日喀则	中共党员	拉萨市堆龙德庆区公安消防大队	2016年度优秀政法干警	2017年	中共堆龙德庆区委员会、堆龙德庆区人民政府
吴金瀚	男	汉	贵州贵阳	团员	拉萨市堆龙德庆区公安消防大队	民族团结先进个人	2017年	中共堆龙德庆区委员会、堆龙德庆区人民政府
达　珍	女	藏	拉萨	中共党员	堆龙德庆区人民检察院	政法先进个人	2017年	中共堆龙德庆区委员会、堆龙德庆区人民政府
次仁卓玛	女	藏	昌都	中共党员	堆龙德庆区人民检察院	优秀政法干警	2017年	中共堆龙德庆区委员会、堆龙德庆区人民政府
热木增	男	回	拉萨	中共党员	堆龙德庆区人民检察院	优秀政法干警	2017年	中共堆龙德庆区委员会、堆龙德庆区人民政府
索郎卓嘎	女	藏	拉萨	中共党员	堆龙德庆区人民检察院	优秀政法干警	2017年	中共堆龙德庆区委员会、堆龙德庆区人民政府
曲吉桑姆	女	藏	拉萨	中共党员	堆龙德庆区人民检察院	优秀政法干警	2017年	中共堆龙德庆区委员会、堆龙德庆区人民政府
商　珍	女	藏	天津红桥	中共党员	堆龙德庆区人民检察院	优秀政法干警	2017年	中共堆龙德庆区委员会、堆龙德庆区人民政府
普布次仁	男	藏	拉萨	中共党员	堆龙德庆区人民检察院	优秀政法干警	2017年	中共堆龙德庆区委员会、堆龙德庆区人民政府
巴桑多吉	男	藏	山南	中共党员	堆龙德庆区人民检察院	优秀政法干警	2017年	中共堆龙德庆区委员会、堆龙德庆区人民政府
任江坤	男	汉	陕西大荔	中共党员	堆龙德庆区人民检察院	优秀政法干警	2017年	中共堆龙德庆区委员会、堆龙德庆区人民政府
索郎卓嘎	女	藏	拉萨	中共党员	堆龙德庆区人民检察院	民族团结先进个人	2017年	中共堆龙德庆区委员会、堆龙德庆区人民政府
曲　拉	女	藏	青海玉树	中共党员	堆龙德庆区人民检察院	民族团结先进个人	2017年	中共堆龙德庆区委员会、堆龙德庆区人民政府
强巴次仁	男	藏	日喀则康马	中共党员	堆龙德庆区人民检察院	民族团结先进个人	2017年	中共堆龙德庆区委员会、堆龙德庆区人民政府
王晓玲	女	汉	山东淄博	入党积极分子	堆龙德庆区人民检察院	民族团结先进个人	2017年	中共堆龙德庆区委员会、堆龙德庆区人民政府
王　欣	女	汉	甘肃	中共党员	堆龙德庆区人民法院	优秀政法干警	2017年	中共堆龙德庆区委员会、堆龙德庆区人民政府

续表19

姓名	性别	民族	籍贯	政治面貌	工作单位	获奖名称	表彰时间	授予单位
嘎 珍	女	藏	山南	中共党员	堆龙德庆区人民法院	优秀政法干警	2017年	中共堆龙德庆区委员会、堆龙德庆区人民政府
次仁德吉	女	藏	拉萨	中共党员	堆龙德庆区人民法院	优秀政法干警	2017年	中共堆龙德庆区委员会、堆龙德庆区人民政府
嘎玛益西	男	藏	山南	中共党员	堆龙德庆区人民法院	优秀政法干警	2017年	中共堆龙德庆区委员会、堆龙德庆区人民政府
贡桑旺姆	女	藏	阿里	中共党员	堆龙德庆区人民法院	优秀政法干警	2017年	中共堆龙德庆区委员会、堆龙德庆区人民政府
洛桑旦巴	男	藏	山南	中共党员	堆龙德庆区人民法院	优秀政法干警	2017年	中共堆龙德庆区委员会、堆龙德庆区人民政府
次仁加略	女	藏	云南	中共党员	堆龙德庆区人民法院	优秀政法干警	2017年	中共堆龙德庆区委员会、堆龙德庆区人民政府
次仁多不杰	男	藏	日喀则	中共党员	堆龙德庆区人民法院	优秀政法干警	2017年	中共堆龙德庆区委员会、堆龙德庆区人民政府
洛布德增	男	藏	昌都	中共党员	堆龙德庆区人民法院	优秀政法干警	2017年	中共堆龙德庆区委员会、堆龙德庆区人民政府
拜有云	男	回	青海	中共党员	堆龙德庆区人民法院	优秀政法干警	2017年	中共堆龙德庆区委员会、堆龙德庆区人民政府
伍 飞	男	汉	四川	中共党员	堆龙德庆区人民法院	民族团结先进个人	2017年	中共堆龙德庆区委员会、堆龙德庆区人民政府
次 珍	女	藏	拉萨	中共党员	堆龙德庆区人民法院	民族团结先进个人	2017年	中共堆龙德庆区委员会、堆龙德庆区人民政府
张璐杰	女	汉	甘肃	中共党员	堆龙德庆区人民法院	民族团结先进个人	2017年	中共堆龙德庆区委员会、堆龙德庆区人民政府
吴天乙	男	汉	河北	中共党员	堆龙德庆区人民法院	民族团结先进个人	2017年	中共堆龙德庆区委员会、堆龙德庆区人民政府
尼玛德吉	女	汉	青海	中共党员	堆龙德庆区人民法院	民族团结先进个人	2017年	中共堆龙德庆区委员会、堆龙德庆区人民政府
普布卓玛	女	藏	山南	中共党员	堆龙德庆区人民法院	民族团结先进个人	2017年	中共堆龙德庆区委员会、堆龙德庆区人民政府
白玛曲珍	女	藏	拉萨	中共党员	堆龙德庆区财政局	堆龙德庆区民族团结先进个人	2017年	中共堆龙德庆区委员会、堆龙德庆区人民政府
次仁拉姆	女	藏	日喀则	团员	堆龙德庆区财政局	堆龙德庆区先进驻村工作队员	2017年	中共堆龙德庆区委员会、堆龙德庆区人民政府
阿旺旦增	男	藏	昌都	中共党员	拉萨市国土资源局堆龙德庆分局	全区民族团结进步模范个人	2017年	中共堆龙德庆区委员会、堆龙德庆区人民政府
敬旺清	男	藏	四川遂宁	中共党员	拉萨市国土资源局堆龙德庆分局	全区民族团结进步模范个人	2017年	中共堆龙德庆区委员会、堆龙德庆区人民政府
陈道明	男	汉	云南会泽	中共党员	拉萨市国土资源局堆龙德庆分局	安全生产先进个人	2017年	中共堆龙德庆区委员会、堆龙德庆区人民政府

续表19

姓名	性别	民族	籍贯	政治面貌	工作单位	获奖名称	表彰时间	授予单位
陈道明	男	汉	云南会泽	中共党员	拉萨市国土资源局堆龙德庆分局	综治先进个人	2017年	中共堆龙德庆区委员会、堆龙德庆区人民政府
陈道明	男	汉	云南会泽	中共党员	拉萨市国土资源局堆龙德庆分局	信访工作先进个人	2017年	中共堆龙德庆区委员会、堆龙德庆区人民政府
次　央	女	藏	云南鹤庆县	中共党员	堆龙德庆区工业和信息化局	2016年堆龙德庆区民族团结先进个人	2017年	中共堆龙德庆区委员会、堆龙德庆区人民政府
段喜娟	女	汉	山东菏泽	中共党员	堆龙德庆区工业和信息化局	2016年堆龙德庆区综治工作先进个人	2017年	中共堆龙德庆区委员会、堆龙德庆区人民政府
段喜娟	女	汉	山东菏泽	中共党员	堆龙德庆区工业和信息化局	2016年堆龙德庆区信访工作先进个人	2017年	中共堆龙德庆区委员会、堆龙德庆区人民政府
旦增欧珠	男	藏	拉萨	中共党员	堆龙德庆区民政局	2016年度综治先进个人	2017年	中共堆龙德庆区委员会、堆龙德庆区人民政府
次仁顿珠	男	藏	那曲	中共党员	堆龙德庆区民政局	安全生产先进个人	2017年	中共堆龙德庆区委员会、堆龙德庆区人民政府
次旦卓嘎	女	藏	日喀则	中共党员	堆龙德庆区民政局	民族团结先进个人	2017年	中共堆龙德庆区委员会、堆龙德庆区人民政府
索朗德吉	女	藏	拉萨	中共党员	堆龙德庆区卫生局	安全生产先进个人	2017年	中共堆龙德庆区委员会、堆龙德庆区人民政府
拉巴顿珠	男	藏	四川甘孜	中共党员	堆龙德庆区人民医院	2017年堆龙德庆区民族团结进步模范个人	2017年	中共堆龙德庆区委员会、堆龙德庆区人民政府
索朗拉姆	女	藏	日喀则	中共党员	堆龙德庆区人民医院	2017年堆龙德庆区民族团结进步模范个人	2017年	中共堆龙德庆区委员会、堆龙德庆区人民政府
格桑德吉	女	藏	日喀则	中共党员	堆龙德庆区人民医院	2017年堆龙德庆区民族团结进步模范个人	2017年	中共堆龙德庆区委员会、堆龙德庆区人民政府
石达次仁	男	藏	日喀则	群众	堆龙德庆区人民医院	2017年堆龙德庆区民族团结进步模范个人	2017年	中共堆龙德庆区委员会、堆龙德庆区人民政府
张　琮	男	藏	江苏无锡	群众	堆龙德庆区人民医院	2017年堆龙德庆区民族团结进步模范个人	2017年	中共堆龙德庆区委员会、堆龙德庆区人民政府
白　波	男	汉	林芝	中共党员	堆龙德庆区人民医院	2017年堆龙德庆区民族团结进步模范个人	2017年	中共堆龙德庆区委员会、堆龙德庆区人民政府
米　明	女	藏	山南	中共党员	堆龙德庆区人民医院	2017年堆龙德庆区民族团结进步模范个人	2017年	中共堆龙德庆区委员会、堆龙德庆区人民政府
仁庆央珍	女	藏	云南	中共党员	堆龙德庆区人民医院	2017年堆龙德庆区民族团结进步模范个人	2017年	中共堆龙德庆区委员会、堆龙德庆区人民政府
毛　卫	男	汉	四川	中共党员	堆龙德庆区人民医院	2017年堆龙德庆区民族团结进步模范个人	2017年	中共堆龙德庆区委员会、堆龙德庆区人民政府
次仁央珍	女	藏	拉萨	中共党员	堆龙德庆区人民医院	2017年堆龙德庆区创先争优强基础惠民生活动先进驻村工作人员	2017年	中共堆龙德庆区委员会、堆龙德庆区人民政府
次旦卓嘎	女	藏	日喀则	中共党员	堆龙德庆区疾病预防控制中心	2017年度全区民族团结进步模范个人	2017年	中共堆龙德庆区委员会、堆龙德庆区人民政府

续表19

姓名	性别	民族	籍贯	政治面貌	工作单位	获奖名称	表彰时间	授予单位
索朗旺堆	男	藏	拉萨	积极分子	堆龙德庆区疾病预防控制中心	2017年度全区民族团结进步模范个人	2017	中共堆龙德庆区委员会、堆龙德庆区人民政府
次旦卓嘎	女	藏	日喀则	中共党员	堆龙德庆区疾病预防控制中心	2017年度全区民族团结进步模范个人	2017	中共堆龙德庆区委员会、堆龙德庆区人民政府
索朗旺堆	男	藏	拉萨	积极分子	堆龙德庆区疾病预防控制中心	2017年度全区民族团结进步模范个人	2017	中共堆龙德庆区委员会、堆龙德庆区人民政府
旦增平措	男	藏	昌都	中共党员	堆龙德庆区文化广播电影电视(新闻出版、文物)局	安全生产先进个人	2017年	中共堆龙德庆区委员会、堆龙德庆区人民政府
达　色	女	藏	堆龙	中共党员	堆龙德庆区文化广播电影电视(新闻出版、文物)局	藏汉翻译先进个人	2017年	中共堆龙德庆区委员会、堆龙德庆区人民政府
次　央	女	藏	堆龙	中共党员	堆龙德庆区农业综合开发办公室	民族团结进步模范个人奖	2017年	中共堆龙德庆区委员会、堆龙德庆区人民政府
旦增念扎	男	藏	堆龙	中共党员	堆龙德庆区教育(体育)局	优秀教育工作者	2017年	中共堆龙德庆区委员会、堆龙德庆区人民政府
尼玛卓玛	女	藏	那曲	中共党员	堆龙德庆区教育(体育)局	优秀教育工作者	2017年	中共堆龙德庆区委员会、堆龙德庆区人民政府
贾惠芳	女	汉	甘肃	中共党员	堆龙德庆区教育(体育)局	优秀教育工作者	2017年	中共堆龙德庆区委员会、堆龙德庆区人民政府
德吉群措	女	藏	昌都	群众	堆龙德庆区教育(体育)局	优秀教育工作者	2017年	中共堆龙德庆区委员会、堆龙德庆区人民政府
达娃吉	女	藏	堆龙	群众	堆龙德庆区教育(体育)局	优秀教育工作者	2017年	中共堆龙德庆区委员会、堆龙德庆区人民政府
益西旦增	男	藏	墨竹	中共党员	堆龙德庆区教育(体育)局	民族团结进步模范个人	2017年	中共堆龙德庆区委员会、堆龙德庆区人民政府
央　金	女	藏	拉萨	中共党员	堆龙德庆区教育(体育)局	民族团结进步模范个人	2017年	中共堆龙德庆区委员会、堆龙德庆区人民政府
顿珠拉久	男	藏	西藏那曲	中共党员	堆龙工业园区管委会	2017年综治先进个人	2018年	中共堆龙德庆区委员会、堆龙德庆区人民政府
达瓦次仁	男	藏	西藏堆龙	中共党员	堆龙工业园区管委会	2017年安全生产先进个人	2018年	中共堆龙德庆区委员会、堆龙德庆区人民政府
索　朗	男	藏	堆龙	群众	高天护路大队	2016年度社会治安综合治理工作先进个人	2017年	中共堆龙德庆区委员会、堆龙德庆区人民政府
旦　真	男	藏	堆龙	群众	高天护路大队	2016年度社会治安综合治理工作先进个人	2017年	中共堆龙德庆区委员会、堆龙德庆区人民政府
巴　桑	男	藏	堆龙	群众	高天护路大队	2016年度社会治安综合治理工作先进个人	2017年	中共堆龙德庆区委员会、堆龙德庆区人民政府
达瓦帕珠	男	藏	堆龙	群众	古荣护路大队	2016年度社会治安综合治理工作先进个人	2017年	中共堆龙德庆区委员会、堆龙德庆区人民政府
阿　旺	男	藏	堆龙	群众	古荣护路大队	2016年度社会治安综合治理工作先进个人	2017年	中共堆龙德庆区委员会、堆龙德庆区人民政府

续表19

姓名	性别	民族	籍贯	政治面貌	工作单位	获奖名称	表彰时间	授予单位
旦增云旦	男	藏	堆龙	中共党员	莫嘎护路大队	2016年度社会治安综合治理工作先进个人	2017年	中共堆龙德庆区委员会、堆龙德庆区人民政府
扎西次仁	男	藏	堆龙	群众	莫嘎护路大队	2016年度社会治安综合治理工作先进个人	2017年	中共堆龙德庆区委员会、堆龙德庆区人民政府
旦增赤列	男	藏	日喀则	群众	莫嘎护路大队	2016年度社会治安综合治理工作先进个人	2017年	中共堆龙德庆区委员会、堆龙德庆区人民政府
扎西旺修	男	藏	堆龙	群众	中庆加油站	2016年度社会治安综合治理工作先进个人	2017年	中共堆龙德庆区委员会、堆龙德庆区人民政府
仁增多杰	男	藏	山南扎囊	群众	金珠加油站	2016年度社会治安综合治理工作先进个人	2017年	中共堆龙德庆区委员会、堆龙德庆区人民政府
普布扎西	男	藏	堆龙	群众	区护路办	2016年度社会治安综合治理工作优秀政法干警	2017年	中共堆龙德庆区委员会、堆龙德庆区人民政府
旦增卓玛	女	藏	堆龙	群众	区护路办	2016年度社会治安综合治理工作优秀政法干警	2017年	中共堆龙德庆区委员会、堆龙德庆区人民政府
普布次仁	男	藏	堆龙	群众	金珠加油站	2016年度全区安全生产先进个人	2017年	中共堆龙德庆区委员会、堆龙德庆区人民政府
旦增色乃	男	藏	堆龙	群众	西郊加油站	2016年度全区安全生产先进个人	2017年	中共堆龙德庆区委员会、堆龙德庆区人民政府
拉巴平措	男	藏	堆龙	团员	古荣护路大队	2016年度堆龙德庆区“五四”先进个人	2017年	中共堆龙德庆区委员会、堆龙德庆区人民政府
边巴次仁	男	藏	堆龙	团员	莫嘎护路大队	2016年度堆龙德庆区“五四”先进个人	2017年	中共堆龙德庆区委员会、堆龙德庆区人民政府
旦增巴觉	男	藏	山南浪卡子	团员	高天护路大队	2016年度堆龙德庆区“五四”先进个人	2017年	中共堆龙德庆区委员会、堆龙德庆区人民政府
索朗扎西	男	汉	堆龙	中共党员	区护路办	2017年下半年优秀涉宗干部	2017年	中共堆龙德庆区委员会、堆龙德庆区人民政府
坚参群培	男	藏	达孜	群众	高天护路大队	2017年下半年优秀涉宗干部	2017年	中共堆龙德庆区委员会、堆龙德庆区人民政府
普布扎西	男	藏	堆龙	中共党员	区护路办	2017年度全区民族团结进步模范个人	2017年	中共堆龙德庆区委员会、堆龙德庆区人民政府
李 新 兵	男	汉	甘肃渝中	中共党员	高天护路大队	2017年度全区民族团结进步模范个人	2017年	中共堆龙德庆区委员会、堆龙德庆区人民政府
旦巴次仁	男	藏	堆龙	群众	高天护路大队	2017年度全区民族团结进步模范个人	2017年	中共堆龙德庆区委员会、堆龙德庆区人民政府
平措顿珠	男	藏	堆龙	群众	高天护路大队	2017年度全区民族团结进步模范个人	2017年	中共堆龙德庆区委员会、堆龙德庆区人民政府
罗桑顿珠	男	藏	堆龙	群众	高天护路大队	2017年度全区民族团结进步模范个人	2017年	中共堆龙德庆区委员会、堆龙德庆区人民政府
次仁加参	男	藏	日喀则定结	群众	高天护路大队	2017年度全区民族团结进步模范个人	2017年	中共堆龙德庆区委员会、堆龙德庆区人民政府

续表19

姓名	性别	民族	籍贯	政治面貌	工作单位	获奖名称	表彰时间	授予单位
马　咏	男	汉	四川诺尔盖	群众	高天护路大队	2017年度全区民族团结进步模范个人	2017年	中共堆龙德庆区委员会、堆龙德庆区人民政府
强巴益西	男	藏	达孜	群众	高天护路大队	2017年度全区民族团结进步模范个人	2017年	中共堆龙德庆区委员会、堆龙德庆区人民政府
旦增桑珠	男	藏	林周	群众	高天护路大队	2017年度全区民族团结进步模范个人	2017年	中共堆龙德庆区委员会、堆龙德庆区人民政府
旦　增	男	藏	堆龙	群众	高天护路大队	2017年度全区民族团结进步模范个人	2017年	中共堆龙德庆区委员会、堆龙德庆区人民政府
巴　桑	男	藏	堆龙	中共党员	古荣护路大队	2017年度全区民族团结进步模范个人	2017年	中共堆龙德庆区委员会、堆龙德庆区人民政府
边　巴	男	藏	堆龙	群众	古荣护路大队	2017年度全区民族团结进步模范个人	2017年	中共堆龙德庆区委员会、堆龙德庆区人民政府
旺　杰	男	藏	堆龙	群众	古荣护路大队	2017年度全区民族团结进步模范个人	2017年	中共堆龙德庆区委员会、堆龙德庆区人民政府
阿旺仁青	男	藏	林周县	群众	古荣护路大队	2017年度全区民族团结进步模范个人	2017年	中共堆龙德庆区委员会、堆龙德庆区人民政府
马成有	男	汉	甘肃临夏	群众	古荣护路大队	2017年度全区民族团结进步模范个人	2017年	中共堆龙德庆区委员会、堆龙德庆区人民政府
旦增次仁	男	藏	堆龙	群众	古荣护路大队	2017年度全区民族团结进步模范个人	2017年	中共堆龙德庆区委员会、堆龙德庆区人民政府
林银贵	男	汉	青海华隆	群众	古荣护路大队	2017年度全区民族团结进步模范个人	2017年	中共堆龙德庆区委员会、堆龙德庆区人民政府
平措顿珠	男	藏	堆龙	中共党员	古荣护路大队	2017年度全区民族团结进步模范个人	2017年	中共堆龙德庆区委员会、堆龙德庆区人民政府
次仁达瓦	男	藏	堆龙	群众	古荣护路大队	2017年度全区民族团结进步模范个人	2017年	中共堆龙德庆区委员会、堆龙德庆区人民政府
阿旺群培	男	藏	堆龙	团员	莫嘎护路大队	2017年度全区民族团结进步模范个人	2017年	中共堆龙德庆区委员会、堆龙德庆区人民政府
旺　堆	男	藏	堆龙	团员	莫嘎护路大队	2017年度全区民族团结进步模范个人	2017年	中共堆龙德庆区委员会、堆龙德庆区人民政府
达瓦扎堆	男	藏	堆龙	中共党员	莫嘎护路大队	2017年度全区民族团结进步模范个人	2017年	中共堆龙德庆区委员会、堆龙德庆区人民政府
小旦真	男	藏	堆龙	团员	莫嘎护路大队	2017年度全区民族团结进步模范个人	2017年	中共堆龙德庆区委员会、堆龙德庆区人民政府
石曲欧珠	男	藏	那曲尼玛	群众	莫嘎护路大队	2017年度全区民族团结进步模范个人	2017年	中共堆龙德庆区委员会、堆龙德庆区人民政府
次仁达瓦	男	藏	堆龙	群众	莫嘎护路大队	2017年度全区民族团结进步模范个人	2017年	中共堆龙德庆区委员会、堆龙德庆区人民政府
嘎　旦	男	藏	堆龙	团员	莫嘎护路大队	2017年度全区民族团结进步模范个人	2017年	中共堆龙德庆区委员会、堆龙德庆区人民政府

续表19

姓名	性别	民族	籍贯	政治面貌	工作单位	获奖名称	表彰时间	授予单位
达瓦曲扎	男	藏	堆龙	中共党员	莫嘎护路大队	2017年度全区民族团结进步模范个人	2017年	中共堆龙德庆区委员会、堆龙德庆区人民政府
扎西旺扎	男	藏	堆龙	群众	莫嘎护路大队	2017年度全区民族团结进步模范个人	2017年	中共堆龙德庆区委员会、堆龙德庆区人民政府
尼玛次仁	男	藏	堆龙	中共党员	莫嘎护路大队	2017年度全区民族团结进步模范个人	2017年	中共堆龙德庆区委员会、堆龙德庆区人民政府
洛桑扎西	男	藏	当雄	群众	莫嘎护路大队	2017年度全区民族团结进步模范个人	2017年	中共堆龙德庆区委员会、堆龙德庆区人民政府
卓玛群宗	女	藏	甘孜	中共党员	堆龙德庆区中学	优秀班主任	2017年	中共堆龙德庆区委员会、堆龙德庆区人民政府
次仁顿珠	男	藏	四川	中共党员	堆龙德庆区中学	优秀班主任	2017年	中共堆龙德庆区委员会、堆龙德庆区人民政府
普布卓玛	女	藏	日喀则	中共党员	堆龙德庆区中学	优秀班主任	2017年	中共堆龙德庆区委员会、堆龙德庆区人民政府
德吉卓嘎	女	藏	日喀则	中共党员	堆龙德庆区中学	优秀班主任	2017年	中共堆龙德庆区委员会、堆龙德庆区人民政府
卓　嘎	女	藏	拉萨	中共党员	堆龙德庆区中学	优秀班主任	2017年	中共堆龙德庆区委员会、堆龙德庆区人民政府
阿　林	男	藏	拉萨	团员	堆龙德庆区中学	优秀班主任	2017年	中共堆龙德庆区委员会、堆龙德庆区人民政府
赖　丽	女	汉	四川	中共党员	堆龙德庆区中学	优秀教师	2017年	中共堆龙德庆区委员会、堆龙德庆区人民政府
王　萍	女	汉	河南	群众	堆龙德庆区中学	优秀教师	2017年	中共堆龙德庆区委员会、堆龙德庆区人民政府
胡燕梅	女	汉	山东	中共党员	堆龙德庆区中学	优秀教师	2017年	中共堆龙德庆区委员会、堆龙德庆区人民政府
莫春燕	女	汉	重庆	中共党员	堆龙德庆区中学	优秀教师	2017年	中共堆龙德庆区委员会、堆龙德庆区人民政府
白玛玉珍	女	藏	拉萨	群众	堆龙德庆区中学	优秀教师	2017年	中共堆龙德庆区委员会、堆龙德庆区人民政府
益西曲珍	女	藏	拉萨	群众	堆龙德庆区中学	优秀教师	2017年	中共堆龙德庆区委员会、堆龙德庆区人民政府
王书清	男	汉	河南	中共党员	堆龙德庆区中学	优秀教师	2017年	中共堆龙德庆区委员会、堆龙德庆区人民政府
普布德吉	女	藏	拉萨	群众	堆龙德庆区中学	优秀教师	2017年	中共堆龙德庆区委员会、堆龙德庆区人民政府
德　吉	女	藏	拉萨	中共党员	堆龙德庆区中学	优秀教师	2017年	中共堆龙德庆区委员会、堆龙德庆区人民政府
克　尊	男	藏	日喀则	群众	堆龙德庆区中学	优秀教师	2017年	中共堆龙德庆区委员会、堆龙德庆区人民政府
巴　珍	女	藏	日喀则	中共党员	堆龙德庆区中学	优秀教师	2017年	中共堆龙德庆区委员会、堆龙德庆区人民政府
格桑仁增	男	藏	山南	中共党员	堆龙德庆区中学	优秀教师	2017年	中共堆龙德庆区委员会、堆龙德庆区人民政府

续表19

姓名	性别	民族	籍贯	政治面貌	工作单位	获奖名称	表彰时间	授予单位
达瓦次仁	男	藏	拉萨	中共党员	堆龙德庆区中学	优秀教师	2017 年	中共堆龙德庆区委员会、堆龙德庆区人民政府
尼　珠	女	藏	拉萨	中共党员	堆龙德庆区中学	优秀教师	2017 年	中共堆龙德庆区委员会、堆龙德庆区人民政府
次仁曲宗	女	藏	拉萨	群众	堆龙德庆区中学	优秀教师	2017 年	中共堆龙德庆区委员会、堆龙德庆区人民政府
薛富春	男	汉	河南	群众	堆龙德庆区中学	优秀教师	2017 年	中共堆龙德庆区委员会、堆龙德庆区人民政府
普　珍	女	藏	拉萨	中共党员	堆龙德庆区中学	优秀教师	2017 年	中共堆龙德庆区委员会、堆龙德庆区人民政府
普布卓玛	女	藏	丽江	群众	堆龙德庆区中学	优秀教师	2017 年	中共堆龙德庆区委员会、堆龙德庆区人民政府
桑旦卓玛	女	藏	拉萨	群众	堆龙德庆区中学	优秀教师	2017 年	中共堆龙德庆区委员会、堆龙德庆区人民政府
卓　嘎	女	藏	堆龙	中共党员	堆龙德庆区中学	先进个人	2017 年	中共堆龙德庆区委员会、堆龙德庆区人民政府
次旺曲珍	女	藏	堆龙	群众	堆龙德庆区中学	先进个人	2017 年	中共堆龙德庆区委员会、堆龙德庆区人民政府
次旺曲珍	女	藏	堆龙	群众	堆龙德庆区中学	先进个人	2017 年	中共堆龙德庆区委员会、堆龙德庆区人民政府
索朗卓嘎	女	藏	拉萨	中共党员	堆龙德庆区中学	民族团结先进个人	2017 年	中共堆龙德庆区委员会、堆龙德庆区人民政府
边巴次仁	男	藏	山南	中共党员	堆龙德庆区中学	民族团结先进个人	2017 年	中共堆龙德庆区委员会、堆龙德庆区人民政府
边巴次仁	男	藏	山南	中共党员	堆龙德庆区中学	民族团结进步模范个人	2017 年	中共堆龙德庆区委员会、堆龙德庆区人民政府
索朗卓嘎	女	藏	拉萨	中共党员	堆龙德庆区中学	民族团结进步模范个人	2017 年	中共堆龙德庆区委员会、堆龙德庆区人民政府
格桑仁增	男	藏	山南	中共党员	堆龙德庆区中学	民族团结进步模范个人	2017 年	中共堆龙德庆区委员会、堆龙德庆区人民政府
次旦平措	男	藏	拉萨	中共党员	堆龙德庆区中学	民族团结进步模范个人	2017 年	中共堆龙德庆区委员会、堆龙德庆区人民政府
格桑曲珍	女	藏	拉萨	群众	堆龙德庆区中学	民族团结进步模范个人	2017 年	中共堆龙德庆区委员会、堆龙德庆区人民政府
桌玛群宗	女	藏	四川	中共党员	堆龙德庆区中学	民族团结进步模范个人	2017 年	中共堆龙德庆区委员会、堆龙德庆区人民政府
格桑仁增	男	藏	山南	党员	堆龙德庆区中学	民族团结先进个人	2017 年	中共堆龙德庆区委员会、堆龙德庆区人民政府
次旦平措	男	藏	拉萨	中共党员	堆龙德庆区中学	优秀团干部	2017 年	中共堆龙德庆区委员会、堆龙德庆区人民政府

续表19

姓名	性别	民族	籍贯	政治面貌	工作单位	获奖名称	表彰时间	授予单位
仁青木色	男	藏	拉萨	群众	堆龙德庆区中学	优秀志愿者	2017 年	中共堆龙德庆区委员会、堆龙德庆区人民政府
次旦平措	男	藏	拉萨	中共党员	堆龙德庆区中学	优秀团干部	2017 年	中共堆龙德庆区委员会、堆龙德庆区人民政府
次旦平措	男	藏	拉萨	中共党员	堆龙德庆区中学	堆龙德庆区优秀党员	2017 年	中共堆龙德庆区委员会、堆龙德庆区人民政府
格桑曲珍	女	藏	拉萨	群众	堆龙德庆区中学	民族团结先进个人	2017 年	中共堆龙德庆区委员会、堆龙德庆区人民政府
仁青木色	男	藏	拉萨	群众	堆龙德庆区中学	优秀志愿者	2017 年	中共堆龙德庆区委员会、堆龙德庆区人民政府
仁　增	男	藏	林芝	群众	堆龙德庆区中学	优秀教育工作者	2017 年	中共堆龙德庆区委员会、堆龙德庆区人民政府
达瓦次仁	男	藏	昌都	中共党员	堆龙德庆区中学	优秀教育工作者	2017 年	中共堆龙德庆区委员会、堆龙德庆区人民政府
卓　嘎	女	藏	拉萨	中共党员	堆龙德庆区中学	师德标兵	2017 年	中共堆龙德庆区委员会、堆龙德庆区人民政府
强巴卓嘎	女	藏	拉萨	中共党员	堆龙德庆区中学	师德标兵	2017 年	中共堆龙德庆区委员会、堆龙德庆区人民政府
佟福鼎	男	汉	辽宁	中共党员	堆龙德庆区中学	师德标兵	2017 年	中共堆龙德庆区委员会、堆龙德庆区人民政府
平措德吉	女	藏	拉萨	中共党员	堆龙德庆区中学	师德标兵	2017 年	中共堆龙德庆区委员会、堆龙德庆区人民政府
多吉旺堆	男	藏	堆龙	中共党员	堆龙德庆区小学	民族团结进步模范个人	2017 年	中共堆龙德庆区委员会、堆龙德庆区人民政府
旦增伦珠	男	藏	拉萨	中共党员	堆龙德庆区小学	民族团结进步模范个人	2017 年	中共堆龙德庆区委员会、堆龙德庆区人民政府
强　桑	女	藏	拉萨	群众	堆龙德庆区小学	师德标兵	2017 年	中共堆龙德庆区委员会、堆龙德庆区人民政府
哈吉娜	女	回	拉萨	群众	堆龙德庆区小学	优秀班主任	2017 年	中共堆龙德庆区委员会、堆龙德庆区人民政府
尼玛片多	女	藏	拉萨	中共党员	堆龙德庆区小学	优秀班主任	2017 年	中共堆龙德庆区委员会、堆龙德庆区人民政府
穷吉	女	藏	拉萨	群众	堆龙德庆区小学	优秀班主任	2017 年	中共堆龙德庆区委员会、堆龙德庆区人民政府
次仁玉珍	女	藏	堆龙	群众	堆龙德庆区小学	优秀班主任	2017 年	中共堆龙德庆区委员会、堆龙德庆区人民政府
巴桑卓嘎	女	藏	堆龙	中共党员	堆龙德庆区小学	优秀教师	2017 年	中共堆龙德庆区委员会、堆龙德庆区人民政府
达娃曲珍	女	藏	那曲	中共党员	堆龙德庆区小学	优秀教师	2017 年	中共堆龙德庆区委员会、堆龙德庆区人民政府

续表19

姓名	性别	民族	籍贯	政治面貌	工作单位	获奖名称	表彰时间	授予单位
扎　桑	女	藏	堆龙	群众	堆龙德庆区小学	优秀教师	2017 年	中共堆龙德庆区委员会、堆龙德庆区人民政府
唐　红	女	汉	四川	中共党员	堆龙德庆区小学	优秀教师	2017 年	中共堆龙德庆区委员会、堆龙德庆区人民政府
拉巴多杰	男	藏	日喀则	中共党员	堆龙德庆区小学	优秀教师	2017 年	中共堆龙德庆区委员会、堆龙德庆区人民政府
格桑曲珍	女	藏	堆龙	群众	堆龙德庆区小学	优秀教师	2017 年	中共堆龙德庆区委员会、堆龙德庆区人民政府
洛桑曲珍	女	藏	堆龙	中共党员	堆龙德庆区小学	优秀教师	2017 年	中共堆龙德庆区委员会、堆龙德庆区人民政府
央　金	女	藏	日喀则	群众	堆龙姜昆黄小勇希望小学	师德标兵	2017 年	中共堆龙德庆区委员会、堆龙德庆区人民政府
扎西卓玛	女	藏	昌都	中共党员	堆龙姜昆黄小勇希望小学	优秀班主任	2017 年	中共堆龙德庆区委员会、堆龙德庆区人民政府
仓　决	女	藏	堆龙	群众	堆龙姜昆黄小勇希望小学	优秀班主任	2017 年	中共堆龙德庆区委员会、堆龙德庆区人民政府
张秀花	女	藏	昌都	群众	堆龙姜昆黄小勇希望小学	优秀班主任	2017 年	中共堆龙德庆区委员会、堆龙德庆区人民政府
洛桑曲珍	女	藏	拉萨	中共党员	堆龙姜昆黄小勇希望小学	优秀教师	2017 年	中共堆龙德庆区委员会、堆龙德庆区人民政府
色　珍	女	藏	拉萨	中共党员	堆龙姜昆黄小勇希望小学	优秀教师	2017 年	中共堆龙德庆区委员会、堆龙德庆区人民政府
德吉拉珍	女	藏	堆龙	群众	堆龙姜昆黄小勇希望小学	优秀教师	2017 年	中共堆龙德庆区委员会、堆龙德庆区人民政府
穷　达	女	藏	堆龙	群众	堆龙姜昆黄小勇希望小学	优秀教师	2017 年	中共堆龙德庆区委员会、堆龙德庆区人民政府
次　仁	男	藏	拉萨	中共党员	堆龙姜昆黄小勇希望小学	优秀教育工作者	2017 年	中共堆龙德庆区委员会、堆龙德庆区人民政府
扎西卓玛	女	藏	昌都	中共党员	堆龙姜昆黄小勇希望小学	民族团结进步模范个人	2017 年	中共堆龙德庆区委员会、堆龙德庆区人民政府
旦增让珍	女	藏	堆龙	中共党员	堆龙姜昆黄小勇希望小学	民族团结进步模范个人	2017 年	中共堆龙德庆区委员会、堆龙德庆区人民政府
祁　静	女	汉	安徽	群众	堆龙姜昆黄小勇希望小学	民族团结进步模范个人	2017 年	中共堆龙德庆区委员会、堆龙德庆区人民政府
贾智慧	女	汉	河南	群众	堆龙姜昆黄小勇希望小学	民族团结进步模范个人	2017 年	中共堆龙德庆区委员会、堆龙德庆区人民政府
贡觉旺姆	女	藏	日喀则	中共党员	堆龙德庆区第一幼儿园	优秀班主任	2017 年	中共堆龙德庆区委员会、堆龙德庆区人民政府
德庆卓玛	女	藏	昌都	中共党员	堆龙德庆区第一幼儿园	优秀教师	2017 年	中共堆龙德庆区委员会、堆龙德庆区人民政府

续表19

姓名	性别	民族	籍贯	政治面貌	工作单位	获奖名称	表彰时间	授予单位
益西卓玛	女	藏	昌都	中共党员	堆龙德庆区第一幼儿园	优秀教师	2017年	中共堆龙德庆区委员会、堆龙德庆区人民政府
仓　啦	女	藏	堆龙	群众	堆龙德庆区第一幼儿园	优秀教师	2017年	中共堆龙德庆区委员会、堆龙德庆区人民政府
拉巴卓玛	女	藏	堆龙	群众	堆龙德庆区第一幼儿园	师德标兵	2017年	中共堆龙德庆区委员会、堆龙德庆区人民政府
拉巴卓玛	女	藏	堆龙	群众	堆龙德庆区第一幼儿园	民族团结进步模范个人	2017年	中共堆龙德庆区委员会、堆龙德庆区人民政府
达　娃	女	藏	堆龙	中共党员	堆龙德庆区第一幼儿园	民族团结进步模范个人	2017年	中共堆龙德庆区委员会、堆龙德庆区人民政府
益西卓玛	女	藏	昌都	中共党员	堆龙德庆区第一幼儿园	民族团结进步模范个人	2017年	中共堆龙德庆区委员会、堆龙德庆区人民政府
卓　嘎	女	藏	日喀则	东嘎镇	堆龙桑木村双语幼儿园	优秀班主任	2017年	中共堆龙德庆区委员会、堆龙德庆区人民政府
次仁德吉	女	藏	堆龙	中共党员	东嘎镇桑木村双语幼儿园	优秀班主任	2017年	中共堆龙德庆区委员会、堆龙德庆区人民政府
旦真罗布	男	藏	当雄	中共党员	东嘎镇桑木村双语幼儿园	优秀教师	2017年	中共堆龙德庆区委员会、堆龙德庆区人民政府
边巴卓嘎	女	藏	堆龙	群众	东嘎镇桑木村双语幼儿园	民族团结进步模范个人	2017年	中共堆龙德庆区委员会、堆龙德庆区人民政府
巴桑次仁	男	藏	堆龙	群众	东嘎镇桑木村双语幼儿园	优秀教育工作者	2017年	中共堆龙德庆区委员会、堆龙德庆区人民政府
次仁拉姆	女	藏	拉萨	中共预备党员	堆龙德庆区第二幼儿园	优秀班主任	2017年	中共堆龙德庆区委员会、堆龙德庆区人民政府
普布央金	女	藏	拉萨	团员	堆龙德庆区第二幼儿园	优秀班主任	2017年	中共堆龙德庆区委员会、堆龙德庆区人民政府
索朗拉姆	女	藏	拉萨	团员	堆龙德庆区第二幼儿园	优秀教师	2017年	中共堆龙德庆区委员会、堆龙德庆区人民政府
嘎桑曲西	女	藏	昌都	群众	堆龙德庆区第二幼儿园	优秀教师	2017年	中共堆龙德庆区委员会、堆龙德庆区人民政府
马红霞	女	汉	甘肃	中共党员	堆龙德庆区第二幼儿园	优秀教育工作者	2017年	中共堆龙德庆区委员会、堆龙德庆区人民政府
拉姆次仁	女	藏	拉萨	中共党员	堆龙德庆区第二幼儿园	师德标兵	2017年	中共堆龙德庆区委员会、堆龙德庆区人民政府
边巴卓玛	女	藏	堆龙	中共党员	堆龙德庆区第二幼儿园	民族团结进步模范个人	2017年	中共堆龙德庆区委员会、堆龙德庆区人民政府
索朗拉姆	女	藏	当雄	团员	堆龙德庆区第二幼儿园	民族团结进步模范个人	2017年	中共堆龙德庆区委员会、堆龙德庆区人民政府
普布央金	女	藏	拉萨	团员	堆龙德庆区第二幼儿园	民族团结进步模范个人	2017年	中共堆龙德庆区委员会、堆龙德庆区人民政府

续表19

姓名	性别	民族	籍贯	政治面貌	工作单位	获奖名称	表彰时间	授予单位
白玛曲尼	女	藏	堆龙	群众	堆龙德庆区第二幼儿园	民族团结进步模范个人	2017年	中共堆龙德庆区委员会、堆龙德庆区人民政府
巴央	女	藏	拉萨	群众	乃琼镇中心小学	优秀班主任	2017年	中共堆龙德庆区委员会、堆龙德庆区人民政府
扎西德吉	女	藏	山南	群众	乃琼镇中心小学	优秀班主任	2017年	中共堆龙德庆区委员会、堆龙德庆区人民政府
巴桑卓玛	女	藏	堆龙	中共党员	乃琼镇中心小学	优秀班主任	2017年	中共堆龙德庆区委员会、堆龙德庆区人民政府
小德吉卓嘎	女	藏	拉萨	群众	乃琼镇中心小学	优秀班主任	2017年	中共堆龙德庆区委员会、堆龙德庆区人民政府
肖　超	女	汉	四川	群众	乃琼镇中心小学	优秀教师	2017年	中共堆龙德庆区委员会、堆龙德庆区人民政府
旦增西热	男	藏	曲水	群众	乃琼镇中心小学	优秀教师	2017年	中共堆龙德庆区委员会、堆龙德庆区人民政府
罗　吉	女	藏	堆龙	中共党员	乃琼镇中心小学	优秀教师	2017年	中共堆龙德庆区委员会、堆龙德庆区人民政府
石曲拉姆	女	藏	日喀则	群众	乃琼镇中心小学	优秀教师	2017年	中共堆龙德庆区委员会、堆龙德庆区人民政府
珠措姆	女	藏	昌都	中共党员	乃琼镇中心小学	优秀教师	2017年	中共堆龙德庆区委员会、堆龙德庆区人民政府
达　央	女	藏	日喀则	群众	乃琼镇中心小学	优秀教师	2017年	中共堆龙德庆区委员会、堆龙德庆区人民政府
陈响通	男	汉	甘肃	群众	乃琼镇中心小学	优秀教师	2017年	中共堆龙德庆区委员会、堆龙德庆区人民政府
阿旺益西	男	藏	当雄	中共党员	乃琼镇中心小学	师德标兵	2017年	中共堆龙德庆区委员会、堆龙德庆区人民政府
边　珍	女	藏	山南	中共党员	乃琼镇中心小学	师德标兵	2017年	中共堆龙德庆区委员会、堆龙德庆区人民政府
平　措	男	藏	堆龙	中共党员	乃琼镇中心小学	优秀教育工作者	2017年	中共堆龙德庆区委员会、堆龙德庆区人民政府
阿旺益西	男	藏	当雄	中共党员	乃琼镇中心小学	民族团结进步模范个人	2017年	中共堆龙德庆区委员会、堆龙德庆区人民政府
次仁曲旦	男	藏	堆龙	中共党员	乃琼镇中心小学	民族团结进步模范个人	2017年	中共堆龙德庆区委员会、堆龙德庆区人民政府
晋美达瓦	男	藏	堆龙	中共党员	乃琼镇中心小学	民族团结进步模范个人	2017年	中共堆龙德庆区委员会、堆龙德庆区人民政府
巴桑卓嘎	女	藏	拉萨	中共党员	乃琼镇中心小学	民族团结进步模范个人	2017年	中共堆龙德庆区委员会、堆龙德庆区人民政府
王　梅	女	汉	江苏	中共党员	乃琼镇中心小学	民族团结进步模范个人	2017年	中共堆龙德庆区委员会、堆龙德庆区人民政府

续表19

姓名	性别	民族	籍贯	政治面貌	工作单位	获奖名称	表彰时间	授予单位
赤列卓玛	女	藏	日喀则	中共党员	乃琼镇岗村幼儿园	优秀班主任	2017年	中共堆龙德庆区委员会、堆龙德庆区人民政府
殷琦瑞	女	汉	甘肃	预党	乃琼镇中心幼儿园	优秀班主任	2017年	中共堆龙德庆区委员会、堆龙德庆区人民政府
拉巴美朵	女	藏	堆龙	中共党员	羊达乡中心小学	优秀班主任	2017年	中共堆龙德庆区委员会、堆龙德庆区人民政府
加雷	女	藏	阿里	中共党员	羊达乡中心小学	优秀班主任	2017年	中共堆龙德庆区委员会、堆龙德庆区人民政府
次尼	女	藏	曲水	群众	羊达乡中心小学	优秀班主任	2017年	中共堆龙德庆区委员会、堆龙德庆区人民政府
江白加措	男	藏	阿里	中共党员	羊达乡中心小学	优秀教师	2017年	中共堆龙德庆区委员会、堆龙德庆区人民政府
达瓦卓玛	女	藏	拉萨	群众	羊达乡中心小学	优秀教师	2017年	中共堆龙德庆区委员会、堆龙德庆区人民政府
拉珍	女	藏	堆龙	中共党员	羊达乡中心小学	优秀教师	2017年	中共堆龙德庆区委员会、堆龙德庆区人民政府
贡觉坚参	男	藏	拉萨	中共党员	羊达乡中心小学	师德标兵	2017年	中共堆龙德庆区委员会、堆龙德庆区人民政府
白玛次仁	男	藏	林芝	中共党员	羊达乡中心小学	优秀教育工作者	2017年	中共堆龙德庆区委员会、堆龙德庆区人民政府
尼玛扎西	男	藏	山南	中共党员	乃琼镇中心幼儿园	民族团结进步模范个人	2017年	中共堆龙德庆区委员会、堆龙德庆区人民政府
努努	男	藏	拉萨	中共党员	羊达乡中心小学	民族团结进步模范个人	2017年	中共堆龙德庆区委员会、堆龙德庆区人民政府
平措	男	藏	堆龙	中共党员	羊达乡中心小学	民族团结进步模范个人	2017年	中共堆龙德庆区委员会、堆龙德庆区人民政府
小索朗次仁	男	藏	山南	团员	羊达乡中心小学	民族团结进步模范个人	2017年	中共堆龙德庆区委员会、堆龙德庆区人民政府
李军	男	汉	河南	中共党员	羊达乡中心小学	民族团结进步模范个人	2017年	中共堆龙德庆区委员会、堆龙德庆区人民政府
坚宗	女	藏	堆龙	中共党员	古荣乡中心小学	优秀班主任	2017年	中共堆龙德庆区委员会、堆龙德庆区人民政府
格桑	女	藏	堆龙	预备中共党员	古荣乡中心小学	优秀班主任	2017年	中共堆龙德庆区委员会、堆龙德庆区人民政府
尼玛卓玛	女	藏	堆龙	中共党员	古荣乡中心小学	优秀班主任	2017年	中共堆龙德庆区委员会、堆龙德庆区人民政府
平措德吉	女	藏	堆龙	群众	古荣乡中心小学	优秀教师	2017年	中共堆龙德庆区委员会、堆龙德庆区人民政府
格桑卓玛	女	藏	隆子	中共党员	古荣乡中心小学	优秀教师	2017年	中共堆龙德庆区委员会、堆龙德庆区人民政府

续表19

姓名	性别	民族	籍贯	政治面貌	工作单位	获奖名称	表彰时间	授予单位
洛　珠	男	藏	堆龙	中共党员	古荣乡中心小学	优秀教师	2017年	中共堆龙德庆区委员会、堆龙德庆区人民政府
次仁央	女	藏	定结	中共党员	古荣乡中心小学	优秀教师	2017年	中共堆龙德庆区委员会、堆龙德庆区人民政府
加　措	男	藏	堆龙	中共党员	古荣乡中心小学	优秀教师	2017年	中共堆龙德庆区委员会、堆龙德庆区人民政府
多吉旺堆	男	藏	堆龙	中共党员	古荣乡中心小学	师德标兵	2017年	中共堆龙德庆区委员会、堆龙德庆区人民政府
米玛旺堆	男	藏	堆龙	中共党员	古荣乡中心小学	优秀教育工作者	2017年	中共堆龙德庆区委员会、堆龙德庆区人民政府
多吉旺堆	男	藏	堆龙	中共党员	古荣乡中心小学	民族团结进步模范个人	2017年	中共堆龙德庆区委员会、堆龙德庆区人民政府
普　布	女	藏	日喀则	中共党员	古荣乡中心小学	民族团结进步模范个人	2017年	中共堆龙德庆区委员会、堆龙德庆区人民政府
次仁央	女	藏	定结	中共党员	古荣乡中心小学	民族团结进步模范个人	2017年	中共堆龙德庆区委员会、堆龙德庆区人民政府
洛　珠	男	藏	堆龙	中共党员	古荣乡中心小学	民族团结进步模范个人	2017年	中共堆龙德庆区委员会、堆龙德庆区人民政府
麦拉卓玛	女	藏	堆龙	中共党员	古荣乡中心幼儿园	优秀教师	2017年	中共堆龙德庆区委员会、堆龙德庆区人民政府
次　宗	女	藏	尼木	中共党员	古荣乡南巴村幼儿园	优秀教师	2017年	中共堆龙德庆区委员会、堆龙德庆区人民政府
边巴色珍	女	藏	拉萨	团员	马乡中心小学	优秀班主任	2017年	中共堆龙德庆区委员会、堆龙德庆区人民政府
巴桑次仁	男	藏	拉萨	团员	马乡中心小学	优秀班主任	2017年	中共堆龙德庆区委员会、堆龙德庆区人民政府
尼玛次仁（小）	男	藏	芒康	中共党员	马乡中心小学	优秀教师	2017年	中共堆龙德庆区委员会、堆龙德庆区人民政府
次　央	女	藏	拉萨	中共党员	马乡中心小学	优秀教师	2017年	中共堆龙德庆区委员会、堆龙德庆区人民政府
普　琼	男	藏	日喀则	中共党员	马乡中心小学	优秀教师	2017年	中共堆龙德庆区委员会、堆龙德庆区人民政府
母　萨	男	回	拉萨	群众	马乡中心小学	优秀教师	2017年	中共堆龙德庆区委员会、堆龙德庆区人民政府
尼玛次仁（大）	男	藏	石家庄	中共党员	马乡中心小学	师德标兵	2017年	中共堆龙德庆区委员会、堆龙德庆区人民政府
顿珠多吉	男	藏	堆龙	中共党员	马乡中心小学	优秀教育工作者	2017年	中共堆龙德庆区委员会、堆龙德庆区人民政府
杨席刚	男	汉	云南	中共党员	马乡中心小学	民族团结进步模范个人	2017年	中共堆龙德庆区委员会、堆龙德庆区人民政府

续表19

姓名	性别	民族	籍贯	政治面貌	工作单位	获奖名称	表彰时间	授予单位
旦　珍	女	藏	堆龙	中共党员	马乡中心小学	民族团结进步模范个人	2017年	中共堆龙德庆区委员会、堆龙德庆区人民政府
索朗拉姆	女	藏	拉萨	中共党员	马乡中心幼儿园	民族团结进步模范个人	2017年	中共堆龙德庆区委员会、堆龙德庆区人民政府
尼玛普尺	女	藏	日喀则	中共党员	马乡岗吉村幼儿园	优秀班主任	2017年	中共堆龙德庆区委员会、堆龙德庆区人民政府
次仁措姆	女	藏	日喀则	中共党员	马乡常木村幼儿园	优秀教师	2017年	中共堆龙德庆区委员会、堆龙德庆区人民政府
曲　尼	女	藏	堆龙	中共党员	德庆乡中心小学	优秀班主任	2017年	中共堆龙德庆区委员会、堆龙德庆区人民政府
叁捌措姆	女	藏	安多	中共党员	德庆乡中心小学	优秀教师	2017年	中共堆龙德庆区委员会、堆龙德庆区人民政府
尼桑拉姆	女	藏	昌都	中共党员	德庆乡中心小学	优秀教师	2017年	中共堆龙德庆区委员会、堆龙德庆区人民政府
次旦旺久	男	藏	拉萨	中共党员	德庆乡中心小学	优秀教师	2017年	中共堆龙德庆区委员会、堆龙德庆区人民政府
土　旦	男	藏	堆龙	中共党员	德庆乡中心小学	优秀教师	2017年	中共堆龙德庆区委员会、堆龙德庆区人民政府
达娃次旦	男	藏	拉萨	中共党员	德庆乡中心小学	师德标兵	2017年	中共堆龙德庆区委员会、堆龙德庆区人民政府
索娜德吉	女	藏	昌都	中共党员	德庆乡中心幼儿园	优秀教师	2017年	中共堆龙德庆区委员会、堆龙德庆区人民政府
胡正彬	女	藏	云南德钦	中共党员	德庆乡中心幼儿园	优秀班主任	2017年	中共堆龙德庆区委员会、堆龙德庆区人民政府
卓玛央宗	女	藏	日喀则	中共党员	德庆乡中心小学	优秀班主任	2017年	中共堆龙德庆区委员会、堆龙德庆区人民政府
斯郎曲珍	女	藏	昌都	中共党员	德庆乡中心小学	优秀班主任	2017年	中共堆龙德庆区委员会、堆龙德庆区人民政府
米玛普赤	女	藏	拉萨	中共党员	德庆乡中心小学	先进教育工作者	2017年	堆龙德庆区人民政府
曲　尼	女	藏	堆龙	中共党员	德庆乡中心小学	民族团结进步模范个人	2017年	中共堆龙德庆区委员会、堆龙德庆区人民政府
次旦旺久	男	藏	拉萨	中共党员	德庆乡中心小学	民族团结进步模范个人	2017年	中共堆龙德庆区委员会、堆龙德庆区人民政府
斯郎曲珍	女	藏	昌都	中共党员	德庆乡中心小学	民族团结进步模范个人	2017年	中共堆龙德庆区委员会、堆龙德庆区人民政府
索娜德吉	女	藏	昌都	中共党员	德庆乡中心幼儿园	民族团结进步模范个人	2017年	中共堆龙德庆区委员会、堆龙德庆区人民政府
孙建宇	男	汉	山西大同	中共党员	东嘎镇	教育工作先进个人	2017年	中共堆龙德庆区委员会、堆龙德庆区人民政府

续表19

姓名	性别	民族	籍贯	政治面貌	工作单位	获奖名称	表彰时间	授予单位
李雅娟	女	汉	山西	中共党员	乃琼镇	2017年度民族团结进步模范个人	2017年	中共堆龙德庆区委员会、堆龙德庆区人民政府
伊斯玛	男	藏	四川	中共党员	乃琼镇	综治先进个人	2018.01	中共堆龙德庆区委员会、堆龙德庆区人民政府
晋美次旦	男	藏	云南	中共党员	乃琼镇	2017年度民族团结进步模范个人	2017年	中共堆龙德庆区委员会、堆龙德庆区人民政府
晋美次旦	男	藏	云南	中共党员	乃琼镇	2016年度信访工作先进个人	2017年	中共堆龙德庆区委员会、堆龙德庆区人民政府
朱曾	男	汉	湖南	中共党员	乃琼镇	2017年度民族团结进步模范个人	2017年	中共堆龙德庆区委员会、堆龙德庆区人民政府
巴桑扎西	男	藏	那曲	中共党员	乃琼镇	2016年度综治先进个人	2017年	中共堆龙德庆区委员会、堆龙德庆区人民政府
陈鑫远	男	汉	江苏淮安	中共党员	马乡	2017年全区民族团结先进个人、优秀公务员	2017年	中共堆龙德庆区委员会、堆龙德庆区人民政府
边珍	女	藏	四川巴塘	中共党员	马乡	2017年全区民族团结先进个人	2017年	中共堆龙德庆区委员会、堆龙德庆区人民政府
普布仓决	女	藏	拉萨	中共党员	马乡设兴村	2017年全区民族团结先进个人	2017年	中共堆龙德庆区委员会、堆龙德庆区人民政府
米玛	男	藏	拉萨	中共党员	马乡设兴村	2017年全区民族团结先进个人	2017年	中共堆龙德庆区委员会、堆龙德庆区人民政府
王定平	男	汉	拉萨	中共党员	马乡	2017年度民族团结先进个人	2017年	中共堆龙德庆区委员会、堆龙德庆区人民政府
格桑多吉	男	藏	拉萨	中共党员	马乡	2017年度民族团结先进个人	2017年	中共堆龙德庆区委员会、堆龙德庆区人民政府
白玛拉姆	女	藏	拉萨	中共党员	马乡	2017年度民族团结先进个人	2017年	中共堆龙德庆区委员会、堆龙德庆区人民政府
米玛潘多	女	藏	日喀则	中共党员	马乡	2017年度民族团结先进个人	2017年	中共堆龙德庆区委员会、堆龙德庆区人民政府
陈鑫远	男	汉	江苏淮安	中共党员	马乡	2017年度民族团结先进个人	2017年	中共堆龙德庆区委员会、堆龙德庆区人民政府
阿旺措姆	女	藏	拉萨	中共党员	马乡	2017年度民族团结先进个人	2017年	中共堆龙德庆区委员会、堆龙德庆区人民政府
次旦卓玛	女	藏	山南	中共党员	马乡	2017年度民族团结先进个人	2017年	中共堆龙德庆区委员会、堆龙德庆区人民政府
刘思园	女	汉	陕西西安	中共党员	马乡	2017年度民族团结进步模范家庭	2017年	中共堆龙德庆区委员会、堆龙德庆区人民政府
朗嘎		藏	拉萨	群众	马乡措麦村	2017年度民族团结进步模范家庭	2017年	中共堆龙德庆区委员会、堆龙德庆区人民政府
拉巴次仁	男	藏	拉萨	群众	马乡措麦村	2017年度民族团结先进个人	2017年	中共堆龙德庆区委员会、堆龙德庆区人民政府

续表19

姓名	性别	民族	籍贯	政治面貌	工作单位	获奖名称	表彰时间	授予单位
普布顿珠	男	藏	拉萨	群众	马乡措麦村	2017年度民族团结先进个人	2017年	中共堆龙德庆区委员会、堆龙德庆区人民政府
索　朗	男	藏	拉萨	群众	马乡措麦村	2017年度民族团结先进个人	2017年	中共堆龙德庆区委员会、堆龙德庆区人民政府
拉　穷	男	藏	拉萨	群众	马乡措麦村	2017年度民族团结先进个人	2017年	中共堆龙德庆区委员会、堆龙德庆区人民政府
桑　珠	男	藏	拉萨	群众	马乡措麦村	2017年度民族团结先进个人	2017年	中共堆龙德庆区委员会、堆龙德庆区人民政府
旦　增	男	藏	拉萨	群众	马乡措麦村	2017年度民族团结先进个人	2017年	中共堆龙德庆区委员会、堆龙德庆区人民政府
尼　玛	男	藏	拉萨	群众	马乡岗吉村	2017年度民族团结先进个人	2017年	中共堆龙德庆区委员会、堆龙德庆区人民政府
桑　旦	男	藏	拉萨	群众	马乡岗吉村	2017年度民族团结先进个人	2017年	中共堆龙德庆区委员会、堆龙德庆区人民政府
索朗卓嘎	女	藏	拉萨	群众	马乡岗吉村	2017年度民族团结先进个人	2017年	中共堆龙德庆区委员会、堆龙德庆区人民政府
贡嘎曲珍	女	藏	拉萨	群众	马乡岗吉村	2017年度民族团结进步模范家庭	2017年	中共堆龙德庆区委员会、堆龙德庆区人民政府
巴桑卓嘎	男	藏	拉萨	中共党员	马乡岗吉村	2017年度民族团结进步模范家庭	2017年	中共堆龙德庆区委员会、堆龙德庆区人民政府
巴桑卓玛	男	藏	拉萨	群众	马乡常木村	2017年度民族团结进步模范家庭	2017年	中共堆龙德庆区委员会、堆龙德庆区人民政府
卓勇庆	男	藏	拉萨	群众	马乡常木村	2017年度民族团结进步模范家庭	2017年	中共堆龙德庆区委员会、堆龙德庆区人民政府
穷　达	男	藏	拉萨	群众	马乡常木村	2017年度民族团结进步模范家庭	2017年	中共堆龙德庆区委员会、堆龙德庆区人民政府
刘世成	男	藏	拉萨	群众	马乡常木村	2017年度民族团结进步模范家庭	2017年	中共堆龙德庆区委员会、堆龙德庆区人民政府
强　白	男	藏	拉萨	中共党员	马乡常木村	2017年度民族团结先进个人	2017年	中共堆龙德庆区委员会、堆龙德庆区人民政府
尼玛次仁	男	藏	拉萨	中共党员	马乡常木村	2017年度民族团结先进个人	2017年	中共堆龙德庆区委员会、堆龙德庆区人民政府
尼　玛	男	藏	拉萨	中共党员	马乡常木村	2017年度民族团结先进个人	2017年	中共堆龙德庆区委员会、堆龙德庆区人民政府
普　琼	男	藏	拉萨	中共党员	马乡朗巴村	2017年度民族团结先进个人	2017年	中共堆龙德庆区委员会、堆龙德庆区人民政府
旦巴次仁	男	藏	拉萨	中共党员	马乡朗巴村	2017年度民族团结先进个人	2017年	中共堆龙德庆区委员会、堆龙德庆区人民政府
旦增卓玛	女	藏	拉萨	中共党员	马乡朗巴村	2017年度民族团结先进个人	2017年	中共堆龙德庆区委员会、堆龙德庆区人民政府

续表19

姓名	性别	民族	籍贯	政治面貌	工作单位	获奖名称	表彰时间	授予单位
索朗卓玛	女	藏	拉萨	中共党员	马乡朗巴村	2017 年度民族团结先进个人	2017 年	中共堆龙德庆区委员会、堆龙德庆区人民政府
次旺卓玛	女	藏	拉萨	群众	马乡朗巴村	2017 年度民族团结进步模范家庭	2017 年	中共堆龙德庆区委员会、堆龙德庆区人民政府
索朗多吉	男	藏	山南	中共党员	德庆乡	涉宗优秀个人	2017 年	中共堆龙德庆区委员会、堆龙德庆区人民政府
旦增曲珍	女	藏	拉萨	中共党员	德庆乡	2017 年度全区民族团结进步模范个人	2017 年	中共堆龙德庆区委员会、堆龙德庆区人民政府
索朗次仁	男	藏	日喀则亚东	中共党员	德庆乡门堆村	安全生产先进个人	2017 年	中共堆龙德庆区委员会、堆龙德庆区人民政府
索朗次仁	男	藏	日喀则亚东	中共党员	德庆乡门堆村	信访工作先进个人	2017 年	中共堆龙德庆区委员会、堆龙德庆区人民政府
苏　洁	女	汉	江苏	中共党员	德庆乡经发办	民族团结进步模范个人	2017 年	中共堆龙德庆区委员会、堆龙德庆区人民政府
邓　娜	女	汉	四川广安	中共党员	德庆乡财务所	民族团结进步模范个人	2017 年	中共堆龙德庆区委员会、堆龙德庆区人民政府
仓　决	女	藏	堆龙	中共党员	中共堆龙德庆区委党校	优秀党务工作者	2017 年	中共堆龙德庆区委员会
唐　菲	男	汉	重庆潼南	中共党员	堆龙德庆区信访局	区优秀共产党员	2017 年	中共堆龙德庆区委员会
次卓嘎	女	藏	拉萨	中共党员	堆龙德庆区文化广播电影电视(新闻出版、文物)局	堆龙德庆区优秀共产党员	2017 年	中共堆龙德庆区委员会
刘宗和	男	汉	四川	中共党员	堆龙德庆区农业综合开发办公室	综治个人先进	2017 年	中共堆龙德庆区委员会
白　卓	女	藏	当雄	中共党员	东嘎镇	优秀共产党员	2017 年	中共堆龙德庆区委员会
巴桑扎西	男	藏	那曲	中共党员	乃琼镇	优秀共产党员	2017 年	中共堆龙德庆区委员会
王亚娟	女	汉	山西芮城	中共党员	羊达乡	2017 年度堆龙德庆区优秀党务工作者	2017 年	中共堆龙德庆区委员会
阿　努	男	藏	堆龙	中共党员	羊达乡	2017 年度堆龙德庆区优秀共产党员	2017 年	中共堆龙德庆区委员会
次　旦	女	藏	青海玉树	中共党员	羊达乡	2017 年度堆龙德庆区优秀共产党员	2017 年	中共堆龙德庆区委员会
多吉旺堆	男	藏	四川德格	中共党员	德庆乡	优秀第一书记	2017 年	中共堆龙德庆区委员会
旦巴雅杰	男	藏	堆龙	中共党员	德庆乡	优秀党务工作者	2017 年	中共堆龙德庆区委员会
陆　霞	女	汉	甘肃	中共党员	德庆乡党务办	民族团结奖	2017 年	中共堆龙德庆区委员会

续表19

姓名	性别	民族	籍贯	政治面貌	工作单位	获奖名称	表彰时间	授予单位
萨那吾拉	男	回	拉萨	中共党员	堆龙德庆区农牧局	优秀个人	2017年	堆龙德庆区人民政府
萨那吾拉	男	回	拉萨	中共党员	堆龙德庆区农牧局	民族团结奖	2017年	堆龙德庆区人民政府
仁青卓玛	女	藏	拉萨	中共党员	堆龙德庆区农牧局	优秀个人	2017年	堆龙德庆区人民政府
仁青卓玛	女	藏	拉萨	中共党员	堆龙德庆区农牧局	民族团结奖	2017年	堆龙德庆区人民政府
普布扎西	男	藏	昌都	中共党员	堆龙德庆区农牧局	安全生产先进个人	2017年	堆龙德庆区人民政府
次　央	女	藏	堆龙	中共党员	堆龙德庆区农业综合开发办公室	计生先进个人	2017年	堆龙德庆区人民政府
王　旭	男	藏	四川	中共党员	堆龙德庆区林业绿化局	民族团结先进个人	2017年	堆龙德庆区人民政府
巴桑罗布	男	藏	日喀则	中共党员	堆龙德庆区林业绿化局	安全生产先进个人	2017年	堆龙德庆区人民政府
旦增曲珍	女	藏	堆龙	中共党员	古荣乡	2017年度全区民族团结进步模范个人	2017年	堆龙德庆区人民政府
尺来卓玛	女	藏	日喀则	中共党员	古荣乡	2017年度全区民族团结进步模范个人	2017年	堆龙德庆区人民政府
边巴普赤	女	藏	日喀则	中共党员	农行堆龙德庆区支行	民族团结进步先进个人	2017年	堆龙德庆区人民政府
解传奇	男	汉	山东莱芜	中共党员	农行堆龙德庆区支行	民族团结进步先进个人	2017年	堆龙德庆区人民政府
达　瓦	男	藏	拉萨	中共党员	堆龙德庆区环境保护局	民族团结先进个人	2017年	堆龙德庆区人民政府
索朗曲珍	女	藏	拉萨	中共党员	堆龙德庆区环境保护局	安全生产先进个人	2017年	堆龙德庆区人民政府
麦拉卓玛	女	藏	堆龙	中共党员	古荣乡中心幼儿园	学前教师手工大赛第二名	2017年	堆龙德庆区人民政府
旦增英色	女	藏	北京朝阳	共青团员	古荣乡加入村幼儿园	学前教师手工大赛第三名	2017年	堆龙德庆区人民政府
次旺曲珍	女	藏	堆龙	中共党员	古荣乡加入村幼儿园	学前教师手工大赛第三名	2017年	堆龙德庆区人民政府

说明：由于各单位资料提供不全，可能有遗漏

索 引

说 明

一、本索引采用主题分析法编制。索引范围包括篇目、类目、部(门)目、条目等。
二、本索引按主题词首字汉语拼音音序(同音按音调)排列,若首字拼音相同则按第二字音序排列,以此类推。
三、索引款目后的数字表示内容所在的页码,数字后的拉丁字母(a、b、c)表示栏别(从左至右)。
四、篇目、类目、部(门)目用黑体字。

A

B

C

D

E

F

G

H

J

K

P

Q

R

S

W

X

Z